BRITTA GRELL

Workfare in den USA

Das Elend der US-amerikanischen Sozialhilfepolitik

[transcript]

Drucklegung mit freundlicher Förderung
durch die Hans-Böckler-Stiftung

Bibliografische Information der Deutschen Nationalbibliothek
Die Deutsche Nationalbibliothek verzeichnet diese Publikation in der
Deutschen Nationalbibliografie; detaillierte bibliografische Daten
sind im Internet über http://dnb.d-nb.de abrufbar.

Umschlaggestaltung: Kordula Röckenhaus, Bielefeld
Lektorat & Satz: Stephan Lahrem
Druck: Majuskel Medienproduktion GmbH, Wetzlar
ISBN 978-3-8376-1038-3

Gedruckt auf alterungsbeständigem Papier mit chlorfrei gebleichtem
Zellstoff.

Besuchen Sie uns im Internet: *http://www.transcript-verlag.de*

Bitte fordern Sie unser Gesamtverzeichnis und andere Broschüren
an unter: *info@transcript-verlag.de*

INHALT

VORWORT

Viele Institutionen, Kollegen sowie Freunde haben dazu beigetragen, dass die vorliegende Dissertation entstehen konnte. Mein erster Dank gilt der Hans-Böckler-Stiftung und deren Mitarbeitern des Referats Promotionsförderung; sie haben mich über drei Jahre großzügig mit einem Stipendium unterstützt und mir mehrere Forschungsaufenthalte in den USA ermöglicht, die zum Verfassen dieser Arbeit notwendig waren. Besonderer Dank geht an meine Betreuerin und Erstgutachterin Prof. Dr. Margit Mayer am John-F.-Kennedy-Institut der Freien Universität Berlin, die mit viel Geduld und Engagement dieses Dissertationsprojekt begleitet hat. Sie hat vor langer Zeit mein Interesse an kritischer Wissenschaft geweckt und meinen Zugang zu ihr maßgeblich geprägt. Danken möchte ich auch meinem Vertrauensdozenten von der Hans-Böckler-Stiftung, Prof. Dr. Wolfgang Fach vom Institut für Politikwissenschaft der Universität Leipzig, für seine Unterstützung. Viele nützliche und wichtige Informationen, Anregungen sowie Denkanstöße gehen zudem auf Gespräche und Diskussionen mit meinen US-amerikanischen Freunden und Kollegen zurück, von denen ich vor allem Nikolas Theodore von der University of Illinois at Chicago, John Krinsky vom City College of New York, Ellen Reese von der University of California Riverside und Paul Tepper vom Institute for the Study of Homelessness and Poverty in Los Angeles nennen möchte. Dank auch an Neil Brenner, der mich so großzügig in New York aufgenommen und unterstützt hat, und an all die im Anhang aufgeführten Interviewpartner in New York und Los Angeles, die mir ihre wertvolle Zeit und ihr Wissen zur Verfügung gestellt haben.

Bedanken möchte ich mich an dieser Stelle auch bei meiner Schwester Inken, die mich – mehr als sie vielleicht weiß – dazu ermutigt hat, die

Promotion in Angriff zu nehmen. Mein abschließender Dank geht an Stephan Lahrem, nicht nur für das Lektorat und seine hilfreichen und klugen Ideen, sondern auch für all die Geduld, Ermunterung und Fürsorge, mit der er mir während der Arbeit an dieser Dissertation zur Seite gestanden hat.

Berlin, im März 2007
Britta Grell

EINLEITUNG

Die Lebensumstände vieler armer Familien in den USA nähern sich denen in der Dritten Welt an. Die Armutsquote unter Kindern in den Vereinigten Staaten ist genauso hoch wie die in Mexiko. Die Sterblichkeitsrate bei Säuglingen entspricht der von Malaysia, in afroamerikanischen Familien in der Hauptstadt Washington D.C. liegt sie sogar noch über den Werten der indischen Provinz Kerbala. Zu diesen überraschenden Ergebnissen kam vor kurzem ein Bericht der Vereinten Nationen (United Nations Development Programme 2005). Er warf der US-Regierung »an overdeveloped military strategy and an underdeveloped strategy for human security« vor und stieß damit auf harsche Kritik in Washington (vgl. Vallely 2005). Aber auch innerhalb der USA mehren sich kritische Stimmen gegenüber einer Politik, die trotz beeindruckenden Wirtschaftswachstums nicht in der Lage oder willens ist, eine materielle und soziale Grundversorgung aller Bürger sicherzustellen, selbst dann nicht, wenn es sich um die eigenen Soldaten handelt. Der National Coalition for Homeless Veterans zufolge waren von den schätzungsweise drei Millionen Menschen, die 2006 in den USA vorübergehend ihre Wohnung verloren und auf der Straße landeten, etwa 500.000 Kriegsveteranen; darunter eine wachsende Zahl von Männern und Frauen, die im Irak gekämpft haben (National Coalition for Homeless Veterans 2006; National Law Center on Homelessness and Poverty 2006). Insgesamt hat die Nachfrage in den Obdachlosenasylen in den Städten im Laufe der letzten Jahre um etwa 20 Prozent zugenommen; etwa einem Drittel aller Bedürftigen konnte nach Auskunft von Kommunalpolitikern angesichts begrenzter Ressourcen städtischer und karitativer Einrichtungen nicht geholfen werden (US Conference of Mayors 2005). 2005 veröffentlichte das Landwirtschaftsministerium einen Bericht, wonach die Anzahl der US-Bürger, in deren Haushalt »food insecurity« (eine euphemistische Umschreibung für Hunger) herrscht, während der ersten Amtsperiode von Präsident George W. Bush von 31 auf 36 Millionen angestiegen ist

(Washington Post, 4.6.2005). Parallel dazu hat die Zahl der Amerikaner ohne Krankenversicherung mit fast 46 Millionen – das entspricht einem Sechstel der Gesamtbevölkerung unterhalb des Pensionsalters – ihre vorläufige Rekordmarke erreicht (United Nations Development Programme 2005: 58). Allein über ein Drittel aller Hispanics, die mit ihrer billigen Arbeitskraft das Rückgrat des boomenden Dienstleistungssektors bilden, hat in den USA keinen oder einen nur sehr eingeschränkten Zugang zu einem der teuersten und modernsten Gesundheitssysteme der Welt (ebd.). Das Institute of Medicine in Washington D.C. geht davon aus, dass jedes Jahr mindestens 18.000 Menschen aufgrund unzureichender medizinischer Versorgung in den USA frühzeitig sterben; eine andere Studie kam zu dem Schluss, dass 85.000 Menschenleben jährlich gerettet werden könnten, wenn Afroamerikaner einen ähnlichen Krankenversicherungsschutz genössen wie Weiße (Rowland/Hoffman 2005: 3).

Hauptleidtragende des Ungleichheiten und Armut forcierenden Sozial- und Wirtschaftsmodells der USA sind neben der schwarzen Bevölkerung, die weiterhin überproportional stark von Erwerbslosigkeit, Einkommensarmut, sozialer Exklusion und räumlicher Segregation betroffen ist, neu zugewanderte Migranten, Alleinerziehende sowie Kinder und Jugendliche. Entgegen der gängigen Vorstellung vom »American Dream« ist die Wahrscheinlichkeit, dass Kinder aus benachteiligten Familien durch Bildungsanstrengungen und harte Arbeit der Armut entgehen können, über die Jahrzehnte ständig gesunken. Laut einer aktuellen Studie zeichnen sich inzwischen fast alle reichen westlichen Industrienationen durch höhere soziale Aufstiegschancen (intergenerational mobility) als die Vereinigten Staaten aus (Hertz 2006). Über ein Viertel aller Beschäftigten in den USA, die durchschnittlich wesentlich mehr Stunden pro Jahr arbeiten als in anderen OECD-Staaten, fällt unter die offizielle Armutsgrenze und gehört zu den »working poor« (Waldron u.a. 2004: 8). Während die Mittelschicht in den USA immer kleiner wird, sind Einkommen und Vermögen der reichsten Familien und Haushalte in den letzten Jahren im Verhältnis zum Rest der Bevölkerung überproportional angewachsen. Die reichsten fünf Prozent der Bevölkerung verfügen inzwischen über mehr als 20 Prozent aller Einkommen, die unteren 40 Prozent auf der Einkommensskala lediglich über 14 Prozent (Mishel u.a. 2006: 12). Angesichts des Ausmaßes dieser sozioökonomischen Polarisierung warnt die American Political Science Association seit Jahren vor einer Aushöhlung demokratischer Errungenschaften und vor den negativen Auswirkungen eines politischen Systems, das selektiv die Interessen einflussreicher Lobbygruppen und der oberen Einkommensschichten vertritt (Task Force on Inequality and American Democracy 2004). Selbst der ehemalige Chef der US-amerikanischen Notenbank, Alan Greenspan, schloss sich vor kurzem dieser Warnung an und betonte die wirtschaftlichen Probleme, die mit einem weiteren Anstieg sozialer Ungleichheit verbunden seien (New York Times, 28.8.2006).

Als der US-amerikanische Kongress im Rahmen des »Deficit Reduction Act« neue nationale Richtlinien zur staatlichen Unterstützung von bedürftigen Familien verabschiedete und dieses Gesetz von Präsident Bush im Februar 2006 unterzeichnet wurde, kam es im Vorfeld allerdings zu keinerlei größeren öffentlichen Auseinandersetzungen. Dies ist umso bemerkenswerter, als es bei dieser parlamentarischen Abstimmung um nicht weniger als die Novellierung und die gleichzeitige Verschärfung der sogenannten »Welfare Reform« ging, die von einigen Kritikern als »Washington's New Poor Law« (Wolch/Dinh 2001; Goldberg/Collins 2001; Piven 2001) bezeichnet und allgemein als Wendepunkt in der Nachkriegsentwicklung der US-amerikanischen Sozial- und Armutspolitik interpretiert worden ist. Im Zentrum des neuen »Armengesetzes« – dem »Personal Responsibility and Work Opportunity Reconciliation Act« (PRWORA) von 1996 – stand die Eliminierung eines seit den 1930er Jahren bestehenden Rechtsanspruchs von armen Familien auf bundesstaatliche Unterstützung. Seit Inkrafttreten des PRWORA, dessen Gültigkeit mit dem »Deficit Reduction Act« vom Kongress bis zum Jahr 2010 verlängert worden ist, müssen in den USA mittellose Erwachsene, die für sich und/oder ihre Kinder Sozialtransfers im Rahmen von dezentralisierten Hilfsprogrammen erhalten wollen, ihre Arbeitskraft unter allen nur denkbaren Bedingungen Markt und Staat zur Verfügung stellen sowie ihr Privatleben tiefgreifenden bürokratischen Kontrollen und Eingriffen unterwerfen. Spätestens nach fünf Jahren des Leistungsbezugs erlischt jeglicher Anspruch auf weitere finanzielle Beihilfen für Nichterwerbstätige. In manchen Regionen – vor allem in Bundesstaaten mit konservativen Mehrheiten und einem hohen Minoritätenanteil an der Armutsbevölkerung – werden Sozialhilfezahlungen[1] bereits nach weniger als zwei Jahren eingestellt, unabhängig von Bedürftigkeit und Beschäftigungschancen der Betroffenen. Damit kehrt die US-amerikanische Sozialpolitik unter neoliberalen Vorzeichen in vielerlei

---

1   Einige Autoren betonen, dass es im US-amerikanischen Kontext inzwischen nicht mehr sinnvoll ist, von Sozialhilfe zu sprechen, da fast die Hälfte derjenigen, die im Rahmen der neuen Transferprogramme (»Temporary Assistance for Needy Families«, TANF) Leistungen beziehen, inzwischen erwerbstätig seien. Der Begriff Sozialhilfe wird in der vorliegenden Arbeit trotzdem verwendet, um die monetären Transfers im Rahmen der von der »Welfare Reform« hervorgebrachten regionalen Unterstützungsprogramme für Familien von Versicherungsleistungen oder anderen indirekten Lohnsubventionierungen abzugrenzen.

Hinsicht immer mehr zu ihren Ursprüngen – der Praxis und Ideologie der englischen Armenfürsorge – zurück (Kaufmann 2003).

Eingrenzung des Untersuchungsgegenstands

Die vorliegende Arbeit beschäftigt sich mit den in der Bundesrepublik Deutschland und in der internationalen Fachliteratur nur wenig beachteten Auswirkungen und Kosten dieses Prozesses am Beispiel der Umwandlung der Familiensozialhilfe »Aid to Families with Dependent Children« in ein befristetes und weitgehend kommunal kontrolliertes Transfer- und Beschäftigungsprogramm. Im Zentrum der empirischen Untersuchung steht die Analyse der lokalstaatlichen Implementierung der »Welfare Reform«, das heißt die Herausbildung und Weiterentwicklung von Politiken und Praxen auf der subnationalen Ebene im Bereich der Arbeitsverpflichtung, Disziplinierung und Sanktionierung von Transferbeziehern und deren Familien, im Folgenden Workfare[2] genannt. Als empirische Fallstudien dienen die beiden bevölkerungsreichsten Städte der USA, New York und Los Angeles, die gleichzeitig führende Global Cities, mediale und kulturelle »Traumfabriken« sowie nationale Armutsmetropolen sind.

Es sprechen mehrere Gründe dafür, sich auf die regionale und kommunale Dimension der veränderten Sozialpolitik in den USA zu konzentrieren: Erstens können die spezifische US-amerikanische Armutsgeographie und die staatliche Bearbeitung von Armutsphänomenen nicht ohne Berücksichtigung der dem politischen System zugrundeliegenden föderalistischen Struktur und den damit verbundenen Implikationen für redistributive Politiken verstanden werden. Die aktuelle Rückverlagerung der Verantwortung für Sozialprogramme und andere staatliche Aufgabenbereiche auf die subnationale Ebene – im angelsächsischen Raum als Devolution bezeichnet – ist in den USA zum großen Teil ein Ergebnis des »New Federalism«: einer Bewegung für die erneute Stärkung der Rechte und der Autonomie der Einzelstaaten, die seit den 1970er Jahren, vor allem aber seit der konservativ geprägten Reagan-Ära, überaus wirkmächtig ist (vgl. Conlan 1998; O'Connor 1998; Takahashi 2003). Im Rahmen des »New Federalism« werden wachsende räumliche Disparitäten im Umgang mit bedürftigen Bevölkerungsgruppen nicht nur als notwendiger Preis einer größeren Flexibilität und Autonomie der lokalstaatlichen Instanzen in Kauf genommen. Die Einzel-

---

2 Zu den unterschiedlichen Definitionen und Verwendungen des Begriffs Workfare in der Fachliteratur und Politik vgl. S. 79 ff.

staaten werden auch noch – trotz einschlägiger historischer Erfahrungen mit der Ausgrenzung und Diskriminierung von Minderheiten – als die wahren Hüter US-amerikanischer Werte und als Laboratorien der Demokratie und Innovation verklärt (vgl. Caraley 1996; Kling 1997; Leland 2001; Whitaker/Time 2001; Fording 2003).

Einige Autoren schlagen inzwischen sogar vor, die Fokussierung auf *den* US-amerikanischen Wohlfahrtsstaat aufzugeben und stattdessen die Existenz von 51 unterschiedlichen »Welfare States« mit ihren jeweils spezifischen historischen Wurzeln und ideologischen Ausprägungen anzuerkennen (Howard 1999). Selbst wenn man der zentralstaatlichen Ebene weiterhin eine entscheidende Steuerungs- und Planungsfunktion sowie die Hauptverantwortung für Armutsprobleme unterstellt, reicht es – zweitens – zur Bewertung gegenwärtiger sozialstaatlicher Transformationsprozesse in den USA längst nicht mehr aus, sich auf die Analyse bundesstaatlicher Programme, Initiativen und Gesetzesveränderungen zu beschränken. Vielmehr zeigen sich die »new politics of the welfare state« (Pierson 1996) am deutlichsten auf den untergeordneten Ebenen des politisch-administrativen Systems, wo die staatlichen Instanzen mit den »Objekten« neuer sozialer Regulations- und Kontrollmechanismen und den Herausforderungen einer vorrangig arbeitsmarktfokussierten Sozialpolitik unmittelbar konfrontiert sind. Demnach ist die »real [...] story of welfare reform local« (Nathan/Gais 1999: 5).

Unstrittig ist drittens, dass die großstädtischen Zentren die Hauptlast der Neustrukturierung des Sozialhilfesystems in den USA zu tragen haben (vgl. Kahn/Kameran 1998; Wolch 1998; Weir 1999; Allen/Kirby 2000; Coulton 2003; Andrulis u.a. 2003), da hier ein überproportional hoher Anteil der von den Gesetzesveränderungen betroffenen Bevölkerung lebt. Neben den Südstaaten, von denen bis auf Florida alle überdurchschnittlich hohe Armutsquoten aufweisen, und strukturschwachen ländlichen Regionen sind die städtischen Zentren trotz einer langen Geschichte von speziellen urbanen Revitalisierungs- und Förderprogrammen noch immer die »poorhouses« der Vereinigten Staaten. 78 Prozent der US-amerikanischen Armutsbevölkerung wohnten zu Beginn des 21. Jahrhunderts in »Metropolitan Areas«, über die Hälfte von ihnen in Quartieren mit hochkonzentrierter Armut in den »Inner Cities« (Joassart-Marcelli u.a. 2005: 336), denen es häufig an grundlegenden privaten und öffentlichen Ressourcen fehlt. Daher liegt es nahe, die neuen Workfare-Strategien vor allen Dingen als »urban policy issues« (Wiseman 1996: 516) zu begreifen. Selbst wenn nicht alle Bewohner der innerstädtischen Zentren Sozialleistungen beziehen und die meisten Erwachsenen in armen Familien erwerbstätig sind, bleibt ein großer Teil von ihnen aufgrund steigender Reproduktions- und Wohnkosten bei gleichzeitig stagnierenden oder fallenden Arbeitseinkommen auf diverse Formen staatlicher Unterstützung angewiesen.

Mit der Kombination aus strengen Arbeitsauflagen (Workfare), weitreichender Dezentralisierung (Devolution), der Aufwertung religiöser Organisationen in der Armutspolitik (Charitable Choice Provision) sowie ihrer expliziten Ausrichtung am patriarchalen Idealbild der traditionellen Kleinfamilie ergeben die mit der »Welfare Reform« verabschiedeten Maßnahmen einen ungewöhnlichen Policy-Mix, der sich am ehesten mit der spezifischen politischen Kultur der USA sowie dem wachsenden gesellschaftlichen und politischen Einfluss der christlichen Rechten erklären lässt (vgl. Hoover u.a. 2002; Friedman/McGravie 2003; Bartkowski/Regis 2003; Quadagno/Rohlinger 2007). Dementsprechend wären die »Welfare Reform« und die damit verbundenen lokalen Armuts- und Regulationspolitiken in erster Linie ein weiterer Schritt auf dem sozialpolitischen Sonderweg der Vereinigten Staaten, die in der Vergangenheit unter anderem als residuales Wohlfahrtssystem (Titmuss 1974), Archetyp eines liberalen Regimes (Esping-Andersen 1990) oder als ausgewiesener »welfare laggard« (Berkowitz/McQuaid 1992) im Spannungsfeld zwischen libertär- und paternalistisch-konservativen Vorstellungen (Seeleib-Kaiser/Gebhardt 1997) charakterisiert worden sind. Andererseits ist nicht zu übersehen, dass das Sozial- und Wirtschaftsmodell der USA unterdessen weit über explizit neoliberale Kreise hinaus eine wachsende Faszination ausübt, die den hohen Kommodifizierungsgrad, niedrige Transferleistungen und die weitreichende Privatisierung sozialer Risiken nicht länger als Schwäche oder Rückständigkeit, sondern als Standortvorteile bewerten (vgl. OECD 1994; Lang u.a. 1999; Prince 2001; Haubner 2002; Stoesz 2002; Kollmeyer 2003; Haylett 2003; Candeias 2004). Aus ökonomistischer Sicht gilt das US-Modell spätestens seit Mitte der 1990er Jahre aufgrund seiner hochgradig flexibilisierten und deregulierten Arbeitsmärkte, seinen steigenden Erwerbsquoten (vor allem unter der weiblichen Bevölkerung), seiner großen Lohnspreizung und seinen beeindruckend hohen wirtschaftlichen Wachstumsraten als wesentlich erfolgreicher bei der Anpassung an demographische und weltmarktbedingte Herausforderungen als viele der Wohlfahrtssysteme im »alten Europa«, die neben wachsenden sozialen Ungleichheiten auch noch mit anhaltender struktureller Massenarbeitslosigkeit konfrontiert sind (Esping-Andersen 1996 u. 1999; Lang u.a. 1999; Gilbert/Van Voorhis 2000; Deacon 2001; Quadagno/Street 2006; The Economist, 27.7.2006).

Zahlreiche Regierungen in Ländern mit einer liberalen Sozialstaatstradition wie Kanada (insbesondere die Provinz Ontario), Großbritannien oder Neuseeland haben in den vergangenen Jahren die US-amerikanischen Workfare-Programme unmittelbar als Vorbild genommen und Elemente davon in ihre Sozial- und Beschäftigungspolitik integriert (Peck/Theodore 2001; Goodin 2002; Bashevkin 2002; Quaid 2002; Standing 2002; Daguerre 2004). Aber auch in als sozialdemokratisch oder konservativ geltenden Wohlfahrtsstaaten wie Dänemark, Norwegen, der Schweiz oder der Bundesrepublik sind »aktivierende Strategien«, das heißt die Kopplung von Sozialtransfers an Gegenleistungen der Empfänger, inzwischen zentraler Bestandteil sozialstaatlicher Programmatik und Praxis (Lødemel/Trickey 2000; Dahme/Wohlfahrt 2003; Ferrera/Hemerijck 2003; Handler 2004a; Koch u.a. 2005). Häufig werden auch in diesen Ländern den Kommunen ganz neue Aufgaben und Zuständigkeiten in der Sozial- und Beschäftigungspolitik zugeschrieben (Finn 2000; Reissert 2003; Nägele/Pagels 2004; Eick u.a. 2004). Gleichzeitig erhalten neue lokale Ansätze und Formen der Kooperation zwischen staatlichen und privaten Akteuren – angelehnt an Erfahrungen aus dem US-amerikanischen Kontext mit urbanen Revitalisierungs-, Sicherheits- und Kontrollstrategien – in der europäischen Politik und Fachöffentlichkeit eine immer größere Aufmerksamkeit (Mayer 1999 u. 2003; Body-Gendrot 2000; Rose 2000; Waquant 2001; Michel 2005). Insofern macht es Sinn, die aktuellen Trends in der Sozialpolitik der USA nicht nur unter dem Etikett »American Exceptionalism« abzuhandeln, sondern sie angesichts des Bedeutungszuwachses eines internationalen Policy-Transfers und Wettbewerbs um die Neustrukturierung der Wohlfahrtssysteme als Folie für mögliche hiesige Entwicklungen zu betrachten. Wenn es stimmt, dass das amerikanische politische System eine Art Laboratorium bietet, »that exposes in the purest real-world form the two kinds of ideologies – liberal and conservative – and the two kinds of policies – deregulation and social control – that are being produced to support global capitalism« (Lowi 1998: 6), dann spricht vieles dafür, sich auch in Europa intensiver mit den gegenwärtigen innen- und sozialpolitischen Transformationsprozessen in den USA und ihren gesellschaftlichen Implikationen auseinanderzusetzen.

Bislang standen im Zentrum der öffentlichen Aufmerksamkeit im Zusammenhang mit den neuen Workfare-Strategien allerdings nur einige ausgewählte Aspekte, die eng mit den offiziösen Zielsetzungen der Gesetzgeber korrespondieren: die Senkung der Sozialhilfequoten sowie die Erhöhung der Arbeitsmarktintegration von Menschen, die aufgrund von erheblichen Beschäftigungsbarrieren und Familienverpflichtungen wie Kindererziehung oder Pflegeaufgaben in vielen Ländern vor einigen Jahren noch einen gewissen staatlichen Schutz vor den Risiken und den Anforderungen des Marktes für sich beanspruchen konnten. Gemessen am ersten Kriterium war das dezentralisierte US-Modell – zumindest vorläufig – ein voller Erfolg: In den USA haben seit Inkrafttreten des PRWORA etwa vier bis fünf Millionen Erwachsene – freiwillig oder von den Verwaltungen erzwungen – den Sozialhilfebezug verlassen. Inwieweit die lokalen Beschäftigungsmaßnahmen für Transferempfänger allerdings wirklich zu einer nachhaltigen Arbeitsmarktintegration und einer verbesserten Lebenssituation benachteiligter Bevölkerungsgruppen beigetragen haben und wie der rasante Rückgang bei der Inanspruchnahme von Sozialhilfe zu erklären ist, bleibt in der Forschung und Fachöffentlichkeit indes umstritten.

Obwohl die vom Bund und von den Einzelstaaten finanzierten Evaluationen der »Welfare Reform« in den letzten zehn Jahren wahrscheinlich mehr Mittel verschlungen haben, als anderen Regierungen zur Distribution an die Armen zur Verfügung stehen, ist ihr Erkenntnisgewinn bezüglich dieser Fragen begrenzt. Dies liegt am engen Fokus der etablierten US-amerikanischen Armutsforschungsindustrie. Neben fiskalischen und verwaltungstechnischen Fragen stehen meist die individuellen Beschäftigungshindernisse und »Defizite« derjenigen, die weiterhin von staatlichen Leistungen »abhängig« sind, im Zentrum der Auftragsarbeiten. Außerdem zeichnen sich diese Forschungsprojekte trotz erheblicher Unterschiede im Detail dadurch aus, dass sie fast ausschließlich quantitative Methoden einsetzen und sich hauptsächlich auf Daten und Informationen der lokalen Verwaltungen stützen. Die Behörden sind in dieser Frage jedoch daran interessiert, möglichst positive Ergebnisse vorzuweisen und unter Beweis zu stellen, dass sie die Mittel des Bundes und der Staaten effektiv zum Einsatz bringen. Bis heute existieren auch nur wenige wissenschaftliche Untersuchungen, die sich mit dem Schicksal der »anderen Hälfte« beschäftigen, das heißt mit den Millionen von Frauen und Männern, die seit der »Welfare Reform« 1996 von den lokalen Behörden abgewiesen wurden oder nach dem Ausscheiden aus dem Sozialhilfebezug keine Erwerbsarbeit gefunden haben und von denen die meisten nicht mehr länger in staatlichen Stellen und Statistiken auftauchen.

Um die komplexen Implikationen und langfristigen Auswirkungen einer weitgehend dezentralisierten und arbeitsfokussierten Armuts- und Sozialpolitik in den USA erfassen zu können, ist es daher erforderlich, neben den Perspektiven der Gesetzgeber und der staatlichen Bürokratien auch die anderer Akteure in die Betrachtung und Bewertung miteinzubeziehen. Dazu gehören Bürgerrechtsgruppen, Wohlfahrtsverbände, lokale Gewerkschaften und Community-Organisationen, unabhängige Journalisten und Sozialwissenschaftler und nicht zuletzt die direkt Betroffenen. Mehr als zehn Jahre nach der Verabschiedung der »Welfare Reform« bietet sich die Gelegenheit, mit Hilfe der von diesen Gruppen inzwischen umfangreich dokumentierten Erfahrungen »vor Ort« den offiziellen Erfolgsmeldungen und häufig selektiven Darstellungen und Interpretationen von Seiten der Regierung und der etablierten Forschungsindustrie ein etwas präziseres Bild der neuen Workfare-Realitäten in der US-amerikanischen Gesellschaft entgegenzusetzen.

Grundlagen, Ziele und Aufbau der Arbeit

Die Arbeit basiert zu einem Großteil auf den Rechercheergebnissen und -auswertungen mehrerer Forschungsaufenthalte in den USA. In den Untersuchungsstädten Los Angeles und New York habe ich im Zeitraum von 2001 bis 2004 über 60 Experteninterviews mit Wissenschaftlern, Vertretern von Verwaltungen, Gewerkschaften, Wohlfahrtsverbänden und Community-Organisationen zur Umsetzung der nationalen »Welfare Reform« und ihrer Rolle in diesem Prozess durchgeführt.[3] Außerdem wurden zusätzlich zur umfangreich vorhandenen Sekundärliteratur und zu den Daten und Informationen, welche die Behörden und Forschungsinstitute zur Verfügung stellen, für die Fallstudien zahlreiche Primärquellen wie lokale Zeitungsberichte, Flugblätter und Broschüren von Organisationen und Lobbygruppen sowie Dokumente der lokalen Verwaltungen (Protokolle von öffentlichen Anhörungen und Sitzungen, Briefverkehr etc.) ausgewertet. Als besonders gewinnbringend für die Einschätzung der vielfältigen Informationen und der Auseinandersetzungen um die Ausgestaltung der neuen lokalen Workfare-Regime hat sich die enge Zusammenarbeit mit einigen US-amerikanischen Kollegen und universitären Einrichtungen erwiesen, die nicht nur den Zugang zu unveröffentlichten Dokumenten und zahlreichen Gesprächspartnern, sondern auch Möglichkeiten zur teilnehmenden Beobachtung geschaffen haben – sei es durch die Partizipation an Aktivitäten der sozialpolitischen Opposition, an Verwaltungssitzungen oder Veranstaltungen im Rahmen von lokalen Beschäftigungsprogrammen.[4]

Ausschlaggebend für die Entscheidung, den lokalspezifischen Auswirkungen der US-amerikanischen Sozialhilfereform näher nachzugehen, waren neben den oben genannten Gründen mehrere Irritationen. Zum einen war es die in einem der Dissertation vorangegangenen ver-

---

3   Eine Liste der Interviewpartner findet sich in der Bibliographie.
4   So war es mir unter anderem möglich, an Kursen teilzunehmen, die Sozialhilfeempfänger im Auftrag der Verwaltung auf eine Arbeitsaufnahme vorbereiten sollen, und Gespräche mit den »Betroffenen« zu führen.

gleichenden Forschungsprojekt[5] gewonnene Erkenntnis, wie leichtfertig in Deutschland in der kommunalen Sozialhilfe- und Beschäftigungspraxis, aber auch in der Wissenschaft Konzepte und Ansätze aus dem angelsächsischen Kontext übernommen werden, ohne sich eingehender mit deren Hintergründen und Auswirkungen beschäftigt zu haben. Zum anderen war es das Phänomen, dass das Interesse am Thema »Welfare Reform« und ihren Implikationen in den USA selbst in progressiven Kreisen, in den Gewerkschaften und in der kritischen sozialwissenschaftlichen Forschung gegenüber den 1990er Jahren deutlich nachgelassen hat. Hatte die Verabschiedung des PRWORA 1996 unter Präsident Clinton noch Rücktritte von Regierungsberatern sowie heftige Widerstände im linksliberalen Lager ausgelöst, scheint man sich nach Inkrafttreten des Gesetzes selbst dort mit der Tatsache abgefunden zu haben, dass es in den USA – anders als in den meisten westlichen Industrienationen – kein bundesstaatlich garantiertes letztes Sicherheitsnetz in Form von Sozialhilfe mehr gibt. Da jedoch nur ein Bruchteil aller Beschäftigten vom System der Arbeitslosenversicherung erfasst wird, lastet die Verantwortung für diejenigen, die sich nicht erfolgreich auf dem Markt behaupten können, in den Vereinigten Staaten seit Ende des 20. Jahrhunderts noch stärker auf den Kommunen, dem karitativen Sektor, den Familien und privaten Netzwerken, die damit – wie auf dramatische Weise zuletzt in New Orleans gesehen – oftmals vollständig überfordert sind.

Zwar erscheinen weiterhin regelmäßig Veröffentlichungen und wissenschaftliche Arbeiten, die sich mit unterschiedlichen Aspekten der Reform von 1996 und der Armutsentwicklung und -politik in den USA befassen, die wenigsten von ihnen gehen jedoch der Frage nach, wie lokale Akteure auf die Herausforderungen reagieren, die mit der Erosion des (nationalen) sozialen Sicherheitsnetzes und der Abschaffung eines Rechtsanspruchs auf staatliche Unterstützung verbunden sind. Während die ideologischen und politischen Hintergründe der nationalen Sozialhilfegesetzgebung sowie die wichtigsten Politikveränderungen in den Einzelstaaten gut erforscht und dokumentiert sind und in der Fachliteratur weitgehende Einigkeit über den Bedeutungszuwachs der kommunalen Ebene bei ihrer Implementierung herrscht (vgl. Brodkin 1997; Conlan 1998; Gais u.a. 2001; Cimini 2002; Gainsborough 2003), mangelt es bislang an aussagekräftigen vergleichenden Untersuchungen, in deren Zen-

---

5   Hierbei handelt es sich um das von der DFG finanzierte Forschungsprojekt »From Welfare to Work« unter der Leitung von Margit Mayer, das in den Städten Berlin und Los Angeles die Rolle von Nonprofit-Einrichtungen in der kommunalen Beschäftigungspolitik untersucht hat. Die Ergebnisse wurden 2004 veröffentlicht (Eick u.a. 2004).

trum die neuen Workfare-Regime in den US-amerikanischen Metropolen stehen. Diese Forschungslücke ist umso erstaunlicher, da die US-amerikanische Sozialhilfereform in der sozialwissenschaftlichen Diskussion oftmals als prominentes Beispiel fortschreitender Dezentralisierungstendenzen und als Beleg für ein umfassendes »Rescaling« wichtiger (sozial-)staatlicher Aufgaben und Funktionen in westlichen kapitalistischen Gesellschaften hervorgehoben wird (vgl. Kodras 1997; Eisinger 1998; Sawicky 1999; Jessop 1999; Theodore/Peck 1999; Weir 1999; Swyngedouw 2000; Peck 2001 u. 2002; Mohan 2003; Gough 2004; Brenner 2004). Hier will die Arbeit anknüpfen und versuchen, mit den durchgeführten Städtestudien und den daraus zu ziehenden Erkenntnissen einen Teil dieser Lücke zu schließen.

Die vorliegende Dissertation verfolgt im Wesentlichen drei Ziele: Erstens versteht sie sich als ein Beitrag zur politikwissenschaftlichen Forschung über die aktuelle Entwicklung des US-amerikanischen Wohlfahrtssystems. Sie geht am Beispiel der seit den 1990er Jahren veränderten Sozialhilfepolitik der übergeordneten Frage nach, welche Bedeutung dem Prozess der räumlichen Reorganisierung und der Verantwortungsverlagerung auf die subnationale Ebene (Devolution) bei der Neudefinition des Verhältnisses von Staat auf der einen und Zivilgesellschaft sowie sozialen Bürgerrechten auf der anderen Seite zukommt. Zweitens zielt die Arbeit darauf ab, anhand von empirischen Fallstudien zu fundierteren Aussagen darüber zu kommen, welche institutionellen, politischen und ökonomischen Faktoren in den Einzelstaaten und Kommunen für die Ausprägung und die Entwicklung der neuen Sozial- und Armutspolitik entscheidend sind. Hierzu gehört auch, die verbliebenen Handlungsoptionen von sozialen städtischen Bewegungen, Wohlfahrtsorganisationen und Bürgerrechtsgruppen in den gegenwärtigen ökonomischen und sozialstaatlichen Transformationsprozessen auszuloten. Über die Einbeziehung von außerparlamentarischen Kampagnen und Labor-Community-Initiativen in die Fallstudien New York und Los Angeles ist beabsichtigt, die Möglichkeiten und Grenzen der Einflussnahme nichtstaatlicher Akteure wie Gewerkschafts-, Bürgerrechts- oder Community-Organisationen auf die Ausgestaltung von lokalen Workfare-Systemen näher zu bestimmen. Drittens dient die Arbeit dazu, das Verständnis für die Folgen und »Fallstricke« einer nunmehr auch in Westeuropa und in der Bundesrepublik immer häufiger favorisierten dezentralisierten und aktivierenden Sozial(hilfe)politik zu schärfen und einige Anregungen für die hiesige Diskussion zu liefern.

Dabei geht die Arbeit von der These aus, dass mit der Rückverlagerung von Verantwortung auf die subnationale Ebene die bereits in staatlicher Sozial- und Armutspolitik angelegten autoritären und punitiven

Züge tendenziell gestärkt und somit neue Ausgrenzungsprozesse forciert werden, die sich unter anderem in diversen Formen des »bureaucratic disentitlement« (Lipsky 1984) niederschlagen. Das heißt, dass infolge der Abschaffung eines bundesstaatlich garantierten Rechtsanspruchs auf staatliche Unterstützung übergeordnete Kontrollinstanzen und Regulierungsmechanismen ausfallen bzw. erheblich geschwächt werden, die bis vor kurzem noch als positive Errungenschaften moderner keynesianischer Wohlfahrtsstaaten galten. Für die Vereinigten Staaten – wo Städte und Kommunen aufgrund ihrer Position im föderalistischen System und ihrer fiskalpolitischen Restriktionen besonders ungeeignet dazu sind, gesellschaftliche Benachteiligungen auszugleichen oder zumindest wirkungsvoll abzufedern – bedeutet dies, so meine zweite These, dass sich Armutsprobleme und sozial-räumliche Disparitäten in den nächsten Jahren noch weiter verschärfen werden. Als »Sündenbock« – das zeigen die Auseinandersetzungen um die Neuausrichtung der US-amerikanischen Einwanderungspolitik sowie die Zunahme von militanten Bürgerwehren – zeichnet sich bereits heute die wachsende Bevölkerungsgruppe der weniger qualifizierten und oftmals ohne amtliche Papiere lebenden Arbeitsmigranten (undocumented immigrants) aus lateinamerikanischen und asiatischen Ländern ab, die in vielen Regionen für die sinkende Lebensqualität und die Überlastung der kommunalen Sozialsysteme verantwortlich gemacht werden.

Zu Beginn der Arbeit wird nach einer kurzen Darstellung und Einordnung der offiziellen Zielsetzungen der »Welfare Reform« von 1996 auf den aktuellen Forschungsstand eingegangen. Aufgrund der Vielzahl der bis heute in den USA zum Thema erschienenen Veröffentlichungen und der oben bereits angesprochenen Defizite der meisten Untersuchungen konzentriere ich mich dabei auf sozialwissenschaftliche Arbeiten, welche die Sozialhilfereform kritisch als Teil eines weiter reichenden staatlichen und gesellschaftlichen Transformationsprozesses behandeln und diskutieren. Der Schwerpunkt liegt auf unterschiedlichen theoretischen Erklärungs- und Interpretationsversuchen, die sowohl eine historische Einordnung ermöglichen als auch das »Neue« an der US-amerikanischen Workfare-Politik deutlich machen. Am Schluss des zweiten Kapitels wird zudem der eigene Zugang der Arbeit noch einmal genauer vorgestellt und begründet.

Das zweite Kapitel widmet sich der widersprüchlichen Rolle der US-amerikanischen Bundesstaaten im Prozess der Re-Föderalisierung und Re-Konditionalisierung von Sozialhilfeleistungen, der in den USA bereits lange vor der Verabschiedung der »Welfare Reform« einsetzte und ohne den ein Verständnis des radikalen Umbaus hin zu einem zeitlich befristeten, weitgehend dezentralisierten und mit strikten Arbeitsver-pflichtungen verbundenen Unterstützungssystem nicht möglich ist. Das Kapitel beginnt mit einem Überblick zur Sozialhilfepolitik seit den 1960er Jahren, um strukturelle Veränderungen nach 1996 besser beurteilen zu können. Im zweiten Teil des Kapitels werden die neuen, Ende der 1990er Jahre als Reaktion auf die Bundesvorgaben verabschiedeten Sozialhilfegesetze in den Einzelstaaten dokumentiert, ausgewertet und diskutiert, da deren Ausführungsbestimmungen, finanzpolitische Entscheidungen und Prioritätensetzungen den übergeordneten Rahmen abgeben für kommunale Akteure und deren Handlungsoptionen in der aktuellen Workfare-Politik. Anhand dieser Auswertung lässt sich zeigen, dass fast alle Einzelstaaten – weitgehend unabhängig von arbeitsmarktpolitischen Voraussetzungen und ihren jeweiligen sozialpolitischen Traditionen – nicht nur einmütig der Rahmengesetzgebung Washingtons gefolgt sind, sondern mehrheitlich noch restriktivere Zugangs- und Bezugskriterien als von dieser verlangt in ihre neuen Sozialhilfe- und Beschäftigungsprogramme eingeführt haben. Am Schluss des Kapitels werden in einer Synthese der empirischen Forschungsliteratur die vorläufigen Ergebnisse zur lokalen Implementierung der »Welfare Reform« seit 1996 zusammengefasst.

Das dritte Kapitel geht schließlich den Auseinandersetzungen um die Ausgestaltung der neuen Sozialhilfepolitik in den US-amerikanischen Großstädten am Beispiel zweier Fallstudien nach. Der Ausgangspunkt für meine Analyse urbaner Workfare-Regime in New York City und Los Angeles seit Mitte der 1990er Jahre war die Annahme, dass vor allem drei Faktoren ihre Ausrichtung und Entwicklung maßgeblich beeinflussen: erstens die übergeordneten sozialpolitischen Regulierungen und Bestimmungen (Gesetze des Bundes und der Einzelstaaten), zweitens die lokalen ökonomischen Rahmenbedingungen (Armuts- und Einkommensentwicklung, Struktur und Aufnahmekraft des lokalen Arbeitsmarktes) und drittens die Fähigkeit und Bereitschaft kommunaler Bündnisse aus Community- und Gewerkschaftsorganisationen, die Rechte von Sozialhilfeempfängern und Erwerbslosen zu verteidigen. In diesem Zusammenhang war für die Auswahl der beiden Fallstudien auch entscheidend, dass in beiden Städten seit den 1960er Jahren eine Reihe von innovativen und progressiven sozialen Bewegungen und Wohlfahrtsorganisationen aktiv ist, die ein gewisses Maß an außerparlamentarischen Auseinandersetzungen um die neue Sozialhilfepolitik erwarten ließen.

Obwohl in beiden untersuchten US-Metropolen viele Rahmenbedingungen für eine arbeitszentrierte Sozialhilfepolitik ähnlich waren, stehen Los Angeles und New York stellvertretend für zwei unterschiedliche Workfare-Ansätze. Das New Yorker System kann in Anlehnung an die von Peck/Theodore (2000) entwickelten Kategorien (vgl. Tabelle 2) als »local state model« charakterisiert werden. Das heißt, dass ein Großteil der zur Arbeit verpflichteten Sozialhilfeempfänger zu unbezahlten »gemeinnützigen Tätigkeiten« in öffentlichen Betrieben und Verwaltungen herangezogen wird. Demgegenüber repräsentiert das lokale System in Los Angeles ein »work first/private market model«, das durch eine stärkere Orientierung an den Anforderungen der städtischen Dienstleistungsökonomie gekennzeichnet ist und vor allem auf eine möglichst schnelle Integration von Sozialhilfeempfängern in prekäre Beschäftigungsverhältnisse im ersten Arbeitsmarkt setzt. Während die Kosten beider Workfare-Regime für die unmittelbar von ihnen Betroffenen ähnlich gravierend ausfallen, zeichnet sich gleichzeitig ab, dass mit der »neuen« nationalen Sozialhilfepolitik in den USA nicht nur Deregulierungs- und Flexibilisierungsvorteile zur Verfolgung spezifischer lokaler arbeitsmarkt- und sozialpolitischer Zielsetzungen verknüpft sein können, sondern langfristig auch neue Herausforderungen und Konflikte entstehen werden bzw. bereits entstanden sind, auf welche die staatlichen Instanzen und Kommunen bislang nur unzureichend vorbereitet sind.

Im letzten Kapitel der Arbeit erfolgt ein Resümee der Untersuchungsergebnisse und wird ein Ausblick auf mögliche zukünftige Entwicklungen der Sozial(hilfe)politik in den USA gegeben, die auch maßgeblich davon bestimmt sein werden, wie sich die neuen demokratischen Mehrheiten im Kongress auswirken werden. Zum anderen soll das Abschlusskapitel neben einer Diskussion und Einordnung der Erkenntnisse in sozialwissenschaftliche Debatten über die staatliche Regulation »postindustrieller« Armutsprobleme auch einer kritischen Reflexion der Strategien und Handlungsmöglichkeiten sozialpolitischer Oppositionsbewegungen dienen. Selbst wenn viele Argumente und Ausführungen in dieser Arbeit die These vom »American Exceptionalism« bestätigen mögen und sich die US-amerikanischen Erfahrungen nicht einfach auf die Situation in der Bundesrepublik übertragen lassen, sollten sich aus ihr auch einige Hinweise darauf ziehen lassen, welche Aspekte in den hiesigen Auseinandersetzungen um die Zukunft des Sozialstaats besonders zu beachten sind.

Sozialhilfereform in den USA: »Ending Welfare As We Know It«?

Der 1996 verabschiedete »Personal Responsibility and Work Opportunity Reconciliation Act« (PRWORA) radikalisierte in vielerlei Hinsicht einen bereits lange zuvor begonnenen Abkehrprozess politischer Eliten und Entscheidungsträger von Errungenschaften des »goldenen Zeitalters« des US-amerikanischen Wohlfahrtsstaates: dem New Deal in den 1930er und dem »War on Poverty« in den 1960er Jahren. In diesen Hochphasen zentralstaatlichen Interventionismus war es unter demokratischen Bundesregierungen – vornehmlich als Reaktion auf Krisenerscheinungen – auch in den Vereinigten Staaten zu einem deutlichen Ausbau von sozialen Rechten und öffentlichen Investitionen zur Bekämpfung von Armut gekommen.

1935 war infolge von Großer Depression und Massenarbeitslosigkeit mit der Verabschiedung des »Social Security Act« (SSA) der Grundstein für eine nationale Sozialgesetzgebung und eine veränderte Aufgabenverteilung zwischen Bund und Einzelstaaten gelegt worden (Skocpol/Ikenberry 1983; Orloff 1988; Trattner 1999). Damit übernahm der US-amerikanische Zentralstaat zum ersten Mal in der Geschichte eine größere Verantwortung für Erwerbslose und Arbeitsunfähige, indem er eine bundeseinheitliche gesetzliche Rentenversicherung schuf und alle Einzelstaaten dazu anhielt, Arbeitslosenversicherungssysteme und zusätzliche Einkommensbeihilfen für unterstützungsbedürftige Alte, Behinderte und Kinder in Familien ohne männlichen Ernährer einzurichten. Dadurch, dass Washington mehr als die Hälfte der Kosten für die regionalen Sozialhilfeprogramme übernahm, konnte ein Mindestmaß an rechtlicher Kontrolle und zentralstaatlicher Steuerung sichergestellt werden. Dies markierte in den Vereinigten Staaten einen ersten historisch bedeutsamen Bruch mit Traditionen und Praxen der kommunalen Armenfürsorge des 19. Jahrhunderts und sorgte dafür, dass materielle Not von Seiten gesellschaftlicher Eliten und Behörden nicht länger einzig auf individuelles Versagen zurückgeführt und vornehmlich als moralisches Defizit und Verhaltensproblem der Betroffenen behandelt wurde (Handler/Hasenfeld 1991; Katz 1996). Ein Anspruch auf Familiensozialhilfe (»Aid to Dependent Children«, ADC) war gegeben, »wenn ein Kind hilfsbedürftig ist, weil ihm der elterliche Unterhalt oder die persönliche Fürsorge fehlt, sei es aufgrund des Todes, der dauerhaften Abwesenheit von zu Hause oder der physisch/psychischen Unfähigkeit eines Elternteils« (Section 406a des Social Security Act, zit. nach Leibfried 1977: 20). 1950 wurde die Bundessozialgesetzgebung dahingehend ergänzt, dass neben minderjährigen Kindern in Familien mit nur einem Elternteil von nun an auch deren Mütter berechtigt waren, für ihren eigenen Unterhalt Leistungen zu beziehen. Dementsprechend wurde das Bund-Staaten-Programm später in »Aid to Families with Dependent Children« (AFDC) umbenannt. Eine zusätzliche Ausweitung erfolgte 1962 mit dem Programm AFDC-UP (»Aid to Families with Dependent Children – Unemployed Parents«), das den Einzelstaaten über weitere Bundeszuschüsse Anreize geben sollte, auch solche Familien finanziell zu unterstützen, in denen beide Elternteile zusammenlebten und der Vater entweder arbeitsunfähig oder längere Zeit erwerbslos war (Kaplan 1997).

Waren mit dem »Social Security Act« die beiden wesentlichen Säulen des modernen US-amerikanischen Wohlfahrtsstaates (Versicherungsleistungen und zielgruppenspezifische steuerfinanzierte Einkommensbeihilfen) geschaffen, so kam es in den 1960er und 1970er Jahren unter den Präsidenten Kennedy und Johnson zu einer rapiden Expansion von nationalen und regionalen Anti-Armutsprogrammen, die sich zur dritten Komponente sozialstaatlicher Aktivitäten in den USA entwickeln sollten (Haskins 2006). Die Einführung der meisten dieser »human capital programs« und »placed-based programs« stand im engen Zusammenhang mit der Eskalation von politischen Unruhen und sogenannten Rassenkonflikten, die im Laufe der 1960er Jahre viele US-amerikanische Großstädte erschütterten. Hinzu kamen Massenmobilisierungen der afroamerikanischen Bürgerrechtsbewegung und anderer radikalisierter außerparlamentarischer Bewegungen und Organisationen von ethnischen Minderheiten, Studenten, Frauen und Sozialhilfeempfängern (Welfare Rights Movements, Black Panthers, Chicano Civil Rights Movement etc.), denen es gelang, die Verquickung von anhaltendem Rassismus, staatlicher Diskriminierung, Segregation, sozialer Ausgrenzung und Einkommensarmut auf die politische Tagesordnung zu setzen (Piven/Cloward 1977b; Schram/Turbett 1983; Hamilton/Hamilton 1997; Nadasen 2005). Erneut erwiesen sich die demokratischen Bundesregierungen – diesmal unter dem Druck starker progressiver gesellschaftlicher Kräfte und Protestbewegungen – als Instrument und Katalysator für zahlreiche soziale und rechtliche Reformen und konnten in Politikfelder (Bildung, Arbeits- und Wahlrecht, Umgang mit Minderheiten etc.) intervenieren, die bis dahin als Domäne der Einzelstaaten gegolten hatten. Mit Verabschiedung des »Civil Rights Act« (1964) und des »Voting Rights Act« (1965) untersagte der Bund unter Androhung des Entzugs seiner finanziellen Zuschüsse den Einzelstaaten rassistische Diskriminierungen und Einschränkungen verfassungsrechtlich geschützter Bürgerrechte, sei es bei der Ausübung des Wahlrechts, in der Schulbildung, in den Arbeitsbeziehungen oder in staatlichen Sozialprogrammen (Hamilton/Hamilton 1997). Ende der 1960er Jahre kam es zudem zu wichtigen Grundsatzentscheidungen des Obersten Gerichtshofes in Bezug auf die Sozialhilfegewährung, welche die bis dato in vielen Bundesstaaten und Kommunen übliche Behördenpraxis, Geldzahlungen aufgrund des »unmoralischen Lebenswandels«, der Hautfarbe oder der Herkunft von hilfesuchenden Antragstellern zu verweigern, als verfassungswidrig erklärten und insgesamt zu einem größerem Schutz der Armutsbevölkerung vor Verwaltungswillkür führten (vgl. S. 53 ff.). Damit büßte die für die Fürsorgetradition in den USA grundlegende Unterscheidung zwischen würdigen und unwürdigen Armen gegenüber der Idee von sozialer Unterstützung als einem Rechtsanspruch (entitlement) für eine kurze Zeit an Bedeutung ein (Klotz u.a. 2000: 5).

Darüber hinaus wurden zwischen 1963 und 1968 im US-Kongress über 100 Gesetze zur Verbesserung des Gesundheits- und Erziehungswesens verabschiedet (Adams 1999: 414), darunter so wichtige Programme wie »Medicare« und »Medicaid«, die zum ersten Mal im ganzen Land eine medizinische Grundversorgung für Bedürftige und Senioren gewährleisteten.[1] Zusätzlich wurden im Rahmen der Great-Society-Politik[2] der Johnson-Regierung Mittel für den sozialen Wohnungsbau zur Verfügung gestellt und eine vom Bund finanzierte Rechtsbeihilfe für bedürftige Personen (legal services) eingeführt, von der bis heute zahlreiche lokale Community-Oganisationen und sogenannte »Advocacy Groups« für die Interessen der Armutsbevölkerung (vgl. S. 215 ff. u.

---

1   »Medicare« ist die bundesstaatliche gesetzliche Krankenversicherung für Ältere ab 65 Jahren, »Medicaid« ist ein steuerfinanziertes Bund-Staaten-Programm, das für medizinische Leistungen bei einkommensschwachen Familien aufkommt, wenn diese über keine private Krankenversicherung verfügen (Murswieck 2004).

2   Der Begriff Great Society geht auf eine Wahlkampfaussage Lyndon B. Johnsons aus dem Jahr 1963 zurück, in der er die Aufgabe der Armutsbekämpfung im Land nicht nur als staatliche, sondern als eine gesamtgesellschaftliche Anstrengung darstellte, in die alle Bereiche und Ebenen einbezogen werden sollten.

303 ff.) profitieren können. Mit dem 1964 geschaffenen Bundesamt Office of Economic Opportunity und seinen verschiedenen Initiativen wurden zum ersten Mal auch die Kommunen sowie Nachbarschafts- und Bürgerinitiativen direkt und in größerem Umfang in zentralstaatliche Aktionsprogramme und soziale Dienste zur Stabilisierung von strukturschwachen Stadtteilen und Armutsquartieren einbezogen (Morris 2004). Durch die unmittelbare finanzielle Unterstützung von lokalen Projekten sollte unter Umgehung der Regierungen der Einzelstaaten deren Einfluss auf die Mittelvergabe verringert werden, da ein Großteil von ihnen weiterhin äußerst konservativ war und die Zielsetzungen der liberalen Bundesregierung (Bekämpfung der Rassendiskriminierung, Stärkung der Bürgerbeteiligung) häufig nicht teilte.

Trotz erheblicher Verbesserungen und Innovationen in den 1960er Jahren blieb das US-amerikanische System staatlicher Armutsbekämpfung allerdings weiterhin inkohärent, extrem fragmentiert und vor allem in Bezug auf den Schutz von Kindern und die Beseitigung der Armut unter Afroamerikanern und anderen ethnischen Minderheiten äußerst ineffizient (Gilbert/Gilbert 1989; Lawson/Wilson 1995; Noble 1997; Danziger 2001; Smeeding u.a. 2001). Während die Leistungen der ersten Säule des modernen US-amerikanischen Wohlfahrtsstaates, die auf dem Versicherungsprinzip basieren, in der Nachkriegsentwicklung eine wachsende Popularität erfuhren und von verschiedenen Interessenkoalitionen (Rentnern, Gewerkschaften und zum Teil auch den Arbeitgebern) verteidigt wurden, scheiterten alle parlamentarischen Versuche, die diversen zielgruppenspezifischen Fürsorgeleistungen in eine universelle und bundesweit einheitliche Mindestsicherung umzuwandeln, am Widerstand einflussreicher Vetogruppen (Unternehmerverbände, Landwirtschaftsvertreter, Teile der Republikanischen Partei und Südstaaten-Politiker) bereits im Vorfeld des Gesetzgebungsverfahrens (Lockhart 1991; Lieberman 2003).

Noch stärker als in anderen kapitalistischen modernen Gesellschaften galt in den USA selbst während progressiver sozialpolitischer Phasen offiziell die Prämisse, dass eine direkte finanzielle Unterstützung möglichst auf diejenigen beschränkt werden sollte, die nicht in der Lage sind, durch Erwerbsarbeit ihren eigenen Unterhalt zu sichern. Einkommensbeihilfen für bedürftige Alleinstehende oder Familien ohne minderjährige Kinder (»General Assistance« oder »General Relief« genannt) wurden vom Bundesgesetzgeber nie verbindlich vorgeschrieben, sondern blieben in Anlehnung an die Armenfürsorge des 19. Jahrhunderts freiwillige Leistungen der Einzelstaaten und Kommunen (vgl. S. 87 ff.). Zudem gerieten steuerfinanzierte Programme wie die Familiensozialhilfe, als ihre Inanspruchnahme in den 1960er und 1970er Jahren merklich anstieg, zum bevorzugten Wahlkampfthema konservativer Politiker, die Kostenargumente mit dem Vorwurf an ihre liberalen Gegner verbanden, über eine zu große Permissivität in der Sozialpolitik traditionelle amerikanische Normen und Werte wie individuelles Leistungsstreben, ökonomische Selbständigkeit und den Familienzusammenhalt zu unterminieren (Waddan 1997; Gilens 1999; Weaver 2000).

Auch die dritte Säule des US-amerikanischen Sozialsystems, die seit dem »War on Poverty« vornehmlich auf die Förderung von Chancengleichheit sowie den Ausbau der sozialen Infrastruktur in ökonomisch benachteiligten Regionen und Kommunen setzte, erwies sich als unzureichender Ersatz für fehlende universelle Sozial- und Transferleistungen. Sie stellt bis heute ein buntes Patchwork von vielen unkoordinierten nationalen und dezentralisierten Programmen dar, die in der Regel befristet sind, häufig einen experimentellen Charakter aufweisen und somit auch – je nach sich wandelnden politischen Mehrheitsverhältnissen und fiskalpolitischen Erwägungen – schnell wieder abzuschaffen sind. Allein im Bereich der Weiterqualifizierung und Beschäftigungsförderung von benachteiligten Bevölkerungsgruppen gab es Mitte der 1990er Jahre mehr als 150 verschiedene Programme, die von ganz unterschiedlichen Ministerien in Washington und den Einzelstaaten verwaltet wurden (Haskins 2006: 5). Diese »human capital programs« waren jedoch finanziell meist nur sehr dürftig ausgestattet und erreichten nur einen kleinen Teil des potentiellen Empfängerkreises (Noble 1997). Da sie in der Öffentlichkeit außerdem zunehmend als Instrumente zur Unterstützung von ethnischen Minderheiten – vornehmlich Afroamerikanern in den Innenstädten des Nordens – wahrgenommen wurden, haftete ihnen auch recht bald ein »Ghetto-Stigma« und der Vorwurf an, Steuermittel für die Ausbreitung einer »Abhängigkeitskultur« und krimineller »urbaner Unterschichten« zu verschwenden (vgl. Massey/Denton 1993; Gans 1995; Wilson 1996; Williams 1998; Brown 2003).

Selbst auf ihrem Zenit wohlfahrtsstaatlicher Expansion wendeten die USA insgesamt weiterhin wesentlich weniger Ressourcen als die meisten OECD-Staaten für Sozialleistungen und Armutsbekämpfung auf. Mitte der 1990er Jahre betrug der Anteil öffentlicher Sozialausgaben am Bruttoinlandsprodukt (BIP) in den Vereinigten Staaten knapp 16 Prozent, während der Durchschnitt in der Europäischen Union bei über 25 Prozent lag (Alesina u.a. 2001: 191). Den größten Anteil an den steuerfinanzierten Sozialausgaben sowie die höchsten Zuwachsraten verzeichnete in der zweiten Hälfte des 20. Jahrhunderts in den USA neben dem Bereich der Bildungsförderung das Bundesprogramm »Medicaid«, das eine medizinische Grundversorgung von mittellosen Familien ohne Krankenversicherung sicherstellt. Ein weiterer wesentlicher Kostenfak-

tor ist das Programm »Earned Income Tax Credit« (EITC), mit dem der
Zentralstaat seit 1975 über Steuererleichterungen die Lohneinkommen
von inzwischen fast 22 Millionen Familien subventioniert (Holt 2006: 3)
und das in vielen Rezeptionen der US-amerikanischen Sozialpolitik als
das vielversprechendste und effektivste Instrument der Armutsbekämpfung gilt (Myles 1998; Schelke 2000; Meyer/Holtz-Eakin 2002;
Okwuje/Johnson 2006). Zusammen machten diese beiden Programme
(»Medicaid« und EITC) zum Zeitpunkt der »Welfare Reform« etwa 20
Prozent der bundesstaatlichen Sozialausgaben aus (Burke 2004: 5). Dagegen entfielen in den 1990er Jahren trotz gestiegener Empfängerzahl –
die sich zwischen 1965 und 1992 in etwa verdreifacht hatte, danach aber
wieder gesunken war – lediglich etwa 0,25 Prozent des BIP bzw. 0,9
Prozent der Bundessozialausgaben auf die Familiensozialhilfe (Murswieck 2004: 668), deren Abschaffung im Zentrum des PRWORA stand.
Die gängige Behauptung, es habe sich bei AFDC um ein teures und in
Bezug auf die Kosten um ein stetig wachsendes Programm gehandelt,
trifft nach der Expansionsphase der 1960er Jahre daher nicht mehr zu.
Weiterhin steigende Fallzahlen wurden durch Leistungseinschränkungen
mehr als ausgeglichen (vgl. S. 101 ff.), so dass sich die Versorgungslage
des Empfängerkreises im Laufe der Jahre eher verschlechterte.

Daraus lässt sich zunächst schließen, dass es – anders als in vielen Medienberichten oder von oberflächlichen sozialwissenschaftlichen Betrachtungen angenommen – zumindest auf Seiten der nationalen Gesetzgeber keine zwingenden fiskalpolitischen Gründe gab, gerade das Programm AFDC mit seinen niedrigen Leistungen ins Visier radikaler Umstrukturierungen zu nehmen. Zwar waren die Debatten um den richtigen
Weg in der Sozialpolitik und bei der Armutsbekämpfung auch in den
USA immer wieder von Forderungen nach einer Reduzierung des nationalen Haushaltsdefizits und einer scharfen Kritik an einem aufgeblähten
Staatsapparat (big government) begleitet worden. Diese wurden – nachdem die Reagan-Adminstration bereits in den 1980er Jahren erhebliche
Einschnitte im sozialen Netz vorgenommen hatte (Slessarev 1988;
O'Connor 1998) – aber immer stärker von moralischen und ideologischen Argumenten überlagert (Bryner 1998; Weaver 2000). Insgesamt
fiel das Einsparungspotential, das vom Bund mit der 1996 erfolgten
Überführung der Familiensozialhilfe in eine temporäre Beschäftigungsförderung realisiert werden konnte, im Vergleich mit anderen Sozialprogrammen eher gering aus. Für die ersten Jahre nach der Umsetzung der
»Welfare Reform« (1996-2002) prognostizierte das Congressional Budget Office (1996: 12) – trotz der vorgesehenen einschneidenden Leistungskürzungen für Migranten und andere Bevölkerungsgruppen – einen

Anstieg aller Sozialausgaben für bedürftige Familien von 50 Prozent. Konservative Kritiker der »Welfare Reform« (Rector 2001; Tanner 2003) meinen sogar belegen zu können, dass die von ihr ausgelösten administrativen Umstellungen und die zahlreichen neu geschaffenen Programme zur Umsetzung und Kontrolle der Arbeitsverpflichtung die Kosten gegenüber dem alten Sozialhilfesystem unterdessen noch erheblich gesteigert haben. Es wäre dementsprechend falsch oder zumindest voreilig, die von der »Welfare Reform« forcierte Umstrukturierung des US-amerikanischen Wohlfahrtsregimes lediglich als weiteren Akt des Rückbaus (retrenchment) zu bewerten, der in erster Linie auf finanzielle und bürokratische Entlastungen sowie einen »schlanken Staat« abzielt (Piven 1999; Quadagno/Street 2006).

In der sozialwissenschaftlichen Literatur, die sich kritisch mit der US-amerikanischen »Welfare Reform« und ihren gesellschaftspolitischen Implikationen beschäftigt, werden verschiedene Interpretationen ihrer Hintergründe und Zielsetzungen angeboten. Diese reichen von feministischen und ideologiekritischen Ansätzen, welche die restriktive Wende in der Armutspolitik primär auf das Wiedererstarken patriarchal-konservativer Werte, Diskurse und Bewegungen zurückführen, bis hin zu sozialwissenschaftlichen Analysen, die vor allem die spezifische föderalistische Struktur und Armutsgeographie für die auffällige Schwäche sozialstaatlicher Arrangements in den Vereinigten Staaten verantwortlich machen. Immer mehr Autoren betonen zudem die weiterhin zentrale Rolle des Rassismus in der US-amerikanischen Sozialpolitik und heben die anhaltenden tiefen Spaltungen der US-amerikanischen Gesellschaft entlang ethnischer Gruppierungen als Grund für die vergleichsweise niedrige Solidarisierung der Bevölkerung mit Benachteiligten und Bedürftigen hervor. Ergänzt werden diese Erklärungsversuche von marxistisch geprägten und stärker funktionalistisch argumentierenden Ansätzen. Diese werten die mit der »Welfare Reform« verbundenen Tendenzen der fortschreitenden Deregulierung, Dezentralisierung und Re-Kommodifizierung des US-amerikanischen Wohlfahrtssystems im Wesentlichen als Reaktion auf ökonomische Strukturveränderungen und als Teil eines veränderten kapitalistischen Regulationsmodells, das weltweit den Wettbewerb zwischen nationalen und regionalen Wirtschaftsräumen vorantreibt und mit einem Abbau sozialer Bürgerrechte, verstärkter Lohnkonkurrenz und einer weitgehenden Flexibilisierung der Arbeitsmärkte verbunden ist.

Im Folgenden wird es darum gehen, zunächst die offiziellen Zielsetzungen des PRWORA zusammenzufassen. Danach erfolgt ein Überblick zu den in der kritischen Fachliteratur und Forschung vorherrschenden

Interpretationen der Sozialhilfereform von 1996,[3] um am Schluss des Kapitels den eigenen Zugang der Arbeit zu erläutern. Im darauffolgenden Kapitel werden dann als zentraler Teil ihrer Vorgeschichte die spezifische Rolle und die Funktionen der Einzelstaaten bei der Durchsetzung einer restriktiveren und arbeitsfokussierten Sozialhilfepolitik thematisiert.

Die offiziellen Zielsetzungen der »Welfare Reform«

In die Sozialhilfereform von 1996 flossen – ähnlich wie in ihre Vorläufer aus den 1960er und 1980er Jahren – recht widersprüchliche Grundannahmen der Gesetzgeber über Armutsursachen und soziale Ungleichheiten ein. Gemeinsam war ihnen jedoch, dass sie erstens demographische Verschiebungen und ein verändertes Reproduktionsverhalten, das heißt die erhebliche Zunahme von unehelichen Kindern und von Familien ohne männlichen Ernäher seit den 1960er Jahren[4], für die anhaltende Armut unter Kindern, Jugendlichen, Frauen und ethnischen Minoritäten in den USA verantwortlich machten. Zweitens bestand Einigkeit darüber, dass die Familiensozialhilfe (AFDC) aufgrund ihrer vermeintlich kontraproduktiven Auswirkungen (Zerstörung von traditionellen Familienstrukturen) und falschen Anreizstrukturen (Schwächung des Arbeitsethos unter den Beziehern) abgeschafft und in ein neues beschäftigungsorientiertes Transfersystem überführt werden sollte. Weaver (1998 u. 2000: 150 ff.), der am systematischsten die inhaltlichen Auseinandersetzungen auf Bundesebene zur Ausrichtung der »Welfare Reform« verfolgt und dokumentiert hat, nennt fünf verschiedene programmatische Ansätze, die in den beiden großen Parteien in den 1990er Jahren dominant waren und auf die Formulierung der Gesetzgebung Einfluss nahmen:

1. Incentive Approach: Hierbei handelt es sich um die Position des linksliberalen und gewerkschaftsnahen Flügels der Demokratischen Partei,

---

3 Zum Stand der deutschen Forschung, die stark von einer historisch-institutionalistischen Perspektive geprägt ist, vgl. Gehlen 1997 u. 2005; Gebhardt 1998; Gebhardt u.a. 1999; Backhaus-Maul 1999; Rieger/Leibfried 2001; Murswieck 2001 u. 2002; Schildt 2002; Wilke 2002.

4 Der Anteil der Geburten bei unverheirateten Müttern an allen Geburten ist in den USA zwischen 1960 und 1993 von etwas über 20 auf 55 Prozent angestiegen; bei afroamerikanischen Müttern lag der Wert 1993 bei fast 70 Prozent (US House of Representatives 1996: 7).

für den zu niedrige Löhne, die schlechte Ausstattung von Sozialprogrammen wie AFDC und fehlende Beschäftigungschancen die Hauptursachen von Armut sind. Neben einer Erhöhung des bundesweit geltenden Mindestlohns, einer besseren staatlichen Gesundheitsversorgung sowie Initiativen zur Schaffung von Arbeitsplätzen forderten seine Vertreter die Stärkung von verschiedenen Anreizen für Sozialhilfeempfänger, eine Beschäftigung aufzunehmen – unter anderem einen Ausbau staatlicher Lohnsubventionen, eine deutliche Anhebung der Zuverdienstgrenzen und die staatliche Übernahme von Kinderbetreuungskosten –, mit der Absicht, »to make work pay«.

2. Rehabilitation Approach: Dieser in der Demokratischen Partei dominante, aber auch unter gemäßigten Republikanern verbreitete Ansatz setzt weiterhin wie viele der Programme aus den 1960er Jahren auf eine Stärkung des »Humankapitals« und der Chancengleichheit. Beschäftigungs- und soziale Aufstiegsbarrieren wie ein mangelhaftes und diskriminierendes Ausbildungssystem, Sprachdefizite (bei Migranten), familiäre und sonstige Probleme bei der Lebensführung stehen im Zentrum der Diagnose von Armutsproblemen, die mit größeren staatlichen Investitionen in Weiterbildung und berufliche Qualifizierung, einer besseren Koordination bereits bestehender Maßnahmen zur Beschäftigungsförderung sowie mit dem Ausbau von Kinderbetreuungs- und sozialarbeiterischen Angeboten behoben werden sollen.

3. Paternalist Approach: Der paternalistische Ansatz ist sehr eng mit den Vorstellungen konservativer Intellektueller wie Lawrence M. Mead (1988 u. 1997a) verknüpft, wurde in den 1990er Jahren aber auch immer stärker von den sogenannten »New Democrats« übernommen, die sich wie Präsident Bill Clinton als Modernisierer und Repräsentanten der politischen Mitte verstanden. Hier spielen strukturelle und ökonomische Ursachen für die Erklärung von Armutsphänomenen keine Rolle mehr. Einkommensarmut und damit in Zusammenhang gebrachte Folgeerscheinungen wie die Auflösung von Familien, Kriminalität und soziale Desintegration werden vor allem auf einen gesamtgesellschaftlichen Werteverlust und eine spezifische »Armutskultur der Unterschichten« zurückgeführt. Durch die Großzügigkeit von Sozialhilfe- und Fürsorgeprogrammen, die für staatliche Unterstützung keinerlei Gegenleistungen verlangten, sei das Prinzip der Staatsbürgerschaft, das auf Rechten und Pflichten beruhe, untergraben worden – zum Nachteil der Gesellschaft, aber auch der Armutsbevölkerung, die damit demoralisiert und in Unfreiheit gehalten werde. Als Lösung des Problems der »Abhängigkeit vom Sozialstaat« (welfare dependency) wird neben einer strikten Ar-

beitsverpflichtung von den Transferbeziehern eine verantwortungsbewusste Lebensführung verlangt, die nur mit Sanktionen und strenger staatlicher Kontrolle durchzusetzen sei.

4. Deterrence Approach: Vertreter dieses Ansatzes, der vor allem auf Abschreckung setzt, stimmen mit dem Argument des »neuen Paternalismus« überein, dass Sozialhilfe den Armen grundsätzlich schadet. In diesem Konzept, das im rechten Lager der Republikanischen Partei und unter radikalen Wirtschaftsliberalen eine große Anhängerschaft findet, sind es jedoch weniger die Armen, die sich dysfunktional verhalten, sondern das staatliche Fürsorgesystem an sich sei das zentrale Problem, weil es das Individuum aus seiner persönlichen Verantwortung entlasse. Anders als die »Paternalisten« gehen Vertreter des »Abschreckungsprinzips« (Murray 1984; Rector 1995) davon aus, dass es am besten sei, Einkommensbeihilfen und Fürsorgeprogramme ganz abzuschaffen oder zumindest den Zugang möglichst restriktiv zu gestalten. Deswegen forderten sie eine strikte zeitliche Begrenzungen des Sozialhilfebezugs und den Ausschluss von Bevölkerungsgruppen wie Migranten, Arbeitsunwilligen, Drogenabhängigen oder jungen Müttern, die sich weigern, zu heiraten oder bei ihren Eltern zu leben. Einige Vertreter der »Abschreckungsdoktrin« gingen sogar soweit, unverheirateten Frauen im Sozialhilfebezug mit dem Entzug des Sorgerechts für ihre Kinder zu drohen (Fitzgerald 2004).

5. Devolution Approach: Dieser Ansatz, der sich sowohl innerhalb der Republikanischen Partei als auch auf Seiten der »Neuen Demokraten« und Landespolitiker ab den 1980er Jahren einer wachsenden Beliebtheit erfreute, resultierte in der Forderung, den Einzelstaaten bei den zukünftigen Sozialhilfe- und Beschäftigungsprogrammen eine noch größere Verantwortung und Flexibilität zuzugestehen. Eine Lockerung bundesstaatlicher Richtlinienkompetenzen und eine größere Autonomie der lokalstaatlichen Instanzen wurde zur besten Lösung erklärt, um die diagnostizierten gesellschaftlichen Fehlentwicklungen wie die Auflösung von traditionellen Familienformen oder die erhöhte Zahl von Schwangerschaften unter jungen und unverheirateten Frauen zu korrigieren sowie die Aufgabe der Arbeitsmarktintegration von Sozialhilfeempfängern – angepasst an die jeweiligen lokalen Rahmenbedingungen – umzusetzen.

Das im August 1996 von Präsident Clinton unterzeichnete Gesetzespaket »zur Stärkung der individuellen Verantwortlichkeit und Förderung von Beschäftigungschancen« und die später verabschiedeten Ergänzungs- und Novellierungsgesetze tragen am deutlichsten die Handschrift des »New Paternalism« und der »Abschreckungsdoktrin«.[5] Als wichtigstes Novum gegenüber dem alten Sozialhilfesystem konnten deren Vertreter die Abschaffung eines Rechtsanspruchs von bedürftigen Familien auf staatliche Unterhaltszahlungen, eine allgemeine Arbeitsverpflichtung, eine zeitliche Befristung der Sozialhilfeleistungen auf maximal fünf Jahre sowie die Ausgrenzung von neu zugewanderten Migranten und ihren Familien aus der Verantwortung des Zentralstaates durchsetzen. Die Details der Umsetzung der Arbeitsverpflichtung und der Zugangsregeln zum Leistungsbezug sowie die Entscheidung über die Anwendung weiter reichender Sanktions-, Erziehungs- und Kontrollinstrumente überließen die Gesetzgeber in Anlehnung an die »Devolutionsphilosophie« weitgehend den Einzelstaaten und lokalen Sozialverwaltungen (vgl. S. 229 ff.). Als einziges größeres Zugeständnis an linksliberale Positionen wurden mit der neuen Gesetzgebung die verschiedenen Bundestöpfe zur Subventionierung von Kinderbetreuungskosten für Familien mit Niedrigeinkommen in einem Förderprogramm konsolidiert und gegenüber dem alten System um etwa $4 Milliarden aufgestockt (Burke 2004: 5).

Thematisch lassen sich vier Hauptstränge der neuen Sozialhilfegesetzgebung von 1996 unterscheiden: erstens die familienpolitischen Zielsetzungen; zweitens diejenigen Vorkehrungen, die den Zwang zur Arbeitssuche und Erwerbsarbeit verschärften; drittens die Neubestimmung sozialer Bürgerrechte durch die Ausgrenzung von ausgewählten Bevölkerungsgruppen; und viertens die Ausweitung von Public-Private-Partnerships in der Sozialpolitik, über die verstärkt auch religiöse Gruppierungen mobilisiert werden sollten.[6]

---

5 Es gab allerdings auch einige wenige Ergänzungsgesetze, die den restriktiven Ansatz des PRWORA in manchen Punkten wieder korrigierten. Dazu gehörte zum Beispiel der 1997 im Kongress verabschiedete »Balanced Budget Act«, mit dem die Bundesregierung den Einzelstaaten und Kommunen zusätzliche Fördermittel zur Arbeitsintegration von Sozialhilfeempfängern bereitstellte und einen Teil der Einschränkungen für Migranten wieder zurücknahm. Obwohl der PRWORA im Herbst 2002 hätte novelliert und neu abgestimmt werden müssen, entschied sich der Kongress aufgrund anderer politischer Prioritätensetzungen und bestehender inhaltlicher Differenzen bis zur Verabschiedung des »Budget Deficit Act« im Jahr 2006 dafür, die 1996 beschlossenen Regelungen immer wieder für einen Zeitraum von einem halben Jahr unverändert zu übernehmen (Burke 2004).

6 Alle folgenden Angaben beziehen sich, wenn nicht anders angegeben, auf die Quelle: US House of Representatives 1996.

Familienpolitische Leitlinien

Die familienpolitischen Leitlinien der »Welfare Reform« und des neuge-
schaffenen Programms »Temporary Assistance for Needy Families«
(TANF) wurden im Gesetz folgendermaßen zusammengefasst: die Sicherstellung der familiären und häuslichen Versorgung und Betreuung
von Kindern; die Beendigung der Abhängigkeit bedürftiger Eltern von
staatlichen Sozialleistungen durch die Förderung ihrer Beschäftigungsfähigkeit, der Arbeitsaufnahme und ehelicher Gemeinschaften; die Prä-
vention und Verringerung außerehelicher Geburten sowie die Unterstützung von Familien mit zwei Elternteilen, in denen die Väter mehr Verantwortung übernehmen sollen. Damit gingen die Gesetzgeber über ihr
ursprünglich formuliertes Ziel, die Reformierung der Familiensozialhilfe
(AFDC), weit hinaus. Zur Stärkung traditioneller Familienformen (ehe-
liche Gemeinschaften) und der Steuerung des Reproduktionsverhaltens
von Frauen wurden durch den PRWORA verschiedene Instrumente und
Programme geschaffen, die zum einen auf finanzielle Anreize und zum
anderen auf Sanktionen und Strafen setzen. Zu den finanziellen Anreizen für die Einzelstaaten gehörten Bundeszuschüsse zur Reduzierung
unehelicher Schwangerschaften, darunter ein »Illegitimacy Bonus« über
$400 Millionen, mit dem jedes Jahr diejenigen fünf Einzelstaaten vom
Bund direkt belohnt wurden, die bei gleichbleibenden Abtreibungsquoten den höchsten Rückgang von unehelichen Geburten vorweisen konnten. Zusätzlich stellte der Bund ab 1996 etwa $50 Millionen pro Jahr für
die Durchführung von »Erziehungsprogrammen zur sexuellen Enthalt-
samkeit« zur Verfügung, die mit der Gesetzesnovellierung im Februar
2006 um weitere $150 Millionen pro Jahr aufgestockt wurden, um die
Einzelstaaten und Kommunen zu neuen Experimenten und Initiativen
zur Stärkung väterlicher Verantwortung (responsible fatherhood initiatives) und ehelicher Gemeinschaften zu animieren (US Department of
Health and Human Services 2006).

Der PRWORA ermutigte die Einzelstaaten außerdem, sogenannte
»family caps« in ihre neuen TANF-Programme aufzunehmen. Indem sie
die Leistungsansprüche auf die bereits bei der Antragstellung geborenen
bzw. gezeugten Kinder beschränken, sollen sie verhindern, dass Frauen
im Sozialhilfebezug erneut schwanger werden. Darüber hinaus stellte
das Gesetz es den Einzelstaaten frei, minderjährige Mütter ganz aus dem
Leistungsbezug auszuschließen. Verpflichtend wurde für alle Staaten,
die finanzielle Unterstützung von der Kooperation der Antragstellerinnen bei der Vaterschaftsfeststellung und bei der Eintreibung von Unterhaltszahlungen abhängig zu machen. Frauen, die diese Zusammenarbeit
verweigern und ihre Privatsphäre den Behörden nicht vollständig offen

legen wollen, müssen nach Willen der nationalen Gesetzgeber mit Leistungseinbußen oder -einstellungen bestraft werden. Eine Sanktionsverpflichtung besteht auch gegenüber schulpflichtigen Frauen, die sich weigern, ihre Ausbildung abzuschließen und bei ihren Eltern, Verwandten oder in staatlichen Einrichtungen zu leben.

Arbeitsmarktintegration

Die strikten Arbeitsauflagen und Zeitlimits, denen Bezieher von Sozialtransfers – im Rahmen des neuen Programms TANF und der Ernährungsbeihilfen (»Food Stamps«) – seit 1996 unterliegen, wurden von den Gesetzgebern mit der Absicht begründet, ihnen eine ökonomisch selbständige Lebensführung ermöglichen zu wollen. Ziel von PRWORA war es, die durchschnittliche Länge des Transferbezugs deutlich zu senken und ein System zu schaffen, das gleichzeitig die Gefahr der Abhängigkeit vom Staat bekämpft und Familien in temporären finanziellen Schwierigkeiten eine befristete staatliche Unterstützung erlaubt. Hierfür sind im Gesetz drei verschiedene Zeitlimits vorgesehen: Bereits nach zwei Monaten des Leistungsbezugs können Hilfeempfänger von den Sozialverwaltungen zu gemeinnützigen Arbeiten (community service) herangezogen werden; spätestens nach zwei Jahren des Leistungsbezugs müssen sie einer kontinuierlichen Beschäftigung nachgehen; spätestens nach fünf Jahren des Leistungsbezugs (bezogen auf die Gesamtlebenszeit) erlischt der Anspruch auf weitere finanzielle Unterstützung durch Bundesmittel.

Zu den zentralstaatlichen Auflagen für das neue TANF-Programm gehörte eine klare »work-first«-Ausrichtung, das heißt, alle staatlichen Leistungen, Maßnahmen und sozialen Dienste sollten sich an dem Ziel orientieren, Transferempfänger möglichst schnell in den Arbeitsmarkt zu integrieren. Die Gewährung materieller Hilfen zum Lebensunterhalt und Investitionen in Aus- und Weiterbildung traten hinter diese Aufgabe zurück. Der PRWORA verlangte als Voraussetzung für die jährlichen Bundeszuschüsse von den Einzelstaaten und Kommunen, möglichst alle erwachsenen Leistungsbezieher (inklusive alleinerziehender Frauen mit Kleinkindern über zwölf Monaten) in Arbeit oder Beschäftigungsmaßnahmen zu bringen. Zum ersten Mal schrieb der Bund gesetzlich auch die Anwendung von Sanktionen gegenüber »kooperationsunwilligen Programmteilnehmern« vor. Des Weiteren legte der PRWORA fest, dass auch alle erwerbsfähigen Bezieher von Lebensmittelmarken (zwischen 18 und 50 Jahren) nicht länger als drei Monate kontinuierlich und nicht länger als insgesamt drei Jahre unterstützt werden dürfen, wenn sie nicht an Beschäftigungsmaßnahmen teilnehmen bzw. erwerbstätig sind. Die

Liste der von den Gesetzgebern vorgegebenen Möglichkeiten, den Arbeitsverpflichtungen nachzukommen, reichte von regulärer Erwerbstätigkeit über die Teilnahme an Bewerbungs- und Verhaltenstrainings oder Berufspraktika bis hin zur Übernahme gemeinnütziger Aufgaben. Weiterbildungsmaßnahmen dagegen wurden mit einer zeitlichen Befristung versehen und auf einen kleinen Teil, maximal 20 Prozent aller Hilfeempfänger, beschränkt.

Zur Sicherstellung der beschäftigungspolitischen Ziele dienten im Gesetz präzise festgelegte Quoten- und Zeitvorgaben (work participation rates). Bis 1997 mussten mindestens 25 Prozent aller alleinstehenden Transferempfänger und 65 Prozent aller Sozialhilfebezieher in vollständigen Familien arbeiten bzw. einer Arbeit oder einer Kombination der im Gesetz aufgelisteten Tätigkeiten nachgehen; ab 1999 bzw. 2002 stieg die Quote auf 50 bzw. 90 Prozent. Auch der zeitliche Umfang der Beschäftigung wurde im Gesetz festgeschrieben: ab 2000 mindestens 30 Wochenstunden für alleinstehende Mütter und 40 Wochenstunden für Hilfebezieher aus Familien mit zwei Elternteilen. Mit dem im Februar 2006 verabschiedeten »Budget Deficit Reduction Act« wurden die Anforderungen nochmals verschärft; seit Oktober 2006 müssen erwachsene Familienmitglieder im Sozialhilfebezug zum Teil insgesamt 55 Wochenstunden arbeiten oder an Beschäftigungsmaßnahmen teilnehmen. Zudem wurden die Berechnungsgrundlagen für die »work participation rates« verändert, so dass die Bundesstaaten in Zukunft weniger Personen von der Arbeitsverpflichtung im TANF-Programm befreien können (Greenberg 2006; Parrott u.a. 2006).

Bei Nichterreichen der festgesetzten Teilnahme- und Beschäftigungsquoten schrieb der PRWORA eine stufenweise Kürzung der Bundeszuschüsse an die Einzelstaaten und Kommunen von bis zu 20 Prozent vor. Gelang es den Staaten, die Gesamtzahl aller Leistungsbezieher deutlich zu senken, konnten diese Reduzierungen allerdings auf die »Partizipationsraten« angerechnet werden (caseload reduction credit), was einen starken Anreiz für die lokalen Sozialbehörden darstellte, den Zugang zu Leistungen möglichst restriktiv zu handhaben.

Anders als bei den familienpolitischen Zielsetzungen, die in der Einleitung des Gesetzes mit zahlreichen Daten und Forschungsergebnissen zu demographischen Entwicklungen und der strukturellen Benachteiligung von Kindern in vaterlosen Familien untermauert wurden, verzichteten die Gesetzgeber auf weitere Begründungen ihres strikten »workfirst«-Ansatzes. Ausführungen zu beschäftigungsrelevanten Entwicklungen und sozialpolitischen Herausforderungen, die mit der obligatorischen Arbeitsaufnahme und kontinuierlichen Erwerbstätigkeit von alleinerziehenden Frauen verbunden sind, fehlen im PRWORA. Das einzige Beschäftigungsfeld, das im Gesetz explizit Erwähnung fand und als besonders geeignet für (ehemalige) Sozialhilfeempfängerinnen betrachtet wird, ist das der professionellen Kinderbetreuung (Michel 1998).

Ausgrenzung von Bevölkerungsgruppen aus Sozialleistungen

Das Gesetz von 1996 nennt explizit drei Bevölkerungsgruppen, die von TANF, aber auch von allen anderen bundesstaatlichen Transferleistungen in den USA grundsätzlich auszuschließen sind. Die ersten beiden Gruppen umfassen Personen, die straffällig geworden und/oder drogenabhängig sind. Ihnen wird lediglich eine medizinische Grundversorgung in Notfällen sowie die Teilnahme an Entzugs- und Substitutionsprogrammen zugestanden. Ihre Unterstützung zum Lebensunterhalt ist seit 1996 vornehmlich Aufgabe der Einzelstaaten und Kommunen, die diese aus eigenen Mitteln finanzieren müssen (US Government Accountability Office 2005).[7]

Die dritte und größte Gruppe, deren Status sich mit der »Welfare Reform« grundlegend verändert hat, sind Migranten ohne US-amerikanischen Pass. Waren diese – bei einem legalen Aufenthalt – zuvor Staatsbürgern in Bezug auf soziale Rechte weitgehend gleichgestellt, macht es der PRWORA nun im Wesentlichen vom Datum ihrer Einreise und der Länge ihres Aufenthaltes in den USA abhängig, welche Leistungen sie in Anspruch nehmen dürfen (Fix/Passel 2002; Singer 2004). Zunächst sah der im Kongress im August 1996 verabschiedete Gesetzesentwurf vor, selbst lange Zeit legal im Land lebende Einwandererfamilien vollständig aus allen Einkommens- und Sachhilfen für Bedürftige auszuschließen. Mit dem »Balanced Budget Act« von 1997 wurde ein Großteil der Beschränkungen für Migranten, die vor dem Stichtag 22. August 1996 eingewandert waren, aufgrund bundesweiter Proteste wieder zurückgenommen; mit dem »Agricultural Research, Extension und Education Reform Act« wurde 1998 unter anderem auf Druck der Agrar- und Lebensmittelindustrie der Anspruch von Kindern und Rentnern in Einwandererfamilien auf Ernährungsbeihilfen (»Food Stamps«) wieder hergestellt (Zimmermann/Tumlin 1999). Für alle anderen Personengruppen gilt: Wenn sie nach dem Stichtag eingewandert sind, müssen sie mindestens fünf Jahre in den USA gelebt haben, um einen Anspruch auf zentralstaatlich finanzierte Sozialleistungen (»Food Stamps«,

---

7 Es wird geschätzt, dass infolge dieser Regelungen nach 1996 mindestens 100.000 Personen ihre Ansprüche auf Sozialhilfe verloren haben (Haney 2004: 338).

»Medicaid«, TANF etc.) geltend machen zu können. Nur anerkannte politische Flüchtlinge, Militärangehörige und Migranten aus Kuba und Haiti blieben von diesen Regelungen ausgenommen (ebd.: 15)

Der Ausschluss von Migranten aus TANF und anderen bundesstaatlich finanzierten Sozialprogrammen wurde im PRWORA damit begründet, dass die bisherige Politik der sozialpolitischen Gleichstellung und Inklusion die sozialen Sicherungssysteme überlastet habe. Hierfür wurde als Beleg die gestiegene Inanspruchnahme von einzelnen Programmen durch Immigranten und deren Kinder angeführt.[8] Sozialpolitische Leistungen wurden als Teil eines falschen Anreizsystems dargestellt, das die Einwanderung von Personengruppen fördere, die nicht in der Lage seien, sich und ihre Angehörigen durch Erwerbstätigkeit selbst zu versorgen. Neben fiskalischen Einsparungen nennen die Gesetzgeber als explizites Ziel der Neuregelungen, das traditionelle Grundprinzip US-amerikanischer Immigrationspolitik – die ökonomische Selbständigkeit als Kriterium für die Zulassung zur Einwanderung – wieder stärken zu wollen.

Kurz nach der im August 1996 beschlossenen »Welfare Reform« wurde im Kongress darüber hinaus der »Illegal Immigration Reform and Immigration Responsibility Act« verabschiedet, der neben einer Aufrüstung der Grenze zu Mexiko eine verstärkte Zusammenarbeit zwischen Sozial- und Einwanderungsbehörden sowie die Verpflichtung von Polizisten, Lehrern, Sozialarbeitern und Verwaltungsbeamten vorschreibt, illegale Migranten bei den Immigration and Naturalization Services zu denunzieren (Marchevsky/Theoharis 2006: 61).

Die Förderung von privaten und »faith-based initiatives«

Um die »Kultur der Sozialhilfepraxis und Lokalverwaltungen« zu verändern und mehr private Akteure in die Umsetzung der neuen Transfer- und Beschäftigungsprogramme mit ihren veränderten Zielsetzungen einzubinden, sieht der PRWORA zwei Regelungen vor. Zum einen erlaubt er den Kommunen zum ersten Mal, sämtliche Leistungen – angefangen von der Bearbeitung von Sozialhilfeanträgen, über die Geldauszahlung bis hin zur Beratung, sozialpädagogischen Betreuung und Durchführung von berufsvorbereitenden Maßnahmen – an kommerzielle Firmen und gemeinnützige Einrichtungen auszulagern. Unter dem alten Sozialhilfesystem (AFDC) war es den lokalen Verwaltungen noch explizit verbo-

---

8   1994 bezogen von allen Migrantenfamilien in den USA lediglich 7,1 Prozent Leistungen aus dem AFDC-Programm und 12,6 Prozent »Food Stamps« (Fremstad 2002: 6).

ten, nichtstaatlichen Akteuren die Entscheidung über die Bedürftigkeit und Anspruchsberechtigung (eligibility determination) von Familien und anderen Antragstellern öffentlicher Sozialleistungen zu überlassen, was dem Outsourcing und der Privatisierung des AFDC-Systems gewisse Grenzen gesetzt hatte (Winston u.a. 2002).

Die zweite Regelung, mit der eine weitere Privatisierung ehemals staatlicher Aufgaben und eine stärkere Öffnung der Politik gegenüber werteorientierten Gemeinschaften gefördert werden sollte, ist in Section 104 des Gesetzes unter dem Begriff »Charitable Choice Provision« zusammengefasst. Hier legten die nationalen Gesetzgeber die Bedingungen fest, unter denen sich auch religiös-kirchliche Einrichtungen um Verträge und staatliche Mittel zur Betreuung, Beratung und Beschäftigungsförderung von Sozialhilfebeziehern sowie zur Durchführung von Programmen zur »Stärkung von ehelichen Gemeinschaften und Familien« bewerben können. Dies stellt ein Novum in der modernen US-amerikanischen Sozialpolitik dar, da explizit religiöse und missionarisch auftretende Gruppen und Vereine zuvor vom Erhalt zentralstaatlicher Fördergelder rechtlich ausgeschlossen waren (Kennedy 2001). Section 104 des PRWORA schreibt den Einzelstaaten und Kommunen nun erstmalig vor, diese bei der Ausschreibung von öffentlichen Aufträgen nicht mehr länger gegenüber anderen zivilgesellschaftlichen Akteuren, wie kommerzielle Unternehmen oder säkulare Wohlfahrtsorganisationen, zu benachteiligen.[9] Begründet wird dieser Vorstoß in Richtung einer stärker an religiös-moralischen Grundsätzen orientierten Sozialpolitik und -arbeit von den nationalen Gesetzgebern mit den Limitierungen von säkularen und bürokratischen Strukturen, die oftmals nicht in der Lage seien, »die Herzen der armen Menschen zu erreichen und deren Leben zu verändern« (zit. nach Farris u.a. 2004: 3).

Ähnliche »Anti-Diskriminierungs-Verbote« gegenüber religiösen Gruppierungen wurden später, angelehnt an die Formulierungen des PRWORA, auch auf andere Bundesprogramme und Politikfelder übertragen und gelten als Teil der Bewegung für einen neuen »Compassionate Conservatism« in der US-amerikanischen Sozialpolitik (Weiss 2001; Stoesz 2002; Tomasi 2004). Kurz nach seiner Wahl zum Präsiden-

---

9   Auch in den USA waren bereits lange vor der »Welfare Reform« mit den deutschen kirchlichen Wohlfahrtsverbänden vergleichbare Einrichtungen wie Catholic Charities, die Salvation Army oder jüdische Organisationen im Auftrag des Staates in der Sozialarbeit tätig. Ihre Finanzierung war jedoch mit strikten Auflagen verbunden wie zum Beispiel der Anforderung, auf die öffentliche Zurschaustellung von religiösen Symbolen, auf missionarische Tätigkeiten und Diskriminierungen gegenüber Angestellten und den von ihnen zu betreuenden Menschen zu verzichten (Kennedy 2001). Mit dem PRWORA wurden diese Auflagen zum großen Teil abgeschafft.

ten richtete George W. Bush 2001 das White House Office of Faith-Based and Community Initiatives ein und wies die Bundesministerien per Exekutivorder dazu an, religiöse Aspekte und Glaubensfragen bei der Ausgestaltung von Programmen sowie Bewerber mit einem explizit moralisch-missionarischen Hintergrund bei der Vergabe von staatlichen Fördermitteln stärker zu berücksichtigen.[10] Gegner dieser Politik befürchten neben einer weiteren Aufweichung der verfassungsrechtlich vorgeschriebenen Trennung zwischen Kirche und Staat, dass sie vor allem dazu dienen soll, den gesellschaftlichen Einfluss von fundamentalistischen christlichen Gruppierungen noch weiter zu stärken (Weiss 2001). Andere sehen die Gefahr, dass Glaubensgemeinschaften und Kirchengruppen, von denen einige – vor allem die der afro-amerikanischen Communities – bislang zu den schärfsten Kritikern der konservativen Bundesregierung zählten, über finanzielle Zuwendungen mundtot und in das neue restriktive Sozialhilfe- und Armuts-Managementsystem eingebunden werden sollen.[11]

---

10 »Charitable Choice«-Regelungen gelten inzwischen für fast alle Programme des Gesundheits- und Sozialministeriums, des Arbeits-, Stadtentwicklungs- und Wohnungsbauministeriums sowie für das Justizministerium, das zum Beispiel private Anbieter mit der Leitung von Gefängnissen und der Betreuung von Inhaftierten beauftragt (Farris u.a. 2004). Verlässliche Zahlen, wie viele kirchliche Gemeinden und religiöse Gruppierungen von den neuen Möglichkeiten staatlicher Finanzierung Gebrauch machen, liegen bislang nicht vor. Die wenigen Forschungsarbeiten, die sich mit »faith-based initiatives« in der staatlichen Sozialpolitik beschäftigt haben (z.B. Campbell 2002; Gomez 2003; Kramer u.a. 2005), kommen zu dem Schluss, dass ihr Förderanteil bundesweit bislang eher gering sei. Einer Untersuchung des US General Accounting Office (2002: 10) zufolge gingen 2001 etwa sieben Prozent aller im Rahmen des neuen TANF-Programms von lokalen Sozialverwaltungen an Private vergebenen Verträge an religiöse Organisationen, 27 Prozent an kommerzielle Firmen und 66 Prozent an säkulare Nonprofit-Organisationen.

11 Neben katholischen Wohlfahrtsorganisationen, Kirchenvertretern und Intellektuellen (vgl. Adloff 2003; Rougeau 2003; Stabile 2004) sind es vor allem afroamerikanische Pfarrer sowie lokale jüdische und progressive protestantische Glaubensgemeinschaften, die sich in den letzten Jahren wiederholt überaus kritisch zur »Welfare Reform« und zur Armutspolitik der Bundesregierung geäußert haben. Viele haben sich zudem lokalen sozialpolitischen Oppositionsbündnissen, bestehend aus diversen Gewerkschafts-, Stadtteil- und Bürgerrechtsinitiativen, angeschlossen (Warren 2001; Minkoff 2002; Slessarev-Jamir 2004; Staral 2004; Fine 2005a).

Die Rezeption der »Welfare Reform« in der kritischen Sozialforschung

Kaum ein anderes sozialpolitisches Projekt hat in den letzten Jahren in den US-amerikanischen Sozialwissenschaften zunächst eine ähnlich große Aufmerksamkeit erfahren und ist so kontrovers diskutiert worden wie der »Personal Responsibility and Work Opportunity Reconciliation Act«. Einige prominente Wirtschafts- und Sozialwissenschaftler, die zum Teil selbst an der Formulierung des Gesetzes beteiligt waren, bezeichnen es als »the most successful large social reform since the New Deal« (Haskins 2001: 2). Seit seiner Verabschiedung sind in den Vereinigten Staaten eine inzwischen fast unüberschaubare Anzahl von Monographien, Aufsatzsammlungen, Tagungsbänden und Forschungsberichten erschienen, die sich aus ganz unterschiedlicher Perspektive mit diesem ungewöhnlichen »Sozialexperiment« beschäftigen. Das Gros dieser Veröffentlichungen ist jedoch das Ergebnis von Auftragsarbeiten und geht über enge empiristische Befunde zu Einzelaspekten der Umsetzung nicht hinaus (Morgen 2002; Beem/Mead 2006b).

Allein zwischen 1998 und 2001 hat das Office of the Assistant Secretary for Planning and Evaluation (ASPE) des Bundesministeriums für Gesundheit und Soziales jedes Jahr $7 Millionen für die Erforschung der Auswirkungen der Reform auf die Entwicklung der Sozialhilfequoten und auf die Beschäftigungsförderung von Transferempfängern zur Verfügung gestellt.[12] Insgesamt sind vom Bund seit 1996 jedes Jahr etwa $30 Millionen für die Evaluierung der neuen TANF-Programme ausgegeben worden (US Department of Health and Human Services 2005: 5). Hinzu kommen erhebliche Mittel der Einzelstaaten und privater Einrichtungen zur Finanzierung diverser Forschungsprojekte zur veränderten Sozialhilfepolitik, die jedoch nirgendwo systematisch erfasst sind.[13]

---

12 Die seit 1998 vom ASPE geförderten Forschungsprojekte haben einen Schwerpunkt auf den »welfare leavers«, das heißt denjenigen, die aus dem Leistungsbezug ausgeschieden sind. 1999 wurden mehrere Auftragsstudien zur Untersuchung der lokalen Behördenpraxis und zu der Umsetzung einzelner Programmelemente von TANF finanziert; ab 2000 lag der Schwerpunkt auf der Erforschung der Auswirkungen der »Welfare Reform« auf ausgewählte Bevölkerungsgruppen und auf vergleichenden Verwaltungsstudien; 2001 wurden mehrere Studien zur Untersuchung der Zusammensetzung und den Beschäftigungsbarrieren der verbliebenen »Sozialhilfebevölkerung« in Auftrag gegeben (vgl. http://aspe.hhs.gov.in dex.cfm).

13 Einige Einrichtungen und staatliche Stellen geben allerdings einen guten Überblick zu themenrelevanten Forschungsprojekten und Studien, darunter das Finance Project (http://www.financeproject.org), das Center on Budget and Policy Priorities (http://www.cbpp.org/pubs/welfare.htm), das

Nach eher konservativen Schätzungen haben allein die großen Stiftungen wie etwa die Ford Foundation, die Rockefeller Foundation und die Annie E. Casey Foundation in den ersten fünf Jahren $100 Millionen in Begleitstudien investiert (Corbett 2001: 1). In Reaktion auf diese enormen Geldausschüttungen haben sich viele der etablierten Forschungs- und Universitätseinrichtungen, von denen einige zuvor noch eine erhebliche Distanz zur Bundespolitik erkennen ließen, an den öffentlichen Ausschreibungen und Auswertungen der neuen Sozialhilfeprogramme beteiligt.[14] Auf die wichtigsten Ergebnisse der zahlreichen Implementierungsstudien und sogenannten »leaver studies«, welche die Arbeitsmarktintegration von ehemaligen Transferempfängern analysieren, wird am Ende des folgenden Kapitels noch näher eingegangen.

Die Rezeption der »Welfare Reform« in der kritischen politik- und sozialwissenschaftlichen Literatur war in den ersten Jahren vor allem von zwei Auseinandersetzungen und Themenkomplexen geprägt: zum einen von der Frage, inwieweit mit der Abschaffung eines Rechtsanspruchs auf staatliche Unterstützung eine weitere Armutsverschärfung und infolge des befürchteten »Labor Supply«-Schocks (Bartik 2000) – ausgelöst durch Millionen arbeitssuchender Transferempfänger – ein allgemeines Lohndumping drohte. So erschienen im Vorfeld des PRWORA und kurz nach seinem Inkrafttreten zahlreiche Artikel und Studien, die vor den negativen Auswirkungen einer universellen Arbeitsverpflichtung für Sozialhilfebezieher warnten und anzweifelten, dass es genügend Beschäftigungsmöglichkeiten für diese gäbe. Einige Arbeiten versuchten, anhand von unterschiedlichen Szenarien zur lokalen Umsetzung der Reform Einschätzungen zu möglichen Entwicklungen der Lebens- und Einkommenssituation von armen Familien und Kindern sowie zu den erwarteten arbeitsmarktpolitischen »spillover effects« (Verdrängungsprozesse, Lohnsenkungen etc.) vorzunehmen. Der mit dem Nobelpreis ausgezeichnete US-Ökonom Robert M. Solow frag-

---

Institute for the Research on Poverty (http://www.irp.wisc.edu/research. htm) sowie das Bundesministerium für Gesundheit und Soziales (http:// aspe.hhs.gov.index.cfm).

14 Zu den wichtigsten Forschungseinrichtungen und Universitätsinstituten, die sowohl versucht haben, Einfluss auf die Formulierung des PRWORA zu nehmen, als auch im größeren Umfang an der Evaluierung beteiligt sind, gehören die Manpower Demonstration Research Corporation, das Urban Institute, die Brookings Institution, das Institute for Research and Poverty an der Universität von Wisconsin und die John F. Kennedy School of Government der Harvard-Universität. Zur Bedeutung dieser und anderer US-amerikanischer Think tanks im politischen Entscheidungsprozess und zu ihren unterschiedlichen ideologischen Ausrichtung vgl. Gehlen 2005.

te stellvertretend für die zahlreichen Kritiker der »Welfare Reform« in einem vielzitierten Aufsatz in der *New York Review of Books*: »Guess Who Pays for Workfare?« Er prognostizierte, dass die Löhne für unqualifizierte Arbeiten um mehr als fünf Prozent fallen müssten, um ausreichend viele Jobs für alle von der Gesetzgebung betroffenen Personen verfügbar zu machen. »Wenn die Regeln von Billigkeit und Anstand oder die Existenz festgelegter Mindestlöhne die erforderliche Lohnreduktion bei unqualifizierten Arbeiten verhindern sollten, wäre die Konsequenz höhere Arbeitslosigkeit. So oder so werden die arbeitenden Armen bezahlen« (Solow 1998: 35). Eine Studie des Urban Institute kam zu dem Schluss, dass mit der »Welfare Reform« elf Millionen Familien in den USA Einkommensverluste von durchschnittlich $1.300 pro Jahr drohten und somit zusätzliche 2,6 Millionen Personen, darunter 1,1 Millionen Kinder, unter die offizielle Armutsgrenze fallen würden (Center on Budget and Policy Priorities 1996: 1).[15]

Zum anderen wurde die akademische Diskussion in den 1990er Jahren stark von der Frage bestimmt, ob der PRWORA eher als Paradigmenwechsel und Bruch mit bis dato vorherrschenden Grundprinzipien der Sozialpolitik zu interpretieren ist oder ob in der Gesetzgebung vielmehr Kontinuitäten zum Ausdruck kommen, die an Strukturmerkmale und Traditionen des spezifischen US-amerikanischen Gesellschafts-, Sozial- und Wirtschaftsmodells anknüpfen konnten (vgl. Caraley 1996; Myles/Pierson 1997; Mink 1998; Piven 1998; Weaver 1998; Gebhardt u.a. 1999; Massing 1999). Wissenschaftliche Erklärungsversuche der US-amerikanischen »Welfare Reform«, die diese als Teil eines weiter reichenden staatlichen und gesellschaftlichen Transformationsprozesses verstehen,[16] lassen sich idealtypisch vier verschiedenen theoretischen

---

15 Zu ähnlichen Prognosen, die alle von deutlichen Lohnsenkungen in den unteren Segmenten des Arbeitsmarktes und/oder Substitutions- bzw. Verdrängungsprozessen durch die »Welfare Reform« ausgingen, vgl. Mishel/ Schmitt 1995; Kleppner/Theodore 1997; Bernstein 1997; Burtless 1998; Bartik 1998 u. 2000; Enchautegui 2001. Zu den befürchteten armutsverschärfenden Folgen der Gesetzgebung, vor allem in Bezug auf alleinerziehende Mütter und deren Kinder, vgl. Zedlewski u.a. 1996; Wolch/Sommer 1997. Trotz der weit verbreiteten Befürchtungen hinsichtlich der negativen arbeitsmarktpolitischen Konsequenzen der Reform mangelt es an aktuelleren empirischen Studien, die versucht hätten, am Beispiel von lokalen Ökonomien und deren Lohnentwicklungen in ausgewählten Beschäftigungszweigen die Effekte einer verstärkten Konkurrenz durch die Vergrößerung des Pools von Arbeitssuchenden genauer aufzuzeigen.

16 Ausgespart bleiben durch diese Einengung wissenschaftliche Ansätze, denen ein eher technokratisches Verständnis von Politik zugrunde liegt, aber auch solche, die sich die Perspektiven der nationalen Gesetzgeber zu eigen machen. Ebenfalls unberücksichtigt bleiben rein ökonomistische Arbeiten.

Lagern zuordnen: politik- und institutionenzentrierten Ansätzen (historischer Institutionalismus), kultur- und ideologiekritischen Ansätzen (Gender- und rassismuskritische Studien), poststrukturalistischen Ansätzen sowie neomarxistischen Ansätzen, die der Regulationstheorie nahe stehen. Gemeinsam ist den Vertretern der zuerst genannten Positionen, dass sie stärker die Besonderheiten des US-amerikanischen Policy-Regimes und seines historischen Erbes betonen, während von poststrukturalistischen und politökonomischen Theorien beeinflusste Autoren den US-amerikanischen Weg in der Sozialhilfepolitik eher beispielhaft für die Durchsetzung neoliberaler Ideologien und neuer (postfordistischer) Regulationsmechanismen in westlichen kapitalistischen Gesellschaften betrachten.

Politik- und institutionenzentrierte Ansätze

Trotz zahlreicher Kontroversen innerhalb des Lagers des historischen oder Neoinstitutionalismus – das sich in den USA Mitte der 1970er Jahre in Abgrenzung zu den dort in der Politikwissenschaft dominanten behaviouristischen und Rational-Choice-Theorien herauszubilden begann –, bezüglich der Frage, welche Faktoren bei der Entwicklung der US-amerikanischen Sozialpolitik des 20. Jahrhunderts entscheidend waren (vgl. Weir u.a. 1988a; Gordon 1992; Skocpol 1992 u. 1995; Quadagno 1994; Pierson 1994; Amenta 1998, Lieberman 1998), sind sich seine Vertreter einig, dass im Zentrum aktueller wohlfahrtsstaatlicher Analysen die durch politische Institutionen und Arrangements vermittelten und gefilterten Aushandlungs- und Entscheidungsprozesse zu stehen haben. Institutionen werden als formale und informelle Prozesse, Bedeutungs- und Regelsysteme, Normen und Konventionen verstanden, die in die Organisationsstruktur einer Gesellschaft eingebettet sind (North 1992; Hall/Taylor 1996). Hierzu gehören Verfassungen und Gesetze, bürokratische Vorgänge, Parteien und Interessenverbände, aber auch weniger gefestigte Organisationen und Zusammenschlüsse wie zum Beispiel soziale Bewegungen. Den Ausgangspunkt von Untersuchungen (wohlfahrts-)staatlicher Institutionen, Entscheidungen und Entwicklungen bildet die These von der Pfadabhängigkeit, die aus der institutionalistischen Ökonomie in die Politikwissenschaft übernommen wurde. Damit wird die zuvor in anderen, eher quantitativen Ansätzen vorherrschende Annahme, dass gleiche operationale Bedingungen überall zu ähnlichen Resultaten führen, zugunsten der Überzeugung aufgegeben, dass historisch bedingte Besonderheiten des Kontextes die Ergebnisse beeinflussen. Aus einer entwicklungsgeschichtlichen Perspektive sind Institutionen demnach der »geronnene politische Wille« der Vorgängerregierungen und -systeme und insofern Teil des politischen Erbes der Gegenwart.

Der historische oder Neoinstitutionalismus nimmt sowohl im Bereich der international vergleichenden Staatstätigkeitsforschung (vgl. Thelen 1999; Schmidt 2003; Zohlnhöfer 2007) als auch innerhalb der politikwissenschaftlichen Fachliteratur zur Erklärung des besonderen amerikanischen Entwicklungsweges in der Sozialpolitik und in anderen Policy-Feldern spätestens seit den 1990er Jahren eine herausgehobene Stellung ein (vgl. Orloff 2004; Skocpol/Pierson 2002; Béland/ Hacker 2004; Glenn 2004). Mit ihm sind mehrere Vorteile verbunden: Zum einen geraten mit dieser Perspektive länderspezifische Differenzen in westlichen kapitalistischen Gesellschaften mit ähnlichen wirtschaftlichen Entwicklungen und Lebensstandards in den Blick, die von der klassischen sozioökonomischen Schule nur unzureichend erklärt werden können (vgl. Amenta u.a. 2001; Olsen 2002; Myles/Quadagno 2002). Zum anderen findet keine einseitige Hierarchisierung von Erklärungsvariablen wie etwa bei klassentheoretischen oder funktionalistischen Ansätzen statt, da sowohl strukturelle als auch akteurs- und interessenbezogene sowie ideengeschichtliche Aspekte und Einflüsse in die Analyse miteinbezogen werden, die dabei helfen können, die »konkreten Bedingungen der Staatstätigkeit« zu bestimmen (Benz 2001: 76).

Geht man mit Pierson (2000: 74 ff.) davon aus, dass es in der Geschichte von (Wohlfahrts-)Staaten so etwas wie einschlägige »critical junctures« gibt, die über die längerfristige Pfadentwicklung entscheiden, sowie Phasen von qualitativ neuen Ereignissen, welche die zuvor eingeschlagene Richtung und bevorzugten institutionellen Muster aufweichen oder korrigieren können, so lässt sich fragen, worin diese auf dem US-amerikanischen Weg hin zum Archetyp eines liberalen Wohlfahrtskapitalismus (Esping-Andersen 1990) oder zum Vorreiter eines schumpeterschen Workfare-Regimes (Jessop 1993) jeweils bestanden haben. Für die meisten (deutschen) Überblicksarbeiten zur modernen amerikanischen Sozialpolitik gilt, dass sie den New Deal in den 1930er Jahren mit seinen Weichenstellungen in Richtung einer stärkeren Zentralisierung und Regulierung der Wirtschaft sowie seiner Ausweitung von Bürgerrechten als Ausgangspunkt nehmen, von dem aus die Weiterentwicklung sozialstaatlicher Arrangements und Institutionen betrachtet wird (Seeleib-Kaiser 2000; Schildt 2002; Kaufmann 2003), während US-Autoren tendenziell stärker die Bedeutung der Vorläufer bundesstaatlicher Programme und die Rolle der Einzelstaaten und föderalistischer Strukturen in der Sozialpolitik betonen (Skocpol 1992 u. 1995; Gordon 1994; Amenta 1998; Howard 1999). Für diejenigen Arbeiten, die sich explizit mit der Frage befassen, welche Ereignisse und Faktoren für die Abschaffung der Familiensozialhilfe und für die Rückverlagerung der Verantwortung für bedürftige Bevölkerungsgruppen auf die subnationale Ebene verantwortlich waren (Teles 1996; Myles/Pierson 1997; Weaver 1998 u. 2000; Heclo 2001; Orloff 2002), stehen Machtverschiebungen innerhalb des politischen Parteien- und Institutionengefüges sowie veränderte gesellschaftliche Haltungen und Stimmungslagen gegenüber zentralstaatlichen Regulierungs- und Redistributionsversuchen seit den 1970er Jahren im Vordergrund. Für die meisten ist die unter der demokratischen Clinton-Regierung verabschiedete »Welfare Reform« vor allem ein Ergebnis der sukzessiven Schwächung des »wohlfahrtsstaatlichen Liberalismus des New Deal« (Lowi 1995) und der Interessen- und Wählerkoalitionen – bestehend aus progressiven Reformern und Bildungseliten der Mittelschicht, industrieller Arbeiterklasse, Afroamerikanern, Migranten und diversen sozialen Bewegungen –, die diesen lange Zeit getragen haben (Birnbaum 2004).

In diesem Prozess der Zurückdrängung von sozial- und bürgerrechtlichen Errungenschaften werden neuen politischen Allianzen zwischen (neo-)konservativen Strömungen und Organisationen der christlichen Rechten, die sich als Reaktion auf gesellschaftliche Modernisierungs- und Säkularisierungsprozesse sowie die »Minority Rights Revolution« (Skrentny 2002) in den 1960er Jahren auf Bundes- und Landesebene zu formieren begannen, eine zentrale Rolle zugeschrieben. Vor allem den zuvor eher apolitischen religiösen Gruppierungen sei es im Laufe der letzten beiden Jahrzehnte gelungen, über die Mobilisierung neuer Wählerschichten (Fundamentalisten aus ländlichen Regionen, große Teile der männlichen weißen Arbeiterschicht im Süden, enttäuschte Demokraten) und über zunehmend aggressive Öffentlichkeits- und Medienkampagnen ihren gesellschaftlichen und institutionellen Einfluss in den USA erheblich auszubauen (Bruce 1988; Teles 1996; Williams 1997; Weir 1998b; Stoesz 2002; Noble 2004). Markierte der Wahlsieg von Ronald Reagan Anfang der 1980er Jahre bereits einen enormen Rechtsruck in der Sozialpolitik, dessen Eingriffe in bestehende Transferleistungen noch vorwiegend mit haushaltspolitischen Konsolidierungsabsichten begründet wurden (Pierson 1994), so hätten in den 1990er Jahren moralkonservative Interessengruppen und Themen innerhalb der Republikanischen Partei eindeutig die Oberhand gewonnen, welche die Sozialpolitik mit hochgradig ideologischen und religiösen Vorstellungen aufladen konnten (Quadagno/Rohlinger 2007). So schreiben Weaver (2000) und Heclo (2001) der verstärkten Kooperation zwischen sogenannten »Pro-Familien«-Organisationen wie der Christian Coalition, dem Family Research Council oder dem Eagle Forum und reaktionär-konservativen Think tanks wie der Heritage Foundation eine herausragende Bedeutung bei der Durchsetzung von paternalistischen Positionen unter Kongressabgeordneten im Vorfeld der Verabschiedung der »Welfare Reform« zu. Nachdem die Republikaner 1994 mit ihrem Programm »Contract with America«[17] die Kongresswahlen gewonnen und sich somit nach mehr als 40 Jahren erneut eine Mehrheit in beiden Kammern gesichert hatten, hätten fundamentalistische Strömungen in- und außerhalb der Partei die Chance genutzt, neugewählte Kandidaten auf eine radikale Sozialhilfereform einzuschwören, mit der sie sich als die wahren Verteidiger US-amerikanischer Grundwerte profilieren und die Clinton-Regierung unter Druck setzen konnten.

Aber auch innerhalb der Demokratischen Partei und ihrer Anhängerschaft hatte es – wie eine Reihe von Arbeiten aufzeigt – bereits vor 1994 eine deutliche Abkehr von klassischen keynesianischen bzw. New-Deal-Positionen[18] in der Sozial- und Wirtschaftspolitik gegeben, die mit einer Stärkung von neokommunitaristischen Strömungen einhergingen, die ähnlich wie Teile der Sozialdemokratie in Westeuropa auf einen »Dritten Weg« setzten (Reich 1999; Myles/Quadagno 2000; Bashevkin 2002; Béland u.a. 2002). Institutioneller Ausdruck dieser Entwicklung war die Gründung und wachsende Bedeutung des zentristischen Democratic Leadership Council und des mit ihm verbundenen Think tanks, dem Progressive Policy Institute (Stoesz 2002: 489), die gemäßigte Kandidaten wie Bill Clinton und Al Gore unterstützten. Obwohl Clinton nicht zuletzt mit Wahlkampfversprechen wie der Einführung einer gesetzlichen Krankenversicherung und der stärkeren staatlichen Förderung einkommensschwacher Familien 1992 an die Macht gelangt war, grenzte sich der ehemalige Gouverneur von Arkansas nach seinem Amtsantritt immer deutlicher von den »Old Democrats« ab, indem er neoliberale Projekte wie NAFTA unterstützte, eine strikte Kriminalitätsbekämpfung befürwortete, auf einen ausgeglichenen Bundeshaushalt und eine Stärkung der Verantwortung der Einzelstaaten, der lokalen Nachbarschaften und Individuen setzte und seine Politik immer stärker an den »median«

---

17 Der im September 1994 unter der Führung von Newt Gingrich, dem damaligen Chefstrategen der Republikaner, vorgelegte »Contract with America« war ein Gesetzgebungsprogramm, das nach einem Wahlsieg bei den »midterm elections« innerhalb von 100 Tagen umgesetzt werden sollte. Es bestand neben Vorschlägen zur Reformierung der Strukturen des US-Kongresses aus zehn Gesetzesinitiativen, die Steuerentlastungen für Unternehmen, Verschärfungen bei der Verbrechensbekämpfung, Haushaltskürzungen und radikale Reformen der Sozialhilfe und des Rentensystems vorsahen (vgl. Greven 2004).

18 Ob der New Deal und die mit ihm verbundenen staatlichen Initiativen und Politiken als keynesianistisch bezeichnet und begriffen werden können, ist in der Fachliteratur umstritten (vgl. Rosenof 1997; Waddell 2001).

oder »swing voters« und deren vermeintlichen Interessen ausrichtete (Hale 1995; Teles 1996; Meeropol 1998). Damit war es für die Republikaner relativ einfach geworden, einen Teil der Demokraten in sozialpolitischen Fragen mit immer radikaleren Reformvorschlägen weiter nach rechts zu treiben (Gebhardt 1998; O'Connor 2001b, Weaver 2000; Waddan 2003).

Sind somit aus der Perspektive des institutionalistischen Ansatzes die unmittelbaren parlamentarischen Kräfteverhältnisse umrissen, aus denen heraus sich die Reform der Sozialhilfepolitik Anfang der 1990er Jahre im US-Kongress zu einem parteiübergreifenden Anliegen entwickeln konnte, bleibt erklärungsbedürftig, warum es den verbliebenen linksliberalen Demokraten, Lobbygruppen und Intellektuellen nicht gelungen ist, mehr Einfluss auf die Gesetzgebung auszuüben, und warum es innerhalb der Bevölkerung – folgt man demoskopischen Erhebungen und Umfragen (vgl. Jacobs/Shapiro 1998; Gilens 1999) – eine eindeutige Unterstützung für weitreichende sozialpolitische Einschnitte und Workfare-Maßnahmen gab. Neben innerparteilichen und parlamentarischen Machtverschiebungen nennt Orloff (2002: 100 ff.) drei weitere Aspekte, die berücksichtigt werden müssten, um das Zustandekommen der »Welfare Reform« in den 1990er Jahren verstehen zu können. Der erste Punkt sei das Vermächtnis eines selbst in seinem »goldenen Zeitalter« vergleichsweise unterentwickelten US-amerikanischen Sozialstaates, der insgesamt einen schwachen Schutz vor Marktrisiken biete und somit auch zum Beispiel der Gewerkschaftsbewegung wenig Anlass gebe, gerade die Rechte von Nichterwerbstätigen zu verteidigen. Zum zweiten weist Orloff auf die abnehmende politische Unterstützung im linksliberalen und feministischen Milieu speziell für die Familienfürsorge AFDC hin, da sie alleinstehenden Müttern über Jahrzehnte in gewisser Weise eine Sonderstellung eingeräumt habe. Sie gehörten neben Alten und Behinderten zu den wenigen Gruppen, die unter bestimmten Voraussetzungen vom allgemeinen Arbeitszwang befreit werden konnten, während Erwerbstätigkeit unter Frauen – vor allem in den Mittelschichten – in der zweiten Hälfte des 20. Jahrhunderts in den USA nicht nur zur allgemeinen Norm, sondern auch zu einer materiellen Notwendigkeit geworden ist.[19] Drittens betont Orloff das historische Erbe eines »racialized welfare systems«. Hier trifft sich ihre Argumentation mit der von Vertretern ideologiekritischer Ansätze (vgl. S. 53 ff.), die im Zusammenhang mit der »Welfare Reform« vor allem die spezifischen ge-

---

19 Die Erwerbsquoten von Frauen sind in den USA zwischen 1950 und 2000 von 33,9 auf 60 Prozent angestiegen, unter afroamerikanischen Frauen sogar auf fast 63 Prozent. Etwa 75 Prozent aller erwerbstätigen Frauen sind Mütter mit Kindern unter 18 Jahren (Monthly Labor Review 2007).

schlechtsbezogenen und rassistischen Subtexte sowie strukturellen Diskriminierungen hervorheben, welche der US-amerikanischen Wohlfahrts- und Armutspolitik seit jeher zugrunde gelegen hätten. Strittig bleibt jedoch bis heute in der Fachliteratur, welche Faktoren für die relativ schwache Institutionalisierung und mangelnde gesellschaftliche Unterstützung sozialer Staatsbürgerschaftsrechte in den USA, unter der vor allem Frauen, Kinder und ethnische Minderheiten zu leiden haben, maßgeblich verantwortlich sind.

Als herausragende Merkmale des residualen Charakters des Wohlfahrtsregimes der Vereinigten Staaten gelten allgemein die relativ späte Einführung von national einheitlichen Sozialversicherungsleistungen, das Fehlen einer gesetzlichen Krankenversicherung und universeller familienpolitischer Leistungen wie Kindergeld, vergleichsweise eingeschränkte und niedrige Transferleistungen sowie die auffällige Ausdifferenzierung und Ineffizienz staatlicher Sozialprogramme bei der Bekämpfung von Armut (Gilbert/Gilbert 1989; Skocpol 1992; Berkowitz/McQuaid 1992; Burtless 2004). Zudem weisen die besondere Bedeutung der betrieblichen Sozialpolitik (Gottschalk 2000; Seeleib-Kaiser 2001; Hacker 2002) sowie der hohe Stellenwert, der dem karitativen Sektor, kirchlichen Gruppen sowie der Bürger- und Selbsthilfe bei der Bekämpfung von Armut zugeschrieben wird (Glazer 1988; Wagner 2000; Skocpol 2001), auf eine grundsätzliche Bevorzugung privater bzw. privatwirtschaftlicher Lösungen für soziale Probleme hin. Auch in den für die USA typischen akademischen und medialen Armutsdiskursen, in denen sich »Abhängigkeit« wie in fast allen anderen gesellschaftspolitischen Debatten zu einem Schlüsselbegriff entwickelt hat (Fraser/Gordon 1994; Mittelstadt 2001; Handler 2004a), zeigt sich, dass individualisierende Deutungsmuster von Armutsursachen deutlich überwiegen und die Förderung von persönlicher Eigenverantwortung auch zu Beginn des 21. Jahrhunderts die dominante sozialpolitische Leitlinie geblieben ist.

Das Argument, das aus westeuropäischer Perspektive die Besonderheiten des US-amerikanischen Entwicklungspfads in der industriellen und fordistischen Phase wahrscheinlich am besten erklären konnte und in der vergleichenden Wohlfahrtsstaatsforschung lange Zeit dominant war (vgl. Myles/Quadagno 2002; Kollmeyer 2003), stammt allerdings nicht aus der historisch-institutionellen, sondern aus der sogenannten Machtressourcen- und Parteiendifferenz-Schule. Es bezieht sich auf das Fehlen einer starken sozialdemokratischen Tradition und entsprechender Parteien und Bewegungen in der Geschichte der Vereinigten Staaten. Machtressourcentheorien zufolge, die angelehnt an Karl Marx und Max Weber eine starke klassensoziologische Fundierung haben, hängt die

Generosität von Sozialleistungen in westlichen kapitalistischen Gesellschaften im Wesentlichen vom Ausmaß der Klassenmobilisierung, dem Grad der Organisiertheit der Arbeiterschaft und dem politischen Einfluss der mit ihr verbundenen Parteien ab (Korpi 1983, Esping-Andersen 1990, Van Kersbergen 1995; Hicks 1999). Es waren – so haben diverse ländervergleichende Studien herausgefunden – allerdings nicht nur an der Regierung beteiligte sozialdemokratische und linke Parteien, die den Ausbau des Wohlfahrtsstaates vorangetrieben haben. Auch christlich-demokratische Parteien und von der katholischen Soziallehre beeinflusste Parteien, die in parlamentarischen Systemen mit vielen anderen um die Gunst der Wähler konkurrieren, haben in zahlreichen europäischen Staaten, aber auch in Ländern wie Kanada zu höheren Sozialausgaben, einem größeren Schutz von Familien und einer gleichmäßigeren Einkommensverteilung beigetragen (Huber u.a. 1993; Allan/Scruggs 2004; Alesina/Glaeser 2004; Banting 2006). Alle drei Faktoren – explizit sozialdemokratische Parteien, eine breite Parteienvielfalt und -konkurrenz, die auch die Interessen der einkommensschwachen Bevölkerungssgruppen einbezieht, sowie ausgeprägte Klassenmobilisierungen – sind dem US-amerikanischen politischen System jedoch fremd (Lipset 1996; Piven 2001). Während in anderen kapitalistischen Ländern, vor allem in Westeuropa, starke Arbeiterbewegungen und linke Parteien im 19. und 20. Jahrhundert relativ erfolgreich bei der Durchsetzung eines umfassenden nationalen sozialen Sicherungssystems gewesen sind, haben sozialistische oder kommunistische Strömungen in den USA niemals eine nationale Bedeutung und nachhaltigen politischen Einfluss erlangen können (Levine 1988; Voss 1993; Lloyd 1997; Lipset/Marks 2000; Biggs 2002). Hinzu kommt seit den 1970er Jahren unter der anhaltenden Vorherrschaft einer Zweiparteienoligarchie eine allgemein extrem niedrige Wahlbeteiligung – insbesondere unter Afroamerikanern, Hispanics und den »working poor«[20] –, die zusammen mit einem drastisch abnehmenden gewerkschaftlichen Organisierungsgrad dafür gesorgt haben, dass sich die beiden großen Parteien in den USA in ihrer Politik immer weiter von den Bedürfnissen benachteiligter und einkommensschwacher Bevölkerungsgruppen entfernen konnten und vorwiegend nur noch Eliten- und in einem begrenzten Umfang Mittelschichtinteressen vertreten (Lijphart 1997; Piven/Cloward 2000).

---

20 Bei den Kongresswahlen 1994, bei denen die Republikaner in beiden Kammern eine Mehrheit erringen konnten, betrug die Wahlbeteiligung unter Afroamerikanern 37, unter Hispanics 20 und unter der Bevölkerung, die nicht über einen College-Abschluss verfügt, 30 Prozent (US Census Bureau News 2000).

Kultur- und ideologiekritische Ansätze

Ideenzentrierte Ansätze, die sich in Teilen der mit Wohlfahrtsstaaten befassten Sozialforschung einer anhaltenden Popularität erfreuen (vgl. Fuchs 2000; Pfau-Effinger 2005) und nationale Werte und Ideologien als wichtige Einflussfaktoren begreifen, erhärten im Wesentlichen die These vom »American Exceptionalism«, haben jedoch – sofern sie von US-Autoren vertreten werden – oftmals auch den Charakter einer idealisierenden und homogenisierenden Selbstbeschreibung der eigenen Gesellschaft und Geschichte. Anknüpfend an Klassiker wie Tocquevilles Werk *Über die Demokratie in Amerika* (1835) und an einflussreiche Konsenstheoretiker wie Louis Hartz (1955) wird von vielen Anhängern der kulturellen Schule zur Erklärung des »American Political Development« die anhaltende Vorherrschaft und Wirkmächtigkeit klassischer liberaler Wertehaltungen postuliert, die ihre Ursprünge am Ende des 18. Jahrhunderts hatten und maßgeblich davon beeinflusst gewesen seien, dass es im Unterschied zu Europa keinen Feudalismus und keine hierarchischen Klassenstrukturen zu überwinden gab (Lockhart 1991; Glenn 2004). Kennzeichnend für diesen egalitären Liberalismus seien einerseits eine hohe Wertschätzung des freien Unternehmertums, des Wettbewerbs und der individuellen Leistungs- und Arbeitsethik und andererseits ein starkes Misstrauen gegenüber zentralstaatlichen Eingriffen und einem expandierenden Wohlfahrtsstaat. In diesem spezifischen amerikanischen Wertesystem, dessen Kern als »National Creed« (Huntington 1981), »American Ethos« (McClosky/Zaller 1984), »American Creed« (Lipset 1996) oder einfach nur als »American Ideology« (Ladd 1994) bezeichnet worden ist und als Ausdruck einzigartiger gesellschaftlich-kultureller und historischer Erfahrungen in den USA gedeutet wird, habe der Schutz individueller Freiheits- und Eigentumsrechte vor Interventionen des Staates zur Verringerung sozialer und ökonomischer Ungleichheiten bis heute eindeutig Vorrang.

Obwohl vieles dafür spricht, niedrige staatliche Sozialleistungen und ein schwach ausgeprägtes Sicherungssystem mit der spezifischen liberalistischen Ausprägung der politischen Kultur und dem Geist eines »free-market capitalism« in den Vereinigten Staaten in Verbindung zu bringen (vgl. Rimlinger 1971; King 1974; Levine 1988, Fraser/Gordon 1994; Steinmo 1994; Alesina/Glaeser 2004), haben einige Autoren zu Recht darauf hingewiesen, dass der Vorstellung von der ungebrochenen Hegemonie liberalistischer und antistaatlicher Überzeugungen als Grundlage für die US-amerikanische Innenpolitik im 20. Jahrhundert eine selektive Wahrnehmung zugrunde liegt. Erstens ist der Liberalismus auch in den USA umkämpftes Terrain, nicht auf liberale Haltungen und Werte lockescher Prägung zu reduzieren, und außerdem bietet er für die politische Praxis keine eindeutigen Handlungsanweisungen (vgl. Greenstone 1986; Lowi 1995; Kloppenberg 1998; Berry 1999; Horrowitz 2005). Zweitens ist die Geschichte der USA von mehr als nur einer ideengeschichtlichen Tradition geprägt. So stellten republikanische und kommunitaristische Traditionen mit ihrer Betonung von Gemeinschaft und kollektiver Verantwortung genauso wie illiberale und konservative Bewegungen, die sich gegen die Gleichbehandlung von Frauen, Minderheiten und Einwanderern richteten, immer wirkmächtige ideologische Gegenströmungen zum individualistischen und egalitären Liberalismus dar. Nach Smith (1997a: 9) ist die politische Kultur der USA daher weniger durch ihre spezifischen liberalen, republikanischen oder den ihr zugeschriebenen »einzigartigen amerikanischen Elementen« gekennzeichnet, sondern durch ein komplexes Muster von offensichtlich inkonsistenten Kombinationen dieser Traditionen, die von wiederkehrenden Konflikten und Auseinandersetzungen begleitet werden. Auch andere Autoren zweifeln die These von der umumstößlichen Verankerung liberaler und antistaatlicher Werte innerhalb der US-amerikanischen politischen Kultur und Bevölkerung an (Diamond 1995; Glenn 2000; Bonilla-Silva 2001; Orren/Skowronek 2004, King/Smith 2005). Einige illustrieren anhand diverser historischer Beispiele recht anschaulich, wie diese »nationale Mär« von politischen und ökonomischen Eliten immer wieder missbraucht wurde, um ihre von Partikularinteressen geleitete Ablehnung staatlicher Interventionen und Regulierungen zu rechtfertigen (Hochschild 1988; Katznelson u.a. 1993; Weiss 1998; Schuck 2003). Andere belegen, wie sich in Reaktion auf grundlegende gesellschaftliche, ökonomische und kulturelle Transformationsprozesse der vielbeschworene Liberalismus in den USA recht schnell sowohl innen- als auch außenpolitisch in sein Gegenteil – das heißt in Autoritarismus und moralisch motivierte Kreuzzüge im Namen einer spezifischen Gruppe, der Nation oder des »auserwählten Volkes« – verkehren konnte, vor allem dann, wenn Veränderungen und Umbruchsituationen von großen Teilen der Bevölkerung als Bedrohung des Status quo wahrgenommen wurden (Zafirovski 2001; Morone 2003; Giroux 2005).

Bezogen auf die Sozialpolitik der Vereinigten Staaten haben zudem zahlreiche Studien aus der Schule des historischen Institutionalismus deutlich gemacht, dass diese nicht durchgehend von einem Antietatismus bestimmt war, sondern die gesellschaftliche Akzeptanz und Unterstützung von sozialstaatlichen Leistungen und Programmen im Wesentlichen auch immer davon abhängig war, welche Bevölkerungsgruppen von ihnen Gebrauch machten (Heclo 1986; Pierson 1996; O'Connor u.a. 1999; Mittelstadt 2001; Quadagno/Street 2005). In ideologiekritischen

Arbeiten wird die große, parteiübergreifende Zustimmung zur Abschaffung der Familiensozialhilfe Anfang der 1990er Jahre vor allem mit dem ungewöhnlichen Ausmaß an gesellschaftlicher Stigmatisierung erklärt, mit dem der Bezug von bedarfsgeprüften Transferleistungen in den USA seit ihrer Einführung verbunden war. Die Inanspruchnahme von Sozialhilfe sei – im Unterschied zur Nutzung von anderen öffentlichen Leistungen – demnach niemals als die Realisierung eines Staatsbürgerschaftsrechts betrachtet worden (Pateman 2006). Sie habe selbst unter vielen Demokraten als »un-American« gegolten (Haskins 2006: 15). So sei der Sozialhilfebezug in den dominanten Eliten- und Mediendiskursen immer wieder zum bedrohlichen Krisenphänomen stilisiert, aufgrund der relativ hohen Anzahl nichtweißer Familien im AFDC-Programm mit rassistischen Konnotationen aufgeladen und auf der individuellen Ebene als schädliches und degeneriertes Verhalten pathologisiert worden (Fineman 1991; Gans 1995; Handler 1995; Katz 1996 u. 2001; Gilens 1999; Schram 2000; Neubeck/Cazenave 2001; Delgado/Williams 2002; Morgen/Maskovsky 2002b; Avery/Peffley 2003; Hancock 2004).

Vor allem in der feministischen Literatur wird im Zusammenhang mit der weit verbreiteten Unpopularität der Sozialhilfe die in den USA besonders ausgeprägte Bifurkation des staatlichen Sicherungssystems in einen »männlichen Teil«, das heißt Versicherungsleistungen (social security), und einen »weiblichen Teil«, das heißt steuerfinanzierte Fürsorgeleistungen (welfare), beklagt. Diese Struktur eines »two-channel welfare state« (Nelson 1990), die mit der Sozialgesetzgebung des New Deal verfestigt worden sei, habe über ihre Erwerbszentriertheit und die Privilegierung von Lebensläufen weißer männlicher Facharbeiter und Angestellter (male breadwinner model) den rechtlichen und gesellschaftlichen Status von Frauen und Minderheiten nachhaltig geschwächt (Sapiro 1986; Mink 1993; Orloff 1993; Sainsbury 1996; Hobson/Lindholm 1997; O'Connor u.a. 1999). Während weiße Männer aus der Arbeiter- und Mittelschicht bis heute überproportional von Versicherungsleistungen profitieren und somit in ihrer Position als Staatsbürger, Eigentümer und Familienernährer bekräftigt würden, seien Frauen gegenüber sozialen Risiken aufgrund ihrer strukturellen Benachteiligung auf dem Arbeitsmarkt und ihrer Doppelbelastung als Erwerbstätige und Hausfrauen traditionell wesentlich schlechter geschützt. In den Fällen, in denen Frauen in den USA in ihrer Funktion als Mütter im Rahmen der Familiensozialhilfe (AFDC) eigene, wenn auch bescheidene Ansprüche auf staatliche Unterstützung hätten anmelden können, seien sie zu Objekten patriarchaler Erziehungs-, Sexual- und Ordnungsvorstellungen und verschiedener Kontrollmechanismen degradiert geworden, welche die vom »Poor Law« bekannte Unterscheidung zwischen würdigen und unwürdigen Armen und die damit verbundenen Diskriminierungen fortgeschrieben hätten (Abramovitz 1988; Mink 1993; Gordon 1994; Rose 1995; Boris 1998).

Tatsächlich zeigt die Geschichte der Sozialpolitik für Frauen in den Vereinigten Staaten – von den Witwen- und Mütterrenten der Einzelstaaten während der »Progressiven Ära« (1890-1920) bis hin zur modernen Familienfürsorge des Bundes –, dass dieser »maternalistische« Strang des US-amerikanischen Wohlfahrtssystems (vgl. Mushaben 2001; Boris/Kleinberg 2003) eine überaus widersprüchliche Errungenschaft war. Zum einem wurde hiermit die gesellschaftliche Bedeutung weiblicher Reproduktions-, Versorgungs- und Betreuungsarbeit (caregiving) von staatlicher Seite zumindest partiell anerkannt und für mittellose Frauen die Möglichkeit geschaffen, auch ohne männliche Unterstützung ihre Kinder selbst zu erziehen und einen eigenständigen Haushalt zu führen (Orloff 1993). Dies kann als gewisser Autonomiezugewinn verstanden werden, der Frauen zumindest temporär eine größere Unabhängigkeit gegenüber Zwangs- und Gewaltverhältnissen in Familien und Ehen erlaubte und ihnen ein rudimentäres Sicherheitsnetz schuf. Zum anderen lagen die Fürsorgeleistungen in den USA so weit unter dem Existenzminimum, dass sie die ökonomisch und gesellschaftlich prekäre Stellung von alleinerziehenden Müttern nicht beseitigten konnten, sondern sie vielmehr institutionell verfestigten und eine Armutsfalle auch für deren Kinder kreierten (Coontz 1992). Darüber hinaus bedeutete ihr Sonderstatus, dass sich Empfängerinnen von steuerfinanzierten Unterhaltshilfen anders als Bezieher von Versicherungsleistungen ständig für ihre Unterstützung und die Abwesenheit eines männlichen Familienernährers rechtfertigen mussten. Sie unterlagen seit jeher dem Generalverdacht, auf Kosten der Gemeinschaft zu leben, sich gezielt ehelichen Verbindungen zu entziehen und Kinder auch deswegen in die Welt zu setzen, um sich weitere staatliche Unterstützung erschleichen und unabhängig von Männern leben zu können (Fineman 1991; Jiminez 1999; Sparks 2003; Geva 2005). Vor diesem Hintergrund erscheint die »Welfare Reform« mit ihren familienpolitischen Zielsetzungen der Stärkung von Ehen und der traditionellen Kleinfamilie aus feministischer Perspektive vor allem als Bestrafung von normabweichendem weiblichen Verhalten und als eine staatliche Initiative, patriarchale Disziplin und Machtverhältnisse sowie den individuellen männlichen Zugriff auf Frauen und deren Reproduktionsentscheidungen und -vermögen wiederherzustellen (Kittay 1998; Banzhaf 1999; Mink 2001; Davis 2002; Fitzgerald 2004; Koons 2004).

Einige Autoren und Autorinnen gehen sogar so weit, die Sozialhilfegesetzgebung der 1990er Jahre mit eugenischen Programmen der Vergangenheit in Verbindung zu bringen und den Vertretern eines »neuen Paternalismus« explizit rassistisch motivierte bevölkerungspolitische Motive zu unterstellen (vgl. Roberts 1997; Chavkin u.a. 2002; Neubeck/Cazanave 2001; Mullings 2001; Marchevsky/Theoharis 2006). Das Ziel der Gesetzgeber, die Zahl der Geburten bei minderjährigen Müttern zu senken, das Reproduktionsverhalten von Familien im Sozialhilfebezug zu steuern und Immigranten gänzlich von Sozialleistungen auszuschließen, wird als der Versuch gewertet, die bedrohte demographische »weiße Vorherrschaft« in den USA zu sichern, indem »some categories of people are empowered to nurture and reproduce, while others are disempowered« (Ginsburg/Rapp 1995: 3). Während noch bis weit ins 20. Jahrhundert hinein die Fortpflanzung von schwarzen Frauen gefördert worden sei, um das Heer der Arbeitssklaven zu vergrößern, würden heute die meisten Afroamerikaner, ähnlich wie große Teile der Bewohner der Dritten Welt und deren Arbeitsmigranten, von Seiten der herrschenden Eliten entweder lediglich als Überschussbevölkerung und/oder aufgrund ihrer vermeintlich zu hohen Geburtenraten als Bedrohung der »racial order« betrachtet (Mullings 2001). Da unmittelbare Zwangsmaßnahmen wie etwa die Sterilisation von »unliebsamen Bevölkerungsgruppen«, die auch in den USA in zahlreichen Einzelstaaten zu Beginn des letzten Jahrhunderts noch üblich war (Roberts 1997), nicht mehr länger zur Verfügung stünden, diene die Sozialpolitik in Kombination mit einem harschen und diskriminierenden Straf- und Justizsystem, welches über die überproportional hohe Inhaftierungsrate von afroamerikanischen Männern vor allem schwarze Familien zerstöre, als Ersatz für eine offene »rassistische Bevölkerungskontrolle« (Neubeck/Cazanave 2001: 145)

Dass die Struktur des Sozial(hilfe)systems in den USA seit jeher eine Ungleichbehandlung von ethnischen Gruppierungen befördert hat und sowohl mit patriarchalen als auch rassistisch-nationalistischen und bevölkerungspolitischen Motiven und Vorstellungen aufgeladen war, ist auch in der etablierten Forschungsliteratur unbestritten (vgl. Hamilton 1986; Wilson 1987; Gordon 1994; Quadagno 1994; Skocpol 1995; Roberts 1996; Lieberman 1998; Brown 1999). Bevorzugt wurden von den lokalen Behörden bei der Unterstützung mit Einkommensbeihilfen bis weit in die zweite Hälfte des 20. Jahrhunderts hinein vor allem Frauen angelsächsischer Herkunft, deren Männer gestorben waren und deren »moralische Qualitäten« und Erziehungskompetenzen außer Frage standen (Goodwin 1997; Boris 1998). Dagegen unterlagen unverheiratete Mütter sowie Immigrantinnen und afroamerikanische Frauen in vielen Regionen der Vereinigten Staaten bis in die 1960er Jahre hinein einer weitreichenden Verwaltungswillkür, erhielten niedrigere Leistungen oder wurden vielerorts sogar systematisch vom Hilfebezug ausgeschlossen. Bedürftigkeit spielte als Entscheidungskriterium für die lokalen Sozialbehörden nur eine untergeordnete Rolle. Vor allem in ländlichen Gebieten der Südstaaten sorgten politische Eliten sowie einflussreiche Großgrundbesitzer und Farmer dafür, dass afroamerikanische Frauen und Männer, die bis in die 1950er Jahre hinein einen Großteil des Arbeitskräfteangebots in der Landwirtschaft und in privaten Haushalten stellten, nur unter größten Anstrengungen Ansprüche auf Sozialhilfe, Arbeitslosenunterstützung oder andere Transferleistungen durchsetzen konnten (Bell 1965; Lieberman 1998; Reese 2001). Hierbei halfen verschiedene informelle Verwaltungsrichtlinien: Unterstützung konnte von den lokalen Behörden verweigert werden, wenn vermutet wurde, dass Frauen außereheliche sexuelle Beziehungen unterhielten und/oder unverheiratet mit einem Mann zusammenlebten (man-in-the-house-rules), keinen »ordentlichen Haushalt« führten (suitable-home-rules), der Kindererziehung nicht ordnungsgemäß nachkamen (fit-mother-rules) oder nicht lange genug in einer Kommune oder in einem Bundesstaat sesshaft waren (residence rules). 1943 verabschiedete der Bundesstaat Louisiana ein Gesetz zum Schutz der Baumwollfarmer, das vorsah, Hilfezahlungen im Rahmen der Familienfürsorge an schwarze Frauen und deren Kinder in Erntephasen vollständig auszusetzen (Reese 2005).

Es wird geschätzt, dass etwa drei Fünftel aller afroamerikanischen Familien, welche die Anspruchsvoraussetzungen für die vom New Deal geschaffenen Sozialtransfers erfüllt hätten, in den ersten Jahrzehnten nach Verabschiedung des SSA von diesen durch verschiedene Ausnahmeregelungen ausgeschlossen blieben (Lieberman 2003: 36). In manchen Bundesstaaten gab es Sonderrichtlinien für Migrantinnen aus Ost- und Südeuropa, die sich »Amerikanisierungs- und Erziehungsprogrammmen« unterziehen mussten, um staatliche Unterstützung zu erhalten (Gordon 1994; Mink 1998). In Kalifornien wurden »Mexican-Americans« nicht nur gegenüber angelsächsischen Antragstellerinnen diskriminiert. Dort arbeiteten in den 1930er und 1940er Jahren die lokalen Sozialerwaltungen darüber hinaus sehr eng mit den lokalen Polizei- und Einwanderungsbehörden zusammen und beteiligten sich gezielt an staatlichen Repatriierungsprogrammen, wenn die billige Arbeitskraft der Migranten nicht mehr gebraucht wurde (Walsh 1999; Marchevsky/Theoharis 2006).

Dass es in den USA überhaupt – wenn auch im Vergleich zu anderen westlichen Industriestaaten recht spät und auch nur für einen kurzen Zeitraum – zu einer zunehmenden Verrechtlichung und damit Einklagbarkeit des Sozialhilfeanspruchs für unterhaltsbedürftige Frauen und deren Familien kam, geht weniger auf Bemühungen staatlicher Instanzen als auf den ausdauernden Kampf von sozialen Bewegungen, Bürgerrechtsorganisationen und engagierten Sozialarbeitern zurück. So gelang es der 1967 gegründeten National Welfare Rights Organization (NWRO), die bundesweit etwa 25.000 Mitglieder vertrat (Nadasen 2005: 13), in den folgenden Jahren über eine breite Mobilisierung der Betroffenen und eine Skandalisierung der Ungleichbehandlung von Migranten und ethnischen Minderheiten gewisse Mindeststandards in der Sozialhilfepraxis durchzusetzen. Mehrere Sammelklagen führten zu wichtigen Grundsatzentscheidungen des Obersten Gerichtshofs, welche die bis dahin in zahlreichen Bundesstaaten und Kommunen üblichen Diskriminierungen und Ausnahmeregelungen als verfassungswidrig erklärten.[21] Aber auch dieser Fortschritt, der die Familiensozialhilfe vorübergehend mit Rechtsansprüchen versah und in den 1970er Jahren vor allem in den Zentren progressiver sozialer Bewegungen zu einer nennenswerten Ausweitung und größeren Akzeptanz des AFDC-Programms beitragen konnte, war nur von kurzer Dauer. Nach Einschätzung zahlreicher Autoren (Wilson 1987; Noble 1997; Williams 1997; Neubeck/Cazanave 2001; Delgado/Gordon 2002; Brown 2003; Gilens 2003; Reese 2005) setzte der politische Backlash gegen das Recht auf Sozialhilfe, der Mitte der 1990er Jahre in die »Welfare Reform« mündete, just dann ein, als immer mehr afroamerikanische Familien und andere Minderheiten von diesem profitieren konnten und AFDC in der öffentlichen Wahrnehmung endgültig zu einem »black program« avancierte.

Poststrukturalistische Ansätze und „neue Armutsforschung"

In wissenschaftlichen Kreisen, die sich in den USA und anderen angelsächsischen Ländern dem Programm einer »neuen Armutsforschung« (New Poverty Research) verpflichtet sehen und stark von ethnographischen und kulturanthropologischen Ansätzen und Arbeiten beeinflusst sind, wird die Restrukturierung der Sozial(hilfe)politik in den USA in den Kontext veränderter und modernisierter Strategien und Praxen der Kontrolle und Disziplinierung, gesellschaftlicher Inklusion/Exklusion und Regulierung der (Armuts-)Bevölkerung eingeordnet (O'Connor

---

21 Zu den wichtigsten Urteilen des nationalen Supreme Court mit einem Bezug zur Sozialhilfepraxis der Bundesstaaten gehörten *King v. Smith* (1968), *Shapiro v. Thompson* (1969), *Goldberg v. Kelly* (1970) und *New Jersey Welfare Rights Organization et al. v. Carhill* (1973). Zur Bedeutung und den juristischen Errungenschaften des »Welfare Rights Movements« in den 1960er und 1970er Jahren vgl. Piven/Cloward 1977b; Sosin 1986; Hamilton/Hamilton 1997; Nadasen 2005.

2001a; Goode/Markovsky 2001; Morgen 2002; Clarke 2003; McDonald/Marston 2005; Schram 2006a u. 2006c). Obwohl auch hier staatliche Zwangsmaßnahmen, rassistische und sexistische Diskriminierungen sowie Herrschaftstechniken untersucht werden, wird darüber hinaus gefragt, wie sich im Zuge der zunehmenden Ökonomisierung sozialer Beziehungen und wachsender individueller Risiken, die mit einem Abbau wohlfahrtsstaatlicher Sicherung verbunden sind, neue Mechanismen des Selbst-Managements, der Versubjektivierung, aber auch der Vergemeinschaftung und des Widerstands herauszubilden beginnen. Zur Beantwortung dieser Frage sei es notwendig, die Alltagserfahrungen, Wahrnehmungen und Interpretationen der von Sozialpolitik und Workfare-Strategien unmittelbar Betroffenen wieder stärker in die Analyse miteinzubeziehen (Morgen 2002) und herrschende gesellschaftliche Mythen über Armutsursachen sowie homogenisierende Grundannahmen über *die* Armutsbevölkerung offensiver in Frage zu stellen (Morgen/Markovsky 2003).[22]

Nach Goode/Markovsky (2001) und Lyon-Callo/Hyatt (2003) besteht die Aufgabe der »neuen Armutsforschung« vor allem darin, die Untersuchungen von konkreten Armutsphänomen wieder gezielter mit politischen, ökonomischen und ideologischen Faktoren und Entwicklungen, von denen die gegenwärtigen kapitalistischen Umstrukturierungen und Staatsaktivitäten beeinflusst und begleitet werden, zusammenzubringen und mit Studien zu verknüpfen, die individuelle und kollektive oppositionelle Strategien und Widerstandspotentiale sichtbar machen. Für die USA benennen sie drei miteinander verbundene Prozesse, die es in der Forschung stärker zu berücksichtigen gelte: erstens die weiter zunehmende Polarisierung zwischen Arm und Reich und deren langfristige gesellschaftliche Implikationen; zweitens die Entpolitisierung des Themas Armut und die damit verbundene Demobilisierung und Unsichtbarmachung der von Armut Betroffenen; und drittens den »Triumphalismus des Marktes«, dessen Vertreter mit neoliberalen Strategien der Privatisierung, Deregulierung und Dezentralisierung das Verhältnis zwi-

---

22 Diese Aufgabe ist aus der Sicht von kritischen Anthropologen und Ethnographen in den USA von besonderer Bedeutung, weil das in den Sozialwissenschaften und in der Politik bis heute vorherrschende und insbesondere von Konservativen vertretene Konzept einer spezifischen »Kultur der Armut«, die Abhängigkeiten, antisoziales Verhalten und generationenübergreifende Pathologien fördere, auf anthropologische Studien aus den 1950er und 1960er Jahren von Oscar Lewis zurückgeht. Dieser hatte den Begriff »culture of poverty« ursprünglich mit der Absicht entwickelt, die besonders schwierigen Lebensverhältnisse und gesellschaftlichen Ausgrenzungsprozesse zu thematisieren, denen arme Familien in und aus der Dritten Welt (Mexiko, Puerto Rico) unterliegen.

schen Staat, zivilgesellschaftlichen Akteuren und den auf Hilfe angewiesenen Bürgern neu gestalteten.

Zum Teil sind an diese Forschungsperspektive angelehnte Arbeiten stark von poststrukturalistischen Theorien – vor allem von den Ideen und Machtkonzeptionen Michel Foucaults – beeinflusst und greifen auf von ihm geprägte Begrifflichkeiten wie Biomacht, Selbsttechnologien oder Gouvernementalität bzw. Governance zurück, ohne dabei jedoch von politökonomischen Rahmenbedingungen und Interessen abzusehen (vgl. Dean 1999; Geva 2005; McDonald/Marston 2005; Watkins 2006). Sie sind daran interessiert, die komplexen und widersprüchlichen Konsequenzen und Wirkungen neuer Macht-, Führungs- und Regierungstechniken in modernen Gesellschaften, welche die Grenzen zwischen Staat, Ökonomie, Gemeinschaft und dem Privaten immer mehr verwischten, aufzuzeigen und zu verstehen, wie mit ihnen das Selbstverständnis und das Verhältnis der Subjekte zu sich selbst und anderen konstituiert und transformiert werden (Dean 1999: 12). Des Weiteren wird davon ausgegangen, dass dem Lokalen in den Auseinandersetzungen um neue Regierungsformen und Regulierungen des Sozialen (wieder) eine zentrale Bedeutung zukommt (Rose 2000; Clarke 2002; Ferguson-Gupta 2002). Dadurch geraten neben lokalen staatlichen Bürokratien mit ihrem Mikromanagement von Erwerbslosen und Armutsproblemen (Brodkin 1997; Morgen 2001; McDonald/Marston 2005), dem Arbeitsplatz (Riemer 2001; Acker u.a. 2006) und anderen disziplinierenden Institutionen auch Orte der sozialen Reproduktion und Unterstützung wie Communities, Nachbarschaften und Familien und deren Funktion und Wandel in den aktuellen wohlfahrtsstaatlichen Transformationsprozessen in den Blick (Edin/Lein 1997; Hyatt 2001; Clarke 2002; Davis u.a. 2002; Jennings 2002; Dominguez/Watkins 2003; Michaud 2004). So veranschaulichen zum Beispiel eine Reihe von ethnographischen Studien, die Sozialhilfeempfänger nach Verabschiedung der »Welfare Reform« längere Zeit auf ihrem Weg durch den Behörden- und Institutionendschungel der neuen Arbeits- und Disziplinierungsprogramme begleitet haben (Riemer 2001; Gilliom 2001; Hays 2003; Haylett 2003; Nelson 2006; Marchevsky/Theoharis 2006; Watkins 2006), wie diese – abhängig von spezifischen lokalen Bedingungen und Unterstützungsstrukturen – mit ganz unterschiedlichen Strategien auf die neue Workfare-Politik reagieren. Diese reichen von kollektiver politischer Interessenorganisierung (vgl. S. 215 ff. u. 303 ff.), dem Aufbau neuer nachbarschafts- und familienorientierter Solidaritätsnetzwerke, individuellen Widerstandshandlungen (Behördenbetrug, Absentismus, Auflehnung gegen die Case Manager etc.), diversen Anpassungsstrategien – die oftmals darin bestünden, auf die zunehmende »Therapeutisierung und Medizinierung der Sozialpolitik« (Schram 2000) mit der Hervorhebung der eigenen »Defizite« (Krankheiten, Drogenabhängigkeit etc.) zu reagieren, um sich bestimmten Anforderungen zu entziehen – bis hin zu einer expliziten Befürwortung und aktiven Kooperation mit der neuen Sozialhilfepolitik und deren Zielen.

Ein Aspekt der sich herausbildenden westlichen kapitalistischen Workfare-Regime, der in vielen poststrukturalistischen Arbeiten zur aktuellen Restrukturierung des Verhältnisses von Staat, Markt und Bürgern zu Recht betont wird, ist die verstärkte Einführung von ökonomischen Vertragstheorien und -modellen in die Sozialpolitik. Mit ihnen werden nicht nur die Rechte und Ansprüche von Transferempfängern zugunsten ihrer Pflichten geschwächt (Cox 1998; Dwyer 2002; Goodin 2002; Handler 2002, Holden 2003) und die Beziehung zwischen Staat und Hilfebedürftigen in Anlehnung an »New Public Management«-Theorien in zynischer Weise zu einem »Anbieter-Kunden-Verhältnis« umdefiniert. Vielmehr werden damit auch die Grenzen zwischen den in die Gesellschaft »Eingegliederten« und den »Marginalisierten« neu gezogen, was Rose (2000: 94) als die Neucodierung gesellschaftlicher Separierungspraktiken bezeichnet hat. Nach MacGregor (1999: 5 ff.) lassen sich für die aktuelle Phase der Wohlfahrtspolitik in westlichen kapitalistischen Gesellschaften – die sie von Politiken des »neuen Paternalismus« und »Dritte-Weg-Konzepten« gekennzeichnet sieht, welche neoliberale Laissez-faire-Strategien der 1970er und 1980er Jahre teilweise abgelöst hätten – vier Welten sozialer Rechte feststellen: In der ersten Welt, die von den globalen Eliten bevölkert wird, würden diesen – obwohl sie sich nationalen und zivilgesellschaftlichen Verantwortungen und Verpflichtungen weitgehend entledigt hätten – von Seiten des Staates großzügige Privilegien gewährt und sie mit Nachsicht behandelt. In der zweiten Welt der mittleren Einkommensschichten und der rechtschaffenen Bürger, die von einer relativen Sicherheit und einem vergleichsweise bescheidenen Wohlstand gekennzeichnet sei, würden als neue Mindestanforderungen gelten, sich gesund zu halten und lebenslang zu lernen. In dieser zweiten Welt liege der Fokus auf der Akzeptanz von mehr Risiken, Flexibilität und einer größeren Eigenverantwortung für sich und die Familie in Bezug auf die Krankheits-, Renten- und Altersversorgung sowie die Ausbildung der Kinder. Dies erfordere unter Umständen Konsumverzicht, verstärkte Planungen und Investitionen in die Zukunft, ein größeres Risikomanagement, eine intensivierte Arbeitsdisziplin sowie die Internalisierung von Verhaltenskontrollen. In der dritten Welt – der Welt der Armen, Gescheiterten, Randständigen und von Idealen/Normen der Mittelschichten Abweichenden – herrsche der »neue Paternalismus«, wie er in der »Welfare Reform« und anderen neuen Gesetzen und Programmen zur Kontrolle und Erziehung der Armutsbevölkerung zum Ausdruck komme. Dieser Paternalismus weise Ähnlichkeiten, aber auch einige gewichtige Unterschiede gegenüber den Ideologien und Praxen der Armenfürsorge zu Beginn des modernen Wohlfahrtsstaates im 19. Jahrhundert auf. MacGregor zitiert in diesem Zusammenhang Mead (1997a), einen der wirkmächtigsten Befürworter und Theoretiker dieses Ansatzes in den USA, der als Ziel nicht die Segregation und weitere Exklusion, sondern die gesellschaftliche Reintegration der Armen über Arbeit formuliere. Zudem hebt sie die auffällige Konzentration des »neuen Paternalismus« auf relativ kleine oder bereits stigmatisierte Bevölkerungsteile (in den USA die »urbanen Unterschichten« und alleinerziehende Mütter) hervor. Von deren Rehabilitierung und Bekehrung würden sich die Anhänger der paternalistischen Philosophie häufig eine gesellschaftliche Signalwirkung versprechen. Zu den Interventionen und Kontrollen, die diese Gruppen – wenn sie weiterhin staatliche Unterstützung und gesellschaftliche Duldung erhalten wollen – über sich ergehen lassen müssen, zählt MacGregor die Sanktionierung ihres Sexualverhaltens, Maßnahmen, die ihnen beibringen sollen, bessere Eltern zu werden und verantwortungsvoll mit ihrem wenigen Geld umzugehen, strikte Arbeitsverpflichtungen, Drogentests, ständige Überwachung und diverse Formen des individuellen Case Managements, um sie von ihrem »sozialschädlichen« Verhalten zu befreien. Für diese Aufgabe der Rehabilitation, die sowohl auf eine Senkung der individuellen Anspruchshaltung gegenüber der Qualität und Entlohnung von Erwerbstätigkeit als auch auf die Ausweitung von unentgeltlichem Engagement (volunteering) und Selbsthilfe abziele (vgl. hierzu auch Haylett 2003), eigneten sich insbesondere gemeinnützige Einrichtungen, spezialisierte Sozialdienste und kleinteilige lokale Partnerschaften zwischen dem privaten und öffentlichen Sektor, die sich unterschiedliche Schwerpunktsetzungen und Strategien – im Sinne von »good and bad cops« – aufteilen können (vgl. hierzu auch Rose 2000; Eick u.a. 2004). Für diejenigen, die sich nicht erziehen und reintegrieren lassen wollten oder sich selbst »managen« können, bleibt nach MacGregor die vierte Welt, die »Unterwelt«, wo die Armen entweder ihrem Schicksal überantwortet oder von einem zunehmend autoritär agierenden Staat kriminalisiert und bekämpft würden (vgl. hierzu auch Gilliom 2005; Coutin 2005).

MacGregors Behauptung, dass vor allem die Übergänge von der dritten in die vierte Welt fließend sind, wird von empirischen Befunden über die Verknüpfung von paternalistischen und eindeutig repressiven Politiken gestützt. Nicht zufällig weisen zahlreiche Studien gerade für die angelsächsischen Länder auf die direkte Verbindung zwischen einer veränderten Sozial(hilfe)politik und einer strikteren Straf- und Justizpolitik hin, die zu einem erheblichen Anstieg der Gefängnisbevölkerung geführt hat, darunter eine wachsende Anzahl von Jugendlichen und Frauen (Parenti 1999; Beckett/Western 2001; Scraton 2004; Haney 2004). Nach Wacquant (2000: 68) entspricht »der gewollten Atrophie des Sozialstaates die Hyperthrophie des Strafrechtsstaates«. Auch Garland (2001: 196) kommt in seiner Analyse des Zusammenwirkens von Entwicklungen in der Kriminal- und Wohlfahrtspolitik zu dem Schluss, dass dieselben Prämissen und Ziele, welche die Theorie und Praxis des Straf- und Justizsystems in westlichen Gesellschaften verändert haben, auch Teil der neuen Sozialreformen sind.

Einige Autoren haben die oben skizzierten Entwicklungen im Umgang mit marginalisierten Bevölkerungsgruppen, die Entstehung neuer Governance-Strukturen zur Regulierung normabweichenden Verhaltens und die US-amerikanische »Welfare Reform« als postindustrielle Sozialpolitiken bezeichnet (Schram 2006b; Blau 2006; Reisch 2006). Hiermit ist in Anlehnung an Castells (1989), der bereits Ende der 1980er Jahre die Auswirkungen veränderter ökonomischer Grundlagen (Deindustrialisierung, Bedeutungszuwachs der Informationstechnologien etc.) auf wohlfahrtsstaatliche Arrangements beschrieben hat, die Annahme verbunden, dass sich im Zuge neuer wirtschaftlicher Produktionsstrukturen in einer zunehmend globalisierten Welt die Funktionen und Ziele von Sozialpolitik gewandelt haben. Galten gerade die »urban poor« bis in die 1980er Jahre in den USA noch als industrielle Reservearmee (vgl. hierzu auch Wilson 1996; Noble 1997), deren Reproduktion in Zeiten von Erwerbslosigkeit mit niedrigen Sozialtransfers von Seiten des Staates sichergestellt wurde, so seien sie in der neuen Welt der Netzwerk- und Wissensgesellschaft, in der arbeitsintensive Tätigkeiten verstärkt in Länder und Regionen mit besonders niedrigen Lohnkosten ausgelagert werden (vgl. hierzu Friedman 2006), mehr oder minder überflüssig geworden. Dementsprechend wäre die »Welfare Reform« vornehmlich weniger ein Instrument zur Senkung von Löhnen (obwohl sie diese Funktion natürlich auch erfülle bzw. unter bestimmten Voraussetzungen erfüllen könne), sondern vielmehr der Versuch, einen Teil der »vernutzbaren« Arbeitskräfte in die wachsenden Sektoren der New Economy oder der informellen Beschäftigung zu schleusen, während der Rest sich selbst, Familien- oder ethnischen Netzwerken, privaten Wohlfahrtsorganisationen und religiösen Gemeinschaften überlassen werde (Morgen/Markovsky 2003). Wie die Muster der Inklusion und Exklusion im Einzelnen aussehen und wie sich die neuen Sozialpolitiken »vor Ort« langfristig auswirken werden, lässt sich Castells zufolge nur anhand von empirischen Untersuchungen herausfinden.

Politökonomische Ansätze

Was Castells (1996) und andere Autoren (z.B. Barney 2004; Van Dijk 2006) als Entwicklung hin zu technologiegestützten Informations- und Netzwerkgesellschaften beschreiben, in denen Konsumtions- und Produktionsmuster sowie Formen nationaler Staatlichkeit eine grundlegende Veränderung erfahren, wird in politökonomischen Arbeiten, die sich dem Forschungsprogramm der ursprünglich in Frankreich entstandenen Regulationsschule zurechnen lassen, als »postfordistische« Phase bezeichnet. Die Ausgangsfrage der ersten Generation von Regulationstheoretikern (Aglietta 1979; Lipietz 1985; Boyer 1986; Hirsch/Roth 1986; Hübner 1989) lautete, wie sich kapitalistische Gesellschaften im Laufe der Zeit verändern und wodurch ihr Bestand trotz großer interner struktureller Widersprüchlichkeiten und ständiger Krisen gesichert wird. Im Folgenden soll nicht näher auf die internen Kontroversen sowie die allgemeinere Debatte in den kritischen Sozialwissenschaften hinsichtlich der korrekten Begrifflichkeiten und den am besten geeigneten theoretischen Ansätzen zur Kennzeichnung und Analyse des »Neuen« an der aktuellen kapitalistischen Vergesellschaftung und Produktionsweise sowie der Bewertung globalisierungsinduzierter Veränderungen eingegangen werden. Vielmehr ist an dieser Stelle in erster Linie von Interesse, welche Bedeutung und Aufgabe der Sozial(hilfe)politik von Seiten der Vertreter einer Transformations- bzw. Rekonfigurationsthese in Bezug auf (national-)staatliche Funktionen im Kontext wirtschaftlicher Restrukturierungsprozesse beigemessen wird.

Zu einer Art Binsenweisheit linker Gegenwartsdiagnosen gehört inzwischen, dass wir uns gegenwärtig in einer Periode des grundlegenden gesellschaftlichen, politischen und ökonomischen Wandels befinden, die das Nachkriegsmodell kapitalistischer Entwicklung abgelöst hat. Dieses fordistische Modell war in seinem Kern durch eine standardisierte Massenproduktion, relativ starke nationalstaatlich gebundene Regulierungen und institutionalisierte Kompromisse zwischen Kapital und Arbeit und somit auch durch einen Ausbau von Sozialleistungen geprägt und ist spätestens in den 1970er Jahren in eine tiefe Krise geraten. In der Diskussion, ob sich nach mehr als drei Jahrzehnten krisenhafter Umbrüche bereits ein neues und stabiles Entwicklungsmodell – verstanden als Einheit von Akkumulationsregime und Regulationsweise[23] – mit klaren

---

23 Der Begriff Akkumulationsregime bezeichnet die historisch spezifische Form der materiellen Produktion und Reproduktion, der Reallokation und Konsumtion des gesellschaftlichen Produkts. Regulationsweise bezieht sich dagegen auf die »Gesamtheit institutioneller Formen, Netze und expliziter und impliziter Normen, die die Vereinbarkeit von Verhaltenswei-

Konturen etablieren konnte, zeichnet sich allerdings bislang kein Konsens ab (vgl. Aglietta 2000; Borg 2001; Candeias/Deppe 2001; Brand/Raza 2003; Brenner 2004; Jessop/Sum 2006). Zu den wichtigsten, konzeptionell fundierten Thesen zur Kennzeichnung der innerstaatlichen, das heißt auch der sozialstaatlichen Dimension der gegenwärtigen weltumspannenden kapitalistischen Transformationsphase, die dem Regulationsansatz zuzuordnen sind, gehören jene von Jessop, der die Veränderungen in den westlichen Ländern als den Übergang von »nationalen keynesianischen Wohlfahrtsstaaten« zu »postnationalen schumpeterschen Workfare-Regimes«[24] beschrieben hat, sowie die von Cerny (1990) und Hirsch (1995), die einen Wandel der sozialdemokratischen Wohlfahrtsstaaten hin zu »nationalen Wettbewerbsstaaten« – von Hirsch (2005) neuerdings auch »internationalisierte Wettbewerbsstaaten« genannt – konstatieren (vgl. auch Altvater/Mahnkopf 2002). Brenner (2004) hat diese Versuche der begrifflichen Annäherung um die räumlich-territorial-funktionale Dimension ergänzt und behauptet die Existenz von unterschiedlichen »Rescaled Competition State Regimes«. Gemeinsam ist all diesen theoretischen Konzeptionen, dass sie fortschreitenden ökonomischen Globalisierungs- und Restrukturierungsprozessen zwar eine zentrale Bedeutung zuschreiben, aber weder von einem grundsätzlichen Rückzug noch einem substantiellen Bedeutungsverlust des Nationalstaates ausgehen. Vielmehr wird der Nationalstaat im Unterschied zu vielen anderen globalisierungskritischen Arbeiten (vgl. Borg 2001; Held/McGrew 2002) weiterhin mit seinen vielfältigen Steuerungsfunktionen als wichtiger Akteur anerkannt, dessen Aufgaben und

---

sen im Rahmen eines Akkumulationsregimes sichern« (Lipietz 1985: 121).

24 Dass es sich hierbei nur um einen Versuch der konzeptionellen Annäherung an komplexe und schwer zu fassende Veränderungen handelt, zeigen die begrifflichen Weiterentwicklungen dieses Modells, die Jessop seit Beginn der 1990er Jahre vorgenommen hat: vom »schumpeterschen Leistungsstaat« (1991), über den schumpeterschen Workfare-Staat« (1994) und das »schumpetersche Workfare-Regime« (1995) bis hin zu einem »postnationalen schumpeterschen Workfare-Regime« (2001) und »schumpeterschen Wettbewerbsregime« (2002). Damit erkennt Jessop in seinen jüngeren Arbeiten stärker die »scale«-Dimension an und – mit seinem Wechsel von Staat zu Regime – auch die Tatsache, dass vermehrt nichtstaatliche Akteure in den aktuellen Umstrukturierungsprozessen eine wichtige Rolle spielen (Holden 2003). Der Bezug auf Schumpeter, den Jessop als den emblematischen Vordenker für ein postfordistisches Entwicklungsmodell und als den Nachfolger von Keynes ansieht, erklärt sich durch dessen These vom »Prozess der schöpferischen Zerstörung«, der mittels ständiger Innovationen die Wirtschaft in ein fortschrittliches Ungleichgewicht bringe, indem er Anreize auf der Angebotsseite schaffe und den wirtschaftlichen Stillstand verhindere (Schumpeter 1974).

Zielsetzungen sich im Rahmen eines wachsenden internationalen Wettbewerbs um Kapitalinvestitionen und Standortvorteile jedoch eindeutig verschoben hätten und durch Regulationsinstanzen auf der supra- und subnationalen Ebene ergänzt worden seien. Jessop (1994: 57 ff.) zufolge ist das Hauptanliegen der sich herausbildenden Workfare-Regime, Innovationen zu fördern, Tempo und Zielrichtung des technologischen Wandels mitzubestimmen und ihre Wohlfahrtsleistungen dahingehend neu zu organisieren, dass sie den Anforderungen flexibilisierter Arbeitsmärkte und einer strukturellen Konkurrenzfähigkeit entsprechen. Bereitschaft und Fähigkeit zur Entwicklung und Umsetzung von Veränderungen würden zur zentralen Dimension staatlicher Wirtschafts-, Arbeitsmarkt- und Sozialpolitik, wobei es zu einer Verlagerung von einer nachfrageorientierten Politik, die lange Zeit auf Vollbeschäftigung ausgerichtet war, hin zu einer angebotsfixierten und die Unternehmen entlastenden Politik über den Abbau von Marktkontrollen und -schranken komme. Während der Interventionsstaat keynesianischer Prägung noch für sich beansprucht habe, eigenständige Ziele wie etwa die Umverteilung von Ressourcen und den Schutz schwächerer Bevölkerungsgruppen zu verfolgen, und vor allem kontinuierliche Lebensläufe reguliere, setze der Workfare-Staat auf den Aufbau institutioneller Kapazitäten und Instrumente, die zum einen den direkteren Zugriff auf die Individuen ermöglichen sollen, um diese – angepasst an die Bedingungen einer innovationsfähigen Ökonomie – in den Arbeitsmarkt zu integrieren, und zum anderen dazu dienen sollen, Diskontinuitäten bzw. Kontingenzen zu managen (Brütt 2001; Dörre 2001; Atzmüller 2004).

Ähnlich wie Jessop argumentiert Hirsch, der ebenfalls eine veränderte Rolle des Staates diagnostiziert, die seiner Ansicht nach vor allem in der Durchsetzung des permanenten Strukturwandels zur Sicherung nationaler und regionaler Standortvorteile besteht. Grundlegend hierfür sieht er die weitreichende Unterordnung außerökonomischer Bedürfnisse und Verhältnisse unter die Zwänge des Marktes. Verteilungsgerechtigkeit werde immer stärker aus der Perspektive vermeintlicher ökonomischer Effizienz betrachtet. Bereits seit längerem zeichne sich die wachsende Relevanz von Innovationsprozessen, Unternehmertum und Wettbewerbsfähigkeit unter den Vorzeichen einer zunehmend globalisierten Ökonomie auch auf der regionalen und lokalen Ebene ab. Ausdruck hiervon sei eine Reihe von neuen subnationalen, zum Teil länderübergreifenden Kooperationsbeziehungen, (Gesetzes-)Initiativen und Programmen, die auf eine verstärkte Förderung (regionaler) Technologie- und Strukturpolitik zielen (vgl. Brenner/Heeg 1999; Krätke 1999; Amin 2002). Sie schlage sich aber auch in diversen Variationen und räumlich-territorialen Restrukturierungen der Wohlfahrts- und Arbeitsmarktpolitik nieder, wofür die »Welfare Reform« in den USA mit ihren Dezentralisierungsbestrebungen in regulationstheoretischen Arbeiten ein häufig genanntes Beispiel ist (Kodras 1997; Jessop 1999; Theodore/Peck 1999; Mohan 2003; Gough 2004). Diese widersprüchlichen und weitgehend noch offenen Anpassungs-, Aushandlungs- und Umbruchprozesse, die das Verhältnis und die Aufgabenverteilungen zwischen den unterschiedlichen politischen bzw. staatlichen Ebenen neu konstituieren, hat Swyngedouw (1997) unter den Begriff »Glokalisierung« gefasst.

Nach Ansicht von Candeias (2004: 14) erleichtern räumliche Verschiebungen, die mit einer Aufwertung transnationaler und lokaler Strukturen und Akteure einhergehen, die Durchsetzung neoliberaler Politiken, da sie Verantwortlichkeiten verschleiern und dabei helfen, »Sachzwänge« zu konstruieren, die »als Imperative zur Anpassung nationaler Politiken wirken«. Zudem trage eine zunehmende Dezentralisierung dazu bei, dass »divergierende Interessenlagen und soziale Widersprüche im Standortwettbewerb unterhalb der nationalstaatlichen Ebene in interregionale Konflikte transformiert« würden. Auch zahlreiche andere von der Regulationsschule beeinflusste Autoren, welche die These vom »shift in functions downwards« zum Teil mit empirischen Untersuchungen untermauert haben, verweisen auf die negativen Auswirkungen dieser Entwicklung, die sich in primär an wirtschaftspolitischen Zielen orientierten regionalen und städtischen Politiken, neuen Ausgrenzungsprozessen und autoritären Lösungsansätzen für Armutsprobleme manifestiere (Painter/Goodwin 1995; Clarke/Gaile 1997; Brenner 2004; Gough 2004; Swyngedouw 2005). In einigen dieser Arbeiten werden jedoch auch die Widersprüchlichkeiten und Öffnungen dieses neuen Regionalismus und Lokalismus gegenüber Akteuren und gesellschaftlichen Gruppierungen hervorgehoben, die zuvor von Entscheidungen und der Politikumsetzung ausgeschlossen waren, sowie die Legitimationsprobleme, Konflikte und Oppositionsbewegungen beschrieben, die sich infolge von besonders unpopulären Maßnahmen und Sozialkürzungen auf der kommunalen Ebene ergeben können (Shragge 1997; Mayer 1999a; Amin/Cameron 1998; Harloe 2001; Purcell 2002; Sites 2003).

Mayer (1994; 1996; 2003b) nennt als vorläufige Ergebnisse der aktuellen postfordistischen Restrukturierungsprozesse im Wesentlichen drei Modifikationen lokalstaatlicher Politik. Regionen und Städte seien erstens zu zentralen Agenten bei der Produktion von Wettbewerbsfähigkeit geworden und fungierten als Motoren ökonomischen Wachstums. Zweitens komme ihnen im Rahmen des Abbaus von nationalstaatlichen Transferleistungen und der Anforderung, Arbeitsmärkte zu flexibilisieren und dynamisieren, die Aufgabe zu, innovative Sozial- und Beschäftigungsstrategien zu entwickeln, um endogene Potentiale zu mobilisieren und damit Standortvorteile auszubauen bzw. -nachteile auszugleichen. Drittens vollziehe sich auf der organisatorisch-institutionellen Ebene die tendenzielle Ablösung von traditionellen Formen des Regierens und der Verwaltung durch veränderte, weichere und gegenüber neuen Akteuren der Lokalpolitik offenere, wenn auch häufig selektive Formen der Governance; dabei müssten die lokalstaatlichen Instanzen – selbst dann, wenn sie sich anderen Zielen als denen der Wirtschaftsförderung verpflichtet fühlten – darauf bedacht sein, dass diese nicht grundsätzlich gegen die Kräfte und Interessen des Marktes agieren.

Der lokale Staat dient nach diesem Befund, der mit Erkenntnissen der in den USA entwickelten Schule der »Urban Regime Theory« (vgl. Stone 2005) teilweise zusammenfällt, in vielen Fällen und Regionen nunmehr verstärkt dazu, Wachstumskoalitionen zu schmieden, in welche – je nach politischen Kräfteverhältnissen – neben Unternehmer- und Kapitalinteressen auch andere Bevölkerungsgruppen und Akteure einbezogen werden, um entweder die Legitimationsressourcen zu erhöhen und/oder armutsverschärfende Auswirkungen und gesellschaftliche bzw. kommunale Kosten dieser Politik zumindest abzufedern. Dabei werden nichtstaatliche und nichtgewählte Institutionen sowie diverse Formen intermediärer Strukturen und Public-Private-Partnerships gegenüber traditionellen und hierarchischen Verwaltungs- und politischen Entscheidungsstrukturen der fordistischen Ära von verschiedenen Seiten innerhalb des Staatsapparates aufgewertet und zum Krisenmanagement genutzt: zum einen von Protagonisten der »New Public Management«-Philosophie, die eine Verschlankung und größere Effizienz der Verwaltung anstreben, zum anderen aber auch von Vertretern kommunitaristischer oder bürgergesellschaftlicher Positionen, denen mit den erstgenannten Akteuren trotz unterschiedlicher Schwerpunktsetzungen und Motive gemeinsam ist, dass sie die neuen öffentlich-privaten Kooperationsformen für effektiver, problemorientierter und flexibler halten (vgl. Felder 2000; Terry 2005).

Auch bezüglich der neuen Workfare-Strategien, die in politökonomischen Ansätzen im Wesentlichen als staatliche Regulation der Arbeitskraftreproduktion verstanden werden, wird der regionalen und lokalen Ebene weltweit ein Bedeutungszuwachs zugeschrieben sowie eine allgemeine Öffnung staatlicher Strukturen für unterschiedliche private (gemeinnützige und kommerzielle) Akteure beobachtet (Cope 1997; Jessop/Peck 1998; Finn 2000; Considine 2001; Eick u.a. 2004). Peck, dessen Studie *Workfare States* (2001) bis heute die umfassendste und beste Analyse der neuen arbeitsfokussierten Sozialhilfepolitiken im angelsächsischen Raum darstellt, betont zum einen die länderspezifischen Traditionen und geographischen Variationen von Workfare sowie die

Bedeutung lokaler/kommunaler Bedingungen (institutionelle, ökonomische und politische Faktoren) für die Ausgestaltung der neuen Transfer- und Beschäftigungsprogramme. Zum anderen spricht er jedoch auch von einer »Workfare-Geopolitik« (ebd.: 358), was ihm zufolge bedeutet, dass sich – befördert durch einen beschleunigten internationalen Policy-Transfer und den zunehmenden Einfluss von neoliberalen Global Playern und Institutionen (IWF, Weltbank, OECD etc.) – unter der Führung der USA die Workfare-Offensive zu einer weltweiten ideologischen Bewegung und einem transnationalen Regulationsprojekt entwickelt hat. In diesen Kontext ordnet er auch die US-amerikanische »Welfare Reform« der 1990er Jahre bzw. den PRWORA ein, dem er aufgrund seiner bislang einzigartigen Radikalität sowohl eine Sonderstellung als auch eine Art Vorreiterfunktion attestiert; dessen Erfolgsmeldungen von dramatisch gesunkenen Sozialhilfequoten und einer gelungenen Arbeitsmarktintegration von ehemaligen Transferempfängern würden auch auf andere Länder ausstrahlen (ebd.: 360).

Trotz aller Ökonomisierungstendenzen und Hinweise auf Konvergenzen zwischen westlichen kapitalistischen Gesellschaften bleibt die Ausbildung von nationalen und lokalen Workfare-Regimen nach Einschätzung der meisten zitierten Untersuchungen aber weiterhin abhängig von den jeweiligen politischen Kräftekonstellationen und Auseinandersetzungen, von einer gewissen Pfadabhängigkeit, die tradierte Institutionen und gesetzliche Regelungen vorgeben, und der spezifischen Position des jeweiligen Staates, der Region oder Stadt im Weltmarktgefüge. Analog zu Esping-Andersens idealtypischer Einteilung der keynesianisch geprägten westlichen Wohlfahrtskapitalismen in liberale, konservative und sozialdemokratische Regime (1990 u. 1996) bieten einige Autoren inzwischen auch für die sich herausbildenden neuen Workfare-Regime Typologisierungsversuche an. Candeias (2004: 291 ff.) unterscheidet auf der nationalen Ebene in Anlehnung an Freihandelstheorien aus dem 19. Jahrhundert zwischen orthodox-neoliberalen ricardianischen und schumpeterschen Workfare-Regimen, wobei die zuletzt genannten entweder eine stärker neokorporatistische oder eine ausgeprägtere sozialdemokratische Ausrichtung aufweisen könnten. Die USA rechnet er dabei dem Typus des ricardianischen Regimes zu. Dies zeichne sich dadurch aus, dass es seine strukturelle Konkurrenzfähigkeit über systematische Kostensenkungsprozesse und die Förderung von Reproduktionsmustern zu verbessern suche, welche dafür sorgten, dass das Angebot an billigen Arbeitskräfte aufrechterhalten bzw. beständig ausgeweitet werde. Instrumente hierfür seien die Senkung bzw. Deregulierung von Lohnkosten durch eine fortschreitende Informalisierung, Dezentralisierung und Individualisierung der Arbeitsverhältnisse, welche die gewerkschaftliche Verhandlungsmacht weiter schwächten. Des Weiteren nennt er den Abbau von Schutzmechanismen für Arbeitnehmer (System des »hire and fire«) und Transferleistungen für Erwerbslose (u.a. durch den PRWORA von 1996), welche den Zwang zur Lohnarbeit noch verstärkten, sowie diverse Maßnahmen der direkten und indirekten staatlichen Lohnsubventionen für einkommensschwache Familien und Beschäftigte, welche die Unternehmen weiter entlasteten und dabei helfen würden, Niedriglohnjobs und -sektoren zu stabilisieren und weiter auszubauen. Im Unterschied dazu setzten neokorporatistische oder sozialdemokratische schumpetersche Workfare-Regime, wie von Jessop und Hirsch beschrieben, stärker auf Produktivitätsfortschritte und Innovationen, um ihre Wettbewerbsfähigkeit zu erhalten bzw. zu erhöhen. Neben einer größeren Diversifikation von Produkten und Märkten und einer höheren staatlichen Unterstützung für eine gezielte Technologie- und Forschungsförderung, Infrastruktur- und Handelspolitik etc. sieht Candeias den wesentlichen Unterschied zu ricardianischen Modellen in der Art und Ausrichtung der Beschäftigungspolitik. Zwar seien auch schumpetersche Regime darauf aus, Arbeitsmärkte und -kräfte zu flexibilisieren und zu dynamisieren sowie direkte Sozialtransfers einzuschränken, sie investierten jedoch weiterhin mehr in das »Humankapital« der Arbeitnehmer, sei es über eine aktivere Arbeitsmarktpolitik, berufliche Ausbildungs- und Requalifizierungsangebote, sei es über vergleichsweise immer noch umfangreiche Lohnersatzleistungen. Stellvertretend für dieses Modell werden skandinavische Länder wie Dänemark genannt.

Jessop (2002: 114 ff.) differenziert dagegen zwischen neoliberalen, neostaatlichen, neokorporatistischen und neokommunitaristischen Varianten des schumpeterschen Workfare-Regimes und schreibt ihnen unterschiedliche Systemmerkmale, Strategien und Zielsetzungen zu.

Tabelle 1: Varianten der postnationalen schumpeterschen Workfare-Regime

neoliberale Variante
1. Liberalisierung: Stärkung des freien Wettbewerbs 2. Deregulierung: Zurückdrängen der Rolle von Recht und Staat 3. Privatisierung: (Aus-)Verkauf der öffentlichen Infrastruktur 4. Verbreitung der Marktlogik im öffentlichen Sektor 5. Internationalisierung: »freier Handel« im Inneren und nach Außen 6. Senkung der direkten Steuern: Stärkung der Konsumentennachfrage

---

neostaatliche Variante

1. von staatlicher Kontrolle zur regulierten Konkurrenz
2. begleitende nationalstaatliche Strategie statt einer Top-Down-Politik
3. Kontrolle des privaten und öffentlichen Sektors
4. Public-Private-Partnerships unter staatlicher Führung
5. neomerkantalistischer Schutz der Kernökonomien
6. Ausweitung der Rolle »neuer« kollektiver Akteure

neokorporatistische Variante

1. Neuausrichtung des Verhältnisses von Konkurrenz und Kooperation
2. dezentralisierte »regulierte Selbstregulation«
3. Ausweitung und Ausdifferenzierung privater, staatlicher und anderer »stakeholder«
4. Ausweitung der Rolle von Public-Private-Partnerships
5. Schutz der Kernökonomien in einer offenen Wirtschaft
6. hohe Steuern zur Finanzierung von sozialen Investitionen

neokommunitaristische Variante

1. Deliberalisierung: Begrenzung des freien Wettbewerbs
2. Empowerment: Erweiterung der Rolle des Dritten bzw. Nonprofit-Sektors
3. Sozialisierung: Ausweitung der sozialen Ökonomie
4. Betonung des sozialen Gebrauchswerts und sozialen Zusammenhalts
5. fairer statt freier Handel; »Think Global, Act Local«
6. Umlenkung von Steuern u.a. zur Finanzierung eines »Bürger- und Familienlohns«

Quelle: nach Jessop 2002: 461

Peck/Theodore (2000: 122) gehen einen Schritt weiter bzw. begeben sich auf die subnationale Ebene und identifizieren auf der Grundlage von eigenen empirischen Untersuchungen aus den 1990er Jahren für die angelsächsischen Länder Großbritannien, Kanada und USA (vgl. hierzu auch Peck 1998a u. 2000; Theodore/Peck 1999) Gattungsmerkmale von lokalen Workfare-Ansätzen. Ihre Unterscheidung zwischen einem »work first/private market model«, »local state model«, »community sector model« und »human capital model« ist der einzige systematisierende Versuch in der Fachliteratur, der Forderung vieler Autoren, die unterschiedlichen lokalen sozialpolitischen Strategien und Reaktionen auf die aktuellen ökonomischen und staatlichen Restrukturierungen genauer zu untersuchen und zu erfassen, im Bereich der Beschäftigungsförderung von Erwerbslosen und Sozialhilfebeziehern nachzukommen. Da ihr Typologisierungsversuch in den empirischen städtischen Fallstudien der vorliegenden Arbeit zur kommunalen Umsetzung der nationalen »Welfare Reform« in den USA zur Anwendung kommt, soll auch er an dieser Stelle nicht nur erwähnt, sondern im Folgenden tabellarisch dargestellt werden.

Tabelle 2: Varianten von lokalen »Welfare-to-Work«-Ansätzen

	work first/ market model	*local state model*	*community sector model*	*human capital model*
Programm-orientierung	erster Abeitsmarkt	staatliche und quasi-staatliche Agenturen	Nonprofit-Sektor	Bildungs- und Qualifizie-rungseinrich-tungen
Ziele	Unterstützung der möglichst unmittelbaren Arbeitmarkt-(re)integration	Durchsetzung von Arbeitsdis-ziplin, Kosten-senkungen grundlegender kommunaler Dienste	Vermittlung von Arbeitser-fahrungen; Ausnutzung der Arbeitskraft zum Nutzen des gemeinnüt-zigen Sektors	Erhöhung der langfristigen Beschäfti-gungsfähigkeit; Beseitigung von strukturel-len Benachtei-ligungen auf dem Arbeits-markt
Philosophie	Finde eine Ar-beit	Arbeite sozialstaatliche Unterstützung ab	Gib etwas an die Gemein-schaft zurück	Verpflichtung zur beruflichen Qualifizierung (*Go to School)*
Defintion der Zielgruppe	Arbeits-suchende	Beschäftigte/ Arbeitssuchen-de »zweiter Klasse«	temporäre Helfer	Auszubildende
Sozialbe-ziehungen	business-like; professionelles Klima; Schwerpunkt auf Vermitt-lung	bürokratisches Ethos; orien-tiert an Verwal-tungskultur	vertragsmäßig; sozialarbeiteri-scher Ansatz	Dienstleis-tungsorien-tierung; indivi-duelle Entwick-lung steht im Vordergrund
Programm-dynamik	prozessbasiert; an den Anfor-derungen des Arbeitsmarktes orientiert	basiert auf ein-zelnen Maß-nahmen; mit gelegentlichen Verbindungen zum ersten Ar-beitsmarkt	abhängig vom Einsatzort; ten-denziell weitere Abkopplung vom ersten Ar-beitsmarkt	basiert auf In-halten/Bil-dungspro-grammen; zu-nächst einmal abgelöst vom Arbeitsmarkt
arbeitmarkt-regulatori-sche Funktion	schnelle An-bindung an den Arbeitsmarkt	Re-Strati-fizierung und Aufweichung der Beschäfti-gungsverhält-nisse im öffent-lichen Dienst	Erhalt und Stärkung der sozialen Ökonomie im Nonprofit-Sektor	Förderung der Qualifizierung und Markt-fähigkeit des Individuums
Einstiegs-bedingungen auf dem Arbeitsmarkt	zu Niedrig-bzw. Mindest-löhnen	unterhalb ge-werkschaftlich ausgehandelter Bedingungen; oftmals ohne jegliche Ent-lohnung	Bezahlung un-ter Marktlöh-nen	in der Regel über dem Min-destlohn

Arbeitsmarkt-segmentie-rung	aktive Repro-duktion von Ungleichheiten durch die Be-vorzugung von am einfachsten zu Vermitteln-den	Re-Segmen-tierung des öf-fentlichen Dienstes durch die Schaffung einer unterge-ordneten Schicht von Arbeitskräften	passive Repro-duktion von Ungleichheiten durch »Ghet-toisierung« bzw. Abschot-tung	tendenziell In-strument zur Bekämpfung von Ungleich-heiten durch positive Dis-kriminierung
geographi-sche Ver-breitung	stark verbreitet; zuerst in subur-banen Regio-nen erprobt; Übertragung auf Großstädte	nicht weit ver-breitet; verbun-den mit aggres-siven/regres-siven Regie-rungsstrategien des Lokalstaats	zeitweise weit verbreitet; aktuell auf dem Rückzug; ab-hängig von der Existenz eines umfangreichen Nonprofit-Sek-tors	zunehmend weniger ver-breitet; findet sich häufig in Großstädten und wirtschaft-lich abgehäng-ten Regionen
Wider-sprüche	tendenziell ar-mutsverschär-fend durch Er-höhung des Ar-beitskraft-angebots und sinkende Löh-ne; hohe sozia-le Externalitä-ten; isoliert Menschen mit Beschäfti-gungsbarrieren	kostenintensiv; nur mit Einspa-rungen verbun-den, wenn es gelingt, regulär Beschäftigte zu verdrängen; gewerkschaftli-che Opposition wahrscheinlich	bietet keine langfristige Be-schäftigungs-perspektiven; stark abhängig von externer Finanzierung und der Akzep-tanz innerhalb des gemein-nützigen Sek-tors	zum Teil sehr kostenintensiv; Ergebnisse und Erfolge nicht immer direkt sichtbar und eher langfristig; internalisiert weitere soziale Kosten; häufig hoher Ver-schleißeffekt

Quelle: nach Peck/Theodore 2000: 122

Allen bisher in diesem Abschnitt genannten Arbeiten ist gemeinsam, dass sie einen sehr weit gefassten Begriff von Workfare teilen und eine Bandbreite von im Detail ganz verschiedenen Politiken und Strategien unter ihn subsumieren. Während bei Jessop die Bezeichnung Workfare auf einem recht hohen Abstraktionsniveau als paradigmatischer In-dikator für die Abkehr vom keynesianischen Wohlfahrtsmodell dient, unterscheidet Peck (2000: 6f.) zwischen diversen Bedeutungsebenen: Auf der individuellen Ebene bedeute Workfare, dass der Bezug von So-zialtransfers an die obligatorische Teilnahme an Maßnahmen und Pro-gramme geknüpft ist, die auf persönliche Verhaltensänderungen und neue Formen der »Selbststeuerung« abzielen. Damit werde das alte Sys-tem eines individuellen Rechtsanspruchs auf staatliche Unterstützung, das vornehmlich auf Bedürftigkeit beruhte, und einer auf dem Prinzip der Freiwilligkeit basierenden staatlichen Förderung von Be-schäftigungschancen Erwerbsloser abgelöst. Auf der organisatorisch-institutionellen Ebene signalisiert Workfare nach Peck eine systemische Umorientierung der Sozialpolitik und ihrer Akteure an den Anforderungen des Arbeitsmarktes und an dem Ziel, die Erwerbstätigkeit und - fähigkeit unter Transferempfängern zu erhöhen. Diese lasse die Aufgaben der alten Sozialbürokratien, die zuvor vor allem für die Überprüfung der Anspruchsberechtigung und die Gewährung materieller Hilfen zuständig waren, in den Hintergrund treten. Auf der funktionalen Ebene impliziert Workfare Peck zufolge eine Vormachtstellung von aktiven und aktivierenden Maßnahmen zur Arbeitsmarktinklusion und die Rückkopplung der Arbeitskraft an das Marktrisiko zuungunsten von passiven und dekommodifizierenden Strategien der Sozial- und Arbeitsmarktpolitik.

Vereinfachend lässt sich zusammenfassen, dass in regulationstheoretisch geprägten Ansätzen alle Maßnahmen und Entwicklungen, die Existenzsicherung und Sozialtransfers (wieder verstärkt) an Gegenleistungen knüpfen und vor allem auf angebots- statt auf nachfrageorientierte Arbeitsmarktsinstrumente setzen, als Workfare begriffen und als gezielte Strategien zur Senkung von Löhnen und zur Ausweitung von flexibilisierten und zunehmend prekarisierten Beschäftigungsverhältnissen angesehen werden.

Da der Begriff Workfare in der vorliegenden Arbeit einen zentralen Stellenwert einnimmt, soll im Folgenden noch kurz auf andere Konzeptionen und Zugänge in der Fachliteratur eingegangen werden, um am Schluss der Betrachtung einen eigenen Definitionsversuch vorzunehmen. Andere Autoren wie Lødemel/Trickey (2000: 3 ff.) differenzieren zwischen Workfare-Defintionen, die sich an dem Zweck/Ziel dieser Politik (aims-based approaches), und denen, die sich an der Form (formbased approaches) orientieren. Beispielhaft für die ersteren nennen sie Unterscheidungen und Typologisierungen, die den Grad des Zwangs und die Zielsetzung Exklusion bzw. Inklusion hervorheben. Nach Morel (2004: 96 ff.) ist kennzeichnend für die angelsächsischen Länder, insbesondere für die USA, dass ihre Programme und Politiken eher einen repressiv-disziplinierenden Charakter aufweisen und auf die Bekämpfung von Abhängigkeit (fight against dependency) setzen. Programme in Frankreich seien dagegen stärker von der staatlichen Zielsetzung beeinflusst, einer weiteren sozialen Ausgrenzung entgegenwirken zu wollen (fight against social exclusion). Auch Handler (2004a), der aktivierende Sozial- und Arbeitsmarktpolitiken in mehreren europäischen Ländern untersucht und mit denen in den USA verglichen hat, misst dem Zwangsmoment bei der Unterscheidung eine zentrale Bedeutung zu. Während er die Aktivierungsprogramme für Sozialhilfeempfänger und Erwerbslose in Norwegen, den Niederlanden und Dänemark als Workfare-Maßnahmen begreift, wertet er das französische Eingliederungseinkommen RMI, das auch auf eine Reintegration in den Arbeitsmarkt setzt, aufgrund seines Prinzips der Freiwilligkeit als eine qualitativ davon unterscheidbare Politik.

Des Weiteren taucht in der Fachliteratur immer wieder die an der Form orientierte Unterscheidung zwischen »old style workfare« und »new style workfare« auf, was sich vor allem auf die spezifische historische Entwicklung von »Welfare-to-Work«-Programmen in den USA zurückführen lässt (vgl. S. 106 ff.), wo der Begriff Workfare in der Forschung zum ersten Mal im Zusammenhang mit Arbeitsbeschaffungsmaßnahmen für Sozialhilfeempfänger Ende der 1960er Jahre aufkam (Standing 1990: 678). Als alte Workfare-Strategien gelten nach Nathan (1993), der sich vornehmlich auf die USA bezieht, Programme, die Transferempfänger lediglich die Möglichkeiten bieten, ihre Sozialhilfebezüge in gemeinnützigen oder öffentlichen Einrichtungen abzuleisten. Workfare-Ansätze, die an anderer Stelle in der Fachliteratur als »human capital approaches« oder »labor force attachment approaches« (Peck 2001: 90 f.) gekennzeichnet werden, betrachtet er dagegen als die modernere und weniger punitive Variante, weil sie Transferempfängern über die Bereitstellung von Qualifizierungsmaßnahmen und der staatlichen Unterstützung bei der Arbeitssuche den Zugang zu regulärer Erwerbstätigkeit erleichterten.

Standing dagegen (2002: 177 ff.) identifiziert in westlichen kapitalistischen Gesellschaften insgesamt zwölf Workfare-Programmatiken mit unterschiedlichen, aber zum Teil auch sich überschneidenden Zielsetzungen: 1. Workfare als Politik zur Stärkung gegenseitiger sozialer und gesellschaftlicher Verantwortlichkeiten durch die Einführung des Vertragsprinzips in die Sozialpolitik; 2. Workfare als Programm zur Stärkung »funktionstüchtiger« Bürger, dem die Vorstellung zugrunde liegt, dass nur erwerbstätige, aktive und eigentumsbildende Personen ihre Staatsbürgerschaftsrechte vollständig wahrnehmen können; 3. Workfare als Strategie zur Bekämpfung von Abhängigkeit, der »Armutskultur« und zur Stärkung individueller Freiheit; 4. Workfare als Instrument zur Stabilisierung bzw. zur Wiederherstellung der Arbeitsethik; 5. Workfare als Strategie zur Einsparung staatlicher Sozialausgaben; 6. Workfare als Politik zur Herstellung von mehr Gerechtigkeit in der Arbeitsmarkt- und Sozialpolitik, da durch zu umfangreiche Sozialtransfers Niedriglohnarbeiter gegenüber Transferempfängern systematisch benachteiligt würden; 7. Workfare als Mittel zur Entstigmatisierung von Sozialprogrammen, da die Begünstigten nun nicht länger als faul und sozialschädlich dargestellt werden könnten; 8. Workfare als Mittel zur Bekämpfung der Schattenökonomie und »Schwarzarbeit«; 9. Workfare als Instrument zur Armutsbekämpfung, insbesondere in solchen Ländern, in denen Sozialleistungen extrem niedrig sind und Erwerbstätigkeit aller Voraussicht nach zu höheren Einkommen führt; 10. Workfare als Politik zur allgemeinen Senkung der Arbeitslosigkeit durch verstärkte Anreize für Erwerbslose, eine Beschäftigung aufzunehmen, und für Unternehmen, diese einzustellen; 11. Workfare als Instrument zur Steuerung der Lohninflation; 12. Workfare als Politik zur Ausweitung der Humanressourcen und allgemeinen Beschäftigungsfähigkeit von Erwerbslosen über das verstärkte Angebot von Qualifizierungs- und Arbeitsgewöhnungsmaßnahmen. Weitere mögliche Funktionen und Zielsetzungen wie etwa die Restrukturierung von Geschlechterverhältnissen (vgl. Michalitsch 2005) ließen sich anfügen, da sich das neue Selbstverantwortungspostulat auf Frauen – insbesondere Mütter – mit hoher Wahrscheinlichkeit anders auswirkt als auf Männer und somit zu weiteren Disparitäten und Ungleichheiten in der Familie und auf dem Arbeitsmarkt beitragen kann.

Insgesamt sollte deutlich geworden sein, dass Workfare ein vergleichsweise elastischer Begriff und ein kontextabhängiges Konzept ist – und unter Umständen ganz unterschiedliche ideologische, politische und konzeptionelle Vorstellungen vereinen kann – und weniger eine klare und präzise zu definierende sozialwissenschaftliche Kategorie. Während in Kontinentaleuropa und in der Bundesrepublik Deutschland die Verwendung des Begriffs in seinen variierenden Bedeutungen noch auf einen relativ kleinen Kreis von Personen beschränkt ist, die sich aus unterschiedlicher professioneller Perspektive affirmativ oder kritisch mit der neuen Arbeitsmarkt- und Sozialpolitik beschäftigen, hat er in den USA und den angelsächsischen Ländern bereits Eingang in die Alltagssprache und in die populären Medien gefunden. Grover/Stewart (1999: 76), die selbst mit dem Begriff »Market Workfare« operieren, weisen in diesem Zusammenhang zu Recht auf ein nicht unwesentliches Problem hin. Wenn unter Workfare – wie dies im angelsächsischen Raum und in vielen politökonomischen Arbeiten inzwischen üblich ist – alle möglichen Maßnahmen und Instrumente gefasst werden, die Transferempfänger oder Erwerbslose mit Anreizen oder Zwang oder einer Kombination aus beiden zur Aufnahme einer Arbeit bewegen sollen, dann wären diese konzeptionell nur sehr schwer von klassischen keynesianischen Programmen zu unterscheiden. Denn auch in diesen wurde – etwa bei der Arbeitslosenunterstützung – den Empfängern von Seiten des Staates in der Regel unter Androhung von Sanktionen abverlangt, sich aktiv um eine neue Anstellung zu bemühen, oder es wurden Ausbildungs- und Arbeitsbeschaffungsmaßnahmen angeboten, die ihre Beschäftigungsfähigkeit und -flexibilität erhöhen sollten. Dementsprechend schlagen Grover/Stewart in Anlehnung an Costello (1993: 2) »eine operationale Definition« von Workfare vor, die zwei Aspekte in den Vordergrund stellt: den Zwangscharakter sowie die Funktion des Lohndumpings. Der Kern von aktuellen Workfare-Maßnahmen besteht ihnen zufolge darin, Lohnabhängige vermehrt dazu zu zwingen, Beschäftigungs- und Ausbildungsverhältnisse einzugehen, die weniger als die marktübliche Entlohnung bieten.

Ich möchte mich in abgewandelter Form der Kritik von Grover/ Stewart anschließen. Zum einen wird meines Erachtens in vielen Workfare-Konzeptionen das Neue an den gegenwärtigen Strategien überbetont. Wie bereits Piven/Cloward 1971 (dt. 1977) in ihrem Klassiker *Regulating the Poor* sowie andere Autoren (u.a. Lehnhardt/Offe 1977; Katz 1996) deutlich gemacht haben, waren Arbeitszwang und Disziplinierungsabsichten schon immer integrale Bestandteile wohlfahrtsstaatlicher Arrangements. Unkonditionierte sozialstaatliche Leistungen, für die universelle Anspruchsrechte galten, blieben selbst in sozialdemokratisch geprägten Ländern eher die Ausnahme. Das wirklich Neue an den gegenwärtig immer weiter um sich greifenden Workfare-Strategien besteht darin, dass sie in vielen Fällen Bevölkerungsgruppen wie alleinerziehende Mütter mit Kleinkindern, Behinderte, Drogenabhängige, Obdachlose und Alte, die in der fordistischen Phase entweder als nicht beschäftigungsfähig und/oder als besonders schutzbedürftig galten, miteinbeziehen und häufig sogar auf diese fokussieren. Zum anderen zeigt sich in politökonomischen Arbeiten häufig eine Vernachlässigung der Frage, wie sich die beschriebenen staatlichen Workfare- und Flexibilisierungsstrategien auf unterschiedliche Gruppen auswirken (McDowell 2004) und wie mit ihnen gesellschaftliche Reproduktionsmuster sowie Ein- und Ausschlussmechanismen neu organisiert werden, die sich unter Umständen auch als dysfunktional und destabilisierend erweisen und damit zu staatlichen Legitimationsproblemen und neuen kollektiven Formen des Widerstands beitragen können (Purcell 2002).

Auch wenn es in den folgenden Ausführungen nicht immer möglich ist, eine klare Abgrenzung zu anderen konzeptionellen Verwendungen vorzunehmen, liegt dieser Arbeit folgendes Verständnis von Workfare als einem Politikprogramm zugrunde: Workfare-Maßnahmen in ihrer aktuellen Variante erhöhen mittels der Anwendung unterschiedlicher Sanktions- und Abschreckungsinstrumente – die von Land zu Land und, wie für die USA noch zu zeigen sein wird, von Stadt zu Stadt variieren können – den Druck auf immer größere Teile der lohnabhängigen Bevölkerung, Arbeitsverhältnisse zu Bedingungen einzugehen, die sie ohne die Abschaffung bzw. Konditionalisierung von Sozialtransfers nicht akzeptiert hätten. Das vordringliche und unmittelbare politische Ziel muss nicht immer und überall darin bestehen, staatliche Einsparungen, eine größere wirtschaftliche Konkurrenzfähigkeit oder allgemeine Lohnsenkungen durchzusetzen, obwohl zumindest der letzte Aspekt – ob von staatlicher Seite nun beabsichtigt oder unintendiert – zur inhärenten Logik von Workfare gehört. Gemeinsam ist jedoch allen Workfare-Strategien, dass sie individuelle Wahlfreiheiten von Menschen – insbesondere die von Frauen und Müttern – einschränken sowie Rechts- und Versorgungsansprüche an den Nationalstaat zurückschrauben, der in den aktuellen Transformations- und Krisenprozessen (wieder) dazu tendiert, soziale Verantwortlichkeiten sowohl auf die subnationale Ebene als auch auf private Akteure abzuwälzen, um sich somit stärker auf andere Aufgabenbereiche konzentrieren zu können.

Zusammenfassende Diskussion

Die in den vorangegangenen Abschnitten behandelten theoretischen Ansätze heben unterschiedliche Aspekte der neuen Armutspolitik hervor, die für meine Untersuchung der »Welfare Reform« in den USA und ihrer lokalen Umsetzung in der einen oder anderen Form von Bedeutung sind. Aus den Arbeiten der historisch-institutionellen Schule übernehme ich – der These von der nationalen Pfadabhängigkeit westlicher Wohlfahrtsstaaten folgend – die Annahme, dass eine Berücksichtigung sozialpolitischer historischer Entwicklungen und institutioneller Besonderheiten des US-amerikanischen Systems zum Verständnis der dortigen aktuellen Workfare-Politiken unerlässlich ist. Hierzu zählt neben der Verfasstheit der beiden großen Parteien und ihrer besonderen Offenheit gegenüber populistischen Strömungen und Forderungen sowie dem Einfluss machtvoller Think tanks und Lobbygruppierungen vor allem die spezifische föderale Struktur in den USA als »Entsorgungsmechanismus für die Probleme des Zentralstaats« (Sturm 1997: 341).

Wie aus der vergleichenden Staatstätigkeitsforschung bekannt ist, können sich unterschiedliche horizontale und vertikale Organisationsstrukturen sowie Politikverflechtungen in Mehrebenensystemen bremsend bzw. fördernd auf die Expansion und Generosität des Wohlfahrtsstaates auswirken (vgl. Castles u.a. 2005). Ökonomische und fiskalische Föderalismustheorien gehen in der Regel davon aus, dass eine starke territoriale Fragmentierung und ein damit verbundener hoher Steuerwettbewerb – wie in den USA, wo sowohl Bund, Einzelstaaten als auch Kommunen um Steuereinnahmen konkurrieren – generell einen ausgabenmindernden Effekt hätten (Obinger/Wagschal 2000). Umgekehrt – so bis vor kurzem zumindest die gängige These in den Politikwissenschaften – trage die Konzentration von politischer Macht in den Händen der Zentralregierung zu einer höheren Staatsquote bei (Hicks/

Swank 1992). Neben fragmentierten staatlichen Kompetenzen, die negative Folgen für die Höhe und Reichweite von Sozialleistungen nach sich ziehen können, spielt für den US-amerikanischen Wettbewerbsföderalismus nach Ansicht von Public-Choice-Theoretikern (vgl. Peterson/Rom 1990; Peterson 1995a; Donahue 1997) auch eine entscheidende Rolle, dass in den Vereinigten Staaten vor allem die finanzkräftigen Bevölkerungsgruppen sowie Unternehmen, die einen Großteil der lokalen sozialen Infrastruktur finanzieren, auf der subnationalen Ebene eine besondere Vetoposition einnehmen; denn sie können jederzeit mit der »Exit-Option«, das heißt dem Wegzug drohen und somit erheblichen Druck auf die regionalen Gebietskörperschaften ausüben, ihren Partikularinteressen nachzukommen. Demzufolge spricht vieles dafür (vgl. Noble 1997; Ross 1999), den untergeordneten administrativ-politischen Systemen in den USA, da es dort anders als in vielen westeuropäischen Staaten auch keinen zentralstaatlich organisierten Finanzausgleich zwischen ärmeren und reicheren Regionen gibt, grundsätzlich die Fähigkeit zu weiter reichenden redistributiven Politiken abzusprechen und von einer Rückverlagerung von sozialpolitischen Verantwortlichkeiten auf die Einzelstaaten und Kommunen, die ein wesentlicher Teil der »Welfare Reform« ist, negative Konsequenzen für die Versorgung der Armutsbevölkerung zu erwarten.

Zu Recht haben auch die zitierten ideologiekritischen Ansätze zur Erklärung der »Welfare Reform«, welche die wirkmächtige Tradition rassistischer Diskriminierungen, Spaltungen und Stigmatisierungen in den USA hervorheben, auf die besondere problematische Rolle des US-amerikanischen Föderalismus aufmerksam gemacht. Ich teile ihre Auffassung, dass für die historische Entwicklung der Sozial(hilfe)politik in den Vereinigten Staaten und ihren gegenwärtigen Ausprägungen von Workfare mehrere Aspekte zu beachten sind: die große Ausdifferenzierung regionaler politischer Ökonomien mit ihren spezifischen Anforderungen an die Arbeitskraftregulation, welche die Unterschiede zwischen ländlichen und urbanen Regionen, aber vor allem die bis heute enormen Differenzen zwischen sozialpolitischen Leistungen in den Süd- und Nordstaaten bzw. den stärker industrialisierten Gebieten (im Westen und Osten) zumindest teilweise erklären können. Hinzu kommt das historische Erbe des Rassismus. Dessen anhaltender Einfluss hat selbst in den traditionell liberaleren Bundesstaaten und Großstädten – die sich offen zum Multikulturalismus und Kosmopolitismus bekennen sowie Afroamerikanern und anderen ethnischen Gruppierungen früher und mehr Bürgerrechte zugestanden haben – dazu geführt, dass staatliche Sozialtransfers dann besonders unpopulär werden, wenn es konservativen Politikern, Ideologen und Medien gelingt, sie als Leistungen darzustellen, von denen vor allem Schwarze und Dritte-Welt-Migranten profitieren.

Dass die Sozialhilfereform in den USA und die restriktive Wende in der Armutspolitik, welche die Einzelstaaten – wie noch zu zeigen sein wird – weiter vorangetrieben haben, mit der von vielen Feministinnen behaupteten besonderen Zweiteilung des US-amerikanischen Sicherungssystems in einen »männlichen Strang« (Versicherungsleistungen) und einen »weiblichen Strang« (Fürsorgeleistungen) zusammenhängt, erscheint mir dagegen weniger evident. Sicherlich muss die »Welfare Reform« mit ihren ausgeprägten familien- und bevölkerungspolitischen Zielsetzungen auch als konservativ-patriarchales Projekt gedeutet werden, das zumindest teilweise auf eine Retraditionalisierung von Geschlechterbeziehungen abzielt, weil die neuen Regelungen Frauen und Mütter – wenn sie mittellos sind und keine existenzsichernde Arbeit finden – wieder verstärkt auf die individuelle Abhängigkeit von Männern und die Institution der Ehe verweisen. Deswegen ist die aktuelle Workfare-Politik in den USA auch alles andere als geschlechtsneutral.

Darüber hinaus ließe sich die hohe Zustimmung zur »Welfare Reform«, die diese in den verschiedenen politischen Lagern erfahren hat, nicht erklären, wenn es den Protagonisten des »neuen Paternalismus« nicht auch gelungen wäre, bestehende gesellschaftliche Ressentiments gegenüber alleinstehenden Frauen auszunutzen und die strikte Arbeitsverpflichtung im neuen TANF-Programm als eine familien- und kinderfreundliche Politik zu verkaufen; wobei ihr Hauptargument, dass regelmäßige Erwerbstätigkeit über die Stärkung des Selbstbewusstseins der Eltern und mehr gesellschaftliche Anerkennung den Zusammenhalt von Familien stabilisiere und einen Ausweg aus der Armut weise, ja durchaus auch aus einer feministischen Perspektive plausibel klingen kann, wenn ökonomische Rahmenbedingungen wie die Verfasstheit des Arbeitsmarktes mit seinen ungleich verteilten Beschäftigungschancen und zu niedrigen Löhnen oder das Problem der Vereinbarung von Erwerbsarbeit und Kinderbetreuung weitgehend ausgeblendet werden.

Trotz des patriarchalen Charakters der »Welfare Reform« sind die Gründe dafür, warum sich gerade die Familiensozialhilfe im Laufe der Jahrzehnte in den USA zum Gegenstand parteiübergreifender Attacken und zu einem Symbol gescheiterter Armutspolitik, wenn nicht sogar zum Symbol für das grundsätzliche Scheitern von »big government« in der Sozialpolitik entwickeln konnte, meines Erachtens nicht primär in der Geschlechterdualität des New-Deal-Systems zu suchen, wie dies manche feministische Ansätze unterstellen. Vielmehr sind sie mit der Tatsache verbunden, dass es in den USA niemals zu einer wirklichen Zentralisierung der Sozial(hilfe)politik gekommen ist. Der Verzicht auf die Einführung bundeseinheitlicher Standards und Leistungshöhen in der Einkommensbeihilfe für bedürftige Familien und die bereits vor dem Inkrafttreten des PRWORA erheblichen Handlungsspielräume der Einzelstaaten und Kommunen, deren Konsequenzen in den folgenden Kapiteln noch ausführlicher beschrieben werden, haben die Probleme der Isolation und Exklusion sowie vermeintliche soziale Pathologien der »Unterschichten« und andere beklagte »Dysfunktionalitäten« der Sozialhilfe erst erzeugt oder zumindest verschärft, welche die »Welfare Reform« und ihre Anhänger vorgeben, mit Strategien der weiteren Devolution bekämpfen zu wollen.

Da der Begriff Devolution in der deutschen politikwissenschaftlichen Debatte eher ungebräuchlich ist, aber in dieser Arbeit wiederholt auftaucht, sind an dieser Stelle einige Anmerkungen erforderlich. Der Begriff Devolution hat nach der Definition des Duden-Fremdwörterbuchs zwei Bedeutungen: Im Justizwesen bezeichnet er den Übergang eines Rechtes oder einer Sache an einen anderen; im katholischen Kirchenrecht die Befugnis einer höheren Stelle, ein von der nachgeordneten Stelle nicht oder fehlerhaft besetztes Amt [neu] zu besetzen. In einem strengen politikwissenschaftlichen Sinne kann es Devolution nur in einem Einheitsstaat geben, wobei der Begriff die Übertragung administrativer Unabhängigkeit an regionale Gebietskörperschaften bezeichnet (Schmidt 2004). Rodriguez-Pose/Gill (2004: 2101), die einen internationalen Trend hin zu mehr Devolution selbst in stark zentralistischen politischen Systemen wie Frankreich festgestellt haben und diesen für weltweit wachsende Einkommensdisparitäten auf der regionalen Ebene verantwortlich machen, gehen über den nationalen Bezugsrahmen hinaus und erklären Devolution folgendermaßen:

First, devolution does not simply reflect the decentralisation of resources from central to regional governments. It can assume various forms, ranging from the decentralisation of power and legitimacy through to a mere delegation of responsibilities and financial duties. Second, unsurprisingly, the policy combinations that are employed to achieve these diverse forms of devolution vary substantially.

In der US-amerikanischen sozialwissenschaftlichen Debatte und Politik stellt Devolution eine Art Obergriff für alle Bestrebungen und politischen Initiativen seit der Nixon-Administration in den 1970er Jahren dar, das (Kräfte-)Verhältnis zwischen Bund und Einzelstaaten zugunsten der Letzteren zu verschieben bzw. den Gliedstaaten wieder mehr Handlungsfreiheiten zuzugestehen (Conlan 1998; Kettl 2000). Dabei wird in vielen Arbeiten mittlerweile noch zwischen Devolution erster Ordnung

(Kompetenzverlagerung vom Bund auf die Einzelstaaten) und Devolution zweiter Ordnung (Kompetenzverlagerung von den Einzelstaaten auf die kommunale Ebene und auf private Akteure) unterschieden (Gainsborough 2003).

Im Zusammenhang mit der wachsenden Bedeutung von Devolutionstendenzen im US-amerikanischen Kontext der Sozialpolitik erscheint mir auch das von der »neuen Armutsforschung« vertretene Programm sinnvoll und wichtig, in zukünftigen Studien nicht nur stärker die soziale Ungleichheiten und Polarisierungen fördernden institutionellen, politischen und ökonomischen Faktoren wie Privatisierungs- und Deregulierungstendenzen auf der nationalen Ebene zu berücksichtigen, sondern auch die Auswirkungen einer fortschreitenden Verantwortungsverlagerung für Armutsprobleme auf die subnationale Ebene noch intensiver in den Blick zu nehmen. Mit der Betonung neuer lokaler Governance-Strukturen sowie Regierungstechniken in diesem Forschungszweig gibt es enge Verbindungen zu regulationstheoretisch inspirierten Untersuchungen, Fragestellungen und Erkenntnisinteressen (vgl. Uitermark 2005). Auch innerhalb der »neuen Armutsforschung«, die insbesondere die sozialen Kontrollfunktionen der neuen Politiken betont, gibt es Versuche, die veränderte staatliche Form in Begriffen wie »neoliberal paternalistic state« (Wacquant 2001: 402) zu fassen. Allerdings fällt aus einer politikwissenschaftlichen Perspektive als eine tendenzielle Schwäche von poststrukturalistischen Ansätzen auf, dass sie häufig – obwohl im Zentrum ihrer Arbeit Machttechniken und Herrschaftsbeziehungen stehen – eher ein vages Staatsverständnis haben und dazu neigen, die aktuell zu beoachtenden Auflösungstendenzen der Grenzen zwischen der staatlichen, ökonomischen, zivilgesellschaftlichen und privaten Sphäre überzubewerten.

Für das Konzept Workfare bieten die bereits oben ausführlicher diskutierten explizit politökonomischen Ansätze, die auf einer materialistischen Staatstheorie beruhen, wahrscheinlich die konzeptionell ausgereiftesten Anregungen, wie die Politik der aktuellen Sozial(hilfe)reformen – verstanden als ein länderübergreifendes ideologisches und arbeitsmarktregulatorisches Projekt – in den Kontext der aktuellen staatlichen und ökonomischen Rekonfigurations- und Transformationsprozesse in kapitalistischen Gesellschaften eingeordnet werden kann. Die bislang überzeugendsten Arbeiten zu Workfare im angelsächsischen Raum – wie zum Beispiel die bereits mehrfach zitierten Arbeiten von Peck – stammen aus der Regulationsschule oder sind von ihr beeinflusst. Allerdings laufen diese Arbeiten Gefahr, die zu beobachtende Ausbreitung von Workfare-Initiativen als quasi zwangsläufige und unumgängliche staatliche Reaktionen auf veränderte weltmarktbedingte Anforderungen und Wettbewerbsbedingungen zu präsentieren, gegen die jeder Widerstand – vor allem auf der lokalen Ebene – von vornherein zwecklos erscheint. Purcell (2002: 300) hat als eine allgemeine Schwäche regulationstheoretischer Arbeiten ihre »methodologische Einengung« genannt. Obwohl die meisten Autoren explizit eine theoretische Abkehr von rein funktionalistischen Sichtweisen auf den Staat betonten und staatliche Instanzen nicht auf ihre Rolle der Reproduktion kapitalistischer Verhältnisse und des Krisenmanagements reduzieren wollten, blieben politische Aushandlungsprozesse und andere Aspekte staatlicher Aktivitäten – unter anderem die Aufgabe, politische und gesellschaftliche Stabilität, Ausgleich und Legitimation herzustellen – häufig seltsam unterbelichtet.

Einige Studien zu aktuellen Entwicklungen in der Sozialpolitik der USA (z.B. Seeleib-Kaiser 2001; Rieger/Leibfried 2003) behaupten, dass dort viele Rückbaumaßnahmen in den 1990er Jahren – anders als in Westeuropa oder in der Bundesrepublik – eher innenpolitischen Beweggründen als den Anforderungen einer internationalen strukturellen Konkurrenzfähigkeit geschuldet gewesen seien. Dass »Standortargumente« in den USA zumindest für die Legitimierung der Entscheidung der Bundesgesetzgeber, den Rechtsanspruch auf Familiensozialhilfe abzuschaffen, keine herausgehobene Rolle gespielt haben, heißt selbstverständlich noch nicht, dass ökonomische Interessen bedeutungslos gewesen wären. Vielmehr ist davon auszugehen, dass die verschiedenen Akteure, welche die »Welfare Reform« in den Vereinigten Staaten ermöglicht und vorangetrieben haben, diverse Zielsetzungen mit ihr verbunden haben, von denen die Absicht, die lokale Wirtschaft mit einer verstärkten Zufuhr von potentiellen Niedriglohnarbeitern zu versorgen, nur ein Motiv unter vielen anderen war und sich die Hintergründe der Workfare-Politik in den USA nicht darauf reduzieren lassen.

Die vorliegende Arbeit erhebt nicht den Anspruch, die Frage nach der aktuellen Funktion von Workfare in kapitalistischen Gesellschaften abschließend und befriedigend klären zu können, sondern verfolgt ein bescheideneres Ziel. Die folgenden Ausführungen befassen sich lediglich mit zwei ausgewählten Aspekten der Entwicklungen in der US-amerikanischen Sozialhilfe- und Workfare-Politik: erstens mit der *widersprüchlichen Rolle der Einzelstaaten* im Prozess der schrittweisen Re-Föderalisierung und Re-Konditionalisierung der Einkommensbeihilfe für bedürftige Familien seit den 1960er Jahren, der den Weg für die 1996 erfolgte »Welfare Reform« bereitete und in 51 unterschiedliche regionale Sozialhilfegesetzgebungen mündete; und zweitens beschäftigt sie sich – am Beispiel der beiden Städtefallstudien New York und Los Angeles – mit der *kommunalen Umsetzung der neuen Workfare-Politik* und den damit verbundenen lokalen politischen Konflikten und Auseinandersetzungen. Dabei kommt es mir darauf an, sowohl die Möglichkeiten als auch die Grenzen von zivilgesellschaftlichen Akteuren und politischen Oppositionsgruppen aufzuzeigen, auf die Ausgestaltung der Sozialhilfepolitik Einfluss zu nehmen. Daraus lassen sich weder generelle Schlüsse für die Zukunft der gesamten Sozial- und Armutspolitik in den USA noch eindeutige Lehren für politische Auseinandersetzungen um Workfare-Programme und andere armutsverschärfende Politiken in anderen nationalen und lokalen Kontexten ziehen. Die Ergebnisse der Fallstudien sollten jedoch einige Hinweise auf mögliche Trends und Entwicklungen geben, die sowohl für die weitere sozialwissenschaftliche Beschäftigung mit wohlfahrtsstaatlichen Transformationen in den USA als auch für sozialpolitische (oppositionelle) Aktivitäten in anderen Ländern und Städten von Relevanz sein können. Auf Forschungs- und Theorieansätze, die sich mit gegenwärtigen Formen sozialer Bewegungen bzw. der Bedeutung des Städtischen als Austragungsort neuer »Glokalisierungs«-Konflikte beschäftigen, wird zu Beginn des Fallstudienkapitels noch näher eingegangen.

DIE RE-FÖDERALISIERUNG
UND RE-KONDITIONALISIERUNG
DER SOZIALHILFEPOLITIK

Über die überaus ambivalente Rolle der Einzelstaaten bei der Herausbildung eines modernen US-amerikanischen Wohlfahrtsstaates herrscht in der Forschung und Fachliteratur weitgehende Einigkeit. Seine Anfänge – von Initiativen zur Unterstützung der Opfer des Bürgerkrieges (1861-1865) bis hin zu ersten Mütterrenten im frühen 20. Jahrhundert, die später vom Bund zum Teil direkt übernommen und auf weitere Zielgruppen wie Behinderte oder Alte ausgeweitet wurden – sind inzwischen gut dokumentiert (Weir u.a. 1988a; Skocpol 1992; Gordon 1994; Trattner 1999; Sanders 1999). Historische Fallstudien (Skocpol u.a. 1993; Goodwin 1997; Igra 2000; Allard 2004) zeigen die Avantgardefunktion einiger frühzeitig von Industrialisierung und Urbanisierung erfassten Einzelstaaten wie New York, Illinois oder Massachusetts im Prozess der Institutionalisierung und Expansion sozialer Dienste und Programme, wobei der Stärke lokaler Reformbewegungen und -koalitionen, bestehend aus Teilen der Demokratischen Partei, Frauen-, Gewerkschafts- und Wohlfahrtsorganisationen, in der Regel ein besonderer Stellenwert zugeschrieben wird. Auf der anderen Seite erwies sich die politische Tradition der ausgeprägten »states' rights« in den USA zusammen mit der außergewöhnlichen Machtposition der Südstaaten-Vertreter im Kongress bis in die 1960er Jahre hinein als wirkmächtiger Bremsklotz bei der Ausweitung und Nationalisierung von Sozialleistungen. Da der wirtschaftliche Wettbewerbsvorteil des rassistisch segregierten Südens auch nach Abschaffung der Sklaverei auf der brutalen Ausbeutung der vornehmlich schwarzen Landarbeiterschaft, auf extrem niedrigen Löhnen sowie gewerkschaftsfreien Betrieben basierte, nutzten die Südstaaten-Demokraten ihre Vetoposition in wichtigen Kongressausschüssen immer wieder, um die Einführung von universellen Transfersystemen bzw.

bundeseinheitlichen Standards in der Sozialpolitik zu blockieren oder ganz zu verhindern (Quadagno 1994; Liebermann 1998; Alston/Ferrie 1999).

Korrespondierte die sozialpolitische Haltung und Praxis vieler Einzelstaaten zu Beginn des 20. Jahrhunderts, als das Grundprinzip der weitgehenden Trennung zwischen nationaler und regionaler Regierungsebene vorherrschend war, noch sehr eng mit den unterschiedlichen Ausprägungen und Regulierungsanforderungen ihrer jeweiligen Arbeitsmärkte und Wirtschaftssysteme (Piven/Cloward 1977a; Valocchi 1994), so stellte sich die Situation in den »postindustriellen« 1990er Jahren komplizierter dar. Die über die Jahrzehnte immer komplexer gewordene Politikverflechtung zwischen den verschiedenen Regierungsebenen mit ihren entsprechenden finanziellen Zuweisungs- und Abhängigkeitsstrukturen erschwert in der jüngeren Phase der Sozialpolitik eine eindeutige Identifikation und Zuordnung von konkurrierenden Interessen und Motivlagen. Insgesamt tragen das für den modernen US-Föderalismus konstitutive Spannungs- und Wechselverhältnis von Zentralisierung und Dezentralisierung sowie die starke Fragmentierung des politischen Systems dazu bei, nicht nur die Anzahl von potentiellen Vetospielern und -punkten zu erhöhen, sondern auch politische Verantwortlichkeiten zu verwischen (vgl. Peterson 1995a; Prätorius 1997; Conlan 1998; Ross 1999; Falke 2004). Darüber hinaus haben diverse Forschungsarbeiten zur Entwicklung und Ausprägung von Sozialprogrammen in den Bundesstaaten im Laufe des 20. Jahrhunderts erhebliche Differenzen – auch jenseits der historisch bedeutsamen Spaltung zwischen industrialisiertem Norden und agrarisch geprägtem Süden – im Umgang mit bedürftigen Bevölkerungsgruppen feststellen können, die nicht allein mit ökonomischen Rahmenbedingungen zu erklären sind (vgl. S. 87 ff. u. 101 ff.). Hinzu kommt, dass die lange vor der »Welfare Reform« von Washington über sogenannte »Waiver«[1] geförderte Ausweitung von regionalen Modellprojekten in der Sozialhilfegewährung das geographisch ungleiche System von Transferleistungen in den USA noch weiter ausdifferenzieren konnte. So lassen sich spätestens seit den 1980er Jahren erste Vorreiterstaaten und -kommunen identifizieren, welche die Entwicklung in Richtung lokalisierter Workfare-Regime forciert und somit nach Auffassung zahlreicher Autoren den Boden für die Verabschiedung der nationalen Sozialhilfereform 1996 bereitet haben (Handler 1995; Rose 1995; Kaplan 1997; Peck 2001; Rogers-Dillon 2004). Hierzu gehörten

---

1   Im US-amerikanischen politischen System erlauben »Waiver« (dtsch.: Außerkraftsetzungen), die von Landesregierungen beantragt werden müssen, eine Befreiung der Einzelstaaten von gesetzlichen Auflagen des Bundes bei der Umsetzung kofinanzierter Sozialprogramme (vgl. S. 110 ff.).

sowohl zahlreiche ländlich geprägte Staaten und Landkreise mit vergleichsweise niedrigen Arbeitslosen- und Sozialhilfequoten (wie z.b. Wisconsin), aber auch stärker urbanisierte Regionen (wie z.b. Kalifornien) mit erheblichen ökonomischen und sozialen Problemen, insbesondere für Geringqualifizierte und ethnische Minderheiten.

Im Folgenden werden Verlauf und bisherige Ergebnisse der fortschreitenden Devolution der Sozialhilfepolitik zunächst auf der Ebene der Bundesstaaten nachgezeichnet, da deren Ausführungsbestimmungen und finanzpolitischen Entscheidungen den Rahmen abgeben für kommunale Akteure und deren Handlungsansätze in der aktuellen Workfare-Politik. Das Kapitel beginnt mit einem Überblick zur föderalen Programmlandschaft vor der »Welfare Reform«, um strukturelle Veränderungen im Sozialhilfesystem nach 1996 besser beurteilen zu können. Anschließend wird anhand der in den Landesparlamenten verabschiedeten TANF-Richtlinien gezeigt, dass fast alle Einzelstaaten – weitgehend unabhängig von arbeitsmarktpolitischen Voraussetzungen und ihren jeweiligen sozialpolitischen Traditionen – nicht nur einmütig der Rahmengesetzgebung Washingtons gefolgt sind, sondern mehrheitlich noch restriktivere Zugangs- und Bezugskriterien als von dieser verlangt in ihre neuen Sozialhilfe- und Beschäftigungsprogramme eingeführt haben. Am Schluss des Kapitels werden in einer Synthese der Forschungsliteratur die vorläufigen Ergebnisse der regionalen Umsetzung der »Welfare Reform« und ihrer beschäftigungspolitischen Ziele seit 1996 zusammengefasst.

Die Bundesstaaten im US-amerikanischen »Welfare System«

Im Gegensatz zu zahlreichen in jüngerer Zeit reformierten Verfassungen der US-amerikanischen Einzelstaaten enthält die 200 Jahre alte Bundesverfassung der USA bis heute kein explizites Sozialstaatsprinzip. Es findet sich auch keine gesetzlich fixierte Verpflichtung des Bundes, eine Einheitlichkeit der Lebensbedingungen im Staatsgebiet sicherzustellen oder zumindest anzustreben (Sunstein 2003). Den Bundesregierungen und dem US-Kongress standen – bis es in den 1930er und 1940er Jahren zu einer veränderten Interpretation und Rechtsprechung des Obersten Gerichtshofs kam – lediglich die enumerativ im Verfassungstext aufgelisteten Kompetenzen (Verteidigungs- und Außenpolitik, die Regelung des Handels zwischen den Staaten, des Postwesens, die Festlegung von Zöllen und Maßeinheiten) zu. Für innen- und sozialpolitische Belange wie die Regelung und Finanzierung des Bildungswesens, der Gesundheitsversorgung oder der Existenzsicherung bedürftiger Bevölkerungsgruppen waren hingegen allein die Einzelstaaten und Kommunen zuständig. Diese Phase des strikten dualen Föderalismus mit seiner klaren Aufgabenverteilung und Machtabgrenzung endete erst mit den Herausforderungen der Weltwirtschaftskrise[2] in den 1930er Jahren und nachdem der Supreme Court in mehreren Grundsatzentscheidungen festgelegt hatte, dass mit der »interstate commerce clause« und der »spending clause« der Bundesverfassung auch regulative und sozialpolitische Eingriffe Washingtons in die wirtschaftlichen und arbeitsrechtlichen Beziehungen zu rechtfertigen seien (Kelly u.a. 1991).

Die grundsätzliche Zuständigkeit der Einzelstaaten für die anteilige Finanzierung sowie die gemeinsame Verwaltung der vom Bund aufgelegten Fürsorgeprogramme in der Nachkriegszeit geht somit auf eine Neuauslegung der Bundesverfassung im Zuge des New Deal und auf die Verabschiedung des »Social Security Act« (1935) zurück. Seitdem existiert die bis heute noch weitgehend gültige Zweiteilung des staatlichen Transfersystems in beitragsfinanzierte Versicherungsleistungen (social security), die zum größeren Teil bundesweit einheitlich geregelt sind und der Administration des Zentralstaates unterliegen, und in bedarfsabhängige und mit Steuermitteln finanzierte Einkommensbeihilfen (public cash assistance), für die Washington entweder lediglich die Rahmenrichtlinien vorgibt oder sie ganz der Gesetzgebungskompetenz und Verwaltungsaufsicht der Landesregierungen überlässt.

Tabelle 3: Das System sozialstaatlicher Transferprogramme von 1935 bis 1996

Leistung/Programm	Zielgruppe	Jahr der Einführung	Finanzierung	Zuständigkeit
Sozialversicherung – *Social Security*				
Gesetzliche Rentenversicherung *Old Age, Survivors, and Disability Insurance Program*	kontinuierlich Erwerbstätige	1935 (1939 Ausweitung auf Hinterbliebene)	Beiträge von Arbeitnehmern u. Arbeitgebern	Bund

---

2   Zwischen 1929 und 1933 war die Arbeitslosenquote in den USA von 3,2 auf fast 25 Prozent angestiegen. Um Unruhen, Hungerrevolten und materielle Verelendung einzudämmen, forderten zahlreiche Kommunen und Einzelstaaten Interventionen des Bundes und stärkten somit die Bestrebungen der demokratischen Roosevelt-Regierung gegenüber dem Kongress und dem Obersten Gerichtshof, eine nationale Sozialgesetzgebung zu schaffen (Jenkins/Brents 1989).

Arbeitslosenversicherung *Unemployment Insurance*	kontinuierlich Erwerbstätige	1935	hauptsächlich Beiträge von Arbeitgebern	Bund u. Einzelstaaten
Unfallversicherung *Workers Compensation*	kontinuierlich Erwerbstätige	1948 (in vielen Bundesstaaten bereits früher)	hauptsächlich Beiträge von Arbeitgebern	Einzelstaaten
Gesetzliche Krankenversicherung für über 65-Jährige *Medicare/Health Insurance for the Aged and Disabled*	kontinuierlich Erwerbstätige	1965	Beiträge von Arbeitnehmern u. Arbeitgebern	Bund

Einkommensbeihilfen – *Public Cash Assistance*

Altenfürsorge *Old Age Assistance*	Arbeitsunfähige über 65 Jahre ohne Rentenanspruch	1935	Steuern von Bund/Einzelstaaten u. Counties	Bund, Einzelstaaten, Counties
Blindenfürsorge *Aid to the Blind*	Blinde	1935	Steuern von Bund/Einzelstaaten u. Counties	Bund, Einzelstaaten, Counties
Behindertenfürsorge *Aid to the Permanently and Totally Disabled*	Behinderte	1950	Steuern von Bund/Einzelstaaten u. Counties	Bund, Einzelstaaten, Counties
Alten-, Blinden- und Behindertenfürsorge *Supplemental Security Income Program* (SSI)	Arbeitsunfähige ohne Rentenanspruch	1972 (Zusammenfassung der drei oben aufgelisteten Programme)	Steuern vom Bund	Bund
Familienfürsorge *Aid to Dependent Children* (ADC), ab 1961 *Aid to Families with Dependent Children* (AFDC)	bedürftige minderjährige Kinder und deren (alleinstehende) Erziehungsberechtigte	1935	Steuern von Bund/Einzelstaaten u. Counties	Bund, Einzelstaaten, Counties
Ergänzungsprogramm der Familienfürsorge *Aid to Families with Dependent Children – Unemployed Parents* (AFDC-UP)	bedürftige minderjährige Kinder und deren erwerbslose Eltern	1962	Steuern von Bund/Einzelstaaten u. Counties	Bund, Einzelstaaten, Counties

91

Allgemeine Nothilfe *General Assistance* bzw. *General Relief*	bedürftige Alleinstehende u. Familien, die keine Unterstützung aus Bundesprogrammen erhalten	abhängig von den Einzelstaaten	Steuern von Einzelstaaten u. Counties	Einzelstaaten u. Counties

Quelle: Murswieck 2004: 652 und eigene Zusammenstellung

Während der »Social Security Act« (SSA) ab 1935 die alleinige Verantwortung für die neugeschaffene gesetzliche Rentenversicherung für Arbeitnehmer dem Bund übertrug, beschränkte sich dessen Rolle bei den gleichzeitig eingeführten Hilfen für Alte und Blinde (ohne Pensionsanspruch) sowie für unterhaltsbedürftige Kinder darauf, über die Bereitstellung von Zuschüssen die Übernahme bzw. Ausweitung entsprechender Unterstützungsprogramme (»Old Age Assistance«, »Aid to the Blind« und »Aid to Dependent Children«) in den Einzelstaaten sicherzustellen. Das Grundprinzip dieser Politik ist – trotz zahlreicher Gesetzes- und Programmnovellierungen im Sozialhilfebereich und anderen Politikfeldern – bis heute unverändert geblieben: Die unteren Gebietskörperschaften sind nicht per Verfassung oder Gesetz verpflichtet, bestimmte Leistungen anzubieten, sondern erhalten lediglich durch Bundeszuschüsse und Zuweisungen Anreize, Programme zu übernehmen und umzusetzen. Wie groß der Ermessensspielraum der Einzelstaaten und Kommunen bei der Ausgestaltung der Leistungen ist, hängt von der Art der Zuweisungen ab, die entweder eine enge Zweckbindung aufweisen (categorial grants) oder pauschaliert werden können. Pauschalisierte »block grants« sind durch recht allgemein gefasste Vorgaben gekennzeichnet und erlauben es den Landesregierungen, eigene Schwerpunktsetzungen vorzunehmen (Falke 2004: 265).

Bereits Ende der 1960er Jahre wurden die ersten Zuweisungs- und Förderprogramme des Bundes für soziale Aufgaben vom Kongress auf Pauschalzuweisungen umgestellt. Mit der Einführung des »Community Development Block Grant« 1974 und des »Social Services Block Grant« 1975 erfolgte der erste größere Umwandlungsschub. Dahinter standen zum einen fiskalpolitische Motive wie eine langfristige Entlastung und stärkere Steuerung des Bundeshaushaltes. 1981 gelang es der Reagan-Regierung, mit Verabschiedung des »Omnibus Budget Reconciliation Act« 77 kategoriale Programme in neun »block grants« zusammenzufassen, womit Einsparungen in Höhe von 25 Prozent gegenüber dem alten Zuweisungssystem verbunden waren (Finegold u.a. 2004: 2). Am stärksten betroffen von Kürzungen waren diejenigen Programme (Wohnungsbau-, Infrastruktur- und Ausbildungsförderung), von denen vor allem die urbanen Regionen mit einer hohen Armutsbevölkerung profitiert hatten (Weir 1995). Allein den Städten gingen somit zwischen 1980 und 1990 schätzungsweise 46 Prozent all ihrer direkten Bundeszuschüsse verloren (Caraley 1992: 8). Zum anderen beabsichtigten konservative Kräfte im Kongress, mit der Ausweitung von Pauschalzuweisungen politische Auseinandersetzungen bezüglich der Mittelverteilung stärker auf die untergeordneten administrativen Ebenen zu verlagern und somit traditionelle »Pro-Wohlfahrtskoalitionen« in Washington zu schwächen:

The New Right consciously chose block grants as a strategy for dismantling the infrastructure of the welfare state. By switching from categorial grant-in-aid targeted at specific constituencies for strictly federally defined purposes, they gave states more flexibility, which often meant the flexibility to reduce programs for the poor. An added bonus was that it weakened the political support for vulnerable programs by breaking up the »iron triangles« of mutual interest among executive branch agencies, congressional committees, and interest groups that had sustained welfare-state programs over the years. (Goldberg/Collins 2001: 170)

Bis 1996 wurde die Familiensozialhilfe (AFDC) über »open-ended matching grants« des Bundes finanziert. Diese konnten grundsätzlich nur für die direkte monetäre Unterstützung von bedürftigen Familien und diesbezügliche administrative Kosten verwendet werden. Nur bei Vorlage entsprechender Ausnahmeregelungen – den bereits erwähnten »Waiver« – war es den Bundesstaaten erlaubt, einen Teil dieser Mittel auch bereits vor der Verabschiedung des PRWORA für Sachleistungen wie Kinderbetreuung oder Beschäftigungsförderung zu nutzen. 1996 entfielen von den $32,4 Milliarden Gesamtausgaben für das AFDC-Programm[3] noch 76 Prozent auf Barleistungen (Zedlewski u.a. 2002: 234); 2002 war der Anteil der Cash-Transfers an den lokalen TANF-Programmen bereits auf 31 Prozent gesunken (Burke 2004: 2).

Der Finanzierungsanteil der Einzelstaaten an den Kosten der regionalen Sozialhilfeprogramme lag abhängig von ihren Ressourcen – gemessen am durchschnittlichen Pro-Kopf-Einkommen und dementsprechenden Steuereinnahmen – bis 1996 zwischen 50 Prozent in den elf reichsten Staaten und 22 Prozent im ärmsten Staat Mississippi (Arsneault 2000: 50). Mit den höheren Bundeszuschüssen an die ärmeren Staaten war daher auch ein gewisser föderaler Lastenausgleich verbun-

---

3   Die Angabe $32,4 Milliarden drückt den inflationsbereinigten Dollar-Wert aus dem Jahr 2000 aus. Andere Studien beziffern die Gesamtkosten von AFDC im Jahr 1996 auf etwa $25 Milliarden (Wiseman 1997: 80) bzw. $23,6 Milliarden (Burke 1997: 100).

den. Die Zuweisungen aus Washington wurden zudem bis zur »Welfare Reform« automatisch an die Entwicklung der Sozialhilfebevölkerung angepasst. Stieg die Bedürftigkeit und die Anzahl der Transferempfänger in den Einzelstaaten, stiegen auch die Zuzahlungen des Bundes (Steuerle/Mermin 1997). Die Einzelstaaten hatten die lokalen Behörden und Sozialverwaltungen dazu anzuhalten, allen anspruchsberechtigten Kindern und deren Eltern ohne Diskriminierung und bürokratische Willkür eine finanzielle Unterstützung zu gewähren. Zugleich mussten die Leistungen nach dem Willen der Bundesgesetzgeber flächendeckend, das heißt in allen Landkreisen und Kommunen, angeboten werden. Abgelehnten Antragstellern hatten die lokalen Verwaltungen darüber hinaus ein Einspruchsrecht zu garantieren. Vor allem die zuletzt genannte Vorgabe begründet die in der sozialwissenschaftlichen und politischen Debatte gängige Qualifizierung von AFDC als einer Sozialleistung mit Rechtsanspruch (entitlement program) (vgl. Jeffrey 2002).[4]

Ähnliche Prinzipien galten auch für die 1935 aufgelegten Fürsorgeprogramme für Alte und Blinde sowie die 1950 geschaffene Einkommensbeihilfe für Behinderte. Deren Leistungen wurden allerdings unter der Nixon-Regierung 1972 vereinheitlicht und im Bundesprogramm »Supplemental Security Income« (SSI) zusammengefasst (Trattner 1999). Während mit diesem Schritt die Einzelstaaten finanziell stark entlastet und die Empfänger offiziell in den Kreis der »würdigen Armen« aufgenommen wurden, scheiterten die wenigen legislativen Initiativen, auch für arbeitsfähige Erwerbslose ein Mindesteinkommen oder einen einheitlichen Sozialhilfesatz durchzusetzen, vor allem an finanzpolitischen Streitigkeiten und am Widerstand der traditionellen »Veto-Koalition« (Pierson 1995: 395) gegen eine weitere Nationalisierung der Sozialpolitik. Diese Koalition bestand aus großen Teilen des Arbeitgeberlagers und der Republikanischen Partei sowie den im Kongress besonders einflussreichen Südstaaten-Demokraten, deren Macht vor allem auf dem sogenannten Senioritätsprinzip basierte. Dieses sah bis Anfang der 1990er Jahre vor, dass diejenigen Abgeordneten und Senatoren, die

---

4   Auf eine Festlegung von einheitlichen Einkommensgrenzen und Leistungssätzen hatten die Bundesgesetzgeber bei der Verabschiedung des SSA 1935 mit Rücksicht auf machtvolle ökonomische Interessengruppen und unterschiedliche Ressourcen der Einzelstaaten bewusst verzichtet. Erst 1950 wurde eine Formulierung in das Gesetz aufgenommen, mit der sich überhaupt ein individueller Rechtsanspruch der Erziehungsberechtigten von unterhaltsbedürftigen Kindern begründen ließ (Goldberg/Collins 2001: 40). Bis Mitte der 1950er Jahre setzte sich der erwachsene Empfängerkreis hauptsächlich aus Witwen, entmündigten und geschiedenen Frauen zusammen, Mitte der 1990er Jahre waren es mehrheitlich (zu 85 Prozent) unverheiratete Frauen (Moffitt 2003b: 313).

am längsten dem US-Kongress angehörten, das Vorrecht hatten, den wichtigsten Ausschüssen vorzustehen, welche über das Schicksal von Gesetzesentwürfen entscheiden. Da vom 19. Jahrhundert an bis in die 1960er Jahre hinein in den Südstaaten eine Art Einparteiensystem bestand, konnten die demokratischen Kandidaten dort stets mit ihrer Wiederwahl rechnen und stellten somit einen Großteil der einflussreichsten Ausschussvorsitzenden (Seeleib-Kaiser 2000). Diese verhinderten zusammen mit Vertretern der Republikanischen Partei nicht nur den von der Nixon-Regierung eingebrachten »Family Assistance Plan«, sondern auch das später von der Carter-Administration favorisierte »Program for Better Jobs and Income«, die jeweils Ansätze zur Etablierung eines national standardisierten Mindesteinkommens enthalten hatten. Beide Vorschläge, die auch im linksliberalen Lager nicht zuletzt wegen der äußerst niedrigen Bedarfs- und Leistungsbemessung auf Ablehnung gestoßen waren, wurden bereits in den wichtigsten Senatsausschüssen abgewiesen (Goldberg 2000).

Trotz der bemerkenswerten Erfolge der »Welfare Rights Movement« und einer stetigen Ausweitung des Empfängerkreises von staatlichen Transferleistungen ab den 1960er Jahren blieb das US-System der Einkommensbeihilfen daher weiterhin von erstaunlichen Lücken und regionalen Unterschieden geprägt, welche im Gegensatz zu den in vielen westeuropäischen Nationalverfassungen verankerten Grundüberzeugung stehen, dass Mindeststandards der Grundversorgung überall im Land gewährleistet sein müssen (vgl. Alesina u.a. 2001; Blank 2002). Nur selten werden in der US-amerikanischen Diskussion und Fachliteratur sozialpolitische Fragen mit Fragen nach der Gleichbehandlung und »equal protection« aller Bürger durch den Zentralstaat überhaupt in Zusammenhang gebracht (vgl. Whitaker/Time 2001; Cimini 2002; Forbath 2005). Das hohe Maß an Souveränität, das den Einzelstaaten im US-amerikanischen Föderalismus besonders in der Sozialpolitik zugebilligt wird, drückte sich auch noch Jahrzehnte nach Verabschiedung des SSA in erheblichen Variationen, vor allem bei der Leistungsbemessung, bei den Bedürftigkeitskriterien (need standards),[5] bei der Existenzsicherung von Alleinstehenden (»General Assistance« bzw. »General Relief«) sowie in der selektiven Aufnahme eines Sozialstaatsgebotes in den jeweiligen Landesverfassungen aus.

---

5   Die unterschiedlichen Bedürftigkeitsstandards in den Einzelstaaten drücken aus, welcher Betrag Individuen und Familien von der Verwaltung zur Abdeckung von Grundbedürfnissen zugestanden wird. Das Nettoeinkommen von Antragstellern muss unter diesen Standard fallen, damit diese als anspruchsberechtigt gelten (Albert 2000a).

Der durchschnittliche monatliche Sozialhilfesatz für eine dreiköpfige Familie im AFDC-Programm betrug 1994 $377 (Albert 2000a: 303). Damit war bereits der Vorläufer von TANF in den meisten Bundesstaaten alles andere als ein Existenzsicherungsprogramm. Mitte der 1990er Jahre führten Vermont, Kalifornien, Connecticut und New York mit einem maximalen monatlichen Sozialhilfesatz von $650, $607, $581 bzw. $577 (für eine dreiköpfige Familie) die Liste der großzügigsten Bundesstaaten an, während am untersten Ende des Leistungsspektrums neben Texas mit $188 vor allem die ehemaligen Sklavenhalterstaaten (Tennessee $185, Alabama $165, Mississippi $120) lediglich Almosen verteilten (ebd.: 305) – ein Zustand, an dem sich im Laufe des letzten Jahrzehnts kaum etwas verändert hat.[6] Alaska und Hawaii, deren Transferleistungen traditionell noch über denen der liberalen West- und Ostküstenstaaten liegen, nehmen aufgrund ihrer spezifischen geographischen Lage und den damit verbundenen außergewöhnlich hohen Lebenshaltungskosten eine Sonderstellung im US-amerikanischen Föderalismus und Sozialsystem ein.

Sozialwissenschaftliche Untersuchungen zu den Ursachen dieser erheblichen Leistungsdifferenzen haben mehrere Faktoren identifiziert, die zur Erklärung in Frage kommen (vgl. Howard 1999; Lieberman/Shaw 2000; Fellowes/Rowe 2004). Hierzu gehören die finanziellen Ressourcen der Einzelstaaten, deren durchschnittliche Pro-Kopf-Einkommen[7] und lokale Steueraufkommen stark variieren. Reichere Bundesstaaten mit höheren Steuereinnahmen leisten sich dementsprechend tendenziell höhere Sozialhilfesätze (Dye 1990; Tweedy 1994; Moller 2002). Dieser Befund einer besseren Versorgungslage von bedürftigen Familien in wohlhabenderen Regionen bleibt bestehen, auch wenn geographische Differenzen bei den Lebenshaltungskosten in ärmeren und reicheren Staaten berücksichtigt werden (Whitaker/Time 2001). Als eine weitere einflussreiche Determinante gilt analog zur Parteidifferenzthese in der vergleichenden Wohlfahrtsstaatsforschung die parteipolitische Kontrolle der Landesparlamente. Nach Smith (1997) und Barrileaux u.a. (2002) besteht ein positiver Zusammenhang zwischen einer hohen Anzahl demokratischer Repräsentanten in den Legislativen und der Großzügigkeit von Sozialleistungen. Dieses Ergebnis wird noch durch die These von der Bedeutung des Parteienwettbewerbs ergänzt: Desto stärker die Par-

---

6   Etwa ein Drittel aller Bundesstaaten hat seine Sozialhilfesätze seit 1996 leicht erhöht; in 14 Bundesstaaten liegen sie für eine dreiköpfige Familie weiterhin unter $300 pro Monat (vgl. S. 131 ff.).

7   Das durchschnittliche jährliche Pro-Kopf-Einkommen in den Bundesstaaten variierte 2005 zwischen $54.985 in Washington D.C. und $24.820 in Louisiana (vgl. http://www.census.gov/statab/ranks/rank29.html).

lamentssitze zwischen Demokraten und Republikanern und innerhalb der Parteien in einem Bundesstaat umkämpft sind, umso größer sei auch die Wahrscheinlichkeit, dass Sozialhilfeleistungen höher ausfallen (Brown 1997). Auch spezifische sozialstaatliche Traditionen und Grundausrichtungen der Bundesstaaten, die anhand der Ergebnisse von Meinungsumfragen und dem aktiven Engagement für ärmere Bevölkerungsgruppen gemessen werden, gelten in der Forschungsliteratur als Erklärungsvariablen für die unterschiedliche Ausgestaltung von Sozialhilfeprogrammen (Erickson u.a. 1993; Ringquist u.a. 1997; Winston 2002; Mead 2004), wobei sich diese Einflussfaktoren wesentlich schlechter definieren und operationalisieren lassen als andere Indikatoren. Einige dieser Studien greifen dabei auf die von Elazar (1984) entwickelte Typologie zurück, der den Bundesstaaten spezifische politische Subkulturen unterstellt: In Staaten mit einer »individualistischen« Kultur orientiere sich die Politik vor allem am Markt und an ökonomischen Partikularinteressen, die von starken Parteien vertreten werden; in Bundesstaaten mit einer »moralistischen« Kultur stelle eine einflussreiche Verwaltung/Bürokratie sicher, dass sich politische Entscheidungen stärker am Gemeinwohl orientierten; in Staaten mit einer »traditionalistischen« Kultur diene die Politik vor allem zur Aufrechterhaltung bestehender sozialer und ökonomischer Hierarchien und werde von einer kleinen Elite bestimmt.[8] Bundesstaaten mit einer »moralistischen Kultur« gelten in Bezug auf ihre sozialpolitischen Investitionen als vergleichsweise großzügig. Ihnen wird zudem nachgesagt, dass sie besonders effektiv bei der Armutsbekämpfung seien (vgl. Hero 1998; Winston 2002; Mead 2004).

Aus bürgerrechtlicher und demokratietheoretischer Perspektive sind vor allem diejenigen Studien brisant, die eine starke Korrelation zwischen der Höhe von Sozialhilfeleistungen und der ethnischen Zusammensetzung der Bevölkerung festgestellt haben. So behaupten immer mehr Untersuchungen, dass ein Großteil der Sozialpolitik der Einzelstaaten auch nach der Abschaffung der offenen Rassendiskriminierung und nach einer Öffnung der US-amerikanischen Gesellschaft gegenüber Forderungen der Gleichberechtigung im Wesentlichen von der »racial and ethnic diversity« ihrer Bewohner beeinflusst wird (Brown 1997; Fording 1997 u. 2003; Hero 1998; Soss u.a. 2001; Gais/Weaver 2002;

---

8   Zu den »individualistic states« werden Massachusetts, Rhode Island und New York im Osten sowie Illinois, Nebraska, Wyoming und Nevada im Westen gezählt, zu den »moralistic states« die nördlichen Neuengland-Staaten, die nördlichen Staaten im Mittleren Westen, der pazifische Nordwesten, inklusive Kalifornien; zu den »traditionalistic states« gehören die Bundesstaaten im Süden und im Südwesten (Texas, New Mexico, Arizona) (Winston 2002: 106).

Schram u.a. 2003; Fellowes/Rowe 2004). Demzufolge gibt es zwischen der Höhe von Einkommensbeihilfen in den ersten fünf Nachkriegsjahrzehnten und dem proportionalen Anteil ethnischer Minderheiten an der lokalen Bevölkerung sowie dem Anteil von afroamerikanischen Familien an der Sozialhilfebevölkerung einen engen Zusammenhang. In den Staaten, in denen eine besonders liberale und an Bürgerechten orientierte Rechtsprechung vorherrschte, und in Staaten mit einer besonders niedrigen Zahl von Afroamerikanern im AFDC-Bezug fielen die Transfers überdurchschnittlich hoch aus, während Bundesstaaten mit einem größeren Anteil von Schwarzen an der Bevölkerung zu niedrigen Leistungen tendierten (Fording 2003: 91). Zu einem ähnlichen Ergebnis kommt Moller (2002: 475), die nachweisen kann, dass sich sowohl die Leistungen in den regionalen Sozialhilfeprogrammen verschlechtert als auch die Zugangsbedingungen im historischen Zeitverlauf verschärft haben, wenn sich mehr afroamerikanische Frauen unter den Antragstellern befanden. Dies treffe auch auf die reicheren und liberaleren Bundesstaaten zu. Wie stark sich der Anteil von anderen ethnischen Gruppierungen (z.B. Latinos) oder Immigranten auf die Leistungen der Sozialhilfeprogramme ausgewirkt hat, bleibt dagegen in den meisten Studien unklar. Einige behaupten jedoch auch hier einen messbaren Zusammenhang. Demnach führe eine überproportionale Anzahl von Hispanics und Migranten im Leistungsbezug in den Bundesstaaten vor allem zu strikteren Auflagen und Verwaltungskontrollen (Soss u.a. 2001; Fellowes/Rowe 2004; Avery/Peffley 2005).

Materielles Wohlergehen und sozialstaatliche Versorgung bedürftiger Familien und Kinder hingen in den USA demnach also schon immer extrem von ihrem jeweiligen Wohnort und ihrer Hautfarbe ab. Aber selbst gemessen am amtlichen Armutsschwellenwert (poverty threshold[9]), den die Bundesregierung definiert, waren die AFDC-Leistungen

---

9   Dem »poverty threshold«, auf dem die Statistiken sowie das Gros der Berichterstattung und sozialwissenschaftlichen Arbeiten über die Armutsentwicklung in den USA beruhen, liegt im Gegensatz zu anderen Ländern eine absolute Armutsdefinition zugrunde (vgl. Smeeding u.a. 2001). Diese orientiert sich an einem bereits 1965 entwickelten und an Ernährungsanforderungen orientierten Berechnungsmodell, was dazu führt, dass das Ausmaß der Armut aufgrund inzwischen erheblich gestiegener Lebenshaltungskosten (vor allem in den Bereichen Wohnraumversorgung, Ausbildung und Gesundheit) von den amtlichen Statistiken nicht mehr adäquat erfasst werden kann. 2006 lag die offizielle Armutsgrenze für eine dreiköpfige Familie bei einem Jahreseinkommen von $15.670 (vgl. http://aspe.hhs.gov/poverty/index.shtml). Zur Diskussion und Kritik an der amtlichen Armutsdefinition in den USA vgl. Bernstein u.a. 2000; Iceland 2003; Cassidy 2006.

in 80 Prozent der Einzelstaaten unzulänglich. 1994 lagen die Transfers in den Einzelstaaten im Durchschnitt mehr als 60 Prozent unter dem Bedarf, der als notwendig erachtet wird, um eine Familie aus materieller Not zu befreien (Albert 2000a: 304). Zu den wichtigsten nichtmontären staatlichen Leistungen, auf die AFDC-Bezieher bis 1996 automatisch einen vom Bund garantierten Anspruch hatten, gehörten eine kostenlose Gesundheitsversorgung im Rahmen von »Medicaid« und Lebensmittelmarken. Das Programm »Food Stamps«, das im Rahmen des »War on Poverty« zuerst 1964 eine Ausweitung erfuhr und Ende der 1970er Jahre unter der Carter-Regierung zu einem nationalen Programm avancierte, stellte 1996 über die Ausgabe von Einkaufsgutscheinen eine Grundernährung von über 26 Millionen Menschen (davon etwa die Hälfte AFDC-Empfänger) sicher (US Department of Agriculture 2007).[10] »Food Stamps« werden allein aus Bundesmitteln finanziert, was viele Einzelstaaten dazu verleitet hat, die vom Landwirtschaftsministerium in Washington verwalteten Lebensmittelmarken zunehmend als Komplementär- oder Ersatzleistungen für ihre Sozialhilfen zu nutzen und ihre extrem niedrigen Geldtransfers nicht zu erhöhen.[11] Doch auch nach Hinzurechnung von Sachleistungen (in-kind benefits) wie Ernährungsbeihilfen oder Wohngeld (housing assistance), die im US-System für eine Aufstockung und einen gewissen Ausgleich der erheblichen regionalen Differenzen bei den Geldtransfers sorgen, bleibt der Befund unverändert: Familien im Sozialhilfebezug lebten bereits vor der nationalen »Welfare Reform« in den meisten Landesregionen weit unter der offiziellen Armutsgrenze (Albert 2000a).

Hinsichtlich der finanziellen Unterstützung von erwerbslosen Menschen ohne minderjährige Kinder zeigt das US-amerikanische föderalistische System noch größere Disparitäten. Da die Bundesregierungen selbst in den interventionistischen und progressiven sozialpolitischen

---

10 Sowohl für »Medicaid« wie auch für die Nahrungsbeihilfen wurden bereits 1996 mehr Mittel bereitgestellt als für das Cash-Programm AFDC (»Medicaid«: $159,4 Mrd.; »Food Stamps«: $27,3 Mrd. – dazu im Vergleich AFDC: $23,7 Mrd.). Zu den Gesamtausgaben für bedarfsabhängige Sozialleistungen Mitte der 1990er Jahre vgl. Burke 1997.

11 Da sich der Wert der vom Bund finanzierten Lebensmittelmarken am Familieneinkommen – Transfer- und/oder Lohneinkommen – orientiert, erhalten Sozialhilfebezieher in Bundesstaaten mit niedrigen monetären Leistungen automatisch höhere Nahrungsbeihilfen als diejenigen in großzügigeren Staaten (Fossett/Gais 2002). Um Lebensmittelmarken zu beziehen, dürfen die Einkommen der Antragsteller maximal 30 Prozent über der offiziellen Armutsgrenze liegen; für eine dreiköpfige Familie bedeutete dies 2006 ein maximales Monatseinkommen von $1.799, um anspruchsberechtigt zu sein (US Department of Agriculture 2007).

Phasen der 1930er und 1960er Jahre keinerlei Anstrengungen machten, Verantwortung für diese »Restkategorie« der Armutsbevölkerung zu übernehmen – und nur etwa ein Drittel aller Erwerbstätigen im Fall von Arbeitslosigkeit Unterstützung aus der »Unemployment Insurance« erhält[12] – sind besonders Alleinstehende in existenziellen Notlagen vor allem auf informelle Netzwerke sowie karitative Einrichtungen angewiesen. In der Regel sind es die reicheren Bundesstaaten und großstädtischen Landkreise, die Kinderlosen zumindest temporär eine monetäre Unterstützung in Form von »General Relief« oder »General Assistance« (GA) zugestehen. 1996 existierten in zehn Bundesstaaten, die fast alle im Süden liegen,[13] allerdings überhaupt keine aus lokalen Steuermitteln finanzierten Hilfs- und Auffangprogramme für Alleinstehende oder Familien, die aufgrund des Alters ihrer Kinder oder aus anderen Gründen aus dem AFDC-Bezug fielen. Nur 27 Einzelstaaten schrieben ihren Gebietskörperschaften verbindlich vor, neben Sachleistungen auch monetäre Unterstützung (cash assistance) zu gewähren. Davon garantierten lediglich zwölf allen Bedürftigen – das heißt neben Arbeitsunfähigen und Familien auch erwerbsfähigen alleinstehenden Erwachsenen (ablebodied adults) –, die nicht aus Bundesprogrammen unterstützt werden können, einen Anspruch auf Geldleistungen (Uccello/Gallagher 1997: 2). Selbst dort, wo dies – wie in Alaska, Maine, Nebraska, New Jersey, New York und Vermont – bis heute der Fall ist, liegen die Leistungssätze der lokalen GA-Programme häufig noch weit unter denen der Familienbeihilfen, und nur ein Bruchteil aller potentiell Anspruchsberechtigten

12 Das US-amerikanische System der Arbeitslosenunterstützung unterscheidet sich nicht nur hinsichtlich der Finanzierung (keine direkten Arbeitnehmerbeiträge) und der Bezugsdauer (in der Regel maximal 26 Wochen) stark vom deutschen, sondern auch durch die fehlende zentrale Steuerungskompetenz des Bundes. Da die Anspruchsvoraussetzungen (Beschäftigungsdauer, Mindestarbeitszeit etc.) in den Einzelstaaten häufig sehr strikt gehandhabt werden, weil eine Unterfinanzierung der regionalen Versicherungsfonds vorherrscht, schwankt der Anteil der Arbeitslosen, die in den USA Unterstützung aus der »Unemployment Insurance« beziehen, seit den 1970er Jahren zwischen 30 und 40 Prozent; Mitte der 1960er Jahre lag der Wert noch bei über 60 Prozent (Kletzer/Rosen 2006: 11). Die maximalen wöchentlichen Leistungen lagen 2004 zwischen $210 in Mississippi und $826 in Massachusetts; in den meisten Staaten betragen sie zwischen $300 und $400 pro Woche (ebd.: 23).
13 Die zehn Bundesstaaten waren 1996: Alabama, Arkansas, Louisiana, Mississippi, Oklahoma, South Carolina, Tennessee, Texas, West Virginia, Wyoming; in sechs Bundesstaaten (Florida, Georgia, Kentucky, Montana, North Carolina und North Dakota) gab es 1996 lediglich einige wenige Landkreise und Kommunen, die »freiwillig«, das heißt ohne finanzielle Unterstützung und Vorgaben der Landesregierung, GA-Leistungen anboten (Gallagher u.a. 1999: 8.)

wird von den Kommunen unterstützt (Anderson u.a. 2002a). Insgesamt sind die GA-Programme aufgrund ihrer mangelnden finanziellen Ausstattung und ihrer geringen Reichweite noch weniger als die Familiensozialhilfe zur Armutsbekämpfung geeignet. Der Anteil der GA-Empfänger an der Gesamtbevölkerung der Einzelstaaten betrug 1998 zwischen 0,1 und 1,8 Prozent. Die Jahresausgaben lagen zwischen $2,8 Millionen in Delaware und $738 Millionen in New York, während die durchschnittliche monatliche Leistungshöhe für eine Person zwischen $100 und $350 betrug (Gallagher u.a. 1999: 106). Allein zwischen 1989 und 1998 ging die Anzahl der GA-Empfänger trotz anhaltender Armutsprobleme bundesweit von knapp einer Million auf 550.000, also um etwa 40 Prozent, zurück (Anderson u.a. 2002a: 252). Nur in sieben Bundesstaaten, darunter Kalifornien, gab es in diesem Zeitraum leichte Zuwächse bei der Inanspruchnahme (ebd.).

Begrenzung des Leistungsbezugs seit den 1960er Jahren

Ein Rückblick auf die Entwicklung der regionalen Sozialhilfepraxis macht deutlich, dass gerade in den wohlhabenderen und sozialpolitisch vergleichsweise großzügigen Bundesstaaten zwei legale Strategien der Einzelstaaten bzw. Gemeinden zur Einschränkung des Leistungsbezugs seit den 1960er Jahren parallel zur Anwendung kamen: erstens die gezielte Absenkung des Transferwerts, die entweder über direkte Kürzungen und/oder eine unterlassene Anpassung an Inflation und steigende Lebenshaltungskosten erfolgte, und zweitens – da eine offene Abweisung von Anspruchsberechtigten nach den Grundsatzentscheidungen des Obersten Gerichtshofs Ende der 1960er Jahre als verfassungswidrig galt (vgl. S. 53 ff.) – zusätzliche Anforderungen und Auflagen an Familien und Individuen, die sich bereits im Leistungsbezug befanden.

In politikwissenschaftlichen Betrachtungen wird vor allem die zuerst genannte Entwicklung der kontinuierlichen Leistungssenkung unter der Überschrift »race to the bottom« diskutiert (Harvard Law Review Association 1995; Schram/Beer 1999; Bailey 2002; Berry u.a. 2003; Schwinn 2004). Allein in den AFDC-Programmen der Einzelstaaten fiel der Realwert der Geldzahlungen zwischen 1970 und 1996 durchschnittlich um etwa 45 Prozent, um 26 Prozent, wenn Lebensmittelmarken hinzugerechnet werden (Kaplan 1997: 48).[14] Eine der ambitioniertesten Positio-

---

14 Untersuchungen, welche die bundesweite Entwicklung der GA-Leistungen über mehrere Jahrzehnte nachzeichnen, liegen nicht vor, dafür jedoch einige regionale Einzelstudien, die eine kontinuierliche Absenkung der Leis-

nen in dieser Debatte über die sozialpolitischen Auswirkungen eines kompetitiven Föderalismus in den USA lautet, dass das weitgehend dezentralisierte Sozial(hilfe)system mit seinen erheblichen regionalen Differenzen bei der Leistungsgewährung und Unterstützung von Bedürftigen zwangsläufig »welfare magnets« produziere (Peterson/Rom 1990; Peterson 1995b). Um eine räumliche Konzentration und Binnenmigration von auf staatliche Unterstützung angewiesene Personengruppen zu verhindern, bliebe den Landespolitikern in Staaten mit generösen Sozialleistungen für die Armutsbevölkerung nichts anderes übrig, als diese im Laufe der Zeit nach unten zu korrigieren. Diese stark von Rational- und Public-Choice-Theorien beeinflusste These geht von mehreren Grundannahmen aus: erstens, dass die Armutsbevölkerung über eine hohe Mobilität verfügt, zweitens, dass potentielle Hilfeempfänger ihre Wohnortpräferenz von der Ausgestaltung regionaler bzw. lokaler Fürsorgeprogramme abhängig machen, und drittens, dass sich Landesparlamente bei ihren sozialpolitischen Entscheidungen bewusst an den Entwicklungen in den Nachbarstaaten orientieren. Während bereits die ersten beiden Grundannahmen in der sozialwissenschaftlichen Diskussion stark umstritten sind (Norris/Thompson 1995b; Brueckner 1998 u. 2000), konnten auch die meisten empirischen Untersuchungen für die Nachkriegsjahrzehnte keine signifikante »Welfare-Migration« zwischen den Bundesstaaten nachweisen (Schram/Soss 1998; Allard/Danziger 2000). Trotzdem hat sich in der Fachliteratur (Figlio u.a. 1999; Francis 1999; Volden 2002; Bailey/Rom 2004; Allard 2004) vielfach inzwischen eine abgeschwächte Variante dieser Argumentation durchgesetzt: Allein die Angst lokaler Politiker vor möglichen negativen Auswirkungen einer überdurchschnittlich generösen Sozialpolitik – hierzu zählen die Zuwanderung von Mittellosen sowie die Abwanderung von Wohlhabenden und Unternehmen, die über erhöhte Steuern die wachsenden Transferleistungen finanzieren müssen – befördere zusammen mit dem durchaus realen Wettbewerb um Standortvorteile und Investoren zwischen Einzelstaaten und Kommunen deren Bereitschaft, die bei Wählern und einflussreichen Interessengruppen als besonders unpopulär geltenden Sozialhilfeausgaben möglichst niedrig zu halten bzw. den Zugang zu Programmen restriktiv zu handhaben.

Inwieweit die subnationalen Ebenen überhaupt für redistributive Politiken geeignet sind, ist in der US-amerikanischen Politikwissenschaft seit langem ein kontroverses Thema (vgl. Schattschneider 1960; Lowi

---

tungen bestätigen (vgl. Halter 1994b; Moon/Schneiderman 1995; Danziger/Kossoudji 1995; Coulton 1995; Karger/Stoesz 1998; Anderson u.a. 2002a).

1964; McConnell 1966; Robertson 1989; Dye 1990). Befürworter einer stärkeren Zentralisierung der Sozialpolitik sind sich darin einig, dass die Einzelstaaten und Kommunen grundsätzlich schlechte Voraussetzungen für einkommensverteilende und am Gemeinwohl orientierte Maßnahmen mit sich bringen. Zum einen schränkten begrenzte fiskalische und ökonomische Steuerungskapazitäten ihre Handlungsspielräume ein. Zum anderen sei der Druck einflussreicher Geschäfts- und Wirtschaftslobbies auf politische Eliten und Entscheidungsträger auf der lokalen Ebene noch direkter und ausgeprägter als auf der Bundesebene, womit einkommensschwache Bevölkerungsgruppen und deren Interessenvertreter systematisch benachteiligt und häufig marginalisiert würden (Peterson 1995b; Weir 1995; Caraley 1996; Krane u.a. 2004).

Es lassen sich zudem einige handfeste empirische Hinweise in der jüngeren Geschichte finden, welche die These von der strukturellen Schwäche und starken Abhängigkeit der lokalen Sozialstaaten von wirtschaftlichen Konjunkturlagen zu Lasten ärmerer Bevölkerungsgruppen bestätigen. Als in den 1980er Jahren steigende Arbeitslosenzahlen, lokale Steuereinbußen und Kürzungen der Bundesmittel für die Großstädte zeitlich zusammenfielen, entschieden sich einige Kommunen gezielt für Leistungssenkungen in ihren lokalen Sozialhilfeprogrammen, unter anderem um ihre »Attraktivität« für Obdachlose und andere arme Bevölkerungsgruppen zu mindern (Ladd 1990; Karger/Stoesz 1998). Im Bundesstaat Wisconsin, der traditionell als der sozialpolitisch progressivste im Mittleren Westen galt, wurden die Leistungen des AFDC-Programms im selben Zeitraum nicht – wie von den regierenden Demokraten vorgesehen – an die gestiegenen Lebenshaltungskosten angepasst, weil es der politischen Opposition gelungen war, Befürchtungen hinsichtlich einer »Welfare-Migration« aus den Anrainerstaaten und einer allgemeinen Verschlechterung des Geschäftsklimas zu schüren (Peterson/Rom 1990). Auch in den frühen 1990er Jahren, die in vielen Landesteilen von einer einschneidenden wirtschaftlichen Rezession und dramatischen Arbeitsplatzverlusten gekennzeichnet waren, kam es auf regionaler und kommunaler Ebene zu einer Art »Abschreckungswettbewerb« (Prätorius 1997: 180). In Kalifornien, wo die für Sozialhilfe zuständigen Landkreise über die Leistungssätze entscheiden können, wurden die Zahlungen im GA-Programm zwischen 1991 und 1993 zum Teil um über 25 Prozent gekürzt (DeVerteuil u.a. 2003: 231); im selben Zeitraum entschieden sich weitere 17 Staaten für erhebliche Leistungssenkungen in ihren GA-Programmen; in Michigan, Ohio und Pennsylvania wurde die monetäre Unterstützung für arbeitsfähige Erwachsene 1992 sogar vollständig eingestellt (Karger/Stoesz 1998: 278f.). Auch bei der von den Einzelstaaten verwalteten Arbeitslosenunterstützung zeigt sich, dass die Leistungen seit den 1970er Jahren drastisch gesenkt wurden und immer weniger Erwerbslose – in manchen Staaten nur noch 20 bis 30 Prozent – aufgrund strenger Zugangsregelungen anspruchsberechtigt sind (Emsellem u.a. 2002: 2).

Bei einer Einschätzung der politischen Handlungsspielräume hinsichtlich des Mitteleinsatzes für soziale und redistributive Programme auf der subnationalen Ebene ist neben den bereits genannten Faktoren im Übrigen zu berücksichtigen, dass fast alle Einzelstaaten anders als der Bund zum Budgetausgleich verpflichtet sind. 49 Staaten haben eine entsprechende Klausel in ihrer Landesverfassung (Gunlicks 1997: 477). Hinzu kommt, dass sich einige – zum Teil als Ergebnis von Bürgerbegehren, die in 24 Bundesstaaten vorgesehen sind (ebd.: 476) – Selbstbeschränkungen bei der Steuerpolitik auferlegt haben, die in Zeiten von Haushaltsdefiziten und schwierigen Wirtschaftslagen nicht nur eine Erhöhung der lokalstaatlichen Einnahmen, sondern auch eine antizyklische öffentliche Ausgaben- und Umverteilungspolitik erschweren (Shapiro u.a. 1991; Weir 1998a; Kenyon 1999). Am bekanntesten für seine ausgeprägte »anti-tax«-Politik ist der Bundesstaat Kalifornien (Saxton u.a. 2001). Hier führte die 1978 in einer Volksabstimmung angenommene Gesetzesinitiative »Proposition 13« dazu, dass die Kommunen die Eigentums- und Grundsteuern nicht mehr eigenmächtig erhöhen können, aus denen ein Großteil der sozialen Infrastruktur und Programme (öffentliche Schulen, Krankenhäuser etc.) finanziert werden. Für Erhöhungen der lokalen Steuern bedarf es seitdem einer Zweidrittelmehrheit im Landesparlament oder der Zustimmung der Bevölkerung in Form eines Referendums (vgl. S. 274 ff.).

Die zweite Strategie zur Einschränkung des Hilfebezugs – die Verknüpfung von Leistungszahlungen mit Arbeitsverpflichtungen und/oder mit Auflagen zur »verantwortungsvollen Familien- und Lebensführung«, die 1996 zur nationalen Politik avancierte – erlebte ebenfalls während der 1980er Jahre ihre bis dahin wichtigste Expansion. Ob die maßgebliche Initiative hierfür eher vom Bund ausging, der bereits ab 1962 Beschäftigungsmaßnahmen speziell für AFDC-Empfänger finanzierte, oder eher von Einzelstaaten mit besonders ehrgeizigen Gouverneuren und Sozialministerien, ist in den politikwissenschaftlichen Betrachtungen zur Geschichte der »devolution revolution« (Nathan 1996) nicht immer eindeutig auszumachen. Theodore/Peck stellen den sukzessiven Übergang von einem bundesstaatlich garantierten Rechtsanspruch zu einem lokalisierten Vertragsmodell der Leistungsgewährung seit den 1960er Jahren als einen Entwicklungsprozess dar, in dem der Zentralstaat über die Förderung und Orchestrierung regionaler Experimente den Wettbewerb zwischen Einzelstaaten und Kommunen aktiv vorangetrieben und somit den Lokalstaat zur primären Ebene der Weiterentwicklung von Workfare-Politiken gemacht hat:

The mechanism through which this change has occured has itself undergone transformation: first from federal support for a limited number of demonstration projects; then to the granting of increasing numbers of waivers, permitting states to design policies that deviated from national rules and standards; and most recently to the »block granting« of welfare funds to states allowing unprecedented discretion in welfare-to-work policy design within a minimalist national framework. (Theodore/Peck 1999: 491)

Auch Rogers-Dillon, der sich eingehender mit der Rolle der Einzelstaaten im Reformprozess der Sozialhilfepolitik beschäftigt hat, kommt zu dem Schluss, dass es sich bei der »Waiver«-Vergabe des Bundes zur Förderung von Pilotprojekten nicht um ein weitgehend ergebnisoffenes, sondern um ein institutionalisiertes Steuerungsinstrument mit dem Ziel der radikalen Umstrukturierung des Gesamtsystems gehandelt habe:

For scholars to fully understand what brought about the dramatic restructuring of the American welfare state in 1996 and the loss of the entitlement to welfare, it is necessary to recognize that the waiver programs were not only, or even primarily, experimental programs outside of the political process; they were an institutional channel for reform. (Rogers-Dillon 2004: 168)

Auch andere Autoren, die das Wechselspiel bzw. die Rückkopplungseffekte zwischen Bund und Einzelstaaten bei der Reformierung der Sozialhilfepolitik im Rahmen eines »permissiven Föderalismus« interpretieren, betonen die anhaltende Steuerungsfunktion des Zentralstaates. Der »permissive Föderalismus« zeichne sich dadurch aus, dass der Bund in den USA den unteren Gebietskörperschaften zwar einen erheblichen Handlungsspielraum – vor allem in Detail- und Umsetzungsfragen von Programmen – zugesteht, aber bis heute über die »goldenen Zügel« seiner Finanzierungsgewalt die Definitions- und Entscheidungsmacht über deren grundlegenden politischen Zielsetzungen und Prioritäten beibehält (Arsneault 2000: 49f.). Béland/Chantal (2004: 245) bewerten die Entwicklung in den USA als eine widersprüchliche Mischung aus »decentralisation for retrenchment« und »moral centralization«, das heißt, dass der Zentralstaat seit den 1980er Jahren dazu tendiere, ein gewisses Maß an Kompetenzverlagerung auf die subnationale Ebene zu fördern und zuzulassen, vor allem dann, wenn damit Einsparungspotentiale verbunden sind, aber gleichzeitig mit verschiedenen Instrumenten sicherstelle, die Kontrolle über die inhaltliche Ausrichtung der Sozialpolitik nicht zu verlieren. Dagegen heben diejenigen Arbeiten, die von einem

»zyklischen Föderalismus« in den USA ausgehen, das über die Jahrzehnte gewachsene Selbst- und Verantwortungsbewusstsein der Einzelstaaten in der Sozialpolitik hervor – vor allem in Phasen zentralstaatlicher Rückzugsgefechte – und betonen gleichzeitig den zunehmenden Einfluss von Landespolitikern und Lobbyorganisationen der Kommunen und Bundesstaaten auf Entscheidungsprozesse in Washington (Nathan 1997; Conlan 1998; Leland 2001). Einige Autoren halten die zunehmende Professionalisierung der legislativen und administrativen Strukturen in den Einzelstaaten sowie die ideologischen Überzeugungen und Initiativen einzelner Gouverneure für zentral, um verstärkte sozialpolitische Aktivitäten und Innovationen auf der regionalen Ebene seit den 1980er Jahren erklären zu können (Francis 1999; Weissert 2000; Liebschutz 2000b; Lieberman/Shaw 2000).

Die Bewertung der Rolle der Einzelstaaten bei der Herausbildung und Verallgemeinerung einer neuen Workfare-Politik hängt nicht zuletzt vom Zeitraum der Betrachtung ab. Grundsätzlich lassen sich seit den 1960er Jahren zwei Perioden der Re-Föderalisierung und Re-Konditionalisierung der Sozialhilfepolitik identifizieren: erstens die Phase der weitgehend vom Bund initiierten und gesteuerten lokalen Modellprojekte (1962-1981) und zweitens die Phase der »Waiver«-Ausweitung, in der einzelne Bundesstaaten bei der Ausdifferenzierung und Umstrukturierung des Sozialhilfesystems eine ausgewiesene Vorreiterfunktion übernahmen (1981-1996).

Die Phase der lokalen Modellprojekte (1962-1981)

Die erste Pilotprojektphase, in der mit diversen Beschäftigungsauflagen und -angeboten für Sozialhilfeempfänger experimentiert wurde, war bis zu Beginn der 1970er Jahre vom Prinzip der Freiwilligkeit und von niedrigen Teilnehmerzahlen – bundesweit zwischen 50.000 und 100.000 pro Jahr (LaLonde 2003: 535) – gekennzeichnet. Es oblag der Entscheidung der Landesregierungen und Kommunen, aber vielerorts auch den Hilfeempfängern selbst, ob sie an den ausschließlich vom Bund finanzierten Arbeitsprogrammen partizipieren wollten. In der ersten speziell für AFDC-Bezieher aufgelegten Beschäftigungsmaßnahme, dem 1962 initiierten »Community Work and Training Program«, stand die »Rehabilitation« von männlichen Leistungsbeziehern im Vordergrund. Lediglich elf Einzelstaaten nutzten die nationalen Zuschüsse, um für erwerbslose Männer temporäre Jobs in gemeinnützigen und öffentlichen Einrichtungen zu schaffen. Das größte Pilotprojekt im Rahmen von AFDC-UP fand in Kentucky statt, wo mehrere tausend arbeitslose Bergbau- und Minenarbeiter zur Hauptzielgruppe gehörten (Rose 1995: 89f.). Ungefähr zur selben Zeit begannen erste Einzelstaaten und Kommunen, mit »gemeinnütziger Arbeit« als Voraussetzung für den Bezug von GA-Leistungen zu experimentieren (Hawes 1998).

1964 folgte mit dem »Work Experience and Training Program« das zweite Bundesprogramm, an dem bis auf Alabama diesmal alle Einzelstaaten beteiligt waren. Etwa 150.000 AFDC-Empfänger durchliefen in den folgenden drei Jahren verschiedene kurzfristige Qualifizierungsmaßnahmen oder wurden an private, meist kleinere lokale Arbeitgeber vermittelt, die sie zu einfachen Aushilfstätigkeiten (ohne jegliche Entlohnung) heranziehen sollten (Rose 1995: 90f.). 1967 wurde mit dem neu eingeführten »Work Incentive Program« (WIN)[15] der Fokus der Beschäftigungsförderung verändert und mehr Wert auf berufsvorbereitende Maßnahmen und finanzielle Anreize zur Arbeitsaufnahme (durch Erhöhung des für den Sozialhilfebezug zulässigen Erwerbseinkommens) gelegt, um eine Reintegration der Hilfebezieher in den ersten Arbeitsmarkt zu erleichtern. Zudem wurde der potentielle Teilnehmerkreis ausgeweitet. Zum ersten Mal sollten die lokalen Behörden auch Frauen mit schulpflichtigen Kindern und jugendliche Transferempfänger über 16 Jahre in die Maßnahmen einbeziehen. Insgesamt wurden jedoch nur unzulängliche Mittel für die Kinderbetreuung und für Qualifizierungsangebote vom Bund bereitgestellt.[16] In der Rückschau gilt die erste Periode von WIN (1967-1971) – gemessen an den Teilnehmerzahlen und am Ziel der Reduzierung der Sozialhilfequoten – als gescheitert: Zwar waren 2,7 Millionen AFDC-Bezieher von den lokalen Verwaltungen auf ihre Qualifizierungsdefizite und Beschäftigungsfähigkeit hin überprüft, allerdings nur 24 Prozent von den Mitarbeitern als »appropriate for referal« eingestuft worden (Handler 1995: 59). Am Ende nahmen nur rund 100.000 Personen tatsächlich an beschäftigungsfördernden Maßnahmen teil, wovon etwa 20 Prozent im Anschluss an diese vorübergehend einen Arbeitsplatz fanden (Patterson 1994: 175).

Bei alleinerziehenden Frauen mit Kleinkindern basierte die Teilnahme in der Regel auf ihrer freien Entscheidung. Insgesamt verzichteten die lokalen Verwaltungen, die weder in ausreichendem Umfang Weiterbildungs- und Umschulungsplätze anbieten konnten, noch auf die neue Aufgabe der Arbeitsvermittlung vorbereitet waren, auf Sanktionsmaßnahmen. Dies hat einige Sozialwissenschaftler zu der Beurteilung veran-

---

15 Die Bezeichnung WIN wurde gezielt gewählt, da die präzise Abkürzung WIP (dt.: Peitsche) den Behörden als zu provokativ erschien (Gilbert 2004: 58).

16 Die Mittel für die Umsetzung von WIN, die zwischen 1967 und 1971 den Bundesstaaten zusätzlich zu den AFDC-Zuschüssen zur Verfügung bereitgestellt wurden, beliefen sich auf etwa $150 Millionen (Handler 1995: 59).

lasst, bei WIN habe es sich vorwiegend um eine symbolische politische Reaktion auf den drastischen Anstieg der Transferbezieher in den 1960er Jahren gehandelt.

[WIN] was myth and ceremony. The myth was that recipients were now going to be required to reduce their dependency through training and work. This affirmed the symbol of the work ethic, which was being threatened by rising welfare rolls. The ceremony was requiring able-bodied recipients to register for training and employment. [...] With [WIN's] meager results, the welfare crisis continued to boil. (Handler 1995: 59)

Dass im US-Kongress der Wille bestand, dieser Krise – die vor allem in konservativen intellektuellen Kreisen inzwischen als Resultat einer spezifischen Armuts- und Abhängigkeitskultur der schwarzen »urban underclass« diskutiert wurde (Gans 1995; Stacey 1998; Hardisty/Williams 2002) – nicht länger allein mit Instrumenten zu begegnen, die auf Freiwilligkeit und der Kooperationsbereitschaft der kommunalen Sozialbehörden beruhten, zeigt das 1971 im Rahmen des »Family Assistance Plan« der Nixon-Regierung verabschiedete Folgeprogramm WIN II (Handler/Hasenfeld 1991). Es unterschied sich im Wesentlichen in vier Punkten von seinem Vorgänger: Erstens wurden per Zusatzgesetz alle am WIN-Programm partizipierenden Staaten und Kommunen angewiesen, sämtliche erwachsenen AFDC-Empfänger für beschäftigungsfördernde Maßnahmen registrieren zu lassen, sobald ihre Kinder das schulfähige Alter erreicht hatten. Zweitens wurden ihnen vom Bund zum ersten Mal finanzielle Sanktionen angedroht, wenn sie eine festgesetzte Vermittlungsquote in Arbeit und Fördermaßnahmen nicht erreichten. Drittens wurde der vor allem von liberalen Demokraten favorisierte »human capital approach« (Investitionen in Weiterbildung und Qualifizierung) bereits in den frühen 1970er Jahren als zu teuer angesehen und in vielen Regionen Schritt für Schritt von einem minimalistischen Modell der Beschäftigungsförderung abgelöst, in dessen Zentrum die möglichst unmittelbare und kostensenkende Einbindung von Transferbeziehern in den Arbeitsmarkt steht (»labor force attachment« oder »workfirst approach«) (Peck 2001: 76).

Die vierte Innovation von WIN II, die für die weitere Diskussion und Entwicklung der nationalen Sozialhilfepolitik vielleicht die wichtigste war, bestand in dem von Washington geförderten Aufbau eines umfangreichen Evaluationsapparates in Form von eigens für die Auswertung von lokalen Pilotprojekten in der Beschäftigungsförderung geschaffenen Forschungseinrichtungen (Gehlen 2005: 156ff.). Denn auch WIN II konnte den weiteren, hauptsächlich ökonomisch bedingten Anstieg der Sozialhilfequoten in den meisten Landesteilen nicht verhindern. Zwar wurden im Zeitraum von 1972 bis 1980 mehr als eine Million Personen zur Teilnahme an Bewerbungstrainings und diversen Qualifizierungsseminaren verpflichtet, das entsprach etwa 14 Prozent aller erwachsenen AFDC-Empfänger, aber nur eine weiterhin marginale Zahl (etwa zwei Prozent aller Empfänger) verließ die Sozialhilfe aufgrund einer staatlich geförderten Arbeitsaufnahme (Handler 1995: 60). Hinzu kam, dass sich die Maßnahmen auch hinsichtlich der Kosten als ineffizient erwiesen hatten, das heißt, es wurde mehr Geld – zwischen $270 und $350 Millionen jährlich (LaLonde 2003: 535) – für die Durchführung der Programme, ihre Administration sowie zusätzliche Kontrollen, Registrierung und Assessment der Hilfeempfänger aufgewendet, als an Sozialhilfeausgaben eingespart werden konnte; gleichzeitig stießen die Maßnahmen sowohl bei Teilnehmern als auch unter Verwaltungsangestellten mitunter auf erheblichen Widerstand (Rose 1995). Um weiterführende Reformen des Systems durchzusetzen, bedurfte es aus Sicht der Bundesregierung daher nicht nur weiterer lokaler und radikalerer Modellprojekte, sondern auch einer umfassenden empirischen Begleitforschung, die mit »handfesten« Erkenntnissen und Daten den »workfirst«-Ansatz in der Fach- und Medienöffentlichkeit legitimieren sollte (Oliker 1994; Epstein 1997).[17]

Diese wissenschaftliche Legitimationsaufgabe nahm in den 1970er und 1980er Jahren vor allem die im Zuge von WIN II 1974 in New York gegründete Manpower Demonstration Research Corporation (MDRC) wahr. Sie sollte sich mit finanzieller Unterstützung der Ford Foundation und verschiedener Bundesministerien zu einem der einflussreichsten Think tanks im Feld der US-amerikanischen Sozial(hilfe)politik entwickeln (vgl. Rogers-Dillon 2004; Gehlen 2005). Es gelang ihr unter dem Deckmantel der politischen Neutralität einer Nonprofit-Organisation, den Fokus weg von strukturellen Ursachen des Leistungsbezugs (Markt- und Staatsversagen bei der Bekämpfung von Armut) auf messbare und

---

17 Im Rahmen von WIN II wurden ab 1972 weitere Bundesmittel für lokale Pilotprojekte zur Verfügung gestellt, zum einen für »Supported Work Demonstration Projects« und zum anderen für das »Community Work Experience Program«. Bei den zuerst genannten Projekten wurden vier Gruppen (Langzeitbezieher, ehemalige Häftlinge, ehemalige Drogenabhängige und minderjährige Schulabbrecher) zur Teilnahme ausgewählt. Ihr Schwerpunkt lag auf intensiver Einzelfallbetreuung und Arbeitsvermittlung. Am zweiten Programm, an dem unter anderem Massachusetts, Kalifornien und Utah partizipierten, mussten AFDC- und »Food Stamps«-Empfänger ihre Unterstützung mit bis zu 80 Stunden im Monat in staatlichen Behörden oder Nonprofit-Organisationen abarbeiten (Rose 1995: 110).

vermeintlich beeinflussbare individuelle Charakter- und Verhaltensdefizite der Transferempfänger sowie fiskalische und verwaltungstechnische Fragen und Probleme bei der Umsetzung von Beschäftigungsprogrammen zu lenken – ein Vorgehen, das einige Autoren als die überaus folgenreiche Etablierung eines »Economistic-Therapeutic-Managerial«-Ansatzes« (ETM) in der mit Sozialhilfe befassten Forschung und Politikberatung in den USA charakterisiert haben (Schram 1995; Brodkin/Kaufmann 1998).

Die Bedeutung von MDRC lag nicht nur in der von ihr forcierten Entwicklung und Durchführung mehrjähriger »Feldversuche« mit verschiedenen Experimentier- und Kontrollgruppen von Hilfeempfängern, die spätestens in den 1980er Jahren in den USA zum Standardverfahren der Evaluierung von Workfare-Programmen wurden. Sie bestand auch in der Vielseitigkeit ihrer Dienste, welche sie immer häufiger direkt den Landesregierungen und Kommunen bei der Auswertung und Weiterentwicklung ihrer Maßnahmen anbot (Szanton 1991). Somit wurde bereits ab den frühen 1970er Jahren mit unterschiedlichen Methoden (finanzielle Sanktionsandrohungen, Benchmarking über die Evaluierung von Modellprojekten) der Druck vom Zentralstaat auf die Mehrzahl der bis dahin eher passiven Einzelstaaten erhöht, wenigstens für einen Teil ihrer Sozialhilfeempfänger die Partizipation an Beschäftigungsmaßnahmen obligatorisch zu machen und neue Workfare-Ansätze aus anderen Landesteilen zumindest zur Kenntnis zu nehmen. Vor allem die konservativen Bundesstaaten Utah, Texas und North Carolina, aber auch traditionelle »pro-welfare-states« wie Kalifornien, New Jersey, Connecticut und Massachusetts begannen bereits in dieser frühen Periode der Umstrukturierung des AFDC-Programms, sich bundesweit als wichtige Trendsetter zu profilieren (Peck 2001: 129f.).

Die Waiver-Phase (1982-1996)

Die zweite Phase der Re-Föderalisierung und Re-Konditionalisierung der Sozialhilfepolitik, in der die Reforminitiative noch stärker von Washington auf die Landesregierungen überging, setzte unmittelbar nach dem Erdrutschsieg der Republikaner in den Präsidentschaftswahlen 1980 ein. Bereits während seiner Amtszeit als Gouverneur von Kalifornien in den 1970er Jahren hatte sich Ronald Reagan als Befürworter rigider Arbeitsauflagen und Leistungskürzungen für »kooperationsunwillige« Sozialhilfeempfänger ausgezeichnet und sich für die Teilnahme der kalifornischen Landkreise an dem im Zuge von WIN II aufgelegten »Community Work Experience Program« (CWEP) stark gemacht (Handler/Hasenfeld 1991; Rose 1995). Hierbei war in Kalifornien zum ersten Mal auch eine größere Anzahl alleinerziehender Mütter mit Kleinkindern zur Ableistung niedrigqualifizierter Tätigkeiten in gemeinnützigen und staatlichen Einrichtungen herangezogen worden (Waste 1995). Vor seiner Wahl zum Präsidenten hatte Reagan angekündigt, die bundesstaatlichen Sozialhilfeausgaben auf ein Minimum begrenzen und sowohl die Regelungskompetenz als auch die finanzielle Verantwortung für das AFDC-Programm vollständig auf die Einzelstaaten übertragen zu wollen. Der 1982 formulierte Plan seiner Administration sah vor, die Bundeszuschüsse für das AFDC-Programm gänzlich einzustellen und im Gegenzug die Einzelstaaten nicht mehr länger an den Kosten von »Medicaid« zu beteiligen. Dieses Vorhaben wurde jedoch aufgrund einer breiten Ablehnung im Kongress und in den Landesparlamenten fallengelassen (Patterson 1994).

Zu den wichtigsten während der Regierungszeit Reagans verabschiedeten nationalen Gesetzen mit Einfluss auf die Sozialhilfepolitik gehören der »Omnibus Budget Reconciliation Act« von 1981 und der »Family Support Act« von 1988 (Brodkin 1999; Peck 2001). Obwohl oder vielleicht gerade weil die ersten wissenschaftlichen Auswertungen auch für die ambitionierteren regionalen Modellprojekte keine überzeugenden Ergebnisse – im Sinne von längerfristigen Vermittlungserfolgen und staatlichen Einsparungen – präsentieren konnten, knüpften beide Gesetzespakete an das Grundprinzip des unter der Nixon-Regierung populär gewordenen »New Federalism« (Conlan 1998) an. Dieses sah vor, vor allem im sozialpolitischen Bereich und bei redistributiven Programmen gezielt weitreichende Experimente der Bundesstaaten zu fördern. Lokale Trial-and-Error-Versuche in der Sozialhilfepraxis entwickelten sich immer stärker zu einem institutionalisierten Teil des politischen Diffusionsprozesses:

Local experimentation had become an institutionalized part of welfare policy making, [reinforcing] the idea that the goal of welfare policy research is to produce decontextualized information about the distinctive behavior of the poor so that the right mix of incentives and penalties can be introduced in order to get the impoverished to change their behavior. Experimentation is entirely consistent with ETM and the way it constructs the poor as deficient subjects of the welfare state. (Schram 1995: 14)

Gleichzeitig sollten neue lokale Modellprojekte mit ausgeweiteten Ermessensspielräumen für die Einzelstaaten und Kommunen auch die Funktion erfüllen, die anhaltende politische Opposition – progressive demokratische Gouverneure und Kongressabgeordnete, einflussreiche Medien, Bürgerrechts- und Wohlfahrtsverbände oder Mitarbeiter der

Sozialverwaltungen »vor Ort« – gegenüber weiteren Einschränkungen des mühsam erkämpften Rechtsanspruchs auf staatliche Unterstützung zu brechen.

Compromising between conservatives who believed that welfare recipients should »work off« their grants in forced work programs and liberals who thought that education and training should be provided to upgrade people's skills, the Budget Act further encouraged individual states to develop their own programs. (Rose 1995: 133)

Der »Omnibus Budget Reconciliation Act« (OBRA) schuf ein komplexes Regelwerk, das den Einzelstaaten sowohl negative als auch positive Anreize lieferte, ihre Experimente mit Workfare fortzusetzen bzw. auszuweiten. Zusätzlich zu massiven Einschnitten in den Armutsbekämpfungsprogrammen aus der Ära der Great Society veranlasste das Gesetz eine Kürzung der AFDC-Bundeszuschüsse, die zum Teil – wie bereits beschrieben – in vielen Regionen über Absenkungen der Leistungssätze aufgefangen wurde. Die OBRA-Regelungen führten darüber hinaus in allen wesentlichen vom Bund kofinanzierten Sozialprogrammen zu einer Absenkung der Erwerbs- und Einkommensgrenzen für den Leistungsbezug. Das Resultat war, dass bis 1984 fast vier Millionen Menschen ihre Unterstützungsansprüche verloren: drei Millionen Personen im »Food Stamps«-Programm, 450.000 im AFDC-Programm, 300.000 im Programm »Medicaid« und 100.000 im SSI-Programm. Allein für die Jahre 1981 und 1982 wurden die diesbezüglichen Einsparungen des Bundes und der Staaten auf \$30 Milliarden geschätzt (Goldberg/Collins 2001: 170f.). Gleichzeitig wurden die Mittel zur Umsetzung von WIN vom Bund in eine Pauschalzuweisung umgewandelt, was den Einzelstaaten wiederum mehr Flexibilität in Budget- und Gestaltungsfragen ihrer Beschäftigungsmaßnahmen für Sozialhilfeempfänger und andere arbeitsmarktpolitische »Problemgruppen« versprach. Unter anderem war es den lokalen Sozialbehörden von nun an gestattet, aus den zu 90 Prozent vom Bund finanzierten WIN-Mitteln direkte Lohnsubventionen an Arbeitgeber zu zahlen, wenn diese erwerbslose Hilfeempfänger einstellten (ebd.).

Des Weiteren wurden die Landesregierungen im Zuge der Verabschiedung des OBRA von Washington aufgefordert, die bereits 1962 gesetzlich verankerte Option stärker wahrzunehmen, beim Bundesministerium für Gesundheit und Soziales (DHHS) Ausnahmegenehmigungen für Programmänderungen zu beantragen, die entweder von WIN noch nicht abgedeckt waren oder aus den AFDC-Zuweisungen bis dato nicht finanziert werden durften. Nach Titel IV, Sektion 1115 des »Social Security Act« ist es dem Sozial- und Gesundheitsministerium erlaubt, »to waive specified requirements of the Social Security Act to carry out any experimental, pilot, or demonstration projects that the Secretary [jugded] likely to help in promoting the objectives of the program« (zit. nach Boehnen/Corbett 1997: 2). Die lokalen Pilotprojekte bzw. Abweichungen von zentralstaatlichen Programmauflagen mussten für den Bund jedoch kostenneutral sein und von einer wissenschaftlichen Evaluierung begleitet werden (Handler 1995).

Bis zum Regierungsantritt von Reagan hatten die Bundesstaaten diese Experimentierklausel nur sehr zögerlich in Anspruch genommen. Die wenigen bis 1981 beantragten Ausnahmeregelungen bezogen sich auf verwaltungsinterne Umstellungen im AFDC-Programm, von denen die meisten Transferempfänger nicht unmittelbar betroffen waren (Arsneault 2000). Im Anschluss an OBRA kam es allerdings zu einer weiteren massiven Ausdifferenzierung der bundesweiten Sozialhilfepraxis über die »Waiver«-Politik. Das Bundesministerium bewilligte zwischen 1981 und 1988 insgesamt 66 Anträge auf Ausnahmeregelungen, die sich verschiedenen Kategorien zuordnen lassen: Verknüpfung von Geldzahlungen mit Arbeitsauflagen (20), Änderungen in der Administration von Sozialhilfeleistungen (19), Förderung der Arbeitsaufnahme durch Lohnsubventionen (11), Erhöhung der Zuverdienstgrenzen für Leistungsbezieher (10), »omnibus«[18] (4) und zusätzliche Maßnahmen zum Schutz und zur Förderung von Kindern (2) (ebd.: 55). Bereits 1985 hatten knapp die Hälfte aller Einzelstaaten dauerhafte und obligatorische Beschäftigungsmaßnahmen für AFDC-Bezieher eingeführt, in sieben von ihnen mussten diese von allen Gebietskörperschaften übernommen werden (Walker 1991: 102). Nach Angaben des US General Accounting Office[19] (1987: 6) befanden sich zu diesem Zeitpunkt 22 Prozent aller erwachsenen Leistungsempfänger in beschäftigungsfördernden Maßnahmen, davon mehr als 70 Prozent in Bewerbungs-, Motivations- und Verhaltenstrainings, lediglich 12,5 Prozent erhielten eine Weiterbildung oder Umschulung.

Eine besondere Bedeutung nahmen im politischen Diffusionsprozess die WIN-Demonstrationsprogramme »Greater Avenues for Independen-

---

18 Unter die Kategorie »omnibus« fallen Regelungen, die verschiedene Programmbereiche betreffen.

19 Die 1921 gegründete bundesstaatliche Einrichtung US General Accounting Office, 2004 in US General Accountability Office unbenannt, kontrolliert zum einem die Ausgaben- und Finanzpolitik der Regierung (vergleichbar mit dem deutschen Bundesrechnungshof) und erstellt zum anderen wissenschaftliche Dokumentationen und Auswertungen der wichtigsten Bundesprogramme (Weaver 1999).

ce« (GAIN) in Kalifornien (vgl. S. 274 ff.), »Jobs for Employable Dependent Individuals« (JEDI) in Maryland, »Michigan Opportunities for Skills and Training« (MOST) sowie »Employment and Training Choices« (ETC) in Massachusetts ein, weil sie bundesweit die höchsten Teilnehmerzahlen verzeichneten und ausführlich beforscht wurden (Handler 1995: 62 ff.). All diesen Anfang bis Mitte der 1980er Jahre entwickelten »new style workfare approaches« (Peck 2001: 133), die von Kommune zu Kommune stark variieren konnten, war gemeinsam, dass sie auf unterschiedliche Kombinationen von strafenden und fördernden Instrumenten setzten und sich meist auf die einfacheren »Fälle«, das heißt Eltern in vollständigen Familien, alleinerziehende Frauen mit älteren Kindern und Personen mit Berufserfahrungen, konzentrierten.

Tendenziell favorisierten Verwaltungen in ökonomisch prosperierenden Landesteilen Maßnahmen zur direkten Beschäftigungsvermittlung, begleitet von berufsqualifizierenden Programmen für Personen mit größerer »Arbeitsmarktferne«. Immer häufiger kamen indirekte staatliche Lohnsubventionen zum Einsatz, indem es den Sozialhilfebeziehern über angehobene Einkommensgrenzen und Freibeträge erleichtert wurde, Erwerbstätigkeit und -einkommen mit Transferleistungen zu kombinieren. In einigen wenigen Programmen, wie zum Beispiel ETC, galt in den ersten Jahren weiterhin das Prinzip der Freiwilligkeit; in den meisten allerdings gehörten Sanktionen bzw. die Androhung, die Leistungen bei »Kooperationsunwilligkeit« zu kürzen oder ganz einzustellen, von Anfang an zum erweiterten »workfare toolkit« der Behörden (Wiseman 1989: 19). Dort, wo steigende Arbeitslosigkeit und eine angespannte Finanzlage vorherrschten, experimentierten die Verwaltungen auch weiterhin mit unterschiedlichen »work-for-relief«-Modellen, wie sie unter anderem von der Reagan-Regierung favorisiert wurden. Mitunter gab es bereits in den frühen 1980er Jahren erste öffentliche Proteste gegen die Vernichtung von regulären Beschäftigungsverhältnissen durch gemeinnützige Arbeitseinsätze.

There was evidence that regular employees were replaced by welfare recipients. [...] Shirley Ware, secretary/treasurer of Service Employees International Union (SEIU) Local 250 in Oakland California, stated that when GAIN began, many janitorial and clerical positions were staffed with people on workfare, and numerous positions as groundskeepers were eliminated and filled instead with garderners on workfare. (Rose 1995: 137)

Zwar konnten die Evaluationsberichte von MDRC Mitte der 1980er Jahre landesweit eine steigende Einbindung von Sozialhilfeempfängern in Beschäftigung feststellen, es zeigte sich jedoch auch, dass dieser Erfolg weniger den staatlichen Maßnahmen als den vielerorts verbesserten Arbeitsmarktbedingungen geschuldet war. In staatliche Beschäftigungsprogramme involvierte Transferbezieher schnitten gegenüber »ihren Kontrollgruppen«, die keinerlei behördliche Unterstützung bei der Arbeitssuche und -aufnahme erhalten hatten, mit einer fünf- bis siebenprozentig höheren Vermittlungs- bzw. Integrationsquote nur unwesentlich besser ab (Gueron/Nathan 1985: 422). Auch bei der Armutsbekämpfung über die Erhöhung der Familieneinkommen durch geförderte Erwerbstätigkeit waren keine signifikanten Fortschritte erzielt worden: In der Regel war die Entlohnung der in Arbeit Gebrachten so niedrig, dass die Hälfte von ihnen weiterhin im Sozialhilfebezug blieb. Gleichzeitig wiesen andere empirische Untersuchungen nach, dass eine »Langzeitabhängigkeit« im AFDC-Programm weniger ausgeprägt war, als die zunehmenden Medienberichte und dominanten Elitendiskurse über die »Armutskultur« und »Arbeitsscheu« von Sozialhilfeempfängern vermuten ließen: Über 60 Prozent nutzten das AFDC-Programm nur für eine Übergangszeit von weniger als zwei Jahren, während das »Hauptproblem« eine Minderheit von Frauen darstellte, die sich zum Zeitraum der Erhebungen länger als acht Jahre im Leistungsbezug befand (Ellwood/Bane 1984: 21).

Diese Erkenntnisse sowie die wissenschaftlichen Auswertungen der lokalen »Waiver«-Projekte flossen in die zweite größere Sozialhilfereform in der Reagan-Ära ein, den »Family Support Act« (FSA) von 1988 (Arsneault 2000). Mit Verabschiedung des FSA, an dessen Beratung die Vertreter und politischen Lobbyorganisationen der Bundesstaaten – wie etwa die National Governor's Association (damals unter dem Vorsitz von Bill Clinton) – stärker als bei vorangegangenen Reformen beteiligt waren (Gebhardt 1998), wurde die Einführung von Workfare-Programmen nun in allen Landkreisen obligatorisch. Der FSA sah vor, dass die Einzelstaaten spätestens ab 1990 das »Job Opportunity and Basic Skills Program« (JOBS) für sämtliche Transferempfänger mit Kindern über drei Jahren anbieten mussten. Um den Druck auf die Bundesstaaten und Kommunen zu erhöhen, wurde die bundesstaatliche Finanzierung dieser Programme von Washington erneut an die Erfüllung von Quoten geknüpft: Bis 1991 sollten in den Einzelstaaten mindestens sieben Prozent, bis 1995 wenigstens 20 Prozent aller beschäftigungsfähigen Transferempfänger an den JOBS-Maßnahmen teilnehmen (Brodkin 1999: 132). Zu den neuen zentralstaatlichen Auflagen zählte darüber hinaus, die Verantwortung und Rolle der Väter zu stärken. So mussten sich von nun an alle Bundsstaaten verpflichten, ihre Anstrengungen zur Eintreibung von Unterhaltszahlungen zu erhöhen und die Übernahme des AFDC-UP-Programms für Familien mit beiden Elternteilen in allen Kommunen sicherzustellen. Allerdings entschieden sich nur etwa die Hälfte aller Einzelstaaten dafür, dieses Programm überhaupt einzuführen (Goldberg/Collins 2001: 133). Erwerbstätige oder an Beschäftigungsmaßnahmen partizipierende Mütter im Sozialhilfebezug sollten – wie zuvor im Pilotprojekt »Reaching Economic Achievement« (REACH) in New Jersey erprobt (Arsneault 2000) – einen Rechtsanspruch auf staatlich finanzierte Kinderbetreuung erhalten; zudem sollte der Übergang in Beschäftigung über die staatliche Kostenübernahme von Arbeitskleidung, Krankenversicherung und weitere beschäftigungsbedingte Ausgaben wie zum Beispiel für Transportmittel gefördert werden.

Anknüpfend an weitere »Waiver«-Projekte war es den Bundesstaaten von nun an zudem freigestellt, verbindliche Eingliederungsvereinbarungen mit Hilfeempfängern abzuschließen, neben Sachbearbeitern auch sogenannte Fall-Manager einzusetzen sowie Sonderregelungen und -programme für minderjährige Mütter zu etablieren. Die Vorbilder hierfür waren erste Experimente mit »learnfare« in Missouri und Wisconsin Mitte der 1980er Jahre, in denen Sozialämter noch nicht volljährige Frauen dazu verpflichtet hatten, bei ihren Eltern oder erwachsenen Verwandten zu wohnen und ihre Schulausbildung abzuschließen, wollten sie ihren Anspruch auf staatliche Unterstützung nicht verlieren (Handler 1995). Auf Grundlage der Erkenntnis aus diversen Forschungsprojekten, dass lokale Sozialverwaltungen zum »creaming«, das heißt zur Bevorzugung von einfach in Arbeit zu vermittelnden Personen tendierten, erklärten die Gesetzgeber zu den Hauptzielgruppen von JOBS Eltern unter 24 Jahren, Hilfeempfänger ohne Schulabschluss und Berufserfahrungen sowie diejenigen, die schon länger als 36 Monate Unterstützung erhielten, darunter die wachsende Gruppe von Migranten im Sozialhilfebezug (Blank/Blum 1997). Um diesen tatsächlich eine Alternative zur Abhängigkeit von staatlicher Unterstützung zu bieten und sie auf eine kontinuierliche und existenzsichernde Erwerbstätigkeit vorzubereiten, hätten die lokalen Angebote im Bereich Förderung schulischer und beruflicher Grundkenntnisse, Englischkurse, Kinderbetreuung und sozialpädagogische Maßnahmen allerdings erheblich ausgebaut werden müssen, was in der Mehrzahl der Bundesstaaten nicht geschah. Obwohl der FSA im Unterschied zu vorangegangenen Gesetzesinitiativen in der Literatur als Parteien und Interessengruppen übergreifender Kompromiss und historische Chance für die Sozialpolitik beschrieben wird (Holcomb 1993; Trattner 1999), stellten sowohl der Bund als auch die einzelnen Staaten in den folgenden Jahren wesentlich weniger Fördergelder zur Umsetzung von JOBS zur Verfügung, als im Vorfeld des Gesetzes angekündigt worden war.[20]

Im Großen und Ganzen wurden die in den 1980er Jahren entwickelten WIN-Programme nach Verabschiedung des FSA unter neuem Namen einfach fortgesetzt, wobei sich zu Beginn der 1990er Jahre mit etwa 13 Prozent aller AFDC-Bezieher bundesweit deutlich weniger Personen in Beschäftigungsmaßnahmen befanden als noch Mitte der 1980er Jahre (US General Accounting Office 1995: 5). Die wenigen kostenaufwendigen und anspruchsvolleren Weiterbildungsangebote, die zur Verfügung standen, finanzierten die Landesregierungen in der Regel nicht aus eigenen Mitteln, sondern vor allem über Bundeszuschüsse aus dem »Job Training and Partnership Act« (JTPA).[21] Anstatt auf der Grundlage von FSA den Aufbau von integrierten Qualifizierungs- und Betreuungsprogrammen voranzutreiben, von denen vor allem die besonders förderungsbedürftigen Langzeitbezieher hätten profitieren können, entschieden sich die meisten Bundesstaaten dafür, über die Beantragung zusätzlicher »Waiver« das Disziplinierungs- und Abschreckungsarsenal ihrer Sozialbehörden auszubauen. Von den etwa 100 Ausnahmeregelungen, die das DHHS zwischen 1988 und 1996 für die regionalen AFDC-Programme erteilte, fielen etwas mehr als die Hälfte in den Bereich »social engineering« (Boehnen/Corbett 1997: 34). Die Zielgruppe der von den Einzelstaaten und Kommunen in den frühen 1990er Jahren favorisierten »Umerziehungsmaßnahmen« waren erneut – ähnlich wie in der ersten Hälfte des 20. Jahrhunderts – diejenigen Frauen, die traditionellen familienpolitischen Wertevorstellungen nicht entsprachen, das heißt minderjährige und ledige Mütter sowie Eltern, deren »devianter Lebensstil« (Straffälligkeit, Drogenkonsum etc.) aus Sicht der Landespolitiker mehr und striktere Sanktions- und Kontrollmöglichkeiten verlangte (Gilliom 2001).

---

20 Der Bund hatte versprochen, zwischen 1990 und 1993 $1 Milliarde für JOBS bereitzustellen, unter der Voraussetzung, dass die abgerufenen Mittel zu mindestens 40 Prozent von den Einzelstaaten kofinanziert würden. Lediglich zwölf Staaten nutzten die angebotenen Bundesmittel vollständig aus (Greenberg 1992: 17).

21 Der 1982 verabschiedete JTPA regelte bis 1998 die hauptsächlich vom Bund finanzierte aktive Arbeitsmarktpolitik in den USA, die vor allem in kurzfristigen Beschäftigungs- und Qualifizierungsmaßnahmen für Erwerbslose besteht, mit einem Schwerpunkt auf der Zielgruppe Jugendliche und männliche Industriearbeiter (LaLonde 2003). Insgesamt liegen die Ausgaben der USA für Maßnahmen der aktiven Arbeitsmarktpolitik mit 0,1 bis 0,2 Prozent des Bruttoinlandsprodukts deutlich unter denen in Westeuropa, wo es durchschnittlich 1,5 bis 2,5 Prozent sind (ebd.: 518).

Als erster Bundesstaat führte New Jersey, dessen Sozialverwaltung sich zuvor mit ihrem progressiven Modellprojekt REACH einen Namen gemacht hatte, 1992 die »family cap«-Regelung zur Steuerung des Reproduktionsverhaltens von alleinerziehenden Frauen ein (Boehnen/ Corbett 1997). »Family caps« sollen verhindern, dass Mütter im Sozialhilfebezug erneut schwanger werden, indem sie die Leistungsansprüche auf die bereits bei der Antragstellung geborenen bzw. gezeugten Kinder beschränken. Eine spätere Untersuchung des Programms in New Jersey lieferte Hinweise darauf, dass es im Zuge der »family caps« zu einer Zunahme von Abtreibungen kam (Camasso u.a. 1997). Einige Autoren weisen in diesem Zusammenhang auf den grundsätzlichen Widerspruch einer Familienpolitik hin, die zwar vorgibt, Ehe und Kinder schützen zu wollen, aber gleichzeitig bei mittellosen Frauen über die Sozialhilfepolitik bewusst Abtreibungen in Kauf nimmt (Joffe 1998). Von einigen Bundesstaaten und lokalen Sozialbehörden ist bekannt, dass sie Frauen im Leistungsbezug sogar zur Anwendung des gesundheitsschädlichen Verhütungsmittels Norplant[22] gedrängt haben sollen (Handler 1995: 98; Roberts 1999: 153). Kalifornien, dessen GAIN-Programm von MDRC als Vorbild für andere regionale Sozialhilfeprogramme propagiert wurde (vgl. S. 274 ff.), folgte dem Beispiel von New Jersey noch im selben Jahr. Bis Januar 1996 hatten weitere 20 Einzelstaaten Anträge auf die Einführung von »family caps« gestellt und diese vom DHHS bewilligt bekommen (Boehnen/Corbett 1997: 36).

Andere Pilotprojekte, die in der ersten Hälfte der 1990er Jahre Washingtons Zustimmung erfuhren (vgl. DeParle 1994; Handler 1995; Gehlen 1997), machten wie in Utah und Delaware die Kooperationsbereitschaft von Frauen bei der Vaterschaftsfeststellung und bei der Strafverfolgung unterhaltssäumiger (ehemaliger) Partner zur Voraussetzung des Leistungsbezugs. Zahlreiche Bundesstaaten, darunter Arizona, Connecticut, Florida und Kalifornien, begannen mit der Einführung obligatorischer Drogentests und nahmen allen Neuantragstellern Fingerabdrücke ab. Die Sozialbehörden in Maryland, Colorado und Kalifornien erhielten vom DHHS die Erlaubnis, bei fehlenden Nachweisen über gesetzlich vorgeschriebene Schutzimpfungen und über den regelmäßigen Schulbesuch der Kinder Geldzahlungen zu kürzen. Sozialämter in New Hampshire nutzten »Waiver« sogar, um AFDC-Empfänger zu einer Zahnbehandlung zu verpflichten (DeParle 1994).

---

22 Das Verhütungsmittel Norplant wurde vom US-amerikanischen Population Council für Frauen in der Dritten Welt entwickelt und Anfang der 1980er Jahre auf den Markt gebracht. Es besteht aus sechs, mit einem synthetischen Hormon gefüllten Silikonstäbchen, die einer Frau in den Oberarm gepflanzt werden, wo sie fünf Jahre verbleiben.

Hatten bis 1992 sieben Bundesstaaten einen Antrag auf die Einführung zusätzlicher Sanktionsinstrumente zur »Förderung verantwortungsvollen Verhaltens« beim Bund gestellt, stieg ihre Zahl in der ersten Amtsperiode von Präsident Clinton (1992-1996) auf 36 an (Wiseman 2000: 226). Da die selbsterklärten »New Democrats« der Clinton-Administration die republikanische Strategie der Re-Föderalisierung und Re-Konditionalisierung der Sozialhilfepolitik nicht nur offen befürworteten und in der Praxis beschleunigten, sondern mit Parolen wie »to make work pay«, »putting people first« oder »welfare by waiver« (Gebhardt 1998: 212f.) zusätzlich ideologisch aufluden, sahen sie sich gezwungen, selbst solchen Anträgen von Landesregierungen zuzustimmen, welche die Vorgaben des nationalen »Social Security Act« fast vollständig außer Kraft setzten.

Das weitreichendste regionale Pilotprojekt, das in schätzungsweise 80 Punkten von den AFDC-Regelungen des Bundes abwich, stellte das 1993 unter dem republikanischen Gouverneur Thompson[23] konzipierte und in der deutschen und internationale Debatte besonders häufig zitierte Programm »Wisconsin Works« (W-2) dar (vgl. hierzu Wiseman 1999; Wilke 2002; Rogers-Dillon 2004). Thompson hatte bereits in den 1980er Jahren das Wahlkampfversprechen abgegeben, AFDC in seinem Bundesstaat gänzlich abzuschaffen. Das Programm W-2 nahm – ohne dass es zu größeren politischen Auseinandersetzungen und Widerständen kam – zentrale Punkte und Verschärfungen des wenig später im Kongress verabschiedeten »Personal Responsibility and Work Opportunity Reconcilation Act« (PRWORA) bereits vorweg: Es beendete den individuellen Rechtsanspruch auf AFDC, führte eine zeitliche Beschränkung der Sozialhilfegewährung (auf maximal zwei Jahre) ein, koppelte AFDC vom »Medicaid«- and »Food Stamps«-Programm ab und etablierte Ausschlusskriterien für Migranten und aus anderen Teilen der USA zugezogene Antragsteller. Bereits in den ersten drei Jahren der Umsetzung fiel die Anzahl der AFDC-Bezieher im ehemals als sozialpolitisch liberal geltenden Bundesstaat Wisconsin, der sich gleichzeitig als Vorreiter in Sachen Privatisierung erwies,[24] um fast 30 Prozent (Wiseman 1997: 103). Dagegen waren die anderen Staaten mehrheitlich auch in der ers-

---

23 Tommy Thompson wurde noch in der ersten Amtsperiode von Präsident Bush jr. zum Bundesminister für Gesundheit und Soziales ernannt; der in Wisconsin unter Thompson agierende Minister für Gesundheit und Soziales, Jason Turner, wurde 1997 von Bürgermeister Giuliani nach New York City geholt, wo er als Leiter der dortigen Human Resources Administration seine Erfahrungen aus Wisconsin einbringen sollte (vgl. S. 206 ff.).

24 In Wisconsin wurden bereits einige Jahre vor der »Welfare Reform« fast alle Aufgaben der Sozialbehörden an private Anbieter ausgelagert (Berkowitz 2001).

ten Hälfte der 1990er Jahre mit einem weiteren Anstieg der Sozialhilfequoten konfrontiert, die 1993 bundesweit mit fast 14 Millionen Personen (in etwa 5,9 Millionen Familien) im AFDC-Programm ihren vorläufigen historischen Höhepunkt erreichen sollten und bis 1996 nur langsam, um etwa zwölf Prozent, zurückgingen (US General Accounting Office 2001: 4).

Ein in der Forschungsliteratur üblicher Erklärungsansatz für das Verhalten der Einzelstaaten, sich seit Beginn der 1990er Jahre stärker auf punitive Maßnahmen statt auf eine nachhaltige und zielgruppenadäquate Beschäftigungsförderung zu konzentrieren, stellt auf die überaus schlechten ökonomischen Rahmenbedingungen ab, unter denen JOBS an den Start ging (vgl. Rose 1995; Handler 1995). Obwohl die bundesweite Rezession zwischen 1989 und 1991 Millionen von Arbeitsplätzen kostete und sinkende Steuereinnahmen in vielen Staaten die Gestaltungsspielräume in der lokalen Beschäftigungs- und Sozialpolitik zeitweise eingeschränkt haben mögen, können fiskalische Restriktionen die auffällige Re-Fokussierung auf paternalistische und strafende Ansätze – »the rise of the duty state« (Bashevkin 2002: 14) – nicht ausreichend erklären. Zum einen waren umfangreiche Umstrukturierungen der regionalen AFDC-Programme, wie sie in diesem Zeitraum nicht nur von Wisconsin, sondern auch von anderen Staaten wie Massachusetts, Florida oder Minnesota vorgenommen wurden, zunächst mit erheblichen Zusatzkosten für diese Staaten verbunden (Handler/Hasenfeld 1997). Zum anderen verzichtete die Mehrheit der Landesregierungen und -ministerien, die vom Bund zur Verfügung gestellten Zuschüsse für die JOBS-Programme vollständig abzurufen: Nur etwa die Hälfte aller Mittel kamen überhaupt zum Einsatz (Levitan/Gallo 1993: 5). Vielmehr ist davon auszugehen, dass sich das politische Klima in den meisten Bundesstaaten Anfang der 1990er Jahre bereits soweit nach rechts verschoben hatte, dass höhere staatliche Investitionen in Förder-, Qualifizierungs- und Kinderbetreuungsangebote für eine in den Medien und Politikerreden immer häufiger als »Welfare Queens« oder als asoziale »underclass« verunglimpfte Bevölkerungsgruppe als wenig wahlkampffördernd galten (Goldberg/Collins 2001; Bashevkin 2002; Hardisty/Williams 2002; Reese 2005). Im selben Zeitraum, in dem immer mehr Sozialhilfeempfänger von den Lokalbehörden mit strikten Verhaltensanforderungen konfrontiert wurden und ihren Leistungsanspruch verloren, kam es in zahlreichen Bundesstaaten zu einer deutlichen Verschärfung der Strafgesetzgebung, vor allem bei Klein- und Drogendelikten, in deren Folge sich in einigen Regionen die Anzahl der Inhaftierten mehr als verdreifachte (Chanse 2002: 1). Begreift man Wohlfahrts- und Strafpolitik als die beiden wesentlichen staatlichen Instrumente zur Regulierung der Armutsbevölkerung, so lässt sich ab den 1980er Jahren für viele der US-amerikanischen Bundesstaaten die Herausbildung eines deutlich repressiveren Kontrollregimes erkennen, das soziale Marginalisierung und Ausgrenzung forcierte und vor allem zu Lasten der einkommensschwachen afroamerikanischen und hispanischen Bevölkerung ging (Gilliom 2001; Wacquant 2001 u. 2002; Western/Pettit 2005; Soss u.a. 2006).[25]

Obwohl parallel zu weitreichenden Sozialkürzungen während der Reagan-Regierung Arbeitslosigkeit und Armutsrate bundesweit deutlich gestiegen waren (auf 10 bzw. 15 Prozent) und immer mehr Einzelstaaten die Zugangsbedingungen zu Einkommensbeihilfen erheblich verschärft hatten, nahmen auch nach der Verabschiedung des »Family Support Act« 1988 die Forderungen nach einer weiteren Dezentralisierung des Sozialhilfesystems zu:

The media image of welfare featured centralized big government that could hardly be expected to know nearly as much about local problems as state governments. Add to the already existing suspicions of big government the further mistrust that government was robbing the taxpayers through misguided social programs and the conviction that big government was cultivating a malign subculture at taxpayers' expense into a cancer that would one day kill America [...] welfare, not poverty, was considered the problem. And like all problems, it must have a »fix«. (Roth 2002: 71)

Noch bevor der FSA und die JOBS-Programme überhaupt eine Wirkung entfalten konnten, hatten sich viele Landespolitiker und Gouverneure[26] an die Spitze einer bundesweiten Bewegung gesetzt, die nicht nur einen neuen »fix« für das Sozialhilfe- und Abhängigkeitsproblem der Armutsbevölkerung versprach, sondern unter der Parole »to end welfare as we know it« die vollständige Abschaffung von AFDC vorantrieb und den weiteren Ausbau der »Flexibilität« der Bundesstaaten zu einem eigenständigen Politikziel erklärte (Conlan 1998).

---

25 Mit 2,3 Millionen Gefängnisinsassen (714 Personen pro 100.000 Einwohner) hat die USA vor Weißrussland und Russland die weltweite höchste Inhaftierungsrate. Die höchsten Zuwachsraten gab es zwischen 1985 und 1997, wobei 70 Prozent der »Neuzugänge« afroamerikanischer und hispanischer Herkunft waren bzw. »non-white« (Chanse 2002). 20 Prozent aller Inhaftierten in den Gefängnissen der Bundesstaaten wurden wegen Drogendelikten verurteilt (Harrison/Beck 2006: 9).

26 Als die wichtigsten Landespolitiker, die eine Abschaffung von AFDC forderten, gelten die Gouverneure Engler (Rep.) in Michigan, Thompson (Rep.) in Wisconsin, Miller (Dem.) in Georgia, Voinevich (Rep.) in Ohio, Chiles (Rep.) in Florida sowie Pataki (Rep.) in New York (Nathan/Gais 1999b: 3).

Die Frage, welche Faktoren, politischen Akteure und Dynamiken für die Umwandlung eines sechs Jahrzehnte alten nationalen Unterstützungsprogramms für bedürftige Familien in eine lokal verwaltete und zeitlich befristete »Beschäftigungsförderung« am Ende entscheidend waren, wird in der umfangreichen und weiterhin anwachsenden sozialwissenschaftlichen Literatur zum Thema »Welfare Reform« bis heute überaus kontrovers diskutiert (vgl. S. 42 ff.). Abhängig von den jeweiligen theoretischen und ideologischen Grundannahmen über Charakter und Funktion sozialstaatlicher Arrangements und den jeweiligen Fachdisziplinen, aus denen sie stammen, legen manche Erklärungsansätze ihren Schwerpunkt stärker auf veränderte sozioökonomische und politisch-institutionelle Rahmenbedingungen Anfang der 1990er Jahre. Andere dagegen betonen eher die Kontinuitäten innerhalb der US-amerikanischen Sozialpolitik, wie zum Beispiel die Wirkmächtigkeit tradierter kollektiver Grundüberzeugungen sowie die lange Geschichte gesellschaftlicher und sozialstaatlicher Ausgrenzungspraxen gegenüber Afroamerikanern und Migranten, an denen die zahlreichen »Reforminitiativen« auf regionaler und nationaler Ebene mehr oder minder nahtlos anknüpfen konnten. Für den in diesem Kapitel thematisierten Zusammenhang zwischen föderalistischer Struktur – Rolle und Autonomie der Bundesstaaten – und Umbau des Sozialhilfesystems ist sicherlich von Bedeutung, dass Initiativen zur Kompetenzausweitung des Bundes bei der Existenzsicherung und Förderung benachteiligter Bevölkerungsgruppen, wie sie noch für die 1960er und 1970er Jahre typisch waren, Anfang der 1990er Jahre kaum noch offensive Anhänger fanden – weder in den ärmeren Bundesstaaten, die überproportional von zentralstaatlichen Interventionen und Zuschüssen profitiert hatten, noch in linksliberalen Kreisen und im Kongress (Weaver 2000). Dies mag zum einem damit zusammenhängen, dass sich die Erfolge vieler Bundesprogramme bei der Bekämpfung von Armut – betrachtet man allein die weiterhin extrem hohen Armutsraten unter Kindern und ethnischen Minderheiten – in vielen Landesteilen als eher bescheiden erwiesen hatten. Zum anderen war sicherlich von Bedeutung, dass zentralstaatliche Regulierungsversuche zumindest nach demoskopischen Angaben auf immer weniger Zustimmung innerhalb der Bevölkerung stießen[27] und – wie zahlreiche

---

27 Umfrageergebnisse hatten 1992 die niedrigste Zustimmung der Bevölkerung zur Politik der Bundes seit Beginn der 1960er Jahre ergeben, während sich die Werte für die politischen Vertretungen der Einzelstaaten und Landkreise in diesem Zeitraum verbessert hatten. 1994/95 sprachen sich etwa 60 Prozent aller Befragten dafür aus, Washington zu »entmachten« und den untergeordneten politisch-administrativen Einheiten mehr Befugnisse und Entscheidungen zu überlassen (Conlan 1998: 225 ff.).

Studien eindrücklich beschrieben haben (vgl. Gilens 1999) – eine allgemeine Anti-Staats-Rhetorik die Wahlkämpfe und Medienberichterstattung beherrschte.

Ein Blick auf die zu Beginn der 1990er Jahre bei der Einschränkung und Re-Föderalisierung sozialer Programme besonders aktiven Einzelstaaten und Landespolitiker zeigt zudem, dass die erheblichen parteiinternen Machtverschiebungen – bei den Republikanern hin zu den Neokonservativen und der christlichen Rechten und bei den Demokraten von den New-Deal-Anhängern hin zu zentristischen »New Democrats« – in diesem Zeitraum ein gewaltiger Push-Faktor im Dezentralisierungsprozess waren (Bryner 1998; Walters 1998). Auch die Abwahl zahlreicher demokratischer Gouverneure in Bundesstaaten, die zuvor als liberale Hochburgen gegolten hatten, haben diesen forciert. Nach den Kongresswahlen 1994 erhöhte sich der Anteil der von Republikanern regierten Staaten von 18 auf 30 (O'Bowman/Pagano 1995: 19), so dass die Demokraten nach 48 Jahren nicht nur zum ersten Mal ihre angestammte Mehrheit in beiden Häusern des Kongresses verloren, sondern auch in den Einzelstaaten erheblich an Einfluss einbüßten, was einen weiteren Rechtsruck in der Innen- und Sozialpolitik einleitete (Wadden 1997; Lo/Schwartz 1998). Ein weiterer Faktor, der bei der Entwicklung hin zu stärker restriktiven Ansätzen in der Sozialpolitik in den USA eine wichtige Rolle spielte, ist der politische Bedeutungsverlust der urbanen Regionen seit den 1980er Jahren. Da aufgrund von demographischen Verschiebungen Wahlen – vor allem im Mittleren Westen und im Nordosten des Landes – immer häufiger in den wohlhabenderen suburbanen Landkreisen entschieden wurden, erwiesen sich Maßnahmen zur Armutsbekämpfung und Sozialausgaben, von denen die weiße Mittelschichtenbevölkerung ausgeht, dass sie überproportional den Großstädten und Minderheiten zugute kommen, als zunehmend unpopulär (Weir 1995 u. 1999; Molotch 1998).

Obwohl sich nur wenige sozialwissenschaftliche Untersuchungen eingehender mit dem »Waiver«-Prozess beschäftigt haben und kaum etwas über die politischen Auseinandersetzungen in den jeweiligen Landesparlamenten bekannt ist, legt allein die wachsende Anzahl von Einzelstaaten mit umfassenden Ausnahmeregelungen für das AFDC-Programm, die 1996 auf 40 angestiegen war (Boehnen/Corbett 1997: 34), einen Zusammenhang zwischen republikanisch/konservativen Mehrheiten und der Durchsetzung dezentralisierter und restriktiver Ansätze in der Sozialhilfepolitik nahe. Zu diesem Schluss kommt auch eine Studie von Lieberman/Shaw (2000), die behauptet, dass wohlhabende Bundesstaaten mit mehrheitlich konservativer Wählerschaft zwischen 1977 und 1996 am meisten Ausnahmeregelungen für die Familiensozialhilfe in

Washington beantragt hätten. Betrachtet man jedoch auch die Qualität und Reichweite der »Waiver«, dann ergibt sich ein weniger eindeutiges Bild. Drei Bundesstaaten (Wisconsin, New Jersey und Utah) gelten in der Fachliteratur als »the most innovative waiver reformers« (Hanson/Heaney 1997: 6), gefolgt von weiteren 17 Staaten,[28] die vor allem in den späten 1980er und frühen 1990er Jahren als besonders aktiv und zielstrebig beim Umbau ihrer Sozialhilfesysteme und -programme eingestuft werden. Während unter diesen 20 Vorreiterstaaten lediglich in dreien (Wisconsin, Utah und Iowa) seit etwa Mitte der 1980er Jahre in den Landesparlamenten eine ungebrochene republikanisch-konservative Mehrheit vorherrschte, wurden zwölf von ihnen zumindest bis 1994 von demokratischen Gouverneuren regiert; fünf davon (Colorado, Delaware, Maryland, Vermont und Washington D.C.) können sogar bis Ende der 1990er Jahre als sichere Heimstatt der Demokraten eingeschätzt werden. Lediglich mit Blick auf ausgewählte Aspekte, wie zum Beispiel staatliche Investitionen in Bildung und Berufsqualifizierung für AFDC-Empfänger, wird erkennbar, dass es – trotz erheblicher Annäherungen in sozialen Grundsatzfragen – vor der Verabschiedung der »Welfare Reform« sehr wohl unterschiedliche (partei-)politische Prioritätensetzungen und Praxen in den Bundesstaaten gab. Anhand von Untersuchungen über die Beteiligung von Sozialhilfeempfängern an Weiterbildungsmaßnahmen lässt sich zeigen, dass diejenigen Staaten mit überdurchschnittlich hohen Qualifizierungsanteilen (25 bis 45 Prozent aller erwachsenen AFDC-Empfänger) fast ausschließlich demokratische Mehrheiten hatten (Nightingale 1997: 3). Noch auffälliger werden parteipolitische Differenzen in der regionalen Workfare-Politik, betrachtet man die finanziellen Aufwendungen: Während die durchschnittliche Investition in die Beschäftigungsförderung eines Sozialhilfebeziehers 1994 in den USA bei $2.214 lag, stachen Oregon (mit $7.238), Hawaii (mit $6.716), Alaska (mit $4.490), Washington D.C. (mit $4.274), New Jersey (mit $ 3.694) – alles demokratisch regierte Staaten – als die eindeutigen Spitzenreiter hervor, während sich am unteren Ende der Skala mit Ausgaben von weniger als $1.500 pro AFDC-Empfänger vorwiegend republikanisch regierte Bundesstaaten (wie Utah, Iowa, Kansas, Michigan, North Dakota und South Carolina) fanden (ebd.: 5), von denen die meisten zusätzlich überdurchschnittlich arm und ressourcenschwach sind.

Insgesamt beweist die sozialwissenschaftliche Forschung über den »New Federalism« in der Sozialhilfepolitik jedoch, dass sich Bundes-

---

28 Dies sind Colorado, Delaware, Indiana, Kalifornien, Maryland, Mississippi, Montana, Nebraska, New York, North Dakota, Ohio, Oklahoma, Pennsylvania, Vermont, Virginia, Washington und Wyoming (Arsneault 2000: 57).

staaten mit ganz unterschiedlichen ökonomischen und demographischen Rahmenbedingungen bereits lange vor der »Welfare Reform« 1996 aktiv an der Aushöhlung eines im Laufe der Civil-Rights-Ära durchgesetzten Rechtsanspruchs auf staatliche Unterstützung für bedürftige Familien beteiligt haben. Hatte es bis in die 1970er Jahre hinein noch Initiativen auf bundesstaatlicher Ebene gegeben, national einheitliche Mindeststandards einzuführen und Diskriminierungen im Sozialhilfesystem abzubauen, so wurde dieser Prozess der »schleichenden Zentralisierung« (Pierson 1995: 302) zugunsten bedürftiger Bevölkerungsgruppen und Minderheiten unter der Reagan-Administration nicht nur beendet, sondern umgekehrt. Die mit der Erteilung von Ausnahmeregelungen verfolgte Strategie der erneuten Stärkung der »states' rights« in der Sozialpolitik wurde von den Landespolitikern vor allem dazu genutzt, um mit neuen punitiven Ansätzen in ihren Transferprogrammen zu experimentieren und mit strikteren Zugangsregeln die Anzahl der Anspruchsberechtigten zu senken. Bundesmittel zur Weiterbildung und Berufsqualifizierung von Sozialhilfeempfängerinnen, wie sie beispielsweise im Rahmen des 1988 geschaffenen »Job Opportunity and Basic Skills Program« zur Verfügung gestellt worden waren, kamen dagegen nur in wenigen Staaten im größeren Umfang zum Einsatz. Während auch zahlreiche demokratisch regierte Bundesstaaten diesen Prozess der Entrechtung und Re-Föderalisierung der Sozialhilfepolitik mitgetragen haben, ging auf der Landesebene die radikale Forderung nach einer vollständigen Abschaffung des alten AFDC-Programms vor allem von in den 1990er Jahren an die Macht gelangten republikanischen Gouverneuren aus (Liebschutz 2000b; Weissert 2000).

Zusammenfassung

Die obigen Ausführungen haben gezeigt, dass Spezifika des föderalistischen Systems der USA sowie politische Entscheidungen auf der Bundesebene, die den regionalen Regierungsebenen in der Sozialpolitik – trotz stattgefundener Zentralisierungsprozesse im 20. Jahrhundert – vergleichsweise große Handlungsfreiheiten zugestanden, maßgeblich für Entwicklungen verantwortlich sind, die 1996 in der »Welfare Reform« kulminierten. Sie können auch einen Großteil der erheblichen Armutsprobleme – gerade unter alleinerziehenden Frauen und afroamerikanischen Familien – und die auffälligen geographischen Disparitäten erklären, die aus westeuropäischer Perspektive häufig schwer nachzuvollziehen sind. In Bezug auf die Ausbreitung und Institutionalisierung von Workfare-Strategien im Sozialhilfesystem der USA lässt sich an dieser Stelle festhalten, dass es mit der beschriebenen Zusammenarbeit zwischen Bund und Einzelstaaten seit Ende der 1960er Jahre nicht nur möglich war, politische Verantwortung auf möglichst viele unterschiedliche Akteure und Ebenen zu verteilen und somit ein Ventil für allgemeine Unzufriedenheiten am »Welfare System« zu schaffen, sondern eine Dynamik gefördert wurde, die sich auf mehreren Ebenen als überaus wirkmächtig erwies:

1. Administrative Dimension: Die ausgedehnten Experimentierphasen mit Arbeits- und Verhaltensanforderungen an Transferempfänger erlaubten seit den 1970er Jahren, einen Lern- und Austauschprozess der Verwaltungen auf der nationalen und lokalen Ebene in Gang zu setzen, der unterstützt durch wissenschaftliche Begleitforschung die Notwendigkeit und Zweckrationalität immer schärferer nationaler Sozialhilfereformen und die Durchsetzung eines »paternalistischen« Ansatzes begründen und legitimieren konnte.

2. Partei- und intergouvernementale Dimension: Die Förderung und Ausweitung regionaler Modell- und Pilotprojekte diente nicht nur als Druckmittel auf »Nachzüglerstaaten«, sondern bot ambitionierten Republikanern wie Demokraten gleichermaßen die Gelegenheit, sich im intergouvernementalen und Parteien-Wettbewerb als die besseren Hüter US-amerikanischer Grundwerte (starke Arbeitsethik, individuelle Verantwortung, Familienzusammenhalt etc.) zu profilieren. Je höher die Kürzungen des Bundes in redistributiven Programmen ausfielen, desto weitreichender wurden die Angebote an die Landespolitiker, ihre Flexibilität und Handlungsspielräume bei der Ausgestaltung ihrer Sozialhilfeprogramme auszubauen.

3. Ideologische Dimension: Die »Waiver«-Strategie ermöglichte es, ideologische Grundkonflikte zwischen Liberalen und Konservativen hinsichtlich der Fragen, welche staatliche Ebene für die Bearbeitung von sozialen Problemen hauptsächlich zuständig sein oder mit welchen Strategien Armut bekämpft werden soll, kleinzuarbeiten. Nach drei Jahrzehnten inkrementalistischer Politik war selbst die Bereitschaft der lokalen und nationalen New-Deal-Koalitionen gebrochen, das alte, längst aufgeweichte und bei der Bekämpfung sozialer und materieller Not wenig effiziente Sozialhilfesystem gegenüber Neokonservativen und »New Democrats« zu verteidigen.

»Post-Welfare States«: Die Sozialhilfepolitik der Bundesstaaten seit 1996

In einigen Bundesstaaten, die ihr Sozialhilfesystem bereits im Laufe der 1980er und 1990er Jahre mit strikten Arbeitsanforderungen und Zugangsbeschränkungen versehen hatten, bedeutete die Abschaffung des AFDC-Programms durch die Bundesgesetzgeber in der Praxis keinen so scharfen Bruch wie in der Literatur häufig dargestellt. Trotzdem wäre es verfehlt, die »Welfare Reform« von 1996 lediglich als eine Ausweitung oder neue Form der »Waiver«-Politik zu interpretieren. Obwohl der Bund, wie gezeigt, bereits seit der Reagan-Regierung die Einzelstaaten gezielt dazu ermutigt hatte, ihre Sozialhilfegewährung restriktiver zu handhaben, verfügte er bis 1996 nur über beschränkte Sanktionsmittel, bestimmte Zielvorgaben – wie etwa Mindestquoten der Beteiligung an Beschäftigungsmaßnahmen – tatsächlich durchzusetzen. Dies änderte sich mit der 1996 erfolgten Einführung von Zeitlimits und der Umstellung auf ein neues Finanzierungsmodell, was die Einzelstaaten unabhängig von ihren bisherigen Praxis dazu zwang, neue Strategien zur Senkung ihrer Sozialhilfezahlen zu entwickeln.

Außerdem ging die »Welfare Reform« – anders als das viele Interpreten nahe legen, die häufig die Arbeitsmarktintegration von Sozialhilfeempfängern als einziges oder oberstes Ziel des PRWORA betrachten – weit über die Ablösung von AFDC durch das Beschäftigungsprogramm TANF hinaus. Das Gesetz regelte nämlich vor allen anderen Dingen, welche Personengruppen in den USA aus der sozialpolitischen Verantwortung des Bundes wieder vollständig entlassen und zurück in die Zuständigkeit der Einzelstaaten und Kommunen überführt werden sollten. Dazu gehörten ein wachsender Anteil der Armutspopulation in Form neueingewanderter Bevölkerungsgruppen, die in den 1990er Jahren vor allem aus Ländern der Dritten Welt kamen,[29] sowie alleinstehende Mütter und Familien, die aus unterschiedlichen Gründen nicht oder nicht allein von Erwerbstätigkeit leben können und somit dauerhaft auf sozialstaatliche Unterstützung angewiesen sind.

---

29 1995 führte Mexiko mit 90.000 registrierten legalen Immigranten die Liste der wichtigsten Herkunftsländer an, gefolgt von den Philippinen, Vietnam, der Dominikanischen Republik und der Volksrepublik China. Der einzige europäische Staat, der unter den zehn wichtigsten Auswanderungsländern rangierte, war die Ukraine (US Immigration and Naturalization Service 1997: 23). Die Armutsrate der in den 1990er Jahren in die USA Eingewanderten lag mit 34 Prozent weit über den Werten anderer Bevölkerungsgruppen (Chapman/Bernstein 2001: 3).

Einen Großteil aller Einsparungen bei den Cash-Transfers – etwa 40 Prozent der anvisierten $54 Milliarden in den ersten fünf Jahren – erhofften die Gesetzgeber in Washington damit zu erzielen, dass sie möglichst vielen Migranten und ihren Kindern einen weiteren Anspruch auf alle vom Bund finanzierten Fürsorgeleistungen verwehrten (Fix/Passel 2002: 5). Daraufhin kam es bundesweit zu Protesten und der »Fix 96 Campaign«, einer Kampagne zur Wiederherstellung sozialer Anspruchsrechte von eingewanderten Familien, die von einer breiten Koalition aus Immigrantenorganisationen, Wohlfahrtsverbänden und Kirchenvertretern getragen wurde, aber auch unter Landespolitikern und Gouverneuren aus Bundesstaaten mit einer besonders hohen Einwanderungsquote – darunter New York und Kalifornien – große Unterstützung fand (Fujiwara 2005). Im Juli 1997 berichtete die *New York Times* von mehreren Einwanderern, die sich angesichts der angedrohten Streichung ihrer Sozialleistungen aus Verzweiflung das Leben genommen hatten (Cooper 2004: 332). Obwohl der US-Kongress 1997 und 1998 einige Einschränkungen des PRWORA hinsichtlich der Leistungsansprüche von Migranten wieder zurücknahm (vgl. S. 39 ff.), wurde die Anzahl der unmittelbar von den Einschränkungen Betroffenen im Bereich der Ernährungsbeihilfen auf fast eine Million Menschen geschätzt, für andere Sozialprogramme wie »Medicaid« und die Behinderten- und Altenfürsorge (SSI) auf 1,5 bis 2 Millionen (Kramer 1997: 5).

Die Bundesgesetzgeber hatten mit der Verabschiedung der Sozialhilfereform 1996 der bisherigen Praxis des wohlfahrtsstaatlichen Einbezugs von Einwanderern ein abruptes Ende gesetzt und überließen es den Einzelstaaten, die durch den PRWORA entstandenen Versorgungslücken mit eigenen Landesmitteln und Programmen zu schließen. Gleichzeitig nahm der Kongress bewusst neue Formen der lokalen Diskriminierung in Kauf, indem er den Einzelstaaten zugestand, alle bedürftigen Familien mit Eltern ohne US-amerikanische Staatsbürgerschaft aus ihrem TANF-Programm auszugrenzen – eine Praxis selektiver Sozialhilfegewährung, die ihnen vor 1996 über diverse Gerichtsurteile explizit verboten war (Fix/Passel 2002: 8). Auch auf »illegale Einwanderer«, die abgesehen von ihren in den USA geborenen Kindern bereits vor der Sozialhilfereform keinerlei bundesstaatliche Unterstützung in Anspruch nehmen konnten, zielte ein Teil des Gesetzespakets ab (Angel 2003).[30]

---

30 Der behördliche Umgang mit »undocumented immigrants« variiert von Bundesstaat zu Bundesstaat. In der Regel gilt, dass Erwachsene lediglich Zugang zu Nothilfen (emergency public health services) haben, aber über ihre in den USA geborenen Kinder weitere staatliche Fürsorgeleistungen in Anspruch nehmen können (vgl. Stobbe 2004; Cooper 2004). Auf die Bedeutung des Themas »illegale Migration« für lokale sozialpolitische

Zwar stellte der PRWORA Hilfen der Einzelstaaten oder Kommunen an »undocumented immigrants« nicht unter Strafe, verlangte jedoch von den Landesregierungen, eigens Gesetze zu verabschieden, in denen die Leistungen, die der Bundesstaat ihnen gewähren will, aufgelistet sind (ebd.). Da die Einzelstaaten gemeinhin auf eine solche legale Fixierung verzichteten, bietet der PRWORA sowohl Bundes- als auch Landesbehörden seit 1996 eine Handhabe, juristisch gegen lokale Sozialverwaltungen oder öffentlich finanzierte Einrichtungen wie Krankenhäuser und Nonprofit-Organisationen vorzugehen, die sich Hilfesuchender »ohne Papiere« annehmen. In mehreren Gerichtsurteilen wurde inzwischen mit Bezug auf die PRWORA-Regelungen lokalen Gesundheitseinrichtungen eine Versorgung »Illegaler«, die über eine absolute Notfallbehandlung hinausgeht, untersagt. Im Verfahren *Lewis v. Grinker* 2001 gab der Rich ter einer Klage der Bundesregierung gegen den Staat New York statt, dessen Einrichtungen Schwangeren ohne Aufenthaltserlaubnis seitdem keine pränatale Betreuung mehr zukommen lassen dürfen. In Texas ging im selben Jahr die Staatsanwaltschaft erfolgreich gegen die Praxis öffentlicher Krankenhäuser in Houston und Umgebung vor, »Menschen ohne Papiere« zu behandeln (Fix/Passel 2002; Kullgren 2003).

Neben Millionen von Migranten sind Eltern mit erheblichen Beschäftigungsbarrieren die zweite große Gruppe, die Washington mit der »Welfare Reform« in den alleinigen Verantwortungsbereich der Einzelstaaten und Kommunen abgedrängt hat. Zum einen verloren alle früheren AFDC-Bezieher ihren Rechtsanspruch auf monetäre Unterstützung. Es wurde den Einzelstaaten freigestellt, Antragsteller, die unter dem alten System anspruchsberechtigt gewesen wären, abzulehnen bzw. auf Sachleistungen oder einmalige Zahlungen zu verweisen.[31] Zum anderen garantieren die vom Zentralstaat festgelegten Zeitlimits, dass bedürftige Familien nicht länger als zwei Jahre kontinuierlich aus TANF-Zuschüssen des Bundes finanziert werden können, wenn die Eltern keine Beschäftigung finden oder regelmäßig an »work-related activities« teilnehmen können. Für die Einzelstaaten mit besonders hohen Sozialhilfequoten gibt es allerdings ein noch wesentlich größeres Problem: Sie müssen Bedürftige und Mittellose, die dauerhaft auf staatliche Transfers angewiesen sind, spätestens nach fünf Jahren TANF-Bezug von der weiteren Unterstützung ausschließen bzw. die Betroffenen in aus eigenen

---

Auseinandersetzungen wird in der Fallstudie zu Los Angeles noch näher eingegangen.

31 Das heißt nicht, dass abgelehnten Antragstellern der Klageweg verwehrt ist, sie können sich jedoch nicht länger wie vor 1996 auf den »Social Security Act« und auf vorausgegangene Entscheidungen des Obersten Gerichtshofes berufen (Pollack 2003; Cimini 2002).

Steuereinnahmen zu finanzierende Auffangmaßnahmen und Hilfsprogramme überführen.[32]

Den Bundesgesetzgebern muss bei Verabschiedung dieser Regelungen bewusst gewesen sein, dass es selbst bei einer aus damaliger Sicht gleichbleibenden positiven wirtschaftlichen Gesamtentwicklung vielen Einzelstaaten und insbesondere großstädtischen Verwaltungen nicht möglich sein würde, das Gros der Sozialhilfebedürftigen innerhalb eines Zeitraumes von zwei bis fünf Jahren tatsächlich in die Lage zu versetzen, eine Arbeit aufzunehmen und unabhängig von staatlicher Unterstützung zu leben. Dagegen sprachen zum einen die persönlichen Merkmale und Bildungs- und Erwerbsbiographien der AFDC-Empfänger wie auch Erfahrungen aus vorangegangenen Beschäftigungsprogrammen. 1995 waren von den insgesamt 4,3 Millionen erwachsenen Leistungsbeziehern etwa 75 Prozent alleinerziehende Mütter, darunter elf Prozent Teenager; ihre durchschnittliche Kinderzahl lag bei zwei, wobei in 52 Prozent aller Familien das jüngste Kind unter 13 Monaten und bei über 70 Prozent unter sechs Jahren alt war (Spalter-Roth u.a. 1995: 2). 48 Prozent der Frauen hatten noch nicht einmal die High School beendet, lediglich ein Prozent von ihnen verfügte über einen College-Abschluss; 45 Prozent waren afroamerikanischer und 14 Prozent hispanischer Herkunft, etwa zwölf Prozent aller AFDC-Empfänger waren ohne US-amerikanische Staatsbürgerschaft und zwischen sieben und zwölf Prozent hatten wenige oder gar keine Grundkenntnisse der englischen Sprache (US General Accounting Office 2001: 10). Dies sind nur einige der in offiziellen Dokumenten aufgelisteten Charakteristika, die angesichts einer allgegenwärtigen Unterversorgung mit adäquaten Kinderbetreuungsangeboten (Michel 1998; Kurz/Hirsch 2003) und vielseitigen Diskriminierungen, Benachteiligungen und »mismatches« in den lokalen Arbeitsmärkten (Levenson u.a. 1999; Stoll 2004 u. 2006) eine kontinuierliche und existenzsichernde Erwerbstätigkeit von Sozialhilfeempfängerinnen unwahrscheinlich machten. Hinzu kommt, was verschiedene unabhängige Studien zu Tage gefördert haben, nämlich dass gerade Frauen im Langzeitbezug unter weiteren erheblichen Beeinträchtigungen leiden, die eine zügige und erfolgreiche Arbeitsvermittlung erschweren: Etwa 30 Prozent haben ernsthafte Gesundheitsprobleme, ungefähr zwölf Prozent gelten als drogenabhängig, über die Hälfte berichten über Missbrauchs- und Gewalterfahrungen und zeigen Symptome schwerer Depressionen (Goldberg 2000: 40ff.). Stellt man diesen Fakten die Vermitt-

---

32 Die Sozialhilfereform erlaubt den Bundesstaaten, maximal 20 Prozent aller TANF-Empfänger länger als fünf Jahre aus Bundesmitteln zu unterstützen, wenn zuvor entsprechende Anträge gestellt und begründet wurden (Greenberg/Savner 1996).

lungs- und Integrationsergebnisse der erfolgreichsten Beschäftigungsprogramme aus den 1980er Jahren gegenüber, die maximal 35 Prozent aller (freiwilligen und ausgewählten) Teilnehmer in einem Zeitraum von zwei bis sechs Jahren vorübergehend in Arbeit bringen konnten (Hamilton u.a. 1994: 21f.), so werden die enormen Herausforderungen deutlich, vor denen die meisten Bundesstaaten 1996 standen – inklusive äußerst schwieriger Abwägungsfragen, wie sie ihrer erweiterten sozialpolitischen Verantwortung unter veränderten Finanzierungs- und Rahmenbedingungen gerecht werden sollten.

»Tough Love«: Die TANF-Richtlinien der Einzelstaaten

Die Landesparlamente mussten spätestens innerhalb von zwei Jahren nach Inkrafttreten der nationalen Sozialhilfereform (Oktober 1996) einen Plan mit Richtlinien zu ihrer Umsetzung in den Landkreisen und Kommunen verabschieden und beim Bundesministerium für Gesundheit und Soziales (DHHS) einreichen, damit die Einzelstaaten in den Genuss der zentralstaatlichen TANF-Zuschüsse kommen konnten (Greenberg/Savner 1996). Diese Zuschüsse wurden auf der Grundlage der jeweiligen Aufwendungen der Einzelstaaten für die Programme AFDC und JOBS (inklusive der Ausgaben für Kinderbetreuung) in den Jahren 1992 bis 1995 berechnet und auf diesem Stand bis zu einer Novellierung des Gesetzes, die für das Jahr 2002 vorgesehen war, »eingefroren« (Burke 2002). Über eine Zusatzvereinbarung wurden die Bundesstaaten dazu verpflichtet, ihren Ausgabenanteil ab 1996 um nicht mehr als 25 Prozent zu senken.[33] Mit der Umstellung der Finanzierung von »openended matching grants« des Bundes, die sich automatisch an gestiegene Sozialhilfezahlen angepasst hatten, auf eine gekappte Pauschalzuweisung waren drei wesentliche Veränderungen verbunden: Erstens konnten die Einzelstaaten von nun an die Bundeszuschüsse auch für Maßnahmen und Programme verwenden, die im weitesten Sinne mit den verschiedenen Zielsetzungen der »Welfare Reform« (Familienförderung, Arbeitsmarktintegration etc.) übereinstimmten und auch Bevölkerungsgruppen außerhalb des Sozialhilfebezugs zugute kommen. Da die Zuweisungen gleichzeitig mit der Auflage verbunden waren, eine festgeschriebene Anzahl von Hilfeempfängern in Arbeit und Beschäftigungsmaßnahmen zu bringen, erhielten die Bundesstaaten zweitens starke Anreize, ihre

---

33 Diese Vereinbarung, »Maintenance of Effort Requirement« (MOE) genannt, zeigt das Misstrauen des nationalen Gesetzgebers gegenüber den Bundesstaaten, denen durchaus zugetraut wurde, die neuen Freiheiten des PRWORA zu nutzen, um sich ihrer finanziellen Verpflichtungen zu entledigen.

Ausgaben für die direkte finanzielle Unterstützung von Familien zu senken. Und drittens hatten von nun an die Einzelstaaten und Kommunen das Risiko eines wirtschaftlichen Abschwungs mit steigenden Arbeitslosenzahlen und erhöhter Armut und Bedürftigkeit innerhalb ihrer Bevölkerung ganz allein zu tragen, da sie in Zeiten haushaltspolitischer Engpässe aufgrund der gekappten Zuschüsse mit keiner weiteren Unterstützung des Bundes rechnen konnten (Greenberg/Savner 1996).

Während diejenigen Bundesstaaten, die schon im Vorfeld über Ausnahmegenehmigungen ihr Sozialhilfesystem weitgehend auf Beschäftigungsförderung ausgerichtet hatten, relativ gut auf den anstehenden Übergang von AFDC auf TANF vorbereitet waren, mussten andere mit zahlreichen neuen Gesetzen sowie weitreichenden Verwaltungsumstrukturierungen (inklusive unterschiedlicher Formen des Outsourcing an private Einrichtungen) auf die Vorgaben aus Washington reagieren (Burt u.a. 2000; Zedlewski u.a. 2000). Die Anzahl der in die neuen Beschäftigungsprogramme zu überführenden erwachsenen Sozialhilfeempfänger lag zwischen 5.000 in Staaten wie Wyoming und North Dakota und über 900.000 in Kalifornien; in New York State waren es immerhin fast eine halbe Million (Zedlewski/Giannarelli 1997: 2). Einige Bundesstaaten behielten die Bezeichnungen ihrer regionalen Sozialhilfeprogramme auch nach 1996 bei, viele passten jedoch auch die Namen ihrer nunmehr befristeten Transferprogramme für bedürftige Familien dem neuen Zeitgeist an. Dass die Förderung von Unabhängigkeit auch auf der Landesebene zur zentralen programmatischen und ideologischen Aussage der neuen Sozialhilfepolitik avancierte, zeigen Bezeichnungen wie FITAP (»Family Independence Temporary Assistance Program«) in Louisiana, FIP (»Family Independence Program«) in Michigan und Rhode Island sowie FAIM (»Families Achieving Independence«) in Montana. Wyoming benannte sein Programm sogar in POWER (»Personal Opportunity With Employment Responsibility«) und Arizona in EMPOWER (»Employing and Moving People Off Welfare and Encouring Responsibility«) um. Lediglich in Oregon (»Job Opportunities and Basic Skills Program«, JOBS) und in North Dakota (»Training, Employment, Education Management«, TEEM) gibt es im Programmnamen einen Hinweis auf Weiter- und Ausbildung (Coven 2003: 4).

Obwohl die inner- und außerparlamentarischen Auseinandersetzungen über die Ziele und Umsetzung der »Welfare Reform« in den Einzelstaaten und Kommunen in den wenigen vorliegenden qualitativen Fallstudien (Nathan 1997; Winston 2002) als ideologiefreier und pragmatischer als auf der Bundesebene beschrieben werden, erwiesen sich die Aushandlungsprozesse über die neuen regionalen TANF-Richtlinien teilweise als äußerst zäh. Mitunter nahm die Einigung über besonders kontroverse Programmelemente in manchen Bundesstaaten mehrere Jahre in Anspruch (Bryner 1998; Rodgers 2000). Eine typische Vorgehensweise der Landesparlamente war, einen Teil der Ausführungsbestimmungen überaus vage zu formulieren und wesentliche Entscheidungen über die Umsetzung an die Landkreise und Kommunen zu delegieren (Watson/Gold 1997). Dieser Prozess sowie die stärkere Beteiligung von privaten Akteuren an der Formulierung und Umsetzung der lokalen Programme wird in der Fachliteratur – wie bereits erwähnt – inzwischen als »second order devolution« (Cho u.a. 2005: 31) bezeichnet.

In etwa einem Drittel aller Bundesstaaten hat die »Welfare Reform« dazu geführt, dass Counties und Kommunen nunmehr wesentlich mehr Kompetenzen haben als unter dem alten Sozialhilfesystem; in acht Bundesstaaten ist das System der Pauschalzuweisungen auch für subnationale Ebene übernommen worden (Gainsborough 2003: 606). Hier verfügen die Landkreise seit 1996 über besonders weitreichende Handlungsspielräume in Bezug auf die Ausgestaltung der Zugangsregeln für Unterstützungsleistungen, die Arbeitsverpflichtung oder die Anwendung von Sanktionen. Eine weitere gängige Praxis der Bundesstaaten besteht in der ständigen Überarbeitung und Veränderung von Richtlinien und Vorgaben für die jeweiligen lokalen Transfer- und Beschäftigungsprogramme (Rowe/Russell 2004). Beides trägt – wie die folgenden Städtefallstudien noch illustrieren werden – in der lokalen Verwaltungspraxis der Sozialbehörden zu einer weit verbreiteten Unübersichtlichkeit und einer mangelnden Transparenz von Entscheidungsprozessen und Verantwortlichkeiten bei.

Zahlreiche Forschungseinrichtungen und -projekte haben sich im Auftrag der Bundes- und Landesregierungen sowie diverser privater Stiftungen seit 1996 der Aufgabe gewidmet, eine Vielfalt von Daten – darunter die wichtigsten Ausführungsbestimmungen der regionalen TANF-Programme sowie erste mess- und nachweisbare Implementationsergebnisse – zusammenzutragen, um die neuen Workfare-Systeme der Einzelstaaten bewerten und miteinander vergleichen zu können. Die umfangreichsten Datensammlungen über die regionalen TANF-Programme und Richtlinien bieten das Urban Institute, »The Finance Project« des Welfare Information Net und das vom Center for Law and Social Policy und dem Center on Budget and Policy Priorities gemeinsam getragene »State Policy Documentation Project«.[34] Bevor im Folgenden

---

34 Das Urban Institute stellt seine ständig an die Veränderungen in den Einzelstaaten angepassten Informationen unter http://www.tanfdate.urban.org zur Verfügung; vgl. auch Rowe/Russell 2004; Rowe/Versteeg 2005. Die Angaben des Welfare Information Net finden sich unter http://www.

anhand einer Auswahl der wichtigsten Vorkehrungen und Programment-
scheidungen die Umsetzung der »Welfare Reform« in den Bundesstaaten dokumentiert werden soll, erscheint es sinnvoll, noch einmal einen
gegliederten Überblick über die Unterschiede zwischen den AFDC- und
TANF-Richtlinien und Vorgaben des Bundes zu geben.

Tabelle 4: Vergleich zwischen AFDC- und TANF-Richtlinien des Bundes

Regelungsbereich	AFDC	TANF
Finanzierung	*open-ended matching grants* (Bundeszuschüsse waren bis 1996 an die finanziellen Ressourcen der Einzelstaaten und die jeweilige Entwicklung der Sozialhilfezahlen geknüpft)	*block grants* (Pauschalzuweisungen des Bundes; maximal $16,5 Mrd. pro Jahr; Einzelstaaten sind verpflichtet, mindestens 75% des Betrages beizusteuern, den sie in den Jahren 1994/95 für AFDC u. damit verbundene Programme ausgegeben haben)
Rechtsanspruch	individueller Rechtsanspruch und Verpflichtung des Bundes zur Kofinanzierung steigender Ausgaben der Staaten	Abschaffung des zentralstaatlich garantierten Rechtsanspruchs; gekappte Bundeszuschüsse
Anspruchsberechtigung von Immigranten	Ausschluss von »illegalen« Einwanderern, deren in den USA geborene Kinder jedoch Leistungen beziehen konnten	zusätzlicher Ausschluss von nach August 1996 ins Land gekommenen »legalen« Migranten für mindestens fünf Jahre nach Zeitpunkt ihrer Einreise; den Einzelstaaten ist es zudem freigestellt, den Ausschluss zeitlich zu verlängern und weitere »noncitizens« von Leistungen auszuschließen
Umgang mit minderjährigen Müttern	keinerlei Sonderregelungen	Auflage an minderjährige Mütter, bei ihren Eltern bzw. erwachsenen Angehörigen zu wohnen und die Schule zu besuchen; finanzieller Bonus für Bundesstaaten, welche die Geburtenrate unter ledigen Frauen und Teenagern senken
Art der Unterstützung	fast ausschließlich Bar-	Einzelstaaten können die

financeprojectonfo.org/WIN/state.asp und die des »State Policy Documentation Project« unter http://www.spdp.org.

	leistungen; alle AFDC-Bezieher hatten automatisch Anspruch auf »Medicaid«-Leistungen und Lebensmittelmarken	TANF-Bundeszuschüsse auch für Sach- und Dienstleistungen nutzen; Abkopplung des TANF-Bezugs von »Medicaid« und Lebensmittelmarken
Höhe der Geldleistungen	keinerlei Vorgaben	keinerlei Vorgaben
Einkommensgrenzen	Familieneinkommen durfte die von den Einzelstaaten festzulegenden Brutto-Einkommensgrenzen nicht überschreiten	keinerlei Vorgaben
Vermögensgrenzen	vom Bund festgesetzte Grenzen	keinerlei Vorgaben
Anrechnung von Erwerbseinkommen auf die Sozialhilfe	bis zu vier Monaten nach Aufnahme einer Erwerbstätigkeit war es möglich, dass ein Drittel des Verdienstes nicht auf die Sozialhilfe angerechnet wurde; Freibetrag von $90 für arbeitsbedingten Mehraufwand; Freibetrag von $175 pro Kind für Betreuungskosten; nach zwölf Monaten Erwerbstätigkeit vollständige Anrechnung des Lohneinkommens auf die Sozialhilfe	keinerlei Vorgaben
Zeitlimits	keine Zeitbegrenzung des Leistungsbezugs	nach zwei Jahren des Leistungsbezugs Verpflichtung der Transferempfänger zur Beschäftgungsaufnahme und/oder zur Teilnahme an *work-related activities*, nach fünf Jahren akkumulierten Leistungsbezugs (bezogen auf die gesamte Lebenszeit) Ausschluss aus dem TANF-Programm; auf Antrag der Einzelstaaten können bis zu 20 % ihrer TANF-Empfänger vorübergehend von den fünfjährigen Zeitlimits befreit werden; Zeitlimits können von den *states* noch weiter gesenkt werden
Beschäftigungsprogramme	JOBS-Pogramm (1990-1996)	Abschaffung des v. Bund kofinanzierten nationalen Beschäftigungsprogramms für Sozialhilfeempfänger
Weiterbildungsförderung	Förderung aller Weiter-	Einschränkungen der als

135

	bildungs- und berufsquali-fizierenden Maßnahmen, inklusive mehrjähriger College-Programme, möglich; Schwerpunkt auf Förderung von Transfer-empfängern mit erhebli-chen Beschäftigungsbar-rieren; *human capital approach*	*work-related activities* an-rechnungsfähigen Weiter-bildungsmaßnahmen auf: unmittelbare Berufsvorbe-reitung (*vocational and job training*) und Vorbe-reitung auf einen nachho-lenden High-School-Abschluss; maximal 30 % aller TANF-Empfänger dürfen gleichzeitig an Weiterbildungsmaßnah-men teilnehmen; Be-schränkung der Weiterbil-dung auf 12 Monate; Aus-schluss von postsekundä-rer Ausbildung (Col-lege/Universität); *work first approach*
Arbeits- und Teilnahme-anforderung an die Sozialhilfeempfänger	Registrierung- und Teil-nahmepflicht am JOBS-Programm für alle Trans-ferempfänger mit Kindern über drei Jahren; keine bindenden Vorgaben zum zeitlichen Umfang der Beschäftigungsmaßnah-men	Teilnahmepflicht an *work-related activities* für alle Transferempfänger mit Kindern über 12 Monaten nach zwei Jahren des Leistungsbezugs; mindes-tens 30, ab 2002 dann 40 Wochenstunden für Er-wachsense in Familien mit zwei Elternteilen; mindes-tens 20, ab 2002 dann 30 Wochenstunden für Al-leinerziehende; Härtefall-regelungen möglich; nach zwei Monaten Leistungs-bezug können Transfer-empfänger zu *community service* (gemeinnützige Arbeit) herangezogen werden
Teilnahmequoten (***work participation rates***)	bis 1991 mindestens 7 %, bis 1995 mindestens 20 % aller erwerbsfähigen Transferempfänger	bis 1998 mindestens 25 % aller alleinstehenden Transferempfänger und 65 % aller Erwachsenen in »vollständigen« Familien; bis 2002 Erhöhung der Quoten auf 50 bzw. 90 %; Bundesstaaten können mit Reduzierung der Fallzah-len ihre Teilnahmequoten erheblich senken (*caselo-ad reduction credit*)
Kinderbetreuung	Rechtsanspruch auf staat-liche Subventionierung der Kinderbetreuung für alle JOBS-Teilnehmer	kein individueller Rechts-anspruch mehr; jedoch zu-sätzliche Bundeszuschüsse für *child care*
Sanktionen	keinerlei Vorgaben	Verpflichtung zur Sankti-

		onierung »kooperations-unwilliger« Transfer-empfänger
Unterhaltszahlungen	$50 wurden nicht auf die Sozialhilfe angerechnet	keinerlei Vorgaben
Waiver-Provisionen	Bundesstaaten konnten Ausnahmeregelungen beim Bundesministerium für Gesundheit und Soziales beantragen	weitere Gültigkeit der vor 1996 beantragten *waiver*,[35] Evaluierungspflicht entfällt

Quelle: Burke 1996: 5; Greenberg/Savner 1996 und eigene Zusammenstellung

Im Kontext der oben aufgezeigten Rahmenvorgaben der Bundesgesetz-geber gibt es vielfältige Möglichkeiten, die Policy-Optionen und Ent-scheidungen der Einzelstaaten bei der Ausgestaltung ihrer TANF- und Beschäftigungsprogramme zu gewichten und zu klassifizieren, je nach-dem, welche Indikatoren ins Zentrum der Analyse gestellt werden. Soss u.a. (2001: 380) identifizieren auf der Grundlage einer umfassenden Auswertung von Medienberichten und sozialwissenschaftlichen Studien über die regionale Implementierung des PRWORA vier Instrumente bzw. Bereiche, die in den ersten Jahren nach Verabschiedung der »Wel-fare Reform« in den USA die größte Beachtung fanden: erstens die Um-setzung der Arbeitsverpflichtung, zweitens der Umgang mit Zeitlimits, drittens die Einführung von »family caps« und viertens die Härte und Reichweite von Sanktionen. Gilens (1999: 184 u. 189), der sich in seiner Studie vor allem auf die öffentliche Wahrnehmung und auf Umfrageer-gebnisse bezieht, sieht die zeitliche Befristung des Leistungsbezugs als den Kern der nationalen und regionalen Reformen an. Eine Untersu-chung von Seecombe (1999: 168), welche die Einschätzungen von Be-troffenen ins Zentrum stellt, identifiziert Zeitbeschränkungen, gewach-sene und oftmals unklare Beschäftigungsauflagen, »family caps« sowie verstärkte Probleme mit der Kinderbetreuung als die vier wichtigsten Veränderungen gegenüber den alten Systemen der Sozialhilfegewäh-rung. Bryner, der sich ausführlich mit den Entscheidungsprozessen in den Landesparlamenten beschäftigt hat, kommt zu dem Schluss, dass »placing time limits on welfare recipients has become the most promi-nent restrictive reform in eligibility« und »the family cap has become the most popular reform in the area of social behavior« (1998: 249). Auch Lieberman/Shaw (2000), die sich mit der These von der Innovati-onskraft und den erweiterten Handlungsoptionen der Einzelstaaten in der

---

35 In 16 Bundesstaaten basierten die regionalen TANF-Programme bis 2003 auf »Waiver«-Provisionen (Economic Policy Institute 2003).

»Post-Welfare Reform«-Ära auseinandersetzen, identifizieren lediglich einige wenige Strategien, auf die sich die meisten Staaten bei der Umsetzung des PRWORA konzentriert hätten, darunter als wichtigste die Einführung von »family caps«, der Ausbau der Arbeitsverpflichtung und die Anwendung von strikten Zeitlimits.

Zahlreiche andere Autoren (Lerman u.a. 1998; Zedlewski 1998; Hedge u.a. 2000; Holcomb/Martinson 2002a; Karch 2002; Gais/Weaver 2002; Kaplan 2002) wiederum betonen die Existenz vielfältiger und divergierender Policy- und Instrumenten-Kombinationen in den Bundesstaaten und Kommunen, die in der Regel unter der Überschrift »positive und negative Anreize zum Verlassen des Leistungsbezugs« bzw. »carrots and sticks« kategorisiert und diskutiert werden. Eine besondere Aufmerksamkeit erfahren in diesen Analysen positive Arbeitsanreize. In diese Kategorie fallen alle Regelungen und Leistungen, die eine Beschäftigungsaufnahme und dauerhafte Erwerbstätigkeit erleichtern sollen (erhöhte Einkommens- und Vermögensgrenzen, Unterstützung der Mobilität von Hilfeempfängern, Angebote zur weiteren Betreuung nach der Arbeitsaufnahme etc.). Einen etwas anderen Zugang zur Klassifizierung der regionalen TANF-Programme wählen unabhängige Forschungseinrichtungen, Bürgerrechtsgruppen und Wohlfahrtsorganisationen, da sie ihrer Einordnung und Beurteilung der »state choices« in der Sozialhilfe- und Beschäftigungspolitik auch eigene Kriterien zugrunde legen, darunter den Beitrag der neuen Arbeitsförderungsprogramme, Sach- und Dienstleistungen zur Armutsbekämpfung, die Förderung von Weiterbildung, das Wohlergehen von Kindern durch die Bereitstellung angemessener Betreuungsangebote sowie die sozialen Bürgerrechte von Migranten (vgl. Center on Hunger and Poverty 1998; Results 2001; National Campaign for Jobs and Income Support 2002; Center for Women Policy Studies 2003). Die folgende Darstellung orientiert sich vornehmlich an dem vom Center on Hunger and Poverty an der Tufts University in Massachusetts entwickelten Indikatorensystem sowie an den vom Gemeinschaftsprojekt des Center for Law and Social Policy und dem Center on Budget and Policy Priorities in Washington zusammengetragenen Informationen, dem sogenannten »State Policy Documentation Project«.[36] Zu den wichtigsten Indikatoren zur Einordnung und Bewertung der Sozialhilfepolitik in den Einzelstaaten seit 1996 gehören demnach: die Ausgestaltung der Anspruchsberechtigung, die Ausgestaltung der Arbeitsverpflichtung, die Ausgestaltung der Beschäftigungsförderung und familienpolitische Regelungen.

---

36 Alle folgenden Angaben beziehen sich, wenn nicht anders angegeben, auf das »State Policy Documentation Project« (http://www.spdp.org.).

Die Ausgestaltung der Anspruchsberechtigung

Allgemeiner Rechtsanspruch: Unter dem AFDC-System waren die Einzelstaaten dazu verpflichtet, allen antragstellenden Familien monetäre Hilfe zu gewähren, sofern diese im Sinne des »Social Security Act« anspruchsberechtigt waren. Section 401 (b) des PRWORA regelt, dass es ein vom Bund garantiertes und einklagbares »Anrecht auf finanzielle Unterstützung« nicht mehr gibt, und überlässt es den Einzelstaaten, ob sie TANF als »entitlement« definieren wollen. Lediglich fünf Staaten (Alaska, Hawaii, Maryland, Rhode Island und Vermont)[37] haben in ihrer Landesgesetzgebung einen einklagbaren Rechtsanspruch auf TANF-Leistungen festgelegt. 17 Staaten haben dagegen in ihrem Gesetz explizit hervorgehoben, dass es sich bei TANF um eine »freiwillige Leistung« handelt, 23 knüpfen einen Leistungsanspruch an ausreichende finanzielle Mittel des Staates und der Kommunen. Die Verbindung von Leistungsansprüchen mit der Haushaltslage ist im Zusammenhang mit den gekappten Bundeszuschüssen zu sehen. Hier zeigt sich, dass sich die Gesetzgeber in den Bundesstaaten durchaus darüber im Klaren waren, dass sich in Zeiten von Rezession, wachsender Arbeitslosigkeit und steigenden Antragszahlen die Finanzmittel für TANF schnell als unzureichend herausstellen könnten (vgl. Chernick/Reschovsky 2003).

Anspruchsberechtigung von Migranten: Die Bundesregierung hat entschieden, dass alle nach dem Stichtag (22. August 1996) eingewanderten Erwachsenen (post-enactment immigrants) mindestens fünf Jahre von allen zentralstaatlich finanzierten Fürsorgeleistungen (Lebensmittelmarken, »Medicaid«, TANF, SSI) auszuschließen sind. Alle weiteren Regelungen wurden den Landespolitikern überlassen, die sowohl eigene Programme für »post-enactment immigrants« beschließen wie auch weiteren Personengruppen (qualified non-citizens) Leistungen verweigern können.

Die Bundesstaaten folgten weitgehend der von Washington vorgegebenen Unterscheidung zwischen »pre- und post-enactment immigrants«. Nur ein Staat (Alabama) hat auch alle vor dem Stichtag legal eingewanderten Familien aus seinem TANF-Programm ausgeschlossen, und nur ein Staat (Wyoming) verweigert diesen grundsätzlich einen Anspruch auf »Medicaid«. Bei den »post-enactment immigrants« hat sich

---

37 New York State hat zwar in seinen TANF-Regelungen keinen Rechtsanspruch festgeschrieben, verfügt aber in seiner Landesverfassung über ein Sozialstaatsgebot, das die Kommunen zu einer Grundversorgung bedürftiger Familien und Individuen verpflichtet (vgl. S. 181 ff.).

dagegen die Mehrheit der Bundesstaaten dafür entschieden, ihnen eine sozialstaatliche Unterstützung zu verweigern: In 32 Staaten gilt die Fünf-Jahres-Sperre für TANF, in 34 gilt sie für Lebensmittelmarken, in 37 für »Medicaid« und in 46 für SSI; in 25 Staaten gilt sie für alle genannten Programme. Lediglich zwei Staaten (Kalifornien und Maine) haben für alle vier Sozialleistungen (TANF, »Food Stamps«, »Medicaid« und SSI) eigene Landesprogramme für vom Bund ausgeschlossene Migranten eingerichtet, weitere sieben Staaten (Illinois, Maryland, Massachusetts, Missouri, Nebraska, Rhode Island und Washington) haben zumindest drei durch eigene Landesprogramme ersetzt. Dabei gibt es keinen direkten Zusammenhang zwischen dem Umfang von Einwanderung und der Großzügigkeit von Leistungen. So haben zum Beispiel die acht US-Bundesstaaten mit den höchsten Immigrantenanteilen an ihrer Bevölkerung seit 1996 ganz unterschiedliche Politiken gewählt: Kalifornien, Illinois und Massachusetts fallen in die Kategorie »großzügiges Sicherheitsnetz für Migranten«, Florida, New Jersey und New York in die Kategorie »mäßiges Sicherheitsnetz für Migranten«, und Arizona und Texas gehören zu denjenigen Staaten mit den umfassendsten sozialstaatlichen Einschränkungen für Zugewanderte ohne US-amerikanische Staatsbürgerschaft.

Leistungshöhe der Transfers: Betrug die durchschnittliche monatliche Leistungshöhe für eine dreiköpfige Familie (ohne weiteres Einkommen) im AFDC-Programm 1996 noch durchschnittlich $377, so hat sie sich inzwischen auf $396 erhöht. 18 Bundesstaaten haben seit 1996 ihren Sozialhilfesatz leicht angehoben, fünf haben ihn weiter gesenkt, und 28 haben keine Veränderungen vorgenommen (Rowe/Versteeg 2005: 166f.). Weiterhin fallen die Transfersätze in den Südstaaten am niedrigsten aus. In insgesamt 14 Bundesstaaten lagen sie auch 2003 noch unter $300. 13 Bundesstaaten haben nach 1996 außerdem eine Regelung eingeführt, die aus anderen Bundesstaaten zugezogenen Antragstellern gar keine oder nur reduzierte Sozialhilfeleistungen zugestehen.[38]

Zeitliche Befristung des Leistungsbezugs: Der PRWORA führte als wichtigste Beschränkung eine Fünf-Jahres-Frist (60-months federal lifetime limit) für alle TANF-Bezieher ein. Hinzu kommt die Regelung, dass alle erwerbsfähigen Transferempfänger spätestens nach 24 Monaten zur Teilnahme an Beschäftigungsaktivitäten zu verpflichten sind. Des Weiteren legte der PRWORA fest, dass auch alle erwerbsfähigen

---

38 Diese Entscheidungen wurden 1999 vom Obersten Gerichtshof allerdings als verfassungswidrig erklärt (Gais/Weaver 2002: 3).

Bezieher von Lebensmittelmarken (zwischen 18 und 50 Jahren) nicht länger als drei Monate kontinuierlich und nicht länger als insgesamt drei Jahre unterstützt werden dürfen, wenn sie nicht arbeiten und/oder an Beschäftigungsmaßnahmen teilnehmen (Fossett/Gais 2002). Den Bundesstaaten wurde es freigestellt, ähnliche »fixed-period time limits« auch in ihr TANF-Programm einzuführen.

Sieben Bundesstaaten haben sich nicht mit den vom Bund vorgegebenen »Lebenszeitfristen« zufrieden gegeben, sondern diese noch weiter gesenkt: Connecticut auf 21 Monate, Arkansas, Idaho und Indiana auf 24 Monate, Utah auf 36 Monate, Florida und Georgia auf jeweils 48 Monate, wobei bis auf Indiana in allen genannten Staaten auch die Leistungen für Kinder nach diesem Zeitraum eingestellt werden.[39] In insgesamt 13 Staaten gibt es darüber hinaus »fixed-period time limits«, das heißt, die Leistungen werden nach einem festgelegten Zeitraum (in der Regel 24 Monate) automatisch beendet und erst nach einem erneuten Antragsverfahren und nur unter bestimmten Voraussetzungen wieder aufgenommen (Rowe/Russell 2004: 128). In sechs Staaten (Nevada, North Carolina, Ohio, Tennessee, Texas und Virginia) wurden diese Einschränkungen noch mit längeren Sperrzeiten verknüpft: In Texas kann bereits nach zwölf Monaten Unterstützung eine Leistungssperre von fünf Jahren eintreten; in den anderen fünf Staaten liegen die Sperrzeiten nach einem zwei- bis dreijährigen Leistungsbezug zwischen drei und 36 Monaten (ebd.).

In 18 Staaten wurde entschieden, die Härtefalloption des Bundes (die Befreiung von bis zu 20 Prozent aller TANF-Empfänger von den Zeitlimits) nicht auszuschöpfen; allen Bedürftigen wird in diesen Staaten spätestens nach fünf Jahren eine weitere monetäre Unterstützung verweigert, unabhängig davon, ob sie während des Leistungsbezugs einer Arbeit nachgegangen sind, an Beschäftigungsprogrammen teilgenommen haben, krank waren, schwanger geworden sind oder Angehörige pflegen mussten. Lediglich sieben Staaten (Washington D.C., Maine, Massachusetts, Michigan, New York, Vermont und Washington) haben sich gegen die Einführung von Zeitlimits entschieden und sind inzwischen dazu übergegangen, eigene Auffangprogramme für alle »kooperationswilligen« Familien einzurichten, welche die vom Bund gesetzte Fünf-Jahres-Frist erreicht haben. Darüber hinaus gibt es in etwa einem Drittel aller Staaten mittlerweile gesonderte Landesprogramme für »two-parent families«, für die nicht die Bundeszeitlimits gelten.

---

39 Für Familien, in denen nur die minderjährigen Kinder Anspruch auf Leistungen haben (child-only cases), gilt die vom Bund gesetzte Fünf-Jahres-Frist nicht (Greenberg/Savner 1996).

Zusätzliche Beschränkung des Leistungsbezugs über die Einführung von Diversionsstrategien: Weitgehend unbeachtet vom Gros der sozialwissenschaftlichen Untersuchungen haben zahlreiche regionale Sozialbehörden im Zuge der »Welfare Reform« Ansätze entwickelt, mit denen sie anspruchsberechtigte Antragsteller vom (dauerhaften) Sozialhilfebezug abhalten können. Bei diesen sogenannten Diversionsstrategien, die in der Regel über die Gesetze der Einzelstaaten abgesichert sind, ist zu unterscheiden zwischen »formal diversion payments« (Einmalzahlungen, die meistens mit Sperrzeiten einhergehen) und »preapplication requirements«. 29 Bundesstaaten sehen vor, dass die Sozialbehörden Antragstellern sogenannte »lump sums« (zwischen $1.000 und $1.600) oder das Äquivalent zu der Unterstützung, die sie in drei bis vier Monaten als TANF-Empfänger erhalten hätten, auszahlen können, um einen dauerhaften Sozialhilfebezug zu verhindern (Rowe/Russell 2004: 32f.). In 19 Staaten ist damit ein erneuter Antrag auf Aufnahme in das TANF-Programm für mindestens drei Monate, mitunter bis zu zwölf Monate, nicht mehr möglich; in 23 Staaten werden die Pauschalsummen auf die Zeitfristen angerechnet (ebd.). Typisch für die Diversionsregeln der regionalen TANF-Gesetze ist, dass sie die Entscheidung über die Anwendung den lokalen Sozialverwaltungen überlassen. 32 Bundesstaaten erlauben den lokalen Behörden zudem, der Bearbeitung eines Antrages bzw. der Auszahlung von Geldleistungen eine oder mehrere Auflagen oder Tests zur Überprüfung der »Kooperationswilligkeit« der Antragsteller vorzuschalten. Zu den Auflagen gehören die obligatorische Teilnahme an mehrwöchigen Bewerbungstrainings (in 17 Staaten), aber auch die uneingeschränkte Zusammenarbeit mit den für Unterhaltszahlungen zuständigen Ämtern,[40] die Unterzeichnung eines »Personal Responsibility Contract« und mitunter auch die Ableistung »gemeinnütziger Arbeit«.

---

40 Untersuchungen haben ergeben, dass viele Frauen die Behandlung von Mitarbeitern der »child support enforcement agencies« als überaus erniedrigend und teilweise auch als kriminalisierend wahrnehmen, weil ihnen Betrugsabsichten unterstellt würden, wenn sie keine Angaben zum Aufenthaltsort der Väter ihrer Kinder machen können (Edin/Lein 1997; Mink 2002; Monson 2002).

Die Ausgestaltung der Arbeitsverpflichtung

Arbeitsverpflichtung für alleinerziehende Mütter: Der PRWORA verlangt von den Bundesstaaten, alle Erwachsenen – auch alleinerziehende Frauen mit Kleinkindern über zwölf Monaten – zur Arbeit oder zur Teilnahme an Beschäftigungsmaßnahmen zu verpflichten. 18 Bundesstaaten haben jedoch beschlossen, die Altersgrenzen noch strikter zu handhaben: In sechs Staaten (Arizona, Idaho, Iowa, Massachusetts, Montana und Utah) sind alle Schwangeren und Mütter unabhängig vom Alter ihrer Kinder in die Arbeitsverpflichtung einbezogen; zwölf Staaten (Arkansas, Connecticut, Florida, Indiana, Michigan, Nebraska, New Jersey, Oklahoma, Oregon, South Dakota, Washington und Wisconsin) haben festgelegt, dass alle Frauen mit Kleinkindern über drei Monaten an Beschäftigungsmaßnahmen teilnehmen müssen. Lediglich vier Staaten (Alabama, New Hampshire, Vermont und Virginia) haben, abweichend von der Vorgabe Washingtons, die Altersgrenze der Kinder auf über zwölf Monate heraufgesetzt.

Ein weiteres Unterscheidungskriterium ist die zeitliche Ausgestaltung der Arbeitsauflagen. Washington verlangt von Alleinerziehenden, spätestens nach einem zweijährigen Leistungsbezug 20, ab 2002 dann 30 Wochenstunden einer Beschäftigung nachzugehen oder die Arbeitsbereitschaft unter Beweis zu stellen. Acht Staaten (Alabama, Arizona, Hawaii, Kalifornien, Michigan, New Jersey, New Mexico und Wisconsin) haben die Arbeits- bzw. Teilnahmeverpflichtung für alle erwerbsfähigen Hilfebezieher von sich aus auf 32 bis 40 Wochenstunden ausgeweitet (Rowe/Russell 2004: 96f.). Sieben Staaten erlauben eine Fall-zu-Fall-Entscheidung der lokalen Behörden. In 90 Prozent aller Bundesstaaten setzt die Arbeitsverpflichtung nicht erst nach zwei Jahren des Leistungsbezugs, sondern unmittelbar nach der Antragstellung ein; nur vier Staaten (Maryland, Mississippi, Missouri und West Virginia) erlauben die vom Bund akzeptierte »Schonfrist« von 24 Monaten.

Befreiung von der Arbeitsverpflichtung: Neben dem Alter der Kinder kann es dem PRWORA zufolge weitere Gründe (sogenannte good causes for exemption) geben, die es den Bundesstaaten erlauben, TANF-Empfänger zumindest temporär von der Arbeitsverpflichtung zu befreien. Hierzu gehören als die wichtigsten Krankheit/Behinderung, die Pflege von Angehörigen, Schwangerschaften und fortgeschrittenes Alter (über 60 Jahre). Wer von der Arbeitsverpflichtung ausgenommen werden kann, obliegt in etwa einem Drittel aller Bundesstaaten dem Ermessen der Landkreise bzw. den lokalen Sozialbehörden. In 13 Staaten (Arizona, Colorado, Georgia, Idaho, Iowa, Louisiana, Massachusetts, Mon-

143

tana, North Carolina, Oklahoma, Utah, Wisconsin und Wyoming) enthalten die Landesgesetzgebungen keinerlei Ausnahmeregelungen, das heißt, die lokalen Sozialbehörden können formal auch Kranke und TANF-Empfänger mit pflegebedürftigen Angehörigen zur Partizipation an Beschäftigungsmaßnahmen verpflichten. In 20 Staaten wurde auf eine Altersbegrenzung verzichtet, in 29 Staaten gilt selbst eine fortgeschrittene Schwangerschaft nicht als Teilnahme- bzw. Beschäftigungshindernis. Lediglich in 18 Staaten sind im TANF-Gesetz alle vier genannten Punkte (Krankheit, Pflege von Angehörigen, Schwangerschaft und Nähe zum Rentenalter) als mögliche Gründe für die Befreiung von der Arbeitsverpflichtung aufgenommen.[41]

»**Community service**«: Der PRWORA listet unter den anrechnungsfähigen Arbeitsaktivitäten (work-related activities) zwölf Möglichkeiten auf (vgl. S. 145 ff.), darunter »community service«, was mit »gemeinnützigen und zusätzlichen Arbeiten« im Sinne des alten Bundessozialhilfegesetzes (BSHG) in der Bundesrepublik zu vergleichen ist. Die nationalen Richtlinien geben vor, dass TANF-Empfänger bereits nach einem zweimonatigen Leistungsbezug zu unbezahlter gemeinnütziger Arbeit verpflichtet werden können. Lediglich sieben Bundesstaaten (Florida, Kalifornien, Massachusetts, New York, Pennsylvania, South Dakota und Wisconsin) haben diese Option in ihren Landesgesetzen festgeschrieben. In 34 Staaten wurden unentlohnte gemeinnützige Tätigkeiten zwar in die Liste der möglichen Beschäftigungsmaßnahmen aufgenommen, haben jedoch gegenüber den anderen Arbeitsaktivitäten keinen »Sonderstatus« und sollen in der Praxis in der Regel nur dann zur Anwendung kommen, wenn alle anderen Möglichkeiten der Beschäftigungsförderung ausgeschöpft sind.

Sanktionen: Der Bund verpflichtete mit dem PRWORA die Staaten zum ersten Mal zur Anwendung von Sanktionen gegenüber »kooperati-

---

41 Es gibt noch eine Hand voll weiterer Gründe, die als »good causes« in den TANF-Gesetzen genannt werden, darunter Probleme mit der Kinderbetreuung, Transportprobleme, persönliche Krisensituationen oder häusliche Gewalt. Es scheint jedoch anders als zum Beispiel bei den Zeitlimits in den Bundesstaaten kaum Wert auf eine einheitliche Anwendung dieser Regelungen gelegt zu werden. Bisher haben sich auch nur wenige Forscher mit der Frage beschäftigt, wie die lokalen Sozialbehörden diese Vorgaben handhaben. Die meisten hierzu zugänglichen Informationen basieren auf Erhebungen von Bürgerrechts- oder Wohlfahrtsorganisationen, die Betroffene befragt haben, oder auf journalistischen Recherchen (Bell/Strege-Flora 2000, Applied Research Center 2001; Hancock 2003; Jones-DeWeever u.a. 2003).

onsunwilligen« Transferempfängern, ohne diese jedoch im PRWORA genauer zu spezifizieren.[42] Sanktionen in Form von partiellen Kürzungen oder einer vollständigen Aussetzung der Geldzahlungen sind in den meisten Staaten für unterschiedliche Verstöße gegen die Auflagen der Sozialbehörden vorgeschrieben, zu den wichtigsten gehören jedoch Sanktionen infolge von Verstößen gegen die Arbeitsauflagen. Während bereits unter dem AFDC-System Kürzungen bei diversen Anlässen zum Einsatz kamen (Bloom/Winstead 2002), besteht eine »Innovation« der Bundesstaaten darin, nach 1996 »full family sanctions« in ihre TANF-Programme eingeführt zu haben, das heißt, es werden die Leistungen für alle Familienmitglieder (inklusive die der Kinder) gekürzt oder ganz gestrichen.

In 18 Staaten können »full family sanctions« bereits beim ersten Regelverstoß zur Anwendung kommen, in den anderen 18 Staaten, wo diese vorgeschrieben sind, erst nach wiederholtem »Fehlverhalten«. In 17 Staaten werden die Bezüge bereits beim ersten »Verstoß« um bis zu 100 Prozent gekürzt. In neun Staaten müssen Sanktionen aufgehoben werden, wenn der/die Bestrafte den Arbeits- und Kooperationsauflagen wieder nachkommt; in der Mehrheit der Staaten (39) jedoch gibt es festgelegte Sperr- und Sanktionszeiten von mehreren Monaten, die der Abschreckung dienen. In vier Staaten (Alaska, Montana, Nebraska und North Dakota) können sie bis zu einem Jahr, in einem Staat (Indiana) bis zu drei Jahren betragen. In sieben Bundesstaaten (Delaware, Georgia, Idaho, Mississippi, Nevada, Pennsylvania und Wisconsin) ist es den lokalen Behörden gestattet, bei wiederholten Verstößen gegen die Arbeitsverpflichtung die Geldzahlungen sogar auf unbestimmte Zeit oder auf Dauer ganz einzustellen.

---

42 Die Formulierung des PRWORA zu Sanktionen lautet, dass Bundesstaaten zumindest einen Teil der Leistungen kürzen müssen, wenn TANF-Empfänger nicht der Arbeitsverpflichtung und den Auflagen zur Unterstützung der Behörden bei der Eintreibung von Unterhaltszahlungen nachkommen (Pavetti/Bloom 2001: 246).

Die Ausgestaltung der Beschäftigungsförderung

Anrechnungsfähige Tätigkeiten: Die Liste der vom Bundesgesetzgeber vorgegebenen Möglichkeiten, den Arbeitsverpflichtungen nachzukommen, umfasst die folgenden Tätigkeiten: reguläre Erwerbstätigkeit, staatlich subventionierte Erwerbstätigkeit im privaten und im öffentlichen Sektor, Teilnahme an Bewerbungs- und Verhaltenstrainings (job search; job readiness assistance), Berufspraktika (work experience), gemeinnützige Arbeit (community service), Teilnahme an berufsvorbereitenden Trainings- und Qualifizierungsmaßnahmen (on-the-job training, vocational educational training, job skills training)[43] und Vorbereitung auf nachholende Schulabschlüsse sowie Sprach- und Alphabetisierungskurse (basic education). Es ist vorgesehen, dass mindest zwei Drittel der festgelegten Arbeitsstunden mit diesen Tätigkeiten (core activities) abgeleistet werden müssen (Greenberg/Savner 1996). Einige der Aktivitäten sind vom Bund mit zeitlichen Befristungen versehen worden, so zum Beispiel Bewerbungtrainings und angeleitete Jobsuche, die nicht länger als sechs Wochen dauern sollen, und die Teilnahme an beruflicher und schulischer Qualifizierung, die auf zwölf Monate begrenzt werden soll. Außerdem legt der PRWORA fest, dass in den Bundesstaaten maximal 30 Prozent aller TANF-Empfänger an Weiterbildungsmaßnahmen teilnehmen dürfen.

Um die Teilnahmequote (work participation rate) des PRWORA zu erfüllen, mussten bis 1998 mindestens 25 Prozent aller alleinstehenden Transferempfänger und 65 Prozent aller anderen erwachsenen Sozialhilfebezieher einer Tätigkeit bzw. einer Kombination der aufgelisteten Tä-

---

43 Es gibt zwischen Trainings- und berufsvorbereitenden Maßnahmen trotz ihrer unterschiedlichen Bezeichnungen in der Praxis keine klare Abgrenzung. Häufig hängt die Bezeichnung vom Träger der Maßnahme ab. »On-the-job training« ist am ehesten mit Berufspraktikum zu übersetzen und findet sowohl in öffentlichen Einrichtungen, in Nonprofit-Organisationen wie auch in Betrieben/Unternehmen statt. »Vocational educational training« wird vor allem von den Community Colleges angeboten, versorgt die Teilnehmer in der Regel mit qualifizierenden Zertifikaten und entspricht in etwa dem Angebot der Berufs(fach)schulen im bundesdeutschen (handwerklichen) Ausbildungssystem. »Jobs skills training« wird von diversen privaten und öffentlichen Einrichtungen durchgeführt und unterscheidet sich vom Angebot der Community Colleges meist durch die kürzere Dauer der Maßnahme (maximal sechs bis acht Wochen) und dadurch, dass keine formalen Qualifizierungsabschlüsse erworben werden. Zur Geschichte und aktuellen Umsetzung von verschiedenen beschäftigungsfördernden Instrumenten und Programmen in den USA vgl. LaLonde 2003.

tigkeiten nachgehen; ab 2002 stieg die Quote auf 50 bzw. 90 Prozent.[44] Auch die vorgeschriebene wöchentliche Stundenzahl wurde von 20 auf 30 für alleinerziehende Mütter und Väter und von 30 auf 40 für »twoadult families« erhöht. Das Bundesgesetz legt zudem fest, dass bei Nichterreichen der Teilnahmequote die Zuschüsse aus Washington bis zu maximal 20 Prozent gekürzt werden können. In den ersten Jahren der Umsetzung des PRWORA scheiterte eine beträchtliche Anzahl von Staaten vor allem an den Auflagen für Familien mit zwei Elternteilen und musste finanzielle Einbußen in Kauf nehmen: 1997 waren 19, 1998 17, 1999 12 und 2002 noch 6 Staaten von diesen Sanktionen betroffen (US Department of Health and Human Services 2004: III-7).

Bundesweit rangierte bei den »work activities« Erwerbstätigkeit (kombiniert mit Transferleistungen) mit 54,8 Prozent auf dem ersten Platz, gefolgt von gemeinnützigen Arbeitseinsätzen (11,9 Prozent) und angeleiteter Arbeitssuche (9,3 Prozent). In mehr als zwei Dritteln aller Bundesstaaten haben sich sogenannte Job Clubs oder Job-Search-Seminare, eine Kombination aus angeleiteter Arbeitssuche, Verhaltenstraining und Disziplinierungsmaßnahme,[45] als bevorzugtes Instrument der Beschäftigungsförderung etabliert. Insgesamt befanden sich 2002 bundesweit lediglich 33,4 Prozent aller erwerbsfähigen TANF-Empfänger in anrechnungsfähigen Arbeitsaktivitäten (ebd.: III-4). Diese niedrigen Werte hängen mit der im Bundesgesetz vorgesehenen Option zusammen, über die Reduzierung der Fallzahlen auch die Teilnahmequoten senken zu können. Dieser »caseload reduction credit« hat sich – ob beabsichtigt oder unintendiert – in der Praxis als äußerst folgenreich erwiesen, weil er den Einzelstaaten einen erheblichen Anreiz bietet, Sozialhilfeempfänger zu sanktionieren und Neuantragsteller abzulehnen, um somit Kosten für die Beschäftigungsförderung einzusparen (vgl. Weil 2002). Sinkt nämlich in einem Bundesstaat die Anzahl aller TANF-Empfänger in einem Jahr um beispielsweise zehn Prozent, müssen die Behörden im folgenden Haushaltsjahr auch zehn Prozent weniger (als von der »work participation rate« festgeschrieben) von ihnen in Arbeit oder in Maßnahmen bringen. Der drastische Rückgang der Sozialhilfequoten

---

44 Grundsätzlich ist es den Bundesstaaten jedoch nicht verboten, andere Beschäftigungsmaßnahmen zu entwickeln und anzubieten. Sie können beispielsweise aus eigenen Mitteln Programme und Aktivitäten finanzieren, die von der Liste des PRWORA nicht abgedeckt sind, und/oder mehr Sozialhilfebezieher als die vorgeschriebenen maximal 30 Prozent in Weiterbildung bringen. Der einzige Nachteil für sie besteht darin, dass diese dann nicht auf die Teilnahmequote angerechnet werden.

45 Eine anschauliche Beschreibung der Praxis dieser Job Clubs bieten, basierend auf teilnehmender Beobachtung und Befragung der Teilnehmerinnen, Horton/Shaw 2002 für Los Angeles und Schleiter u.a. 2002 für Wisconsin.

von bis zu 80 Prozent seit 1996 in einigen Staaten ist auch vor diesem Hintergrund zu betrachten.[46]

Weiterführende Ausbildung: Da Ausbildung und Qualifizierung erwiesenermaßen das einzige wirksame Mittel zu einer Erhöhung der Berufs- und Beschäftigungschancen außerhalb des Niedriglohnsektors bleibt,[47] kann als ein weiterer wichtiger Indikator für die Bewertung der Beschäftigungsförderung der Einzelstaaten gelten, ob und in welchem Umfang sie eine Teilnahme von Sozialhilfeempfängern an Programmen postsekundärer Bildungseinrichtungen zulassen. Entgegen den Vorgaben der Bundesgesetzgeber, die ein College- und Universitätsstudium nicht oder nur sehr eingeschränkt zu den anrechnungsfähigen Arbeitstätigkeiten zählen, haben immerhin 19 Bundesstaaten den lokalen Behörden die Möglichkeit eingeräumt, ein zweijähriges Studium in Vorbereitung auf ein College-Degree als Ableistung der Arbeitsverpflichtung anzuerkennen. In allerdings nur acht von ihnen (in Georgia,[48] Iowa, Kentucky, Maine, Rhode Island, Utah, Vermont und Wyoming) muss das Studium nicht mit anderen Aktivitäten kombiniert werden; in allen anderen müssen studierende Sozialhilfeempfänger noch mindestens 10 bis 20 Wochenstunden einer Erwerbstätigkeit oder gemeinnützigen Arbeit nachgehen.

13 Bundesstaaten haben sich dagegen an der vom Bund für Berufsqualifizierung festgelegten Jahresfrist orientiert: Nach zwölf Monaten muss das Studium oder die Ausbildung von TANF-Empfängern hier aufgegeben bzw. in die Abendstunden verlegt werden, um tagsüber einer anderen Beschäftigung nachzugehen. In weiteren 13 Bundesstaaten ist die Teilnahme an weiterführenden Bildungsmaßnahmen in der regionalen TANF-Gesetzgebung überhaupt nicht vorgesehen. In einigen von ihnen können Sozialhilfeempfänger jedoch ausgewählte College-Seminare besuchen. In vier Bundesstaaten (Colorado, Montana, New York und Ohio) gibt es keinerlei gesetzlichen Vorgaben des Staates, und es obliegt

---

46 Lediglich 19 Staaten hätten im Jahr 2000 ohne die Anrechnung ihrer gesunkenen Fallzahlen ihre »work participation rates« für Alleinerziehende erfüllen können und nur zwei die Quoten für »two-parent families« (US Department of Health and Human Services 2001: 81f.).

47 Zu den Forschungsergebnissen über die Bedeutung von Bildungsinvestitionen für die nachhaltige Arbeitsmarktintegration von Sozialhilfeempfängern vgl. Greenberg u.a. 2000; Brock u.a. 2002a; Smith u.a. 2002; Center for Women Policy Studies 2003; Martinson/Strawn 2003; Shaw 2004; London 2004.

48 Georgia ist der einzige Bundesstaat, der auch die Absolvierung eines Graduierten-Programms in Vorbereitung auf einen Masters-Abschluss als Arbeitsaktivität anerkennt (Center for Women Policy Studies 2003).

allein den lokalen Sozialbehörden und deren Mitarbeitern, ob sie einer weiterführenden Ausbildung zustimmen wollen, weil sie diese als förderlich für die Arbeitsmarktintegration der Sozialhilfeempfänger erachten.

2002 kamen bundesweit lediglich 7,6 Prozent aller Transferempfänger in den Genuss von längerfristigen Weiterbildungsmaßnahmen (US Department of Health and Human Services 2004: III-4); von den jährlich $16,5 Milliarden Bundeszuschüssen wurden lediglich 1,5 Prozent für Ausbildung und berufliche Qualifizierung genutzt (Martinson/Strawn 2003: 4). Selbst wenn Ausgaben für andere Instrumente zur Arbeitsförderung (Lohnsubventionen, Beratung, angeleitete Arbeitssuche etc.) hinzugerechnet werden, lag der Anteil der Beschäftigungsförderung an den Gesamtausgaben von Bund und Einzelstaaten im TANF-Programm 2002 nur bei 10,7 Prozent. Im Vergleich dazu wurden 7 Prozent für die Administration, 13,8 Prozent für Kinderbetreuung und 31 Prozent für Cash-Transfers ausgegeben (US Department of Health and Human Services 2004: IV).

Familienpolitische Regelungen

Der PRWORA erklärt die Förderung und Festigung von Ehe und Kernfamilie (Mutter, Vater und Kinder) neben der Stärkung der »ökonomischen Unabhängigkeit« zum expliziten Ziel der Sozialhilfepolitik. Viele nationale Vorgaben wie auch die meisten regionalen TANF-Gesetze konterkarieren jedoch dieses offizielle Ziel direkt oder offerieren nur wenige positive Anreize bzw. Unterstützung bei der Familienführung und -planung. Neben den strikten Arbeitsauflagen, die vor allem alleinerziehende Frauen dazu zwingen, oftmals qualitativ fragwürdige und improvisierte Betreuungsarrangements für ihre Kinder wahrzunehmen und somit deren Wohlergehen und ihr elterliches Sorgerecht zu gefährden, verstärken verschiedene familienpolitische Regelungen noch die materiellen und psychischen Belastungen und Deprivationen, unter denen arme Frauen und Familien ohnehin zu leiden haben. Lediglich 15 Bundesstaaten bieten als integralen Bestandteil ihres TANF-Programms Beratung und Hilfe bei familiären Problemen an (Koons 2004: 13).

Mit dem »out-of-wedlock reduction bonus« wurden bis 2006 jedes Jahres diejenigen fünf Einzelstaaten vom Bund belohnt, die bei gleichbleibenden Abtreibungsquoten den höchsten Rückgang von unehelichen Schwangerschaften vorweisen konnten.[49] Aus einem weiteren Pool, den

---

[49] 1999 wurde der Bonus zwischen Alabama, Kalifornien, Massachusetts, Michigan und dem District of Columbia aufgeteilt, 2000 zwischen Alaba-

sogenannten »matching funds« des Bundessozialministeriums, stehen über $100 Millionen pro Jahr für diejenigen Staaten zur Verfügung, die »Schulungsprogramme zur sexuellen Enthaltsamkeit« vor der Ehe einführen.[50] 14 Staaten haben seit 1996 solche Programme entwickelt (Weil 2002: 5). Dagegen werden Programme, die Aufklärung über diverse Verhütungsmittel und Familienplanung für junge Frauen propagieren, vom Bund nicht prämiert (Davis 2002).

Punitive Ansätze: Trotz der ehe- und familienfreundlichen Rhetorik im PRWORA haben 16 Bundesstaaten entschieden, Familien mit beiden Elternteilen faktisch aus ihrem TANF-Programm auszuschließen, indem sie die Anspruchsvoraussetzungen für zusammenlebende Paare in ihrem Gesetz erheblich verschärft haben. Die gängigsten Regelungen zu ihrer Exklusion aus den TANF-Programmen sind die »100-hour-rule« und die »work history requirements«. Die erste bestimmt, dass der Familienvorstand nicht mehr als 100 Stunden pro Monat einer Erwerbstätigkeit nachgehen darf, und bestraft somit Familien, in denen zum Beispiel die Väter mehr arbeiten, deren Einkommen zum Familienunterhalt aber nicht ausreicht. Die zweite Regelung wiederum bestraft Antragsteller, in denen der Haushaltsvorstand in den zurückliegenden drei Jahren zu wenig gearbeitet hat, indem sie von mindestens einem Elternteil den Nachweis über eine Beschäftigungszeit von wenigstens 18 Monaten in diesem Zeitraum verlangt. Zu den Staaten mit solchen oder vergleichbaren diskriminierenden Verordnungen in ihrem TANF-Gesetz zählen Arizona, Kalifornien, Georgia, Indiana, Kentucky, Maine, Massachusetts, Mississippi, Missouri, New Hampshire, North Dakota, Oklahoma, Oregon, Pennsylvania, South Dakota und Tennessee (National Campaign for Jobs and Income Support 2002: 11f.).

In 20 Bundesstaaten kommen seit 1996 »family caps« (vgl. S. 110 ff.) zur Anwendung, mit denen die materielle Lage von Familien mit Alleinerziehenden weiter geschwächt und einer Zunahme von Abtreibungen Vorschub geleistet wird. Nach Verabschiedung der »Welfare

---

ma, Arizona, Illinois, Michigan und dem District of Columbia (Koons 2004: 12). Insgesamt haben die Landesprogramme jedoch wenig zur Senkung der Teenager-Schwangerschaften beigetragen: Fast neun Prozent aller Schwangerschaften wurden bei 15- bis 19-Jährigen registriert; damit haben die USA neben Russland weiterhin die eindeutig höchste Quote an Teenage-Schwangerschaften unter den OECD-Staaten (Gelinsky 2005).

50 2002 haben sich insgesamt 49 Staaten um diese zusätzlichen Bundesmittel beworben, die im Rahmen der Programme »Abstinence Education« ($50 Millionen), »Community Based Abstinence Education« ($40 Millionen) oder »Adolescent Family Life« ($12 Millionen) vergeben werden (Koons 2004: 12).

Reform« haben weitere vier Staaten dieses umstrittene Instrument zur Regulierung des Reproduktionsverhaltens mittelloser Frauen in ihr Sozialhilfeprogramm aufgenommen, obwohl diese vom Bund nicht verbindlich vorgeschrieben ist. Es wird geschätzt, dass in diesen Staaten über 100.000 Familien pro Jahr von »family caps« betroffen waren und finanzielle Kürzungen von etwa 20 Prozent ihrer Sozialhilfe in Kauf nehmen mussten (Levin-Epstein 2003: 3). In einigen Bundesstaaten sehen die TANF-Regelungen vor, alleinerziehende Mütter im Sozialhilfebezug dahingehend zu beraten, ihre Neugeborenen zur Adoption freizugeben; zwei Staaten bieten hierfür sogar finanzielle Anreize an (Koons 2004: 11).

17 Staaten machen seit 1996 die Bearbeitung von Anträgen auf Sozialhilfe bei Alleinerziehenden davon abhängig, ob sie vollständig mit den für die Eintreibung von Unterhaltszahlungen zuständigen Behörden kooperieren, wozu gehört, ihre Intimsphäre (Umgang mit Verhütungsmitteln, persönliche Beziehungen, sexuelle Kontakte etc.) weitgehend offenzulegen. Teil des vorgeschriebenen Procedere sind neben der Abnahme von Fingerabdrücken zu Identifikations- und Kontrollzwecken[51] Angaben zur Vaterschaft, die Einreichung einer Klage auf Unterhaltszahlungen, eine Abtretungserklärung der Unterhaltsansprüche an das Sozialamt, detaillierte Auskünfte über aktuelle (sexuelle) Beziehungen sowie die Akzeptanz von Hausbesuchen durch die Behörden (vgl. Mink 2002).

Fördernde Ansätze: Zu den wenigen fördernden Ansätzen zur Unterstützung der Arbeitsaufnahme von Frauen gehört der Ausbau staatlicher Förderprogramme zur Finanzierung und zum Ausbau der Kinderbetreuung. In ihrer Rezeption der »Welfare Reform« heben zahlreiche Untersuchungen[52] die seit 1996 ausgeweiteten staatlichen Mittel zur Kostensubventionierung oder -übernahme der Kinderbetreuung in Familien von Sozialhilfeempfängerinnen als eine besondere Innovation zur Förderung ihrer Arbeitsmarktchancen hervor. Diese Position verkennt jedoch, dass es einen eklatanten Rückschritt gegenüber dem Vorläuferprogramm AFDC/JOBS gab, unter dem alle zur Arbeitsaufnahme verpflichteten

---

51 Sechs Staaten (Arizona, Connecticut, Florida, Kalifornien, New York und Texas), die sich fast alle durch einen besonders hohen Immigrantenanteil an der Bevölkerung auszeichnen, verlangen von allen Antragstellern die Abnahme von Fingerabdrücken.

52 So interpretiert zum Beispiel Wilke (2002: 263 ff.) die gesteigerten staatlichen Ausgaben für Kinderbetreuung seit 1996 als Modernisierungspotential der nationalen Sozialhilfereform zur Förderung der Geschlechtergleichheit auf dem Arbeitsmarkt.

Frauen noch einen Rechtsanspruch auf bundesstaatliche Finanzierung von »child care« (bis zu einem Jahr nach Verlassen des Sozialhilfebezugs) anmelden konnten, der mit dem PRWORA 1996 dann abgeschafft wurde. Darüber hinaus entspricht das Angebot an geeigneten Betreuungsplätzen für Alleinerziehende bei weitem nicht der gestiegenenen Nachfrage (vgl. S. 160 ff.).

Während vor der »Welfare Reform« die Einzelstaaten noch etwa $2,1 Milliarden Bundeszuschüsse für die Kinderbetreuung von Sozialhilfeempfängerinnen erhielten, stiegen die jährlichen Zuweisungen aus Washington ab 1996 auf $2,7 Milliarden an (Burke 2002: 4). Hinzu kommen zusätzliche »discretionary funds« in Höhe von $1 Milliarde pro Jahr, welche die Bundesstaaten auch für Sozialhilfeempfängerinnen verwenden können, sowie die Möglichkeit, auch TANF-Zuschüsse für die Subventionierung von Kinderbetreuung zu nutzen, so dass den Bundesstaaten seit dem PRWORA insgesamt mehr Wahlmöglichkeiten und Gelder für diesen Bereich zur Verfügung stehen.[53] Es gibt aber keine klaren Regelungen und effektiven Kontrollmechanismen, die eine qualitativ angemessene Grundversorgung mit Kinderbetreuungsplätzen in den Bundesstaaten garantieren (Branch u.a. 2001). In 30 Staaten gehen die Zuschüsse direkt an die Familien oder die Kinderbetreuungseinrichtungen, in den anderen werden die Ausgaben in der Regel mit den Sozialhilfeleistungen verrechnet. In 13 Staaten sind alle Familien unabhängig von ihrem Einkommen zu einer Zuzahlung verpflichtet.

Die sogenannte »family violence option«, die nachträglich in den PRWORA aufgenommen wurde und die 20-Prozent-Härtefall-Regelung ergänzt, erlaubt den Einzelstaaten zudem, Frauen in akuten familiären Krisen- und Gewaltsituationen von den strikten Auflagen, Zeitlimits und Kooperationsanforderungen zu befreien und aus den TANF-Zuschüssen auf ihre Bedürfnisse abgestimmte Betreuungs- und Beratungsleistungen zu finanzieren.[54] Insgesamt 19 Bundesstaaten haben diese Option in ihre

---

53 Das »Post-Welfare Reform»-System der Finanzierung von Kinderbetreuung ist äußerst kompliziert. Es wurden die vier wesentlichen Finanzierungsquellen unter AFDC/JOBS (JOBS Childcare, Transitional Childcare, At-Risk-Child Care, Discretionary Child Care and Development Block Grants) zu einem einzigen Programm, »Child Care and Development Fund« (CCDF), zusammengeführt, dessen Mittel zu 70 Prozent für TANF-Familien genutzt werden müssen und auf einem ausgeklügelten Verteilungsschlüssel basieren. Insgesamt fielen in den ersten fünf Jahren nach Verabschiedung der Sozialhilfereform die Bundeszuschüsse für Kinderbetreuung in armen Familien um $4 Milliarden höher aus als unter dem alten System (Boyd u.a. 2003: 29).

54 Die Aufnahme der »family violence option« in den PRWORA geht auf die demokratischen Senatoren Paul Wellstone (Minnesota) und Patty Murray

TANF-Gesetze integriert, weitere 19 haben über Verwaltungsverordnungen Ausnahmeregelungen für Frauen mit Gewalterfahrungen verfügt; in lediglich zwölf davon (Colorado, Delaware, Georgia, Kalifornien Louisiana, Maine, Nevada, New Jersey, New York, North Carolina, Oregon und Pennsylvania) können TANF-Empfängerinnen, die von häuslicher und sexueller Gewalt betroffen sind, von allen Anforderungen und Restriktionen (Zeitlimits, Arbeitsauflagen, Meldepflichten, Sanktionen etc.) ausgenommen werden (Legal Momentum 2004). Eine zusätzliche Förderung dieser Frauen durch die Kostenübernahme von Therapien, betreutem Wohnen oder spezifischen Weiterbildungsmaßnahmen findet in der Regel jedoch nicht statt.[55]

Weitere Maßnahmen zur staatlichen Unterstützung von einkommensschwachen Familien: Die Einzelstaaten können seit 1996 vollkommen frei über die Einkommens- und Vermögensgrenzen (earning disregards und asset limits) von Sozialhilfeempfängern entscheiden. Darüber hinaus steht es ihnen frei, das Lohneinkommen von armen Familien über die Einführung eines eigenen »Earned Income Tax Credit« (EITC) – zusätzlich zum Bundesprogramm – zu erhöhen und erwerbstätigen Eltern auch nach Verlassen des TANF-Programms eine medizinische Versorgung (transitional medical assistance) und Unterstützung bei der Kinderbetreuung (transitional child care) zukommen zu lassen. Von der zuletzt genannten Möglichkeit haben etwas mehr als die Hälfte aller Bundesstaaten Gebrauch gemacht. Bis auf drei Ausnahmen wurden in allen Bundesstaaten zudem die Einkommens- und Vermögensgrenzen für das TANF-Programm gegenüber dem alten System angehoben, so dass sich der Anteil aller Transferempfänger, die erwerbstätig sind und ihr Lohneinkommen mit Sozialhilfe aufstocken, seit 1996 deutlich erhöht hat. In lediglich vier Bundesstaaten (Delaware, Illinois, Maryland

---

(Washington) zurück, die auf Druck von Frauen- und Bürgerrechtsorganisationen sowie auf der Grundlage von Forschungserkenntnissen, nach denen etwa 15 bis 30 Prozent aller TANF-Empfängerinnen Opfer häuslicher Gewalt sind und 50 bis 60 Prozent in ihrem Leben von Gewalt und sexuellem Missbrauch betroffen waren, im Herbst 1996 eine entsprechende Gesetzesinitiative eingebracht haben (Richmond 2001).

55 Über die Umsetzung der »family violence option« ist bislang wenig bekannt. Als die größten praktischen Probleme gelten, dass anders als für die Kinderbetreuung keine zusätzlichen Bundesmittel für soziale Dienstleistungen bereitgestellt werden und dass in den Sozialämtern kaum ausgebildete Psychologen oder Sozialarbeiterinnen zur Verfügung stehen bzw. die zuständigen Sachbearbeiterinnen mit der Aufgabe, Gewalt- und Missbrauchserfahrungen zu erkennen und die betroffenen Frauen zu beraten, aufgrund von Arbeitsüberlastung und mangelnder Ausbildung vollständig überfordert sind (vgl. Hearn 2002; Richmond 2001).

und Rhode Island) sehen die TANF-Richtlinien vor, dass die Perioden, in denen Sozialhilfeempfänger einer Lohnarbeit nachgehen, nicht auf ihre fünfjährigen Zeitlimits angerechnet werden (McNichol/Springer 2004: 18). In allen anderen Bundesstaaten führt Erwerbstätigkeit zu keiner zeitlichen Verlängerung der Anspruchsberechtigung auf Cash-Transfers im Rahmen des TANF-Programms.

Außerdem haben 20 Staaten inzwischen ein eigenes EITC-Programm eingeführt (Okwuje/Johnson 2006: 1), mit dem Niedriglohnarbeiter mit Kindern entlastet werden, indem ihnen entweder weitere Einkommenssteuern erlassen und/oder auf Antrag beim Finanzamt bei besonders niedrigen Erwerbseinkommen Zuschüsse gewährt werden können. Bei Familien mit einem Jahreseinkommen zwischen $6.000 und $12.000 können diese über das Steuersystem abgewickelten Lohnbezuschussungen des Bundes und der Einzelstaaten eine Aufstockung der Einkommen um bis zu 40 Prozent bedeuten (Beamer 2005: 386), womit sich der EITC in den USA sowohl zu einem Instrument der Armutsbekämpfung unter Erwerbstätigen als auch zu einem massiven staatlichen (indirekten) Subventionsprogramm für Unternehmen entwickelt hat, die sich dadurch der Aufgabe entledigen können, ihren Beschäftigten existenzsichernde Löhne zu zahlen. Um diesem Problem bzw. Mitnahmeeffekt zumindest teilweise entgegenzuwirken, haben 13 Landesregierungen in den vergangenen zehn Jahren außerdem entschieden, die für ihre Bundesstaaten geltenden Mindestlöhne weiter anzuheben (Center for American Progress 2007a). Hatten 1998 nur sieben Bundesstaaten Mindestlöhne, die über dem seit 1997 nicht mehr veränderten nationalen Standard von $5,15 lagen, so sind es heute (Stand: Januar 2007) 31. Die sechs Staaten mit den höchsten Mindestlöhnen (zwischen $7,40 und $7,93) sind Kalifornien, Connecticut, Massachusetts, Oregon, Vermont und Washington (ebd.). Aber selbst die strikte Implementierung und Kontrolle dieser deutlich über den nationalen Vorgaben liegenden Mindestlöhne würde – gäbe es keine weiteren staatlichen Unterstützungen und Sozialtransfers – nach Berechnungen von Wirtschaftswissenschaftlern nicht ausreichen, Armut unter Erwerbstätigen in den unteren Arbeitsmarktsegmenten zu verhindern. Um eine Familie mit zwei Kindern, in denen nur ein Elternteil Vollzeit erwerbsfähig sein kann, über die offizielle Armutsgrenze zu bringen, müsste der Mindestlohn in den USA auf $9,06 die Stunde angehoben werden (Chasanov 2005: 4).[56]

---

56 Eine aktuelle Gesetzesinitiative, die im Januar 2007 bereits im House of Representatives mit einer klaren Mehrheit verabschiedet wurde und demnächst im Senat zur Abstimmung ansteht, sieht vor, den bundesweit geltenden Mindestlohn von $5,15 in den nächsten zwei Jahren auf $7,25 zu erhöhen. Hiervon wären schätzungsweise 10,4 Millionen Arbeitnehmer

Obwohl auf der regionalen Ebene neben dem Ausbau des EITC und der Anhebung von Mindestlöhnen noch weitere Instrumente der Armutsbekämpfung wie zum Beispiel die Einführung einer gesetzlichen Krankenversicherung sowie die Reform der Arbeitslosenversicherung diskutiert werden und zum Teil auch Gegenstand aktueller Gesetzesinitiativen sind (vgl. McNichol/Springer 2004; Venner u.a. 2005; Burton u.a. 2007), soll an dieser Stelle nicht weiter auf diese eingegangen werden, weil sie nur in einem mittelbaren Zusammenhang mit der »Welfare Reform« stehen (vgl. hierzu S. 347 ff.). Der Überblick zu den wichtigsten Veränderungen in den regionalen Gesetzgebungen, mit denen die Einzelstaaten auf die Vorgaben des Bundes seit 1996 reagiert haben, sollte jedoch deutlich gemacht haben, dass bereits die Devolution erster Ordnung ein Patchwork von ganz unterschiedlichen Regelungen und Politiken auf der regionalen Ebene herbeigeführt hat, so dass es heute fast nicht mehr möglich ist bzw. sinnvoll erscheint, von einem nationalen Sozialhilfesystem in den USA zu sprechen. In den abschließenden Betrachtungen dieses Kapitels zur Re-Föderalisierung und Re-Konditionalisierung der Sozialhilfepolitik werden in einem ersten Schritt zunächst die zentralen Forschungsergebnisse zu den neuen TANF-Programmen in Bezug auf die beschäftigungs- und familienpolitischen Zielsetzungen der nationalen Gesetzgeber zusammengefasst. In einem zweiten Schritt erfolgt eine Bestandsaufnahme der regionalen Workfare-Politiken, inklusive der Vorstellung und Diskussion der bis heute vorliegenden sozialwissenschaftlichen Typologisierungs- und Erklärungsversuche.

Vorläufige Auswirkungen der TANF-Politik

Das Gros der wissenschaftlichen Begleitstudien, die seit 1996 die Auswirkungen der »Welfare Reform« und ihrer Umsetzung in den Bundesstaaten untersuchen, lässt sich in drei Kategorien unterteilen (vgl. Brush 2002; Grogger/Karoly 2005): Implementierungsstudien (administration studies), Untersuchungen zur Situation der Familien, die den Sozialhilfebezug verlassen haben (leaver studies), und solche, bei denen die Beschäftigungshindernisse von Menschen im Zentrum stehen, die weiterhin Transferleistungen erhalten (barrier studies). Die größte Aufmerksamkeit in der Fach- und Medienöffentlichkeit haben die vom Bund und den Landesregierungen finanzierten Implementierungsstudien erfahren,

---

betroffen. Gleichzeitig wären mit dem Gesetz Steuerentlastungen für die Unternehmen von über \$8 Milliarden verbunden (Center for American Progress 2007b).

die auf Grundlage der Auswertung verwaltungsinterner Daten der Frage nachgehen, inwieweit die neuen regionalen TANF-Programme die offiziellen Zielsetzungen der Bundesgesetzgeber erreicht haben. Als größter Erfolg gilt in der Fachliteratur der drastische Rückgang der Fallzahlen, gefolgt von der stark gestiegenen Erwerbsquote – sowohl unter Frauen und Männern im Sozialhilfebezug als auch unter denjenigen, die den Leistungsbezug verlassen haben. Im Gegensatz dazu haben die Programme und Maßnahmen zur »Stärkung traditioneller Familienformen« offensichtlich keine nennenswerten Auswirkungen gehabt. Die meisten Studien konnten nur geringe oder gar keine »Fortschritte« bei der Umsetzung der familienpolitischen Ziele der Bundesgesetzgeber feststellen. Weder bei der Zahl der unehelichen Geburten noch bei der Zahl der Eheschließungen hat es seit Verabschiedung der »Welfare Reform« wesentliche Veränderungen gegeben. Der Anteil von Kindern, die in Haushalten ohne Vater leben, ging bundesweit zwischen 1997 und 2002 nur geringfügig von 38 auf 35 Prozent zurück (Urban Institute 2006: 2). Besonders positiv hervorgehoben wird in einigen Untersuchungen und Regierungsberichten allerdings die abnehmende Anzahl von unehelichen Geburten unter afroamerikanischen minderjährigen Müttern, die im selben Zeitraum um 3,5 Prozent gesunken sei (Rodgers 2005: 288).

Dagegen sind die dokumentierten Rückgänge bei der Inanspruchnahme von Transferleistungen seit der Verabschiedung der »Welfare Reform« enorm: Während die Sozialhilfequote zwischen 1996 und 2005 bundesweit um 52 Prozent gesunken ist, fiel die Zahl der Hilfebezieher in einigen Staaten in diesem Zeitraum um über 90 Prozent (US Department of Health and Human Services 2006: A-18). Zu den Bundesstaaten mit den eindeutig höchsten »caseload reductions« gehören drei Staaten im Mittleren Westen (Wyoming 93 Prozent, Illinois 82 Prozent, Idaho 78 Prozent) und einer der ärmsten Südstaaten (Louisiana 77 Prozent) (ebd.).[57] Bezogen 1996 noch etwa 4,6 Millionen Familien Unterstützung aus dem AFDC-Programm, so waren es im Sommer 2006 nur noch 1,7 Millionen, die im Rahmen der neuen regionalen Beschäftigungsprogramme finanzielle Hilfen erhielten (ebd.). Seit Beginn der wirtschaftlichen Rezession (2001) sind in 27 Bundesstaaten die Fallzahlen im TANF-Programm wieder leicht – durchschnittlich um 1,8 Prozent – angestiegen (Center for Policy Analysis and Research 2004: 1). In 23 Einzelstaaten gab es seitdem trotz erhöhter Arbeitslosen- und Armutsquoten

---

57 Für die Bundesstaaten mit den niedrigsten Rückgängen in ihrer Sozialhilfequote (Nebraska 26 Prozent, Indiana 34 Prozent, Tennessee 37 Prozent, District of Columbia 39 Prozent, Arizona 42 Prozent, Rhode Island 44 Prozent) lassen sich keine eindeutigen geographischen oder anderen Muster nachweisen.

weitere Rückgänge in der Inanspruchnahme von Transferleistungen (ebd.).

Auch die Zusammensetzung der Hilfe beziehenden Familien hat sich seit 1996 auffällig verändert. Obwohl der Anteil von Immigranten, die Leistungen des TANF-Programms wahrnehmen, zwischen 1996 und 2002 bundesweit von etwa 7 auf 2 Prozent gesunken ist (Camarota 2003: 2), ist der Anteil ethnischer Minoritäten von etwa drei Fünftel auf zwei Drittel aller Hilfebezieher gestiegen. Während der Anteil afroamerikanischer Familien in etwa konstant geblieben ist (39 Prozent) und sich der Anteil von hispanischen Familien von 18 auf 26 Prozent erhöht hat, ist der Anteil weißer Familien von 39 auf 30 Prozent gesunken (US Department of Health and Human Services 2004: A-19), was bedeutet, dass Weiße im größeren Umfang den Sozialhilfebezug verlassen haben als Angehörige ethnischer Minderheiten.

Welche Faktoren für diese erhebliche Reduzierung der Sozialhilfequote und die veränderte Zusammensetzung der Gruppe der Hilfebezieher maßgeblich verantwortlich sind, ist in der Fachliteratur umstritten. Da die höchsten Rückgänge bei den Fallzahlen kurz vor und nach Verabschiedung der »Welfare Reform« erfolgten, führen die meisten Studien diese Entwicklung zum Großteil auf den ökonomischen Aufschwung in der zweiten Hälfte der 1990er Jahre und damit einhergehende bessere Beschäftigungschancen für niedrigqualifizierte Arbeitnehmer, vor allem für alleinerziehende Frauen, zurück (Moffitt/Roff 2000; Ziliak u.a. 2000; Acs u.a 2001; Blank 2002; Bok/Simmons 2002; Besharov 2004). Bundesweit stieg die Erwerbsquote unter alleinstehenden Müttern – unabhängig vom Sozialhilfebezug – zwischen 1995 und 2000 um 11,3 Prozent an und erreichte 2000 mit 73 Prozent ihren vorläufigen Höhepunkt (Sherman u.a. 2004: 2).

Andere Untersuchungen messen den Zeitlimits und Sanktionen in den neuen TANF-Programmen eine entscheidende Bedeutung bei der Senkung der Fallzahlen zu (Jencks/Swingle 2000; Schram/Soss 2001; Soss u.a. 2006; Lens 2006). Vergleiche zwischen Bundesstaaten machen deutlich, dass in den Staaten mit besonders strikten Sanktionsanwendungen die Inanspruchnahme von Sozialhilfeleistungen am stärksten gesunken ist (Rector/Youssef 1999; Soss u.a. 2006). Nach Angaben des Center on Budget and Policy Priorities (Parrott/Sherman 2006), die auf Modellrechnungen des Bundessozialministeriums basieren, kann etwa die Hälfte des Rückgangs der Sozialhilfequoten mit den 1996 eingeführten verschärften Zugangsregeln und Diversionsstrategien der Einzelstaaten und Kommunen erklärt werden, von denen überproportional stark Immigranten, Personen mit erheblichen Gesundheitsproblemen und einer niedrigen Schulbildung betroffen sind. Demnach erhalten heute nur noch 48 Prozent aller Familien, die von ihrem Einkommen her vor der nationalen Sozialhilfereform anspruchsberechtigt gewesen wären, von den Lokalverwaltungen überhaupt noch monetäre Unterstützung (ebd.: 2).

Zur Arbeitsmarktintegration und zu den Beschäftigungsaussichten von Sozialhilfeempfängern liegen recht unterschiedliche und zum Teil widersprüchliche Ergebnisse vor (vgl. Lichter/Jayakody 2002; Christopher 2004; Hennessy 2005; Rodgers 2005; Courtney/Dworsky 2006). Einig sind sich die meisten Studien darüber, dass der Anteil der erwerbstätigen Sozialhilfeempfänger – das heißt derjenigen, die Lohnarbeit mit Transferleistungen kombinieren – aufgrund der erhöhten Einkommensgrenzen in den TANF-Programmen gegenüber dem alten System deutlich angestiegen ist. Das Urban Institute (2006: 1) beziffert diesen Anstieg zwischen 1997 und 2004 in einer aktuellen Zusammenfassung der Forschungsliteratur bundesweit auf 13 Prozent (von 31 auf 44 Prozent). Angaben zur Beschäftigungs- und Einkommenssituation derjenigen, die den Sozialhilfebezug dauerhaft seit 1996 verlassen haben, variieren dagegen, je nachdem welche Berechnungsgrundlagen den »leaver studies« zugrunde liegen. Die meisten dieser Studien, welche die Beschäftigungsentwicklung ausgewählter Gruppen von Sozialhilfeempfängern über einen Zeitraum von zwei bis drei Jahren untersuchen, gehen bereits dann schon von einer erfolgreichen Arbeitsmarktintegration aus, wenn dem Verlassen des Leistungsbezugs eine zweimonatige Erwerbstätigkeit folgte (vgl. Rodgers 2005). Dieser Definition entsprechend haben zwischen 1996 und 2000 deutlich mehr als die Hälfte (zwischen 57 und 64 Prozent) aller ehemaligen Sozialhilfeempfänger den Sprung in die »ökonomische Selbständigkeit« geschafft (Haskins 2001: 5). Betrachtet man die Art der Arbeitsmarktintegration etwas genauer, dann zeigt sich jedoch, wie instabil und prekär diese Beschäftigungserfolge sind. Schätzungsweise 20 bis 30 Prozent der »leavers« kehren innerhalb von zwei Jahren aufgrund materieller Nöte wieder in den Sozialhilfebezug zurück (Loprest 2002: 2); in einigen Bundesstaaten waren es bis zu 50 Prozent (Wisconsin's Joint Legislative Audit Bureau 2005: 6). Zudem konnte bei lediglich einem Fünftel aller ehemaligen Sozialempfänger eine kontinuierliche Erwerbstätigkeit von mehr als zwei Jahren festgestellt werden (Loprest 2002: 3). Weniger als die Hälfte arbeitete nach Verlassen des Leistungsbezugs länger als ein Jahr (Richer u.a. 2003: 5). 58 Prozent gingen im Jahr 2002 nach Verlassen des Leistungsbezugs überhaupt keiner Lohnarbeit nach (Loprest 2003: 1). Es wird geschätzt, dass die Gruppe der vollständig »Abgehängten« (»no work, no welfare«) inzwischen auf über eine Million Familien (mit mehr als zwei Millionen Kindern) angewachsen ist (Parrott/Sherman 2006: 2).

Darüber hinaus haben sich die Beschäftigungsaussichten von Sozialhilfebeziehern im Laufe der Zeit offensichtlich verschlechtert. Gaben 1997 noch 70 Prozent als Grund für das freiwillige Verlassen des Leistungsbezugs die Aufnahme einer Beschäftigung oder höhere Einkünfte infolge von Erwerbstätigkeit an, so war ihr Anteil 2002 auf 56 Prozent gesunken (Loprest/Zedlewski 2006: 24). Dagegen stieg der Anteil derjenigen, die als Grund für ihren »Ausstieg« Schikanen der Sozialbehörden nannten, von 8,6 auf fast 20 Prozent an (ebd.). Fast zwei Drittel aller, die den Sozialhilfebezug aufgrund einer Erwerbstätigkeit in den letzten Jahren verlassen haben, leben darüber hinaus weiterhin unter der offiziellen Armutsgrenze (Fremstead 2004: 3); fast die Hälfte wurde 2002 trotz einer durchschnittlichen Beschäftigung von mehr als 35 Wochenstunden als sehr arm – ihr Einkommen liegt deutlich unter der Armutsgrenze – eingestuft (ebd.). Eine Studie in Wisconsin fand heraus, dass das durchschnittliche Nettoeinkommen von erwerbstätigen »leavers« noch unter dem Einkommen lag, das ihnen im Sozialhilfebezug zur Verfügung stand (Cancian u.a. 2003), da die in ihren Beschäftigungsverhältnissen erzielten Löhne zu niedrig ausfallen, um den Verlust von staatlichen Leistungen und erhöhte Kinderbetreuungskosten kompensieren zu können. Es wird geschätzt, dass Arbeitnehmerinnen, die lediglich den Mindestlohn verdienen und keinerlei staatliche Subventionen erhalten, in manchen Regionen zwischen 45 und 64 Prozent ihres Gesamteinkommens für die Betreuung eines Kleinkindes aufbringen müssen (California Child Care Resource and Referal Network 2002: 2).

Bundesweit liegen die durchschnittlich erzielten Stundenlöhne der ehemaligen Transferempfänger zwischen $7 und $8 (Rodgers 2005: 283). 70 Prozent der erwerbstätigen »leavers« waren ohne Krankenversicherung, etwa ein Drittel arbeitete nachts oder in irregulären Schichten, 11 Prozent gingen mehreren Jobs nach (Loprest 2002: 2). Zu den typischen Beschäftigungsfeldern für ehemalige Sozialhilfeempfänger gehören neben dem Einzelhandel das Gastronomie- und Hotelgewerbe sowie die Kinder-, Kranken- und Altenbetreuung. Fast die Hälfte arbeitete im Dienstleistungssektor, etwa 25 Prozent im Einzelhandel und 14 Prozent in der Produktion (Richer u.a. 2001: 7; Boushey/Rosnick 2004: 3). In Wisconsin zum Beispiel sind etwa 40 Prozent aller Arbeitgeber von ehemaligen Sozialhilfeempfängern Zeitarbeitsfirmen (Wisconsin's Joint Legislative Audit Bureau 2005: 6), was wiederum auf den temporären und prekären Status der Beschäftigungsverhältnisse verweist.

War in der zweiten Hälfte der 1990er Jahre mit erhöhten Erwerbs- und fallenden Sozialhilfequoten noch ein bundesweiter Rückgang der Armutsrate von 13,7 (1996) auf 11,3 Prozent (2000) verbunden (Witte 2004), so hat sich dieser positive Trend seit 2000 nicht weiter fortgesetzt. Bei weiterhin sinkenden Sozialhilfequoten stieg die bundesweite Armutsrate und die Anzahl der Familien, die in tiefer Armut leben, in den USA seitdem wieder deutlich an: Das Jahr 2004 markierte mit 15,6 Millionen Personen, die weniger als die Hälfte des offiziellen Armutseinkommens zur Verfügung haben, das schlechteste Ergebnis seit 1975 (Catholic Campaign for Human Development 2006). Gerade für Familien in den untersten Einkommensgruppen hat sich die »Welfare Reform« als armutsverschärfend erwiesen, da ihr durchschnittliches Einkommen seit Mitte der 1990er Jahre um etwa 10 Prozent gesunken ist (Bryan 2005: 597); bei Familien mit alleinerziehenden Müttern betrug der Rückgang 13 Prozent (Murray/Primus 2005: 312). In etwa einem Drittel aller Bundesstaaten ist die Armutsrate zwischen 1997 und 2003 parallel zu sinkenden Sozialhilfequoten zudem um 3 bis 40 Prozent angestiegen (Rodgers u.a. 2006: 664); in immerhin 14 Staaten lag sie 2004 bei über 13 Prozent (ebd.: 660).

Die obigen Angaben stellen eine Synthese der Forschungsliteratur zu den in der Fach- und Medienöffentlichkeit am stärksten diskutierten Auswirkungen der neuen Sozialhilfepolitik dar. Diese spiegeln vor allem bundesweite Trends wider, geben aber auch erste Hinweise auf die Bedeutung einzelner Programmelemente wie beispielsweise Sanktionen und Diversionsstrategien auf der subnationalen Ebene, die in den folgenden Fallstudien zu New York und Los Angeles noch eine stärkere Berücksichtigung finden werden. Die folgende Bestandsaufnahme der TANF-Politik dient der zusammenfassenden Diskussion und Bewertung der von den Landesregierungen gewählten Schwerpunktsetzungen und der in den Sozialwissenschaften entwickelten Ansätze, die einzelstaatlichen Variationen und Dynamiken in der Sozialhilfe- und Beschäftigungspolitik seit 1996 zu erklären.

Bestandsaufnahme der TANF-Politik der Einzelstaaten

Die nach 1996 von den Bundesstaaten verabschiedeten Richtlinien und Gesetze zur Implementierung der nationalen Sozialhilfereform verweisen auf erhebliche Unterschiede im Umgang mit den im Bundesgesetz enthaltenen Ermessensspielräumen. Dies trifft vor allem auf die Ausgestaltung der Anspruchsberechtigung und auf die Zugangsbedingungen zu den neuen Transferprogrammen zu. Lediglich ein Bruchteil aller Staaten (etwa 15 Prozent) hat auf die Verlagerung der sozialpolitischen Verantwortung für bedürftige Familien mit der Etablierung eigenständiger Unterstützungsprogramme reagiert, um Versorgungslücken auszugleichen, die durch die Einführung von Zeitlimits und die Ausgrenzung von Migranten aus bundesstaatlichen Fürsorgeleistungen entstanden sind. Noch weniger – etwa zehn Prozent – haben sich dafür entschieden, Leistungen im Rahmen ihrer TANF-Programme mit einem einklagbaren Rechtsanspruch zu versehen. Die meisten Landesgesetze haben dagegen nun auch die finanzielle Unterstützung von notleidenden Familien – analog zur Daseinsfürsorge für Alleinstehende (»General Assistance«) – zu einer freiwilligen kommunalen Leistung erklärt, die jederzeit eingeschränkt oder verweigert werden kann, ohne mit rechtlichen Folgen rechnen zu müssen.

Erstaunlich hoch ist darüber hinaus die Zahl der Bundesstaaten, die über die Vorgaben des Bundesgesetzgebers hinaus weitere weitreichende Restriktionen in ihre Landesgesetze aufgenommen haben, welche die Inanspruchnahme von Transferleistungen erschweren oder ganz verhindern können. Neben zusätzlichen zeitlichen Befristungen gehören hierzu in mehr als der Hälfte aller Staaten unterschiedliche Diversions- und Sanktionsstrategien, die nach Stand der Forschungslage zumindest teilweise den drastischen Rückgang der Hilfeempfänger in den TANF-Programmen seit 1996 erklären können. Unterschiedlichen Schätzungen zufolge lag der Anteil aller Hilfebezieher, die in den ersten Jahren der Umsetzung der »Welfare Reform« von Leistungseinstellungen infolge von behördlichen Sanktionen betroffen waren, in den Bundesstaaten zwischen 5 und 45 Prozent (Meyers 2004 u.a.: 444); für einzelne Staaten kamen Studien auf bis zu 60 Prozent.[58] Aber auch die neuen Diversionsregeln, die zu den wenigen »Innovationen« der Landesregierungen in den späten 1990er Jahren zählen, weil sie der nationale Gesetzgeber in dieser Form nicht vorgesehen hatte, haben sich – so zeigen zahlreiche Untersuchungen – vielerorts zu einem wichtigen Instrument der Lokalverwaltungen zur Regulierung der Fallzahlen entwickelt (Bell/Strege-Flora 2000; Edelman 2002; Acs u.a. 2003; Tanner 2003). Demnach konzentrieren sich immer mehr Lokalverwaltungen in den USA darauf, bedürftige Familien von der Antragstellung abzuhalten und sie an private Wohlfahrtseinrichtungen zu verweisen.

Nur wenige Bundesstaaten messen zudem der beruflichen Qualifizierung und aktiven Arbeitsförderung von Hilfeempfängern – über die Unterstützung bei der unmittelbaren Stellensuche hinaus – eine wichtige Rolle zu. Zwar haben mehr als ein Drittel aller Landesregierungen in ihren TANF-Richtlinien festgeschrieben, dass Transferempfängern auch weiterhin der Zugang zu Weiterbildungsmaßnahmen (inklusive einer College-Ausbildung) gewährt werden soll. In der Praxis zeigt sich je-

---

58 Diesen Studien zufolge lag die Sanktionsrate zwischen 1996 und 1998 in Delaware mit 60 Prozent am höchsten, gefolgt von Indiana mit 45 Prozent (Pavetti u.a. 2003: 9).

doch, dass die Einzelstaaten – mit wenigen Ausnahmen[59] – die Abkehr des Bundes von einem »human capital approach« in der Sozialhilfepolitik nachvollzogen haben. Weniger als 15 Prozent aller Staaten haben die Option, 30 Prozent aller erwerbsfähig eingestuften TANF-Empfänger an Trainings- oder Bildungsmaßnahmen teilnehmen zu lassen, überhaupt ausgeschöpft (US Department of Health and Human Services 2004: XIV). Darüber hinaus führten komplizierte Auflagen in vielen Regionen der USA zu einem von den lokalen Verwaltungen forcierten Ausschluss von Sozialhilfeempfängerinnen aus dem postsekundären Bildungssystem: Bereits in den ersten drei Jahren nach der Verabschiedung des PRWORA sank ihr Anteil an allen College-Studenten bundesweit um 20 Prozent (Cox/Springs 2000: 12).[60] Im Jahr 2004 nahmen bundesweit weniger als fünf Prozent aller Hilfebezieher an längerfristigen berufsqualifizierenden Maßnahmen teil; in lediglich sieben Staaten lag ihr Anteil bei über zehn Prozent (Minoff 2006: 3). Zudem haben zahlreiche Untersuchungen bei den Bildungsinvestitionen Diskriminierungen gegenüber nichtweißen Hilfeempfängern festgestellt (Gooden 1998; Pittz/Delgado 2002; Rockeymore/Cox 2002; Kahn u.a. 2004; Dill u.a. 2004). Gemessen an ihrem Anteil an der Sozialhilfebevölkerung kamen schwarze und hispanische Programmteilnehmer demnach deutlich seltener als weiße in den Genuss von beschäftigungsrelevanten Qualifizierungs- und Weiterbildungsmaßnahmen.

---

59 In einer »National Evaluation of Welfare-to-Work Strategies« (NEWWS), welche die Weiterbildungsprogramme der Einzelstaaten nach den Beschäftigungsergebnissen der Teilnehmer (Qualität und Stabilität der nach Abschluss eingegangenen Arbeitsverhältnisse, Löhne, Sozialleistungen etc.) bewertet, schnitten Oregon und Kalifornien in Bezug auf ihre Qualifizierungsangebote am besten ab (Strawn 2004: 2). Diese Studie sagt jedoch nichts über die Länge der Maßnahmen sowie über die Pro-Kopf-Investitionen aus und berücksichtigt auch nicht Qualifizierungsprogramme, die allein aus Landesmitteln finanziert werden, so dass ein bundesweiter Vergleich und vor allem ein Vergleich mit dem alten AFDC-JOBS-System Mitte der 1990er Jahre (vgl. S. 110 ff.) nur bedingt möglich ist.

60 1998 waren in Massachusetts bereits 46 Prozent weniger Sozialhilfeempfänger an Community-Colleges eingeschrieben (Karier 1998: 15), in Michigan betrug der Rückgang zwischen 1996 und 1998 fast 50 Prozent (Kahn/Polakow 2004: 11). Allein die City University of New York (CUNY) vermeldete, dass in den ersten vier Jahren nach der »Welfare Reform« der Anteil ihrer Studierenden, die AFDC bzw. TANF erhielten, um 77 Prozent, das heißt von 22.000 auf 5.000 zurückgegangen war (Applied Research Center 2001: 3). Nach Angaben des Bundesbildungsministeriums hatten 1994/95 noch 684.763 Sozialhilfeempfänger einen Antrag auf finanzielle Förderung einer postsekundären Ausbildung an einem College oder einer Universität (student aid) gestellt, 1998/99 war die Zahl um 47,6 Prozent auf 358.530 gesunken (Greenberg u.a. 2000: 37).

Diese Praxis der Bundesstaaten, die berufliche Qualifizierung insbesondere von Angehörigen ethnischer Minderheiten zu vernachlässigen und Hilfeempfänger mit kurzfristigen Maßnahmen wie Bewerbungstrainings vornehmlich auf Tätigkeiten im Niedriglohnsektor vorzubereiten, kann nicht auf finanzielle Restriktionen oder Überlastungen der lokalen Verwaltungen und Bildungsträger zurückgeführt werden. Rechnet man die in den Jahren 1996 bis 2002 vom Bund bereit gestellten TANF-Mittel auf die erheblich gesunkene Anzahl der Empfänger um, so stand in diesem Zeitraum den meisten Bundesstaaten zur Unterstützung und Weiterbildung wesentlich mehr Geld pro Kopf zur Verfügung (etwa $16.000 pro Jahr) als vor der »Welfare Reform«, als es durchschnittlich $7.000 waren (US White House 2003). Hinzu kommt, dass die meisten Behörden bis 2006 faktisch nur noch einen minimalen Teil ihrer Sozialhilfeempfänger in Arbeit oder Beschäftigungsmaßnahmen bringen mussten, um den Auflagen des PRWORA zu genügen. Nach Anrechnung des »caseload reduction credit« lagen die korrigierten Beschäftigungsquoten 2003 für alle TANF-Familien in 18 Bundesstaaten bei 0 Prozent, in 15 zwischen 0 und 10 Prozent und nur in 7 bei über 20 Prozent (US Department of Health and Human Services 2004: III-8). Das bedeutet, dass sich die Entscheidungen der Einzelstaaten und Kommunen, im Bereich der Arbeitsförderung vor allem auf kurzfristige und an der »work first«-Ideologie orientierte Instrumente zu setzen und die Ausbildungs- und Qualifizierungsbedürfnisse der besonders benachteiligten Personengruppen im TANF-Bezug zu ignorieren, nicht allein aus den strikten Bundesvorgaben und Quoten erklären lassen.

Nicht nur bei den Bildungsinvestitionen schöpften die Bundesstaaten die ihnen zur Verfügung stehenden Möglichkeiten bislang nur unzureichend aus. Auch im Bereich der Kinderbetreuung, der von den meisten offiziellen Studien als entscheidend für die erfolgreiche Beschäftigungsförderung von Frauen erachtet wird, zeigen sich erhebliche Engpässe und Probleme. Obwohl sich die Anzahl aller minderjährigen Kinder in armen Familien, die von staatlichen Betreuungszuschüssen profitieren können, zwischen 1996 und 2001 (von einer auf zwei Millionen) verdoppelt hat (Mezey 2004: 3), ist Rhode Island bis heute der einzige Bundesstaat, der allen einkommensschwachen Familien Unterstützung bei der Kinderbetreuung zugesteht. Und obwohl die Bundesstaaten in den ersten vier Jahren nach der Sozialhilfereform ihre Ausgaben für Kinderbetreuungskosten um durchschnittlich 80 bis 100 Prozent gegenüber 1995 erhöht haben (Boyd u.a. 2003: 21), kamen selbst in Phasen enormer Mittelüberschüsse maximal 25 Prozent aller anspruchsberechtigten Familien in den Genuss von Subventionen (Layzer/Collins 2000: 7).

Zahlreiche Studien weisen zudem darauf hin, dass die Kinderbetreuungsangebote für Frauen oftmals von schlechter Qualität und den Bedürfnissen von Frauen, die nachts oder im Schichtsystem arbeiten müssen, nicht angepasst sind (Wilkins 2002a; Coley u.a. 2004). Dementsprechend gerieten immer mehr Frauen in die Zwangslage, zugunsten der Erfüllung der strikten Beschäftigungsauflagen ihre Aufsichtspflicht vernachlässigen zu müssen, was im schlechtesten Fall zu einer Verwahrlosung und Gefährdung der Kinder und zum Entzug des Sorgerechts führen kann (vgl. Roberts 1999; Mink 2002; Schleiter u.a. 2002; Korteweg 2002). Mehrere Forscher führen zudem den rasanten Anstieg von Kindern, die in der zweiten Hälfte der 1990er Jahre zur Adoption freigegeben wurden oder in Pflegefamilien lebten, auf die Sozialhilfereform zurück (vgl. Watson 2002). Dass »freiwillige« Sozialleistungen zu den ersten gehören, die in Zeiten von fiskalischen Engpässen gekürzt werden, zeigen darüber hinaus jüngere Erhebungen: Seit Beginn der Rezession 2001, die zur schwersten Haushaltskrise einiger Bundesstaaten seit dem Zweiten Weltkrieg beigetragen hat, waren in fast der Hälfte der Bundesstaaten erhebliche Einschnitte bei den Ausgaben für Kinderbetreuung festzustellen; schätzungsweise 300.000 Familien verloren innerhalb von drei Jahren ihren Anspruch auf Unterstützung (Mezey 2004: 5).

Was von den meisten Forschungsarbeiten zudem vernachlässigt wird, ist der Trend zur Umschichtung von nationalen Fördermitteln zuungunsten der besonders Bedürftigen. Insgesamt haben viele Einzelstaaten das neue TANF-Finanzierungsmodell (Umstellung auf Pauschalzuweisungen des Bundes) seit 1996 genutzt, um ihren eigenen Ausgabenanteil zu senken. In den ersten Jahren nach der »Welfare Reform« (1996-2000) lagen die Rückgänge der einzelstaatlichen Investitionen in ihre TANF-Programme im Vergleich zum alten Sozialhilfesystem bei 4 bis 25 Prozent (Waller/Fremstead 2006: 2). Andere Staaten tendierten bis vor kurzem dazu, Fördermittel verfallen zu lassen oder anzusparen. 2001 betrug die Summe der ungenutzten TANF-Zuweisungen des Bundes $7,1 Milliarden, 2004 immerhin noch $3,4 Milliarden (ebd.). Von zahlreichen Landesregierungen und -ministerien ist zudem bekannt, dass sie TANF-Zuschüsse für Zwecke eingesetzt haben, die vom Bundesgesetzgeber nicht abgedeckt sind. Hierzu gehören allgemeine Steuererleichterungen und die Finanzierung von verschiedenen sozialen Programmen, die zuvor aus lokalen Mitteln bestritten wurden (National Campaign for Jobs and Income Support 2002: 2). Der Betrag, der aus regionalen bzw. lokalen Steuermitteln als direkte finanzielle Unterstützung an notleidende Familien geht, ist seit 1996 um mehr als $6 Milliarden gesunken und lag 2002 deutlich unter den Werten der 1970er Jahre

(Burke 2003: 17). Hiermit zeigt sich, dass die neuen TANF-Programme, die seit 1996 vom Bund jedes Jahr mit der gleichen Summe (16,4 Milliarden) bezuschusst werden, insgesamt zwar nicht zu einer nennenswerten Kostensenkung beigetragen haben, aber ein Großteil der in den Einzelstaaten eingesetzten Gelder unterdessen nicht mehr den besonders Bedürftigen, sondern verstärkt anderen Bevölkerungsgruppen und Einrichtungen zugute kommt.

Warum die Einzelstaaten auf die nationale Sozialhilfereform so reagiert haben, wie oben beschrieben, und welches die wesentlichen Einflussfaktoren sind, die den Ansatz und die Ausrichtung ihrer Workfare-Politik seit 1996 bestimmt haben, ist in der Forschungsliteratur eine weiterhin offene Frage, deren Beantwortung im Zuge der anhalten Devolutionstendenzen im US-amerikanischen politischen System jedoch auch Aufschluss für andere Politikfelder und -entwicklungen geben könnte.

Typologisierungs- und Erklärungsversuche der »state choices«

Nur einige wenige sozialwissenschaftliche Arbeiten haben sich seit 1996 überhaupt der schwierigen Aufgabe gestellt, die vielfältigen Entscheidungen der Einzelstaaten hinsichtlich der Ausgestaltung ihrer TANF-Programme nach unterschiedlichen Kriterien/Indikatoren zu gewichten und somit Typologien und Kategorien zur Charakterisierung der neuen regionalen Workfare-Systeme zu entwickeln. Zu den in der Fachliteratur am häufigsten zitierten Studien gehört die vom Center on Hunger and Poverty (1998) an der Tufts University, die anhand eines Indexsystems[61] die Einzelstaaten danach bewertet, ob sie infolge der »Welfare Reform« Programme und Maßnahmen eingeführt haben, die tendenziell zu einer Stärkung bzw. zu einer Schwächung des materiellen Wohlergehens bedürftiger Familien beitragen können. Sie kommt zu dem Ergebnis, dass lediglich 14 Einzelstaaten Gesetze und Instrumente verabschiedet haben, die einen fördernden Ansatz erkennen lassen.[62] Davon liegen sieben im Nordosten, vier im Westen, zwei im Mittleren Westen und einer im Süden des Landes. Mehr als zwei Drittel aller Staaten werden als überwie-

---

61 Die der Bewertung und Punktevergabe der Tufts-Studie zugrunde gelegten Kriterien sind 1. »benefit levels/eligibility«, 2. »time limits«, 3. »work requirements/sanctions«, 4. »assistance in obtaining work«, 5. »income and asset enhancement«, 6. »availability of subsidized child care« und 7. »special provisions for legal immigrants« (Center on Hunger and Poverty 1998: 3).

62 Dies sind Vermont, Rhode Island, Pennsylvania, New Hampshire, Maine, Connecticut, Massachusetts, Oregon, Kalifornien, Washington, Utah, Illinois, Minnesota und Tennessee (Center on Hunger and Poverty 1998: 7).

gend punitiv und restriktiv eingestuft, das heißt, sie bieten keine oder nur wenige positive Ansätze zur Förderung von bedürftigen Familien an. Davon befinden sich die meisten im Süden und im Mittleren Westen der USA.

Einen ähnlichen Ansatz zur Klassifizierung der neuen TANF-Programme wählen zwei weitere Studien, die aufgrund anderer Prioritätensetzungen und Gewichtungen jedoch zu etwas komplexeren Einschätzungen kommen. Eine vor kurzem am Institute for Policy Research an der Northwestern University durchgeführte Untersuchung (Sandoval 2006)[63] teilt die Einzelstaaten nach ihrer sozialpolitischen Ausrichtung in vier verschiedene Kategorien/Paradigmen ein: 1. »social investment«, 2. »social reform«, 3. »social retrenchment« und 4. »social disinvestment«. Zudem analysiert die Studie, wie sich die Ausrichtung der lokalen Sozialhilfe- und Beschäftigungspolitik im Zeitverlauf (1996-1999) verändert hat. Sie kommt zu dem Ergebnis, dass fast die Hälfte der Staaten seit 1996 ihre Leistungen abgebaut habe, während einige, die zuvor eher einen restriktiven Ansatz in der Sozialhilfepolitik verfolgt hätten, nach der »Welfare Reform« vergleichsweise großzügige Programme entwickelt hätten. 1999 fielen nach der Untersuchung neun Bundesstaaten unter die erste Kategorie, 19 unter die zweite, 11 unter die dritte und 12 unter die vierte Kategorie. Nach der Bewertung des Autors haben lediglich neun Bundesstaaten ihre neue »Flexibilität« genutzt, um den Übergang vom Sozialhilfebezug in Erwerbstätigkeit mit großzügigen Unterstützungsleistungen zu erleichtern, 19 weisen eine widersprüchliche Bilanz auf, während fast die Hälfte der Staaten annähernd alle Möglichkeiten ausgeschöpft haben, um den Zugang zu Leistungen restriktiv zu handhaben, und deutlich weniger Unterstützung und monetäre Hilfen anbieten als noch vor der »Welfare Reform«. Die meisten der von Sandoval als »social investment states« klassifizierten Bundesstaaten – die in weitgehender Übereinstimmung mit den Ergebnissen der Tufts-Studie zu »fördernden Staaten« vor allem im Nordosten und Westen zu finden sind – weisen einen überproportional hohen Anteil von Weißen an der Bevölkerung auf, womit die These von der Bedeutung der demographischen Zusammensetzung für die Sozialpolitik in den USA erneut untermauert wird.

Mettler (2000) hat ebenfalls unter Anwendung eines eigenen Index- und Punktesystems ein Modell von »Welfare-Governance-Typen« entwickelt, das sich an den beiden Kriterien Inklusion (incorporation) und

---

63 Sandoval zieht insgesamt 18 Policy-Variablen heran, von denen vier in den 1. Bereich (transitional benefits/asset accumulation), sieben in den 2. Bereich (exemptions and eligibility requirements) und weitere sieben in den 3. Bereich (contracts, diversion programs and time limits) fallen.

Anreizstrukturen (incentives) der neuen TANF- und Förderprogramme zur Arbeitsaufnahme orientiert.[64] Die größte Gruppe (24 Staaten) zeichnet sich nach ihren Ergebnissen dadurch aus, dass sie gleichzeitig überaus exklusive Zugangsbedingungen gewählt hat und zur Senkung ihrer Sozialhilfequoten vor allem punitive Ansätze (Sanktionen) vorsieht. Zu der Gruppe mit den restriktivsten Ansätzen gehören ihrer Untersuchung zufolge neben den Südstaaten Wisconsin, Indiana und Massachusetts. Zehn Staaten hätten dagegen relativ großzügige Zugangsbedingungen, bieten Hilfeempfängern im TANF-Programm jedoch nur wenig Unterstützung und eher niedrige Leistungen an. Zwei Staaten haben sehr restriktive Zugangsbedingungen gewählt, erzielen jedoch bessere Werte im Bereich der Anreiz- und Unterstützungsstrukturen (Illinois und Montana). Lediglich zwölf Staaten werden als »enabling« klassifiziert.[65] Sie hätten sich seit 1996 bemüht, unter den gegebenen Rahmenbedingungen ihr soziales Sicherheitsnetz entweder beizubehalten oder weiter auszubauen, und investierten überdurchschnittlich stark in Sach- und Dienstleistungen, die Sozialhilfeempfängern die Arbeitsaufnahme und den Weg in die ökonomische Selbständigkeit erleichtern sollen.

Während die vorgestellten Arbeiten und Typologisierungen bezüglich ihrer Einteilung (restriktive versus fördernde Staaten) und genereller Trends – mit einigen erheblichen Abweichungen, was die Zuordnung bestimmter Bundesstaaten betrifft – zu recht ähnlichen Ergebnissen kommen, besteht eine ihrer Schwächen darin, dass sie lediglich auf den in den Landesgesetzen und TANF-Richtlinien Ende der 1990er Jahre festgelegten Ausführungsbestimmungen basieren. Damit werden weder seitdem erfolgte Änderungen in den Verwaltungsvorschriften noch die Implementierung der Richtlinien erfasst. Zwar schreibt der Bund den Einzelstaaten vor, alle zwei Jahre einen Bericht über die Umsetzung und Ergebnisse ihres TANF-Programms vorzulegen, er gibt jedoch nicht vor, welche Angaben in diesen Berichten enthalten sein müssen (Greenberg 2001). Zahlreiche Bundesstaaten stellen daher nur sehr eingeschränkte Informationen zur Verfügung, aus denen zum Beispiel nicht hervorgeht, wie einzelne Programmbestandteile ausgestaltet sind, wie viel Geld für sie ausgegeben wird und zu welchen Ergebnissen die unterschiedlichen

---

64 Die Kategorie Inklusion bezieht sich auf die Zugangsregeln der neuen TANF-Programme (Ausgestaltung der Anspruchsberechtigung etc.), die Kategorie Anreizstrukturen auf die Angebote und Unterstützungsleistungen, die erbracht werden, wenn Familien in das Programm aufgenommen worden sind.

65 Dies sind mit diversen Abstufungen Colorado, Rhode Island, Arizona, Washington, Hawaii, New Jersey, Kentucky, Vermont, Alaska, Utah, Wyoming und Nevada (Mettler 2000: 24).

Maßnahmen geführt haben. Um die Sozialhilfepraxis und Beschäftigungsförderung in den Bundesstaaten im Zeitverlauf besser erfassen und bewerten zu können, sind daher umfangreichere Untersuchungen und vor allem qualitativ angelegte Fallstudien notwendig.

Da solche bislang aber weitgehend fehlen, basieren die gängigen Erklärungsversuche für die Unterschiede in den regionalen Ansätzen in der Sozialhilfe- und Beschäftigungspolitik seit 1996 – ähnlich wie bei den bereits zuvor zitierten Studien zur Erklärung von Differenzen der regionalen AFDC-Programme – vor allem auf statistischen Regressionsanalysen, die von Verwaltungen und großen Forschungseinrichtungen zur Verfügung gestellte Datensätze auswerten. Daher kann es wenig überraschen, dass in der Fachliteratur zur Einschätzung der »state policy choices« bei der Umsetzung der »Welfare Reform« bereits bekannte Variablen herangezogen werden (vgl. Rodgers 2005). An erster Stelle rangieren politisch-ideologische Faktoren und die ethnische Zusammensetzung der Sozialhilfe- und Armutsbevölkerung. Bundesstaaten werden nach dem Wahlverhalten ihrer Bewohner in konservative oder liberale Staaten eingeteilt. Strikte Sanktionsvorschriften, reduzierte Zeitlimits und besonders strenge Arbeitsauflagen kommen demnach stärker in Bundesstaaten mit konservativen Mehrheiten als in solchen mit liberalen Wählern zum Einsatz (Soss u.a. 2001; Gais/Weaver 2002). Punitive Ansätze (wie der Einsatz von »family caps« und strikte Sanktionen) korrelieren auch sehr eng mit dem Anteil von afroamerikanischen Familien im jeweiligen TANF-Programm, strikte Zeitlimits vor allem mit dem Anteil hispanischer Familien an der lokalen Sozialhilfebevölkerung (Soss u.a. 2001; Fording 2003; Fellowes/Rowe 2004). In ärmeren Bundesstaaten fallen nicht nur die Sozialhilfesätze niedriger aus. Ihre Regierungen investierten auch nach der »Welfare Reform« weniger als die in wohlhabenderen Staaten in fördernde Ansätze zur Arbeitsaufnahme (Gais/Weaver 2002; Rodgers 2005). Das Ausmaß sozialer Probleme (gemessen an der Höhe der Sozialhilfe-, Armuts- und Erwerbslosenquoten) scheint dagegen nur einen geringen Einfluss auf die Ausgestaltung der neuen Sozialhilfe- und Beschäftigungsprogramme zu haben. Auch hier gibt es Übereinstimmungen mit Studien, die den »Waiver«-Prozess in den 1980er und 1990er Jahren untersucht haben. Diese haben spezifischen lokalen Konditionen sowie ökonomischen Faktoren (arbeitsmarktpolitische Entwicklungen und Anforderungen, Zusammensetzung und Größe der Sozialhilfebevölkerung, Armutsentwicklung etc.) bei den Entscheidungen der Landesregierungen, ihre Sozialhilfeprogramme bereits vor der »Welfare Reform« umzustrukturieren, keine oder nur eine untergeordnete Rolle beigemessen (Lieberman/Shaw 2000; Brown 2003; Rogers-Dillon 2004).

Die wenigen vergleichenden Arbeiten zur Umsetzung der »Welfare Reform«, die auf eigenständigen empirischen und auch qualitativen Untersuchungen beruhen, zeigen jedoch, dass diese statistischen Analysen nur grobe Trends wiedergeben können und in der politikwissenschaftlichen Diskussion häufig Einflussfaktoren unterschätzt oder vernachlässigt werden, die mit aggregierten Daten nicht zu erfassen sind (vgl. Meyers u.a. 2001). So kommt Francis (1999), der die TANF-Politik der sechs Neuengland-Staaten miteinander verglichen hat, zu dem Schluss, dass weder die fiskalischen/wirtschaftlichen Ressourcen noch die parteipolitische Ausrichtung der Legislative und Exekutive festgestellte Unterschiede zwischen der Sozialhilfepolitik in den sechs untersuchten Bundesstaaten befriedigend erklären können. In Neuengland haben nach seinen Indikatoren die Bundesstaaten mit den größten wirtschaftlichen Problemen und mit dem geringsten Pro-Kopf-Einkommen (Rhode Island, Vermont und Maine) die großzügigsten TANF-Richtlinien verabschiedet. Zwei davon wurden von republikanischen Gouverneuren regiert, während der Bundesstaat mit dem restriktivsten Ansatz in der Sozialhilfepolitik (Massachusetts) über eindeutige demokratische Mehrheiten verfügte. Entscheidend bei der Ausgestaltung der neuen TANF-Programme war Francis zufolge vielmehr der Einfluss von »intervening institutions«, zu denen er vor allem die administrativen Einrichtungen und deren Leitungspersonal, aber auch in die politischen Beratungs- und Entscheidungsprozesse eingebundene Interessengruppen wie Bürgerrechts-, Immigrantengruppen und Wohlfahrtsorganisationen zählt. Ähnlich argumentieren Norris/Thompson (1995b) und Winston (2002), die in ihren überwiegend qualitativ angelegten Vergleichsstudien zur Umsetzung der »Welfare Reform« in ausgewählten Bundesstaaten lokalen Faktoren – wie der Stärke bzw. Schwäche von außerparlamentarischen Koalitionen sowie spezifischen regionalen Konflikten (etwa den Auseinandersetzungen über Migration oder über die Verteilung von Steuerlasten) – eine erhebliche Bedeutung zumessen. Weitere Untersuchungen zu ausgewählten Aspekten der Sozialhilfereform, unter anderem zum Umgang mit Qualifizierungs- und Weiterbildungsmaßnahmen (vgl. Mazzeo u.a. 2003; Price 2005) oder zu veränderten Arbeitsauffassungen der Sozialbürokratien (vgl. Ridzi/London 2006), kommen außerdem zu dem Ergebnis, dass die in den Landesparlamenten verabschiedeten Richtlinien von den lokalen Verwaltungen und den mit ihnen kooperierenden nichtstaatlichen Einrichtungen ganz unterschiedlich interpretiert und umgesetzt werden können und häufig in der kommunalen Praxis unterlaufen werden. Um die Entstehung und Entwicklung divergierender Ansätze auf der lokalen Ebene erklären zu können, müssen neben den übergeordneten rechtlichen Vorgaben, den politischen Konstellationen und den sozioökonomischen Rahmenbedingungen demnach offensichtlich weitere Faktoren und Akteure – wie zum Beispiel Auseinandersetzungen außerhalb des parlamentarisch-politischen Systems sowie die Rolle der lokalstaatlichen Bürokratie – berücksichtigt werden, was in den folgenden Fallstudien getan wird.

Zusammenfassung

Während im ersten Teil des Kapitels gezeigt werden konnte, wie die Einzelstaaten in der Phase der Modellprojekte (1962-1982) und in der Phase der »Waiver«-Politik (1981-1996) einen entscheidenden Beitrag zur Aushöhlung und Re-Föderalisierung des Sozialhilfesystems in den USA geleistet haben, befasste sich der zweite Teil des Kapitels mit der Ausgestaltung der neuen regionalen Beschäftigungs- und Transferprogramme (TANF), welche die »Welfare Reform« von 1996 hervorgebracht hat.

Als erstes Ergebnis lässt sich festhalten, dass die von den Bundesgesetzgebern eingeräumten und gegenüber dem alten System erweiterten Handlungsspielräume überaus folgenreich waren und dazu beigetragen haben, die geographischen Ungleichheiten im Umgang mit bedürftigen Familien seit Mitte der 1990er Jahre in den USA noch erheblich zu verschärfen. Zweitens können die vorläufigen Resultate der neuen regionalen Sozialhilfe- und Beschäftigungspolitiken in zweierlei Hinsicht als eher ernüchternd bezeichnet werden: zum einen mit Blick auf die Prioritätensetzung der Bundesstaaten und zum anderen in Bezug auf die aktuelle Versorgungslage der auf staatliche Unterstützung angewiesenen Armutsbevölkerung. Während sich die dokumentierten Policy-Entscheidungen einer einfachen und übersichtlichen Typologisierung weitgehend entziehen und sozialwissenschaftliche Erklärungsansätze unterschiedliche Einflüsse und Determinanten betonen, beweisen die vorliegenden und dargestellten Untersuchungsergebnisse, dass die umfassende Rückverlagerung der sozialpolitischen Verantwortung auf die subnationale Ebene mehrheitlich restriktive und punitive Ansätze gefördert hat. Deren oberstes Ziel, die Sozialhilfequoten zu senken, ging in den meisten Fällen mit einer Vernachlässigung von Investitionen in die Beschäftigungsfähigkeit von Transferempfängern einher, so dass diese – selbst wenn es ihnen gelang, eine Arbeit zu finden, was im ökonomischen Boom der späten 1990er Jahre noch vergleichsweise einfach war – der Armutsfalle nicht entgehen konnten und sich zusammen mit ihren Familien häufig sogar in einer schlechteren Position wiederfanden.

Damit haben sich die Einzelstaaten in den USA in Bezug auf die Sozialhilfepolitik in den letzten Jahren weder mehrheitlich als »Laboratorien der Demokratie« (Osborne 1988) erwiesen, in denen die Landespolitik aufgrund ihrer größeren Nähe zur Bevölkerung adäquatere und bessere Lösungsansätze als der Zentralstaat für Armutsprobleme hervorbringt, noch ist bislang abzusehen, ob und wie Bundesstaaten, Kommunen und lokale Akteure unter den von Washington vorgegebenen Rahmenbedingungen ihre Ressourcen nutzen könnten, den armutsverschärfenden Workfare-Politiken andere und wirkungsvollere Strategien entgegenzusetzen. Diesem Punkt und den damit verbundenen Fragestellungen nach dem Zusammenspiel zwischen ökonomischen und politischen Faktoren widmet sich am Beispiel der städtischen Auseinandersetzungen in New York und Los Angeles das folgende Kapitel.

URBANE WORKFARE-REGIME
IM ZEICHEN DER DEVOLUTION

Devolutionstendenzen erster und zweiter Ordnung in der US-amerikanischen Sozialpolitik sind, wie bereits ausgeführt, kein wirklich neues Phänomen. Sie haben jedoch seit Mitte der 1990er Jahre eine spezifische Dynamik entfaltet, von der vor allem die Großstädte in den USA mit einer besonders hohen Armutsbevölkerung tangiert sind. Während die Rahmenbedingungen in den jeweiligen urbanen Regionen für die Herausbildung eigenständiger Handlungsansätze unterschiedlich ausfallen, ist in der Fachliteratur allgemein anerkannt, dass die großstädtischen Zentren die Hauptlast der Neustrukturierung des Sozialhilfesystems in den USA in den 1990er Jahren zu tragen hatten bzw. weiterhin tragen (Kahn/Kameran 1998; Wolch 1998; Quint u.a. 1999; Weir 1999; Coulton 2003; Andrulis u.a. 2003; Arsneault 2004). Nicht nur wohnt hier der größte Anteil der von den Gesetzesveränderungen unmittelbar Betroffenen.[1] Es sind auch die urbanen Verwaltungsstrukturen sowie die lokalen Netzwerke von Wohlfahrtseinrichtungen, gemeinnützigen Organisationen und privaten sozialen Dienstleistern, die im Zuge der »Welfare Reform« am stärksten unter Druck gerieten und sich am umfassendsten auf

---

1 Mitte der 1990er Jahre lebten 42,5 Prozent aller Sozialhilfeempfänger in den USA in nur zehn Bundesstaaten: Florida, Georgia, Illinois, Kalifornien, Michigan, New York, Ohio, Pennsylvania, Texas und Washington (Brookings Institution 2000a: 1). 27,5 Prozent wohnten in urbanen Counties, in deren Verwaltungszuständigkeit die zehn größten Städte des Landes liegen (Waller/Berube 2002: 1). Diese sind Los Angeles County, New York City, Cook County (Chicago), Philadelphia County, San Bernadino County, Wayne County (Detroit), San Diego County, Sacramento County, Fresno County und Cuyahogo County, deren Anteil an der Gesamtbevölkerung 12,2 Prozent umfasst (Allen/Kirby 2000: 1). Die räumliche Konzentration von Sozialhilfeempfängern in urbanen Zentren hat im Laufe der Zeit noch zugenommen, da der Rückgang der Fallzahlen in vielen Städten weniger hoch ausfiel als in ländlichen Regionen (Andrulis u.a. 2003).

die neuen Aufgabenzuschreibungen und Herausforderungen der veränderten Sozialhilfepolitik umstellen mussten (Eisinger 1998; Gais u.a. 2001; Twombly 2001; Reisch/Sommerfeld 2002; Jennings 2003; Marwell 2004; Boyer 2006). Daher ist davon auszugehen, dass auch deren Reaktionen, Koalitionsbildungen und strategischer Umgang mit den verbliebenen Handlungsoptionen einen nicht unerheblichen Einfluss auf die Ausgestaltung der urbanen Workfare-Regime genommen haben.

Grundsätzlich lassen sich innerhalb der kritischen Forschungsliteratur, die sich über die unmittelbare Frage von Workfare hinaus mit Möglichkeiten redistributiver und Anti-Armuts-Politiken in den US-amerikanischen Kommunen sowie der Rolle von Community-Organisationen und städtischen sozialen Bewegungen befassen (vgl. Mayer 2003a; 2006a), vereinfachend drei Lager/Ansätze unterscheiden: erstens die eindeutigen Devolutionspessimisten, zweitens die Devolutionsoptimisten, drittens die »Skeptiker«, aus deren Lager wohl die meisten Arbeiten stammen und die mit der Aufwertung der subnationalen und urbanen Ebene in den aktuellen politischen und ökonomischen Restrukturierungsprozessen äußerst widersprüchliche Entwicklungen und Potentiale für fortschrittliche sozialpolitische Interventionen verbinden. Bevor die Auseinandersetzungen um die Herausbildung neuer lokaler Workfare-Regime und ihre Ergebnisse in New York City und Los Angeles beschrieben und analysiert werden, folgt zunächst noch ein kurzer Überblick über einige der wesentlichen Positionen und Pole in dieser Debatte um die Chancen und Widersprüchlichkeiten des Urbanen als Ort des Widerstands und der politischen Gestaltung in Zeiten der »Glokalisierung«. Diese nur ganz knapp umrissenen Forschungsperspektiven dienen – zusätzlich zu den bereits im ersten Kapitel diskutierten theoretischen Ansätzen – als Kontext und Folie, vor denen meine empirischen Ergebnisse der Städtefallstudien später eingeordnet und diskutiert werden können.

Obwohl viele linke Autoren in Nordamerika die zunehmende Anzahl von lokalen Auseinandersetzungen und städtischen sozialen Bewegungen im Zusammenhang veränderter Sozial- und Wirtschaftspolitiken durchaus zur Kenntnis nehmen, wurden die Letzteren jedoch aufgrund ihrer Fragmentierung, ihrer Partikularinteressen oder ihrem vermeintlich fehlenden Klassenbewusstsein lange Zeit häufig als weitgehend machtlose und schwache Akteure betrachtet, die mobilen Global Playern sowie staatlichen Institutionen wenig entgegenzusetzen haben (Fainstein/Hirst 1995; Harvey 1996, Castells 1997; Pickvance 2003). In anderen Arbeiten wird davon ausgegangen, dass gerade die »Globalisierungsverlierer« und die von den neuen restriktiven und lokalisierten Sozialpolitiken besonders betroffene Bevölkerung in den Armutsquartieren der

US-amerikanischen Innenstädte nicht über die notwendigen Ressourcen, Energien, sozialen Netzwerke, Beziehungen und Bündnispartner verfügt, um wirkungsvoll politisch partizipieren und Ansprüche gegenüber dem (Lokal-)Staat durchsetzen zu können (Laws 1997; Soss 1999; Lawless/Fox 2001; Weir 1999 u. 2004). Selbst dort, wo progressive Community-Organisationen, Stadtteilgruppen und andere Initiativen, welche die Belange einkommensschwacher Bewohner vertreten, ihre Marginalisierung überwinden können und an lokalen Aushandlungs- und Planungsprozessen beteiligt werden, laufen diese einer Reihe von Studien zufolge Gefahr, sich in neoliberale Politiken und Entwicklungsstrategien einspannen zu lassen, weil sie deren schlimmste Auswirkungen im besten Fall lediglich abfedern, aber keinen Einfluss auf die zentralen politischen Entscheidungen und Redistributionsmechanismen nehmen können (Clarke/Gaile 1997; Elwood 2002; Gough 2002; Boudreau 2003; Swyngedouw 2005). Purcell (2006) hat dieses Phänomen als »local trap« bezeichnet und vor der weitverbreiteten Vorstellung gewarnt, dass das Lokale und Urbane gegenüber den übergeordneten Ebenen dafür prädestiniert sei, demokratischere Strukturen hervorzubringen, die zu mehr sozialer Gerechtigkeit führten.

Auch Peck (1996 u. 2001), der sich in seinen Untersuchungen ausführlich mit dem Bedeutungszuwachs der lokalen Ebene für Workfare-, aber auch für andere arbeitsmarktregulatorische Strategien beschäftigt hat, ist hinsichtlich der Durchsetzungsfähigkeit und Erfolgsaussichten aktueller kommunaler sozialpolitischer Oppositionsbewegungen eher pessimistisch. Während neoliberale Pro-Workfare-Koalitionen einen zunehmend aggressiven, allgemeinen und transnationalen Charakter angenommen hätten, blieben Anti-Workfare-Bündnisse meistens defensiv, partikularisiert, lokal gebunden, sporadisch und somit notwendigerweise schwach, solange es ihnen nicht gelinge, ihre Anliegen mit anderen Kämpfen, Kräften und Ebenen der Auseinandersetzungen zu verbinden (2001: 364), was andere Autoren »jumping scales« (vgl. u.a. Smith 1984) genannt haben.

Einen wesentlich optimistischeren Ansatz bezüglich der »Glokalisierung« und ihrer Auswirkungen vertreten all diejenigen Arbeiten, die zumindest für einen Teil der US-Metropolen die Voraussetzungen für die Herausbildung neuer Subjekte, Formen und Kulturen des Widerstands postulieren. Hierzu gehören die von Global-City-Theoretikern wie Sassen (1999 u. 2001) und Smith (2001), der den Begriff »Transnational Urbanism« geprägt hat, und solche, die in den vielerorts stattfindenden lokalen Revolten, Organisierungs- und Widerstandsversuchen Potentiale und Bewegungen entdeckt haben wollen, denen trotz ihrer großen Diversität gemeinsam sei, dass sich in ihnen vermehrt Ansprüche auf die Einlösung von Bürgerrechten (citizenship claims) widerspiegelten und formulierten (z.B. Sandercock 1998; Isin/Wood 1999; Mitchell 2003; Staeheli 2003; Gilbert 2005). Trotz aller Unterschiede im Detail gehen sie alle davon aus, dass sich die Weltstädte des 21. Jahrhunderts gerade in Nordamerika im Zusammenhang mit ihren spezifischen ökonomischen Funktionen und Einbettungen in den Weltmarkt auch zu Orten neuer Grenzziehungen, Konflikte und Auseinandersetzungen entwickelt haben, die vor allem Arbeitsimmigranten und zuvor unsichtbaren, marginalisierten und machtlosen Gruppen eine neue strategische Präsenz und Position verleihen. Von diesen Ansätzen werden Global Cities wie New York und Los Angeles entweder als Austragungsorte »post-kolonialer Kämpfe« konzipiert, in denen Migranten aus der Dritten Welt aufgrund ihrer wachsenden Bedeutung in den städtischen Dienstleistungsökonomien und demographischer Verschiebungen zugunsten ethnischer Minderheiten ihre Opferrolle verlassen und die weißen globalen Eliten herausfordern können, oder als transnationale Räume bzw. Borderlands, in denen sich neue Praxen und Bedeutungen von Bürgerschaft (citizenship) sowie neue kollektive Gemeinschaften, kulturelle Identitäten und Solidaritäten abzuzeichnen beginnen.

Ähnlich argumentieren Nicholls/Beaumont (2004), die sowohl für Nordamerika als auch für Westeuropa die zunehmende Urbanisierung von »Justice Movements« behaupten. Deren Entstehung werde dadurch gefördert, dass sich neben wachsenden sozialen Ungleichheiten und Ausgrenzungen auf der lokalen Ebene im Zuge von Devolution und räumlichen Restrukturierungen auch neue Gelegenheitsstrukturen, Akteure sowie Netzwerke zwischen zuvor getrennt agierenden Gruppen herauskristallierten, die Städte zu strategisch immer wichtigeren und attraktiven Orten der politischen Mobilisierung machten. Stärker auf die spezifische Situation in den USA bezogen, wo Gewerkschaften in den letzten Jahren auf der städtischen Ebene zum Teil spektakuläre Erfolge bei der Organisierung von Frauen und Migranten »ohne Papiere« (undocumented immigrants) im Dienstleistungssektor – von denen die zuletzt genannte Gruppe vor kurzem noch als »unorganizable« galt – verzeichnen konnten (Delgado 2000; Milkman 2000; Zamudio 2002), weist zudem eine wachsende Zahl von Autoren auf die Bedeutung der urbanen Auseinandersetzungen für die Revitalisierung der Arbeiterbewegung hin (Gordon 1999; Clawson 2003; Fantasia/Voss 2004). Dabei gelten unterschiedliche Formen von Labor-Community-Koalitionen, die sich in vielen Teilen der USA seit Anfang der 1990er Jahre als Antwort auf die sinkende Lebensqualität in den Städten und die wachsenden Wohnungs- und Arbeitsmarktprobleme gebildet haben und tatsächlich vor allem von Immigranten und ethnischen Minderheiten getragen werden (Reynolds

2003; Nissen 2004; Fine 2005b), häufig als Innovations- und Hoffnungs-
träger für neue Politikansätze zur Bekämpfung von Armut, aber auch zur
Durchsetzung von mehr lokaler Demokratie und veränderten ökonomischen Urbanisierungs- und Entwicklungsstrategien, wie sie von Anhängern eines neuen »community-based regionalism« (Dreier u.a. 2001;
Pastor u.a. 2003; DeFillippis 2004; Brain 2005) favorisiert werden.

Manche Autoren stellen sogar eine unmittelbare Verbindung her
zwischen der Verabschiedung der »Welfare Reform« auf der einen Seite
und dem Wiedererstarken und der Radikalisierung der US-amerikanischen Arbeiter-, Gewerkschafts- und Community-Bewegung, den Orga-
nisierungsversuchen unter Migranten sowie erfolgreichen Kampagnen
wie etwa der »Living Wage«-Bewegung auf der anderen Seite (Reese
2005; Abramovitz 2006; Marchevsky/Theoharis 2006). Es könne kein
Zufall sein, dass die Abschaffung eines Rechtsanspruchs auf staatliche
Unterstützung und die Rückverlagerung der sozialpolitischen Verantwortung auf die Kommunen just zu einem Zeitpunkt erfolgt sei, als sich
vielerorts in den USA immer mehr Immigrantenorganisationen und neue
soziale Bewegungen formiert hätten, um Ansprüche auf ein besseres Leben und grundlegende Bürgerrechte anzumelden.

In den folgenden Fallstudien zur lokalen Umsetzung der »Welfare
Reform« geht es zunächst darum, die Rahmenbedingungen darzulegen,
unter denen die verschiedenen städtischen Akteure in den letzten Jahren
in New York City und Los Angeles agiert haben. Welche Faktoren/
Voraussetzungen (ökonomische Abhängigkeiten, institutionelle Restriktionen oder politisch-gesellschaftliche Kräfteverhältnisse) bei der Herausbildung von lokalen sozialpolitischen Arrangements und Governance-Strukturen die ausschlaggebende Rolle spielen bzw. wie sie sich
gegenseitig bedingen, ist meines Erachtens theoretisch schwer vorherzu-
bestimmen. Der Ausgangspunkt meiner Analyse urbaner Workfare-
Regime in New York City und Los Angeles seit Mitte der 1990er Jahre
war die Annahme, dass vor allem drei Faktoren bei der Untersuchung
berücksichtigt werden müssen: erstens die übergeordneten sozialpolitischen Regulierungen und Bestimmungen (Gesetze des Bundes und der
Einzelstaaten), zweitens die lokalen ökonomischen Rahmenbedingungen
(Armuts- und Einkommensentwicklung, Struktur und Aufnahmekraft
des lokalen Arbeitsmarktes) und drittens die Fähigkeit und Bereitschaft
lokalpolitischer Bündnisse aus Community- und Gewerkschaftsorganisationen, die Rechte von Sozialhilfeempfängern und Erwerbslosen zu
verteidigen.

Diese Annahmen bzw. Faktoren bestimmen auch die Struktur für die
folgenden Fallstudienkapitel. Nach einer kurzen Einführung werden als
Erstes die sozialpolitischen Vorgaben der Landesregierungen aufgezeigt,

die zum Teil von parteipolitischen Machtkonstellationen, aber auch von den für die jeweiligen Bundesstaaten spezifischen Gesetzen und Konflikten (Migration, Steuerpolitik, Aufgabenverteilung zwischen Staat und Kommunen etc.) geprägt sind. Als Zweites werden die lokalen ökonomischen Rahmenbedingungen in den Städten für eine arbeitsfokussierte Sozialhilfepolitik dargestellt. Danach werden in einem dritten Schritt die neuen Workfare-Programme, ihre Auswirkungen und die mit ihnen verbundenen sozialpolitischen Auseinandersetzungen beschrieben, in denen die oben bereits angesprochenen Labor-Community-Koalitionen eine entscheidende Rolle spielten. Nach jeder Fallstudie erfolgt eine Zusammenfassung der wichtigsten Ergebnisse. Am Schluss des Kapitels werden die festgestellten Gemeinsamkeiten und Unterschiede in den beiden Untersuchungsstädten vor allem in Bezug auf die Strategien und Handlungsperspektiven von progressiven Labor-Community-Koalitionen diskutiert sowie ein Ausblick auf mögliche Entwicklungen gegeben.

New York City

In the 1990s, New York City was a battleground for neo-conservatives, testing their welfare-reform theories, and grassroots activists who were opposing them. (Dulchin/Kasmir 2004)

In kaum einer Stadt oder Region der USA war die Neuorganisierung des lokalen Sozialhilfesystems in den 1990er Jahren ähnlich umkämpft – sowohl ideologisch als auch praktisch – wie in New York City (NYC). Bereits seit Jahrzehnten nimmt NYC eine äußerst profilierte Stellung in den sozialpolitischen Auseinandersetzungen der Vereinigten Staaten ein. Dies hat zum einen mit der großen Symbolkraft der Ostküstenmetropole als »Tor der Welt zu den USA« und ihrer spezifischen Geschichte als »Inkubator« des New Deal (Abu-Lughod 1999) zu tun. Zum anderen ist die weiterhin bevölkerungsreichste US-amerikanische Stadt für ihre besonders fragilen politischen Regierungsbündnisse sowie ihre anhaltenden massiven Armuts-, Wohnungs- und Beschäftigungsprobleme bekannt.

Die führende Global City der USA galt lange Zeit als ein »stronghold of municipal liberalism« (Meyerson 1998: 2) und wurde in den Nachkriegsjahrzehnten stark von Reformallianzen aus fortschrittlichen Eliten, ethnischen Minoritäten und Einwanderergruppen bestimmt. Ein konservativer Kommentator nannte sie auch »Eastern Europe kept afloat by Wall Street« (Siegel 1997: 204). NYC ist weiterhin eine Hochburg der Demokratischen Partei – trotz der wiederholten Wahlniederlagen ihrer Bürgermeisterkandidaten in den vergangenen Jahren – und ein Zentrum der US-amerikanischen Gewerkschaftsbewegung, die dort im öffentlichen Dienst traditionell ihren stärksten Einfluss hat (Mantsios 2001). 1965 fand in NYC auf dem Zenit der nationalen »Welfare Rights Movement« einer der bundesweit größten und spektakulärsten Arbeitskämpfe in einer Sozialverwaltung statt, bei dem 8.000 städtische Angestellte in einem mehrwöchigen Streik nicht nur bessere Arbeitsbedingungen, sondern auch mehr Leistungen für einkommensschwache Familien durchsetzen konnten (Freeman 2000: 205ff.). Diese gehören bis heute – bezogen auf die Höhe des Sozialhilfesatzes, die Gesundheitsleistungen für Geringverdienende sowie die Wohlfahrtsprogramme für Kinder – mit zu den großzügigsten im ganzen Land (Fender u.a. 2002).

Etwa zehn Jahre später – als NYC mit einer Verschuldung von über $11 Milliarden kurz vor dem Bankrott stand (Freeman 2000: 256) – neigte sich die progressive Ära in der New Yorker Sozialpolitik allerdings bereits ihrem vorläufigen Ende zu. Es war Wirtschafts- und Kapitalvertretern sowie einem wichtigen Teil des politischen Establishments gelungen, die Hauptverantwortung für die bis dahin schwerste Finanzkrise der Stadt den wachsenden redistributiven Ausgaben und dem für US-amerikanische Verhältnisse überdurchschnittlich gut ausgebauten öffentlichen Sektor anzulasten (vgl. Tabb 1982; Bailey 1984; Shefter 1985; Fitch 1993; Fainstein 1993; Moody 2007). Da Banken und Bundesregierung eine weitere Unterstützung und Refinanzierung der Schulden verweigerten, wurde die Autonomie der Stadtverwaltung durch die Einsetzung zweier privatwirtschaftlich dominierter Körperschaften, der Municipal Assistance Cooperation und des Financial Control Board, stark eingeschränkt. Die erste hatte die Aufgabe, die Kreditwürdigkeit der Stadt wiederherzustellen, die zweite überwacht seitdem mit Vetorecht die kommunalen Ausgaben und entwickelte sich zu einem wichtigen Pfeiler der zukünftigen »pro-growth coalitions« zwischen Stadtverwaltung und einflussreichen Geschäftseliten (Molotch 1993; Fitch 1993; Castells 1996).[2]

Infolge der Finanzkrise setzte unter der Regierung von Bürgermeister Edward Koch (Demokratische Partei) nicht nur eine strikte Austeritäts- und Deregulierungspolitik ein (Shefter 1985; Mollenkopf 1992; Weikart 2003b). Es erfolgte auch ein gezielter Angriff auf die zahlreichen historischen Errungenschaften der Gewerkschaften, Bürgerrechts-

---

2 Nach dem 1975 verabschiedeten »New York State Financial Emergency Act of The City of New York« soll das Financial Control Board spätestens im Jahr 2008 abgeschafft werden (Weikart 2003b).

und lokalen sozialen Bewegungen, den einige Autoren später als »revanchistische Strategie« (Smith 1996 u. 1999) und als Blueprint für ein neoliberales urbanes Entwicklungskonzept (Sites 2003) beschreiben sollten, das überall im Land seine Nachahmung fand. Spätestens in den 1980er Jahren avancierte NYC zusammen mit der kalifornischen Einwanderungsmetropole Los Angeles zum westlichen Prototyp einer gespaltenen oder »dualen Stadt« (Mollenkopf/Castells 1991a), wo die negativen gesellschaftlichen Folgen weitreichender ökonomischer Umstrukturierungs- und Globalisierungsprozesse besonders ausgeprägt zutage treten und wo das von der städtischen Politik geförderte Wachstum in den tertiären Wirtschaftssektoren überwiegend den Hochqualifizierten und den oberen, zumeist weißen Einkommensschichten zugute kommt: »No other city has done more to propagate the forces of global economic change and none has felt their impact more strongly« (ebd.: 6).

Der in der Forschungsliteratur zur Stadtentwicklung von NYC ausführlich dokumentierte Trend zunehmender sozialer und ethnischer Polarisierung (Sassen 1991a, 1993 u. 1999; Mollenkopf/Castells 1991a; Fainstein 1993; Marcuse 1993; Smith 1996; Beveridge/Weber 2003; Halle u.a. 2003), der sich sowohl räumlich manifestiert als auch in einem extrem ungleichen Zugang zu Bildung, Einkommen und existenzsichernden Arbeitsplätzen zum Ausdruck kommt, hat sich in NYC selbst in der jüngsten nationalen wirtschaftlichen Aufschwungphase (1994-1999) noch weiter verstärkt. In diesem Zeitraum, der in NYC von einer weiteren Verschlechterung der materiellen Lebensbedingungen für einen wachsenden Teil der abhängig Beschäftigten gekennzeichnet war, fand unter dem republikanischen Bürgermeister Rudolph W. Giuliani der entschiedene Umbau des lokalen Sozialhilfesystems hin zu einem strikten Workfare-Regime statt. Dieses entspricht bis heute wesentlich stärker als in anderen US-Metropolen dem von Peck und Theodore (2000) entwickelten »local state model« (vgl. S. 73), bei dem Elemente des »strafenden und kontrollierenden (Sozial-)Staates« (Wacquant 2002: 271) mit anderen postfordistischen urbanen Praxen (Aufwertung innerstädtischer Quartiere, neue Formen der Kriminalitätsbekämpfung, Einsatz von »New Public Management«-Strategien etc.) zumindest temporär überaus eng miteinander verknüpft waren.

Sozialpolitische Vorgaben der Landesregierung

Sozialhilfepolitik vor 1996

Zunächst ist für das Verständnis des kommunalen Sozialhilfesystems von New York und seiner Entwicklung in den 1990er Jahren von Bedeutung, dass im Bundesstaat New York den unteren Gebietskörperschaften im Bereich der Wohlfahrtspolitik eine wesentlich größere Verantwortung zukommt als in anderen Teilen der USA. Zuständig für die Sozialhilfegewährleistung in New York State (NYS) sind seine 57 Counties und die City of New York, die mit ihren fünf Verwaltungsbezirken Queens, The Bronx, Brooklyn, Manhattan und Staten Island und ihren 51 Council Districts eine eigenständige Gebietskörperschaft bildet. Sie wird wie die meisten anderen US-amerikanischen Metropolen von einer Kombination aus Bürgermeister und Stadtrat, das heißt einem »mayor-council-system«, regiert (Jenny/Nathan 2003). Das Bürgermeisteramt ist in NYC mit weitreichenden Vollmachten ausgestattet: Der Bürgermeister legt den Haushaltsplan vor, über den die gesetzgebende Instanz der Stadtverwaltung, der City Council, zu entscheiden hat. Er verfügt zudem über ein Vetorecht gegenüber dem Council und ernennt und entlässt die Leiter der lokalen Verwaltungsressorts, inklusive die der Sozialbehörde (Schneier/Murtaugh 2001). Der New Yorker City Council mit seinen 51 gewählten Distriktvertretern wird – unabhängig von der Parteizugehörigkeit der jeweiligen Bürgermeister – traditionell von der Demokratischen Partei dominiert. Zu seinen wesentlichen Aufgaben gehören neben der lokalen Gesetzgebung und der Verabschiedung des Budgets die Kontrolle der Verwaltungsarbeit sowie seit 1990 – nach einer erneuten Änderung der City-Charter[3] – Entscheidungen über Landnutzungen und stadtentwicklungspolitische Projekte (Main 2005).

Artikel 17 der Landesverfassung von NYS, der 1938 während der Großen Depression ergänzt worden ist und in den folgenden Jahrzehnten Bezugspunkt zahlreicher sozialpolitischer Grundsatzentscheidungen der Landesgerichte war (Krinsky 2002; Jeffrey 2002), verpflichtet alle Counties sowie die City of New York – unabhängig von nationalen Pro-

---

3 Die City-Charter ist die New Yorker Kommunalverfassung. Mit der 1989 erfolgten Verfassungsänderung wurde das sogenannte Upper House der Legislative, das Board of Estimate, abgeschafft. Im Board, das zuvor als das eigentliche Machtzentrum der Stadtregierung galt, hatte der Bürgermeister zusammen mit dem Rechnungsprüfer (comptroller), dem Vorsitzenden des City Council und den Vorsitzenden der fünf Bezirksparlamente die wesentlichen finanz- und stadtentwicklungspolitischen Entscheidungen getroffen (Main 2005).

grammen und Gesetzen – bis heute zu einer Grundversorgung aller bedürftigen Einwohner:

The aid, care and support of the needy are public concerns and shall be provided by the state and by such of its subdivisions, and in such manner and by such means, as the legislature may from time to time determine. (New York, Department of State 2000: 44)

Dementsprechend gehört NYS zu den wenigen US-Bundesstaaten, die ihren untergeordneten Verwaltungseinheiten bis heute verbindlich vorschreiben, Notunterkünfte für alle Obdachlosen oder »General Assistance« für diejenigen anzubieten, die keinerlei Ansprüche auf Bundesunterstützung geltend machen können. Bis 1997 hieß diese allgemeine Hilfe für die Ärmsten der Armen in NYS »Home Relief«. Sie gehörte zu den lokalen Fürsorgeprogrammen, die im Zuge bundesstaatlicher Einsparungen bei den Sozialausgaben unter der Reagan-Regierung vor allem in den Städten eine erhebliche Ausweitung erfuhren. In NYC stieg die Zahl derjenigen, die Unterstützung aus dem Programm »Home Relief« erhielten, zwischen 1961 und 1985 von 110.000 auf 172.000 an, 1994 lag sie bei fast 300.000 (United Way of NYC 1997: 12). Bis heute ist das ausschließlich aus lokalen Mitteln finanzierte soziale Auffangprogramm in NYS das größte und teuerste seiner Art im Land und versorgte Ende der 1990er Jahre etwa elf Prozent aller als bedürftig geltenden Einwohner (Riedinger u.a. 1999: 28).

Während in anderen Bundesstaaten die Städte nur minimal oder gar nicht zur Finanzierung von übergeordneten Sozialprogrammen herangezogen werden (vgl. Chernick/Reschovsky 2001), entfallen in NYS nicht nur 50 Prozent der Gesamtkosten von »General Assistance« und anderer regionaler Sozialprogramme, sondern auch die Hälfte des Landesanteils aller kofinanzierten Sozialleistungen des Bundes (AFDC/TANF, »Medicaid« etc.) auf die kommunalen Verwaltungen (Fender u.a. 2002: 4). Diese überdurchschnittlich hohen administrativen und finanziellen Belastungen erklären, warum Bürgermeister und Lokalpolitiker in NYS stärker als anderswo in den USA versuchen, ihren Einfluss auf finanz- und sozialpolitische Entscheidungen der Landesregierung geltend zu machen, und warum soziale Programme dort in den städtischen Auseinandersetzungen ganz oben auf der politischen Agenda stehen (Fuchs 1992; O'Cléireacáin 1997; Weir 1997).

NYS gehört neben Kalifornien und Texas mit über 18 Millionen Einwohnern nicht nur zu den drei bevölkerungsreichsten, sondern mit einem durchschnittlichen jährlichen Pro-Kopf-Einkommen von über $40.000 auch zu den fünf wohlhabendsten Bundesstaaten der USA (New

York, Department of State 2006). In kaum einer anderen Region der USA sind die Einkommensunterschiede jedoch ausgeprägter als hier.[4] Wie in den meisten anderen US-Bundesstaaten hat sich daher der Bevölkerungsanteil, der auf staatliche Unterstützung angewiesen ist, auch im sogenannten »Empire State« seit den 1970er Jahren stetig ausgeweitet. In der nationalen Sozialhilfestatistik belegte NYS Mitte der 1990er Jahre mit 1,3 Millionen Familien im AFDC-Programm den zweiten Platz hinter Kalifornien (Fender u.a. 2002: 5). Nach New York City, wo Mitte der 1990er Jahre noch fast 70 Prozent aller Sozialhilfeempfänger, aber nur 40 Prozent aller Einwohner des gesamten Bundesstaates lebten, hatten die städtisch geprägten Counties Erie (Buffalo), Monroe (Rochester) und Westchester (Yonkers) mit zusammen etwa elf Prozent aller AFDC-Bezieher den zweitgrößten Anteil an der New Yorker Sozialhilfequote (Brookings Institution 2000a: 2).

Die über Jahrzehnte von Demokraten geführten Landesregierungen antworteten auf die wachsenden fiskalischen Belastungen infolge des Anstiegs der Sozialtransfers vor allem mit dem Versuch, den Zugang von Kinderlosen zu Leistungen zu erschweren. Schon wesentlich früher als in vielen anderen Landesteilen wurden hier Alleinstehende im Hilfebezug zu Arbeitsmaßnahmen verpflichtet. Bereits 1971 führte NYS das »Public Works Program« ein und ermöglichte somit den Counties und Kommunen, »Home Relief«-Empfänger in öffentlichen und gemeinnützigen Einrichtungen als Hilfskräfte einzusetzen und diese bei mangelnder Arbeits- und Kooperationsbereitschaft zu sanktionieren (Besharov/Germanis 2004: 53). Auch in der ersten Hälfte der 1990er Jahre galten die meisten Gesetzesverschärfungen in NYS dem »Home Relief«-Programm, bei dem viele Instrumente und Ansätze (striktere Sanktionen und Kontrollen, universelle Arbeitsverpflichtung) zum ersten Mal erprobt werden konnten, die später dann – nach Verabschiedung der übergeordneten »Welfare Reform« – auf alle Sozialhilfebezieher übertragen wurden (Riedinger u.a. 1999: 29f.).

Die Familienhilfe blieb in NYS lange Zeit von größeren Veränderungen verschont, was einige Beobachter mit der immer noch wirkmächtigen New-Deal-Tradition in der ehemaligen Heimat von Franklin D. Roosevelt begründen (Liebschutz 2000b). Der Bundesstaat fällt hinsichtlich seiner AFDC-Politik im Vergleich mit anderen Bundesstaaten in die

---

4   Lediglich in Arizona und Texas klaffen die Einkommen zwischen den reichsten und ärmsten Bevölkerungsgruppen noch weiter auseinander. 2005 verfügten in NYS die Spitzenverdiener (die oberen fünf Prozent auf der Einkommensskala) über ein durchschnittliches Jahreseinkommen von $216.061 und die untersten 20 Prozent auf der Einkommensskala lediglich über $16.076 (Bernstein u.a. 2006).

Kategorie »minimal experimenter« (Zedlewski u.a. 2000: 5). Zwar hatte es auch hier von republikanischer Seite immer wieder Gesetzesinitiativen gegeben, die erhebliche Einschnitte im AFDC-System forderten. Diese waren aber – wie zum Beispiel der Versuch, die Leistungssätze für Familien zu senken – am Widerstand der Demokraten im Landesparlament gescheitert (Riedinger u.a. 1999). Kurz vor der nationalen »Welfare Reform« kamen in NYS lediglich zwei durch »Waiver« des Bundessozialministeriums bewilligte kleinere Pilotprogramme zur Anwendung: das 1989 eingeführte »Child Assistance Program« für Familien im AFDC-Bezug, in denen die erwachsenen Leistungsbezieher nicht die leiblichen Eltern sind, und das 1994 verabschiedete »Jobs First Program«, das mit verschiedenen Angeboten darauf abzielte, Antragsteller vom dauerhaften Sozialhilfebezug abzuhalten (ebd.). Beide Programme wurden jedoch nur in ausgewählten Counties umgesetzt und sind für die spätere Sozialhilfepraxis im Bundesstaat und in New York City als weitgehend bedeutungslos einzuschätzen.

Auch das 1989 in NYS im Zuge des »Family Support Act« geschaffene JOBS-Programm BEGIN (»Begin Employment and Gain Independence Now«) zur Beschäftigungsförderung für Mütter und Väter galt als wenig ambitioniert und hat in der Forschungsliteratur kaum Aufmerksamkeit erfahren (Main 2005). Weder liegen zu seinen Teilnehmerzahlen und Ergebnissen aussagekräftige wissenschaftliche Untersuchungen vor, noch hat die Landesregierung selbst umfassendere Evaluierungen unternommen.[5] Nach Auskunft von mehreren Interviewpartnern setzte das BEGIN-Programm in NYC unter der Administration des liberalen Bürgermeisters David Dinkins (1990-1993) im Wesentlichen auf eine freiwillige Teilnahme an Weiterbildungsmaßnahmen, darunter Englischkurse für Migranten und Maßnahmen zur Vermittlung anderer Grundqualifikationen wie Schreiben und Rechnen. Im Teilprogramm »Vocational Work Study« konnten alleinerziehende Transferempfängerinnen in mehrmonatigen Ausbildungen auch theoretische und praktische Kenntnisse zur Vorbereitung auf eine Tätigkeit im Gesundheitssektor oder im Dienstleistungsbereich erwerben. Nach Angaben der lokalen Sozialbehörde nahmen in NYC pro Jahr jedoch lediglich etwa 7.000

---

5   Eine Studie der New York City Council Financial Division schätzte die Auswirkungen von BEGIN auf die Beschäftigungschancen von Sozialhilfempfängern in den 1990er Jahren als sehr gering ein und forderte eine stärkere zielgruppenspezifische Förderung (March 1997). Die wenigen Berichte, welche die Landesregierung zum JOBS-Programm veröffentlicht hat, wurden vom Rechnungsprüfungsamt des Bundesstaates (State Comptroller) wiederholt wegen des Fehlens grundlegender Informationen kritisiert (NYS, Office of the State Comptroller 1999).

Frauen – das entsprach Mitte der 1990er Jahre in etwa 2,5 Prozent aller erwachsenen Leistungsbezieher – an verschiedenen Bildungsmaßnahmen im Rahmen von BEGIN teil.[6]

Als in NYS ein neues Landesgesetz zur Umsetzung des PRWORA zur Abstimmung anstand, hatten einige urbane Gebietskörperschaften die im Bundesstaat traditionell großen Handlungsspielräume der Counties bereits genutzt, um eigene Initiativen zur Umstrukturierung ihres lokalen Sozialhilfesystems zu ergreifen. Im Zentrum ihrer Aktivitäten zur Einschränkung des Transferbezugs standen verstärkte Kontrollen und Anstrengungen zur Aufdeckung von »Missbrauchsfällen« sowie eine ausgeweitete Arbeitsverpflichtung für Alleinstehende. Insbesondere das 1989 von Westchester County entwickelte Programm »Pride in Work«, das Anfang der 1990er Jahre monatlich etwa 2.500 »Home Relief«-Empfänger zu einfachen Tätigkeiten in öffentlichen Einrichtungen verpflichtete, stieß in der Öffentlichkeit auf großes Interesse (Dugger 1994). Obwohl durchschnittlich lediglich zwei Prozent aller Hilfeempfänger im Anschluss an ihre Arbeitsmaßnahme eine reguläre Beschäftigung fanden und damit dauerhaft den Leistungsbezug verließen (ebd.), diente das Westchester-Modell anderen Lokalpolitikern wie dem späteren New Yorker Bürgermeister Giuliani und seinen Beratern als Vorbild für die Jahre danach erfolgte Neuausrichtung der städtischen Sozialhilfepolitik (Krinsky 2005).

In den im Herbst 1996 einsetzenden legislativen Aushandlungsprozessen über die Ausgestaltung des regionalen TANF-Plans in NYS spielten fiskalische Überlegungen erwartungsgemäß eine mindestens ebenso große Rolle wie inhaltliche oder parteipolitische Differenzen in der Sozialhilfe- und Beschäftigungspolitik. Der im August 1997 in NYS nach längeren Verhandlungen »hinter verschlossenen Türen«[7] verabschiedete »New York State Welfare Reform Act« (WRA) wird in der Literatur als Kompromiss zwischen den Vorstellungen des konservativen republikanischen Gouverneurs George Pataki und der Demokratischen Partei beschrieben (Lurie 1998; Riedinger u.a. 1999; Liebschutz 2000c). Das Landesparlament in Albany, die New York State Legislature, setzt sich aus dem Senat zusammen, der traditionell von den Republikanern dominiert wird und vor allem die Interessen der Wähler-

---

6 Die Behörde gibt für den Zeitraum von 1989 bis 2003 insgesamt 100.000 Teilnehmer an (NYC Department of Social Services/Human Resources Administration 2004a).

7 Die von mir interviewten Experten wiesen darauf hin, dass die wichtigsten Entscheidungen in Albany ohne die Anhörung von Community- und Wohlfahrtseinrichtungen getroffen wurden bzw. deren Empfehlungen – bis auf wenige Ausnahmen (vgl. S. 187 ff.) – ignoriert wurden.

schaft aus den ländlichen und suburbanen Gebieten im Norden des Bundesstaates vertritt, und der von den Demokraten beherrschten State Assembly, deren Abgeordnete hauptsächlich aus den städtischen Regionen im Süden stammen, in denen in NYS 78 Prozent der Bevölkerung leben (Brookings Institution 2000a: 3). Gouverneur, Senat und State Assembly müssen bei der Verabschiedung des Jahreshaushaltes einen Konsens erzielen, was den Vertretern der urbanen Counties grundsätzlich eine gewisse Vetomacht im Gesetzgebungsprozess verschafft (Fender u.a. 2002).

George Pataki, dem als erstem Gouverneur von NYS in der Nachkriegszeit ein eher distanziertes Verhältnis zu New York City und ihrer Administration nachgesagt wurde, hatte 1995 sein Amt mit dem Versprechen angetreten, die lokalen Steuersätze, die seit den 1950er Jahren im Unterschied zu anderen Bundesstaaten ständig gestiegen waren, zu senken (ebd.). Einsparungen bei den staatlichen Ausgaben sollten vor allem durch Sozialhilfekürzungen (Senkung der Leistungssätze sowie stärkere »Missbrauchskontrollen«) und Einschränkungen beim Gesundheitsprogramm »Medicaid« erreicht werden. Von den Vertretern der städtischen »downstate regions« – darunter New Yorks Bürgermeister Giuliani, der etwa zeitgleich zu seinem Parteikollegen Pataki an die Macht gelangt war – ist bekannt, dass sie sich in den 1990er Jahren wiederholt für die Abschaffung des Prinzips der Kofinanzierung von Land und Counties bei den Sozialprogrammen eingesetzt haben, um den hohen finanziellen Druck auf die städtischen Kommunen zu mindern (Weir 1997: 31). Im unmittelbaren Vorfeld der Verabschiedung des WRA machten sie sich in der Landeshauptstadt Albany vor allem für großzügige sozialpolitische Regelungen für Einwanderer und deren Familien stark. 1996 ging Giuliani sogar so weit, die Clinton-Regierung wegen der Ausgrenzung von legalen Immigranten aus den von Washington finanzierten Sozialprogrammen – wie die Behindertenfürsorge (SSI) und Ernährungsbeihilfen – zu verklagen, mit der Begründung, dass dieses Vorgehen gegen den 5. Zusatz der Verfassung (Anspruch auf einen »due process«) verstoße (The Ukraine Weekly, 6.4.1997). Die Klage richtete sich auch gegen die mit dem PRWORA neu eingeführte Verpflichtung der lokalen Sozialbehörden und Krankenhäuser, hilfesuchende »illegale« Immigranten bei der Ausländerbehörde zu denunzieren (CNN, 11.10.1997). In NYC lebten Mitte der 1990er Jahre nach Schätzungen etwa 400.000 bis 500.000 »Menschen ohne Papiere« (ebd.).

Zum einem mussten die New Yorker Kommunalpolitiker fürchten, dass mit dem Verlust der Anspruchsberechtigung von neu zugewanderten Familien auf bundesstaatliche Sozialleistungen weitere erhebliche Belastungen auf ihre Haushalte zukommen würden. Allein für NYC wurde die Zahl der in der Stadt lebenden Migranten, die unmittelbar vom Leistungsausschluss betroffen sein würden, bei den Nahrungsbeihilfen auf 110.000 bis 130.000 geschätzt (Community Food Resource Center 1997: 3), die drohenden zusätzlichen Kosten für den städtischen Haushalt infolge der umstrittenen PRWORA-Regelungen für Immigranten auf etwa $142 Millionen für die ersten vier Jahre (Braconi/Toribio 2001: 8). Zum anderen sorgten sich die politischen Repräsentanten der städtischen Counties um die Wählerstimmen der diversen Einwanderer-Communities. Nicht nur hatte deren Anteil an der Gesamtbevölkerung über die Jahrzehnte stetig zugenommen. Sie spielen auch in der Lokalpolitik von NYC – nicht zuletzt aufgrund der instabilen politischen Mehrheitsverhältnisse, welche die weißen politischen Eliten zur Berücksichtigung der Interessen von Minderheiten zwingen – traditionell eine wichtige Rolle (Kaufmann 1998; Mollenkopf u.a. 2001). Bemerkenswert ist, dass gerade in NYC ein Nebeneffekt der nationalen Sozialhilfereform darin bestand, dass nach 1996 die Anträge auf Einbürgerung zunahmen. Gefördert wurde diese Entwicklung noch durch eine Initiative des Bürgermeisteramtes, das 1997 $12 Millionen für eine Werbekampagne, »Citizenship NYC«, und eine neue Behörde ausgab, die Einwanderer bei der Erlangung der US-amerikanischen Staatsbürgerschaft aktiv unterstützen sollte (Harlan 1997). Das erklärte Ziel bestand darin, bis 1998 etwa 60.000 Einwanderer in NYC zu neuen Staatsbürgern zu machen (Riedinger u.a. 1999: 22).

Der »New York State Welfare Reform Act«

Der »New York State Welfare Reform Act« (WRA) führte 1997 im Einklang mit den Bundesrichtlinien zu TANF als Erstes ein neues und zeitlich befristetes Landesprogramm namens »Family Assistance« (FA) für Bedürftige mit minderjährigen Kindern und für Schwangere ein und löste »Home Relief« durch ein erweitertes Auffangprogramm mit dem Namen »Safety Net Assistance« (SNA) ab.[8] Das im Jahr 1989 geschaffene JOBS-Programm BEGIN wurde beibehalten und um Förderprogramme für Zielgruppen mit besonderen Beschäftigungsbarrieren er-

---

8   Das Programm »Home Relief«, das vor 1997 der Versorgung Alleinstehender oder von Paaren ohne Kinder diente, konnte in der Regel nicht länger als zwei Jahre (ohne Unterbrechung) in Anspruch genommen werden. Für das SNA-Programm war zunächst vorgesehen, nach zwei Jahren des individuellen Leistungsbezugs alle Transfers auf Voucher und Sachleistungen umzustellen (Fender u.a. 2002). Nach Angaben meiner Interviewpartner hat sich diese Praxis aufgrund des zu hohen technischen Aufwands und des anhaltenden Widerstands der Kommunen allerdings nur in einigen wenigen Sozialämtern in NYS durchsetzen können.

gänzt.[9] Einen wesentlichen Teil der Umsetzungsfragen überließ das Gesetz in Anknüpfung an die Landesverfassung der Entscheidung der unteren Verwaltungseinheiten. Das Sozialhilfesystem in NYS gilt seit den 1930er Jahren als »state-supervised, county-administered and partially county-financed« (Fender u.a. 2002: 6).

Während zahlreiche Landesparlamente – wie im vorangegangenen Kapitel gezeigt – die Optionen des PRWORA nutzten, um die Anspruchsberechtigung über die Vorgaben Washingtons hinaus noch restriktiver zu gestalten, verzichteten die Gesetzgeber in NYS auf weiterreichende grundlegende Einschränkungen. Der von Pataki im November 1996 vorgestellte TANF-Plan »NY Works« hatte zunächst beabsichtigt, die Leistungen im FA-Programm schrittweise auf schließlich nur noch 55 Prozent des üblichen Sozialhilfesatzes (im fünften Jahr des Leistungsbezugs) zu reduzieren und das SNA-Programm vollständig auf Sachleistungen umzustellen. Er stieß jedoch bei den Demokraten wie auch bei zahlreichen republikanischen Lokalpolitikern auf entschiedene Ablehnung (Lurie 1998). Zwar definiert der ein knappes Jahr später verabschiedete WRA »Family Assistance« nicht als »entitlement program« und sah für einen Teil der Neuzugezogenen aus Nachbarstaaten reduzierte Leistungen für das erste Jahr ihres Aufenthaltes vor (Weiner 1997). Dafür umging die Landesregierung aber mit die Einführung eines ausschließlich aus Eigenmitteln finanzierten Zusatzprogramms (Safety Net Assistance-5, SNA-5) die vom Bund gesetzten Zeitlimits. SNA-5 wurde für alle bedürftigen Familien geschaffen, die auch nach Ablauf der vom PRWORA gesetzten Fünf-Jahres-Frist keine Aussicht auf eine »selbständige Lebensführung« haben – unter der Voraussetzung, dass sie vollständig mit den Behörden kooperieren.[10] Diese Entscheidung hat dem Bundesstaat von konservativer Seite wiederholt den Vorwurf eingebracht, die Ziele der nationalen Sozialhilfereform zu unterlaufen, da

---

9 Für Schwangere und Mütter mit Kleinkindern unter drei Jahren wurde 1998 ein spezielles Programm geschaffen, das in NYC von der City University of New York (CUNY) betreut wird und sich neben der Jobvermittlung auch familiären Problemen und Fragen der Kindererziehung widmet. Hinzu kommt ein Programm, das sich auf Hilfeempfänger mit erheblichen Gesundheitsproblemen konzentriert. Beide sind eher klein und werden hauptsächlich von Colleges und Nonprofit-Organisationen umgesetzt (NYC Department of Social Services/Human Resources Administration 2004a).

10 Im Dezember 2001 sind die ersten 130.000 Familien in NYC, die ihre persönlichen Zeitlimits erreicht hatten, aus dem FA-Programm ausgegliedert und in das Programm SNA-5 überführt worden (Ostreicher 2004a: 1).

nicht ausreichend Anreize zur möglichst schnellen Arbeitsaufnahme gesetzt würden.[11]

Für einen Teil der »non-citizens« (Senioren, Kinder und Behinderte), die aufgrund des PRWORA keinen Zugang mehr zu den vom Bund finanzierten Lebensmittelmarken haben, richtete NYS ein eigenständiges Programm (»Food Assistance Program«) ein, dessen Übernahme für die Counties jedoch optional ist (ebd.). Alleinstehende wie auch Familien, die später als August 1996 in die USA eingewandert sind und eine Aufenthaltserlaubnis nachweisen können, haben in NYS weiterhin Zugang zu »Medicaid« und zu Leistungen aus dem SNA-Programm, sind jedoch für einen Zeitraum von fünf Jahren nach ihrer Einreise in die USA von Leistungen aus dem Programm »Family Assistance« ausgeschlossen worden (Riedinger u.a. 1999).

Grundsätzlich sind die Kommunen und Counties durch die Landesgesetzgebung angehalten, allen Anspruchsberechtigten und Hilfsbedürftigen unverzüglich Unterstützung zu gewährleisten. Es gibt keine gesetzlich gebilligte oder vorgeschriebene Diversionspolitik. Betrachtet man die weiteren Bestimmungen, die in der Forschungsliteratur zur Bewertung des Umbaus der Sozialhilfesysteme der Einzelstaaten herangezogen werden, so ergibt sich auch hier für NYS – mit einigen Einschränkungen wie zum Beispiel den Vorschriften zu sogenannten Missbrauchskontrollen[12] – zunächst das Bild einer vergleichsweise moderaten Rahmengesetzgebung.[13]

Die Arbeitsverpflichtung setzt nicht automatisch sofort nach der Antragstellung ein, sondern die lokalen Sozialverwaltungen in NYS können weitgehend selbst darüber bestimmen, ab wann sie Hilfeempfänger zu

---

11 Kritik äußerten vor allem Vertreter des Manhattan Institute und des Cato Institute (MacDonald 2004; Tanner 2003).

12 NYS verlangt besonders strenge Kontrollen aller Antragsteller und Hilfebezieher, darunter die Abnahme von Fingerabdrücken, regelmäßige Gesundheitstests und Hausbesuche, um – so die offizielle Begründung – Betrug (fraud) zu verhindern und Fälle von Drogenmissbrauch zu ermitteln. Als alkohol- oder drogenabhängig Eingestufte verlieren automatisch ihren Anspruch auf »Family Assistance«, können unter bestimmten Auflagen jedoch Leistungen aus dem SNA-Programm beziehen (Braconi/Toribio 2001). Nach Angaben der Landesregierung sind zwischen 1997 und 2002 insgesamt 32.200 Personen in NYS aufgrund von »fraud« vom Leistungsbezug ausgeschlossen und 164.000 Anträge auf Sozialhilfe mit derselben Begründung abgelehnt worden (Fender u.a. 2002: 5). Mindestens 25.000 Antragsteller wurden abgelehnt, weil sie sich angeblich gegen die Abnahme von Fingerabdrücken gewehrt hatten (Riedinger u.a. 1999: 30).

13 Alle folgenden Ausführungen zum WRA beziehen sich, wenn nicht anders angegeben, auf die Quelle: NYS, Department of Social Services 1997.

Arbeitssuche und -maßnahmen heranziehen wollen.[14] Grundsätzlich müssen im Einklang mit den Bundesregelungen Sozialhilfebezieher jedoch auch in NYS spätestens nach 24 Monaten des kontinuierlichen Leistungsbezugs bereit sein, eine Beschäftigung aufzunehmen, um ihre staatliche Unterstützung nicht zu verlieren. Der WRA schreibt vor, dass alle Familien, deren Kinder älter als zwölf Monate sind, grundsätzlich in die Arbeitsverpflichtung einzubeziehen sind, ermöglicht es den Counties allerdings, alleinerziehende Mütter auch länger von Beschäftigungsauflagen zu befreien. Der wöchentliche Umfang der Teilnahme an »work-related activities« entspricht den diesbezüglichen PRWORA-Richtlinien (vgl. S. 127 ff.).

Der WRA setzt keinerlei Prioritäten hinsichtlich der Ausgestaltung der Beschäftigungsförderung für Sozialhilfeempfänger. Es bleibt – wie bereits unter der alten Gesetzgebung zu den AFDC/JOBS-Programmen – in NYS vor allem Sache der Counties, über das Angebot und die Zulässigkeit von Beschäftigungs- und Weiterbildungsmaßnahmen zu entscheiden. Allerdings stehen einige Landesgesetze von NYS in eindeutigem Widerspruch zu Einschränkungen, die der PRWORA in Bezug auf eine weiterführende Ausbildung für Sozialhilfeempfänger macht. Während das Bundesgesetz Bildungsmaßnahmen im sekundären und tertiären Bereich nur in Ausnahmefällen als Vorbereitung auf eine Erwerbstätigkeit zulassen will, regeln die »N.Y. Social Service Laws«, die auch nach der Verabschiedung des WRA weiterhin Gültigkeit haben, dass die lokalen Sozialbehörden Hilfeempfänger zu keinerlei Tätigkeiten verpflichten dürfen, die mit von ihnen bereits begonnenen Ausbildungsmaßnahmen, zum Beispiel einem Studium, nicht zu vereinbaren sind (Ciarletti 2000: 3).

»Community service«[15] oder »work experience«, das heißt Maßnahmen zur Arbeitsgewöhnung in öffentlichen Einrichtungen oder gemeinnützigen Organisationen, werden im WRA explizit als eine Option zur Erfüllung der Beschäftigungsquoten (work participation rates) genannt. Obwohl die Landesverfassung (Artikel 1, Section 17) von NYS festlegt, dass »no laborer […] in the performance of any public work

---

14 Grundsätzlich ausgeschlossen von der Arbeitsverpflichtung sind dem WRA zufolge nur Kranke, Senioren über 60 Jahre, Hochschwangere und Teenager, solange sie die Schule besuchen, sowie Personen, die pflegebedürftige Angehörige betreuen.

15 Die Definition von »community service« in NYS unterscheidet sich von der in anderen Bundesstaaten. Während sich die Bezeichnung zum Beispiel in Kalifornien auf alle Arbeitseinsätze in gemeinnützigen und öffentlichen Einrichtungen bezieht, wird darunter in NYS auch die häusliche Pflege und Betreuung von kranken oder behinderten Angehörigen gefasst (Besharov/Germanis 2004: 50).

[...] shall be paid less than the rate of wages prevailing in the same trade or occupation« (New York, Department of State 2000: 44) und der »Fair Labor Standard Act« (FLSA) des Bundes eine Mindestentlohnung vorgibt,[16] wurden diese Regelungen allerdings nicht – wie von vielen demokratischen Abgeordneten im Landesparlament gefordert – auf die neuen Sozialhilfeprogramme übertragen (Weikart 2005). Zwar untersagt der WRA eine Nutzung von »Workfare-Workers« durch private Unternehmen, er bleibt jedoch in Bezug auf ihren Beschäftigtenstatus, ihre Bezahlung und die Möglichkeit einer gewerkschaftlichen Interessenvertretung äußerst vage (Goldberg 2001b).

Ähnlich wie bei der Arbeitsförderung und der Ausgestaltung von Workfare-Maßnahmen verfügen die Kommunen und deren Sozialverwaltungen in NYS auch bei der Sanktionsanwendung über einen bemerkenswerten Handlungsspielraum. Die Richtlinien der Landesgesetzgebung sehen vor, dass Hilfeempfänger – abgestuft nach der Anzahl der Verstöße gegen die Arbeits-, Melde- und Kooperationsauflagen – zunächst vier Wochen bis maximal sechs Monate mit Leistungskürzungen bestraft werden können. Die lokalen Behörden sind jedoch nicht zu einer Sanktionierung verpflichtet.

Auch die familienpolitischen Bestimmungen fallen im Vergleich mit anderen Bundesstaaten weniger strikt aus, was mit der überproportional hohen Kinderarmut in NYS – vor allem in afroamerikanischen und hispanischen Familien[17] – und einer traditionell überaus regen Lobby für die Rechte und den Schutz Minderjähriger in NYS zusammenhängen mag. Der WRA verzichtete entgegen den Forderungen von Pataki und dem von Republikanern dominierten Senat auf die Einführung von »family caps« und »full family sanctions«, so dass die lokalen Behörden den Kinderanteil der Sozialhilfe unter allen Umständen auszahlen müssen. Die Sanktionsgründe im WRA wurden allerdings dahingehend ergänzt, dass ein Teil der Zahlungen an die Eltern eingestellt werden kann,

---

16 Der 1938 verabschiedete FLSA umfasst bundesweit geltende Regelungen zu Mindestlöhnen und Arbeitszeiten. Im Mai 1997 gab das US Department of Labor Richtlinien für die Anwendung dieser Regelungen auf Sozialhilfeempfänger in Arbeitsprogrammen heraus, die besagen, dass diese – wenn sie sich nicht in reinen Ausbildungsmaßnahmen befinden – als Beschäftigte (employees) gelten und daher unter den Schutz des FLSA fallen (US Department of Labor/Office of Secretary 1997).

17 1996 betrug der Anteil von Kindern, die in Armut leben, in NYS über 25 Prozent, für Kinder aus hispanischen und afroamerikanischen Familien fast 50 Prozent (Riedinger u.a. 1999: 3).

wenn diese nicht sicherstellen, dass ihre schulpflichtigen Kinder regelmäßig am Schulunterricht teilnehmen (learnfare).[18]

Ein Ergebnis der erfolgreichen Lobbyarbeit von Frauenverbänden in der Landeshauptstadt Albany stellt die Regelung dar, dass Eltern mit Kindern unter 13 Jahren in NYS von der Arbeitsverpflichtung befreit werden können, wenn nachweisbar keine adäquate Betreuungsgelegenheit zur Verfügung steht (Renwick 2003). Darüber hinaus hat die State Assembly zusätzlich zu einer erheblichen Aufstockung der Fördermittel für Kinderbetreuung[19] die Aufnahme einer »family violence option« (vgl. S. 131 'ff.) in den WRA durchsetzen können.[20]

Die Höhe der Sozialhilfesätze, die in NYS landesweit einheitlich geregelt ist, wurde in den 1990er Jahren beibehalten. In beiden Programmen (AFDC/FA und Home Relief/SNA) betragen die Leistungen seit 1989 maximal $352 im Monat für Alleinstehende, $469 für zwei Personen und für einen Drei-Personen-Haushalt $577 (NYC Department of Social Services/Human Resources Administration 2003). Diese Leistungen setzen sich aus einem Grundbetrag, Wohngeld und Energiezuschüssen zusammen. Zusätzlich besteht ein Anspruch auf Lebensmittelmarken – im Wert von monatlich durchschnittlich etwa $80 pro Person – und auf eine kostenlose medizinische Grundversorgung im Rahmen von »Medicaid«. Während vor allem Wohlfahrtsorganisationen beklagen, dass mit der fehlenden Anpassung der Transfers an Inflation und steigende Lebenshaltungskosten ihr Realwert seit Mitte der 1970er um die Hälfte gesunken ist und nur noch 51 Prozent des offiziellen Armutslevels beträgt (Casey 1998: 8), verweisen Vergleichsstudien zur Sozialpolitik der Einzelstaaten nach 1996 auf die in NYS relativ großzügigen Zuverdienstmöglichkeiten für Sozialhilfeempfänger.[21] Positiv hervorgehoben

---

18 »Learnfare« gilt für Familien im Leistungsbezug mit Kindern im ersten bis zum sechsten Schuljahr. Bleibt ein Kind in einem Vierteljahr mehr als viermal unentschuldigt dem Unterricht fern, können die Leistungsbezüge drei Monate lang um $60 gekürzt werden (Ciarletta 2000: 3).

19 Die staatlichen Zuschüsse für Kinderbetreuungskosten sind in NYS zwischen 1996 und 2003 von $279 auf $929 Millionen erhöht worden (Renwick 2003: 5). Trotzdem gibt es vor allem in den städtischen Regionen lange Wartelisten für Betreuungsplätze, und nur ein Bruchteil, etwa 15 bis 30 Prozent, aller anspruchsberechtigten Familien kommt in den Genuss von staatlicher Unterstützung (Riedinger u.a. 1999: 12).

20 Ein Bericht zur Umsetzung der »family violence option« in NYC kommt jedoch zu dem Schluss, dass in der Praxis der Sozialbehörden diese Regelung weitgehend ignoriert wird (Hearn 2002).

21 Seit 1997 werden allen Sozialhilfeempfängern in NYS bei Aufnahme einer Erwerbstätigkeit die ersten $90 ihres Lohneinkommens nicht auf die Sozialhilfe angerechnet (Casey 1998: 9). Durfte das maximale monatliche Einkommen für eine dreiköpfige Familie zuvor $667 nicht übersteigen,

werden von diesen Untersuchungen des Weiteren die hohen indirekten Lohnsubventionen für Geringverdiener, wie zum Beispiel der das Bundesprogramm ergänzende und 1994 eingeführte »Earned Income Tax Credit« des Staates New York oder zusätzliche kostenlose Gesundheitsleistungen für einkommensschwache Familien.[22] Allerdings scheiterten alle legislativen Versuche, den vom Bund 1997 auf $5,15/h festgelegten Mindestlohn zu erhöhen, bis 2004 in NYS am Veto des Gouverneurs und an der republikanischen Mehrheit im State Senate.[23]

Beurteilt man die Sozialhilfepolitik in NYS lediglich nach der unmittelbaren TANF-Gesetzgebung, so bestätigt sich der Befund zahlreicher Vergleichsstudien, dass diese relativ moderat und flexibel ist, da sie den für Transferleistungen zuständigen Counties und Verwaltungen im Rahmen der vom Bund vorgegebenen Möglichkeiten weitreichende Freiheiten lässt, die kommunale Sozialhilfepraxis an die lokalen Bedingungen und jeweiligen politischen Prioritäten anzupassen. Doch ähnlich wie bei der nationalen »Welfare Reform« und der aus ihr resultierenden veränderten Kompetenz- und Aufgabenverteilung zwischen Bund und Einzelstaaten ist dieser wachsende Handlungsspielraum der untergeordneten Verwaltungseinheiten bei der Umsetzung von Sozialprogrammen als überaus ambivalent zu bewerten. Nicht nur stellte der WRA aufgrund seiner an vielen Punkten vagen Festlegungen – wie die folgenden Ausführungen noch zeigen werden – für lokale Behörden eine Art Freibrief für Diskriminierungen, amtliche Willkür und weitere Zugangsbeschränkungen zu staatlicher Unterstützung dar. Folgenreich sind auch die Unterlassungen der New Yorker Landesregierung hinsichtlich eines stärkeren Finanzausgleichs zwischen den Gebietskörperschaften. Da diese – abhängig von der Bevölkerungszusammensetzung und dem lokalen Steueraufkommen – unterschiedlich stark von den finanziellen Belastungen des PRWORA betroffen waren, hätten die Kommunen mit einer

---

um weiterhin anspruchsberechtigt zu sein, liegt die Grenze jetzt bei $1.080. Das entspricht einer Erhöhung der Einkommensgrenze um über 40 Prozent (Fiscal Policy Institute 1999: 3).

22 Der »State Earned Income Tax Credit« (NYS-EITC) ermöglicht einkommensschwachen Familien eine Steuerrückerstattung, die bis zu 27,5 Prozent über der des Bundesprogramms liegt. 1998 nahmen 1,14 Millionen Familien den NYS-EITC in Anspruch, deren durchschnittliche Rückerstattung $303 betrug (NYS, Office of Temporary and Disability Assistance 2002: 9f.). Das 1999 eingeführte »Family Health Plus«-Programm bietet zudem über »Medicaid« hinaus kostenlose medizinische Dienste an (O'Neill u.a. 2001: 46f.)

23 Die Erhöhung des Mindestlohns erfolgte in der Legislaturperiode 2005. Seit Januar 2006 gilt in NYS ein Mindestlohn von $6,75/h, der bis 2007 schrittweise auf $7,15/h erhöht werden soll (NYS, Department of Labor 2006).

überproportional großen Armutspopulation dringend einer vollständigen Übernahme der Kosten für Sozialprogramme wie »Medicaid«, »Food Stamps« und TANF durch den Bundesstaat bedurft. Zumindest hätte eine größere Lastenverteilung der Versuchung von Kommunalpolitikern entgegenwirken können, notfalls auch mit »illegalen Mitteln« die lokalen Sozialausgaben zu senken. Stattdessen setzte der WRA – anknüpfend an die bundesstaatliche Politik und das Credo des »New Public Managements« – auf mehr regionalen und innerbehördlichen Wettbewerb (Weikart 2001; Main 2005).

In den von sozialwissenschaftlichen Betrachtungen und den Vergleichsstudien der großen Forschungsinstitute kaum beachteten Ausführungsbestimmungen des WRA wurde zum Beispiel festgelegt, dass die zehn Counties mit den größten Erfolgen bei der Arbeitsvermittlung zusätzliche Mittel vom Bundesstaat erhalten, die von »Strafgeldern« der 20 Counties mit den schlechtesten Ergebnissen finanziert werden müssen (Fiscal Policy Institute 1999: 2). Auch der Umgang mit den Jahresberichten der lokalen Sozialbehörden, die der Landesregierung Rechenschaft über die kommunale Umsetzung des WRA ablegen müssen, zeigt, dass es den Gesetzgebern und Landesbehörden weniger um Interventionsmöglichkeiten zur Sicherung von rechtlichen Mindeststandards bei der lokalen Sozialhilfegewährung oder ganz allgemein um mehr Flexibilität der Counties geht. Ihr Zweck ist vielmehr die gezielte Steuerung der lokalen Sozialbürokratien, um ihre Anpassung an das oberste Ziel der Reformen – die möglichst schnelle Senkung der Sozialhilfezahlen – sicherzustellen. Die Jahresberichte dienen in der Landeshauptstadt Albany seit 1998 vor allem als Grundlage für ein jährliches Ranking der Verwaltungsgebiete hinsichtlich ihrer administrativen Effizienz, ihrer Vermittlungsquoten und der dauerhaften Abgänge aus der Sozialhilfe. Diese administrative Finanzierungs- und Sanktionsstruktur, das beschreibt eine der wenigen Untersuchungen dieser vom WRA eingeführten Veränderungen, schuf ein neues System der Hierarchien, Kontrollen und einseitigen Schwerpunktsetzungen innerhalb der lokalen Sozialbehörden:

The federal government polices the states, New York State policies its counties, and [the county], in turn, polices its own staff. [...] While this hierarchy of oversight effectively ensures certain standards of implementation, it is not until the additional legislative mechanisms for inter-district comparison are considered that the full impact of the reform performance structure becomes visible. [...] Such an emphasis on local management and measurable success in comparison to others fosters a disposition toward striving for more than the minimal requirements among both administrators and front-line staff. Going beyond the call of duty is crucial if an administrator wishes to demonstrate her or his individual and team competence in PRWORA implementation. (Ridzi 2004: 40f.)

Das »Führungsteam«, das sich in New York City zusammen mit Tausenden Verwaltungsangestellten Mitte der 1990er Jahre an die Umsetzung der Vorgaben der nationalen und regionalen Sozialhilfereformen machte, zeigte sich außerordentlich ehrgeizig und fest entschlossen, mehr zu tun, als nur das von oben gesetzte Soll zu erfüllen.

Lokale Rahmenbedingungen für eine arbeitszentrierte Sozialhilfepolitik

New York City hatte zum Zeitpunkt der Verabschiedung der übergeordneten Sozialhilfereformen mit anderen urbanen Regionen mehrere Gemeinsamkeiten, welche die Umsetzung der Bundesvorgaben zu einer enormen Herausforderung machten: zum einen eine hohe Anzahl und starke räumliche Konzentration von Sozialhilfeempfängern in den Innenstadtquartieren, die zum Teil extreme Armutsraten aufweisen; zum anderen einen tief gespaltenen lokaler Arbeitsmarkt mit recht ungleich verteilten Beschäftigungschancen. In kaum einer anderen US-amerikanischen Großstadt ist die Workfare-Programmatik in den 1990er Jahren jedoch so eng mit den Namen sowie den Ambitionen des (damals amtierenden) Bürgermeisters und seiner engsten Mitarbeiter verknüpft gewesen: »By 1996 Mayor Giuliani was ready to make New York City a national model of neo-conservative social policy by implementing workfare with a dedication and on a scale not seen anywhere else in the country« (Dulchin/Kasmir 2004: 2).

Das Ergebnis war, dass zwischen 1996 und 2006 schätzungsweise 400.000 bis 450.000 Frauen und Männer[24] durch diverse Workfare-Maßnahmen geschleust wurden, die meisten von ihnen im Rahmen des »Work Experience Program« (WEP). Diese Zahl übertrifft die Gesamtbevölkerung von Buffalo, der zweitgrößten Stadt in New York State. Auf dem Höhepunkt des Programms – im Januar 2000, als sich in NYC monatlich nahezu 40.000 Personen in gemeinnützigen Arbeitsdiensten befanden (Wernick u.a. 2000: 2) – machten die New Yorker zwei Drittel aller Sozialhilfeempfänger aus, die zu diesem Zeitpunkt im Land zu solchen unbezahlten Einsätzen in lokalen Einrichtungen und städtischen

---

24 Diese Angaben sind hochgerechnet und basieren auf Zahlen aus einem Bericht des American Institute for Full Employment (Barnhart u.a. 2001), der in enger Kooperation mit der New Yorker Sozialbehörde entstand, in vielen Studien zitiert wird und für den Zeitraum von 1995 bis 2001 250.000 WEP-Teilnehmer angibt. Das sind etwa 42.000 pro Jahr.

Betrieben herangezogen wurden (Besharov/Germanis 2004: 56). Lediglich die Staaten Wisconsin, Ohio und New Jersey nutzten diese Form von Workfare ähnlich intensiv wie New York City. In den meisten Bundesstaaten dagegen wurden deutlich weniger als fünf Prozent aller Sozialhilfebezieher zu Arbeitsdiensten verpflichtet (National Employment Law Project 2006: 3).

Bislang sind nur wenige Sozialwissenschaftler in den USA der Frage nachgegangen, wie New York Citys auffällige Abweichung vom nationalen Trend erklärt werden kann (vgl. Ellwood/Welty 1999; Krinsky 2002; Main 2005). Um sich einer Antwort anzunähern und zu verstehen, welche Faktoren für die spezifische lokale Entwicklung hin zu einem an Arbeitsdiensten im öffentlichen Sektor orientierten Workfare-Modell in den 1990er Jahren ausschlaggebend waren, wird im Folgenden zunächst auf die äußeren Rahmenbedingungen (Sozialhilfe- und Armutsentwicklung, lokale Arbeitsmarktbedingungen) zum Zeitpunkt der Implementierung der nationalen und regionalen Sozialhilfereformen eingegangen. Danach wird die Entwicklung des WEP-Programms unter der Giuliani-Administration (1995-2001), einschließlich der hiermit verbundenen politischen Auseinandersetzungen und den Ergebnissen für die Betroffenen, nachgezeichnet. In einem dritten Schritt werden die Veränderungen, die mit den Kampagnen der sozialpolitischen Opposition und dem Amtsantritt des republikanischen Bürgermeisters Michael Bloomberg 2002 verbunden waren, dargestellt.

Sozialhilfe- und Armutsentwicklung

New York City ist nach Los Angeles die Stadt mit der höchsten Sozialhilfequote in den USA und die Stadt mit der größten Sozialverwaltung. Die für Sozialhilfe zuständige Unterabteilung des 1965 gegründeten Department of Social Services, die Human Resources Administration (HRA), beschäftigte 1994 noch etwa 23.000 Vollzeitkräfte und bearbeitete pro Jahr etwa 150.000 Neuanträge auf Sozialhilfe (Bers 2001: 2). Ein Großteil der HRA-Angestellten ging ihren Aufgaben in den 31 über die fünf Verwaltungsbezirke verteilten lokalen Income Support Centers nach (ebd.).

Kurz vor der nationalen »Welfare Reform« erhielten in NYC noch fast 1,4 Millionen Personen – das heißt fast jeder siebte Bewohner – Sozialhilfe in Form von Geld- und Sachleistungen (Nightingale u.a. 2002: 4). Mehr als 800.000 Menschen, darunter 300.000 Erwachsene, bezogen ihren hauptsächlichen Lebensunterhalt aus dem Programm AFDC, und etwa 280.000 waren auf »Home Relief« angewiesen (ebd.). Während im Familien-Programm (AFDC) in den 1980er Jahren im Zuge der unter der Reagan-Administration verfügten Zugangsbeschränkungen zunächst die Zahl der Anspruchsberechtigten deutlich zurückging (Windhoff-Héritier 1993: 247), waren die frühen 1990er Jahre aufgrund der sich ausweitenden Arbeitslosigkeit von einem starken Anstieg der Fallzahlen gekennzeichnet.

Die Kosten der lokalen Sozialhilfeprogramme sind für die Kommune beträchtlich. Nach Angaben der HRA wendete die Stadt New York Mitte der 1990er Jahre allein für die beiden wichtigsten Cash-Programme (AFDC und »Home Relief«) mehr als $2,5 Milliarden auf (NYC Department of Social Services/Human Resources Administration 1999: 3). Einen sprunghaft wachsenden Anteil der kommunalen Sozialausgaben macht jedoch »Medicaid« (1995 $2,5, 2003 etwa. $4 Milliarden) für die immer größer werdende Zahl der Familien und Kinder ohne Krankenversicherung aus (NYC Independent Budget Office 2003: 1). Bezogen auf den städtischen Gesamthaushalt und seine Veränderungen seit Anfang der 1990er Jahre kann daher eher von einer Umschichtung als von einer Senkung des Sozialbudgets – wie sie für die späten 1970er und frühen 1980er Jahre infolge von Rezessionen und Haushaltskrisen typisch war (Fainstein 1993) – gesprochen werden. Während sich zwischen 1990 und 2003 unter Berücksichtigung des Bevölkerungszuwachses die Gesamtausgaben für kommunale »common services« (Polizei, Feuerwehr, Straßen/Infrastruktur, Verwaltung etc.) und »noncommon functions« (Bildung, Gesundheit, soziale Dienste etc.) kaum verändert haben (1990 $35, 2003 $41 Milliarden), entfielen 1990 noch 23 Prozent des Haushalts auf Sozialhilfezahlungen, 23 Prozent auf die öffentlichen Schulen und Universitäten und 5 Prozent auf Gesundheitsleistungen. 2003 hatte sich das Verhältnis bei den »noncommon functions« erkennbar verschoben: 30 Prozent waren für Bildung, weniger als 12 Prozent für Sozialhilfe und fast 10 Prozent für Gesundheit ausgegeben worden (NYC Office of Management and Budget 1991: 15 u. 2004: 17). Die Aufwendungen für direkte Transferleistungen (Geldzahlungen) sind in diesem Zeitraum (1990-2003) in NYC also um fast die Hälfte gesenkt worden, während die Ausgaben für öffentliche Sicherheit zwischen 1994 und 2001 um mehr als 30 Prozent gestiegen sind (Weikart 2001: 368).

New York City führt neben Los Angeles nicht nur seit langem die bundesweiten Sozialhilfestatistiken an, sondern nimmt auch einen Spitzenplatz in der Liste der US-amerikanischen Großstädte mit den größten Armutsproblemen ein. Trotz der im Vergleich mit anderen US-Metropolen überproportional hohen kommunalen Sozialausgaben liegt die Armutsrate in NYC seit Jahren mit deutlich über 20 Prozent fast doppelt so hoch wie der nationale Durchschnitt. Der Stadtteil Bronx gilt mit einer Armutsrate von fast 30 Prozent und einer Kinderarmutsrate von 40 Prozent als eines der ärmsten urbanen Gebiete im Land (Roberts 2006). Betrug die Armutsrate 1975 in der Stadt noch 15 Prozent, so hatte sie 1993 mit 27,3 Prozent ihren vorläufigen Spitzenwert erreicht (Li/Zimmermann 1997: 12). 1997, zum Zeitpunkt der Verabschiedung des WRA, lag sie immerhin noch bei etwa 25 Prozent (Community Service Society 2004a: 3), während sie sich in NYS bei etwa 16 Prozent und im Bundesdurchschnitt bei rund 14 Prozent eingependelt hatte (Riedinger u.a. 1999: 2).

Besonders hart betroffen von Einkommensarmut in NYC sind neben Migranten (foreign born) Familien mit Kindern: Über 30 Prozent von ihnen galten 1997 nach offizieller Definition als arm (Levitan 2003: 253), in afroamerikanischen Familien waren es 51 Prozent und in hispanischen Familien fast 60 Prozent (Women of Color Policy Network 2001: 4). Während der zyklische Verlauf der allgemeinen Armutsentwicklung in NYC, dem Auf und Ab der ökonomischen Konjunkturphasen folgend, Ähnlichkeiten mit dem in anderen Landesregionen aufweist – wenn auch auf durchgängig höherem Niveau –, zeigt sich hinsichtlich der »working poor« für NYC eine deutliche Abweichung: Während im Bundesdurchschnitt der Anteil aller Familien, in denen mindestens eine Person erwerbstätig war, an der Armutsbevölkerung seit Beginn der 1990er Jahre von 12 Prozent 1990 auf 10,7 Prozent 1998 gesunken ist, stieg er in NYC im selben Zeitraum von 12 auf 19,2 Prozent an (Levitan 2003: 254). Dies bedeutet, dass in NYC eine regelmäßige Erwerbstätigkeit spätestens seit den 1990er Jahren ein rapide wachsendes Segment der Bevölkerung nicht mehr länger vor materiellen Notlagen schützt.

Entgegen gängigen Vorstellungen, nach denen fehlende berufliche Qualifikationen und in Familien die Abwesenheit von »männlichen Ernährern« die Hauptursachen für Einkommensarmut darstellen, sind in NYC auch immer mehr Menschen mit einer abgeschlossenen Schul- und Berufsausbildung sowie »intakte« Familien (im Sinne von Familien mit beiden Elternteilen) von Verarmung betroffen (ebd.: 264ff.). Insgesamt fiel das durchschnittliche Familieneinkommen in der Ostküstenmetropole zwischen 1990 und 2000 um 16 Prozent (Beveridge/Weber 2003: 57). Zur Jahrtausendwende hatten hier 16,1 Prozent aller Haushalte weniger als $10.000 pro Jahr zur Verfügung und 34,9 Prozent weniger als $25.000, während der Anteil der Reichen (mit einem Jahreseinkommen über $100.000) auf 13,7 Prozent der Bevölkerung angestiegen war (United Way of NYC 2003: 6). Bedenkt man, dass große Teile New York Citys und vor allem Manhattans zu den Regionen mit den höchsten Lebenshaltungskosten und Mieten in den USA gehören, wird die Dimension dieser Zahlen noch deutlicher.[25]

Verantwortlich für die materielle Verschlechterung und die auffälligen Einkommenseinbußen großer Bevölkerungsgruppen ist vor allem der Rückgang der Reallöhne, die in den 1990er Jahren in NYC insgesamt um 7,6 Prozent gefallen sind (Fiscal Policy Institute 2003a: 2), für Männer sogar um 13 Prozent und für Beschäftigte ohne einen Universitätsabschluss um mehr als 16 Prozent (Adler 2002: 32). Den stärksten Rückgang an der Gesamtbeschäftigung verzeichneten in NYC zwischen 1989 und 1999 die Lohngruppen zwischen $25.000 und $50.000 Jahreseinkommen (Working Group on NYC's Low-Wage Labor Market 2000: 52). Was dieser kurze Überblick deutlich macht, ist, dass der bereits in den 1980er Jahren begonnene Trend zu einem immer größeren Einkommensgefälle zwischen Arm und Reich bei gleichzeitiger Schrumpfung der Mittelschichten, wie er für fast alle großstädtischen Räume der USA typisch ist (vgl. Booza u.a. 2006), in der wichtigsten US-amerikanischen Global City im Untersuchungszeitraum (Phase der Implementierung der Sozialhilfereform nach 1996) extreme Formen angenommen hat und kein Ende dieser Entwicklung abzusehen ist: »There is good evidence that New York remains one of the most unequal cities in the country in the distribution of incomes and wealth« (Meyers/Teitler 2000: 26).

Ökonomische Faktoren

Bei der Identifizierung der ökonomischen Rahmenbedingungen für eine arbeitszentrierte Sozialhilfepolitik ist außerdem zu berücksichtigen, dass sich NYC kurz vor Verabschiedung der nationalen »Welfare Reform« – wesentlich später als der Rest der Nation – gerade halbwegs von einer besonders schweren Rezession erholt hatte. Zwischen 1988 und 1992 gingen in NYC schätzungsweise 325.000 bis 350.000 Stellen oder 12 Prozent aller Arbeitsplätze verloren (Levitan 2003: 256). Ende 1991 hatten die offiziellen Erwerbslosenzahlen mit fast 11 Prozent (etwa 340.000 Personen) und die damit verbundenen Steuerausfälle eine Rekordhöhe seit 1984 erreicht (ebd.). Es war wieder einmal deutlich geworden, dass

---

25 Etwa 30 Prozent aller Einwohner von NYC geben mehr als die Hälfte ihres Einkommens für die Miete aus (O'Neill u.a. 2001: 51). Der »self-sufficiency standard« – ein von Wohlfahrtsorganisationen genutzter Index zur Berechnung des notwendigen Einkommens, um unabhängig von staatlicher Unterstützung und ohne materielle Probleme leben zu können – lag in Manhattan für eine dreiköpfige Familie Ende der 1990er Jahre bei $6.186 pro Monat, in der Bronx bei $3.684 (Women's City Club of New York 2002: 9).

die lokale Ökonomie in NYC nicht nur immer mehr »working poor« hervorbringt, sondern wesentlich stärker als in anderen US-Regionen überaus empfindlich auf Konjunkturzyklen und Börsenschwankungen reagiert (Parrott 2001; Berlin 2001).

Trotz einer Erhöhung der allgemeinen Erwerbsquote um fast 12 Prozent zwischen 1977 und 1997 und einer stetigen Ausweitung der Aufnahmekapazitäten der Niedriglohnsektoren für Geringqualifizierte seit Mitte der 1990er Jahre (Levitan 2003: 257), die in NYC inzwischen etwa 20 Prozent aller Erwerbstätigen ausmachen (Working Group on NYC's Low-Wage Labor Market 2000: 25), betrug die Arbeitslosigkeit zum Zeitpunkt der Implementierung der »Welfare Reform« in der Stadt immer noch fast 10 Prozent. Damit lag sie doppelt so hoch wie der damalige Landesdurchschnitt und war höher als in allen anderen 20 großen »Metropolitan Areas« der USA (US Department of Labor/Bureau of Labor Statistics 1999).

Unter den Gruppen, die besonders stark von den Gesetzesveränderungen im Sozialhilfebereich betroffen waren, fiel die Erwerbslosigkeit 1997 noch weitaus höher aus: Unter afroamerikanischen Frauen betrug sie 15 Prozent, unter hispanischen Frauen 17 Prozent und unter der zweitgrößten Einwanderergruppe in NYC, Immigranten aus der Dominikanischen Republik, lag sie bei fast 20 Prozent (ebd.). Hinzu kommt eine vergleichsweise hohe Unterbeschäftigung. In NYC nahmen 1996 nur 32,2 Prozent aller erwachsenen Frauen ohne Schulabschluss überhaupt aktiv am Arbeitsmarkt teil, unter allen hispanischen Frauen waren es – unabhängig von ihrer Schulausbildung – 40,4 Prozent und unter afroamerikanischen Frauen 52,4 Prozent (Levitan/Gluck 2001: 10), womit die Stadt deutlich unter den Werten anderer US-Metropolen liegt (Brookings Institution/Metropolitan Policy Program 2003). Eine gemeinsam erstellte Studie der City University of New York und der Columbia University beurteilte die 1990er Jahre als Jahrzent des rapiden sozialen Abstiegs für New Yorks ethnische Minderheiten: »The nineties have been the equivalent of the Titanic for Latinos and African-Americans in New York City« (Hernandez/Rivera-Batiz 1999: 1).

Analysten der lokalen Arbeitsmarktentwicklung warnen nicht erst seit dem Börsencrash von 1987 und der darauf folgenden Wirtschaftskrise – deren nachhaltige Konsequenzen maßgeblich zur Abwahl des ersten schwarzen Bürgermeisters von NYC, David Dinkins, beigetragen hatten (Kaufman 2003) –, dass die zunehmend einseitige Abhängigkeit der Stadt von Entwicklungen des Finanzsektors und der mit Wall Street assoziierten ökonomischen Aktivitäten anhaltende Beschäftigungsprobleme produzieren werden (Center for an Urban Future 1998; Parrott 2001; Adler 2002). Besonders dramatisch ist die Abwanderung von Betrieben im Industriesektor, vor allem im verarbeitenden Gewerbe. Diese Entwicklung geht nach Ansicht von Kritikern der kommunalen Wirtschaftsförderung nicht nur auf den Globalisierungsdruck und den allgemeinen Bedeutungsverlust dieses Sektors zurück. Vielmehr werden zu hohe lokale Steuern, eine falsche Flächennutzungsstrategie (Umwandlung von »manufacturing zones« in »commercial« und »residential space«) und die fehlende Regulierung der exorbitanten Immobilienpreise als wesentliche Gründe genannt, die viele Unternehmen aus der City in die benachbarten Counties, Bundesstaaten und zum Teil ins Ausland getrieben hätten (ebd.).[26]

Hatten 1965 noch 128 der wichtigsten Industrieunternehmen der USA (Fortune 500) ihren Hauptstandort in Manhattan, waren es 1988 nur noch 48 (Drennan 1991: 31). Zwischen 1969 und 1994 gingen in NYC über 500.000 Jobs im Bereich »manufacturing« verloren (Siegel 1997: 201). Zwischen 1977 und 1997 betrug der Rückgang 57 Prozent (über 250.000 Arbeitsplätze), so dass der Anteil der dort Beschäftigten an der Gesamtbeschäftigung von 31 auf unter 18 Prozent sank (Gladstone/Fainstein 2003: 88). In Los Angeles betrug der Arbeitsplatzverlust in der Produktion im selben Zeitraum dagegen nur 20 Prozent, bundesweit lag er bei 5 Prozent (ebd.: 86f.). Zu den zehn größten Arbeitgebern in NYC gehörte Ende der 1990er Jahre im Unterschied zu Los Angeles, Chicago und anderen US-Metropolen kein einziges Industrieunternehmen mehr (ebd.: 87).

Auch der öffentliche Sektor, der ab den 1960er Jahren in den USA vor allem in den urbanen Zentren des Nordens neben den fordistischen industriellen Großbetrieben maßgeblich zur ökonomischen und gesellschaftlichen Integration von Afroamerikanern und anderen Minderheiten beitragen konnte (Cook u.a. 1985; Joyce 1997), hat in NYC inzwischen als Beschäftigungs- und Mobilitätsfaktor an Bedeutung eingebüßt. Viele Beobachter sehen die ethnische Zusammensetzung der Beschäftigten im öffentlichen Sektor als Barometer für die grundsätzliche politische Stimmungslage in den Großstädten der USA an. Demnach gehörte die City of New York mit ihrer langen Tradition der »machine politics«[27]

---

26 Einen Hinweis darauf, dass die größere »Metropolitan Area New York« – bestehend aus insgesamt 31 Counties mit über 20 Millionen Einwohnern, die zu drei verschiedenen Bundesstaaten (New York State, Connecticut und New Jersey) gehören (Abu-Lughod 1999: 286) – von der Abwanderung von Unternehmen aus den Innenstadtgebieten profitieren konnte, liefern die dortigen Beschäftigungszuwächse von fast 44 Prozent zwischen 1977 und 1997, die damit fast viermal so hoch lagen wie in NYC (Gladstone/Fainstein 2003: 89).

27 Der Begriff »machine politics« bezeichnet ein spezifisches Patronagesystem, das in vielen US-amerikanischen Großstädten – allen voran in Chica-

und starken Einbeziehung von Afroamerikanern und Migranten lange Zeit zu den Städten mit den größten Partizipationschancen für Minderheiten (Waldinger 1996).

1970 gab es in NYC noch fast 300.000 städtische Angestellte (Cohen 2004: 72). Anfang der 1990er Jahre verfügte die Stadt mit über 253.000 Beschäftigten noch immer über die eindeutig größte »municipal workforce« in den USA (NYC Independent Budget Office 2001a: 1). Der Beschäftigungsanteil von afroamerikanischen Männern im öffentlichen Dienst lag bei 33 Prozent, der von afroamerikanischen Frauen bei 21 Prozent und der von Latinos bei 14 Prozent. (Goode/Baldwin 2005: 42). Seitdem haben Einsparungen vor allem in den für soziale Dienste verantwortlichen Verwaltungen jedoch zu einem stetigen Rückgang der Beschäftigungschancen von Minderheiten im öffentlichen Sektor beigetragen. Allein zwischen 1991 und 1996 verloren die städtische Human Resources Administration, das Department of Employment, das Department of Youth Services sowie die für Gesundheit zuständigen Einrichtungen, die überproportional stark Vertreter ethnischer Minoritäten beschäftigen, durch Stellenstreichungen, Frühpensionierungen und andere Einsparungen insgesamt 30 Prozent ihres Mitarbeiterstamms (NYC Independent Budget Office 2001a: 1).

Insgesamt belief sich der Rückgang der Beschäftigten im öffentlichen Dienst in diesem Zeitraum in NYC auf 25.000 Stellen, das entspricht etwa 10 Prozent aller dort angesiedelten Arbeitsplätze (ebd.). Zu den Verwaltungen und kommunalen Betrieben, die neben dem Bereich Soziales gleichfalls einen erheblichen Personalabbau hinnehmen mussten, zählen die Müllabfuhr und Stadtreinigungsbetriebe (-20 Prozent), die Park- und Grünflächenämter (-43 Prozent), die Wohnungsbehörden (-32 Prozent) und die städtischen Kultureinrichtungen (-37 Prozent). Zuwächse verzeichneten in diesem Zeitraum lediglich die für öffentliche Sicherheit zuständigen Behörden, die zusammen mit Schulen und Bildungseinrichtungen vor allem nach 1996 erheblich an Personal hinzugewinnen konnten (ebd.: 2).

Zunächst hatten die von Einsparungen besonders hart getroffenen städtischen Verwaltungen und Betriebe in der ersten Hälfte der 1990er

---

go und New York City – bis in die 1970er Jahre eine wichtige Rolle spielte. In der Geschichte von NYC sorgte die »Democratic Party Machine« unter Einfluss der Tammany Hall Society im Gegenzug für Wählerstimmen von Mitte des 19. Jahrhunderts bis in die 1930er Jahre hinein für eine erfolgreiche ökonomische Integration verschiedener Einwanderergruppen (Fuchs 1992). Wichtige Instrumente der »machine politics« waren – vor allem in Zeiten wirtschaftlicher Krisen – staatliche Beschäftigungsprogramme (public works projects), die Vergabe von Posten im öffentlichen Dienst sowie die Wohnraumversorgung.

Jahre versucht, den Verlust von Vollzeitstellen durch die Ausweitung von Teilzeitbeschäftigung und durch die befristete Einstellung von Personal abzufedern (Krinsky 2002: 48f.). Es war jedoch recht bald abzusehen, dass viele der kommunalen Aufgaben – unter anderem die der Park- und Straßenreinigung, der Müllabfuhr und der Instandhaltung der öffentlichen Nahverkehrssysteme, die am sichtbarsten das öffentliche Stadtbild und in der Wahrnehmung vieler ihrer Bewohner und Besucher die urbane Lebensqualität beeinflussen – kaum noch im gewohnten Umfang zu erledigen waren (Cohen 1999; Adler 2002). Als die Sozialbehörde in NYC – entsprechend der vom Bund vorgeschriebenen Quoten – 1997 vor der Aufgabe stand, bis Ende des Jahres 1998 mindestens 30 Prozent aller Erwachsenen im TANF-Programm in Arbeit oder Beschäftigungsmaßnahmen zu bringen, musste es daher den Personalabteilungen öffentlicher Einrichtungen als äußerst attraktiv erscheinen, die in der ersten Hälfte der 1990er Jahre verlorene Arbeitskraft zumindest teilweise durch den Einsatz von Sozialhilfeempfängern zu kompensieren (Clark 2005a).

Kurz zuvor hatte eine Studie (Tilly 1996) auf die möglichen negativen Arbeitsmarkteffekte einer strikten »work first«-Politik für NYC hingewiesen. Sie legte ihrer Berechnung der zu erwartenden Verdrängungsprozesse und Lohnsenkungen durch ein plötzlich erweitertes Arbeitskräfteangebot die Annahme zugrunde, dass im Laufe des ersten Jahres der Implementierung der nationalen Sozialhilfereform in NYC insgesamt etwa 100.000 Hilfeempfänger von den Sozialämtern entweder zu Arbeitseinsätzen in öffentlichen Einrichtungen/Verwaltungen verpflichtet oder zur Aufnahme von Niedriglohnjobs gezwungen würden. Die Studie kam zu dem Ergebnis, dass es bei einem gleichbleibenden Arbeitsplatzangebot als Worst-Case-Szenario im unteren Drittel des lokalen Arbeitsmarktes – bei Beschäftigten mit Stundenlöhnen unter $8 – zu einer 26-prozentigen Lohnsenkung kommen könnte bzw. zu einem Verdrängungseffekt (displacement effect) von 58.000 regulären Arbeitskräften oder einer Kombination aus beidem (ebd.: 1).

Eine Schwäche dieser Schätzung oder vergleichbarer Studien zu den unmittelbaren Auswirkungen der Sozialhilfereform auf die unteren Arbeitsmarktsegmente (z.B. Mishel/Schmitt 1995; Kleppner/Theodore 1997; Bartik 2000; Burtless 2000), die im Vorfeld oder im Zuge der nationalen Gesetzesänderungen angestellt worden sind, ist, dass ihnen meist einfache Angebots- und Nachfragemodelle zugrunde liegen. Überaus fragmentierte und wenig regulierte Arbeitsmärkte wie in den USA werden jedoch von einer Vielzahl von schwer kalkulierbaren Faktoren beeinflusst, so dass ihre Entwicklung nur bedingt vorauszusagen ist. So hat beispielsweise die Veränderung der lokalen Ökonomie im Zusammenwirken mit anhaltenden massiven Einwanderungsprozessen in NYC nicht nur eine neue und komplexe städtische Arbeitsteilung, sondern auch eine enorme Ausweitung informeller Beschäftigungszweige und -verhältnisse hervorgebracht (Sassen 1991b u. 2000). Diese wirtschaftlichen Wachstumsbranchen bieten einem zunehmend größer werdenden Teil der Armutsbevölkerung in den USA ein wie auch immer geartetes Auskommen, ohne dass die dortigen Beschäftigungsverhältnisse und ihre Auswirkungen auf die allgemeinen Lohnstrukturen in amtlichen Statistiken oder wissenschaftlichen Studien angemessen erfasst werden könnten. Gleichzeitig zeigen diverse Forschungsergebnisse (vgl. Kwong 2000; Waldinger/Lichter 2003), dass viele Jobs in diesen immer wichtiger werdenden urbanen »Schattenwirtschaften« vor allem über spezifische Nachbarschafts- und Migranten-Netzwerke, das heißt informelle Rekrutierungsstrukturen, besetzt werden, so dass sie nicht allen Bevölkerungsgruppen gleichermaßen offen stehen:

Thus, many of these jobs – as well as other jobs that have become niches for »new immigrants« (e.g., non-Puerto Rican Latinos, East and South Asians, and West Africans) – are unavailable to African Americans and Puerto Ricans on welfare [in NYC] who are seeking to get off the rolls. (Krinsky 2002: 93)

Dass ein erheblicher Teil der sogenannten »welfare leavers« nicht von den lokalen Arbeitsmärkten absorbiert wird bzw. werden kann und dies vielleicht auch nicht immer und überall das primäre Ziel von Workfare-Maßnahmen sein muss, darauf weist auch die wachsende Anzahl von Untersuchungen über den Verbleib von ehemaligen Hilfeempfängern hin (vgl. S. 155 ff.). Sie zeigen, dass in einigen Bundesstaaten und Kommunen weit über die Hälfte derjenigen, die seit Mitte der 1990er Jahre den Sozialhilfebezug dauerhaft verlassen haben, wenn überhaupt, dann nur überaus unregelmäßig einer regulären Beschäftigung nachgehen und daher auf ganz unterschiedliche Einkommensquellen (darunter Unterstützung durch Familien und Freunde und private Wohlfahrtseinrichtungen) angewiesen sind.[28]

---

28 Bereits 1997 haben Edin/Lein in ihrer vielbeachteten Studie *Making Ends Meet. How Single Mothers Survive Welfare and Low-Wage Work* darauf aufmerksam gemacht, dass ein Großteil der alleinstehenden Frauen im Sozialhilfebezug einer Vielzahl von informellen Tätigkeiten und Jobs nachgehen muss, um ihre Familie ernähren zu können. Nur etwa 60 Prozent des Einkommens der in die Untersuchung einbezogenen Frauen resultierte aus staatlichen Transferleistungen. Eine weitere ethnographische Studie, *Working at the Margins* (2001) von Riemer, zeigt, dass sich dieser Trend in den letzten Jahren weiter fortgesetzt hat.

Für New York ergaben die wenigen Studien, die sich der Frage der Arbeits- und Einkommenssituation ehemaliger Sozialhilfebezieher widmen, noch schlechtere Ergebnisse als im Bundesdurchschnitt: Eine 1998 vom New York State Office of Temporary and Disability Assistance[29] veröffentlichte Untersuchung stellte fest, dass lediglich 29 Prozent aller Hilfeempfänger, die zwischen Juli 1996 und März 1997 im Bundesstaat den Leistungsbezug verlassen hatten, drei Monate danach ein Erwerbseinkommen von mindestens $100 pro Woche verzeichnen konnten (Task Force for Sensible Welfare Reform 1999: 6). In einem Bericht der New Yorker Sozialverwaltung aus demselben Jahr wird angegeben, dass Mitte der 1990er Jahre lediglich 21 Prozent aller Sozialhilfebezieher der Stadt aus Maßnahmen der Beschäftigungsförderung heraus einen Arbeitsplatz fanden, bei alleinstehenden Männern waren es lediglich 14,6 Prozent (Hernandez 1998: 8).

Diese Ergebnisse und die zuvor genannten Studien machen daher auf einen weiteren wichtigen Punkt aufmerksam, der im Zusammenhang mit der Ausrichtung der Sozialhilfepraxis und Beschäftigungsförderung in NYC nicht zu vernachlässigen ist: Angesichts der hohen Zahl von Hilfeempfängern und der spezifischen Verfasstheit des New Yorker Arbeitsmarktes (erhebliche Konkurrenz um Arbeitsplätze für Niedrigqualifizierte, überdurchschnittlich hohe Erwerbslosigkeit und Unterbeschäftigung) musste die Option, einen erheblichen Prozentsatz von ihnen umgehend in ein reguläres Beschäftigungsverhältnis im privaten Sektor zu bringen, selbst ausgesprochenen Optimisten unter den Anhängern der »work first«-Ideologie als äußerst unrealistisch erscheinen (vgl. Finder 1996 u. 1998; Krinsky 2007). Einen Hinweis auf das Verhältnis zwischen Arbeitsplatzangebot und -nachfrage in New Yorker Armutsquartieren bot eine Studie von Mitte der 1990er Jahre, die herausgefunden hatte, dass in Central Harlem – einem New Yorker Stadtteil, in dem überdurchschnittlich viele Sozialhilfeempfänger leben – auf typische Jobangebote für Geringqualifizierte wie die von Fast-Food-Ketten pro Stelle durchschnittlich 14 Bewerbungen kamen (Newman 1999: 62).

Ein weiterer Aspekt, der neben den ökonomischen Rahmenbedingungen gegen eine schnelle und erfolgreiche – im Sinne von nachhaltiger und existenzsichernder – Arbeitsaufnahme und Erwerbstätigkeit von Hilfebeziehern in NYC und anderen US-Metropolen mit einer überproportional hohen Sozialhilfequote sprach, sind die schwierigen Lebensbedingungen und individuellen Voraussetzungen, welche die Betroffe-

---

29 Das Office of Temporary and Disability Assistance ist seit 1997 in NYS für das TANF-Programm zuständig und ist aus dem New York State Department of Social Services hervorgegangen (Liebschutz 2000c: 61).

nen dafür mitbringen: Die größte Gruppe im »Family Assistance«-Programm in NYC waren Mitte der 1990er Jahre alleinerziehende Frauen (85 Prozent), 30 Prozent waren über 45 Jahre alt, fast die Hälfte verfügte noch nicht einmal über einen Schulabschluss (NYC Department of Social Services/Human Resources Administration 1999: 12). Erschwerend kommt hinzu, dass viele Familien und Frauen hispanischer Herkunft, die in NYC häufig auf staatliche Hilfe angewiesen sind (Chernick/Reimers 2001), entweder nur Spanisch oder nur sehr schlecht Englisch sprechen. Ein weiterer Faktor, der die Sozialhilfebevölkerung in US-Metropolen mit starken Armutsproblemen in den Innenstädten und vor allem in NYC kennzeichnet, ist die überproportional lange Verweildauer im Sozialhilfebezug. Während im Bundesdurchschnitt lediglich 26 Prozent aller AFDC-Empfänger 1996 länger als 48 Monate Unterstützung bezogen, waren es in NYC 52 Prozent (Weir 1997: 31).

Auch in NYC, das im Unterschied zu anderen urbanen Regionen in den USA über ein sehr gut ausgebautes öffentliches Nahverkehrssystem verfügt, spielen sozialräumliche Aspekte und Fragen der Mobilität für die Beschäftigungschancen für Sozialhilfeempfänger eine Rolle. Die meisten Hilfeempfänger leben stark konzentriert in Stadtteilen im Norden Manhattans, der South Bronx und Central Brooklyn, wo die Mieten noch einigermaßen erschwinglich und soziale Unterstützungsnetzwerke vorhanden, dafür aber die Job- und Ausbildungsangebote sehr begrenzt sind (Braconi/Toribio 2001: 35f.). Zu Beginn der 1990er Jahre wohnten fast 60 Prozent aller Familien im AFDC-Bezug in 18 der insgesamt 51 Council Districts, von denen viele eine doppelt so hohe Erwerbslosigkeit und Armutsrate wie der städtische Durchschnitt verzeichneten (ebd.). Während all diese Fakten nach Ansicht von Wohlfahrtsorganisationen und Bürgerrechtsgruppen für einen deutlichen Ausbau von Qualifizierungsangeboten, staatlich subventionierter Kinderbetreuung und Initiativen zur Förderung der lokalen Ökonomie in den Armutsquartieren sprachen, setzte die Stadtverwaltung in NYC zur Erfüllung ihrer Arbeitsquoten in der zweiten Hälfte der 1990er Jahre jedoch vor allem auf die Ausweitung von gemeinnützigen Arbeitsdiensten.

Workfare in New York City

My philosophy has been, first make the changes and have them moving in a very, very strong way – then announce them. At that point there isn't terribly much that people that oppose it can do. (Giuliani 1998)

Noch nie arbeiteten in New York City so viele Sozialhilfeempfänger wie in den vergangenen zehn Jahren ihre Transferleistungen in öffentlichen

Verwaltungen und Betrieben ab. Dennoch ist diese Form von Workfare auch in NYC keine Policy-Innovation der 1990er Jahre. Zwar fehlen aufgrund der schlechten Datenlage verlässliche Zahlen, wie viele Personen hier in den letzten Jahrzehnten zu Arbeitsdiensten herangezogen wurden, es ist jedoch davon auszugehen, dass kaum eine andere Stadtverwaltung in den USA mit so vielen unterschiedlichen Formen von Workfare in der Vergangenheit experimentiert hat wie die New Yorker (Quaid 2002).

Bereits 1973, als der Republikaner John Lindsay die Stadt regierte, waren die ersten Hilfeempfänger im Rahmen des »Work Relief Employment Project« (WREP) von den lokalen Sozialämtern als Hilfskräfte in Wohlfahrtsverbänden, Kirchengemeinden oder öffentlichen Einrichtungen eingesetzt worden (Besharov/Germanis 2004). Da diese jedoch zum Teil entlohnt wurden und die Stadtverwaltung das Beschäftigungsprogramm auf Dauer als zu teuer erachtete, wurde WREP im Zuge der schweren kommunalen Finanzkrise (1975/76) wieder abgeschafft und durch kostenneutralere Workfare-Maßnahmen abgelöst. In den 1980er Jahren erlebte das Projekt der Arbeitsdienste für Sozialhilfeempfänger dann unter der Regie des demokratischen Bürgermeisters Edward Koch einen erneuten Aufschwung. Zwischen 1983 und 1985 arbeiteten in einem durchschnittlichen Monat schätzungsweise zwischen 11.000 und 15.000 »Home Relief«-Empfänger in Nonprofit-Organisationen, Bibliotheken, Krankenhäusern und diversen anderen staatlichen Institutionen, in der Regel ohne eine zusätzliche Vergütung zur Sozialhilfe (ebd.: 54).

Da die Mehrheit dieser »Workfare-Workers« alleinstehende und oftmals obdachlose Männer waren und es – abgesehen von einigen erfolglosen Interventionsversuchen von Gewerkschaftsvertretern im öffentlichen Dienst[30] – wenig kollektive Gegenwehr gegen die Zwangsverpflichtung zu gemeinnütziger Arbeit gab, erregte das Programm in der Öffentlichkeit jedoch wenig Aufmerksamkeit.[31] Anfang 1983 startete die Stadtverwaltung ein Pilotprojekt für Frauen im Sozialhilfebezug (»Community Work Experience Program«), das diese vor allem über Arbeitsmaßnahmen in Nonprofit-Einrichtungen auf eine Beschäftigung im Privatsektor vorbereiten sollte. Das Programm wurde jedoch aufgrund der schlechten Vermittlungsquoten nach kurzer Zeit wieder eingestellt (ebd.). Unter der Dinkins-Administration (1990-1993) ging die Zahl der in öffentlichen Einrichtungen beschäftigten Sozialhilfeempfänger dann

---

30 Bereits 1981 hatte das Office of Collective Bargaining von New York City entschieden, dass »Workfare Workers« keinen Anspruch auf gewerkschaftliche Interessenvertretung haben (White 1997: 4).

31 Interview mit John Krinsky, City College of the City University of New York, 2.11.2003.

erheblich zurück: Im Januar 1995, kurz bevor das »Work Experience Program« in NYC eingeführt wurde, befanden sich in der Stadt noch 850 Männer aus dem »Home Relief«-Programm in gemeinnützigen Arbeitsdiensten (ebd.: 59).

»Giuliani Time« (1994-2002)

Nachdem Rudolph Giuliani, ehemals Oberster Staatsanwalt in Manhattan, 1993 mit tatkräftiger Unterstützung der Geschäftswelt und neokonservativer Think tanks die hart umkämpften Bürgermeisterwahlen gegen den damaligen schwarzen Amtsinhaber David Dinkins gewonnen hatte, kündigte er an, »to end welfare by the end of this century completely« (DeParle 1998: 2). Er versprach, alle Sozialausgaben zu kürzen sowie die Beschäftigung im öffentlichen Dienst um fast 30.000 Stellen abzubauen und somit den Einfluss der lokalen Gewerkschaften zu schwächen (Rubinowitz 1994: 3). Neue Arbeitsplätze sollten vor allem durch bessere Investitionsbedingungen für große Wirtschaftsunternehmen geschaffen werden. Im Zentrum von Giulianis Wahlprogramm, als dessen herausragender Ideengeber das Manhattan Institute[32] fungierte, stand jedoch die sogenannte Null-Toleranz-Strategie (vgl. Smith 1999; Hess 2000; Wacquant 2000; Jacobson 2001). Mit ihrer Hilfe sollte die Stadt, die bis Ende der 1980er Jahre einen rasanten Anstieg von Gewaltdelikten erlebt hatte, wieder sicherer und attraktiver für Mittelschichten und Touristen werden. Giulianis hochgestecktes Ziel bestand darin, die Kriminalitätsrate in den folgenden Jahren um die Hälfte zu senken.[33]

Die »Zero Tolerance«- oder »Quality-of-Life-Policing«-Doktrin, wie sie mitunter auch bezeichnet wird, richtete sich gegen unterschiedlichste Formen von Straftaten, normabweichendes Verhalten und großstädtische Armutsphänomene wie Obdachlosigkeit, illegalen Straßenhandel oder räumliche Verwahrlosung und basiert auf der »Broken Windows«-Theo-

---

32 Das Manhattan Institute wurde 1978 vom Thatcher-Mentor Anthony Fischer und dem späteren CIA-Direktor William Casey mit dem Ziel gegründet, radikale marktwirtschaftliche Lösungen für sozialpolitische Probleme zu propagieren und im öffentlichen Diskurs zu stärken (Solomon 1998). Finanzielle Unterstützung erhält es von Privatunternehmen und konservativen Stiftungen. Zu den einflussreichsten vom Institute unterstützen Publikationen gehört *Losing Ground* (1984) von Charles Murray, in dem der Autor sozialstaatliche Leistungen für die anhaltende Armut in den USA verantwortlich machte und das zur theoretischen Grundlage für die konservativen Befürworter einer nationalen »Welfare Reform« wurde (Gebhardt 1998: 37ff.).

33 Tatsächlich ist die Verbrechensquote zwischen 1993 und 2000 in NYC um 57 Prozent gesunken (United Way of NYC 2002: 42). Die Gründe hierfür sind allerdings umstritten (Jacobson 2001).

rie. Maßgeblich verantwortlich für die Popularisierung dieses bereits 1982 von den konservativen Kriminologen James Wilson und George Kelling entwickelten theoretischen Konzeptes war wiederum das Center for Civic Innovation des Manhattan Institute.[34] Zu dessen Zielen gehört nach eigenen Angaben die Entwicklung »marktwirtschaftlich orientierter, kreativer Lösungen für urbane Probleme«.[35]

Im Kern behaupten die Anhänger von »Broken Windows«, dass eine Eindämmung von Gewalt, Verbrechen und Ordnungsverlust im öffentlichen Raum mit der unnachsichtigen Verfolgung und Bestrafung von Bagatelldelikten (Sachbeschädigung, Graffiti, Ruhestörung, Trunkenheit, Drogenkonsum oder Urinieren in der Öffentlichkeit, »Schwarzfahren« etc.) und sogenannten Ersttätern beginnt bzw. ohne diese überhaupt nicht möglich ist. Giuliani, der aufgrund seiner Herkunft[36] und seiner früheren Tätigkeit als Staatsanwalt für diese Art gesellschaftlicher und kriminologischer Erklärungsmuster sehr empfänglich war, profilierte sich in den Anfangsjahren seiner ersten Amtsperiode (1994-1998) daher vor allem mit der gezielten Verfolgung von Kleinkriminalität und den Themen öffentliche Sicherheit und Sauberkeit. Als Erstes sorgte er für den Ausbau und die Neuordnung des New York Police Department (NYPD), des schon damals weltweit größten städtischen Polizeiapparates. Er berief William Bratton, ehemals Polizeipräsident von Boston und von 1990 bis 1992 Sicherheitschef der New Yorker U-Bahn, zum Leiter des NYPD, ließ 12.000 neue Beamte einstellen und das Budget der Behörde innerhalb von wenigen Jahren um 40 Prozent auf $2,6 Milliarden aufstocken (Wacquant 2000: 19). Die Kommissariate des NYPD wurden mittels des Einsatzes neuester EDV-gestützter Erfassungssysteme (CompStat) und der Anwendung moderner Management-Theorien in »Profit Center« umgewandelt, wobei die Dezentralisierung der Verantwortung und die Zentralisierung der Kontrolle entscheidende Elemente

---

34 Mitte der 1990er Jahre führte das vom Manhattan Institute finanzierte Buch *Fixing Broken Windows: Restoring Order and Reducing Crime in Our Communities* von Kelling/Coles (1996) zu einem Revival dieses kriminologischen Ansatzes. Eine kritische Bilanz, bezogen auf die theoretischen Grundannahmen von »Broken Windows« und die Rezeption und Übertragbarkeit von US-amerikanischen Polizeistrategien auf Europa und andere Länder, findet sich bei Wacquant 2000 und Ortner u.a. 1998.

35 Nachzulesen auf der Internetseite des Institutes: http://www.manhattan-institute.org.

36 Giuliani selbst hat immer wieder auf die Bedeutung seiner Familiengeschichte und Erziehung, unter anderem den strengen Katholizismus sowie den starken Ordnungs- und Arbeitsethos seiner aus Italien eingewanderten Eltern, für die Entwicklung seiner politischen Positionen hingewiesen (Giuliani 2002; Hancock 2003: 73 ff.).

der Reformierung des als korrupt und rassistisch geltenden New Yorker Polizeiapparates waren (Brüchert/Steinert 1997). Zum einen wurden parallele, aber kaum aufeinander abgestimmte Polizeiabteilungen aufgelöst, um eine einheitlich koordinierte Organisation zu erhalten, und wichtige Entscheidungskompetenzen auf die Ebene der lokalen Distrikte delegiert, um eine schnelle Anpassung an aktuelle Kriminalitätsentwicklungen zu ermöglichen und erhöhte Anreize zur effizienten Polizeiarbeit zu schaffen. Zum anderen wurde die Qualitäts- und Erfolgskontrolle über den Einsatz diverser technologischer Hilfsmittel und über Entlassungen des als inkompetent geltenden Führungspersonals ausgebaut (ebd.). Das öffentlichkeitswirksamste Ergebnis des »Zero Tolerance«-Ansatzes und der Umstrukturierung des New Yorker Polizeiapparates war neben der Halbierung der allgemeinen Verbrechensquote zwischen 1994 und 1998 die Verdopplung von Kontrollen und Festnahmen im Zusammenhang mit Ordnungswidrigkeiten und Drogenkonsum in der Öffentlichkeit,[37] die zu einer Verdrängung von Obdachlosen, Bettlern, Junkies, Prostituierten und anderen Randgruppen aus den innerstädtischen Bezirken führte (Smith 1999; Jacobson 2001). Zwar nahmen auch Vorwürfe und Anzeigen gegenüber den NYPD-Beamten wegen Amtsmissbrauchs, Misshandlungen und willkürlichen Schikanen gegenüber Minderheiten zu, die unter anderem von Amnesty International dokumentiert worden sind.[38] Trotzdem geriet die aggressive »Police Strategy No. 5« von Bratton/Giuliani, die sich »Reclaiming the Public Spaces of New York« zum Ziel gesetzt hatte (Smith 1999: 187), nicht nur zum nationalen Vorzeigeprojekt, sondern zu einem weltweiten Exportschlager.[39]

---

37 Zwischen 1993 und 1999 stieg die Zahl der Verhaftungen in NYC wegen Ordnungswidrigkeiten und kleineren Straftaten (misdemeanours) von 129.404 auf 197.320 an; etwa 75 Prozent der Festnahmen standen angeblich im Zusammenhang mit Drogendelikten (Jacobson 2001: 175f.).

38 Nach dem Amtsantritt von Bratton nahmen die Anzeigen wegen Amtsmissbrauchs und Polizeibrutalität in den ersten beiden Jahren um die Hälfte zu. In einem Bericht von 1996 dokumentierte Amnesty International mehr als 30 Fälle, in denen NYPD-Beamte verdächtige Personen, unter ihnen auch Kinder und Jugendliche, unter umstrittenen Umständen erschossen oder erheblich verletzt hatten (Amnesty International 1996).

39 Auch in Westeuropa und der Bundesrepublik stieß sie in konservativen Kreisen und innerhalb der Sicherheits- und Strafverfolgungsbehörden auf großes Interesse (Dreher/Feltes 1997; Wacquant 2000). Ähnliche Ansätze wie in New York wurden inzwischen auch in anderen Städten, unter anderem in Großbritannien und Australien, ausprobiert. Seit 2002 ist William Bratton, der zwischenzeitlich als privater Sicherheitsberater tätig war, Leiter des Los Angeles Police Department.

Die parallel stattfindende Umstrukturierung der lokalen Sozialhilfesystems, die in NYC etwa drei Jahre vor Verabschiedung des »Welfare Reform Act« begonnen hatte, übertrug Giuliani zunächst einem weiteren Zögling des Manhattan Institutes: Richard Schwartz. Schwartz war nicht nur ein Anhänger der »Broken Windows«-Theorie, sondern auch ein ausgesprochener Befürworter der konsequenten Anwendung von New-Public-Management- und Privatisierungskonzepten in der Stadtpolitik. Nachdem er sich bereits 1989 für den Kandidaten Giuliani bei den Bürgermeisterwahlen eingesetzt hatte (damals noch erfolglos), avancierte er nach dessen Sieg 1993 zu einem seiner wichtigsten politischen Berater (Wacquant 2000). Er sorgte unter anderem für Managementinnovationen in den 15 »Business Improvement Districts« der Stadt, setzte sich für ein wettbewerbsorientiertes Ausschreibungsverfahren für alle städtischen Dienstleistungen ein und war verantwortlich für die Privatisierung des öffentlichen Radio- und Fernsehsenders WNYC (McGowan 1999: 2; Cohen 2004: 83). Unter Schwartz begann auch die Privatisierung von Obdachlosenheimen und öffentlichen Krankenhäusern (Weikart 2001: 375).

Bereits kurz nach Übernahme der Amtsgeschäfte 1994 gab Schwartz mit einem neuen Programm, »New York City Work, Accountability, You« (NYC-WAY), das sich am Modell »Pride in Work« des benachbarten Westchester County orientierte, auch die wesentliche Richtschnur für die lokale Sozialpolitik der nächsten Jahre vor (Nissen 1998; Kahn/Kameran 1998; Bers 2001; Besharov/Germanis 2004). Das Konzept von NYC-WAY besteht darin, eine strengere Kontrolle der Anspruchsberechtigung und Arbeitsfähigkeit mit einer expliziten Diversionsstrategie und dem Ausbau von unbezahlten Arbeitseinsätzen zu verknüpfen. Damit sollten zum einen die steigenden Sozialhilfezahlen und -ausgaben merklich zurückgeschraubt werden. Zum anderen sollte über die Zufuhr billiger Arbeitskräfte die Leistungsfähigkeit einzelner städtischer Verwaltungen – vor allem der für die Sauberkeit öffentlicher Räume zuständigen Einrichtungen, womit die unmittelbare Verbindung zum Projekt »Zero Tolerance« deutlich wird – sichtbar erhöht werden. Ähnlich wie bei der Umstrukturierung der Polizeiarbeit ging auch im Sozialhilfebereich die weitere Dezentralisierung der Verantwortung mit einer Zentralisierung der Kontrolle einher.

Seit der Einführung von NYC-WAY im Jahre 1995 müssen sich alle Hilfesuchenden mehreren intensiven Befragungen und Kontrollen unterziehen. Die Überprüfung der Anspruchsberechtigung und privater Unterhaltsansprüche wird nicht mehr länger allein den lokalen Sozialämtern überlassen, sondern findet zentralisiert in der Eligibility Verification Review Unit in Brooklyn und den fünf Offices of Child Support Enforcement der HRA statt, wohin alle Neuantragsteller – unabhängig von ihrem Wohnort – vorgeladen werden (Wiseman 2002: 9). Unangekündigte Hausbesuche zur Verifizierung der gemachten Angaben erfolgen routinemäßig durch die sogenannten FEDS (Mitarbeiter des Front-End Detection System) (Hancock 2003: 83). Ein neu eingerichtetes Anti-Fraud-Bureau zur Aufdeckung von Betrugsfällen wurde mit 1.500 Mitarbeitern – darunter zahlreiche ehemalige Polizisten – ausgestattet und ist die größte Behörde ihrer Art in den USA (Clark 2005b). Hier werden die Sozialversicherungsdaten der Antragsteller überprüft und automatisch mit Informationen aus anderen staatlichen Verwaltungen (Steuer-, Finanz-, Fahrzeugstelle, Polizei etc.) und privaten Institutionen (z.B. Versicherungsanstalten, Banken) abgeglichen. Gleichzeitig wurden 1995 in allen Sozialämtern für \$13 Millionen hochmoderne Technologien zum Abgleich von Fingerabdrücken eingeführt, deren Abgabe für alle Transferempfänger und Antragsteller in NYC seit 1996 obligatorisch ist (ebd.).[40]

Galten im Herbst 1994 – noch vor der Implementierung von NYC-WAY – 46 Prozent aller erwachsenen Sozialhilfeempfänger in der Stadt überhaupt als erwerbsfähig, hatte sich ihr Anteil bis Herbst 1996 plötzlich auf 84 Prozent erhöht (New York City 1996: 122; 1997: 159). Vor allem im Programm »Home Relief« waren die Auswirkungen von Schwartz' Innovationen recht bald zu spüren. Nach Auskunft der Stadtverwaltung nahm hier bereits im ersten Jahr nach der Einführung von NYC-WAY die Anzahl der bewilligten Anträge um die Hälfte ab (New York City 1996: 122).[41] Waren 1994 noch 15.000 Personen von Sanktionen betroffen, so mussten 1996 bereits 82.000 Hilfeempfänger Kürzungen oder temporäre Einstellungen ihrer Transfers hinnehmen (Casey 1998: 11). Neben gestiegenen Ablehnungs- und Sanktionierungsquoten führte auch die neue Diversionsstrategie der New Yorker Sozialämter, Hilfebedürftige vor der Antragsbearbeitung und Leistungsgewährung mehrere Wochen (in der Regel 30 bis 45 Tage) zur intensiven Arbeitssuche zu verpflichten, zu den gewünschten Ergebnissen: Zwischen März 1995 (dem Zeitpunkt der Einführung von NYC-WAY in allen Sozialämtern der Stadt) und dem Beginn der Umsetzung des WRA (Ende 1997) war die Zahl aller Hilfebezieher in NYC bereits um etwa 340.000 Personen, das heißt um fast 30 Prozent, gesunken (New York City 1998: 132).

---

40 Das HRA verkündet stolz auf seiner Homepage (http://www.nycgov/html /hra), dass die städtischen Behörden seit 1995 über eine Millionen Fingerabdrücke von Sozialhilfeempfängern gesammelt und abgeglichen haben.

41 Im ersten Quartal 1994 waren 20 Prozent aller Anträge auf »Home Relief« abgelehnt worden, im ersten Quartal von 1995 waren es bereits 56 Prozent (Casey 1998: 12).

Das Kernstück von NYC-WAY war allerdings das im März 1995 eingeführte »Work Experience Program« (WEP). Es sollte sich neben »Wisconsin Works« (W-2) in den folgenden Jahren zum größten und umstrittensten Workfare-Programm in den USA entwickeln. Im ersten Jahr seiner Umsetzung arbeiteten durchschnittlich mehr als 21.000 Hilfeempfänger pro Monat – hauptsächlich »Home Relief«-Bezieher – in NYC in öffentlichen Einrichtungen der Stadt, des Bundesstaates und in einigen Nonprofit-Organisationen ihre Sozialhilfe-Schecks ab, im September 1996 waren es schon 34.611 Personen (Krueger u.a. 1997: 5). Alle lokalen Büros der Sozialverwaltung mussten sicherstellen, dass bis Oktober 1995 mindestens die Hälfte und bis Januar 1997 95 Prozent aller Alleinstehenden im Sozialhilfebezug an WEP teilnahmen (Quaid 2002: 102).

Eine weitere Radikalisierung erfuhr das WEP-Programm, nachdem es Giuliani im November 1997 gelungen war, den ehemaligen Leiter des Wisconsin Department of Health and Social Services, Jason Turner, für den Posten des Direktors der New Yorker Sozialbehörde zu gewinnen. Die bis dahin die HRA leitende Demokratin Lilliam Barios-Paoli – eine Anthropologin mexikanischer Herkunft und vormalige Direktorin des lokalen Employment Department – stand diesem Vorhaben offensichtlich im Wege. Von Barios-Paoli, die heute für die Nonprofit-Organisation United Way arbeitet, ist bekannt, dass sie mit einem wesentlichen Teil der Umstrukturierungen des Sozialhilfesystems seit 1995 nicht einverstanden war und sich für bessere Kinderbetreuungsangebote, mehr Englischkurse für Migranten, den Ausbau beruflicher Weiterbildung sowie für einen Dialog mit kritischen Wohlfahrtsorganisationen eingesetzt hatte (Clark 2005a). Aus diesem Grund verlor sie nach eigener Einschätzung ihren Job als Direktorin der New Yorker Sozialbehörde (vgl. Hancock 2003: 88f.).

Auch Giulianis sozialpolitischer Chef-Berater Schwartz hatte sich unterdessen aus der New Yorker Lokalpolitik verabschiedet und sich 1997 mit seiner neugegründeten Firma Opportunity America[42] im »Welfare-to-Work«-Business selbständig gemacht. Unter Ausnutzung seines Know-how und seiner vielfältigen guten Kontakte bietet sein Unterneh-

---

42 Opportunity America gehört im Vergleich mit den bundesweit agierenden For-Profits Lockheed Martin IMS, Maximus, Curtis & Associates, ARBOR Incorporated und America Works eher zu den »kleineren Fischen« im Vermittlungsgeschäft (vgl. Sanger 2003). Trotzdem konnte sich die Firma von Schwartz mehrere lukrative Aufträge sichern, so zum Beispiel einen Zweijahresvertrag zur Arbeitsvermittlung von Hilfeempfängern in Westchester County (NYS) (ebd.: 125) und zusammen mit der Firma Maximus 2000 einen Vertrag im Wert von $104 Millionen zur Betreuung und Arbeitsvermittlung von Hilfebeziehern in NYC (Krinsky 2004: 9).

men seitdem lokalen Behörden überall in den USA und auch in Übersee diverse Beratungsleistungen und die Vermittlung von Sozialhilfeempfängern an private Arbeitgeber an; eine Tätigkeit, die ihn zugleich für ein mehrjähriges Fellowship des Center for Civic Initiative des Manhattan Institutes qualifizierte (McGowan 1999).

Der »Neuling« Jason Turner, der selbst in Wisconsin als Hardliner galt, sich dort mit fast religiöser Inbrunst der Abschaffung von »Welfare« verschrieben hatte und den konservativen Think tanks Heritage Foundation und Hudson Institute nahe steht (Vogel/DeMause 1998), betrachtete seine Aufgabe in der »Stadt der Intellektuellen«, wie er NYC in mehreren Interviews bezeichnete, nicht nur als politische, sondern auch als eine persönliche Herausforderung (Hancock 2003: 133ff.). Unmittelbar nach seiner Ernennung als Leiter des HRA heuerte er ehemalige Kollegen aus Wisconsin an und übertrug ihnen Führungspositionen in der New Yorker Sozialverwaltung (ebd.). Aber auch vor Ort fand er außerhalb des Bürgermeisteramtes tatkräftige Unterstützer für sein ehrgeiziges Vorhaben, den Erfolg des W-2-Modells, das innerhalb weniger Jahre in Wisconsin die Sozialhilfequote um über 80 Prozent gesenkt hatte, in New York zu wiederholen. Zu seinem Team zählte unter anderem Lawrence Mead, konservativer Professor für Politikwissenschaft an der New York University (NYU) und einflussreicher Befürworter eines »neuen Paternalismus« in der Sozialhilfepolitik (vgl. S. 32 ff.), der sich als Berater und Ansprechpartner für die Medien zur Verfügung stellte.[43] Innerhalb kürzester Zeit war die Umgestaltung des Sozialhilfesystems in NYC zu einer Angelegenheit von nationalem Interesse avanciert:

Schwartz's retirement from public life in early 1997, and Turner's entry into the Giuliani administration marked the transformation of the workfare policy network in New York City from what was mostly a local one to one that took on trans-local, and later, national character, as Turner came accompanied by aides from Wisconsin, some of whom had extensive connections to conservative foundations. (Krinsky 2005: 17)

Turner und seine Kollegen standen einer Ausweitung des WEP-Programms anfangs eher skeptisch gegenüber und bevorzugten – wie zuvor in Wisconsin erprobt – den Einsatz kommerzieller Firmen, die auch in NYC den Anteil von Vermittlungen von Sozialhilfeempfängern in reguläre Jobs im ersten Arbeitsmarkt erhöhen sollten (Finder 1998). Als eines ihrer ehrgeizigsten und schwierigsten Projekte stand jedoch zu Be-

---

43 Lawrence Mead hatte Jason Turner bereits in den 1980er Jahren in Wisconsin kennengelernt, wo er später zum Evaluierungsteam des W-2-Programms gehörte (Vogel/DeMause 1998).

ginn ihrer Amtszeit zunächst die Modernisierung und Schrumpfung der als besonders schwerfällig erachteten Bürokratie der Human Resource Administration und die Veränderung der dort vorherrschenden Werte und Arbeitskultur an (vgl. Smith/Grinker 2005). Mit den auf Initiative von Turner entwickelten »Toward Welfare Reform Culture Training Programs«, an denen alle HRA-Mitarbeiter ab Frühjahr 1998 teilnehmen mussten, sollten diese auf den neuen Kurs des Führungsteams eingeschworen werden (Vogel/DeMause 1998). Wer sich der »Kulturrevolution« widersetzte, wurde entweder in andere Abteilungen versetzt oder einfach entlassen. Von den 13 Abteilungsleitern der HRA wurden neun ausgetauscht (Levine 2005: 63). Ein Teil der Sozialämter wurde ab 1998 in sogenannte Job Center umgewandelt. Immer mehr Aufgaben lagerte die Behördenleitung an private Anbieter oder andere Verwaltungseinheiten aus. Insgesamt ging die Zahl der HRA-Mitarbeiter, die in den Jahren 1994 bis 1998 bereits von 23.000 auf 13.500 reduziert worden war (NYC Department of Social Services/Human Resources Administration 1999: 2), bis 2003 auf 11.400 zurück (Knight 2003: 3).[44]

Die Auseinandersetzungen um das »Work Experience Program«

Bis zur Ankunft von Turner in NYC hatte sich in der Stadt nur isolierter Widerstand gegen die veränderte Marschrichtung in der lokalen Sozialhilfepolitik geregt. Die Jahre 1997/98 markierten in NYC allerdings nicht nur den von den nationalen und regionalen Gesetzgebungen (PRWORA und WRA) forcierten Übergang von einer selektiven hin zu einer universellen Arbeitsverpflichtung für Sozialhilfeempfänger,[45] sondern auch den Höhepunkt öffentlichkeitswirksamer zivilgesellschaftlicher Initiativen und Kampagnen, die versuchten, die Legitimation eines strikten Workfare-Ansatzes in Frage zu stellen und die Ausweitung von gemeinnützigen Arbeitseinsätzen zu verhindern.

---

44 Ein Teil des radikalen Personalabbaus innerhalb der HRA lässt sich mit der unter der Giuliani-Regierung erfolgten Auslagerung einiger ihrer vormaligen Aufgaben in neue, eigenständige Behörden erklären. So wurde beispielsweise Mitte der 1990er Jahre das Department of Homeless Services und die Administration for Child Services geschaffen, die nicht mehr länger administrativer Teil der HRA sind (Smith/Grinker 2005: 11f.). Gleichzeitig kam es jedoch auch zu einer erheblichen Anzahl von Entlassungen und Frühpensionierungen. (Knight 2003).

45 Bereits im April 1996 hatte die Leitung des HRA beschlossen, alle Frauen, die am Programm BEGIN teilnahmen, in die Workfare-Maßnahmen einzubeziehen (Krinsky 2002: 45).

Im Frühjahr 1997 – noch vor der Implementierung des WRA und vor der Einstellung von Turner – war die Pressesprecherin der New Yorker Sozialbehörde mit dem Plan an die Öffentlichkeit getreten, als Antwort auf die Anforderungen der nationalen und regionalen Reformen zukünftig bis zu 100.000 Personen in das städtische WEP-Programm einbinden zu wollen. Etwa 10.000 von ihnen sollten in Wohlfahrtsorganisationen, Kirchengemeinden und Nonprofit-Organisationen zum Einsatz kommen (Bradley 1997). Im Juli 1998 legte Giuliani in einer Regierungsansprache noch einmal nach und kündigte an, das Problem der »welfare dependency« in NYC bis zum Jahrtausendende gelöst zu haben (Harden 1998; Lombardi/Hutchinson 1998). Alle Transferempfänger – abgesehen von körperlich schwer Behinderten und Müttern von Neugeborenen – würden zu diesem Zeitpunkt Vollzeit (35 Stunden pro Woche) einer wie auch immer gearteten Beschäftigung nachgehen. »Full engagement«, wie dieses Vorhaben in die Verwaltungssprache übersetzt wurde (Besharov/Germanis 2004), erwies sich jedoch als ein überaus widersprüchliches Unterfangen.

Im Unterschied zu anderen Städten und Bundesstaaten waren im Vorfeld der Umstrukturierung des New Yorker Sozialhilfesystems nur wenige Vertreter der Zivilgesellschaft, der sozialen Dienste, des Bildungssektors und der überaus breiten und ausdifferenzierten Charity- und Nonprofit-Landschaft vom Lokalstaat in den politischen Planungs- und Abstimmungsprozess einbezogen worden.[46] Eine der wenigen Ausnahmen bildete in NYC die wichtigste lokale Gewerkschaft im öffentlichen Sektor: District Council 37 der American Federation of State, County and Municipal Employees (AFSCME), die in NYC etwa 120.000 städtische Angestellte vertritt (White 1997: 2). Während sich die lokale Führungsriege von District Council 37 zunächst in das strikte Workfare-System einbinden ließ und 1997 zum Teil noch die Wiederwahl von Giuliani als Bürgermeister gegen die demokratische Kandidatin Ruth Messinger unterstützte (Greenhouse 1998), verharrte ein Großteil der Nonprofit-Organisationen, »Advocacy«-Gruppen und verwaltungsinternen Kritiker von Workfare längere Zeit in einer Art Wartehaltung und war ratlos, wie sie mit den veränderten sozialpolitischen Realitäten umgehen sollte:

The normally self-sufficient and innovative New York City public and voluntary agencies, which had expressed themselves clearly both with regard to the federal legislation, when it was pending, and on the governor's proposals,

---

46 Interviews mit Paul Getsos, Community Voices Heard, 16.5.2004; Steven Kest, ACORN New York, 25.5.2004; Mark Levitan, Community Service Society, 26.5.2004.

seemed strangely passive with regard to the future – or, perhaps, they lacked needed govermental partners. (Kahn/Kameran 1998: 182)

Gleichfalls sollte erwähnt werden, dass selbst die von Anbeginn an ausgesprochenen Gegner von Giulianis Sozialhilfepolitik mit den Grundannahmen und offiziellen Zielsetzungen der nationalen »Welfare Reform« (Stärkung individueller Unabhängigkeit, Privilegierung von Erwerbsarbeit, Reduzierung der Fallzahlen, Konzentration auf die »wirklich Bedürftigen« etc.) mehrheitlich übereinstimmten. Eine Gesamtschau der von Nonprofit-Organisationen und unabhängigen Forschungseinrichtungen erstellten Dokumente und Forderungskataloge sowie Gespräche mit Aktivisten und Experten zeigen, dass die »Welfare Rights Movement« Ende des 20. Jahrhunderts in NYC von ihren ideologischen Grundlagen und der politischen Ausrichtung her nur noch wenig mit ihren Vorläufern gemein hatte.[47] Weder zielte die lokale sozialpolitische Opposition auf eine Erhöhung und Ausweitung sozialstaatlicher Transferleistungen ab, noch verteidigte sie offensiv das Recht von alleinstehenden Müttern im Sozialhilfebezug, unbehelligt von Arbeitsverpflichtungen und staatlichen Kontrollen ihres Lebensstils der Kindererziehung und -betreuung nachzugehen.

Ein zentrales Anliegen der Bewegung für die Rechte von Armen in den 1960er und 1970er Jahren, deren Ausrichtung maßgeblich von Frances Fox Piven und Richard Cloward – damals Professoren für Sozialarbeit an der New Yorker Columbia University und Autoren von *Regulating the Poor* und *Poor People's Movements* – beeinflusst worden war, hatte darin bestanden, die Anzahl der Sozialhilfeanträge radikal in die Höhe zu treiben, um das System zu überlasten und zu zeigen, dass es unfähig war, legitime Bedürfnisse zu befriedigen. Das Ergebnis dieser »Krisenstrategie« sollte die Ablösung der entwürdigenden Fürsorgeleistungen durch ein staatlich garantiertes Grundeinkommen sein (Schram 2004). Weit entfernt von solchen strategischen Überlegungen, konzentrierte sich ein Großteil der sozialpolitischen Opposition in den 1990er Jahren in NYC auf Forderungen nach einigen wenigen moderaten Reformen des Systems. Was ab 1997/98 einen breiteren Widerstand innerhalb der lokalen Zivilgesellschaft gegenüber dem New Yorker Workfare-Modell entfachte, war vor allem die Kompromisslosigkeit der politischen Entscheidungsträger und der Verwaltungsspitze der HRA, die

---

47 Interviews mit John Krinsky, a.a.O.; Steven Kest, a.a.O.; Sondra Yondelman, Community Voices Heard, 12.11.2003; Michael McQuarrie, New York University, Department of Sociology, 16.6.2004; Maureen Lane, Welfare Rights Initiative, Hunter College, 2.6.2004; Artemio Guerra, Fifth Avenue Committee, 10.6.2004.

auf die Vorschläge von Wohlfahrtsorganisationen, Bürgerrechtsgruppen oder Sozialwissenschaftlern zur Verbesserung und Humanisierung der lokalen Sozialhilfepraxis in der Regel mit Ignoranz oder weitgehender Ablehnung reagierten. Auch das allgemein als großspurig und unsensibel wahrgenommene Auftreten des »Führungsteams« Giuliani/Turner in der Öffentlichkeit trug viel zu der wachsenden Ablehnung des WEP-Programms bei.[48] Im Juni 1998 musste sich Jason Turner öffentlich für ein Fernsehinterview entschuldigen, in dem er auf die Frage eines Reporters zu Vorwürfen von Gewerkschaftern und Kirchenvertretern, die Arbeitsdienste im WEP-Programm erinnerten an Sklavenarbeit, geantwortet hatte: »Arbeit macht frei« bzw. »It's work that sets you free« (New York Times, 27.6.1998).

Der zentrale Stein des Anstoßes war jedoch die anhaltende Weigerung des Bürgermeisters und der Sozialverwaltung, Medien, Universitäten und anderen Forschungseinrichtungen Zugang zu internen Daten und Informationen über die Ergebnisse der lokalen Beschäftigungsmaßnahmen zu verschaffen. Vor allem die *New York Times*, deren Journalisten wiederholt bei ihren Recherchen auf Blockaden der Behörden gestoßen waren, entwickelte sich zu einem wichtigen und überaus kritischen Begleiter des städtischen Workfare-Programms. Im Herbst 1997 strengte die Zeitungsleitung sogar beim State Supreme Court von NYS einen Prozess gegen die Stadtverwaltung an, um die Herausgabe von Informationen über das WEP-Programm gerichtlich zu erzwingen (Finder 1998).

Die HRA weigerte sich aber auch, mit auswärtigen Einrichtungen wie zum Beispiel dem renommierten Urban Institute aus Washington D.C. oder dem Rechnungsprüfungsamt des Bundesstaates zusammenzuarbeiten und selbst Mittel und Personal zur Auswertung der lokalen Sozialhilfe- und Beschäftigungsprogramme bereitzustellen (NYS, Office of the State Comptroller 1999). Obwohl die Stadtverwaltung wiederholt eine umfassendere Begleitforschung in Aussicht stellte, wies noch zwei Jahre nach Verabschiedung des WRA ein Zusammenschluss von Akademikern, Stiftungen und Nonprofit-Organisationen auf die erheblichen Versäumnisse bei der Evaluierung hin:

On a national basis, as well as in many states, a number of major studies are underway on the implementation and effects of welfare reform. New York State as a whole, and the City in particular, have participated only minimally in these analyses and, to date, have provided very little public information

---

48 Interviews mit John Krinsky, a.a.O., Mimi Abramovitz, Hunter College, School of Social Work, 15.11.2003; Mark Dunlea, Hunger Action Network of New York State, 3.6.2004.

from their administering agencies. (Task Force for Sensible Welfare Reform 1999: 2)

Zu den wenigen verwaltungsinternen Studien, die unter der Giuliani-Administration veröffentlicht wurden und der mehrere unabhängige Stellen erhebliche methodische Mängel und eine unzureichende Datengrundlage vorwarfen,[49] gehört eine Untersuchung zur Einkommens- und Arbeitssituation einer kleinen Gruppe ausgewählter »welfare leavers«. Ihre Ergebnisse, die 1998 von der Administration als großer Erfolg verkauft wurden, besagten, dass die Fallzahlen in beiden Sozialhilfeprogrammen zwischen 1994 und 1997 um insgesamt 36 Prozent gesunken waren und dass von den in die Untersuchung einbezogenen »closed cases« mehr als die Hälfte (58 Prozent) sechs Monate nach Verlassen des Leistungsbezugs erwerbstätig war, zu einem durchschnittlichen Stundenlohn von $7,50 (NYC Department of Social Services/Human Resources Administration 1998: 3). Weder wurden im Bericht Angaben zu den beschäftigungsrelevanten Erfolgen des WEP-Programms gemacht, noch ging die Studie auf die vielfältigen Probleme wie fehlende Kinderbetreuungsplätze, steigende Sanktionsraten, den Rückgang der Teilnehmer an Qualifizierungsmaßnahmen oder die Lebenssituation der »anderen Hälfte« ein, die keine Beschäftigung gefunden hatte. Hatten vor 1997 nur einige wenige Organisationen die Rechte und Arbeitsbedingungen von Sozialhilfeempfängern zum Gegenstand politischer Kampagnen gemacht, so kam es daraufhin zu neuen politischen Bündnissen.

Es waren im Wesentlichen drei Punkte, die in NYC im Zentrum der Kritik standen und verschiedene Koalitionen aus Kirchen-, Frauen-, Studenten-, Bürgerrechts- und Gewerkschaftsorganisationen sowie Stadtteilinitiativen mobilisierten: erstens der Ausschluss von Sozialhilfeempfängern aus dem Weiterbildungssystem, zweitens die Sanktions- und Diversionsstrategien der HRA und drittens die Arbeitsbedingungen im WEP-Programm und seine Auswirkungen auf die Beschäftigungsstrukturen im öffentlichen Dienst.

Der Ausschluss aus dem Weiterbildungssystem

Unter dem Bundesgesetz »Family Support Act«, das von 1989 bis 1997 die Weiterbildung und Beschäftigungsförderung für Familien im Sozialhilfebezug regelte, war es in New York City gängige Praxis, dass

---

49 Die HRA-Studie wurde unter anderem wegen des zu kleinen Samples (126 Befragte) und der fehlenden Repräsentativität der Untersuchungsgruppe kritisiert. Bemängelt wurden auch die Erhebungsmethoden, die sich im Wesentlichen auf Telefoninterviews beschränkten (vgl. NYS Office of the State Comptroller 1999).

diese Aufgabe von vielen, ganz unterschiedlichen Nonprofit- und universitären Einrichtungen wahrgenommen wurde (Nightingale 2005). Vor allem jüngere Mütter im AFDC-Programm hatten in den 1980er und 1990er Jahren versucht, ihre Beschäftigungschancen durch verschiedene selbstgewählte Qualifizierungsmaßnahmen, einen nachholenden Schulabschluss oder den Besuch weiterführender Bildungseinrichtungen zu vergrößern. Nach Angaben einer Studie mit eindeutigem Erfolg: 1990 hatten 83 Prozent aller in die Untersuchung einbezogenen Frauen, die im Laufe ihres Sozialhilfebezugs in NYC einen College-Abschluss absolviert hatten, unmittelbar danach ein reguläres und existenzsicherndes Arbeitsverhältnis mit durchschnittlichen Stundenlöhnen über $11 gefunden (Gittell 1990: 2).

Das staatliche College- und Universitätssystem von New York City (CUNY), das sich aus sechs Community Colleges und elf Senior Colleges zusammensetzt und zuweilen als die »social engine of the city« (Arenson 1998: 5) bezeichnet wird, ist für die Qualifizierung und Weiterbildung von Sozialhilfeempfängern besonders gut geeignet. Im Rahmen seiner »Open Admission Policy« verfügt es seit 1970 über eine besondere Brandbreite von akademischen und außerakademischen Angeboten und Programmen für Schüler und Studierende mit niedrigem Einkommen und Zugangsproblemen zu höherer Bildung, darunter eine wachsende Anzahl von »neuen Immigranten« (McCormick 2003: 3ff.).

Noch unter der Dinkins-Administration war 1993 von der CUNY-Forschungsabteilung in enger Kooperation mit der HRA das »College Opportunity to Prepare for Employment Program« (COPE) entwickelt worden, das Sozialhilfebezieher mit verschiedenen Beratungs- und Dienstleistungen (Beschaffung von Studentendarlehen, Vermittlung von Kinderbetreuung, Praktika und studentischen Hilfsjobs, Sprachkursen, Ausbau eines Tutorensystems etc.) explizit zur Aufnahme eines Studiums ermutigen sollte.[50] Als Bürgermeister Giuliani 1994 mit dem Umbau des lokalen Sozialhilfesystems begann, machten über 23.000 an der City University of New York eingeschriebene Sozialhilfeempfänger etwa 17 Prozent aller dort Studierenden aus (ebd.: 40). Sie bereiteten sich – hauptsächlich im Rahmen von zweijährigen Programmen – auf berufsqualifizierende Abschlüsse in den Bereichen Business/Commerce, Data Processing Technology, Health Services oder Mechanical/Engineering vor. Innerhalb von drei Jahren war ihre Zahl um mehr als die Hälfte (auf 8 Prozent aller Studierenden), bis 2000 sogar um 70 Prozent auf 7.000 gesunken (Richardson 2000: 3).

---

50 Interviews mit Maureen Lane, a.a.O.; Mimi Abramovitz; a.a.O.

Auch zahlreiche Nonprofit- und Community-Organisationen, die zum Teil bereits seit mehreren Jahrzehnten für die Stadtverwaltung verschiedene Dienstleistungen für Sozialhilfeempfänger erbracht hatten, darunter berufliche Weiterbildung, beklagten sich ab Mitte der 1990er Jahre verstärkt darüber, dass sie von den Behörden immer weniger Zuweisungen erhielten und die Teilnehmerzahlen an ihren Qualifizierungsprogrammen kontinuierlich gesunken waren (Vogel 1998c; Ciarletta 2000). Es gab zwei Gründe für diese Entwicklung: Zum einen befand sich das gesamte System der Beschäftigungsförderung für Erwerbslose und Sozialhilfeempfänger in NYC spätestens seit dem Amtsantritt von Jason Turner in einer kompletten Umbruchphase (Ostreicher 2002a; Forman 2002). Zum anderen gab es eine Anweisung von der HRA-Leitung, im Rahmen des »full engagement«-Ansatzes auch Schüler und Studierende nicht mehr länger von Arbeitsmaßnahmen des WEP-Programms zu verschonen. Die verwaltungsinterne Vorgabe vom November 1997 lautete:

Clients who have enrolled in a training program – but have not started – are required to join WEP. Clients who have had past vocational training are required to do WEP. Clients who are in college but haven't yet obtained half the credits they need for graduation must usually join WEP. (zit. nach Vogel 1998c: 3)

Demnach konnten alle Hilfesuchenden, die nach Absolvierung eines obligatorischen mehrwöchigen Bewerbungs- und Verhaltenstrainings keine Beschäftigung im regulären Arbeitsmarkt gefunden hatten, in NYC in der zweiten Hälfte der 1990er Jahre unmittelbar zur Teilnahme am WEP-Programm verpflichtet werden, unabhängig davon, ob sie behindert waren, einer Ausbildung nachgingen, Kleinkinder zu versorgen hatten oder in einer Obdachlosenunterkunft lebten. Auch diejenigen, die sich bereits länger im Leistungsbezug befanden und bereits an anderen Qualifizierungs- und Fördermaßnahmen teilnahmen, waren spätestens ab 1998 von Giulianis Ansatz des »full engagement« betroffen (Nightingale 2005).

Vor 1998 war das Feld »Job Training« für ältere Erwerbslose in NYC vor allem eine Domäne von kleineren bis mittelgroßen gemeinnützigen Beschäftigungsträgern gewesen, von denen ungefähr 100 über Verträge mit der Human Resources Administration und dem lokalen Department of Employment verfügten und die auf der Grundlage der Teilnehmerzahlen an ihren Programmen vergütet wurden (Nightingale u.a. 2002: 12). Im Rahmen des ehrgeizigen Umstrukturierungs- und Rationalisierungsprogramms der aus Wisconsin importierten Verwaltungsspitze der HRA, die das lokale Arbeitsministerium entmachtete und fast alle Fördermittel des Landes und des Bundes für Beschäftigungsförderung an sich riss (Center for an Urban Future 2001), wurde dieses einge-spielte System einfach abgeschafft. Langjährige Verträge und Koopera-tionsbeziehungen zwischen dem Nonprofit-Sektor und der Stadtverwal-tung, die als Teil eines neokorporatistischen Verhältnisses zwischen Lo-kalstaat und zivilgesellschaftlichen Akteuren in NYC verstanden werden können (Krinsky 2006), wurden aufgelöst und durch ein wettbewerbs-orientiertes Verfahren von Ausschreibungen und kurzfristigen »perfor-mance-based contracts« ersetzt, das vor allem kommerzielle Firmen und große Wohlfahrtsverbände begünstigte.

Zu den 15 »super service providers«, die ab 1998 bis 2001 insgesamt $500 Millionen für die Arbeitsförderung und -vermittlung von Sozialhil-feempfängern erhielten, gehörten zwei bundesweit agierende große Wohlfahrtsorganisationen (Goodwill Industries und The Urban League), ein Zusammenschluss von lokalen Nonprofit-Organisationen (Non-Pro-fit Assistance Corporation), die CUNY-Research Foundation und meh-rere kommerzielle Firmen und Zeitarbeitsunternehmen, darunter Arbor Associates, Wildcat Service Corporation, Career Educational Consul-tants, New York Job Partner und America Works of NY (Youdel-man/Getsos 2005: 2). Sechs von ihnen erhielten Verträge als »Skills and Assessment Vendors« und neun als »Employment Services and Place-ment Vendors«. Hinzu kamen weitere Vereinbarungen und Verträge zur Betreuung und Beschäftigungsförderung von Bevölkerungsgruppen mit besonderen Vermittlungsproblemen wie zum Beispiel Drogenabhängige oder Obdachlose (Nightingale u.a. 2002). Im Jahr 2000 vergab die HRA zwei weitere Arbeitsvermittlungsaufträge über $104 Millionen an das kommerzielle Unternehmen Maximus, zu dem der Leiter der HRA, Ja-son Turner, aufgrund seiner langjährigen Geschäftsbeziehungen mit der Firma in Wisconsin besonders gute Kontakte pflegte. Dieser Vertrag mit Maximus war bis 2003 Gegenstand von gerichtlichen Auseinanderset-zungen zwischen dem Rechnungsprüfungsamt und der Stadt New York. Der Amtsleiter warf der Sozialverwaltung und speziell Jason Turner, dessen Schwiegervater für Maximus in Wisconsin als Berater gearbeitet hatte und der weitere private Verbindungen zur Firmenleitung unterhielt, bei der Vertragsvergabe Korruption und Vetternwirtschaft vor. Obwohl die Klage am Ende nicht erfolgreich war, kündigte Maximus 2002 auf-grund des zunehmenden öffentlichen Drucks von sich aus den Vertrag mit der New Yorker Sozialverwaltung (DeParle 2004: 332f.)

Viele der kleineren, in den Stadtteilen verankerten Beschäftigungs-träger wurden infolge der neuen Wettbewerbspolitik zu Subkontraktoren von größeren Einrichtungen degradiert, bekamen nur noch die »schwersten Fälle« vermittelt oder mussten sich anderen Aufgaben zuwenden.[51] Eine Vertreterin des gemeinnützigen Center for Employment Training in Brooklyn, das Hilfeempfänger in halbjährigen Kursen zu Medizinischen Assistentinnen oder EDV-Spezialisten weiterbildete und im September 1997 seinen Vertrag mit der HRA nicht verlängert bekam, fasste die Situation stellvertretend für andere Organisationen folgendermaßen zusammen:

Most of our students are on public assistance. They've been devastated. They had been looking forward to getting career training, but instead of coming into our program, they have to go to the Work Experience Program. It's affected every program we do here.[52]

Insgesamt führte die Umstellung der Finanzierung der Beschäftigungsförderung – von Teilnehmerzahlen auf Kopfpauschalen, mit denen die möglichst schnelle Vermittlung in reguläre Beschäftigung erreicht werden soll[53] – in NYC Ende der 1990er Jahre zu einem drastischen Rückgang der Qualifizierungsangebote für Sozialhilfeempfänger, da sich diese für die meisten Vertragspartner der HRA nicht mehr rechneten (McMillan 2001; Reese u.a. 2003; Barnow/Trutko 2005). Lediglich etwa 18 Prozent aller von den Behörden an die neuen privaten Dienstleister vermittelten Hilfebezieher erhielten seitdem überhaupt die Möglichkeit, an Weiterbildungs- und Qualifizierungsmaßnahmen teilzunehmen (Youdelman/Getsos 2005: 4), von denen die meisten nicht länger als drei Wochen dauern (Nightingale u.a. 2002: 29). Zwischen 10 und 20 Prozent fanden innerhalb von sechs Monaten eine reguläre Beschäftigung, der Rest landete aufgrund fehlender Förderangebote in Arbeitseinsätzen des WEP-Programms (Youdelman/Getsos 2005: 4).

Einige New Yorker Stadtteilinitiativen und kleinere Wohlfahrtsorganisationen boten daraufhin als Alternative zu Workfare die Vermittlung von Arbeitssuchenden in Praktika- und Arbeitsstellen bei Unternehmen in ihren Nachbarschaften an, wurden von den Sozialbehörden bei diesem Vorhaben allerdings nicht finanziell unterstützt. Andere Ausbildungsträger, die ab den 1980er Jahren aktiv am »Welfare-to-Work«-

---

51 Interviews mit Mark Levitan, a.a.O.; David Jason Fischer, The Center for an Urban Future, 20.5.2004.

52 Interview mit einer Vertreterin des Center for Employment Training, die nicht namentlich genannt werden wollte, 18.5.2004.

53 Die ESP-Vendors werden seit 1999 vor allem nach der Anzahl der von ihnen in Arbeit gebrachten Sozialhilfeempfänger vergütet. Die maximale Betrag pro vermittelten Hilfeempfänger liegt bei $5.500 und wird dann fällig, wenn das Beschäftigungsverhältnis länger als ein halbes Jahr besteht (Youdelman/Getsos 2005: 2).

System der Stadt beteiligt gewesen waren, schlossen sich, nachdem sie ihre Verträge mit der Stadtverwaltung verloren hatten, einer immer größer werdenden Allianz von ganz unterschiedlichen Organisationen und Einrichtungen an, deren gemeinsames Ziel darin bestand, die Dominanz des strikten Workfare-Ansatzes in NYC zu brechen.[54]

Zentrale Akteure dieser Allianz gegen den Ausschluss von Sozialhilfebeziehern aus dem Bildungssystem und gegen die weitere Einschränkung von Rechten und Versorgungsansprüchen waren das Welfare Reform Network, das maßgeblich von der Federation of Protestant Welfare Agencies getragen wird, aus mehreren hundert lokalen karitativen Organisationen und Gemeinden besteht und zum Teil von Mitarbeitern aus der Verwaltung unterstützt wird; das Welfare Law Center, das eng mit den Legal Aid Services der Stadt zusammenarbeitet; die Welfare Rights Initiative am Hunter College (CUNY) und das aus der Bewegung für die Rechte von Obdachlosen hervorgegangene Urban Justice Center (vgl. Krinsky/Reese 2003; Weikart 2005). Viele dieser Organisationen, die sich auf die Rechtsunterstützung und -vertretung von einkommensschwachen Bevölkerungsgruppen spezialisiert haben, profitieren bis heute von »Social Justice«-Programmen, die im Rahmen des »War on Poverty« der Johnson-Regierung in den 1960er Jahren eingeführt worden waren und unter anderem zur Verabschiedung des »Legal Services Corporation Act« 1974 geführt hatten (vgl. S. 25 ff.). Auf Grundlage dieses Gesetzes werden gemeinnützigen Organisationen überall in den USA bis heute mehrere hundert Millionen Dollar pro Jahr zur Verfügung gestellt, die es ihnen ermöglichen, sich mit Hilfe der professionellen Unterstützung von Juristen der vom Bund finanzierten nationalen Legal Service Corporation, privaten Anwaltskanzleien, Stiftungen und Universitäten für die sozialen Rechte von Obdachlosen, Behinderten, Migranten, Kindern oder anderen Zielgruppen wohlfahrtsstaatlicher Programme einzusetzen. Sie gelten in den USA gemeinhin als der »legal pillar of the welfare state« (Boehm/Flaherty 1995: 1).[55]

---

54 Interview mit einer Vertreterin des Center for Employment Training, a.a.O.

55 Bundesweit erhalten heute 143 Nonprofit-Organisationen (1995 waren es noch 325) finanzielle Unterstützung von der Legal Services Corporation, dessen Budget 1995 $400 Millionen betrug und seitdem auf $329 gekürzt wurde (Houseman/Perle 2003: 3). Seit der Reagan-Regierung hat es von konservativer Seite wiederholt Versuche gegeben, dieses System der juristischen Interessenvertretung von Armen vollständig abzuschaffen oder durch verschiedene Auflagen zu schwächen, weil es bundesweit und lokal oftmals die Basis der Oppositionsbewegungen gegen den fortschreitenden Sozialabbau in den USA bildet. 1996 – parallel zur Verabschiedung der

Einer dieser Legal Aid Services in NYC, das Urban Justice Center, rief bereits im Sommer 1997 mit der Unterstützung des Welfare Reform Network die »WEP Campaign of Resistance« ins Leben – zunächst als Reaktion auf die Ankündigung der Sozialbehörde, bis zu 10.000 Hilfeempfänger pro Monat zu gemeinnützigen Tätigkeiten in Nonprofit-Organisationen zu verpflichten. Zum einen wurde befürchtet, die Stadtverwaltung könnte alle Einrichtungen, die von ihr finanziell abhängig sind, zukünftig zu einer unbezahlten Beschäftigung von Sozialhilfeempfängern zwingen.[56] Zum anderen gab es vor allem in vielen Kirchengemeinden und karitativen Organisationen, deren Mitarbeiter unmittelbar mit den »Ärmsten der Armen« zu tun haben, das Bedürfnis, ihrer wachsenden Empörung über die zunehmend degradierende Behandlung von Hilfebedürftigen durch die New Yorker Behörden Ausdruck zu verleihen. Als der Zusammenschluss der protestantischen Wohlfahrtsinitiativen seine Weigerung ankündigte, Sozialhilfebezieher zu unbezahlten Arbeitsdiensten in ihren Einrichtungen einzusetzen, motivierte er damit auch andere gemeinnützige Organisationen zum Widerstand.[57] Innerhalb weniger Monate unterzeichneten mehrere hundert Organisationen, Synagogen und Kirchengemeinden den öffentlichen Aufruf des Urban Justice Center, in dessen Zentrum die Erklärung stand, sich unter den gegebenen Bedingungen nicht am Workfare-Regime der Stadt zu beteiligen. Peter Laarman, Pfarrer der New York Judson Memorial Church in Greenwich Village, ehemaliger Gewerkschaftsfunktionär und einer der zentralen Initiatoren der »Pledge of Resistance«, begründete sein Engagement mit der moralischen Verpflichtung, sich nicht zum Komplizen eines als ungerecht empfundenen Systems zu machen:

Judging WEP to be a moral disaster, my church has joined with the Urban Justice Center to cosponsor the WEP Campaign of Resistance. Since we launched the campaign in summer 1997, more than 200 congregations and not-for-profit agencies have pledged that they will not participate as WEP placement sites and they will work actively to abolish WEP and replace it with a program providing adequate jobs and income for New York's poor families. Although we have been criticised for being »too negative«, we believe that rejecting the path of complicity and demanding a new program based on what people really need is a positive move for faith-based communities and one with a noble tradition. [...] WEP's big beneficiaries have been the city's middle class and the

---

»Welfare Reform« – wurde es den Begünstigten untersagt, sich direkt an sozialpolitischen Kampagnen und Aktionen zu beteiligen (ebd.).

56 Interview mit John Krinsky, a.a.O.
57 Interview mit Paul Getsos, a.a.O.

Giuliani administration, not the poor who desperately need help getting work.[58]

Einige prominente Rabbis und afroamerikanische Kirchenvertreter und Priester in NYC gingen sogar so weit, Workfare-Maßnahmen mit Sklavenarbeit zu vergleichen, was zum einen auf die weitgehende Rechtlosigkeit der Betroffenen und zum anderen auf deren Hautfarbe anspielte: Fast 80 Prozent waren hispanischer oder afroamerikanischer Herkunft (Neubeck 2006a: 171). Sie lösten damit in der Öffentlichkeit eine breite und überaus kontrovers geführte Debatte über die moralische Legitimation des WEP-Programms aus, über die in zahlreichen überregionalen Medien berichtet wurde (vgl. Winner 1997; Greenhouse 1997a u. 1997b; Goldberg 2001a; Weikart 2005). Hatte die New Yorker Sozialverwaltung jemals wirklich vorgehabt, alle vertraglich gebundenen und von der Stadt finanzierten Nonprofit-Einrichtungen zu einer Übernahme von »Workfare Workers« zu verpflichten, musste sie dieses Vorhaben nach der erfolgreichen Mobilisierung und Medienkampagne der »Campaign of Resistance« schließlich aufgeben (Krinsky 2002).

Bereits im Frühjahr 1997 hatte der Supreme Court des Bundesstaates New York einer vom Welfare Law Center, dem Urban Justice Center und der Legal Aid Society gemeinsam vorbereiteten Klage gegen die lokale Sozialverwaltung stattgegeben und die Behörden in NYC zum ersten Mal angewiesen, den Bedürfnissen von Sozialhilfeempfängern nach Weiterbildung und Qualifizierung stärker Rechnung zu tragen. In den Verfahren *Davila v. Hammons* und *Davila v. Turner* wurde festgestellt, dass die Praxis der HRA, alle erwerbsfähigen Personen ohne Berücksichtigung ihrer individuellen Lage und ihres Bildungsstands automatisch Vollzeit zu Workfare-Maßnahmen zu verpflichten, gegen die »Social Service Laws« von New York State verstieß (Fisher 2003). Nach mehreren langjährigen Berufungsverfahren, in denen sich die Sozialverwaltung in NYC weiterhin weigerte, die Einschränkungen ihrer lokalen Autonomie durch die Landesgesetzgebung anzuerkennen, wurde im Frühjahr 2003 unter dem neuen Bürgermeister Michael Bloomberg schließlich eine Einigung erreicht, in der die Administration einer Ausweitung von Qualifizierungsmöglichkeiten für Hilfeempfänger prinzipiell zustimmen musste (vgl. S. 215 ff.).

Weitere erfolgreiche Sammelklagen in den späten 1990er Jahren richteten sich gegen den Versuch der HRA, selbst 19-Jährige ins WEP-Programm zu zwingen und sie somit vom Erwerb ihres Schulabschlus-

---

58 Interview mit Peter Laarman, Pfarrer der New York Judson Memorial Church, 13.6.2004.

ses abzuhalten (Bertelli 1999; Bodack 2000), sowie gegen den Plan der Sozialverwaltung, die Aufnahme und Unterbringung in staatlich finanzierten Obdachlosenunterkünften von der Teilnahme der Wohnungslosen an Workfare-Maßnahmen abhängig zu machen (Coalition for the Homeless 1999; Bernstein 1999). Hiervon wären 1999 4.600 Familien und 7.000 Alleinstehende betroffen gewesen (Russell 2000: 362). Giuliani hatte 1998 sogar vorgeschlagen, in Fällen einer Nichtbeteiligung an Arbeitsmaßnahmen die Kinder von ihren Eltern zu trennen und in Pflegeeinrichtungen zu überweisen (Grant-Friedman 1999).

Im Zentrum einer der längsten politischen und juristischen Auseinandersetzungen in NYC im Zusammenhang mit dem WEP-Programm stand jedoch die Frage, ob es Sozialhilfeempfängern, die studieren wollten, erlaubt sein sollte, ihre Arbeitsverpflichtungen in oder in der Nähe von Universitätseinrichtungen abzuleisten, damit sie ihr Studium aufgrund von Zeitgründen nicht aufgeben mussten (Weikart 2005). Selbst dieses minimale Zugeständnis, das die New Yorker Stadtverwaltung keinen zusätzlichen Cent gekostet hätte, musste ihr in mühevollen Kämpfen abgerungen werden, obwohl sie in der Vergangenheit wiederholt mit Stolz auf die gesellschaftlichen Integrationsleistungen des CUNY-Systems verwiesen hatte.[59] Auch nachdem schon 1997 auf der Landesebene ein Zusatzgesetz zum »Welfare Reform Act« verabschiedet worden war, das die lokalen Sozialbehörden anwies, eine Beschäftigung auf dem Campus (sei es als Tutor, Praktikantin oder studentische Hilfskraft) und einen Teil des Studiums als »work activity« anzurechnen, blieb die HRA-Leitung weiterhin ihrem Motto treu, auf staatliche Unterstützung Angewiesene und ihren Unterstützern in NYC das Leben möglichst schwer zu machen. Obwohl alle 17 Einrichtungen des City-University-Systems im Laufe der Jahre 1997/98 detaillierte Pläne vorlegten, mit denen sie sich verpflichteten, ihre akademischen Angebote stärker mit beschäftigungsfördernden Programmen und Dienstleistungen zu verknüpfen und die Einhaltung der Arbeitsverpflichtung von Studierenden im Sozialhilfebezug zu kontrollieren, mussten viele von ihnen ihre Ausbildung abbrechen. Erst nachdem die Kanzlerin der CUNY, die sich lange Zeit für die Befreiung aller Studierenden im Sozialhilfebezug von WEP-Verpflichtungen eingesetzt hatte, Ende 1998 aus Protest gegen die kompromisslose Haltung des Bürgermeisters von ihrem Posten zurückgetreten war, kam die HRA-Spitze den Forderungen der Universitätsleitung und der sozialpolitischen Opposition in einigen Punkten

---

59 Interview mit Maureen Lane, a.a.O.

nach.[60] Als besonders wichtig in den Auseinandersetzungen um die Ansprüche von Frauen im Sozialhilfebezug auf Qualifizierung und Weiterbildung erwies sich eine Organisation, die sich 1995 auf Anregung von zwei Professorinnen für Sozialarbeit am Center for the Study of Family Policy des Hunter College gegründet hatte: die New Yorker Welfare Rights Initiative (WRI). Zentrales Anliegen dieser im Wesentlichen von direkt Betroffenen, das heißt Studierenden im Sozialhilfebezug, getragenen Initiative ist es,

> to address the absent voice of welfare recipients, the negative stereotypes of welfare recipients that dominate policy making, and the failure to envision humane reforms that realistically reflect the needs of welfare recipients. [...] Members of WRI believe it is necessary for those who have firsthand experience of poverty to be included in the planning and design of a better welfare system. [...] WRI opposes the practice of forcing students to abandon their pursuit of higher education and their dream of economic self support to participate in New York City's Work Experience Program. (Center for Community Change 1998: 1f.)

Ein wesentlicher Teil der Aktivitäten von WRI besteht seit Mitte der 1990er Jahre – neben der Lobby- und Öffentlichkeitsarbeit für die Forderung nach ungehindertem Zugang von einkommensschwachen und alleinerziehenden Müttern zur akademischen Weiterbildung – in der Rechtsberatung und unmittelbaren praktischen Unterstützung von Studierenden im Sozialhilfebezug. Hinzu kommt das Angebot eines zweisemestrigen Seminars (»Community Leadership Program«), in dem die Teilnehmenden nicht nur in die Grundlagen der US-amerikanischen Sozialpolitik eingeführt werden, sondern auch theoretische und praktische Kenntnisse der politischen Interessenvertretung und Mobilisierung erlernen. Nach eigenen Angaben ist es der WRI mit aktiver Unterstützung von Lehrenden und Studierenden der CUNY Law School gelungen, seit 2005 etwa 3.000 Frauen, welche die HRA zur Teilnahme am WEP-Programm verpflichtet hatte, zur erfolgreichen Beendigung ihres Studiums zu verhelfen (Kamenetz 2005: 2).

Zu den größten öffentlichen Erfolgen dieser Grassroots-Initiative, die inzwischen von mehreren lokalen und bundesweiten Stiftungen wie etwa dem Child Welfare Fund oder der Hite Foundation unterstützt

---

60 1999 erkannte die HRA – bis auf zwei Ausnahmen – alle Undergraduate Schools des CUNY-Systems als WEP-Programmorte an, was den Studierenden im Sozialhilfebezug die Vereinbarung von Studium und Arbeitsaktivitäten zwar erleichterte, aber nicht bedeutete, dass diese von Workfare-Auflagen befreit wurden (McCormick 2003: 16).

wird, gehört jedoch die Durchsetzung von zwei Gesetzesinitiativen, die zukünftig mehr Hilfebeziehern in NYC den Zugang zum Weiterbildungssystem erleichtern könnten. Im Jahr 2000 schloss sich WRI mit dem Welfare Reform Network zusammen und gründete die Coalition for Access to Training and Education (CATE). Auf der Landesebene gelang es CATE, den Senat und Mitglieder der State Assembly zur Verabschiedung des »Work Study and Internship Law« zu bewegen. Durch dieses Gesetz ist es Hilfebeziehern seit 2001 explizit erlaubt, zumindest die Hälfte ihrer Arbeitsverpflichtung (15 bis 20 Wochenstunden) mit studienbezogenen Aktivitäten abzuleisten (Weikart 2005: 19f.). Ein Jahr später verabschiedete das General Welfare Committee des New York City Council gegen das Veto von Bürgermeister Giuliani ein ähnliches Gesetz (NYC Council Bill 93 A), das die Sozialverwaltung dazu anhält, eine Reihe von Weiterbildungsaktivitäten – angefangen von Sprachkursen bis hin zum mehrjährigen College-Studium – als Vorbereitung auf eine Erwerbsarbeit anzuerkennen und zu fördern (Arenson 2003). Bill de Blasio, Stadtrat aus Brooklyn und Vorsitzender des Welfare-Ausschusses des City Council, der die Gesetzesinitiative maßgeblich unterstützte, nannte das Engagement von WRI als ausschlaggebend für ihre erfolgreiche Durchsetzung im Stadtrat.[61]

Die Sanktions- und Diversionspolitik

In der zweiten Hälfte der 1990er Jahre gingen in NYC nicht nur die Weiterbildungsmöglichkeiten für Sozialhilfeempfänger radikal zurück, es wurde für Hilfebedürftige in der Stadt auch immer schwieriger, überhaupt noch staatliche Unterstützung zu beantragen und zu erhalten. Zwischen 1994 und 1998 sank die Anzahl der von den Ämtern bewilligten Sozialhilfeanträge von 80 auf 54 Prozent aller Anträge (Giuliani 1998: 10). Als im März 1998 die Umwandlung der 31 Anlaufstellen der Sozialämter der Stadt (Income Support Center) in Job Center begann, setzte sich dieser Trend noch weiter fort.

Diese von Jason Turner und seinem Leitungsteam verfolgte Konversionsstrategie der New Yorker Sozialbürokratie, die begleitet von einer großangelegten Öffentlichkeitskampagne zunächst zwei Ämter in den Stadtteilen Brooklyn und Queens betraf und im Januar 1999 auf 13 weitere Stellen übertragen werden sollte, ging über eine Namensumbenennung weit hinaus (vgl. Wiseman 2002; Nightingale u.a. 2002; Besharov/Germanis 2004; Levine 2005). Nicht nur wurde das äußere Erscheinungsbild der Sozialämter durch Umbau- und Renovierungsarbeiten zum Teil drastisch geändert, auch die Personal- und Arbeitsstrukturen

---

61 Interview mit Maureen Lane, a.a.O.

erfuhren eine komplette Neuordnung. Die Manager der neuen Job Center bekamen wie die Leiter der lokalen Polizeikommissariate eine größere Verantwortung für die Leistungen ihrer Verwaltungsabteilung zugeschrieben. Ein Großteil der bis dahin für die Geldzahlungen zuständigen Sachbearbeiter (eligibility workers) wurde entweder zu Finanzplanern oder zu Arbeitsplatzspezialisten ernannt, deren Aufgabenstellung von nun an vor allem darin bestand, alle Hilfesuchenden über die Einschränkungen und Anforderungen der neuen Sozialhilfeprogramme (zeitliche Befristung und Arbeitsverpflichtung) aufzuklären und möglichst viele Antragsteller auf andere Unterstützungsquellen zu verweisen (Bers 2001: 3f.; Jeffrey 2002: 129). Mitarbeiter, die sich gegen die veränderten Aufgabenzuschreibungen wehrten und der Umwandlung von Sozialämtern in Job Center skeptisch gegenüberstanden, wurden zum Teil entlassen oder in andere Behörden zwangsversetzt (Levine 2005: 73f.).

Anders als die Bezeichnung Job Center nahe legt, widmen sich die dortigen Verwaltungsmitarbeiter nicht selbst der Arbeits- oder Ausbildungsvermittlung. Die parallel zum Prüfungsverfahren der Anspruchsberechtigung beginnenden vier- bis sechswöchigen Job-Search-Seminare, an denen alle Antragsteller verbindlich teilnehmen müssen, werden von den neuen privaten Vertragspartnern (Skill and Assessment Vendors) durchgeführt.[62] Sind die Teilnehmer dieser Maßnahme nach Absolvierung immer noch erwerbslos, was auf über 90 Prozent von ihnen zutrifft (Youdelman/Getsos 2005: 2), werden sie – bei positiver Entscheidung über ihren Sozialhilfeantrag – im Anschluss für drei bis sechs Monate an die »Employment Services and Placement Vendors« überwiesen (ebd.). Mit dem Einsatz eines neuen elektronischen Management- und Kontrollsystems namens JobStat, das dem EDV-System der New Yorker Polizei CompStat nachempfunden ist und verwaltungsintern ähnliche Kontrollfunktionen erfüllt, wurde es für die übergeordneten Stellen außerdem möglich, in wöchentlichen Auswertungen die »Performance« aller Sozialämter bzw. Job Center, ihrer jeweiligen Mitarbeiter und Vertragspartner nachzuvollziehen und miteinander abzugleichen (vgl. O'Neill u.a. 2001; Sherwood 2005; Smith/Grinker 2005). Angestellte mit besonders hohen Vermittlungs- und Diversionsquoten erhalten einen Leistungsbonus, der von Geschenkgutscheinen bis zu einer zehnprozentigen Gehaltserhöhung reicht (Levine 2005: 71).

Kurz nach der begonnenen Umwandlung der Sozialämter in Job Center mehrten sich die Beschwerden bei privaten Beratungs- und Hilfs-

---

62 Teil der Job-Search-Seminare der SAP-Vendors sind Gruppensitzungen, individuelle Assessments (inklusive Tests zu beruflichen Grundqualifikationen), Entwicklung eines »Beschäftigungsplans«, Bewerbungstraining und angeleitete Arbeitssuche (Nightingale u.a. 2002: 29).

einrichtungen über das komplizierte Antrags- und Zuweisungssystem, unklare Informationen der HRA-Mitarbeiter und die zunehmend aggressive Diversionsstrategie, die dazu führte, dass immer mehr anspruchsberechtigte Familien keinerlei staatliche Unterstützung mehr erhielten. In den beiden ersten Job Center waren kurz nach ihrer Eröffnung 84 bzw. 69 Prozent der Hilfesuchenden wieder unverrichteter Dinge nach Hause geschickt worden (Houppert 1999: 2). Es war ihnen nicht gelungen, einen Antrag auf Sozialhilfe oder Lebensmittelmarken überhaupt einzureichen. Etwa ein Viertel bis ein Drittel derjenigen, die es geschafft hatten, Unterstützungsansprüche geltend zu machen, scheiterten später an dem unübersichtlichen Zuweisungsverfahren und fanden nie den Weg zu den privaten Vermittlungseinrichtungen (Nightingale u.a. 2002: 34). Mehr als die Hälfte aller Hilfebezieher, die 1997 und 1998 am WEP-Programm teilnehmen mussten, wurden wegen Fehlzeiten oder anderer, oftmals nur minimaler Regelverstöße von den Behörden mit Leistungskürzungen sanktioniert (Toy 1998). Eine New Yorker Anwaltsvereinigung, die sich für die Rechte einkommensschwacher Bevölkerungsgruppen einsetzt, beschreibt die 1998 eingeführten »up-front«-Strategien in den Job Center folgendermaßen:

Job Centers operate under a policy called »diversion«, pursuant to which applicants are dissuaded from filing applications. Those who do apply are required to participate in a full-time schedule of job search and other activities, well before any benefits have been provided. The basis for the policy and for many other features of the Giuliani-Turner governance of HRA (repeatedly articulated by Commissioner Turner) is an attempt to create a crisis in welfare recipients' lives. [...] HRA trains the workers to discourage potential applicants from pursuing benefits by insisting that they seek assistance from virtually any conceivable alternative, from friends, to family, to churches, to credit cards. (Association of the Bar of the City of New York 2001: 4)

Alarmiert von den zunehmenden Berichten über die unterlassene Hilfestellung der Behörden und die steigenden Ablehnungs- und Sanktionsquoten, schlossen sich ab 1998 immer mehr Sozialeinrichtungen, gemeinnützige Vereine, Beratungs- und Rechtsstellen und Sozialwissenschaftler zusammen, um die neue Praxis in den Job Center zu dokumentieren und zu verändern. Als ihr wichtigstes Instrument und Druckmittel stellte sich – ähnlich wie bei den Initiativen zur Durchsetzung eines Qualifizierungsanspruchs von Transferempfängern – die Einreichung von Sammelklagen heraus.

Die wichtigste juristische Auseinandersetzung im Zusammenhang mit den illegalen Praxen der New Yorker Job Center war das Verfahren

Reynolds v. Giuliani. Im Dezember 1998 reichten mehrere Anwälte von Bürgerrechtsgruppen stellvertretend für sieben Klienten eine Sammelklage bei einem Bundesgericht gegen Bürgermeister Giuliani, HRA-Direktor Jason Turner und die für die Überwachung der lokalen Sozialhilfepraxis zuständigen Ministerien des Bundesstaates New York ein (Welfare Law Center 1999b). Ein Großteil der Anklagepunkte bezog sich auf Bundesrecht, das vorsieht, dass Anträge auf von Washington finanzierte Leistungen wie Lebensmittelmarken und »Medicaid« unverzüglich bearbeitet werden müssen und dass in Notfällen von den lokalen Behörden auch ohne längere Prüfungsverfahren Hilfe gewährt werden muss. Den Angeklagten wurde in *Reynolds v. Giuliani* vorgeworfen, der gesetzeswidrigen Behandlung von Hilfebedürftigen Vorschub zu leisten, indem sie es geduldet hätten, dass Ansprüche auf Transferzahlungen, Nahrungsbeihilfen und die Kostenübernahme von medizinischen Leistungen von Angestellten der HRA wiederholt und unbegründet abgewiesen worden seien. Zusätzlich machten die Kläger geltend, dass die Praxis der New Yorker Job Center gegen den 5. und 14. Zusatz der Verfassung (due process clause) verstoße, weil den von der Ablehnung Betroffenen von den Mitarbeitern falsche oder irreführende Informationen gegeben und sie nicht über ihr Widerspruchsrecht und den Anspruch auf eine öffentliche Anhörung (fair hearing)[63] aufgeklärt worden seien (Bers 2001: 4 f.).

Das unmittelbare Ergebnis der Klage war eine richterliche Verfügung, die den von der HRA Abgewiesenen die zu Unrecht vorenthaltenen Leistungen zugestand und der New Yorker Sozialverwaltung untersagte, weitere Ämter in Job Center umzuwandeln, solange sie nicht ein gesetzeskonformes Handeln ihrer Mitarbeiter sicherstellen konnte (Association of the Bar of New York City 2001: 3f.). Im Laufe des Verfahrens, das sich über fast drei Jahre (bis 2001) hinzog, musste die Stadtverwaltung wiederholt öffentlich eingestehen, dass sie mit ihrer Diversionspolitik zu weit gegangen war. Mehrere als Zeugen befragte HRA-Angestellte sagten aus, dass sie direkte Anweisungen von Vorgesetzten erhalten hätten, Hilfesuchende an Obdachlosenunterkünfte, Kircheneinrichtungen oder private Suppenküchen zu verweisen oder ihnen Informationen über Leistungsansprüche – wie zum Beispiel staatlich finanzierte Kinderbetreuung oder Unterstützung nach Ablauf des fünfjährigen

---

63 Diese Anhörungen zur Beilegung von Beschwerden, die in NYC unter Beisein von Vertretern der Verwaltung und Legal Aid Services abgehalten werden, waren bis 1996 zu 90 Prozent von den zuständigen Verwaltungsrichtern im Sinne der Sozialhilfeempfänger entschieden worden. Zwischen 1996 und 2000 sank die Erfolgsquote der Beschwerden auf 55 Prozent (Association of the Bar of the City of New York 2001: 7).

Zeitlimits – gezielt vorzuenthalten (Bers 2001: 5; Association of the Bar of the City of New York 2001: 6f.; Pitcher 2002: 3). Andere Zeugen berichteten, dass Antragsteller ohne Benachrichtigung und Unterstützung wochenlang hingehalten oder Familien im Leistungsbezug ohne Angabe von Gründen sanktioniert worden waren (Ostreicher 2002b). In einem symbolischen Akt entließ die HRA im Frühjahr 1999 sechs ihrer untergeordneten Mitarbeiter und kam der richterlichen Anordnung nach, einen Plan zur Behebung der Missstände in den Job Center vorzulegen (Bers 2001: 10).

In einem weiteren von Bürgerrechtsgruppen angestrengten Verfahren, *Mangracina v. Turner*, stellte der Richter 1999 fest, dass das kurz zuvor neu eingeführte EDV-System (Welfare Management System) in den New Yorker Sozialämtern zu einem automatischen Ausschluss von sanktionierten Transferempfängern aus dem Gesundheitsprogramm »Medicaid« geführt hatte, was ebenfalls gegen gültiges Bundesrecht verstößt (O'Neill u.a. 2001: 38). Die HRA verlor 1999 darüber hinaus einen Prozess gegen den Puerto Rican Legal Defense and Education Fund, dessen Anwälte die Verwaltung wegen der behördlichen Diskriminierung von Migranten und ethnischen Minderheiten verklagt hatten.[64] Infolge des Gerichtsurteils sah sich die HRA unter anderem gezwungen, mehrsprachige Mitarbeiter in ihren Anlaufstellen und Job Center einzustellen, kostenlose Übersetzerdienste anzubieten und eine Gleichbehandlung von Antragstellern ohne Englischkenntnisse sicherzustellen (Ostreicher 2002b: 2f.).

Das Welfare Law Center und die lokalen Legal Aid Services in der Stadt beließen es jedoch nicht bei der Anrufung von lokalen und Bundesgerichten, sondern forcierten den politischen Druck auf Bürgermeister Giuliani und die lokale Sozialverwaltung über die Einschaltung von übergeordneten Aufsichtsbehörden. Allein in den Jahren 1998/99 war die Leistungsgewährung und die Praxis der Job Center in NYC Gegenstand von Untersuchungsverfahren dreier Bundesverwaltungen. Im Februar 1999 veröffentlichte das für das Bundesprogramm »Food Stamps« zuständige US Department of Agriculture einen Bericht, in dem es mehrere Verstöße der HRA gegen nationale Vorschriften bei der Vergabe von Nahrungsbeihilfen dokumentierte, die zuständigen Landesbehörden wegen unterlassener Interventionen und Versäumnissen bei der Aufsichtspflicht rügte und dem Bundesstaat New York bei ausbleibenden Korrekturen der Antrags- und Vergabepraxis finanzielle Sanktionen an-

---

64 HRA-Mitarbeiter hatten unter anderem wiederholt die Annahme von Anträgen von Migrantinnen auf Sozialhilfeleistungen mit der Begründung verweigert, dass bei der Antragstellung ihre Ehemänner nicht anwesend waren (Pitcher 2002: 3).

drohte (US Department of Agriculture 1999; Welfare Law Center 1999b). Auch das Bundeslandwirtschaftsministerium sah es als erwiesen an, dass der drastische Rückgang der Inanspruchnahme von »Food Stamps« unter der Giuliani-Regierung nicht das Ergebnis sinkender Nachfrage war, sondern im ummittelbaren Zusammenhang mit der unlauteren lokalen Behördenpraxis stand. Von Wohlfahrtsorganisationen wurde geschätzt, dass mindestens 800.000 Bewohner von NYC, die vom Einkommen her einen Rechtsanspruch auf den Erhalt von Lebensmittelmarken gehabt hätten, diesen aufgrund der abschreckenden Behandlung durch die Behörden nicht in Anspruch nahmen (Ostreicher 2002b: 4).

Im Sommer 1999 recherchierten Mitarbeiter der Bundesbehörde zur Einhaltung der Bürgerrechte (Office for Civil Rights, OCR) und des nationalen Ministeriums für Gesundheit und Soziales (DHHS) vor Ort, indem sie über mehrere Monate sieben Job and Income Support Center in NYC unangekündigte Besuche abstatteten, um die Einhaltung nationaler Standards und Gesetze zu überprüfen (NYS, Medicaid Welfare Reform Implementation Review 2000). Die OCR-Delegation ging Beschwerden nach, die besagten, ethnische Minderheiten, Menschen mit körperlichen Behinderungen oder anderen gesundheitlichen Einschränkungen (z.B. Aids-Kranke) seien von HRA-Mitarbeitern benachteiligt und diskriminierend behandelt worden. Das DHHS interessierte sich vor allem für die administrative Bearbeitung von Anträgen auf Übernahme von Gesundheitsleistungen im Rahmen des Bundesprogramms »Medicaid«. Der Anfang 2000 gemeinsam veröffentlichte Untersuchungsbericht bestätigte wie bereits zuvor die Gerichtsurteile im Wesentlichen die Vorwürfe der Lokalopposition und kündigte bei anhaltenden Verstößen der New Yorker Sozialverwaltung gegen Bundesrecht sowohl juristische Schritte als auch finanzielle Sanktionen an (ebd.). Selbst die Vereinten Nationen beschäftigten sich wenig später mit der diskriminierenden Praxis der New Yorker Sozialbehörden. Auf der 60. Sitzung der UN-Menschenrechtskommission 2004 in Genf klagte ein Vertreter des Urban Justice Center die Stadt New York und die US-Behörden während einer Anhörung wegen anhaltender Nichtbeachtung der »International Convention on the Elimination of Racial Discrimination« an und verlangte von der US-Bundesregierung verstärkte Kontrollen der kommunalen Sozialverwaltungen (Neubeck 2006a: 171f.).

Arbeitsrechtliche Auseinandersetzungen

Nicht nur für lokale, sondern auch für viele bundesweite Bürger- und Menschenrechtsorganisationen und deren Unterstützer in Stiftungen und unabhängigen Forschungseinrichtungen stellte New York City eine Art

Experimentierfeld für den Einsatz von rechtlichen Instrumenten (litigation strategies) in der »Post-Welfare Reform«-Ära dar (vgl. Boyer 2006). Hier sollte sich zeigen, inwieweit die Tradition der US-amerikanischen »Welfare Rights Movement«, den Machtmissbrauch und die Willkür lokaler Behörden über Urteile von Verfassungsgerichten und anderer juristischer Instanzen einzudämmen und zu korrigieren, als Instrument auch am Ende des 20. Jahrhunderts tauglich war. Aber noch in anderer Hinsicht waren die städtischen Auseinandersetzungen in den späten 1990er Jahren um das Workfare-Regime in NYC von übergeordnetem Interesse: nämlich bezüglich der Frage, inwieweit Sozialhilfeempfänger in den USA nicht nur als entrechtete Opfer, sondern auch als Teil der neuen Arbeiterbewegungen von unten zu organisieren waren (vgl. Krinsky 1998 u. 2002; Goldberg 2001a u. 2001b; Reese/Newcombe 2003). Damit verbunden war die Frage, wie sich die New Yorker Gewerkschaften der Herausforderung von umfangreichen Workfare-Programmen stellen würden – vor allem dann, wenn diese die unmittelbaren Interessen ihrer Mitglieder zu gefährden drohten.

Ab 1997 standen in NYC im Wesentlichen drei Aspekte im Zentrum der arbeitsrechtlichen Auseinandersetzungen: der rechtliche Status von »WEP-Workers« und gemeinnützigen Arbeitseinsätzen, die Substitution von städtischen Angestellten durch Sozialhilfeempfänger im WEP-Programm und die Möglichkeiten ihrer gewerkschaftlichen Organisierung.

Das herausstechendste Merkmal der New Yorker Workfare-Politik ist, dass mehr als 90 Prozent aller gemeinnützigen Arbeitseinsätze von Transferempfängern in der zweiten Hälfte der 1990er Jahre im öffentlichen Sektor erfolgten, der in NYC traditionell von einer starken Interessenvertretung der Arbeitnehmer gekennzeichnet ist. 70 Prozent aller dort Beschäftigten waren zu diesem Zeitpunkt Gewerkschaftsmitglieder (Hirsch/MacPherson 1997: 3). Obwohl die jeweiligen Arbeitseinsätze für Sozialhilfeempfänger diversen Gerichtsurteilen zufolge maximal 90 Tage dauern sollen (Ellwood/Welty 1999: 14), waren in NYC halb- bis einjährige Arbeitsverpflichtungen üblich, die zum Teil auch zu mehrjährigen unbezahlten Beschäftigungsverhältnissen führen konnten, wie Recherchen von Journalisten zeigen, die einige Frauen und Männer über einen längeren Zeitraum auf ihrem Weg durch diverse Arbeitsprogramme in NYC begleitet haben (Hancock 2003; DeParle 2004). Als WEP im März 1995 begann, betrug die Mindestanzahl der abzuleistenden Stunden 20 pro Woche und wurde kurz darauf für Alleinstehende auf 26 und ab 1999 auf 35 Wochenstunden erhöht (Besharov/Germanis 2004: 55). Dies verstieß gegen Richtlinien des national gültigen »Fair Labor Standards Act«, der zeitliche Beschränkungen für »community service« oder »work experience« vorgibt (Mannix u.a. 1997). Demnach soll die Obergrenze nach dem Gesamtbetrag der monatlichen staatlichen Unterstützung (Sozialhilfe plus Lebensmittelmarken), geteilt durch den Mindestlohn, berechnet werden. Überträgt man diese Regelung auf die New Yorker Verhältnisse mit maximalen Transfers für eine alleinstehende Person von \$464 (\$352 Cash + \$112 in »Food Stamps«) und einem Mindestlohn von \$5,15, so dürfte die maximale Stundenzahl pro Monat höchstens 90 betragen (Bertelli 1999: 3). Nach Auskunft einer von Bürgerrechtsgruppen in Auftrag gegebenen Studie arbeiteten die meisten WEP-Beschäftigten in NYC Ende der 1990er Jahre allerdings zwischen 30 und 40 Wochenstunden über einen Zeitraum von durchschnittlich sechs Monaten im Jahr ihre staatlichen Sozialleistungen ab (Wernick u.a. 2000: 3ff.). In manchen Fällen erhielten sie eine zusätzliche Vergütung von \$0,80 bis \$1,50 pro Stunde. Dies traf vor allem auf Mütter im »Family Assistance«-Programm zu (Bertelli 1999: 3).

In einer Anhörung eines Kongressausschusses in Washington zu Ergebnissen der nationalen »Welfare Reform« gab ein Mitarbeiter des Georgetown University Public Policy Institute 1999 zu Protokoll, dass in New York City WEP-Teilnehmer auch in einigen privaten Unternehmen, zum Beispiel als unbezahlte Hilfskräfte im Einkaufszentrum South Street Seaport und auf dem Fulton Fish Market, zum Einsatz kamen (Stettner 2001: 2). Es ist allerdings davon auszugehen, dass dies nur eine kleine Anzahl von Personen betraf und im Zusammenhang mit einer Ausnahmeregelung für die städtischen »Business Improvement Districts« stand.[65] Nach Angaben des Büros des Bürgermeisters waren Anfang März 1996 von den insgesamt 21.988 Teilnehmern des WEP-Programms lediglich 1.686 in Nonprofit- und Community-Organisationen beschäftigt (New York City 1997: 25). Mitte 1999 – kurz vor dem Höhepunkt des Programms, bezogen auf seine Teilnehmerzahl – war die Zahl sogar noch etwas gesunken (New York City 2000: 31). Andere Quellen besagen, dass 1997 etwa 3.000 bis 3.400 WEP-Teilnehmer pro Monat im gemeinnützigen Sektor, aufgeteilt auf etwa 250 bis 300 Einrichtungen, arbeiteten (Bradley 1997: 1); das entspricht knapp zehn Prozent aller Zuweisungen.[66] Nachdem eine Ausweitung von WEP-Ver-

---

65 Es gibt nach Auskunft meiner Interviewpartner zumindest keinerlei Hinweise darauf, dass – abgesehen von den genannten Beispielen – es zu einer privatwirtschaftlichen Nutzung von Sozialhilfeempfängern im WEP-Programm kam.

66 Es liegen zur Beteiligung des Nonprofit-Sektors am WEP-Programm keine systematischen Erhebungen vor. Bis 1998 gab es für jeden der fünf Verwaltungsbezirke eine Nonprofit-Organisation, die für die Weitervermittlung von Sozialhilfeempfängern in andere gemeinnützige Einrichtungen zuständig war und hierfür von der Stadtverwaltung \$100.000 pro Jahr erhielt (Vogel 1998b: 1). Es ist jedoch davon auszugehen, dass ein Teil der

pflichtungen im Nonprofit-Sektor aufgrund des starken öffentlichen Protests gescheitert und es immer wieder zu Problemen bei der Zusammenarbeit zwischen der Sozialbehörde und Wohlfahrtseinrichtungen gekommen war (Clark 2005a), blieb der HRA-Leitung nichts anderes übrig, als im Rahmen des »full engagement«-Ansatzes mehr Sozialhilfeempfänger in den städtischen Betrieben und Verwaltungen unterzubringen.

Die folgende Tabelle zeigt, welche Teile der Verwaltung und städtischen Beschäftigungsstrukturen in NYC am stärksten von der Expansion des Workfare-Programms tangiert waren. Sie dokumentiert anhand der Angaben der Stadtverwaltung die Entwicklung der Teilnehmerzahlen im WEP-Programm zwischen 1996 und 2000 sowie die Aufteilung der WEP-Beschäftigten nach ihren Einsatzorten.

Tabelle 5: Entwicklung der Teilnehmerzahlen im WEP-Programm nach Einsatzorten

Einsatzort	März 1996	Juni 1999	Juni 2000	Dez. 2000
Administration for Children's Services		466	423	284
BEGIN		5.770	5.387	4.193
Board of Education	275	518	258	388
Bronx County Clerk's Office		11	31	5
Business Improvement Districts	28	30	9	11
City Commission on Human Rights		2	2	
Community Boards		11	17	25
Community-based Organization and Non-profits	1.686	1.662	1.846	1.336
Comtroller's Office		2	2	
CUNY	242	132	397	211
Department for the Aging	418	968	685	570
Department of Citywide Administration	2.611	3.151	2.672	1.209
Department of Consumer Affairs		25	22	13
Department of Design and Construction		10	9	5
Department of Environmental Protection	52	100	24	4
Department of Finance		52	43	41
Department of Health	209	305	218	180
Department of Housing and Preservation	1.499	384	373	239
Department of Parks and Recreation	6.259	6.154	4.259	3.852
Department of Probation		10	6	
Department of Records and Information		25	19	26
Department of Sanitation	4.263	2.912	1.748	1.249

WEP-Zuweisungen im BEGIN-Programm (vgl. Tab. 5) ab 1999 im gemeinnützigen Sektor erfolgte.

Department of Transportation	517	656	425	89
Employment Services & Placement				59
Enhanced				4.450
Financial Information Services		7		
Fire Department		41	96	101
Health and Hospitals Corporation	743			
Human Resources Administration	2.135	4.891	8.940	1.434
Landmarks Preservation Commission		9	3	
Mayor's Office		10	1	1
Metropolitan Transit Authority		319	678	340
Museo del Barrio		27	18	24
NY Housing Authority	453	1.861	1.550	535
Other Non-city Agencies		132	180	120
Police Department	280	411	350	207
State Agencies	318	197	165	76
Taxi and Limousine Commission		66	32	44
Welfare-to-Work				447
WEP: Total	**21.988**	**31.327**	**30.888**	**21.768**

Quelle: New York City: The Mayors's Management Reports 1997, 2000 u. 2001

Diesen Angaben zur Verteilung von WEP-Beschäftigten zufolge gab es in NYC tatsächlich eine nicht zu übersehende Verbindung zwischen dem Abbau von Festangestellten in einzelnen Verwaltungsabteilungen und der Beschäftigung von Transferempfängern. Betrachtet man die kommunalen Dienste und Bereiche mit den meisten WEP-Arbeitern in den Jahren 1996 bis 2000, so sind sie fast identisch mit denjenigen, die in den fünf Jahren zuvor am meisten Personal verloren hatten: Auf den ersten fünf Plätzen lagen die Human Resources Administration, die Park- und Grünflächenämter, die Stadtreinigungsbetriebe, die Wohnungsbehörden und das Department of Citywide Administration, das für ganz unterschiedliche Aufgaben wie zum Beispiel die Materialbeschaffung, die Instandhaltung kommunaler Gebäude und Flächen sowie allgemeine Sicherheitsfunktionen zuständig ist. Der eindeutig größte Anteil der »WEP-Workers« war zwischen 1996 und 2000 entweder mit einfachen Büroarbeiten, mit Hilfstätigkeiten in sozialen Einrichtungen oder mit Aufräum-, Säuberungs- und Reparaturarbeiten im Auftrag des Department of Sanitation und des Department of Parks and Recreation beschäftigt (Nightingale 2005: 38f.), wo Ende der 1990er Jahre zeitweise dreimal so viele Sozialhilfeempfänger im Außendienst tätig waren wie Festangestellte.[67] Insgesamt machten die etwa 30.000 »WEP-Workers« zu diesem Zeitpunkt etwa ein Viertel der im öffentlich Dienst Beschäf-

---

67 1998 standen den 2.122 festangestellten Mitarbeitern des Parks Departments 6.700 WEP-Beschäftigte gegenüber (Cohen 1999: 8).

tigten aus, wenn uniformierte Dienste (Polizei), Lehrer und administrative Leitungsfunktionen nicht berücksichtigt werden (Krinsky 2002: 3).

Hiermit waren für die Stadtverwaltung trotz des hohen Organisationsaufwands verschiedene handfeste Vorteile verbunden. Zunächst einmal ließen sich die Leistungen einiger zuvor »geschrumpfter« kommunaler Betriebe mit der Hilfe von Transferempfängern sichtbar verbessern. So stieg zum Beispiel die öffentliche Zufriedenheit mit dem Zustand der städtischen Parks und Grünflächen von knapp 50 Prozent 1992 auf fast 90 Prozent im Jahr 2000 an (NYC Independent Budget Office 2000: 3). War es mit der »Zero-Tolerance«-Politik und der Vertreibung von Obdachlosen, Trinkern und anderen Randgruppen aus den innerstädtischen Arbeits- und Wohnbezirken bereits gelungen, die Attraktivität öffentlicher Räume erkennbar zu erhöhen, so sorgten die »WEP-Workers« auf den Straßen, Plätzen und in den Grünanlagen für ein neues Sauberkeits- und Ordnungsgefühl. Ein Bericht des Manhattan Institute beurteilte den Einsatz von Sozialhilfeempfängern im Parks Department als »Managementinnovation« in Zeiten fiskalischer und personeller Engpässe. Auch er kam zu dem Schluss: »Without WEP workers, New York City residents would have seen a noticeable decline in the cleanliness of the parks during the 1990s« (Cohen 1999: 9).

Außerdem waren Sozialhilfeempfänger im WEP-Programm eine flexible Einsatztruppe von billigen und rechtlosen Arbeitskräften, die je nach Bedarf zu ganz unterschiedlichen Tätigkeiten und Aufgaben herangezogen und etwa bei Streitigkeiten mit den Gewerkschaften oder verwaltungsinternen Auseinandersetzungen auch als Disziplinierungsinstrument gegenüber allen anderen Beschäftigten eingesetzt werden konnten (O'Connell 1999; Russell 2000). Geht man davon aus, dass die durchschnittlichen Kosten für einen WEP-Beschäftigten in NYC unter Einbeziehung der Verwaltungs- und Sozialhilfeausgaben Ende der 1990er Jahre bei durchschnittlich lediglich etwa $1.80 pro Arbeitsstunde lagen (Wernick u.a. 2000: 2) und sie zu einem Großteil auch Aufgaben übernahmen, die zuvor von regulär Beschäftigten mit einem durchschnittlichen Einstiegsgehalt von $18.000 bis $30.000 pro Jahr erledigt worden waren, so erschlossen sich der Stadtverwaltung hier zudem erhebliche finanzielle Vorteile. Allein in den Park- und Grünflächenämtern wurden – unter Zugrundelegung der zuvor gemachten Annahmen – die Einsparungen bei den Personalkosten und Sozialabgaben in der zweiten Hälfte der 1990er Jahre auf fast $22 Millionen geschätzt (NYC Independent Budget Office 2000: 3).

Trotz dieser eindeutigen Zahlen und der veränderten Personalpolitik der Stadtverwaltung seit Giulianis Regierungsantritt konnten es sich die Verantwortlichen lange Zeit leisten, Vorwürfe, sie verfolgten eine Sub-

stitutionsstrategie, die darauf aus sei, gewerkschaftlich organisierte Angestellte im öffentlichen Dienst durch rechtlose »WEP-Workers« zu er-
setzen, entweder zu ignorieren oder weit von sich zu weisen (vgl. Goldberg 2001a u. 2001b; Krinsky 2002; Besharov/Germanis 2004; Dul-
chin/Kasmir 2004). Dies hing vor allem damit zusammen, dass die Lei-
tungsgremien einiger wichtiger lokaler Gewerkschaften bis zur Wiederwahl von Giuliani 1997 dessen Politik weitgehend stützten. Es gibt mehrere Gründe für diese auf den ersten Blick erstaunliche Komplizenschaft
von Gewerkschaftsführern mit der von Republikanern angeführten
Stadtverwaltung. Einer davon war die offensichtlich schwache Verhand-
lungsbasis der lokalen Gewerkschaften, weil sie bereits unter den vorangegangenen Administrationen der demokratischen Bürgermeister Koch
und Dinkins erheblich an Mitgliedern verloren hatten (Mantsios 2001).
Hinzu kam die äußerst geschickte Taktik der Stadtverwaltung, ab 1995
zunächst auf weitere direkte Entlassungen im öffentlichen Dienst zu
verzichten, die Funktionäre der wichtigsten lokalen Arbeitnehmerorga-
nisationen (District Council 37/DC 37 und Transit Workers' Uni-
on/TWU) frühzeitig in die Pläne zur Umgestaltung des lokalen Sozialhilfesystems einzubinden sowie eine spätere Festanstellung von WEP-
Teilnehmern in Aussicht zu stellen:

From the beginning of the Giuliani administration in 1994, relations with public employee unions have influenced the development and implementation of
WEP. When the city administration was planning the WEP program, it assured
the public employee unions that no displacement would occur and entered into
negotiations with the key employee unions to gain their support. (Besha-
rov/Germanis 2004: 74)

Bereits im Dezember 1994 kam es zu einer ersten Vereinbarung zwischen der Stadtverwaltung und DC 37, in der die Gewerkschaftsvertreter
der Ausweitung des WEP-Programms unter der Bedingung zustimmten,
dass in dessen Rahmen reguläre Beschäftigungsverhältnisse geschaffen
würden (Hicks 1994). Zwei Jahre später, nachdem deutlich geworden
war, dass es sich hierbei um leere Versprechungen gehandelt hatte und
andere Gewerkschaftsführer mit einem Boykott des WEP-Programms
gedroht hatten, unterstützte DC 37 die Einrichtung eines städtischen Un-
tersuchungsausschusses, der anhaltenden Beschwerden über die Verdrängung von Festangestellten durch WEP-Teilnehmer nachgehen sollte
(Firestone 1996). Der Ausschuss erwies sich jedoch weniger als Aufklä-
rungs- und Kontrollinstanz, sondern wurde vielmehr zum Vehikel für
die Aushandlung von mehreren Vereinbarungen zwischen Stadtverwaltung und Gewerkschaften, mit denen die Funktionäre zumindest die

schlimmste Bedrohung – einen weiteren Stellenabbau in den städtischen Verwaltungen und Betrieben – zu verhindern suchten.

Im September 1996 schloss die TWU mit der Metropolitan Transport Authority eine Vereinbarung ab, die es der Behörde erlaubte, mehrere hundert Sozialhilfeempfänger bei der Reinigung von U-Bahnen und Bussen einzusetzen (Goldberg 2001a: 209). Im Gegenzug verpflichteten sich die Arbeitgeber, in den kommenden drei Jahren auf weitere Stellenstreichungen zu verzichten, und beförderten 150 Gewerkschaftsmitglieder zu sogenannten Lead Cleaners, was bedeutete, dass sie zu Anleitern und Vorarbeitern der WEP-Putzkolonnen wurden und eine Gehaltserhöhung von $1,70 pro Stunde erhielten (Whyte 1999). Ähnliche Verträge folgten – unter anderem zwischen der Gewerkschaft Teamsters Local 237 und der Housing Authority sowie Mitgliedsgewerkschaften von DC 37 und der HRA –, in denen die Verwaltungen als Belohnung für die gewerkschaftliche Unterstützung versprachen, dass es in den nächsten Jahren zu keinen weiteren Entlassungen von regulär Beschäftigten kommen werde (ebd.). Im August 1997 wurde ein gemeinsames »Statement of Principles« von Giuliani, dem City Council und DC 37 unterzeichnet, in der die Stadtverwaltung zusagte, nicht nur Verdrängungsversuche und Lohnsenkungen im öffentlichen Dienst verhindern zu wollen, sondern auch für besseren arbeitsrechtlichen Schutz (Gesundheits- und Sicherheitsvorkehrungen) im WEP-Programm zu sorgen und über den Ausbau von Weiterbildungsmaßnahmen die Einstellungschancen von Sozialhilfebeziehern zu vergrößern (Besharov/Germanis 2004: 75).

Kurz darauf, im Frühjahr 1998, waren die diplomatischen Bemühungen der New Yorker Gewerkschaftsorganisationen – die von einigen Aktivisten als »feiges und korruptes Verhalten« bezeichnet wurden (vgl. Greenhouse 1998) – jedoch gescheitert. Im April 1998 verklagte der Leiter von DC 37, Stanley Hill, der kurz zuvor noch Giuliani zur Wiederwahl verholfen hatte, die Verwaltung wegen der illegalen Entlassung von 900 Krankenhausangestellten, deren Arbeit von 1.000 WEP-Beschäftigten übernommen worden war (O'Connell 1999). Daraufhin wurden alle WEP-Teilnehmer aus den Krankenhäusern abgezogen (Clark 2005a: 198). Andere Gewerkschaften waren bereits mit ähnlichen Klagen vor Gericht gezogen, die dokumentieren sollten, dass die Stadt nicht nur ihre vertraglich vereinbarten Zusagen gegenüber den Arbeitnehmervertretungen gebrochen, sondern auch wiederholt gegen geltendes Bundes- und Landesrecht verstoßen hatte. Im Verfahren *Melish et al. v. City of New York* hatten zwei Gewerkschaftsorganisationen im Mai 1997 der Verwaltung vorgeworfen, fast 100 Tischler und Maler, ehemals unter Vertrag mit dem Parks Department, durch Teilnehmer des WEP-Programms ersetzt zu haben, und den Prozess gewonnen (Mannix u.a. 1997:

8). Außerdem hatte der Druck auf Stanley Hill und andere lokale Gewerkschaftsfunktionäre, von ihrer defensiven Haltung gegenüber der Workfare-Politik der Stadt endlich abzurücken, im Laufe der Jahre 1997/98 nicht nur von Seiten der Mitgliederbasis erheblich zugenommen.

Zunächst spielte für den überraschenden Kurswechsel von DC 37 gegenüber der lokalen Sozialhilfepolitik eine entscheidende Rolle, dass das nationale Führungsgremium (Executive Council) des gewerkschaftlichen Dachverbandes AFL-CIO im Februar 1997 auf einem Treffen in Los Angeles den Beginn einer nationalen Mobilisierungskampagne beschlossen hatte, deren Ziel es war, mit Hilfe der beiden größten US-Gewerkschaften im öffentlichen Dienst – AFSCME und SEIU – mehr als eine Million »Workfare Workers« in New York und anderen Bundesstaaten zu organisieren, mit dem Ziel, deren unmittelbare Arbeitsbedingungen zu verbessern und Druck auf die Landes- und Kommunalregierungen auszuüben, diese zu regulären Bedingungen einzustellen (New York Times, 19.2.1997). Bereits einige Monate zuvor hatte sich in New York City unter der Federführung von Lokalfunktionären der Communication Workers of America eine Art »runder Tisch« gebildet, mit der Absicht, ein neues Bündnis zwischen Community-Organisationen, Bürgerrechtsgruppen und Arbeitnehmervertretungen herbeizuführen (Dulchin/Kasmir 2004: 5). Dessen Forderungen nach einer gemeinsamen oppositionellen Strategie gegen die Stadtverwaltung konnte sich die Leitung von DC 37 aufgrund der Vorgaben der übergeordneten Gewerkschaftsstrukturen nicht mehr länger entziehen (Freeman 2000; Krinsky 2002).

Vorausgegangen waren dieser neuen Labor-Community-Koalition in NYC eine Reihe von Organisierungsversuchungen von Sozialhilfeempfängern, die vor allem von verschiedenen kleineren progressiven Gewerkschaftsorganisationen und Stadtteilinitiativen getragen worden waren. Gestartet hatte die Kampagne »WEP Workers Together!« (WWT) im Sommer 1996 ein Zusammenschluss von drei Organisationen, die alle aus Kämpfen um eine bessere Wohnraum- und Sozialversorgung in den 1970er und 1980er Jahren hervorgegangen waren: das Fifth Avenue Committee, eine kleinere in Brooklyn ansässige Mieterrechtsorganisation und Housing and Economic Development Corporation, das Urban Justice Center als Rechtsvertretung für Arme und Obdachlose sowie die in Harlem ansässige Mitgliederorganisation Community Voices Heard, die sich ab 1996 auf die Unterstützung und die Verteidigung der Rechte von Sozialhilfeempfängern konzentrierte (Dulchin/Kasmir 2004). Später schlossen sich der WWT-Kampagne noch die lokale Vertretung von ACORN (Association for Community Organizations for Reform Now), eine in den 1970er Jahren gegründete bundesweite Organisation zur Interessenvertretung von »low income families«, und die Gruppe Workfairness, eine Abspaltung der trotzkistischen Workers' World Party, an (Krinsky/Reese 2003: 16). Gemeinsam war all diesen Organisationen, dass sie versuchten, Teilnehmer des WEP-Programms ab Mitte der 1990er Jahre als Arbeiter und nicht als Fürsorgeempfänger zu organisieren und ihnen eine Art gewerkschaftlicher Interessenvertretung zu ermöglichen (Goldberg 2001a u. 2001b; Krinsky 2002; Krinsky/Reese 2003).

Innerhalb eines Jahres war es ACORN gelungen, die von allen Community-Organisationen über die größten personellen und materiellen Ressourcen verfügte, über 6.000 Sozialhilfeempfänger an ihrem Arbeitsplatz anzusprechen und zur Beteiligung an Aktivitäten ihres WEP Workers' Organizing Committee (WWOC) zu bewegen, darunter zahlreiche Demonstrationen, Kundgebungen, Sit-ins in Behörden und Kampagnen zur Verbesserung der unmittelbaren Arbeitsbedingungen. Hierbei gab es auch Unterstützung aus dem Verwaltungsapparat, da viele Mitarbeiter der Sozialbehörden sowohl mit der Programmatik der neuen Sozialhilfepolitik als auch mit ihren veränderten Arbeitsbedingungen unzufrieden waren. Einige von ihnen traten auch offen auf den Demonstrationen der lokalpolitischen Opposition auf und beteiligten sich an deren Kampagnen (Quaid 2002: 106).

Nachdem Vertreter von DC 37 im Laufe des Jahres 1997 Teil des neuen Labor-Community-Bündnisses geworden waren, erschien es jedoch möglich, die Organisierungsbemühungen noch auszuweiten. In einer gemeinsamen Erklärung, der »Points of Unity«, wurde beschlossen, zusammen für eine angemessene Bezahlung von WEP-Beschäftigten und für ihre Gleichstellung mit regulären Arbeitern zu kämpfen, was der Forderung nach einer Abschaffung des Workfare-Programms entsprach. Im Herbst 1997 – kurz vor den Bürgermeisterwahlen – kam es zum vorläufigen Höhepunkt der öffentlichkeitswirksamen WWT-Kampagne. Mit tatkräftiger Unterstützung verschiedener lokaler Gewerkschaften und der AFL-CIO-nahen Organisation Jobs with Justice führte ACORN in NYC einen mehrtägigen »union drive« unter Sozialhilfeempfängern durch, an dem auch der ehemalige Bürgermeister Dinkins teilnahm:

For four days, volunteers from unions, community organizations, and religious groups collected ballots on a nonbinding union vote at 150 workfare sites around the city. The election was supervised by a committee of labor, religious, academic, and political leaders and headed by a former union official. Over 17.000 workfare participants voted in the election. Of those who participated in the election, 16.989 voted to designate the WEP Workers Organization/ACORN as their representatives in any future talks with the city. (Goldberg 2001b: 213).

Dies war ein bemerkenswerter Erfolg des neuen lokalen Zusammenschlusses zwischen Arbeitnehmervertretungen, Bürgerrechts- und Stadtteilinitiativen sowie progressiven Kirchengemeinden. Zum einen hatten sie in der Abstimmung ein eindeutiges Votum der Sozialhilfeempfänger für weitere Verhandlungen mit der Stadtverwaltung erhalten, das diese nicht einfach ignorieren konnte. Zum anderen war es über diese konzertierte Aktion gelungen, die jahrelangen Streitigkeiten und das Kompetenzgerangel zwischen verschiedenen Community- und Gewerkschaftsgruppen, wer im Namen von WEP-Beschäftigten sprechen darf, zumindest vorübergehend beizulegen (Dulchin/Kasmir 2004).

In den folgenden zwei Jahren arbeitete ACORN zusammen mit anderen Organisationen am Aufbau einer gewerkschaftsähnlichen Interessenvertretung für Teilnehmer an Workfare-Maßnahmen, der am Ende jedoch an internen und externen Widerständen scheiterte.

Zwar gelang es dem Oppositionsbündnis, über Kampagnen und juristische Klagen einige Verbesserungen im WEP-Programm, etwa beim Arbeitsschutz, durchzusetzen. Im Verfahren *Capers v. Giuliani* erkannte der Oberste Gerichtshof von New York State 1998 zum Beispiel an, dass »WEP-Workers« unter den Schutz des »State Public Employee Health and Safety Act« fielen. Dementsprechend wurden die städtischen Müllabfuhr- und Reinigungsbetriebe in NYC dazu verpflichtet, für ihre insgesamt 5.000 WEP-Beschäftigten den Zugang zu sauberen Toiletten, Trinkwasser und sicheren Arbeitsbedingungen zu gewährleisten (Goldberg 2001b). Der City Council verabschiedete darüber hinaus auf Betreiben von ACORN im selben Jahr eine Verordnung, die alle städtischen Verwaltungen dazu anhielt, den sich häufenden Beschwerden von WEP-Teilnehmern über sexuelle und rassistische Diskriminierungen am Arbeitsplatz sowie andere unzumutbare Arbeitsbedingungen unverzüglich nachzugehen und für Abhilfe zu sorgen (Silva 1999). Mehreren WEP-Teilnehmerinnen, die Ende der 1990er Jahre wegen sexueller Belästigung durch ihre Vorgesetzten geklagt hatten, wurden von einem New Yorker Landesgericht mit Bezugnahme auf die »Civil Rights Acts« relativ hohe Entschädigungszahlungen zugestanden (Barron 2006).

Das übergeordnete Ziel der Opposition, das Workfare-Programm zu Fall zu bringen, rückte jedoch im Laufe der Zeit immer stärker in den Hintergrund (Goldberg 2001a; Krinsky 2002). Zunächst gab es eine hohe Fluktuation der dort Beschäftigten, die eine effektive und kontinuierliche Organisierung erschwerte. Hinzu kam die Angst vieler Teilnehmer, bei einer allzu offensiven Vorgehensweise zusätzlichen Schikanen ausgesetzt zu werden und ihren Anspruch auf Sozialhilfe zu verlieren. Entscheidend für das Scheitern des Anti-WEP-Bündnisses war jedoch die anhaltende und hartnäckige Weigerung der Giuliani-Administration, »WEP-Workers« als normale Arbeitnehmer mit den dazugehörenden Rechten anzuerkennen. Der Bürgermeister sowie Vertreter der Sozialverwaltung beteuerten in diversen öffentlichen Anhörungen und juristischen Verfahren, dass es sich bei den Teilnehmern am New Yorker WEP-Programm entweder um Auszubildende (Trainees) handelte oder sie lediglich einer »simulierten Arbeitswoche« nachgingen (Goldberg 2001a). Alle Versuche der Workfare-Gegner, auf dem juristischen Weg den arbeitsrechtlichen Status von WEP-Beschäftigten entscheidend zu verbessern und eine ordentliche Gewerkschaftsvertretung zuzulassen, blieben am Ende erfolglos, weil sich kein Gericht bereitfand, das System gemeinnütziger Arbeitseinsätze grundsätzlich in Frage zu stellen.[68] Auch das Landesparlament in Albany lehnte einen Gesetzesentwurf ab, der es Gewerkschaften erlaubt hätte, Teilnehmer von Workfare-Maßnahmen als Mitglieder aufzunehmen und deren Interessen zu vertreten (Goldberg 2001b). Damit befand sich auch der radikalere Teil der sozialpolitischen Opposition, der auf eine neue kraftvolle Koalition von Sozialhilfeempfängern, städtischen Angestellten, Stadtteilinitiativen und lokalen Gewerkschaften gesetzt hatte, Ende der 1990er Jahre wieder in der politischen Defensive. Zahlreiche Organisationen hatten sehr viel Energie und Zeit in die Mobilisierung von WEP-Teilnehmern investiert, ohne dass sich an den Lebens- und Arbeitsbedingungen der meisten Sozialhilfeempfänger grundsätzlich etwas geändert hätte. Immer mehr ihrer Mitglieder und Aktivisten forderten daher, den bisherigen Fokus auf gewerkschaftliche Organisierung aufzugeben und pragmatische Alternativen zum WEP-Programm zu entwickeln.[69]

Der daraufhin einsetzende Strategiewandel der Workfare-Gegner Ende der 1990er Jahre hatte mehrere Kampagnen und Gesetzesinitiativen zur Folge, die sowohl von der Landesregierung als auch von der Stadtverwaltung den Ausbau von Qualifizierungsmöglichkeiten sowie die Finanzierung von sogenannten »Transitional Job Programs« verlangten. Das längerfristige Ziel bestand darin, etwa 50.000 bezahlte Arbeitsstellen für Sozialhilfeempfänger und andere Erwerbslose in städtischen Betrieben und Verwaltungen in NYC zu schaffen und die Sozialbehörde zu einer Aufgabe ihres strikten »work-first«-Ansatzes zu bewegen.[70]

---

68 Interviews mit John Krinsky, a.a.O.; Steven Kest, a.a.O.
69 Interview mit Paul Getsos, a.a.O.
70 Finanziert werden sollten die »Transitional Jobs« vor allem durch Landesmittel und ungenutzte TANF-Zuschüsse des Bundes (Levitan 2002).

Entwicklungen unter der Bloomberg-Administration (2002-2006)

Obwohl der City Council die Forderungen und Kritikpunkte der sozial-politischen Opposition mehrheitlich teilte, gelang es Giuliani über die Nutzung seines Vetorechts und eines umfangreichen juristischen Bera-terstabs, zahlreiche Initiativen und lokale Gesetze zur Stärkung der Rechte von Hilfeempfängern lange Zeit zu blockieren. Da viele der ge-richtlichen Verfahren zur Klärung der Rechtmäßigkeit des WEP-Pro-gramms und der Diversionspraxis in den neuen Job Center mehrere Jah-re in Anspruch nahmen, kam es unter der Giuliani-Administration daher zu keinem größeren Kurswechsel mehr in der lokalen Sozialhilfepraxis. Ende 2001 arbeiteten weiterhin mehr als 70 Prozent aller als erwerbsfä-hig eingestuften Transferempfänger in NYC ihre staatliche Unterstüt-zung in städtischen Verwaltungen und Nonprofit-Einrichtungen ab (Mi-lano Graduate School 2001: 2; Nightingale 2005: 38), von denen im An-schluss nur 1,6 Prozent eine reguläre Beschäftigung fanden (Jones-Brown/Mahoney 2001: 37). Lediglich 2,2 Prozent aller Hilfebezieher befanden sich zu diesem Zeitpunkt in einer Ausbildung oder in berufs-vorbereitenden Qualifizierungsmaßnahmen (Lopatto 2004: 2). Zwischen 1996 und 2001 waren die Sanktionsraten allein im »Family Assistance Program« von 16 auf 37 Prozent angestiegen (Besharov/Germanis 2004: 165). 2001 befanden sich 630.000 Personen weniger im Sozialhilfebe-zug als noch zum Amtsantritt von Giuliani, das heißt, die Sozial-hilfequote war innerhalb von wenigen Jahren um mehr als 60 Prozent gesenkt worden (Lopatto 2004b: 2). Etwa 500.000 Familien in NYC hat-ten seit Verabschiedung der nationalen »Welfare Reform« außerdem ih-ren Anspruch auf staatliche Ernährungsbeihilfen verloren (Community Food Resource Center 2002: 2).

Als Giuliani 2002 im Januar aus seinem Amt schied und von seinem republikanischen Parteikollegen, dem Geschäftsmann und Multimillio-när Michael Bloomberg, abgelöst wurde, befand sich die Stadt im Ver-gleich zu Mitte der 1990er Jahre in einer grundlegend veränderten Situa-tion. Zum einen hatten die Anschläge auf das World Trade Center die politische Stimmungslage maßgeblich beeinflusst, zum anderen waren im Zuge von 9/11 und einer erneuten bundesweiten Rezession die loka-len Arbeitslosenzahlen rapide in die Höhe geschossen.[71] Die Stadt stand

---

71 Zwischen Januar 2001 und Januar 2002, als Bloomberg die Amtsgeschäfte übernahm, war die offizielle Erwerbslosenquote in NYC von 5,7 auf 7,5 Prozent angestiegen; zwischen Dezember 2000 und Juni 2003 waren etwa 240.000 Arbeitsplätze verloren gegangen (NYC Department of Social Services/Human Resources Administration 2006a: VII).

wieder einmal vor einem massiven Schuldenberg.[72] Es wurde zudem geschätzt, dass die Zahl der Obdachlosen zwischen 1998 und 2002 um mehr als 30 Prozent zugenommen hatte (McCall 2002: 2). Es kamen nationale Notprogramme zur Unterstützung von erwerbslos gewordenen und hilfebedürftigen Familien zum Einsatz. Die Sozialverwaltung verzeichnete zum ersten Mal wieder Anstiege in der Inanspruchnahme von Transferleistungen (Lopatto 2004b; Chan 2006a).

Bloomberg gab zwar zu Beginn seiner Regierungszeit bekannt, die Grundausrichtung der Sozialhilfepolitik seines Vorgängers beibehalten zu wollen, kündigte jedoch gleichzeitig einen Wechsel in der Führungsspitze der Human Resources Administration an (Brustein 2006). Er entließ Jason Turner, der mittlerweile für die erzkonservative Heritage Foundation arbeitet (McMillan 2006), und ernannte Verna Eggleston, eine afroamerikanische Republikanerin, die in der Bronx aufgewachsen ist und deren Mutter lange Jahre selbst Sozialhilfeempfängerin gewesen war, zur neuen Direktorin der HRA (McMillan 2005b).

Eggleston versprach vor allem mehr Flexibilität in der Umsetzung der lokalen Sozialhilfe- und Beschäftigungsprogramme und eine umfassende Bestandsaufnahme der bisherigen Politik und Zuweisungspraxis (Kaufman 2004). Mehrere verwaltungsinterne Studien, die sie kurz nach ihrem Amtsantritt in Auftrag gab, kamen zu dem Schluss, dass über die Hälfte der Erwachsenen, die 2002/03 noch Unterstützung im Rahmen des »Family Assistance Programs« und »Safety Net Assistance« erhielten, aufgrund von gesundheitlichen und/oder psychischen Einschränkungen gar nicht oder nur bedingt vermittlungs- und erwerbsfähig war und daher auch nicht am WEP-Programm oder anderen Beschäftigungsmaßnahmen teilnehmen konnte (NYC Department of Social Services/Human Resources Administration 2006a). Ende der 1990er Jahre waren zwei Frauen, die trotz erheblicher gesundheitlicher Probleme ins WEP-Programm gezwungen worden waren, während der Ableistung ihrer Arbeitsverpflichtung im Grünflächenamt gestorben, was zu massiven Protesten und Forderungen nach einer Überprüfung der Zuweisungspraxis der Job Center und einer Verbesserung der medizinischen Kontrollen geführt hatte (vgl. McMillan 2005a). 2002 hatten das Welfare Law Center und das Urban Justice Center die Sozialverwaltung noch erfolgreich wegen Diskriminierungen gegenüber Hilfesuchenden in psychiatrischer Behandlung verklagt (Bernstein 2002).

Zudem versuchte Eggleston einen Teil der zivilgesellschaftlichen Gruppen und Wohlfahrtsorganisationen wieder stärker zu einer direkten

---

72 Zu Beginn des Jahres 2002 betrug die Verschuldung der Stadt etwa $5 Milliarden (Daniels 2002: 1).

Zusammenarbeit mit der Verwaltung zu bewegen und somit die Oppositionsbewegung von weiteren Klagen und öffentlichkeitswirksamen Protestkampagnen abzuhalten. Teil dieser Strategie war die 2002 erfolgte Einrichtung eines Beratungsgremiums (Commissioner's Citizens Advisory Committee), das mit ausgewählten Sozialhilfeempfängern sowie Vertretern privater sozialer Dienstleister und Bürgerrechtsgruppen besetzt wurde und Vorschläge zur Verbesserung der Behörden- und Vermittlungspraxis entwickeln soll (Daily News, 4.2.2002). Ein zweites neugegründetes Gremium (Legal Advisory Committee), an dem Repräsentanten der sozialpolitischen Opposition beteiligt wurden, dient seit 2002 der außergerichtlichen Beilegung von ausstehenden Rechtsstreitigkeiten (NYC Department of Social Services/Human Resources Administration 2006a). Auch Vertreter von Universitäten und unabhängigen Forschungseinrichtungen, die zuvor noch am Zugang zu verwaltungsinternen Daten gehindert worden waren, sollen nach Auskunft der Behörde in Zukunft gezielt in die Planung und Auswertung der Sozialhilfe- und Beschäftigungsprogramme eingebunden werden. Zur Abstimmung von Forschungs- und wissenschaftlichen Begleitprojekten wurde 2003 das HRA Research Advisory Board eingerichtet (ebd.).

Gleichzeitig stellte Eggleston, die vor ihrer Ernennung zur HRA-Direktorin selbst in einer Nonprofit-Einrichtung gearbeitet hatte, sicher, dass wieder mehr gemeinnützige Vereine und Einrichtungen Verträge zur Betreuung von Sozialhilfeempfängern erhielten.[73] So wurde zum Beispiel das bereits unter Giuliani begonnene Pilotprojekt (»New York City's Charitable Choice Demonstration Program«) zur aufsuchenden Beratung von sanktionierten Transferempfängern und denjenigen Familien, die kurz davor standen, ihre Fünf-Jahres-Frist zu erreichen, weiter ausgebaut (Nightingale 2005). Catholic Charities und ein Dutzend kleinerer religiöser Wohlfahrtsorganisationen (faith-based organizations), von denen einige zuvor zu den lautstärksten Kritikern der Workfare-Politik gehört hatten, werden von der HRA seit 2001 dafür bezahlt, von Sanktionen betroffene Familien über die Programmregeln, ihre Pflichten und Rechte aufzuklären und gegebenenfalls an private Wohlfahrts- oder Hilfseinrichtungen der Stadt zu verweisen (Rock 2002). Zum ersten Mal erhielten bedürftige Familien auch die Möglichkeit, im Rahmen eines bundesweiten Pilotprojekts Anträge auf Lebensmittelmarken per Internet über ausgewählte Nonprofit-Einrichtungen einzureichen (Chan 2006b). In zahlreichen Krankenhäusern und anderen sozialen Einrichtungen wurden ab 2002 zudem mit Hilfe von Community-Organisationen Anlaufstellen geschaffen, welche über Möglichkeiten der staatlichen Kos-

---

73 Interview mit Michael McQuarrie, a.a.O.

tenübernahme von medizinischen Leistungen aufklären sollen, um auch die Menschen zu erreichen, die sonst keinen Kontakt zu öffentlichen Stellen oder Beratungseinrichtungen haben (NYC Department of Social Services/Human Resources Administration 2006a).

Diese verstärkten Outreach-Bemühungen und vereinfachten Antrags- und Verwaltungsregeln führten zu einem sprunghaften Anstieg in der Inanspruchnahme von Sachleistungen: Zwischen 2002 und 2005 stieg die Zahl der Personen im »Medicaid«-Programm in NYC von 1,7 auf 2,6 Millionen[74] und im »Food Stamps«-Programm von 800.000 auf 1,1 Millionen an (ebd.: 5). In einem Interview mit der *New York Times* im November 2006 räumte Verna Eggleston ein, dass selbst eine wachsende Zahl von festangestellten Mitarbeitern der Sozialverwaltung und ihre Familien auf staatliche Ernährungsbeihilfen angewiesen wäre und diese immer häufiger vom Angebot gemeinnütziger Suppenküchen Gebrauch machen würden (Chan 2006b). Auch die Anzahl der Obdachlosen in städtischen Einrichtungen und Wohnungen, die in der Giuliani-Ära durch finanzielle Kürzungen und strikte Auflagen drastisch gesenkt worden war, nahm zwischen 2001 und 2004 um mehr als 70 Prozent zu (McMahon 2004: 1).

Ein weiteres Ergebnis der Verhandlungen in dem neugegründeten Commissioner's Citizens Advisory Committee und mehrerer von der HRA durchgeführten öffentlicher Anhörungen war die offizielle Abkehr der Sozialbehörde von einem einheitlichen »work-first«-Modell für alle Transferempfänger und die Hinwendung zu einem ausdifferenzierteren Fall-Management-System. Das $200 Millionen teure Flaggschiff dieses neuen Behördenansatzes, das im Februar 2005 an den Start ging, nennt sich »Wellness, Comprehensive Assessment, Rehabilitation, Employment« (WeCare). Nach Auskunft der Sozialbehörde sollen pro Jahr etwa 45.000 Hilfeempfänger mit erheblichen Beschäftigungsbarrieren wie Drogenabhängigkeit, Obdachlosigkeit, HIV oder anderen chronischen Krankheiten von diesem neuen Programm profitieren können (Chan 2006a; DeBlasio/Newman 2006). Wie die langfristige Betreuung und Förderung durch spezialisierte medizinische und gemeinnützige Einrichtungen im Einzelnen aussehen soll, nachdem die Teilnehmer ein ausführliches Assessment durchlaufen haben, ist dagegen noch weitgehend unklar (vgl. DeMause 2006c). Kritiker des Programms gehen davon aus, dass »WeCare« nicht mehr als symbolische Politik ist, mit der die Sozialverwaltung vor allem ihr schlechtes Image aufbessern will (vgl.

---

74 Bereits 2003 war der lokale Kostenanteil für das Programm »Medicaid« mit $3,5 Milliarden in NYC höher als die Gesamtbudgets der meisten US-amerikanischen Großstädte, mit Ausnahme von Los Angeles und Chicago (Tucker 2003).

McMillan 2005a). Andere Experten fürchten, dass die meisten Teilnehmer nach aufwendigen und teuren Monitoring- und Untersuchungsphasen doch wieder in gemeinnützigen Arbeitseinsätzen landen werden, weil nur ein Bruchteil von ihnen – schätzungsweise drei Prozent – überhaupt in reguläre Beschäftigungsverhältnisse zu vermitteln sei und ohne staatliche Unterstützung überleben könne (vgl. McMillan 2005b).[75]

Unterdessen hat jedoch auch das WEP-Programm in NYC einige Veränderungen erfahren, die vor allem auf die rege Lobbyarbeit der sozialpolitischen Opposition zurückzuführen sind. Zunächst ist die Zahl derjenigen, die Arbeitsdienst mit Ausbildung und Weiterqualifizierung verbinden können, seit 2001 stetig angestiegen. Mussten am Ende der Giuliani-Ära noch über 80 Prozent aller WEP-Teilnehmer 35 Stunden in unbezahlten Arbeitseinsätzen verbringen, so hat sich inzwischen das »three-plus-two«-Modell durchgesetzt, das es allen Sozialhilfebeziehern ermöglichen soll, zumindest an zwei Tagen in der Woche einer beruflichen Fortbildung oder anderen Tätigkeiten nachzugehen (Nightingale 2005: 38). 2003 wurde zudem im City Council ein weiteres Gesetz (Local Law 23) verabschiedet, das der Sozialverwaltung vorschreibt, eine College-Ausbildung als »work activity« anzuerkennen (Fisher 2003). Ein Jahr später wurde diese Regelung, universitäre Weiterbildung zur Ableistung der Arbeitsverpflichtung auch länger als zwölf Monate zuzulassen, auf Druck diverser Lobbygruppen in ein Landesgesetz aufgenommen und auch auf alleinstehende Hilfeempfänger übertragen (Temple-Davidson 2005).

Dagegen verliefen die koordinierten Bemühungen von Gewerkschaften und Community-Organisationen, die Bloomberg-Administration zum Ausbau eines staatlich geförderten Beschäftigungssektors zu bewegen, weniger erfolgreich. Das erstere größere Pilotprojekt (»Parks Opportunity Program«), das bereits 2001 begonnen worden war und im ersten Jahr 3.500 ehemalige Hilfebezieher zu einem Stundenlohn zwischen $9 und $12,50 in den Grünflächenämtern beschäftigt hatte, wurde bereits 2003 wieder deutlich zurückgefahren, da der Einsatz von $53 Millionen pro Jahr von Seiten des Bürgermeisteramts als zu hoch erachtet wurde (Lagorio 2004). Außerdem fand eine Studie der Organisation

---

75 Ein Motiv der Sozialverwaltung, mehr Sozialhilfeempfänger im Rahmen von »WeCare« einem ausführlichen medizinischen und psychologischen Assessment zu unterwerfen, könnte nach Auskunft von Interviewpartnern auch darin bestehen, einen Teil in die vom Bund finanzierte Einkommensbeihilfe für Alte und Behinderte (SSI) überführen zu können und damit Millionen von Dollar an Unterstützungsleistungen einzusparen. Seit Mitte der 1990er Jahre ist die Zahl der SSI-Empfänger in NYC bereits deutlich – um fast 50.000 Personen – gestiegen (Lopatto 2004a: 2).

Community Voices Heard heraus, dass 85 Prozent der Teilnehmer nach Beendigung der Beschäftigungsmaßnahme wieder arbeitslos und erneut auf staatliche Unterstützung angewiesen waren (Youdelman/Getsos 2004: 5). Auch andere städtische Verwaltungen und Betriebe, die zunächst die Anstellung einer größeren Anzahl von Transferempfängern als Auszubildende oder Beschäftigte in Aussicht gestellt hatten, kamen ihren Versprechungen nur recht zögerlich nach. Ein wesentlicher Grund dafür war, dass der Bürgermeister aufgrund der anhaltend schlechten Finanzlage ab 2004 einen allgemeinen Einstellungsstopp verfügte (Ostreicher 2004a). Zudem war ein Großteil der lokalen Gewerkschaftsführer, die sich zuvor für »Transitional Jobs« für Sozialhilfeempfänger stark gemacht hatten, vor allem damit beschäftigt, angekündigte Entlassungen ihrer Mitglieder im öffentlichen Dienst zu verhindern (Cline 2003). Insgesamt durchliefen zwischen 2001 und 2005 schätzungsweise 7.000 bis 8.000 ehemalige Transferempfänger sechs- bis zwölfmonatige bezahlte Arbeitsbeschaffungsmaßnahmen in diversen öffentlichen Betrieben und Verwaltungseinrichtungen (Community Voices Heard 2005). Weniger als drei Prozent wurden anschließend als Festangestellte übernommen (ebd.). Nach Angaben der Gewerkschaft American Federation of State, County and Municipal Employees wurden in den Jahren 1997 bis 2001 insgesamt etwa 700 ehemaligen »WEP-Workers« eine reguläre Beschäftigung von den städtischen Verwaltungen angeboten (Saunders 2002: 2).

Auch die Ergebnisse der von der HRA beauftragten privaten Vermittlungsfirmen, die unter der Bloomberg-Administration zum ersten Mal zumindest teilweise öffentlich wurden, zeigen, dass der drastische Rückgang der Fallzahlen in den beiden New Yorker Sozialhilfeprogrammen – die zwischen 2002 und 2005 um weitere 13 Prozent gesunken sind (NYC Department of Social Services/Human Resources Administration 2006b: 1) – nur zu einem geringen Teil auf eine erfolgreiche Arbeitsmarktintegration von Transferempfängern zurückzuführen ist. Eine von Stiftungen in Auftrag gegebene Untersuchung des New Yorker »Employment Services and Placement Systems« für Sozialhilfeempfänger fand für das Jahr 2004 heraus, dass lediglich acht Prozent aller an private Vertragspartner Zugewiesenen im Laufe eines halben Jahres in eine reguläre Beschäftigung gebracht werden konnten und etwa ein Drittel der Vermittelten im Laufe eines Jahres wieder ihren Job verlor und damit erneut auf Sozialhilfe angewiesen war (Youdelman/Getsos 2005: 3). Aus internen HRA-Statistiken für die Jahre 2005/06 geht hervor, dass insgesamt nur 17 Prozent aller Hilfeempfänger den Leistungsbezug in diesem Zeitraum aufgrund einer erfolgreichen Arbeitsaufnahme verlassen haben (NYC Coalition Against Hunger 2006; Feldman 2006). Bis heute liegen – trotz wiederholter Ankündigungen der Sozialbehörde und des Bürgermeisteramts, interne und unabhängige Evaluierungsprojekte zu fördern – keinerlei systematischen Auswertungen vor, weder zu der Umsetzung und den Ergebnissen der zahlreichen Betreuungs-, Arbeits- und Vermittlungsprogramme für Transferempfänger noch zur langfristigen Beschäftigungs-, Einkommens- und Lebenssituation derjenigen, die aus unterschiedlichen Gründen ihren Anspruch auf staatliche Unterstützung inzwischen verloren haben (Feldman 2006).

Statt auf eine unabhängige Evaluierung und grundsätzliche Neuausrichtung der Sozialhilfe- und Beschäftigungspolitik setzte Bürgermeister Bloomberg auf eine ähnliche Strategie wie zuvor die Direktorin der Sozialverwaltung. Um Teile der sozialpolitischen Opposition stärker einzubinden und den Fokus der Debatte zu verschieben, schuf er zu Beginn des Jahres 2006 im Rahmen einer breitangelegten Öffentlichkeitskampagne eine Task Force on Poverty, die Mayor's Commission for Economic Opportunity (McMillan 2006), deren offizielles Ziel es ist, »die Anzahl der Kinder, Frauen und Männer, die in Armut leben, in New York City in den kommenden vier Jahren deutlich zu senken« (NYC Council 2006b: 2). Mitte September 2006 legte die Kommission, die sich aus 38 zivilgesellschaftlichen Repräsentanten und Verwaltungsvertretern zusammensetzt,[76] in einem ersten öffentlichen Bericht (Increasing Opportunity and Reducing Poverty in New York City) ihre Empfehlungen zu einer verbesserten Armutsbekämpfung vor. Zu den wichtigsten Zielgruppen des Aktionsplans, der eine lange Liste von Verbesserungsvorschlägen zu bereits bestehenden Programmen und kaum neue Ansätze und Maßnahmen enthält,[77] wurden junge Erwachsene (zwischen 16 und 24 Jahren), Kinder unter fünf Jahren und die »working poor« er-

---

76 Die beiden Vorsitzenden und Sprecher der Kommission sind Geoffrey Canada, Direktor der Nonprofit-Organsation Harlem Children's Zone, die Anti-Gewalt- und Bildungsprogramme durchführt, und Richard D. Parsons, Chief Executive Officer und Vorstandsvorsitzender von Time Warner Inc. (Gotham Gazette, 8.3.2006).

77 Der 47 Seiten umfassende Bericht erklärt die »Welfare Reform« und ihre Umsetzung in NYC im Großen und Ganzen als erfolgreich, kritisiert allerdings, dass sich die meisten aus ihr hervorgegangenen Programme auf alleinerziehende Mütter konzentrierten. Daher schlägt die Kommission vor, den Schwerpunkt stärker auf die Situation von erwerbslosen Männern und Jugendlichen, Schulabbrechern, Vorbestraften sowie die »working poor« zu legen und für sie diverse beschäftigungsfördernde Maßnahmen auszubauen bzw. besser zu koordinieren. Neben beruflicher Qualifizierung sehen die Vorschläge einen Ausbau von »low income housing«, einen einfacheren Zugang zu Bankkonten und Mikrokrediten sowie größere Investitionen in die Betreuung und Förderung von Kleinkindern vor (NYC Commission for Economic Opportunity 2006).

klärt. Sozialhilfeempfänger oder die wachsende Gruppe der Obdachlosen werden dagegen nicht erwähnt.

Welche Empfehlungen der Kommission tatsächlich eine Chance auf Umsetzung haben werden und wie viel zusätzliche Mittel die Stadt für die schätzungsweise 1,5 Millionen Familien in Armut in den nächsten Jahren zur Verfügung stellen will, ist noch weitgehend offen. Auf einer Pressekonferenz im Dezember 2006 kündigte Bürgermeister Bloomberg zunächst die Einrichtung von zwei neuen städtischen Büros und Koordinierungsstellen (Center for Economic Opportunity und Office of Financial Empowerment) sowie eines hauptsächlich aus privatwirtschaftlichen Spenden finanzierten Innovationsfonds an (DeMause 2006c). Als mögliche Schwerpunkte nannte er zusätzliche lokale Steuererleichterungen und verbesserte Kreditmöglichkeiten für einkommensschwache Familien, eine intensivere Zusammenarbeit zwischen Unternehmen und Verwaltungen sowie die verstärkte Förderung der Ausbildungs- und Beschäftigungschancen von benachteiligten jungen Erwachsenen (Gardiner 2006). Mit einer Konkretisierung des Aktionsplans, den zahlreiche Sozialexperten und Wohlfahrtsorganisationen zunächst begrüßten, in seiner ausgearbeiteten Form allerdings als viel zu vage und teilweise als zu technokratisch kritisieren (vgl. DeMause 2006b), wird frühestens im Frühjahr 2007 gerechnet.

Zusammenfassung

Die Herausbildung des urbanen Workfare-Regimes in New York City vollzog sich im Wesentlichen in drei Phasen. Die erste Phase – die Jahre vor der nationalen »Welfare Reform« – war von diversen lokalen Experimenten und Verschärfungen geprägt, die sich jedoch vor allem auf Alleinstehende und Männer in dem allein kommunal kontrollierten »Home Relief«-Programm konzentrierten. Die Familiensozialhilfe blieb dagegen von Restriktionen lange Zeit weitgehend unberührt, weil sich im Landesparlament von New York State aufgrund der starken Position der Demokraten und einer weiterhin wirkmächtigen New-Deal-Tradition für Leistungseinschränkungen und strikte Arbeitsverpflichtungen im alten AFDC-Programm vor 1996 keine politischen Mehrheiten fanden. Die zweite Phase setzte mit Verabschiedung der übergeordneten Sozialhilfereformen (1996 bzw. 1997) ein und dauerte bis zur Ablösung des Giuliani-Turner-Regimes 2002. Diese Periode war von radikalen Umstrukturierungen des gesamten lokalen Sozialhilfesystems geprägt, die sowohl die kommunalen Verwaltungsstrukturen, das Verhältnis zu sozialpolitischen/zivilgesellschaftlichen Akteuren als auch alle Programme zur Förderung der Beschäftigungsaufnahme von Transferempfängern betra-

253

fen. Das New Yorker Workfare-System der Jahre 1996 bis 2002 unterschied sich deutlich von denen in anderen US-amerikanischen Großstädten und kommt dem nahe, was Peck/Theordore (2001) »local state model« genannt haben; es zeichnet sich dadurch aus, dass Sozialhilfeempfänger im großen Umfang zu unbezahlten Arbeitsdiensten in öffentlichen Einrichtungen und Verwaltungen verpflichtet werden. Ziel dieses Modells ist neben der Disziplinierung und Abschreckung der direkt Betroffenen und potentieller Antragsteller auch eine verbesserte kommunale Leistungserbringung bei gleichzeitiger Senkung der Kosten. Zudem war das Workfare-Regime unter der Führung von Giuliani von einer überaus aggressiven Diversions- und Sanktionspolitik geprägt, mit der die Sozialhilfequote in diesem Zeitraum um fast 60 Prozent gesenkt werden konnte, womit New York City deutlich über den Werten anderer US-Metropolen liegt. In der dritten Phase, die nach der Regierungsübernahme von Michael Bloomberg begann, gab es keine umfassende Abkehr vom »local state model«, es wurde jedoch aufgeweicht und um andere Instrumente/Programme, die sich vor allem an Personengruppen mit besonderen Beschäftigungsbarrieren und Gesundheitsproblemen richten, ergänzt. Darüber hinaus kam es zu einer sukzessiven Entpolitisierung des Themas Workfare, zum einen über die verstärkte Inkorporation der lokalen sozialpolitischen Opposition in diverse Programme und Konsultationsgremien, zum anderen über die Verschiebung der öffentlichen Aufmerksamkeit auf andere sozialpolitische Aspekte und Programme (Ernährungsbeihilfen, Gesundheitsversorgung, berufliche Qualifizierung von Jugendlichen, Förderung von Kindern), wie sie zuletzt im Aktionsplan von 2006 zur Bekämpfung der Armut in New York City zum Ausdruck kommen.

Es können mehrere institutionelle und ökonomische Rahmenbedingungen und Faktoren identifiziert werden, welche die Entwicklung des Workfare-Systems in New York City und seine spezifische Ausrichtung seit den späten 1990er Jahren begünstigt haben. Hierzu gehören neben den übergeordneten Sozialhilfereformen und den mit ihnen verbundenen Zwängen und Zielvorgaben Besonderheiten in der sozialpolitischen Aufgabenverteilung zwischen Landesregierung und Counties bzw. Kommunen im Bundesstaat New York State (NYS). Als Erstes sind die im »NYS Welfare Reform Act« von 1997 festgelegten weitreichenden kommunalen Handlungsspielräume bei der Ausgestaltung des TANF-Programms sowie die schwach ausgeprägten Kontrollmechanismen der Landesregierung zu nennen, die es der Giuliani-Administration erleichtert haben, ihre ehrgeizigen Pläne umzusetzen und dabei auch gegen Vorgaben und Gesetze von NYS wie auch gegen bundesweit geltendes Recht zu verstoßen. Als zweiter Punkt fällt ins Gewicht, dass die Counties/Städte des Bundesstaates und vor allem New York City, wo Mitte der 1990er Jahre fast 70 Prozent aller Sozialhilfebezieher des Bundesstaates lebten, im Unterschied zu anderen US-Staaten einen überproportional hohen Anteil an den Kosten nicht nur der Sozialhilfe, sondern auch anderer Programme wie »Food Stamps« und »Medicaid« zu tragen haben. Dies stellte einen enormen Anreiz für eine rigide Sanktions-, Abschreckungs- und Diversionspolitik dar, da mit gesunkenen Fallzahlen auch erhebliche unmittelbare Einsparungspotentiale verbunden waren, die es unter anderem erlaubten, kommunale Mittel umzuschichten und in andere priorisierte Aufgabenfelder wie beispielsweise Sicherheit oder Bildung zu investieren.

Ein weiterer Aspekt, der als institutioneller Faktor zu berücksichtigen ist und das Workfare-Regime in New York City auch befördert bzw. ermöglicht hat, hängt mit der Kommunalverfassung der Stadt zusammen, die dem Bürgermeister weitreichende Kompetenzen, zum Beispiel Ernennung und Entlassung der Verwaltungsspitzen, und ein starkes Vetorecht bei lokalen Gesetzesinitiativen einräumt, womit die Entscheidungs- und Einflussmöglichkeiten des traditionell demokratisch dominierten Stadtrates auf die Sozialhilfepolitik beschränkt wurden. Als spezifisches historisches Erbe der Stadt New York kommen seit der Finanzkrise von 1977 anhaltende Auseinandersetzungen über die Größe und die unter der Bevölkerung häufig als unbefriedigend wahrgenommenen Leistungen des öffentlichen Sektors hinzu. Diese weitverbreitete Kritik konnte der Bürgermeister nutzen, um den umfangreichen Einsatz von Transferempfängern in städtischen Betrieben und Verwaltungen zu rechtfertigen und einen Teil der lokalen Gewerkschaften, die zuvor durch Entlassungen erheblich an Mitgliedern und damit an Verhandlungsmacht eingebüßt hatten, zumindest vorübergehend in die Workfare-Politik einzubinden.

Dies leitet über zu den ökonomischen Rahmenbedingungen, mit denen die Herausbildung eines »local state model« in der Workfare-Politik in New York City teilweise erklärt werden kann. Obwohl auch hier verschiedene Maßnahmen und Einrichtungen zur unmittelbaren Vermittlung von Transferempfängern in die Privatwirtschaft zum Einsatz kamen und weiterhin kommen, zeichnete sich die Stadt vor allem zum Zeitpunkt der Verabschiedung der »Welfare Reform« infolge der in New York lang anhaltenden Rezession und einer vielfach kritisierten Wirtschaftspolitik durch eine vergleichsweise hohe Unterbeschäftigung und Erwerbslosigkeit aus. Die offiziellen Arbeitslosenzahlen lagen Mitte der 1990er Jahre mit über zehn Prozent fast doppelt so hoch wie in anderen »Metropolitan Areas« der USA. Hinzu kommt ein stark gespaltener Arbeitsmarkt mit eher schlechten Beschäftigungschancen für Niedrigqualifizierte; alles Faktoren, die es im Vergleich mit anderen städtischen Regionen für die Kommunalverwaltung noch unwahrscheinlicher machten, einen Großteil der Sozialhilfebezieher in reguläre Beschäftigungsverhältnisse bringen zu können. Um die »work participation rates« der Bundesgesetzgeber dennoch zu erfüllen und zu demonstrieren, dass man deren beschäftigungspolitische Ziele ernst nahm, lag es daher nahe, möglichst viele Transferempfänger in Arbeitsdienste zu zwingen, was gleichzeitig dazu genutzt werden konnte, andere kommunalpolitische Zielsetzungen zu verfolgen. Diese bestanden unter der Giuliani-Administration in den ersten Jahren vor allem darin, die Stadt – die ökonomisch stark vom Tourismus, dem Finanzwesen und der Kulturindustrie abhängig ist – für seine Besucher und einkommensstarken Bewohner wieder sicherer, sauberer und somit attraktiver zu machen. Hier gingen die beschriebene »Zero-Tolerance«-Politik mit ihrer gezielten Vertreibung von Randgruppen wie Obdachlose oder Drogenabhängige aus den aufzuwertenden Innenstadtgebieten und der Workfare-Ansatz der Giuliani-Administration über Jahre Hand in Hand.

Vieles spricht auch dafür, den für den Umbau des Sozialsystems in der zweiten Hälfte der 1990er Jahren maßgeblich verantwortlichen Personen – namentlich Bürgermeister Rudolph Giuliani, seinem Berater Richard Schwartz und dem langjährigen Leiter der New Yorker Sozialbehörde, Jason Turner – und ihren engen Verbindungen zu neoliberalen bzw. neokonservativen Think tanks wie dem Manhattan Institute oder der Heritage Foundation und Protagonisten des »New Paternalism« wie Lawrence Mead eine besondere Bedeutung zuzumessen. Alle drei zeichneten sich dadurch aus, dass sie von den genannten Stiftungen, die bereits bei der Verabschiedung der nationalen »Welfare Reform« eine herausragende Rolle gespielt hatten (vgl. S. 46 ff.), erhebliche materielle und ideologische Unterstützung erhielten. Zudem ist hervorzuheben, dass alle einen besonderen persönlichen Ehrgeiz bei der Umgestaltung des New Yorker Sozialhilfesystems an den Tag legten und teilweise ihre Karriere mit deren erfolgreicher Umsetzung verbanden. Es ist auch ihrem kompromisslosen, radikalen und stellenweise taktlosen Vorgehen zu verdanken, dass sich die in der ersten Phase des Umbaus eher passiven und abwartenden sozialpolitischen Initiativen ab 1997 stärker zusammenschlossen und mit ihren politischen Mobilisierungen und Widerstandsaktivitäten zumindest temporär in den Medien und der öffentlichen Meinung auf eine breite Zustimmung stießen. Die unterschiedlichen Strategien und Kampagnen der New Yorker Anti-Workfare-Bündnisse sowie deren Erfolge und Misserfolge werden im Anschluss an die Fallstudie Los Angeles (vgl. S. 330 ff.) noch ausführlicher gewürdigt und diskutiert.

Los Angeles

Nearly every trend that is currently transforming the United States – immigration, economic polarization, metropolitan sprawl, the decline of traditional political organization, the provisional rebirth of the labor movement, the struggle to remake cities as more livable places – has appeared in some form in Los Angeles. (Gottlieb u.a. 2005)

In Los Angeles (L.A.) waren die sozialpolitischen Auseinandersetzungen der letzten 20 Jahre noch viel ausgeprägter als in New York von Konflikten überlagert, die in engem Zusammenhang mit dem umkämpften Status der wachsenden Einwanderer-Communities in den USA stehen. Obwohl Los Angeles eine vergleichsweise junge Metropole ist – um 1900 lag die Einwohnerzahl noch bei 100.000 – hat ihre Bevölkerung in der kurzen Stadtentwicklungsgeschichte eine Reihe von bemerkenswerten wirtschaftlichen und demographischen Boom- und Krisenphasen durchlebt. Los Angeles' aktuelle Position als nationales Epizentrum der Migration und seine exponierte ökonomische Stellung im Global-City-Gefüge legen Analogien zu New Yorks Situation zu Beginn des 20. Jahrhunderts nahe, als die Ostküstenmetropole noch der wichtigste »port of entry« der Vereinigten Staaten für Güter-, Kapital- und Menschenströme war (Abu-Lughod 1999).

Aber auch in anderer Hinsicht gibt es Parallelen zwischen den beiden führenden US-Mega-Metropolen. Zum einen zählen die City of Los Angeles – heute mit 3,7 Millionen Einwohnern die zweitgrößte Stadt der USA – und der erweiterte Verwaltungsbezirk Los Angeles County[78] – mit einer Bevölkerung von knapp zehn Millionen – zu den weltweit bedeutendsten Industrie-, Finanz- und Handelsräumen, deren Erfolg in großem Maße auf dem Vorhandensein einer ständig expandierenden und flexiblen globalisierten Arbeiterschaft basiert (Keil 1993 u. 1998). Zum anderen ist auch Los Angeles trotz seiner herausgehobenen wirtschaftlichen Stellung und seines weltweiten Hollywood-Ruhms von besonders gravierenden Armuts- und Segregationsproblemen sowie anhaltenden ethnischen Spannungen gekennzeichnet, die sich in zwei der schwersten städtischen Aufstände in der Geschichte der USA – den Watts-Unruhen

---

78 Es ist zu unterscheiden zwischen der City of Los Angeles, dem Verwaltungsbezirk/Landkreis County of Los Angeles, zu der neben der City of L.A. noch weitere 87 Städte und Gemeinden gehören, und der metropolitanen Wirtschaftsregion Greater Los Angeles, die fünf Counties (L.A., Orange, San Bernandino, Riverside und Ventura) mit etwa 17,5 Millionen Einwohnern umfasst und zu den zehn leistungsstärksten Wirtschaftsräumen der Welt noch vor Ländern wie Mexiko, Brasilien, Indien und Russland gehört (Southern California Studies Center 2001).

1965 und den gewaltsamen Reaktionen auf das Rodney-King-Urteil 1992 – entluden (vgl. Davis 1993; Baldassare 1994; Dreier 2003; Halle/Rafter 2003). Diese forderten nicht nur annähernd 100 Menschenleben, hinterließen Tausende Verletzte und Sachschäden in Milliardenhöhe, sondern brachten auch neue Koalitionen und Ansätze in der lokalen Politik hervor, die sich auf ganz unterschiedliche Weise der Revitalisierung und Stabilisierung der innerstädtischen Wohnquartiere verschrieben und einen ausgeprägten lokalen »Schattenstaat« (Wolch 1990), bestehend aus Nonprofit-Organisationen, quasi-staatlichen Einrichtungen (Quangos) und Public-Private-Partnerships, befördert haben.[79]

In den unmittelbaren Nachkriegsjahrzehnten wurde die Kommunalpolitik in Los Angeles im Wesentlichen noch von zwei Machtblöcken dominiert: dem alten City-Establishment von Downtown, das sich aus den Vertretern der großen Banken, Ölgesellschaften und Kaufhäusern und des wichtigsten lokalen Medienkonzerns, der *Los Angeles Times*, zusammensetzte, und dem aufstrebenden Bau- und Finanzsektor in der Westside von L.A. (Davis 1992). Beide Gruppen zeichneten sich durch eine extrem gewerkschaftsfeindliche Haltung aus (Gottlieb u.a. 2005) und zeigten sich weitgehend ignorant gegenüber den Bedürfnissen der ärmeren Innenstadtquartiere und ihrer Bewohner, die sich überwiegend als billige Arbeitskräfte in den Kernindustrien Südkaliforniens (Stahl-, Möbel-, Glas-, Automobil-, Luftfahrt-, Chemie- und Elektroindustrie) verdingten (Abu-Lughod 1999).

Zusammengehalten wurde das zunehmend sozial und räumlich auseinanderdriftende und gespaltene Los Angeles, das in der Literatur mit ganz verschiedenen Labeln wie »Fragmented Metropolis« (Fogelson 1967), »Centrifugal City« (Siegel 1997); »Festungsstadt« (Davis 1992), »Hauptstadt der Dritten Welt« (Rieff 1992), »Postmetropolis« (Soja 2000) oder »Prismatic Metropolis« (Bobo u.a. 2000a) belegt worden ist, in der zweiten Hälfte des 20. Jahrhunderts lange Zeit durch ein relativ ungewöhnliches Regierungs- und Wählerbündnis. Es versprach, sowohl die Interessen des weißen liberalen Bürgertums, der afroamerikanischen Mittelschichten als auch der aufstrebenden Teile der wachsenden hispanischen Einwohnerschaft zu vertreten. Angeführt wurde diese fragile Interessenallianz vom Demokraten Thomas Bradley, der als erster Schwar-

---

79 Während die Unruhen in Watts und in anderen US-amerikanischen Städten in den 1960er Jahren zu einer Expansion nationaler und lokaler Sozialleistungen sowie einem erheblichen Ausbau der Mittel für gemeinnützige Organisationen und Stadterneuerungsprojekte beitrugen, waren die staatlichen Reaktionen auf den Aufstand von 1992 stärker ordnungspolitisch und/oder unternehmerisch geprägt (vgl. Regalado 1994; Pastor u.a. 2000; Chung 2001).

zer in der Geschichte von L.A. 1973 die Bürgermeisterwahlen gewann und 20 Jahre lang relativ unangefochten die Stadt regierte. Angetreten war Bradley mit einer progressiven Reformagenda, die sowohl antirassistische, sozialpolitische als auch ökologische Themenstellungen umfasste (Keil 1993; Dreier u.a. 2001). Zu seinen stärksten Visionen und Errungenschaften gehörte allerdings, L.A. zu einer »World Class City« zu machen.

Das später unter der Bezeichnung Bradley-Regime in die Literatur eingegangene Wachstumsbündnis zwischen einflussreichen (ausländischen) Kapital- und Investorengruppen und lokalen fortschrittlichen Eliten (vgl. Sonenshein 1993; Purcell 2000) leitete ab Mitte der 1980er Jahre den Übergang von einem fordistischen zu einem internationalisierten postfordistischen Los Angeles ein. War dessen dynamischster Wirtschaftsmotor während des Kalten Krieges neben der Unterhaltungs- und Filmindustrie in erster Linie noch das Pentagon mit seinen umfangreichen Rüstungsausgaben gewesen,[80] so gelang unter der Bradley-Regierung eine grundlegende Restrukturierung der ökonomischen Basis in Richtung stärkerer Weltmarktintegration, Modernisierung und Diversifizierung, womit zahlreiche neue Arbeitsplätze im Handel, im Tourismus und in den Dienstleistungssektoren der New Economy entstanden (Soja 1991 u. 2000; Abu-Lughod 1999). Außerdem konnte die Stadtverwaltung aufgrund der guten Kontakte des Bürgermeisters nach Washington über die gezielte Einwerbung von Fördermitteln aus diversen Sozial-, Infrastruktur- und Wohnungsbauprogrammen des Bundes auch einige sichtbare räumliche und soziale Verbesserungen in den Problemgebieten in South Central und East Los Angeles auf den Weg bringen (Sonenshein 1993). In weniger als zwei Jahrzehnten hatte die Stadtregion mehr als zwei Millionen Einwohner überwiegend durch Arbeitsmigration aus Lateinamerika und Asien hinzugewonnen und die Lokalregierung ihre Standortvorteile als Pacific-Rim-Zentrum ausgenutzt, um erhebliche internationale Investitionsströme zum Ausbau der räumlichen Infrastruktur und des Geschäftsviertels nach Los Angeles zu lenken (Scott 1993; Keil 1998).

Das Ende des Bradley-Regimes Anfang der 1990er Jahre war jedoch mit einer erheblichen Ernüchterung hinsichtlich des Zusammenhalts und

---

80 Nirgendwo auf amerikanischem Boden spielte die Landesverteidigung im industriellen Bereich eine so ausschlaggebende Rolle wie in Südkalifornien. Bereits gegen Ende des Zweiten Weltkrieges war der »Golden State« Standort von zahlreichen Militärstützpunkten, geheimen Labors, luftfahrttechnischen Entwicklungsstätten und Waffenschmieden und hing wirtschaftlich überproportional stark von Subventionen und Aufträgen des Zentralstaats ab (California Budget Project 2006).

der Zukunftsfähigkeit der vielfach fragmentierten und weiterhin wild-wuchernden Stadtregion verbunden (Soja 1991; Dear 1995). Es fiel mit spannungsreichen Transformationsprozessen in den innerstädtischen und suburbanen Wohngebieten zusammen (Ong 1993; Johnson u.a. 1997; Davis 1998; Bobo u.a. 2000b), deren enorme Probleme die gewalttätigen Auseinandersetzungen zwischen Teilen der Armutspopulation und der Polizei sowie zwischen verschiedenen ethnischen Gruppen im Sommer 1992 in aller Deutlichkeit ins öffentliche Bewusstsein gerückt haben. Hinzu kam eine der schlimmsten Wirtschaftsrezessionen in der Ge-schichte Südkaliforniens (Pastor u.a. 2000; Drayse 2004). Das mit dem Fall der Berliner Mauer manifeste Ende der Blockkonfrontation zwi-schen der USA und der Sowjetunion stürzte die lokale und immer noch stark von Rüstungsaufträgen abhängige lokale Ökonomie in eine ihrer schwersten Krisen, die bis Mitte der 1990er Jahre anhielt und die Er-werbslosigkeit und Armutsrate in Los Angeles in die Höhe schnellen ließen. Als der Millionär Richard Riordan 1992 als erster Republikaner nach über 30 Jahren die Wahl um das Bürgermeisteramt in L.A. gewann und wenig später die Umstrukturierung des lokalen Sozialhilfesystems anstand, befand sich die südkalifornische Stadt – unter wirtschaftlichen und finanziellen Gesichtspunkten betrachtet – in einer ähnlichen schwie-rigen Ausgangslage wie New York City.

Sozialpolitische Vorgaben der Landesregierung

Sozialhilfepolitik vor 1996

Vergleichbar mit New York State lastet auch in Kalifornien ein großer Teil der Verantwortung für die Grundversorgung Bedürftiger, Obdach-loser und Einkommensschwacher auf den untergeordneten Gebietskör-perschaften. Wie das New Yorker gilt das kalifornische Sozialsystem als »state supervised but county administered« (Geen u.a. 1998: 25). Auch hier hatten Erfahrungen mit der nationalen Wirtschaftskrise und ihren Folgen wie grassierender Arbeitslosigkeit, Armut und Hunger in den 1930er Jahren die Gesetzgeber auf der Landesebene zur Verabschiedung einer »Sozialstaatsklausel« bewegt, die bis heute vorschreibt, dass

every county and every city shall relieve and support all incompetent, poor, indigent persons, and those incapacitated by age, disease, or accident, lawfully resident therein, when such persons are not supported and relieved by their relatives or friends, by their own means, or by state hospitals or other state or private institutions. (California Welfare and Institutions Code, Part. 5, Sec. 17000, zit. nach Liu 1997: 9)

Die bereits 1901 unter dem »Californian Indigent Act« eingeführte lokale Armenfürsorge (Lee 1993) trägt in Kalifornien seit den 1930er Jahren die Bezeichnung »General Relief« (GR) und muss zu 100 Prozent aus Eigenmitteln der 58 Counties finanziert werden. Der »Golden State« ist derzeit der einzige Bundesstaat in den USA, der seinen unteren Regierungseinheiten die Aufgabe einer Basisversorgung aller nicht vom Bund unterstützten Bedürftigen auferlegt, aber keinen Cent dafür zur Verfügung stellt (Kahn/Kameran 1998: 210). Nicht zuletzt aus diesem Grund war das GR-Programm in den vergangenen Jahrzehnten Gegenstand immer wiederkehrender politischer und juristischer Auseinandersetzungen und unterlag in Zeiten von kommunalen Haushaltskrisen stetigen Einschränkungen (DeVerteuil u.a. 2002).

1981 hatte das für die Sozialhilfe in Los Angeles zuständige County Department of Public Social Services pro Monat noch etwa $3 Millionen für etwa 18.000 Hilfsbedürftige über das GR-Programm zur Verfügung gestellt, 1993 erreichten die monatlichen Ausgaben mit $28 Millionen für über 100.000 Personen ihren vorläufigen Höhepunkt (ebd.: 234). Betrug der durchschnittliche Leistungssatz in Kalifornien, dessen Höhe die Counties weitgehend selbst bestimmen können,[81] Ende der 1980er Jahre noch $307 pro Person im Monat, so fiel er Anfang der 1990er Jahre auf $225 (California Legislative Analyst's Office 1996a: 1). In Los Angeles County wurde er im gleichen Zeitraum – als Reaktion auf den Kostenanstieg, der mit steigender Nachfrage infolge von wachsender Arbeitslosigkeit und Armut einherging – um 30 Prozent von $341 auf $221 gesenkt (DeVerteuil u.a. 2002: 239). Damit liegen die maximalen monatlichen Sozialtransfers für Alleinstehende und Personen mit erwachsenen Kindern in L.A. aktuell deutlich unter denen in New York City.

Umstritten ist das GR-Programm in Kalifornien und Los Angeles County, wo etwa 70 Prozent aller GR-Bezieher des Bundesstaates leben (ebd.: 235), auch deswegen, weil es vor allem von alleinstehenden Männern mittleren Alters in Anspruch genommen wird, von denen mehr als 80 Prozent Afroamerikaner und Hispanics und über die Hälfte obdachlos sind (Reese 2002b).[82] Demgegenüber waren die Leistungen des kalifornischen Familiensozialhilfeprogramms (AFDC), an dessen Kosten sich

---

81 Die kalifornische Landesregierung sieht zwar einen Mindestsatz vor, der bis 1993 bei $291 pro Monat lag, erlaubte es den Counties mit finanziellen Schwierigkeiten jedoch, auf Antrag diesen Betrag zu senken (Geen u.a. 1998: 24).

82 2002 waren von den GR-Beziehern in Los Angeles 70 Prozent Männer, davon 60 Prozent Afroamerikaner und 22 Prozent Hispanics; 65 Prozent gaben an, schon einmal oder mehrmals obdachlos gewesen zu sein (L.A. Coalition to End Hunger and Homelessness 2003).

die Counties im Unterschied zu New York State (NYS) bis 1997 nur mit einem Anteil von etwa zehn Prozent zu beteiligen hatten,[83] lange Zeit wesentlich großzügiger. Sie lagen bis zu Beginn der 1990er Jahre mit einem monatlichen Maximum von $694 für einen Erwachsenen mit zwei Kindern nicht nur über denen in NYS und anderen liberalen Ostküstenstaaten, sondern kamen auch mehr Menschen (8,5 Prozent der Gesamtbevölkerung) zugute als in anderen Landesteilen der USA (Geen u.a. 1998: 2). Allein im Familienprogramm AFDC hatte sich die Zahl der Leistungsbezieher in Kalifornien zwischen 1986 und 1996 von 1,3 auf 2,8 Millionen mehr als verdoppelt (California Budget Project 2000: 4), so dass sie Mitte der 1990er Jahre etwa 19 Prozent aller bundesweit Unterstützten ausmachten (Liu 1997: 3). Werden andere Leistungen wie Nahrungsbeihilfen und SSI hinzugerechnet, so war in Kalifornien kurz vor der nationalen »Welfare Reform« jede vierte Familie auf staatliche Einkommenstransfers angewiesen (Public Policy Institute of California 1997: 2).

Der Bundesstaat Kalifornien zeichnet sich im nationalen Vergleich durch weitere Besonderheiten aus: Er ist mit mehr als 34 Millionen Einwohnern, von denen über 85 Prozent in urbanen oder suburbanen Regionen wohnen (Southern California Association of Governments 2006: 2), vor Texas und New York State der bevölkerungsreichste Landesteil der USA. In ihm leben mehr ethnische Minderheiten und Migranten als in allen anderen Bundesstaaten: etwa 40 Prozent aller in die USA Eingewanderten (ebd.). Ungefähr ein Viertel der Bevölkerung ist im Ausland geboren, davon 43 Prozent in Mexiko; über 30 Prozent der Bewohner sind hispanischer und über 10 Prozent asiatischer Herkunft (California Legislative Analyst's Office 2006: 5). Obwohl auch Kalifornien mit einem durchschnittlichen Pro-Kopf-Einkommen von $46.900 (Angaben für 2000) zu den zehn wohlhabendsten Bundesstaaten in den USA zählt (Perez 2002: 13), liegt seine Armutsrate seit den 1990er Jahren mit 14 bis 18 Prozent deutlich über dem Landesdurchschnitt (ebd.: 6). Berühmt-berüchtigt ist Kalifornien darüber hinaus für seine besonders strikte Strafgesetzgebung und seine überproportional hohe Zahl der Inhaftierten, die zwischen 1980 und 2005 von 22.500 auf 168.000 ange-

---

83 Bis 1997 mussten sich die Counties mit 5,4 Prozent an den Geldzahlungen, bis zu 25 Prozent an den administrativen Kosten des AFDC-Programms und bis zu 30 Prozent an den Kosten der Beschäftigungsförderung (JOBS-Programm) sowie der Kinderbetreuung für Sozialhilfebezieher beteiligen (California Legislative Analyst's Office 1997: 11; Geen u.a. 1998: 30). Bei den Bundesprogrammen »Medicaid« und »Food Stamps« (Nahrungsbeihilfen) verzichtet die Landesregierung in Kalifornien seit jeher auf eine Kostenbeteiligung der untergeordneten Gebietskörperschaften.

stiegen ist (California Legislative Analyst's Office 2006: 12). Damit hat der Bundesstaat die größte Gefängnisbevölkerung in den USA, die sich zu 38 Prozent aus Latinos, zu 29 Prozent aus Afroamerikanern und zu 6 Prozent aus anderen »non-whites« zusammensetzt; 17 Prozent der Inhaftierten sind Migranten (Public Policy Institute of California 2006: 8). Ein Teil des rasanten Anstiegs der Inhaftiertenrate wird auf die 1994 in Kalifornien verabschiedete »Three Strikes and You're Out«-Regelung zurückgeführt, die vorsieht, dass nach drei Verurteilungen – unabhängig von der Schwere der Delikte – eine lebenslange Haftstrafe verhängt werden kann (vgl. King/Mauer 2001).[84]

Im Vergleich zu New York State gibt es eine gleichmäßigere geographische Verteilung der Familien im Sozialhilfebezug: 34 Prozent aller AFDC-Empfänger wohnten Mitte der 1990er Jahre in Los Angeles County, das 29 Prozent der Gesamtbevölkerung umfasst, 46 Prozent in den anderen größeren städtischen Counties (San Bernadino, San Diego, Sacramento, Alameda, Fresno, Riverside etc.) und etwa 20 Prozent in den eher ländlichen Regionen (Brookings Institution 2000b: 2). Einer Untersuchung des Public Policy Institute of California (MaCurdy u.a. 2002) zufolge unterscheidet sich die Sozialhilfebevölkerung in Kalifornien vom nationalen Durchschnitt sowohl durch ihre spezifische Entwicklungsdynamik (die höchsten Anstiege seit Ende der 1980er Jahre) als auch durch ihre Zusammensetzung. Dies hängt mit überproportional hohen regionalen Geburtenraten bei gleichzeitig schlechter Arbeitsmarktentwicklung Anfang der 1990er Jahre zusammen, ist aber auch Ergebnis der starken Einwanderungsdynamik und des 1986 verabschiedeten »Immigration Reform and Control Act«. Mit diesem nationalen Gesetz zur Verschärfung von Grenz- und Migrationskontrollen waren in Kalifornien Ende der 1980er Jahre 1,6 von bundesweit insgesamt 2,7 Millionen Immigranten ohne regulären Aufenthaltsstatus »amnestiert« worden, die fortan für ihre Kinder und nach einer Sperre von fünf Jahren auch für Erwachsene Ansprüche auf staatliche Einkommenshilfen geltend machen konnten (Vernez 1992: 285). Während die Gruppe der »klassischen« AFDC/TANF-Empfänger (alleinstehende Mütter mit zwei bis drei Kindern) in Kalifornien mit denen in anderen großen Bundesstaaten durchaus vergleichbar ist, gibt es vor allem in den urbanen Regionen Südkaliforniens eine auffällig hohe Zahl von Familien »ohne Papiere« im Leistungsbezug, die lediglich für ihre Kinder, sofern sie in den USA geboren sind, staatliche Unterstützung erhalten (MaCurdy u.a. 2000). In San Diego und Los Angeles County betrug der Anteil der

---

84 Knapp 30 Prozent aller Inhaftierten in Kalifornien sind von dieser Strafverschärfung betroffen (Public Policy Institute of California 2006: 2).

»child-only cases« im AFDC-Programm Mitte der 1990er Jahre rund 20 Prozent (US General Accounting Office 1997: 9) und hat sich in den darauffolgenden fünf Jahren fast verdoppelt (Moreno u.a. 2002: 33).[85]

Zum einen kann die kalifornische Regierung darauf verweisen, dass mit dem besonders hohen Kinderanteil an ihrem Familienprogramm der ursprüngliche Anspruch des Bundes, mit AFDC gezielt Minderjährige vor Armut und Deprivation zu schützen, stärker als in anderen Landesteilen eingelöst wird. Zum anderen sah sie sich in den vergangenen Jahren auch immer wieder dem Vorwurf von Seiten konservativer Politiker und rechter Bürgerinitiativen ausgesetzt, den Bundesstaat zum bevorzugten »welfare magnet« für Einwanderer aus ärmeren Bundesstaaten und dem Ausland, vor allem Mexiko, zu machen (vgl. Reese 2005; Marchevsky/Theoharis 2006). Dies hatte eine Reihe von politischen Kampagnen und Gesetzesinitiativen zur Folge, die das allgemeine politische Klima zuungunsten von Migranten verschoben, offene Feindseligkeiten zwischen ethnischen Gruppen schürten[86] und erhebliche Einschnitte bei der Leistungsgewährung forderten.

In der kalifornischen Landesverfassung ist seit 1911 das Instrument des Bürgerbegehrens und Volksentscheids verankert. Zu den umstrittensten Bürgerbegehren in den vergangenen Jahren gehört »Proposition 187« oder auch »Save Our State«-Initiative (SOS) genannt, die zum Ziel hatte, alle illegal eingewanderten Familien und deren Kinder in Kalifornien von staatlich finanzierten Sozial- und Gesundheitsleistungen sowie Bildungseinrichtungen auszuschließen (vgl. Tolbert/Hero 1996; Hernandez 1997; Citrin/Campbell 1997; Cooper 2004). Allein die Anzahl der Kinder von Eltern ohne Aufenthaltserlaubnis in kalifornischen Schulen wurde Mitte der 1990er Jahre auf fast eine halbe Million geschätzt (Levy 2000: 220), die Zahl aller Migranten »ohne Papiere« in Kalifornien auf über zwei Millionen (Marchevsky/Theoharis 2006: 54). Das von zwei ehemaligen Mitarbeitern des INS (Einwanderungsbehörde) formulierte Bürgerbegehren SOS und die mit ihm verbundene Öffentlichkeits- und Werbekampagne wurde von der Republikanischen Partei mit $100.000 unterstützt (Reese 2005: 183). Der damalige Gouverneur Pete Wilson hatte sich darüber hinaus wiederholt dafür eingesetzt, dass der

---

85 1997 hatte Kalifornien einen Anteil von 61,2 Prozent aller bundesweiten »child-only cases«, gefolgt von New York State (11,4 Prozent), Texas (9,5 Prozent) und Arizona (3,1 Prozent) (US General Accounting Office 1997: 9).

86 In den 1990er Jahren nahmen in Kalifornien gewalttätige Übergriffe auf Migranten und nichtweiße Bevölkerungsgruppen deutlich zu (Davis 1999). Mit 19,7 Prozent aller »hate crimes« in den USA hat Kalifornien landesweit die höchsten Werte (California Department of Justice 2005).

Bund einen Teil der Kosten für »illegale Migranten« übernimmt,[87] und Anfang der 1990er Jahre sogar diesbezüglich – wenn auch erfolglos – eine Klage gegen den Bund eingereicht (Geen u.a. 1998: 64).

Die Umsetzung der mit einer knappen Mehrheit der Bevölkerung 1994 angenommenen »Proposition 187« scheiterte an einer breiten landesweiten Protestbewegung, die von einer ungewöhnlich hohen Mobilisierung der Latino-Bevölkerung gekennzeichnet war,[88] sowie an diversen Gerichtsurteilen, die einen Großteil der vorgesehenen Gesetzesveränderungen als verfassungswidrig erklärten.[89] Trotzdem war das Bürgerbegehren überaus folgenreich: Zum einen löste es eine weit über die Grenzen Kaliforniens hinausreichende Debatte über die Ausrichtung und Grundlagen der nationalen Einwanderungs- und Integrationspolitik aus und führte zu einer stärkeren Polarisierung zwischen Einwanderungsbefürwortern und -gegnern. Zum anderen diente die große Popularität von SOS wenig später den Gesetzgebern auf Bundesebene als willkommene Legitimation für die Exklusion von neu Zugewanderten aus zentralstaatlichen Sozialprogrammen wie TANF, SSI und Nahrungsbeihilfen (Chang 2000; Reese 2005) und gab ähnlichen Anti-Migrations-Kampagnen in anderen Landesteilen merklich Auftrieb (Cooper 2004).

Parallel zu dem Versuch, die Anzahl der Anspruchsberechtigten über den Ausschluss der Kinder von »undocumented immigrants« zu senken, kam es nach den Parlamentswahlen 1992 in Kalifornien im Zuge von wachsenden Haushaltsdefiziten und einer Stärkung der Republikaner in der State Legislature zu weiteren Angriffen auf das vormals relativ generöse Sozialhilfesystem, die von Steuersenkungen für Unternehmen – gerechtfertigt als Maßnahme zur Verbesserung des Wirtschaftsklimas – und einer weiteren Verschlechterung der finanziellen Handlungsbasis der Counties begleitet wurden (Waste 1995: 65ff.; Geen u.a. 1998 21f.). Vor allem der letzte Punkt – die Beschneidung der Steuer- und Einnah-

---

87 Die Kosten für sozialstaatliche Leistungen für »undocumented immigrants« werden von Anti-Einwanderungs-Lobbygruppen für die USA auf über $10 Milliarden geschätzt, von denen ein überproportionaler Anteil auf Kalifornien entfalle (Camorata 2004: 1).

88 Zahlreiche Sozialwissenschaftler führen den Beginn der wachsenden Politisierung der hispanischen Communities in Kalifornien auf die Auseinandersetzungen im Zusammenhang mit »Proposition 187« zurück (Johnson u.a. 1997; Waldinger 1999; Milkman 2000; Varsany 2005).

89 Es gab insgesamt fünf Gerichtsverfahren, die sich auf Landes- und Bundesebene mit »Proposition 187« beschäftigten. 1999 kam es schließlich zu einer Einigung zwischen der kalifornischen Landesregierung und der Justiz, die lediglich Sektion 2 der Gesetzesinitiative (die Strafverfolgung der Nutzung von gefälschten Dokumenten) als geltendes Recht anerkannte (Cooper 2004: 365).

mequellen der untergeordneten Verwaltungseinheiten – bedarf einer kurzen Erläuterung, weil er für die Frage, wie die Kommunalpolitik in Los Angeles auf die Vorgaben der nationalen und regionalen Sozialhilfereformen reagierte, von Bedeutung ist.

Grundsätzlich gilt, dass die insgesamt 58 kalifornischen Counties für die Administration, Umsetzung und anteilige Finanzierung der meisten Sozial- und Gesundheitsprogramme, einschließlich der Sozialhilfe, zuständig sind, während die kalifornischen Städte und Gemeinden (municipalities) in der Regel die Hauptverantwortung für öffentliche Aufgaben wie Sicherheit und Ordnung (Polizei und Feuerwehr), Infrastruktur (Straßen und öffentlicher Nahverkehr), Wohnungsbau, versorgungswirtschaftliche Einrichtungen und Umwelterhaltung zu tragen haben (Niblack/Stan 1992).[90] Die City of Los Angeles ist zusammen mit 87 weiteren Städten und Gemeinden in den Landkreis Los Angeles County inkorporiert und daher keine völlig autonome Regierungseinheit wie New York City (Hoene u.a. 2002). Die Counties werden von einem Board of Supervisors regiert, der sich in Los Angeles County aus fünf auf jeweils vier Jahre gewählten Volksvertretern zusammensetzt und sowohl exekutive als auch legislative Aufgaben übernimmt (Los Angeles County 2006: 9f.). Die Kommunalverfassung der City of Los Angeles (City Charter) sieht seit 1925 wie in New York City ein »mayor-council-system« vor, wobei der Bürgermeister in L.A. im Vergleich mit anderen Städten lange Zeit in Bezug auf seine exekutiven Funktionen als relativ schwach galt, weil er nur über beschränkte Entscheidungs- und Kontrollgewalten hinsichtlich der 32 lokalen Verwaltungsbehörden verfügte (Leavy Center for the Study of Los Angeles 2002). Die Mitglieder des Stadtrats in Los Angeles vertreten jeweils einen der 15 Wahldistrikte, in die L.A. City aufgeteilt ist, mit durchschnittlich etwa 260.000 Bewohnern (Box/Musso 2004: 264).

Dieses für Konkurrenzen, Überlappungen und Abstimmungsprobleme bereits äußerst anfällige »Local Government«-System erfährt eine weitere Fragmentierung durch die wachsende Anzahl von eigenständigen spezialisierten Verwaltungseinheiten (Schul-, Verkehrs, Energie-, Abwasser-, Entwicklungs- oder Planungsdistrikte), von denen es in Kalifornien inzwischen fast 5.000 gibt (California Legislative Analyst's Office 2006: 18) und die sich im Allgemeinen nicht mit den Territorien der Landkreise oder Gemeinden decken. Alle untergeordneten Verwaltungs-

---

90 Zum Teil gibt es jedoch auch Überschneidungen in der Aufgabenverteilung. Einige der größeren Counties, die in der Forschungsliteratur als hybride lokale Regierungseinheiten beschrieben werden (Hoene u.a. 2002), bieten den Gemeinden auf Vertragsbasis zusätzlich zur Verwaltung sozialpolitischer Programme auch weitere kommunale Dienste an.

einheiten hängen seit den 1970er Jahren aufgrund der gewachsenen Aufgabenfülle und gekürzter Bundesmittel für die Städte immer stärker von Landeszuweisungen (state grants) ab und stehen gleichzeitig in einem verstärkten Wettbewerb um sinkende Steuereinnahmen (Weir 1998b; Nivola 2002; Berman 2003). Eine ihrer wichtigsten lokalen Einkommensquellen zur Finanzierung von redistributiven Programmen und Sozialleistungen, einschließlich der Schulen, ist die Grundsteuer (property tax), welche die kalifornischen Counties – wie in den meisten anderen Landesteilen auch – bis Ende der 1970er Jahre eigenständig senken oder erhöhen konnten. Die »Proposition 13«, die 1978 mit 65 Prozent aller abgegebenen Stimmen angenommen wurde, schränkte diese Handlungsfreiheit der untergeordneten Verwaltungseinheiten in Kalifornien jedoch empfindlich ein: Erstens wurde mit dieser Gesetzesinitiative der Steuersatz auf privates Grundeigentum um die Hälfte gesenkt, und zweitens bedurften zukünftige Erhöhungen der »property tax« von nun an einer Zweidrittelmehrheit aller Stimmen in beiden Kammern der State Legislature oder einer erneuten Volksbefragung, in der zwei Drittel der Wähler diesem Vorhaben zustimmen müssen (vgl. Trantner 1997).

Als Konsequenz dieser »Steuerrevolte von unten«, welche die Counties und Städte anfänglich jährlich ungefähr $7 Milliarden kostete (Saxton u.a. 2001: 425), mussten die Gemeinden und Lokalverwaltungen entweder ihre Ausgaben kürzen und/oder neue Einnahmequellen erschließen. Während die Counties vor allem zu Einschnitten bei den Sozialausgaben tendierten und viele der ärmeren Schuldistrikte ihren Aufgaben nur noch eingeschränkt nachkommen konnten, griffen die Städte stärker zum Instrument neuer Gebühren- und Abgabenerhebungen und versuchten ihre Einnahmen unter anderem über eine Erhöhung der Verkaufssteuern (sales taxes) zu erweitern (Niblack/Stan 1992). Berücksichtigt man jedoch, dass allein die direkten Bundeszuweisungen an die City of Los Angeles zwischen 1977 und 1990 von $370 auf $60 Millionen sanken und die Einnahmen der Stadt bei der »property tax« in diesem Zeitraum um 62 Prozent fielen (ebd.: 267), muss man kein Steuer- oder Finanzexperte sein, um die gewaltigen Herausforderungen zu erkennen, die mit dieser Situation verbunden waren. Um die Angelegenheit noch komplizierter zu machen, entschied die kalifornische Landesregierung zu Beginn der 1990er Jahre auch noch, einen Teil des kommunalen Grundsteueraufkommens an sich zu ziehen, um damit einem weiteren erfolgreichen Bürgerbegehren (»Proposition 98«) nachkommen zu können. Dieses sah vor, dass ab 1992 mindestens 20 Prozent aller Landesmittel in das inzwischen als marode geltende öffentliche Bildungssystem investiert werden mussten, was wiederum zu Lasten anderer, weniger populärer staatlicher Sozialleistungen ging (Geen u.a. 1998).

Die ab 1992 erfolgten Einschnitte in den lokalen Sozialhilfeprogrammen müssen daher vor dem Hintergrund gravierender fiskalischer
Probleme und steuerpolitischer Restriktionen in einer der schwersten
Rezessionen Kaliforniens betrachtet werden (DeVerteuil u.a. 2003). Zunächst wurden die Leistungen im AFDC-Programm von der Landesregierung zwischen 1992 und 1998 für alle Familien um etwa 11 Prozent
gekürzt (Kahn/Kamerman 1998: 35), die Unterstützung für neu Zugezogene aus anderen Bundesstaaten reduziert (Waste 1995) und die Sozialhilfesätze im GR-Programm, wie bereits erwähnt, von den Counties um
etwa 30 Prozent abgesenkt. Zusätzlich wurde den für die Finanzierung
von GR zuständigen Counties das Recht eingeräumt, die Unterstützungsleistungen an Alleinstehende auf drei Monate eines Jahres zu beschränken, wenn die Empfänger ihrer Beurteilung nach in die Kategorie
»arbeitsfähig« fielen (DeVerteuil u.a. 2002). Bereits in den frühen
1980er Jahren hatten einzelne Counties, darunter Los Angeles, damit
begonnen, Empfänger von »General Relief« 40 Stunden im Monat zu
gemeinnützigen Arbeitseinsätzen heranzuziehen (Lee 1993). In den
1990er Jahren wurde diese Praxis ausgeweitet, so dass sich zum Zeitpunkt der nationalen »Welfare Reform« schätzungsweise 10.000 bis
15.000 alleinstehende Männer in Los Angeles County in klassischen
Workfare-Maßnahmen befanden (Freese 1997).

Darüber hinaus beantragte die Landesregierung beim zuständigen
Bundesministerium in Washington in den Jahren 1992 und 1993 insgesamt vier »Waiver«, um zwei Modellprojekte – das »California Works
Pays Demonstration Project« und das »Cal-Learn Program« – auf den
Weg zu bringen (Hotz u.a. 2002). Im ersten Pilotprogramm wurden drei
verschiedene Instrumente (eine 15-prozentige Leistungskürzung, eine
Erhöhung der Einkommensfreibeträge und eine Ausweitung der Beschäftigungsauflagen im AFDC-UP-Programm) zusammengefasst und
ihre Auswirkungen auf das Erwerbsverhalten und die Einkommensentwicklung der teilnehmende Familien getestet. Im zweiten Programm,
das sich an minderjährige Mütter und junge schwangere Frauen richtete,
wurde es zur Auflage für eine weitere staatliche Unterstützung gemacht,
dass diese regelmäßig die Schule besuchten oder ihren High-School-
Abschluss nachholten (Albert 2000). Gleichzeitig beantragte die Landesregierung beim Bund die Erlaubnis für die Einführung einer »family
cap«-Regelung (Geen u.a. 1998). Weitere Anstrengungen galten ähnlich
wie in New York City der Bekämpfung des »Sozialhilfemissbrauchs«
durch Mehrfachbeantragungen. So begann das Department of Public Social Services in Los Angeles County unter Inanspruchnahme einer weiteren Ausnahmeregelung des Bundes ab 1993 mit der Registrierung aller
Neuantragsteller von AFDC durch die Aufnahme ihrer Fingerabdrücke

in das »Automated Fingerprint Image Reporting and Match System«, das mit anderen Datenbanken staatlicher und privater Einrichtungen verbunden ist (Newcombe 1996; Kahn/Kameran 1998).[91]

Trotz aller Einsparungen durch gesenkte Leistungssätze und verschiedener Kontroll- und Abschreckungsversuche gegenüber Hilfebedürftigen stand Los Angeles County 1994 jedoch kurz vor der Insolvenz und konnte nur aufgrund einer Intervention des Bundes den Zusammenbruch des lokalen öffentlichen Gesundheitssystems abwenden (Saxton u.a. 2001: 430). 1995, ein Jahr vor der nationalen »Welfare Reform«, wurden alle 58 Counties von der Landesregierung schließlich dazu angehalten, striktere Arbeitsverpflichtungen und Sanktionsmaßnahmen für alle beschäftigungsfähigen Transferbezieher einzuführen. Dies betraf vor allem die Teilnehmer des bereits 1985 in ausgewählten Regionen gestarteten Landesprogramms »Greater Avenues for Independence« (GAIN), mit dem die Erwerbsfähigkeit und Arbeitsmarktintegration von Frauen und Männern im AFDC-Bezug erhöht werden sollte.

GAIN ist eine der am stärksten beforschten lokalen Beschäftigungsmaßnahmen für Sozialhilfeempfänger in den USA. Ab 1989 fungierte GAIN in Kalifornien als das vom Bund vorgeschriebene »Job Opportunities and Basic Skills Program« (JOBS), in das Mitte der 1990er Jahre etwa 65.000 Personen einbezogen waren (Kahn/Kamerman 1998: 211). Bis 1995 blieb es jedoch weitgehend der Entscheidung der einzelnen Counties überlassen, wie und in welchem Umfang sie ihre Sozialhilfeempfänger zu einer Teilnahme an »Welfare-to-Work«-Aktivitäten verpflichten wollten (Handler/Hasenfeld 1997). In der Fachliteratur gibt es überaus konträre Interpretationen des kalifornischen JOBS-Programms (vgl. Waste 1995; Mead 1997a; Peck 1998a; Greenberg u.a. 2001; Quaid 2002; Burns u.a. 2003; Marchevsky/Theoharis 2006). Weitgehend einig ist man sich über den großen Einfluss, den die Evaluationsergebnisse von GAIN auf die Umgestaltung des nationalen Sozialhilfesystems Mitte der 1990er Jahre hatten. Während die Untersuchungsergebnisse in den 1980er Jahren eher negativ ausgefallen waren, erschien zwei Jahre vor der PRWORA-Verabschiedung eine bundesweit stark beachtete Studie der Manpower Demonstration Research Corporation (MDRC), die zu

---

91 Diese Maßnahme dient nach Auskunft der Behörden vor allem der Abschreckung und richtet sich am stärksten gegen Migranten, die bei einem ungesicherten Aufenthaltsstatus damit rechnen müssen, dass ihre Daten mit denen der Einwanderungsbehörde abgeglichen werden. Außerdem geben Bürgerrechtsorganisationen an, dass ein Teil der anspruchsberechtigten Migranten seitdem auf staatliche Transfers verzichten, weil sie befürchten, dass der Sozialhilfebezug ihnen Schwierigkeiten bei der Beantragung der US-amerikanischen Staatsbürgerschaft bereiten könnte (Yi 2000).

dem Fazit kam, dass eines der kalifornischen GAIN-Projekte – nämlich das in Riverside County – anderen »Welfare-to-Work«-Programmen deutlich überlegen war. Mit seiner Ausrichtung an einer sofortigen Arbeitsaufnahme und einer intensiven Fallbetreuung hatte sich das Riverside-Modell nach Angaben von MDRC nicht nur als erfolgreicher im Sinne der Vermittlungsergebnisse, sondern auch als kostengünstiger als die meisten anderen Beschäftigungsprogramme für Sozialhilfeempfänger in den USA erwiesen:

It had unusually large [...] earnings gains and welfare savings. [...] These impacts were the largest in any of the six counties, and are larger than those found in previous large-scale experimental studies of state welfare-to-work programms. (Riccio u.a. 1994: 25)

Wenn es einer lokalen Sozialverwaltung in Kalifornien – dem Landesteil mit der höchsten Sozialhilfequote und einer vergleichsweise hohen Arbeitslosenrate – möglich war, mit einem moderaten Mitteleinsatz überdurchschnittlich viele Transferempfänger in kurzer Zeit in Lohn und Brot zu bringen, dann musste sich dieser Ansatz – so die allgemeine Rezeption – auch erfolgreich auf den Rest des Bundesstaates und des Landes übertragen lassen. Es gab neben Riverside wahrscheinlich kaum ein anderes regionales Pilotprojekt, das im Vorfeld der nationalen »Welfare Reform« so häufig als Beleg dafür herangezogen wurde, dass eine Fokussierung auf schnelle Arbeitsvermittlung sowohl den Steuerzahlern als auch den Betroffenen zugute kommt (Peck 2001: 190ff.). Selbst in Westeuropa, einschließlich der Bundesrepublik, tauchte der Name Riverside – ein bis dato weitgehend unbekannter und zum großen Teil suburbaner Landkreis östlich von Los Angeles – ab Mitte der 1990er Jahre immer häufiger im Vokabular von Politikern und Experten auf und avancierte in verschiedenen internationalen »Best Practice«-Vergleichen zum Erfolgsmodell eines konsequenten »labor force attachment« oder »work first approach« in der Sozialhilfepolitik (vgl. Theodore/Peck 1999; Reis 2003; Daguerre 2004).

Die Vorbildfunktion, die das GAIN-Programm von Riverside auf regionaler, nationaler und selbst internationaler Ebene einnehmen konnte, lässt sich jedoch nicht allein mit seinen beschäftigungspolitischen Ergebnissen erklären. Diese fielen bei näherer Betrachtung nämlich eher bescheiden aus: Von den etwa 2.500 in das Pilotprogramm von Riverside einbezogenen Sozialhilfeempfängern war es am Ende eines dreijährigen Untersuchungszeitraum (1988 bis 1991) trotz intensiver Betreuung und großer Vermittlungsanstrengungen nur einem Drittel gelungen, langfristig eine Beschäftigung zu finden; ungefähr die Hälfte scheiterte vollständig an den Anforderungen des Arbeitsmarktes und fand innerhalb von drei Jahren überhaupt keinen Job (Handler/Hasenfeld 1997: 67ff.). Selbst die Einkommenszuwächse der in Arbeit gebrachten Hilfeempfänger waren minimal. Im Vergleich mit ihren Kontrollgruppen (denjenigen, die nicht am Programm teilgenommen hatten) hatten sie pro Monat durchschnittlich lediglich $52 mehr zur Verfügung, womit ihre Familien zum Großteil weiterhin auf Transferleistungen angewiesen blieben (ebd.). Dementsprechend musste selbst die damalige Direktorin von MDRC, Judith Gueron, einräumen, dass sich die Lebenssituation der Betroffenen kaum oder gar nicht verbessert hatte:

The downside to Riverside is that families weren't moved out of poverty. People didn't get better jobs. If that's your goal, you have to make a larger investment to get there. (San Francisco Chronicle, 24.1.1995)

Entscheidend für die breite Rezeption des »work first«-Ansatzes von Riverside als ein besonders erfolgreiches Modell der Beschäftigungsförderung kann daher nur die Tatsache gewesen sein, dass die anderen in die Untersuchung einbezogenen fünf kalifornischen Counties (Alameda, Butte, Los Angeles, San Diego und Tulare), die in den 1980er und frühen 1990er Jahren mehrheitlich einen Schwerpunkt auf Ausbildung und berufsvorbereitende Maßnahmen gelegt hatten, in der Evaluierung von MDRC noch wesentlich schlechter abgeschnitten hatten. Nicht nur lagen ihre Vermittlungsquoten eindeutig unter denen von Riverside, die Sozialverwaltungen hatten im Durchschnitt auch doppelt so viel Geld pro Programmteilnehmer ausgegeben (Riccio u.a. 1994: 294). Die Errungenschaften des GAIN-Programms von Los Angeles County, dem Landkreis mit der bundesweit höchsten Sozialhilfequote, fielen – gemessen an den hohen Erwartungen der Landespolitiker an die Einsparungs- und Aktivierungspotentiale von Beschäftigungsprogrammen – besonders ernüchternd aus: Zunächst einmal lagen die Investitionskosten im L.A.-GAIN-Programm mit durchschnittlich $6.600 pro Person fast 80 Prozent über den Ausgaben von Riverside (ebd.: 295). Am Ende des dreijährigen Untersuchungszeitraums (1991) war es in Los Angeles County nur 11,2 Prozent der Programmteilnehmer (gegenüber 23 Prozent in Riverside) gelungen, eine Beschäftigung zu finden, deren Entlohnung es ihnen ermöglichte, unabhängig von staatlichen Transfers zu leben (ebd.: 218). Diese schlechten Vermittlungsergebnisse wurden auch nicht durch einen größeren Zuwachs bei den Einkommen von erwerbstätigen Sozialhilfeempfängern wettgemacht. Obwohl im GAIN-Programm von Los Angeles County zwischen 1988 und 1991 etwa 85 Prozent aller Teilnehmer in den Genuss von Ausbildung und berufsvorbereitenden Maßnahmen kamen, verdienten diese später, wenn sie überhaupt eine Arbeit fanden, ungefähr genauso viel wie diejenigen, die aufgrund von eigenen Anstrengungen und ohne eine Weiterbildungsmaßnahme eine Beschäftigung aufgenommen hatten (ebd.).

Damit hatte sich der in Kalifornien lange Zeit vorherrschende »human capital approach« in den Augen eines Großteils der Sozialhilfeexperten und Politiker disqualifiziert. In der öffentlichen Diskussion, die nach Veröffentlichung der MDRC-Studie einsetzte, half es wenig, dass Wissenschaftler und Wohlfahrtsverbände darauf hinwiesen, dass es sich in Los Angeles bei den GAIN-Teilnehmern im Unterschied zu anderen Counties zu 100 Prozent um »Langzeitbezieher« und zu über 80 Prozent um besonders schwer in den Arbeitsmarkt zu vermittelnde Personen gehandelt hatte (Strawn 1998; Greenberg u.a. 2001; Burns u.a. 2003). Dem Ansatz der Sozialverwaltung in L.A. wurde vorgeworfen, mit seiner Konzentration auf Männer und Frauen, die schon länger als drei Jahre im Leistungsbezug standen, und seinem Fokus auf der Vermittlung von beruflichen Grundqualifikationen die falschen Prioritäten gesetzt zu haben. Auch andere Studien schätzten die Vermittlungserfolge des GAIN-Programms in L.A. in den 1990er Jahren als eher bescheiden ein: Kahn und Kamerman (1998: 36) geben an, dass bis 1994 monatlich lediglich durchschnittlich 100 bis 200 Sozialhilfeempfänger den Leistungsbezug aufgrund von Arbeitsaufnahme verließen; andere Autoren nennen 5.200 Vermittlungen in den Arbeitsmarkt für den Zeitraum 1992/93 (Borland 1997: 2).

Unzufrieden mit den Ergebnissen der Umsetzung von GAIN in den meisten Landkreisen, verpflichtete die kalifornische Landesregierung schließlich 1995 per Gesetz alle Counties, ihre Beschäftigungsförderung am Vorbild des Riverside-Modells auszurichten (Geen u.a. 1998). Unabhängig von den beruflichen Erfahrungen und individuellen Bedürfnissen der Hilfeempfänger sowie der Aufnahmefähigkeit der lokalen Arbeitsmärkte sollte damit die Unterstützung bei der unmittelbaren Jobsuche von nun an ins Zentrum aller beschäftigungsfördernden Aktivitäten rücken. Gleichzeitig wurde den Counties von der Landesregierung mehr Geld für GAIN bereitgestellt, um die Teilnahmezahlen zu erhöhen (ebd.). Kurz vor Verabschiedung der nationalen »Welfare Reform« befanden sich schätzungsweise 10 bis 20 Prozent aller Erwachsenen im AFDC-Programm in Kalifornien in beschäftigungsfördernden Maßnahmen (Quaid 2002: 63).

Trotz des bereits vorhandenen »work-first«-Ansatzes im landesweiten JOBS/GAIN-Programm gehörte Kalifornien zu den Bundesstaaten, die am längsten brauchten, um ihr Sozialhilfesystem den Vorgaben der nationalen TANF-Richtlinien anzupassen (Klerman u.a. 2000). Die Debatte im Vorfeld der parlamentarischen Entscheidung in der Landeshauptstadt Sacramento über die Neugestaltung der kalifornischen Sozialhilfegesetzgebung wird als hochgradig kontrovers beschrieben (Borland 1997; Geen u.a. 1998; Quint u.a. 1999). Gouverneur Wilson, der sich ähnlich wie der New Yorker Bürgermeister Giuliani am Beispiel Wisconsin orientierte und 1992 eine ehemalige leitende Mitarbeiterin des dortigen Sozialministeriums, Eloise Anderson, zur Unterstützung seiner restriktiven Vorstellungen nach Kalifornien holte, nannte die Aufgabe der Umsetzung der nationalen Bestimmungen in seiner Regierungsansprache 1997 ein Projekt zur kulturellen Erneuerung:

Welfare reform offers us the opportunity and the challenge to recast our very culture so that taxpayers no longer subsidize idleness or promiscuity [...] and no longer suffer when illegitimacy hatches into social pathology. (zit. nach Borland 1997: 3)

Stärker noch als in New York State ist das Regierungssystem in Kalifornien von einer ausgeprägten Parteienkonkurrenz und einem ständigen Wechsel der politischen Mehrheiten im Landesparlament gekennzeichnet (Smith 1997). Zum Zeitpunkt der nationalen »Welfare Reform« verfügten die Demokraten in Sacramento zwar über eine knappe Stimmenmehrheit sowohl im Unterhaus (State Assembly) als auch im Senat, waren jedoch bei der Verabschiedung der regionalen TANF-Gesetzgebung auf die Unterstützung eines Teils der republikanischen Abgeordneten angewiesen.[92] Während der von den Republikanern favorisierte Gesetzesentwurf des Gouverneurs und der neuen Direktorin des State Department of Social Services noch wesentlich schärfere Regelungen als die der Bundesregierung vorsah, waren die Demokraten lange Zeit uneinig, wie sie mit den nationalen Vorgaben und Restriktionen umgehen sollten (Borland 1997). Zu den weitreichendsten Forderungen von Wilson und Anderson gehörte, kontinuierliche Geldleistungen im neuen TANF-Programm bei Neuantragstellern zunächst auf ein Jahr zu beschränken (ebd.). Die Verpflichtung der Kommunen, eine Grundversorgung für Bedürftige sicherzustellen, sollte aus der Landesverfassung einfach gestrichen werden (Bechtel 1997; California Legislative Analyst's Office 1998). Außerdem schlugen sie vor, dass unverheiratete Frauen im Sozialhilfebezug ihre Kinder zur Adoption freigeben sollten (The Economist, 18.1.1997).

---

92 In der kalifornischen State Legislature ist bei allen Gesetzen, die haushaltspolitische Auswirkungen haben, die Zustimmung einer Zweidrittelmehrheit aller Abgeordneten notwendig; zudem verfügt der Gouverneur über ein Vetorecht (Geen u.a. 1998).

In der Demokratischen Partei gab es erhebliche Differenzen hinsichtlich der zeitlichen Befristung des Leistungsbezugs. Viele Abgeordnete waren gegen eine Übernahme der Fünf-Jahres-Frist des Bundes (Borland 1997). Uneinig war man sich auch, in welchem Zeitraum Hilfeempfänger zu einer Arbeitsaufnahme verpflichtet werden sollten, welche Gruppen und Personen von der Arbeitsverpflichtung auszuschließen seien und wie das Angebot staatlicher Unterstützungsleistungen im Einzelnen geregelt werden solle. Ein anderer Streitpunkt, der zu heftigen Auseinandersetzungen führte, war die weitere sozialstaatliche Unterstützung von Migranten und wegen Drogendelikten Vorbestraften, die der Kongress aus bundesstaatlichen Programmen ausgeschlossen hatte. Es wurde geschätzt, dass fast 600.000 Familien in Kalifornien unmittelbar von den Leistungsbeschränkungen des Bundes betroffen sein würden, darunter etwa 150.000 Migranten allein in Los Angeles County, die ihren Anspruch auf Ernährungsbeihilfen zu verlieren drohten (Geen u.a. 1998: 64). Darüber hinaus drängte die California State Association of Counties die Landesregierung auf eine Kostenbeteiligung an »General Relief«, weil sie befürchtete, dass infolge der neuen TANF-Gesetzgebung und des Verlusts der Anspruchsberechtigung zahlreicher Familien die Antragszahlen in den kommunalen Nothilfeprogrammen rapide ansteigen könnten.[93] Einige Landespolitiker und Wohlfahrtsorganisationen forderten, »General Relief« wie in New York State in das neue TANF-System des Bundesstaates zu integrieren und somit die Counties und Kommunen noch stärker zu entlasten (Pulley 1997).

Der kalifornische »Welfare to Work Act«

Nach einem knapp einjährigen Verhandlungsmarathon wurde schließlich am 11. August 1997 der »Thompson-Maddy-Ducheny-Ashburn Welfare to Work Act« in Kalifornien verabschiedet und das alte AFDC/GAIN-System durch das Programm »California Work Opportunity and Responsibility to Kids« (CalWORKs) ersetzt. Das Gesetz gilt als ein Kompromiss zwischen den unterschiedlichen Vorstellungen der Demokraten und Republikaner, in das zusätzlich Vorschläge von verschiedenen »Advocacy«-Gruppen und Lobbyvereinigungen eingeflossen sind. Zu diesen gehören das in San Francisco ansässige Western Center on Law

---

93 Der Verband der Kommunen ging davon aus, dass sich die Kosten für »General Relief« verdreifachen könnten, von $450 Millionen auf $1,3 Milliarden (California Legislative Analyst's Office 1996a: 1). Diese grobe Schätzung basierte auf der Annahme, dass ein Großteil der Migranten, die ihren Anspruch auf SSI (Einkommensbeihilfe für Alte und Behinderte) verlieren würden, »General Relief« beantragen würden.

and Poverty, das die Forderungen eines landesweiten Zusammenschlusses von Wohlfahrtsorganisationen vertrat, der Verband der Landkreise und die California Welfare Directors Association, die kommunale Verwaltungsinteressen formulierten, sowie das California Legislative Analyst's Office, das als unabhängiger Think tank die Entscheidungen des Landesparlaments überwacht und beansprucht, vor allem die Interessen der Steuerzahler zu vertreten. All diese Organisationen hatten eigene Gesetzesentwürfe zur Umsetzung der »Welfare Reform« formuliert und mit Hilfe einzelner Abgeordneter in die State Legislature eingebracht (ebd.).

Der »Thompson-Maddy-Ducheny-Ashburn Welfare to Work Act« (im Folgenden »Welfare to Work Act«/WTWA genannt) trat am 1. Januar 1998 in Kraft und regelt vor allem die Bedingungen, unter denen bedürftige Familien mit minderjährigen Kindern in Kalifornien Hilfe in Form von Geld-, Sach- und Dienstleistungen im Rahmen des TANF-Programms der Bundesregierung erhalten können.[94] Die Ausgestaltung und Finanzierung von »General Relief« für Alleinstehende blieb weiterhin die alleinige Angelegenheit der Counties. Der WTWA beinhaltet keinen Rechtsanspruch auf finanzielle Unterstützung im Rahmen des neuen CalWORKs-Programms. Anders als in New York State wurden Bedürftige mit einer Verurteilung wegen Drogendelikten grundsätzlich vom Sozialhilfebezug ausgeschlossen (US Government Accountability Office 2005). Die kalifornische TANF-Landesgesetzgebung sieht auch kein Auffangprogramm für Erwachsene vor, die ihre Fünf-Jahres-Frist erreicht haben. Da Gouverneur Wilson angekündigt hatte, ein Gesetz ohne zeitliche Befristung des Leistungsbezugs unter allen Umständen mit seinem Veto verhindern zu wollen (Bechtel 1997), bestand der Kompromiss darin, zumindest die Geldzahlungen für minderjährige Kinder von zeitlichen Auflagen zu befreien. Dementsprechend können in Kalifornien Familien, die ihre Fünf-Jahres-Frist im TANF-Programm erreicht haben, weiterhin vom Bundesstaat finanzierte Sozialhilfe erhalten. Der Leistungssatz wird jedoch um den Elternanteil reduziert.[95]

---

94 Alle folgenden Ausführungen beziehen sich, wenn nicht anders angegeben, auf die Quelle: California Legislative Analyst's Office 1998.

95 Dies bedeutet zum Beispiel für eine dreiköpfige Familie (Mutter mit zwei minderjährigen Kindern), dass die monatliche Sozialhilfe nach Erreichen der Zeitlimits um etwa 20 Prozent (von $626 auf $505) gekürzt wird (Polit u.a. 2005: 31). Darüber hinaus sieht der »Welfare to Work Act« vor, folgende Personengruppen von Zeitlimits und allen Beschäftigungsauflagen zu befreien: minderjährige Mütter, die am »Cal Learn«-Programm teilnehmen; Jugendliche zwischen 16 und 18 Jahren, die noch zur Schule gehen; arbeitsunfähige Schwangere; Kranke und Behinderte; alleinerziehende Mütter oder Väter mit Kindern unter zwölf Monaten; Personen mit

Weitere im Vergleich mit anderen Bundesstaaten eher generöse Regelungen betreffen die Anspruchsberechtigung von Migranten. Kalifornien gewährt allen legal eingewanderten Familien – unabhängig vom Zeitpunkt ihre Einreise – mit einigen wenigen Abstrichen die selben sozialen Leistungen wie bedürftigen Familien US-amerikanischer Staatsbürgerschaft. Angesichts des politischen Drucks zahlreicher Bürgerrechts- und Immigrantengruppen und der Lobbybemühungen der Counties (einschließlich Los Angeles) entschieden die Abgeordneten, mit Landesmitteln eigene Programme einzurichten, um die durch die nationale »Welfare Reform« entstandenen Versorgungslücken auszugleichen (Kahn/Kameran 1998). Parallel zu CalWORKs führte der WTWA das »Cash Assistance Program for Immigrants« und das »California Food Assistance Program« ein; sie unterstützen Immigranten, die ihren Anspruch auf SSI und Ernährungsbeihilfen des Bundes verloren haben. Damit ist Kalifornien neben Maine der einzige Bundesstaat in den USA, in dem Migranten auch nach der »Welfare Reform« bei allen wesentlichen Sozialleistungen für Bedürftige (»Medicaid«, SSI, »Food Stamps« und TANF) US-Staatsbürgern weiterhin gleichgestellt sind.

Kalifornien gehört neben New York State auch zu den wenigen Bundesstaaten, die darauf verzichtet haben, alle rechtlichen Sanktionsmöglichkeiten im neuen TANF-Programm auszuschöpfen. Im WTWA ist bei Verstößen gegen die Programmauflagen von CalWORKs keine »full family sanction« vorgesehen. Allerdings müssen Eltern mit Kürzungen ihrer Leistungen rechnen, wenn sie nicht nachweisen können, dass ihre Kinder regelmäßig die Schule besuchen oder die gesetzlich vorgeschriebenen Impfungen erhalten haben. Die »familiy cap«-Regelung, die bereits vor der »Welfare Reform« eingeführt wurde, beschränkt darüber hinaus die Leistungszahlungen auf die zum Zeitpunkt der Registrierung geborenen Kinder. Um zu verhindern, dass aus CalWORKs (aufgrund von »Kooperationsunwilligkeit« oder Ablauf der Zeitlimits) ausgeschiedene Erwachsene nicht einfach auf kommunale Leistungen zurückgreifen, hat die Landesregierung zudem beschlossen, diesen einen Anspruch auf »General Relief« zu verwehren (DeVerteuil u.a. 2002).[96] Hiermit reagierten die Gesetzgeber in Sacramento auf das Anliegen der Landkreise, ihre lokalen Notprogramme vor einer verstärkten Inanspruchnahme zu schützen.

---

pflegebedürftigen Angehörigen im eigenen Haushalt, Personen im fortgeschrittenen Alter; Betreuungspersonen und nichtleibliche Eltern von minderjährigen Kindern, wenn die Teilnahme an den Programmverpflichtungen zu einer Einweisung der Kinder in Pflegeeinrichtungen führen würde.

96 Sie haben erst dann wieder einen Anspruch auf »General Relief«, wenn ihre Kinder das 18. Lebensjahr überschritten haben (Geen u.a. 1998: 62).

Sind Hilfeempfänger als erwerbsfähig eingestuft und damit in das Programm CalWORKs aufgenommen, haben sie 18 Monate (bei Neuantragstellern) bzw. 24 Monate Zeit, um eine Arbeit zu finden. Gelingt ihnen das nicht, sieht der WTWA vor, dass die Counties ihnen eine gemeinnützige Beschäftigung (community service) in Nonprofit-Organisationen oder staatlichen Einrichtungen anbieten, damit sie ihrer Arbeitsverpflichtung nachkommen können. Der Zwang zur Teilnahme an beschäftigungsfördernden Maßnahmen, deren zeitlicher Umfang den Bundesvorgaben entspricht, setzt jedoch unmittelbar nach der Antragstellung bzw. dem Erhalt der ersten Unterstützungszahlung ein (Polit u.a. 2005).

Anders als bei der alten JOBS/GAIN-Gesetzgebung sind die »Welfare-to-Work«-Aktivitäten im WTWA in einer bestimmten Abfolge vorgeschrieben (vgl. Zellman u.a. 1999: 18): Nach der in den Sozialämtern erfolgten Neuregistrierung sollen alle anspruchsberechtigten Erwachsenen und Jugendlichen über 16 Jahren sofort zu einer Teilnahme an sogenannten Job Clubs verpflichtet werden. Im Mittelpunkt der Job-Club-Aktivitäten steht die von Mitarbeitern der Sozialämter oder anderen Einrichtungen angeleitete und überwachte Arbeitssuche sowie unterschiedliche Formen des Bewerbungstrainings. Haben die Hilfeempfänger nach Durchlaufen dieses vierwöchigen »Trainings« keine Erwerbstätigkeit gefunden, ist ein Assessment ihrer Grundqualifikationen sowie ihrer Beschäftigungsbarrieren vorgeschrieben. Im Anschluss an dieses Assessment soll die Entwicklung und Unterzeichnung eines individuellen »Welfare-to-Work«-Plans erfolgen, der abhängig von der Beurteilung der zuständigen Fallbearbeiter Qualifizierungs- und Weiterbildungsmaßnahmen, therapeutische/medizinische Beratung und Betreuung bzw. die erneute Teilnahme an Job Clubs beinhalten kann.

Der WTWA erkennt auch die Teilnahme an selbstgewählten Fortbildungskursen, einen weiterführenden Schulbesuch oder ein Studium als Beschäftigung (work activity) an, vor allem dann, wenn die Weiterbildung schon vor der Einführung von CalWORKs begonnen worden war. Anders als im Bundesgesetz vorgesehen, das eine zwölfmonatige Befristung vorschreibt, können Sozialhilfebezieher in Kalifornien bis zu zwei Jahren an Weiterbildungs- und beruflichen Qualifizierungsmaßnahmen teilnehmen, wenn sie gegenüber den Sozialverwaltungen glaubhaft machen können, dass diese zu einer erfolgreichen Beschäftigungsaufnahme führen werden (Price u.a. 2003). Die Gesetzgeber reservierten darüber hinaus einen Teil der TANF-Mittel des Bundesstaates ($65 Millionen) für das Community-College-System,[97] um die Entwicklung und Umset-

---

97 Community Colleges, die am ehesten mit den deutschen Berufs- und Fachhochschulen zu vergleichen sind, sind Teil des höheren Bildungswe-

zung von auf die speziellen Bedürfnisse von Sozialhilfeempfängern abgestellten Qualifizierungsprogrammen zu finanzieren (Jones-DeWeever 2005: 2). 1995 gingen etwa 140.000 AFDC-Empfänger in Kalifornien einer College-Ausbildung nach; etwa 20.000 davon studierten in Los Angeles an Community Colleges (James/Morrow 2001: 2). Damit gilt Kalifornien, das bereits seit den 1970er Jahren über eigene Landesprogramme zur Unterstützung eines Studiums von alleinerziehenden Frauen und anderen benachteiligten Bevölkerungsgruppen verfügt, in der Forschungsliteratur in Bezug auf die Förderung einer »higher education option« für Transferempfänger als besonders fortschrittlich (Lisman 2001; Brock u.a. 2002a; Price u.a. 2003).

Zahlreiche Entscheidungen zur Ausgestaltung des neuen Beschäftigungs- und Sozialhilfeprogramms CalWORKs überließen die Gesetzgeber in Kalifornien ähnlich wie in New York State den Counties (Quint u.a. 1999: 83ff.; Klerman u.a. 2000: 17f.). So ist es den lokalen Sozialverwaltungen freigestellt worden, die Arbeitsverpflichtung auch auf Eltern auszuweiten, deren Kinder jünger als ein Jahr sind. Gleichzeitig können sie den Umfang der vorgeschriebenen Wochenstunden zur Ableistung der Arbeitsverpflichtung weiter erhöhen und die Teilnahme an Qualifizierungsmaßnahmen untersagen oder zeitlich stärker befristen. Opfer von häuslicher Gewalt können von allen Programmauflagen ausgenommen werden (family violence option), genauso wie alleinerziehende Mütter, die Probleme bei der Kinderbetreuung oder andere gravierende Beschäftigungsbarrieren geltend machen können. Zudem erlaubt der WTWA den Counties, Antragsteller mit der Zahlung einer Pauschalsumme vom dauerhaften Sozialhilfebezug abzuhalten (diversion payments).

Nach der Verabschiedung des WTWA mussten die Counties innerhalb weniger Monate dem State Department of Social Services Implementierungspläne vorlegen (Zellman u.a. 1999). Die Landesregierung schrieb vor, die Öffentlichkeit, das heißt zivilgesellschaftliche Akteure wie Wirtschaftsvertreter und Wohlfahrts- und Bürgerrechtsorganisationen, an der Planung zu beteiligen. Aus den »implementation plans« hatte zum einen hervorzugehen, wie und in welchem Zeitraum die Verwal-

---

sens in den USA und werden aus Mitteln des Bundes, des Landes, aus lokalen Steuern und zu einem geringen Anteil aus von den Studierenden zu zahlenden Gebühren finanziert. Neben den Flaggschiffen der kalifornischen Hochschullandschaft, den Universities of California mit neun Standorten und den State Universities, bilden die insgesamt 108 Community Colleges in Kalifornien mit 1,5 Millionen Studierenden nicht nur den größten akademischen Bildungssektor, sondern auch denjenigen mit den niedrigsten finanziellen und formalen Zugangsbarrieren (Price u.a. 2003).

tungen vor Ort die im Landesgesetz vorgeschriebenen Maßnahmen und Leistungen organisatorisch und finanziell umzusetzen gedachten und welche öffentlichen oder privaten Einrichtungen am neuen Beschäftigungs- und Sozialhilfesystem beteiligt werden sollten. Zum anderen mussten die Counties für die Bereiche, für welche die Landesregierung bewusst lokale Handlungsspielräume eingeräumt hatte, entsprechende Regelungen verabschieden. Hierzu gehörte auch, mögliche Einsatzfelder für Sozialhilfeempfänger zu benennen, die nach der vom WTWA gesetzten Frist von 18 bzw. 24 Monaten keine reguläre Beschäftigung finden (Polit u.a. 2005).

In vergleichenden Studien zur Umsetzung der nationalen »Welfare Reform« (vgl. S. 165 ff.) wird Kalifornien mehrheitlich in die Kategorie der »großzügigsten Staaten« hinsichtlich des Umgangs mit bedürftigen Familien eingeordnet. Positiv hervorgehoben wird in Bezug auf das neue kalifornische Sozialhilfesystem neben den bereits genannten Punkten (eingeschränkte Anwendung der Zeitlimits, Auffangprogramme für Migranten und Förderung einer weiterführenden Ausbildung) in der Forschungsliteratur auch, dass Kalifornien seine Leistungssätze in der Familiensozialhilfe seit 1998 erhöht hat, über die landesweit größten Zuverdienstmöglichkeiten für Sozialhilfeempfänger und einen vergleichsweise hohen Mindestlohn verfügt.[98] Andere Autoren (Quint u.a. 1999; Zellman u.a. 1999) behaupten darüber hinaus, dass die kalifornischen Counties durch das neu eingeführte Finanzierungssystem von TANF entlastet worden seien, da sich ihr Gesamtkostenanteil am Sozialhilfesystem seit 1998 deutlich reduziert hätte.[99]

Allerdings sind auch in Kalifornien die untergeordneten Gebietseinheiten in ein Kontroll- und Sanktionssystem eingebunden worden, das diejenigen Landkreise benachteiligt, die keinen strikten »work-first«-Ansatz verfolgen. Seit der Einführung von CalWORKs stellt die Landes-

---

98 Betrug der maximale Leistungssatz für eine dreiköpfige Familie 1998 monatlich noch $565, so ist er bis 2003 schrittweise auf $679 erhöht worden (California Department of Social Services 2004). Bei erwerbstätigen Transferempfängern werden $225 des Lohneinkommens gar nicht auf die Sozialhilfe angerechnet, von allen weiteren Einkünften nur 50 Prozent (Polit u.a. 2005: 31). Erst bei einem Lohneinkommen von über $1.458 werden die Leistungen für eine dreiköpfige Familie eingestellt (ebd.: 34). Der Mindestlohn in Kalifornien betrug 1999 noch $5,75 die Stunde, 2001 wurde er auf $6,25 heraufgesetzt, 2002 erfolgte eine weitere Erhöhung auf $6,75, ab dem 1.1.2007 beträgt er $7,50 (California Department of Industrial Relations 2007).

99 Die Counties müssen sich seit 1998 nur noch mit 2,5 Prozent an den unmittelbaren Sozialhilfe- und mit 15 Prozent an den Verwaltungskosten des CalWORKs-Programms beteiligen (California Budget Project 2001).

regierung zusätzliche finanzielle Mittel bereit, mit denen diejenigen lokalen Verwaltungen belohnt werden, die überdurchschnittlich viele Hilfeempfänger in Arbeit vermitteln können (California Budget Project 2001). Sie erhalten als Gratifikation höhere Landeszuweisungen, um ihr Angebot an Dienst- und Unterstützungsleistungen zur Beschäftigungsaufnahme von TANF-Empfängern zu verbessern, so dass die Höhe der pro Hilfeempfänger im Monat zur Verfügung stehenden Mittel in den Counties bereits zwei Jahre nach Verabschiedung des WTWA zwischen $2.400 und $11.300 schwankte (California Legislative Analyst's Office 2001: 1). Im Vergleich zu New York State kann in Kalifornien aber nur ein verhältnismäßig kleiner Teil der bei den direkten Sozialhilfezahlungen eingesparten Gelder seit 1998 von den Counties angesammelt und/oder für andere soziale Programme und Maßnahmen verwendet werden (Polit u.a. 2005), was die Anreize für die lokalen Verwaltungen schwächt, eine besonders strikte Sanktions- und Diversionsstrategie zu verfolgen. Allerdings müssen auch die Counties in Kalifornien unmittelbare finanzielle Kürzungen in Kauf nehmen, wenn sie die vom Bund gesetzten »work participation rates« nicht erreichen. Der WTWA sieht vor, die untergeordneten Verwaltungseinheiten zur Hälfte an den von Washington angedrohten finanziellen Sanktionen zu beteiligen (Zellman u.a. 1999: 23).[100]

Lokale Rahmenbedingungen für eine arbeitszentrierte Sozialhilfepolitik

Anders als in New York City, wo Bürgermeister Giuliani und Jason Turner als Leiter der Sozialverwaltung eine besonders kontroverse und profilierte Position einnahmen, gab es innerhalb der Administration und der Lokalregierung in Los Angeles kein vergleichbar ambioniertes Führungsteam, das seine politische Karriere mit der erfolgreichen Umsetzung der »Welfare Reform« verbunden hätte. Vielmehr war zumindest die erste Phase des Transformationsprozesses des lokalen Sozialhilfesystems (1996-2000) in Los Angeles von einer erstaunlich engen Kooperation von Verwaltungsseite und zivilgesellschaftlichen Akteuren gekennzeichnet, da nur wenige sozialpolitische Organisationen auf eine kon-

---

100 1999 erhielt Kalifornien seine erste Strafe in Form einer Kürzung von $7 Millionen seiner Bundeszuschüsse, weil es dem Bundesstaat bis 1998 nicht gelungen war, entsprechend den nationalen Vorgaben 75 Prozent aller von Sozialhilfe lebenden »two-adult families« in Arbeit oder Beschäftigungsmaßnahmen zu bringen. Das führte dazu, dass Kalifornien 1999 ein eigenes Landesprogramm für diese Gruppe etablierte, das lediglich aus eigenen Steuermitteln finanziert wird (Ellis 1999).

frontative Strategie setzten; die Mehrheit versuchte frühzeitig, über eine gemäßigte Lobbypolitik und eine Partizipation an verschiedenen Planungsgremien Einfluss auf die Ausgestaltung des kommunalen TANF-Programms zu nehmen.

Im Unterschied zu New York City verzichtete die Lokalverwaltung in Los Angeles allerdings auch auf radikale Umstrukturierungen: Weder setzten sich Kommunalpolitiker oder führende Verwaltungsmitarbeiter für eine konsequente Diversions- und Sanktionspraxis ein, noch entschieden sie sich, unbezahlte Arbeitsdienste ins Zentrum des neuen Sozialhilfe- und Beschäftigungssystems zu stellen. Vielmehr versuchten die politisch Verantwortlichen zunächst, an bereits langjährig bestehende Kooperationsbeziehungen zwischen öffentlichen und gemeinnützigen Einrichtungen anzuknüpfen, um die Vorgaben der übergeordneten Reformgesetze umzusetzen. Angesichts der erheblichen Anzahl von Transferempfängern, die in relativ kurzer Zeit neu registriert, auf ihre Erwerbsfähigkeit hin überprüft und in irgendeine Form von Beschäftigungsmaßnahmen gebracht werden musste, bedeutete dies vor allem in den ersten Jahren einen extremen organisatorischen Aufwand, der mit einem hohen administrativen Abstimmungsbedarf einherhing.

Sozialhilfe- und Armutsentwicklung

Die Inanspruchnahme von Sozialhilfe unter Familien in Los Angeles County lag Mitte der 1990er Jahre in absoluten Zahlen noch deutlich über der in New York City. Somit nahm L.A. den unumstrittenen Spitzenplatz unter allen städtischen Regionen in den USA in Bezug auf die Herausforderungen der »Welfare Reform« ein. Zum Zeitpunkt ihrer Verabschiedung (1996) bezogen hier knapp 900.000 Personen, das heißt zehn Prozent der Gesamtbevölkerung, Unterstützung aus dem lokalen AFDC-Programm (L.A. Almanac 2004a). Etwa zwei Drittel davon waren allerdings Kinder, während sich die Gruppe der erwachsenen Transferempfänger (über 16 Jahre) aus 250.000 Frauen und 60.000 Männern zusammensetzte, darunter über 150.000 hispanischer Herkunft (L.A. Almanac 2004b).[101] Zum gleichen Zeitpunkt erhielten 93.000 Erwachsene Unterstützung im Rahmen von »General Relief«,[102] das sind fast

---

101 1998 setzte sich die Gruppe der Sozialhilfeempfänger im CalWORKs-Programm in L.A. zu 12,2 Prozent aus Weißen, zu 30,3 Prozent aus Afroamerikanern und zu 52,4 Prozent aus Hispanics und einer kleinen Gruppe anderer ethnischer Herkunft zusammen (Brookings Institution 2000b: 4).

102 Zur Zusammensetzung der Gruppe, die Gelder aus dem »General Relief«-Programm bezog, vgl. FN 82.

190.000 weniger Personen als im »Home Relief«-Programm in New York City; über eine Million Menschen waren auf staatliche Ernährungsbeihilfen angewiesen (L.A. Almanac 2004a). Kurz vor Einführung des neuen CalWORKs-Programms sah das durchschnittliche Profil einer Familie in Los Angeles County im Sozialhilfebezug folgendermaßen aus: Sie bestand aus drei Personen; die Zahl der Kinder betrug durchschnittlich 2,2; das Alter der Kinder lag im Durchschnitt bei sieben, das der Erwachsenen zwischen 34 und 35 Jahren; 72,3 Prozent der Erwachsenen besaßen die US-amerikanische Staatsbürgerschaft; 42,9 Prozent waren unverheiratet; 41,7 Prozent waren länger als zwölf Jahre zur Schule gegangen; die durchschnittliche Bezugsdauer betrug 13,5 Monate, die Höhe der Leistungen $495 im Monat (California Department of Social Services 1999). Bereits über 40 Prozent der Erwachsenen kombinierten zu diesem Zeitpunkt Transferleistungen mit einer Erwerbstätigkeit (ebd.).

Die größten Zuwächse bei den Sozialtransfers hatte es in L.A. Ende der 1980er Jahre gegeben, als die Region eine der größten Wirtschaftsrezessionen in ihrer Nachkriegsgeschichte erlebte. Allein zwischen 1989 und 1992 war die Anzahl aller Personen, die in Los Angeles County in unterschiedlicher Form sozialstaatliche Unterstützung bezogen, von 1 Million auf 1,6 Millionen angestiegen; 1995 hatte sie mit 2,1 Millionen ihren vorläufigen Höchststand erreicht (DeVerteuil u.a. 2003: 275).

Präzise Angaben über die Ausgabenentwicklung in Los Angeles County für die einzelnen Sozialprogramme und -leistungen liegen nicht vor.[103] Insgesamt ist das Budget von L.A. County zwischen 1995 und 2000 von $9,4 auf über $15 Milliarden angewachsen (L.A. Almanac 2004c). Von den Gesamtausgaben entfiel der größte Posten ($3,74 Milliarden) 1995 auf den Bereich »Public Assistance«, gefolgt von »Public Protection« ($2,5 Milliarden) und Ausgaben für »Health and Sanitation« ($1,8 Milliarden). Im Jahr 2000 waren die kommunalen Ausgaben für Sozialtransfers auf $5,1 Milliarden gestiegen, die Ausgaben für Strafverfolgung/Sicherheit auf $3,5 und die Kosten für Gesundheitsleistungen auf $3,4 Milliarden (ebd.). Damit lässt sich anders als für New York City keine eindeutige Umschichtung der lokalstaatlichen Ausgaben in der zweiten Hälfte der 1990er Jahre von redistributiven Programmen zugunsten des Bereichs Polizei/öffentliche Sicherheit oder anderer kommunaler Aufgabenfelder nachweisen.[104] Vielmehr zeigen diese Anga-

---

103 Das Board of Supervisors veröffentlicht zwar jährlich einen Budgetplan, in diesem sind jedoch die Ausgaben für die einzelnen Transferprogramme nicht näher aufgeschlüsselt.

104 Ein unmittelbarer Vergleich der Haushalts- und Ausgabenentwicklung in New York City und Los Angeles County ist auch deswegen nicht mög-

ben, dass zumindest in Los Angeles die Umstellung des Sozialhilfesystems Ende der 1990er Jahre zunächst nicht mit Einsparungen auf der lokalen Ebene, sondern mit Ausgabenerhöhungen verbunden war. Ob die zusätzlich eingesetzten Mittel in Los Angeles unmittelbar bedürftigen Familien zugute kamen und wer im Einzelnen von diesen profitieren konnte, ist allerdings umstritten. Auf Kostenverschiebungen innerhalb der einzelnen Unterstützungsprogramme (CalWORKs und »General Relief«) seit Verabschiedung der übergeordneten Sozialhilfegesetzgebung wird weiter unten (vgl. S. 321 ff.) noch eingegangen.

Betrachtet man die allgemeine Einkommens- und Armutsentwicklung in den 1990er Jahren, so zeigt sich aber auch für Los Angeles ein eindeutig negativer Trend, der starke Parallelen mit Entwicklungen in New York City aufweist. Die Armutsbevölkerung in Los Angeles ist gemessen an ihrem Anteil an der Gesamtbevölkerung aktuell um 23 Prozent höher als in Kalifornien und um 25 Prozent höher als im Bundesdurchschnitt (Flaming 2006: 2). Wird die offizielle Definition der Bundesregierung zugrunde gelegt, dann galten 1990 fast 1,3 Millionen Bewohner von Los Angeles County als arm (Perez 2002: 8). Hatte die Armutsrate 1970 noch unter zehn Prozent und somit unter dem Bundesdurchschnitt gelegen, so war zwischen 1989 und 1999 der Anteil der Personen, die im County unter der offiziellen Armutsgrenze lebten, von 15,1 auf 17,9 Prozent angestiegen (ebd.: 6). In der City of Los Angeles war die Entwicklung noch drastischer: Hier nahm die Armutsrate in der Bevölkerung im selben Zeitraum von 18,9 auf 22,1 Prozent zu (Drayse u.a. 2000: 12), während sie bundesweit von 13,5 auf 12,7 Prozent gesunken ist (US Bureau of the Census 1999). Bei der Verwendung einer Berechnungsgrundlage, die sich an den realen Lebenshaltungskosten in Los Angeles orientiert,[105] fällt das Bild noch wesentlich düsterer aus. Demnach ist seit Mitte der 1990er Jahre der Anteil der materiell bedürftigen Familien in Los Angeles County von 36 auf 43 Prozent gewachsen, was einer Zahl von 4,1 Millionen Personen entspricht (More u.a. 2000: 19f.). Noch nie waren so viele Menschen in der Wohlstands- und

---

lich, weil sich das County und die City in Los Angeles die kommunalen Aufgaben teilen, während New York City für alle Leistungen aufkommt, die der Bundesstaat nicht übernimmt (vgl. S. 181 ff.).

105 Nach einer Studie der Equal Rights Advocates (2000a) musste eine alleinerziehende Mutter in Los Angeles mit zwei Kindern ohne staatliche Unterstützung aufgrund der hohen Lebenshaltungskosten Ende der 1990er Jahre mindestens $19 pro Stunde oder etwa $40.000 im Jahr verdienen, um ihre Familie angemessen versorgen zu können. Der Mindestlohn betrug zu diesem Zeitpunkt $5,75 pro Stunde; die durchschnittliche Miete für ein Zwei-Zimmer-Appartement lag bei $1.323 (Tepper/Simpson 2003: 4).

Glamour-Kapitale mit ihren luxuriösen Villen in Beverly Hills und zahlreichen Hollywood-Stars so weit von der Realisierung des amerikanischen Traums entfernt:

Indeed, today's working poor in Los Angeles are experiencing an extreme ver-
sion of the economic turbulence that is rocking families across the income
spectrum. And the cause, no matter of people's means, is the same: a quarter-
century-long shift of economic risk by business and government onto working
families. Protections that Americans, especially poor ones, once relied on to
buffer them from economic setbacks – affordable housing, stable jobs with
good benefits, union membership and the backstop of cash welfare – have
shriveled or been eliminated. These losses have been only partially offset by
an expansion of programs such as the earned-income tax credit for the working poor and publicly provided healthcare. (Gosselin 2004)

Im US-amerikanischen »Epizentrum der working poor« (More u.a.
2000) sind es wiederum bestimmte Bevölkerungsgruppen, die überdurchschnittlich stark unter materieller Not, schlechter Gesundheits- und
Wohnraumversorgung sowie fehlenden Mobilitätschancen zu leiden haben: Mitte der 1990er Jahre lag die Armutsrate unter Kindern bei 36,2
Prozent, unter alleinerziehenden Müttern bei 29,8 Prozent, unter erwachsenen Afroamerikanern bei 22,3 und unter Hispanics bei 32,6 Prozent (United Way of Greater Los Angeles 1999: 23ff.). Außerhalb der
USA geborene Migranten, die inzwischen über ein Drittel der Gesamtbevölkerung von Los Angeles ausmachen, bilden eine weitere Gruppe,
die überproportional stark von Einkommensarmut betroffen ist: 27,5
Prozent aller neu Zugewanderten lebten in den 1990er Jahren in Südkalifornien in Armut im Vergleich zu 10,9 Prozent der »Eingeborenen«
(Myers u.a. 2004: 4).

Zudem hat sich seit den 1970er Jahren die Zahl der urbanen und
suburbanen Wohnquartiere mit einer extremen Armutskonzentration –
definiert als Gebiete mit einer Armutsquote über 30 Prozent – in Los
Angeles County mehr als verdoppelt (McConville/Ong 2003: 1). Gleichzeitig ist aufgrund der anhaltenden Wohnungskrise – es fehlen etwa
400.000 Wohnungen für einkommensschwache Haushalte (Leavitt/
Lingafelter 2005: 43) – die Zahl der Obdachlosen ständig angewachsen.
Wurde 1984 noch von etwa 25.000 bis 50.000 Wohnungslosen ausgegangen, so wurde ihre Zahl im Jahr 2000 bereits auf 80.000 bis 100.000
geschätzt (Tepper/Simpson 2003: 5), darunter als ein erstes sichtbares
Ergebnis der »Welfare Reform« eine zunehmende Zahl von Familien
mit Kindern. Zu den städtischen Regionen mit einer besonders hohen
Konzentration von Haushalten mit einem Jahreseinkommen von unter

$15.000 gehören Gebiete in unmittelbarer Nähe zu Downtown L.A. (Skid Row als Zentrum der obdachlosen Bevölkerung), traditionelle Einwandererquartiere wie Pico-Union/Westlake und Boyle Heights, East Los Angeles mit einer vorwiegend hispanischen Bevölkerung, Watts und Compton in South Central mit einer hauptsächlich afroamerikanischen Bewohnerschaft, dazu Teile von Long Beach und North Hollywood mit großen asiatischen Flüchtlings-Communities (aus Kambodscha, Vietnam und Armenien) sowie im nordöstlichen San Fernando Valley das besonders stark von Deindustrialisierung betroffene Pacoima.[106]

Noch ausgeprägter als in New York City ist in Los Angeles County das Problem der sinkenden Löhne und das Verschwinden der Mittelschichten (Assembly Select Committee on the California Middle Class 1998). Nicht Erwerbslosigkeit oder Unterbeschäftigung wie in vielen anderen US-amerikanischen oder westeuropäischen Metropolen sind in Los Angeles die ausschlaggebenden Gründe für eine zunehmende Verarmung der Bevölkerung, sondern ein erschreckender Rückgang bei den Lohneinkommen. Das durchschnittliche Reallohneinkommen für Männer ist zwischen 1979 und 2005 um fast ein Fünftel (19,2 Prozent) gesunken (California Budget Project 2006: 4); der durchschnittliche Stundenlohn eines abhängig Beschäftigten in den unteren Einkommensgruppen ging zwischen 1989 und 1995 von $9,13 auf $7,95 zurück (ebd.). Weniger als die Hälfte aller Beschäftigten in L.A. war 2004 über ihren Arbeitgeber noch kranken- und rentenversichert (ebd.). Die größten Lohnverluste zwischen 1990 und 1998 mussten wie in New York City die Arbeiter- und unteren Mittelschichthaushalte (Jahreseinkommen zwischen $15.000 und $40.000) hinnehmen, während das Einkommen der Höherverdienenden (über $85.000 im Jahr) im selben Zeitraum um über 16 Prozent angestiegen ist (More u.a. 2000: 16). Die eindeutig größten Einkommenszuwächse (120 Prozent) hatten dagegen Multimillionäre zu verzeichnen (Gladstone/Fainstein 2003: 93), so dass die Einkommensschere und die Entfremdung zwischen der mehrheitlich migrantischen Armutsbevölkerung und den weißen Oberschichten, die unmittelbar von den billigen Arbeitskräften in der boomenden Dienstleistungs- und Sicherheitsindustrie profitieren, immer größer geworden sind.[107] Mehr als zwei Drittel der etwa eine Million Arbeitnehmer in Los

---

106 Zur räumlichen Konzentration von Armut in Los Angeles, die stark von bundesweiten Trends abweicht, vgl. McConville/Ong 2003; Jargowsky 2003.

107 In Los Angeles County ist das Einkommensgefälle (income gap) zwischen Arm und Reich größer als in irgendeinem anderen Teil der USA (California Budget Project 2006).

Angeles mit einem jährlichen Haushaltseinkommen unter der Armutsgrenze waren Ende der 1990er Jahre Latinos, während der Anteil der
Weißen an den »working poor« lediglich 13 Prozent betrug (California
Employment Development Department 2001a).[108] Unter den arbeitenden
Armen ist die größte Gruppe zwischen 36 und 50 Jahren alt, lebt in
Haushalten mit zwei Erwachsenen und mehreren Kindern und geht mindestens einer Vollzeitbeschäftigung nach, vorwiegend in der verarbeitenden Industrie, im Einzelhandel und in sonstigen Dienstleistungssektoren wie dem Hotel- und Sicherheitsgewerbe oder als Haus- und Betreu-
ungspersonal für die wohlhabenderen Bevölkerungsgruppen (More u.a.
2000: 25).

Ökonomische Faktoren

Dass Los Angeles ein ernsthaftes, durch den Markt sowie die extreme
Ausbeutung von Arbeitsmigranten forciertes Armutsproblem hat, war
auch den Lokalregierungen und den führenden Mitarbeitern der für die
Umsetzung von CalWORKs zuständigen Behörden nicht entgangen. In
einem von verschiedenen Verwaltungsabteilungen 1998 entwickelten
»Job Creation Plan« nannten sie als eine der größten Herausforderungen
der städtischen Region, in den kommenden Jahren ausreichend Arbeitsplätze zu schaffen, die Sozialhilfeempfängern, Erwerbslosen, neuen Zu-
wanderern und bereits Beschäftigten existenzsichernde Löhne, angemessene Sozialleistungen (Krankenversicherung, Urlaubsanspruch etc.) und
Aufstiegsmöglichkeiten bieten. Die Anzahl der benötigten Jobs, um das
Soll der nationalen Sozialhilfereform zu erfüllen und die Arbeitslosenrate in Los Angeles County auf den damaligen Bundesdurchschnitt (4,3
Prozent) zu senken, wurde auf 500.000 geschätzt (L.A. County Department of Public Social Services 1998a: 1). Eine andere Studie des unabhängigen Forschungskonsortiums Economic Roundtable gelangte zu der
Einschätzung, dass auf jede offene Stelle, die für ehemalige Sozialhilfeempfänger geeignet ist, etwa fünf bis sechs Bewerber kommen würden
(Force u.a. 1998: 17). Kurz zuvor hatte der City Council von Los Angeles auf Drängen lokaler Gewerkschafts- und Wohlfahrtsorganisationen
daher eine Resolution verabschiedet, die sich für die Verabschiedung eines Gesetzes im US-Kongress aussprach, das den Bundesstaaten und

---

108 Beide Gruppen haben einen Anteil an allen Erwerbstätigen von etwa 40
Prozent und einen Bevölkerungsanteil von 47 Prozent (Latinos) bzw. 30
Prozent (Weiße) (California Employment Development Department
2001a).

Kommunen $250 Milliarden zur Schaffung von Arbeitsplätzen im privaten und im öffentlichen Sektor bereitgestellt hätte (Alarcon 1997).[109]

Das Employment Development Department in der Landeshauptstadt Sacramento dagegen gab sich optimistisch und schätzte – ausgehend von der Wirtschaftsentwicklung Mitte der 1990er Jahre –, dass Kalifornien bis 2005 jedes Jahr etwa 270.000 neue Arbeitsplätze hinzugewinnen würde, einen Großteil davon in Südkalifornien (Borland 1997). Auch für die Stadtregion Los Angeles sahen die lokalen Arbeitsmarktprognosen zum Zeitpunkt der Umsetzung der übergeordneten Sozialhilfereformen – trotz der erwarteten Engpässe für Personen mit größeren Beschäftigungsbarrieren – etwas besser aus als in vielen anderen Landesteilen. So lag die offizielle Erwerbslosenrate 1998 mit 6,4 Prozent in Los Angeles County deutlich unter der in New York City, 2000 war sie sogar auf 5,4 Prozent gesunken (Brock u.a. 2002: 9).[110] Der allgemeine Beschäftigungszuwachs zwischen 1996 und 1999 wurde auf 9,2 Prozent geschätzt (Polit u.a. 2005: 9).

1992 hatte die offizielle Erwerbslosenrate in L.A. County dagegen noch bei über zehn Prozent gelegen, was vor allem das Ergebnis massiver Arbeitsplatzverluste in der industriellen Produktion seit Beginn der 1980er Jahre war (Gladstone/Fainstein 2003). Begonnen hatte der Abbau von vergleichsweise gut bezahlten und gewerkschaftlich organisierten Arbeitsplätzen (blue collar jobs) in der Region durch den Niedergang der Automobilindustrie und der von ihr abhängigen Zuliefererbetriebe. Wenig später folgte eine Krise im Schiffsbau und in der Rüstungs- und Luftfahrtindustrie, die vor allem durch das Ende des Kalten Krieges an Bedeutung einbüßten und Hunderttausende von Beschäftigten entließen (Flaming 2006). Der »Gunbelt« der USA, wie der Wirtschaftsraum Los Angeles in den 1980er Jahren zuweilen auch genannt wurde, verlor im Bereich der Großindustrie zwischen 1990 und 1995 etwa 250.000 Stellen und somit einen Großteil seiner existenzsichernden Arbeitsplätze für ethnische Minderheiten und Niedrigqualifizierte (ebd.: 5).

Nach dieser tiefen wirtschaftlichen Depression, die zur schwersten Krise seit den 1930er Jahren zählte und durch die Riots 1992 noch verschärft wurde, hat Los Angeles jedoch wieder eine erneute demographische und ökonomische Expansion sowie Reindustrialisierungsschübe er-

---

109 Dieser »Job Creation and Infrastructure Restoration Act« scheiterte jedoch 1998 an der Ablehnung der republikanischen Mehrheit im Kongress.

110 Lediglich unter Jugendlichen (16,8 Prozent), Afroamerikanern (12,0 Prozent) und Latinos (10,2 Prozent) lag die Erwerbslosigkeit Ende der 1990er Jahre merklich höher (California Employment Development Department 2001b).

lebt (Pastor u.a. 2000), die in einem Bevölkerungswachstum von etwa 800.000 Bewohnern und 400.000 neuen Arbeitsplätzen resultierten.[111] Die größten Beschäftigungszugewinne in den 1990er Jahren wurden allerdings in den Bereichen Transport, Bau, Finanzen, Immobilien, Versicherungen, Tourismus und im Einzelhandel erzielt (Southern California Studies Center 2001). Allein im Dienstleistungsbereich, der durch eine extreme Spaltung zwischen einem Hochlohnsektor (EDV, Finanzwesen, Filmindustrie etc.) und einem umfangreichen Niedriglohnsektor (einfache und haushaltsnahe Dienstleistungen) gekennzeichnet ist, sind seit 1995 180.000 neue Arbeitsverhältnisse entstanden (United Way of Greater Los Angeles 1999: 12).[112] Gleichzeitig hat sich Los Angeles seit den 1980er Jahren zu einem wichtigen Standort der »Sweatshop Industries« (Mittel- und Kleinbetriebe mit einem Schwerpunkt in der Textil- und Bekleidungsherstellung) und zu einem Zentrum informeller wirtschaftlicher Aktivitäten entwickelt. Zwischen 1977 und 1997 ist die Zahl der Sweatshops, die sich durch besonders niedrige Löhne, hochgradig flexibilisierte und ungeschützte Arbeitsbedingungen sowie eine stark segregierte ethnische Arbeiterschaft auszeichnen, um die Hälfte gewachsen, so dass hier inzwischen ein Sechstel aller »manufacturing jobs« in Los Angeles angesiedelt ist (Gladstone/Fainstein 2003: 89).

Für das Jahr 2000 wurde geschätzt, dass sich 16 Prozent aller Jobs in der City of Los Angeles der wachsenden Schattenökonomie zurechnen ließen bzw. nicht offiziell gemeldet waren (Klowden u.a. 2005: 9). Darüber hinaus weist eine aktuelle empirische Untersuchung (Valenzuela u.a. 2006) auf die zunehmende Bedeutung des Tagelöhnersektors in Los Angeles hin, der überwiegend von mexikanischen Migranten bedient wird. Dementsprechend gehen einige Beobachter des lokalen Arbeitsmarktes in L.A. davon aus, dass sich der informelle Wirtschaftsbereich zu einem immer wichtigeren Wachstumssektor entwickeln könnte, der im Zusammenhang mit den erfolgten Einschnitten im Sozialsystem Armuts- und Ungleichheitsprobleme noch weiter verschärfen werde:

---

111 Der Bevölkerungszuwachs bezieht sich auf die Jahre 1992 bis 1999, der Stellenzuwachs auf den Zeitraum von 1992 bis 1998 (Drayse u.a. 2000: 21).

112 Die größten Beschäftigungszuwächse in absoluten Zahlen wurde in Los Angeles County in den folgenden fünf Bereichen und Berufsgruppen mit den in Klammern angegebenen durchschnittlichen Stundenlöhnen erzielt: Personal im Einzelhandel ($7,32), Büroangestellte ($9,72), Bedienungspersonal ($5,35), Küchenhelfer ($6,13) und Kassiererinnen ($6,49) (United Way of Greater Los Angeles 2000: 25). Weitere Boomsektoren sind die Filmindustrie, der Bildungs- und Gesundheitssektor und andere soziale Dienste, »legal services« sowie die Sicherheitsindustrie (Gladstone/Fainstein 2003: 85)

Los Angeles County may well have entered an era when its formal economy, with jobs that provide worker protections and payroll benefits, is standing still while growth occurs through under-the-table, off-the-books employment. This growing informal economy produces a wide range of legal goods and services such as apparel, food products, construction, and private household care, while ignoring basic labor and tax laws. The presence of this type of employment as a significant, growing, and possibly permanent part of our economy raises concerns about the ability of the working poor to improve their circumstances and achieve economic sustainability. It is also a compelling reason for us to rethink a regional economic trajectory that promotes short-term gains at a cost of greater poverty and inequality. (Joassart-Marcelli/Flaming 2002: 3)

Während zahlreiche Forschungseinrichtungen in Zusammenarbeit mit lokalen Gewerkschafts- und Community-Organisationen in den 1990er Jahren damit begannen, neue Initiativen zur Stärkung lokaler Wirtschaftsräume und zur Durchsetzung höherer Löhne zu entwickeln (vgl. S. 289 ff.), waren die Lokalverwaltungen in Los Angeles County in den ersten Jahren nach Verabschiedung der nationalen »Welfare Reform« vor allem damit beschäftigt, den bürokratischen Anforderungen der übergeordneten Sozialgesetzgebung nachzukommen.

Workfare in Los Angeles

Die wesentlichen Akteure, die Einfluss auf die Ausgestaltung des lokalen Workfare-Regimes in Los Angeles nahmen, waren das County Board of Supervisors, das County Department of Public Social Services sowie eine breite Koalition aus Gewerkschafts-, Wohlfahrts- und Community-Organisationen, die anders als in New York City zu einem großen Teil frühzeitig von Verwaltungsseite in den Beratungs- und Transformationsprozess eingebunden wurden.[113] Dagegen spielten sowohl der republikanische Bürgermeister Richard Riordan als auch der von Demokraten dominierte City Council bei der Formulierung und Umsetzung der neuen Sozialhilfepolitik nur eine untergeordnete Rolle, da sie lediglich über die Möglichkeit verfügten, Empfehlungen auszusprechen und Lobbypolitik zu betreiben, aber sonst keine formalen Zuständigkeiten im Bereich der Transferleistungen haben.[114]

---

113 Interviews mit Teresa Sanchez, Service Employment International Union/Local 347, 15.10.2002; Yardenna Aaron, Community Institute for Policy Heuristics & Education, 18.10.2002; Dan Fleming, Economic Roundtable, 30.8.2001.

114 Der City Council hat lediglich Einfluss auf die Verwendung von Mitteln des Bundesarbeitsministeriums zur Beschäftigungsförderung von benachteiligten Bevölkerungsgruppen, die zum Teil direkt an die Kommu-

Ein weiterer Unterschied zur New Yorker Situation war, dass die traditionelle Konfliktlinie zwischen der County-Verwaltung und den sozialpolitisch engagierten zivilgesellschaftlichen Gruppen Mitte der 1990er Jahre in Los Angeles zumindest kurzfristig von einer gemeinsamen Opposition gegenüber dem republikanischen Gouverneur und dem Sozialministerium in Sacramento überlagert wurde. So gab es im Vorfeld der Verabschiedung des »Welfare to Work Act« im Landesparlament bereits eine rege Zusammenarbeit zwischen County-Vertretern, dem City Council, progressiven Abgeordneten der Demokratischen Partei – darunter der heutige Bürgermeister von L.A., Antonio Villaraigosa – und zahlreichen Immigranten- und Bürgerrechtsorganisationen, um die besonders restriktiven Reformvorschläge der Republikaner in der State Legislature zu verhindern (Reese 2002a). Mehr als 300 Organisationen beteiligten sich darüber hinaus an einer landesweiten Kampagne für »Immigrant Rights« und erleichterte Einbürgerungen, die auch von Seiten der County-Verwaltung und des Bürgermeisteramts finanzielle und personelle Unterstützung erfuhr (Ward 1997).[115] Zudem hatten sich in Los Angeles County bereits im September 1996 auf Initiative der Liberty Hill Foundation[116] mehr als 100 Nonprofit-Organisationen, Gewerkschafts-, Kirchen- und Stadtteilgruppen zur Los Angeles Welfare Reform Coalition zusammengeschlossen, um ihre Kräfte zu bündeln und als Verhandlungspartner mit einer Stimme gegenüber der County-Regierung und Sozialverwaltung aufzutreten (L.A. Welfare Reform Coalition 1997; Los Angeles Times, 13.4.1997).

Die Umsetzung von CalWORKs in Los Angeles

Die für die Implementierung von CalWORKs in Los Angeles County zuständige Sozialbehörde, das Department of Public Social Service (DPSS), legte ihren ersten »Welfare Reform Plan« innerhalb von nur drei Monaten nach Verabschiedung der Landesgesetzgebung vor (Quint u.a. 1999). Zuvor waren unter der Schirmherrschaft des DPSS – wie von

---

nen gehen und auch für Sozialhilfeempfänger eingesetzt werden sollen (Eick u.a. 2004).

115   In einer Untersuchung zu den Ursachen der deutlich erhöhten Einbürgerungsrate von mexikanischen Migranten in der zweiten Hälfte der 1990er Jahre in Kalifornien wird als einer der drei wichtigsten Gründe die Verabschiedung der »Welfare Reform« genannt (Borjas 2002; Balistreri/Van Hook 2004).

116   Die Liberty Hill Foundation ist eine in den 1970er Jahren in Santa Monica (Kalifornien) gegründete private Stiftung, die linke Projekte und Kampagnen unter dem Motto »Change, Not Charity« im Raum L.A. unterstützt (http://www.libertyhill.org/media/history.html).

der Landesregierung vorgesehen – diverse Abstimmungs- und Planungsgremien eingerichtet worden. An dem sogenannten Welfare Reform Network und seinen 14 Arbeitsgruppen waren alle öffentlichen und privaten Einrichtungen beteiligt, die unmittelbar mit der Umsetzung von CalWORKs befasst waren, sowie Repräsentanten der Los Angeles Welfare Reform Coalition. In einer Interdepartmental Task Force, die sich aus führenden Mitarbeitern aus acht Verwaltungsabteilungen zusammensetzte, erfolgte 1998 unter der Leitung des DPSS die Feinabstimmung der in den Arbeitsgruppen entwickelten Vorschläge.[117] Zusätzlich wurden im Oktober 1997 zwölf größere Versammlungen, sogenannte Community Forums, abgehalten, um die Vorschläge der Arbeitsgruppen mit der interessierten Öffentlichkeit zu diskutieren. An dem gesamten Planungsprozess für den »County CalWORKs Plan« nahmen nach Angaben der Behörde über 1.000 Personen teil, darunter auch Vertreter von Bildungseinrichtungen, Universitäten, gemeinnützigen Beschäftigungsträgern, Gewerkschaften und Arbeitgeberverbänden sowie ausgewählte Sozialhilfeempfänger.[118] Die Welfare Reform Coalition setzte sich vor allem für möglichst moderate Arbeitsverpflichtungen, großzügige Ausnahmeregelungen für alleinerziehende Mütter, die ausreichende Finanzierung von Qualifizierungsmaßnahmen sowie gegen strenge Sanktionen und unbezahlte Arbeitseinsätze (unpaid community service) ein (L.A. Welfare Reform Coalition 1997).

Gleichzeitig forderte ein Teil der sozialpolitischen Opposition vom County, zusätzliche Ressourcen zur Unterstützung und zur Arbeitsmarktintegration von besonders benachteiligten Personen und ihren Familien bereitzustellen. Das Board of Supervisors reagierte darauf, indem es das DPSS zu Beginn des Jahres 1998 damit beauftragte, zusammen mit zivilgesellschaftlichen Gruppen und Experten einen »Long-Term Family Self-Sufficiency Plan« auszuarbeiten (Polit u.a. 2005). Als dessen Zielsetzungen wurden die Förderung nachhaltiger Beschäftigung, eine verbesserte medizinische Grundversorgung, eine stabilere Wohnsituation für einkommensschwache Familien, die Bekämpfung von (Jugend-)Kriminalität, eine Senkung der Analphabetenquote sowie ein möglichst integratives und abgestimmtes System sozialer Dienstleistun-

---

117 Die 14 Arbeitsgruppen hatten folgende Schwerpunkte: Fiscal Issues, Automation and Data Collection, Child Care, Supportive Services, Staff Development, Facilities, Welfare-to-Work, Child Support, Eligibility Standards, Food Stamps, Staff, Participation and Community Communication, Customer Relations, Legislation and Regulations und Medi-Cal (die kalifornische Variante des Programms »Medicaid«) (Los Angeles County Department of Public Social Services 1998b).

118 Interview mit Henry Felder, DPSS-Forschungsabteilung, 13.2.2001.

gen genannt (L.A. County Department of Public Social Services 2001a). Auf einer Pressekonferenz bezeichnete die Direktorin des DPSS – eine gemäßigte Republikanerin, die von 1991 bis 2001 die Behörde leitete – die Initiative des County als »the most comprehensive plan of its type anywhere in the United States« (L.A. County Department of Public Social Services 1999).

Zuvor hatten sieben Arbeitsgruppen aus 100 Projektideen 46 ausgewählt, von denen mehr als die Hälfte der Beschäftigungsförderung von besonders schwer zu vermittelnden Bevölkerungsgruppen dienen und von Community-Organisationen und Wohlfahrtseinrichtungen durchgeführt werden sollte.[119] Weitere Mittel zur Qualifizierung und Betreuung von »arbeitsmarktpolitischen Problemgruppen« durch gemeinnützige Einrichtungen stellte ab 1998 das Bundesarbeitsministerium durch einen Sonderfonds[120] bereit, so dass ein nicht unerheblicher Teil der in Los Angeles in sozialen Diensten tätigen Nonprofit-Organisationen – anders als in New York City – unmittelbar in das neue lokale »Welfare-to-Work«-System eingebunden war und auch finanziell von diesem profitieren konnte (Eick u.a. 2004).

---

119 Insgesamt waren für die Finanzierung der in den Plan aufgenommenen Projekte und Programme $870 Millionen vorgesehen (L.A. County New Direction Task Force 1999: 3), die vor allem die Landesregierung zur Verfügung stellen sollte. Ein Teil der Maßnahmen sollte über die TANF-Mittel des County finanziert werden. Direkt angegliedert an das Cal-WORKs-System und zu dessen Unterstützung gedacht waren etwa 20 Prozent der Maßnahmen. Sie konzentrieren sich zum einen auf eine Erweiterung der vom DPSS und seinen Kooperationspartnern angebotenen »Welfare-to-Work«-Aktivitäten oder sollten die Kooperation des DPSS mit anderen Verwaltungen stärken, um Familien im Sozialhilfebezug mit einer besseren medizinischen Betreuung, angemessenem Wohnraum oder Freizeit- und Betreuungsangeboten für Kinder und Jugendliche zu versorgen. Ein anderer Teil der Maßnahmen zielte auf technische oder administrative Neuerungen ab, die dabei helfen sollten, Kommunikationsstrukturen und Verwaltungsabläufe effizienter zu gestalten, die Evaluation der Programme zu verbessern und die Mitarbeiter zu schulen. In den Bereich der direkten Beschäftigungsförderung fielen insgesamt 60 Prozent der Projekte. Etwa die Hälfte sollte entweder in direkter Kooperation mit Nonprofit-Organisationen oder von diesen selbständig durchgeführt werden.

120 Dieser Sonderfonds, von dem Los Angeles überproportional stark profitieren konnte, geht auf den »Balanced Budget Act« aus dem Jahr 1997 zurück. Mit diesem Gesetz wurden Regionen und Kommunen mit einer hohen Konzentration von Sozialhilfeempfängern zusätzlich zu den TANF-Zuschüssen einmalig $3 Milliarden zur Beschäftigungsförderung von besonders schwer in den Arbeitsmarkt zu vermittelnden Personengruppen zur Verfügung gestellt (Nightingale 2001).

Der »County CalWORKs Plan« trat in Los Angeles am 1. April 1998 in Kraft und wurde in den Folgejahren durch weitere Richtlinien zur Umsetzung einzelner Programmkomponenten (Kinderbetreuung, Community Service etc.) ergänzt. Demnach sind in Los Angeles County alle als arbeitsfähig eingestuften Erwachsenen zwischen 16 und 60 Jahren, deren Kinder nicht jünger als zwölf Monate sind, dazu verpflichtet, mit mindestens 32 Wochenstunden an beschäftigungsfördernden Maßnahmen teilzunehmen bzw. eine Erwerbstätigkeit aufzunehmen, um weiterhin staatliche Unterstützung im Rahmen von CalWORKs zu erhalten (L.A. County Department of Public Social Services 1998b). Damit liegt der Umfang der Arbeitsverpflichtung in Los Angeles deutlich über den vom Landesgesetz festgesetzten Wochenstunden.[121] Nach den Bundesvorgaben musste die Sozialverwaltung in Los Angeles bis Dezember 1998 etwa 150.000 Personen in »work activities« bringen. Als Ziel nannte die Behörde, allein im ersten Jahr nach Einführung von Cal-WORKs 60.000 Erwachsene in ein reguläres Beschäftigungsverhältnis zu vermitteln (ebd.: V).

Anders als die meisten anderen Sozialverwaltungen in großstädtischen Regionen entschied sich das DPSS zunächst, einen Großteil der organisatorischen Umsetzung des neuen Sozialhilfesystems in eigener Regie bzw. mit Unterstützung anderer öffentlicher Einrichtungen und Verwaltungsabteilungen zu realisieren (Zellman u.a. 1999). Um die enorme Aufgabenlast im ersten Jahr zu bewältigen, knüpfte das DPSS an die bereits bestehende Infrastruktur des alten JOBS/GAIN-Systems an. Dazu wurden seit Beginn der 1990er Jahre existierende Verträge mit dem Los Angeles County Office of Education verlängert. Die Mitarbeiter dieses Zusammenschlusses öffentlicher Bildungseinrichtungen und Schulen führen erste Orientierungs- und Motivationskurse sowie die in der Regel dreiwöchigen Job Clubs durch. Diese Kurse, die alle neuen Antragsteller ohne Rücksicht auf ihre Grundqualifikationen, Arbeitserfahrungen und -wünsche durchlaufen müssen, dienen hauptsächlich zur individuellen Motivierung und zur Disziplinierung von »Arbeitsentwöhnten«. »Get a Job, Another Job, a Career«, »Dress for Success« oder »The Clock Ticking« sind die von den Pädagogen an die Hilfebezieher zu vermittelnden Grundbotschaften. Zu den Auflagen gehören neben einer regelmäßigen Teilnahme das pünktliche Erscheinen und der Nachweis von 50 telefonischen und fünf schriftlichen Bewerbungen pro Woche (Horton/Shaw 2002). Erst nach dem ersten absolvierten Job Club er-

---

121 Der WTWA sieht für Alleinerziehende lediglich einen Mindestumfang von 20 Wochenstunden vor (California Legislative Analyst's Office 1998).

folgt die Abfrage und Beurteilung von beruflichen Qualifikationen und Grundkenntnissen, auf deren Grundlage individuelle Eingliederungsvereinbarungen erstellt werden sollen. Werden spezielle Barrieren bei der Arbeitsaufnahme – wie Suchtprobleme oder psychische Krankheiten – festgestellt, sollen die Betroffenen in die Zuständigkeit des Health and Mental Health Department des County überstellt werden. Wird bei Frauen als Beschäftigungshindernis häusliche Gewalt diagnostiziert, ist vorgesehen, sie an unabhängige Beratungs- und Betreuungseinrichtungen bzw. an die bestehenden Frauenhäuser zu verweisen. Bei ihnen und bei Personen mit schwerwiegenden Gesundheitsproblemen sowie bei Krankheits- und Pflegefällen in der Familie kann dem County-Plan zufolge auf eine Teilnahme an Beschäftigungsmaßnahmen verzichtet werden.[122]

Im Unterschied zu New York City, wo im Zuge der Einführung des neuen TANF-Programms auf Drängen der aus Wisconsin importierten Führungsspitze eine komplette Umstrukturierung der lokalen Sozialverwaltung erfolgte, die zu Versetzungen und zahlreichen Entlassungen führte, stellte das DPSS allein 1998 über 1.000 neue Mitarbeiter ein (Polit u.a. 2005: 40). Gleichzeitig wurden die Anzahl der lokalen Anlaufstellen zur Registrierung, Annahme und Bearbeitung von Sozialhilfeanträgen von ehemals 24 auf 30 und die Zahl der Einrichtungen des DPSS zur Betreuung und Beratung von Hilfeempfängern (Case-Management-Büros) von fünf auf neun aufgestockt (ebd.). Ein Teil der neu angestellten Mitarbeiter führt seit 1999 unangemeldete Haus- und Kontrollbesuche bei Neuantragstellern durch (ebd.: 36). Insgesamt nahm die Anzahl der DPSS-Beschäftigten, die zu einem Großteil von der Dienstleistungsgewerkschaft Service Employees International Union (SEIU) vertreten werden, zwischen 1998 und 2002 von etwa 10.000 auf 15.000 zu (ebd.).

Aus CalWORKs vollständig ausgegliedert wurden in Los Angeles County alle Flüchtlinge und Asylbewerber, die sich zum Zeitpunkt der gesetzlichen Neuregelung noch nicht länger als fünf Jahre im Land aufgehalten hatten. Für sie wurde ein neues Programm, das »Supplemental Refugee Services Program« in der Zuständigkeit des County Department of Community and Senior Services eingerichtet (Quint u.a. 1999). Alle minderjährigen Mütter im CalWORKs-Programm werden seit 1998 von

---

122 Eine Untersuchung zur Umsetzung der »family violence option« hat jedoch ähnlich wie für New York State festgestellt, dass diese von den Behörden nur selten beachtet wird. Weniger als zwei Prozent aller CalWORKs-Teilnehmerinnen in Los Angeles kamen 2004 in Genuss von speziellen Beratungs- und Betreuungsleistungen für Frauen mit Gewalterfahrungen, weniger als ein Prozent wurden aufgrund der häuslichen Verhältnisse von den Programmauflagen befreit (Spatz/Katz 2005: 3).

ausgewählten Community- und Wohlfahrtsorganisationen betreut (ebd.). Ab Mitte 1999 lag ein Schwerpunkt des DPSS auf der Umsetzung und Erweiterung der Angebote im Bereich der Kinderbetreuung und in der Lösung der in Los Angeles weitverbreiteten Mobilitätsschwierigkeiten von einkommensschwachen Familien und Arbeitssuchenden.[123] Los Angeles County gilt aufgrund seiner Größe und des unterentwickelten öffentlichen Nahverkehrssystems als einer der Landkreise in den USA mit den größten Transportproblemen, die verbunden mit einem ausgeprägten »spatial mismatch« von Arbeitsplätzen insbesondere Bewohner der Innenstadtregionen ohne eigenes Auto benachteiligen und in ihrer Alltagsbewältigung einschränken (Ong/Miller 2005).

Zuvor hatte eine Expertengruppe errechnet, dass mit den neuen Programmauflagen und Arbeitsverpflichtungen annähernd 160.000 Kinder von CalWORKs-Teilnehmern unter elf Jahren mit einem Betreuungsplatz zu versorgen wären; für das erste Jahr der Umsetzung wurde der Bedarf auf etwa 60.000 zusätzliche Betreuungsplätze geschätzt (Cuthbertson 1999: 4). Der im Juni 1999 vom County verabschiedete »Transportation Plan« sah vor, $10,8 Millionen der TANF-Mittel des Landkreises für individuelle Zuschüsse an Sozialhilfeempfänger, eine verbesserte Koordination privater und öffentlicher Verkehrsbetriebe und den Ausbau von Buslinien in Stadtteilen mit einer besonders hohen Anzahl von Hilfeempfängern ohne eigenen Pkw zur Verfügung zu stellen (Ong u.a. 2001).

In den ersten neun Monaten (April bis Dezember 1998) wurden in Los Angeles etwa 100.000 Personen als arbeitsfähig und daher als Teilnehmer von CalWORKs eingestuft (L.A. County Urban Research Division 1999: 3). Zu den vom DPSS zunächst favorisierten »Welfare-to-Work«-Aktivitäten zählten neben den obligatorischen Job Clubs kurzfristige berufsvorbereitende Bildungsmaßnahmen, der Erwerb von schulischen Grundqualifikationen und die Vermittlung in Praktika in privaten Unternehmen, vor allem bei denjenigen Hilfeempfängern, die nach Einschätzung der Fallbetreuer aufgrund ihrer Langzeitarbeitslosigkeit erst wieder an Beschäftigung gewöhnt werden mussten (L.A. County Department of Public Social Services 1998a). Der eindeutige Schwerpunkt liegt jedoch auf der Erhöhung des Drucks auf Transferempfänger, möglichst schnell selbst eine Arbeit zu finden. Qualifizierung hat keine unmittelbare Priorität bzw. soll eher »berufsbegleitend« wahrgenommen werden. Führende Mitarbeiter des DPSS beschreiben den Behördenansatz gegenüber Hilfeempfängern folgendermaßen: »Get a job, go to night school, and get a better job« (zit. nach Quint u.a. 1999: 79).

---

123 Interview mit Luther Evans, Programmkoordinator DPSS, 13.2.2001.

Mit der Durchführung von berufsvorbereitenden Maßnahmen für Sozialhilfeempfänger mit größeren Beschäftigungsbarrieren wurden in Los Angeles County in den ersten Jahren vor allem die staatlichen Community Colleges und eine Reihe gemeinnütziger Organisationen beauftragt (Montrichard/Melendez 2000). Der Community College District von Los Angeles verfügt über neun Standorte, die gleichmäßig über die Stadt verteilt sind.[124] Die Angebote für Sozialhilfeempfänger umfassen eigens für diese Zielgruppe eingerichtete drei- bis sechsmonatige Kurse zur Vermittlung von Grundqualifikationen (adult basic education), die bis zu zweijährige Teilnahme an regulären Seminaren zur Vorbereitung auf einen Berufs- oder Universitätsabschluss (work study),[125] die Vermittlung von Kinderbetreuungsplätzen, Praktika und Arbeitsverhältnissen inner- und außerhalb des Campus sowie die Betreuung, Beratung und Fortbildung von bereits erwerbstätigen Transferempfängern. Sind die Community Colleges nicht in der Lage, alle Dienstleistungen bereitzustellen, die von den ihnen zugewiesenen Hilfeempfängern benötigt werden, können diese wiederum Verträge mit anderen öffentlichen Trägern und Nonprofit-Organisationen abschließen.[126]

Obwohl das Landesgesetz diese empfiehlt, gehörten direkte Lohnkostenzuschüsse an Arbeitgeber zur Beschäftigung von Transferempfängern in den ersten Jahren zunächst nicht zu den Angeboten der Sozialhilfeverwaltung in Los Angeles. Eine entsprechende Regelung wurde erst im Herbst 2000 verabschiedet und trat im Januar 2001 in Kraft. Neben direkten Zuschüssen werden den Unternehmen seitdem über das »Work Opportunity Tax Credit Program« und das »Welfare-to-Work Tax Credit Program« auch erhebliche Steuererleichterungen angeboten, wenn sie Hilfeempfänger länger als ein Jahr beschäftigen.[127] Zusätzliche Anreize für potentielle Arbeitgeber sollten dadurch entstehen, dass eingestellte Hilfeempfänger weiterhin von ihren Case Managern betreut werden und diese bei auftretenden Schwierigkeiten am Arbeitsplatz oder sonstigen

---

124 Hinzu kommen noch 28 Community Adult Schools und zwölf Employment Preparation Center des Schulbezirks, welche die Angebote der Community Colleges vor allem um Sprachkurse und Klassen zur Vorbereitung auf ein High School Diploma ergänzen.

125 Das Angebot der Community-College-Seminare reicht von A wie Automechanik bis zu Z wie Zoologie. Hilfeempfänger dürfen jedoch nur an den Kursen teilnehmen, die von den Case Managern des Sozialamts zuvor genehmigt worden sind.

126 Interview mit Marla Fisher, Community College Weekly, 28.8.2001.

127 Bei einer Einstellung von Personen, die länger als 18 Monate TANF erhalten haben, bekommen Unternehmen Steuererleichterungen von bis zu $3.000 im ersten Jahr und bis zu $5.000 im zweiten Jahr der Beschäftigung (Interview mit Luther Evans, a.a.O.).

Konflikten intervenieren können. Darüber hinaus führt das DPSS seit 2001 in Kooperation mit dem lokalen Economic Development Department, privaten Sponsoren und Nonprofit-Organisationen mehrmals im Monat sogenannte Job Fairs durch, auf denen sich Unternehmen über die Angebote der Verwaltung und die Qualifikationen von Hilfeempfängern informieren und bei Interesse direkt Einstellungsgespräche führen können.[128]

»Community service«, das heißt die Beschäftigung von Hilfeempfängern in gemeinnützigen oder öffentlichen Einrichtungen, ist in Los Angeles und in den meisten anderen Counties in Kalifornien für Cal-WORKs-Teilnehmer erst dann verbindlich vorgeschrieben, wenn alle anderen Maßnahmen nach 18 bzw. 24 Monaten nicht zur Aufnahme eines regulären Beschäftigungsverhältnisses geführt haben. Die Richtlinien zur Ableistung der Arbeitsverpflichtung von Hilfeempfängern durch gemeinnützige Tätigkeiten wurden in Los Angeles erst relativ spät verabschiedet, als abzusehen war, dass bald die ersten Familien die von der Landesregierung festgelegten Zeitlimits erreichen würden. Das DPSS ging davon aus, dass die Verwaltung ab 2000 etwa 3.000 Arbeitsplätze in öffentlichen oder Nonprofit-Organisationen benötigen würde, um die Anforderungen zu erfüllen (L.A. County Department of Public Social Services 2000). Das Landesgesetz hat den Counties bei der Ausgestaltung von Arbeitsdiensten ähnlich wie in New York State eine relativ große Handlungsfreiheit eingeräumt. Der »Welfare-to-Work Act« sieht lediglich vor, dass diese im öffentlichen und gemeinnützigen Sektor abgeleistet werden müssen, mit ihnen keine vorhandenen Arbeitsplätze vernichtet werden dürfen und »community service« auf ein reguläres Beschäftigungsverhältnis vorbereiten soll (California Legislative Analyst's Office 2000). Die Lokalbehörden können »community service« mit Qualifizierungsmaßnahmen oder mit therapeutischer bzw. sozialpädagogischer Betreuung verknüpfen und den Hilfeempfängern freistellen, sich selbst einen Einsatzort zu wählen. Des Weiteren liegt es im Ermessen der Counties, ob sie an die Teilnehmer lediglich weiterhin den Sozialhilfesatz zahlen (grant-based service) oder die Tätigkeit als ein reguläres Beschäftigungsverhältnis (wage-based service) ausgestalten wollen (ebd.).

Der »Los Angeles County Community Service Implementation Plan« definierte als mögliche Einsatzbereiche von TANF-Empfängern das Entfernen von Graffiti, Hausmeistertätigkeiten und die Übernahme von administrativen Aufgaben in öffentlichen und gemeinnützigen Einrichtungen, das Wohnumfeld verbessernde Maßnahmen sowie den Ein-

---

128 Interviews mit Luther Evans, a.a.O.; Henry Felder, a.a.O.

satz in Gesundheitseinrichtungen und Schulen (L.A. County Department of Public Social Services 2000). Zunächst wurde die Länge des Einsatzes auf maximal neun Monate festgelegt, mit einer wöchentlichen Stundenzahl von mindestens 32 für alleinerziehende Mütter und Väter bzw. 35 für Personen aus Familien mit zwei Erwachsenen. Nach Ablauf der neun Monate sollen die Hilfeempfänger – wenn sie im Anschluss der Maßnahme weiterhin arbeitslos sind – erneut ein Assessment durchlaufen und an Job Clubs teilnehmen. Führt auch dies zu keiner Arbeitsaufnahme, so ist eine neuerliche Vermittlung in »community service« bei einer anderen Organisation oder öffentlichen Einrichtung vorgesehen (ebd.).

Mit der Evaluierung von CalWORKs in Los Angeles wurden seit 1998 mehrere Einrichtungen beauftragt. Zum einen verfügt die County-Verwaltung über eine eigene Forschungsabteilung, die eng mit Wissenschaftlern der großen Universitäten kooperiert und seit Ende der 1990er Jahre mehrere Studien, unter anderem zur Sanktionspraxis des DPSS, in Auftrag gegeben und veröffentlich hat. Zudem wurden auch der neuen Sozialhilfepolitik kritisch gegenüberstehenden Forschungsteams wie zum Beispiel dem gewerkschaftsnahen Economic Roundtable der Zugang zu verwaltungsinternen Daten gestattet und Mittel zur Auswertung der Beschäftigungsförderung zur Verfügung gestellt. Das größte Evaluierungsprojekt wurde allerdings erneut in der Regie der Manpower Demonstration Research Corporation (MDRC) durchgeführt, die im Rahmen des Projekts »Big Cities and Welfare Reform« über einen Zeitraum von sechs Jahren (1998 bis 2004) das CalWORKs-Programm in Los Angeles County wissenschaftlich begleitet und untersucht hat. Damit ist das Sozialhilfe- und Beschäftigungsprogramm in L.A. wie bereits in den 1980er und frühen 1990er Jahren eines der am stärksten beforschten kommunalen »Welfare-to-Work«-Systeme in den USA.[129]

Die Ergebnisse und Einschätzungen zur lokalen Implementierung der nationalen Sozialhilfereform in Los Angeles fielen – wie aufgrund der Diversität der mit der Evaluierung beauftragten Einrichtungen und Wissenschaftler nicht anders zu erwarten war – recht unterschiedlich

---

129 Zu den wichtigsten Evaluierungs- und Begleitstudien von CalWORKs in Los Angeles County gehören die Untersuchungen von MDRC (Quint u.a. 1999; Brock u.a. 2002b; Verma/Hendra 2003; Michalopoulus u.a. 2005; Polit u.a. 2005), Studien der in Santa Monica ansässigen RAND-Corporation, die im Auftrag der Landesregierung seit 1998 die administrative Umsetzung von CalWORKs in den einzelnen Counties beforscht (Zellman u.a. 1999; Klerman u.a. 2000 u. 2002) sowie die »leaver studies« des L.A. County (Moreno u.a. 2003) und des Economic Roundtable (Force u.a. 1998; Flaming u.a. 1999 u. 2002; Drayse u.a. 1998 u. 2000; Burns u.a. 2003).

aus. Die MDRC-Studien kamen zu überwiegend positiven Ergebnissen (Polit u.a. 2005: 3ff.): Sie beurteilten das neue »Welfare-to-Work«-System in Los Angeles im Großen und Ganzen als innovativ und – gemessen an den Kosten und dem bürokratischen Aufwand – als weitgehend effizient. Besonders zufrieden zeigten sich die Forscher, dass die Sozialbehörde mit einem relativ moderaten Mitteleinsatz in den ersten Jahren fast die Hälfte aller Programmteilnehmer in irgendeine Form von beschäftigungsfördernden Maßnahmen gebracht und besonders viel Wert auf eine möglichst schnelle Arbeitsaufnahme gelegt hatte, insbesondere bei sogenannten Langzeitbeziehern. Die Unterstützungsleistungen bei der Arbeitssuche und für bereits Erwerbstätige wurden im Vergleich mit anderen US-Großstädten als besonders großzügig eingeschätzt. Lediglich die Entwicklung der Fallzahlen – die zwischen 1995 und 2001 »nur« um 36 Prozent gesenkt werden konnten, während andere großstädtische Regionen bis zu 60 Prozent vorweisen konnten – wurde bemängelt und mit der relativ zurückhaltenden Sanktionspolitik des Bundesstaates und des DPSS in Verbindung gebracht (ebd.: 60).

Die mit der Evaluierung beschäftigten Mitarbeiter der Universitäten, unabhängige Forschungseinrichtungen, Wohlfahrtsorganisationen und Sozialhilfeempfänger dagegen kritisierten, dass die County-Verwaltung in L.A. die von Bund und Land bereitgestellten Mittel zur Unterstützung der Arbeitsaufnahme, zur Verbesserung der Familien- und Lebenssituation sowie zur Weiterqualifizierung von Sozialhilfebeziehern nicht ausgeschöpft hatte und dazu neigte, diese anzusparen und teilweise auch verfallen zu lassen (Drayse u.a. 1998; Force u.a. 1998; Liu 1999; Rivera 1999a; Mozengo 1999; Flaming u.a. 1999 u. 2002). Drei Jahre nach Einführung von CalWORKs drohten einige Parlamentsabgeordnete in Sacramento sogar, das County zu verklagen, weil es fast 100 Millionen Dollar an Landeszuweisungen zur Finanzierung von Förderprogrammen für Sozialhilfebezieher noch nicht ausgegeben hatte (Rivera 2000). 2001 war nur etwa die Hälfte aller Mittel zur Umsetzung des 1999 groß angekündigten »Long-Term Family Self-Sufficiency Plan« von der Lokalverwaltung freigegeben worden (Polit u.a. 2005: 41). Insbesondere bei der Kinderbetreuung sowie bei psychosozialer/medizinischer Beratung und Betreuung sehen zahlreiche Studien eine große Lücke zwischen nachgewiesenem Bedarf und vorhandenen Angeboten (Cuthbertson 1999; Spatz/Katz 2005). Aber auch bei der Förderung der beruflichen Weiterbildung für Sozialhilfebezieher hat es in Los Angeles seit Ende der 1990er Jahre deutliche Rückschritte gegeben. Obwohl die Landesregierung für einen Großteil der Finanzierung von »vocational educational training« aufkommt und fast alle der 14 Community Colleges in Los Angeles aufwendige und integrative Programme für Studierende im Sozialhilfebezug entwickelt haben, erhalten immer weniger Hilfebedürftige von Seiten des DPSS die Option, an diesen teilzunehmen.[130] Nutzten im zweiten Jahr nach der Einführung von CalWORKs (1999/2000) noch knapp 9.000 Hilfebezieher die Angebote der Community Colleges zu einer weiterführenden Ausbildung, waren es im Oktober 2006 nur noch 4.300 (California Department of Social Services 2007), was einen Rückgang um mehr als die Hälfte bedeutet.[131]

Zudem zeigen verwaltungsinterne Studien, dass auch in Los Angeles die durchschnittlichen monatlichen Sanktionsraten seit 1998 von 5 auf über 25 Prozent aller Hilfebezieher angestiegen sind; von ihnen sind überproportional stark hispanische Familien betroffen (Moreno u.a. 2005: XII). Zu den meistgenannten Gründen, warum Sozialhilfeempfänger ihren Programmauflagen nicht nachkommen konnten und sanktioniert wurden, gehören Probleme mit der Kinderbetreuung und mit Verkehrsmitteln sowie Unkenntnis der Regeln und Anforderungen bzw. Kommunikationsprobleme mit den behördlichen Mitarbeitern (ebd.). Eine Datenauswertung des DPSS belegt darüber hinaus, dass kurz nach Einführung von CalWORKs nur etwa ein Viertel aller Zugewiesenen überhaupt das obligatorische Bewerbungstraining absolvierte (Moreno u.a. 2003: X). Bereits im ersten Jahr der Umsetzung von CalWORKs schieden 42.300 Familien aus dem Leistungsbezug aus, ohne dass die Behörde Angaben über die hierfür verantwortlichen Gründe oder über den weiteren Verbleib dieser Menschen machen konnte.[132]

Hinweise auf den Verbleib geben dagegen Untersuchungen von Initiativen, die sich in Los Angeles seit Jahren mit den wachsenden Hunger- und Wohnungsproblemen befassen. Selbst unter Familien im Sozialhilfebezug ist die Obdachlosigkeit deutlich angestiegen. 2004 lebten bereits 7,3 Prozent aller Familien (17.500 Erwachsene mit 27.300 Kindern), die Leistungen im Rahmen von CalWORKs bezogen, auf der

---

130 Interview mit John Horton, UCLA, 2.11.2002.
131 Die aktuellen Zahlen zu den im CalWORKs-Programm geförderten Aktivitäten von Oktober 2006 zeigen darüber hinaus folgendes Bild: Von den erwachsenen 45.000 Personen, die als »aktive Teilnehmer« des Programms gelten, gingen über 9.000 einer Erwerbstätigkeit nach. Davon waren 373 selbständig, bei 350 erhielten die Arbeitgeber eine direkte staatliche Lohnsubvention. Etwa 14.000 Erwachsene galten aufgrund von gesundheitlichen und anderen individuellen Problemen als temporär nicht beschäftigungsfähig. Etwa 3.500 befanden sich in Job Clubs bzw. noch in der »Orientierungs- und Assessment-Phase«, 4.300 in einer weiterführenden Ausbildung, etwa 14.000, das heißt über 30 Prozent, waren von Sanktionen betroffen (California Department of Social Services 2007).
132 Interview mit Henry Felder, a.a.O.

Straße oder in Obdachlosenasylen, 12,1 Prozent standen kurz davor, ihre Wohnung zu verlieren (Bono/Toros 2005: 6). Unter den etwa 90.000 gezählten Obdachlosen in Los Angeles waren 2005 bereits 20.000 alleinstehende Frauen und 19.000 Erwachsene mit Kindern (Applied Survey Research 2006: 6). Für ganz Kalifornien wird geschätzt, dass Obdachlosigkeit unter der Armutsbevölkerung seit 1999 um fast die Hälfte (47 Prozent) zugenommen hat (Herald 2006: 1). Auch für Los Angeles gehen Bürgerrechts- und Wohlfahrtsorganisationen von einem engen Zusammenhang zwischen Sozialhilfereform und einer wachsenden Nachfrage in Obdachlosenunterkünften und Suppenküchen aus.

Particularly noteworthy is the influx of homeless families that is overwhelming emergency shelter resources, with their young children. [...] Many of these families are the early casualities of welfare reform. Yet they are a modest percursor of what's to come as the county braces for the impact of 5-years time limits reducing welfare checks for thousands of families who are barely able to make rent as it is. (Freese/Klein-Martin 2003)

Kirchengemeinden und Sozialeinrichtungen, die für Bedürftige kostenlos Lebensmittel zur Verfügung stellen, geben an, dass sich in Los Angeles seit 1998 die Zahl der unterstützten Familien um 25 Prozent erhöht hat (L.A. Regional Foodbank 2006). Selbst bei gut einem Drittel aller Familien, die 2001 noch staatliche finanzielle Unterstützung erhielten, wurde festgestellt, dass sie unter Hunger leiden oder nicht regelmäßig über ausreichend Nahrungsmittel verfügen (Institute for the Study of Homelessness and Poverty 2001: 2). Bei Personen, die seit Mitte der 1990er Jahre den Sozialhilfebezug aufgrund einer Arbeitsaufnahme verlassen haben, sah die Versorgungs- und Lebenssituation zum Teil noch schlechter aus. Mehrere umfangreiche Untersuchungen des Economic Roundtable, die seit 1998 im Auftrag von Stiftungen und des Board of Supervisors die Beschäftigungsentwicklung von ehemaligen Sozialhilfeempfängern in Los Angeles verfolgen und analysieren, kommen zu dem Ergebnis, dass nur wenige der Armutsfalle entgehen konnten: 2001 lebten 78 Prozent aller erwerbstätigen ehemaligen Transferempfänger weiterhin unter der offiziellen Armutsgrenze (Burns u.a. 2003: 2). Dementsprechend beurteilen die gewerkschaftsnahen Wissenschaftler die einseitige Schwerpunktsetzung des DPSS auf Bewerbungstrainings und einer möglichst schnellen Jobvermittlung als kontraproduktiv und armutsverschärfend, da von diesem Ansatz vor allem die Arbeitgeberseite profitiere:

Welfare parents have been incorporated into the Los Angeles labor market as a flexible workforce. They supplement employers' short-term labor needs, and are highly vulnerable to layoff and dismissal. This is due in part to human capital limitations that restrict the job opportunities of welfare parents to high-turnover, low-wage positions in various consumer and producer service industries, as well as low-wage manufacturing industries. But it is also a product of employers using labor market flexibility as a competitive strategy in a votatile business environment. (ebd.: 152)

Selbst in einer Studie der Manpower Demonstration Research Corporation, die das CalWORKs-Programm in L.A. an anderer Stelle für seine strikte »work-first«-Orientierung lobt, werden die negativen Befunde bezüglich der Auswirkungen eines solchen Ansatzes bestätigt: 63 Prozent aller befragten erwerbstätigen »leavers« – diejenigen, die in der Öffentlichkeit als Erfolge der Sozialhilfereform präsentiert werden – gaben an, Probleme mit der Bezahlung der Miete zu haben, 45 Prozent beklagten sich über Engpässe bei der Nahrungsmittelversorgung, 32 Prozent konnten sich keine Arztbesuche leisten, 16 Prozent war aufgrund von Zahlungsschwierigkeiten bereits mehrmals Strom oder Gas abgestellt worden und elf Prozent hatten infolge von Mietschulden ihre Wohnung aufgeben müssen (Verma/Hendra 2003: 55).

Außerdem bleiben auch diejenigen, die den dauerhaften Sprung aus der »staatlichen Abhängigkeit« in den Arbeitsmarkt schaffen, in Los Angeles offensichtlich eine Minderheit: Fast die Hälfte aller, die zwischen 1998 und 2001 an beschäftigungsfördernden Maßnahmen im Rahmen von CalWORKs teilgenommen und daraufhin den Sozialhilfebezug verlassen haben, hatten 2001 keinerlei Einkommen aus Erwerbstätigkeiten; insgesamt ist der Anteil derjenigen, die nach Beendigung des Sozialhilfebezugs eine kontinuierliche Beschäftigung nachweisen konnten, zwischen 1998 und 2001 von 43 auf 34 Prozent gesunken (Burns u.a. 2003: 1ff.). Knapp über 30 Prozent aller »welfare leavers« kehrten nach 1998 aufgrund von erneuter Arbeitslosigkeit wieder in den Sozialhilfebezug zurück (Verma/Hendra 2003: 34). Kennzeichnend für die Beschäftigungsverhältnisse von »welfare leavers« ist auch in Los Angeles neben der niedrigen Bezahlung ihr temporärer und unsicherer Status. Der durchschnittliche Stundenlohn betrug Ende der 1990er Jahre zwischen $6 und $8; nur etwa die Hälfte der Arbeitsverhältnisse schlossen eine Krankenversicherung ein, und ein Drittel war mit unregelmäßigen Arbeitszeiten verbunden (ebd.: 28). Nach Angaben des Economic Roundtable sind die sechs wichtigsten Beschäftigungssektoren/-felder für Sozialhilfeempfänger in Los Angeles: die boomende Zeitarbeitsindustrie, private Haushalte, Bürodienste, Schulen, Restaurants und der Gesundheitsbereich (Burns u.a. 2003: 145). Es wird geschätzt, dass sich zwischen 10 und 20 Prozent aller ehemaligen (erwerbstätigen) Hilfeempfänger im informellen Sektor verdingen, wo die Bezahlung zum Teil noch unter dem staatlichen Mindestlohn liegt (ebd.: 185). Berechnungen der Wissenschaftler zufolge machen die diejenigen, die seit 1998 den Sozialhilfebezug in Los Angeles County verlassen haben, inzwischen mindestens zehn Prozent der gesamten »workforce« und etwa 30 Prozent aller Arbeitssuchenden in der Region aus (ebd.: 2).

Die Auseinandersetzungen um das neue lokale Sozialhilfesystem

The size, political fragmentation, and large number of special districts and intergovernmental bodies have posed special challenges to progressives seeking to build alliances and change policy. There are elected and unelected officials to influence and geopolitical boundaries to cross; plus, the sheer size of the region makes it hard to conceive of it as a distinct place that people can work together to change. (Gottlieb u.a. 2005)

Los Angeles County verfügt ähnlich wie New York City seit den »War on Poverty«-Initiativen der 1960er Jahre über eine Vielzahl von Nonprofit- und Community-Organisationen, die im Bereich soziale Dienste und Armutsbekämpfung tätig sind und recht unterschiedlich auf die aktuellen Entwicklungen im lokalen Sozialhilfesystem reagiert haben (Eick u.a. 2004). Viele stehen in der Tradition des sogenannten »Community Economic Development«-Ansatzes (Pastor u.a. 2000) und bieten unter der Verwendung von bundesstaatlichen Förder- und privaten Stiftungsmitteln vor allem in den »benachteiligten« Innenstadtquartieren ein breites Spektrum an sozialen, wirtschaftlichen und kulturellen Dienst- und Infrastrukturleistungen an, die von Kindertagesstätten, Gesundheitszentren und Freizeiteinrichtungen bis hin zu gemeinnützigen Wohnungsbaugesellschaften und sozialen Unternehmen reichen. Unter dem Einfluss radikalisierter städtischer sozialer Bewegungen, in denen Migranten und Beschäftigte in den Niedriglohnsektoren eine zunehmend wichtigere Rolle spielen, haben sich jedoch gerade in Südkalifornien seit Anfang der 1990er Jahre auch einige innovative politische Allianzen herausgebildet, die über einen kleinteiligen Quartiersansatz hinausweisen und versuchen, sozialpolitische und -räumliche Fragen mit der Durchsetzung von gewerkschaftlichen Forderungen (bessere Qualifizierung, höhere Löhne, Schaffung neuer Arbeitsplätze für »benachteiligte« Bevölkerungsgruppen) zu verbinden (Milkman 2000; Pastor 2001; Frank/Wong 2004; Nicholls/Beaumont 2004; Gottlieb u.a. 2005).

So gilt zum Beispiel das 1994 ins Leben gerufene Los Angeles Manufacturing Action Project (LA MAP) als eines der ersten und ehrgeizigsten Projekte neuer Labor- Community-Koalitionen, da es zum einen die gewerkschaftliche Organisierung von prekär beschäftigten Migranten und zum anderen die Neuansiedlung von Betrieben entlang des Alameda-Korridors[133] verfolgte, um zusätzliche und besser entlohnte Beschäftigung zu sichern (Delgado 1998). Ebenfalls Mitte der 1990er Jahre gründete das Community Development Technologies Center die Los Angeles Manufacturing Networks Initiative zur Unterstützung bereits vorhandener lokaler Unternehmen und zur Ausweitung von Qualifizierungsmöglichkeiten für »benachteiligte« Bevölkerungsgruppen (ebd.). Eine weitere wichtige Initiative zur Stärkung von Arbeitnehmerinteressen in den Niedriglohnsektoren der Dienstleistungsindustrien ist seit 1993 die Los Angeles Alliance for a New Economy (LAANE), die sich unter anderem unter dem Schlagwort »accountable development« für die Berücksichtigung der Interessen einkommensschwacher Bewohner und Nachbarschaften bei größeren Bau- und Stadtentwicklungsprojekten einsetzt (Pastor 2001; Stefanski 2001; Frank/Wong 2004). Zudem gibt es in Los Angeles ähnlich wie in New York inzwischen mehrere sogenannte »Workers' Center«, in denen neue Formen der Solidarisierung und Vertretung von Arbeitnehmerinteressen – einschließlich der von Tagelöhnern und Beschäftigten »ohne Papiere« – praktiziert werden (Fine 2005). L.A. war außerdem eine der ersten Städte in den USA, in der die Lokalregierung in den 1990er Jahren auf Druck der Labor-Community-Koalitionen eine »Living Wage Ordinance« verabschiedet hat (Merrifield 2002: 75 ff.; Frank/Wong 2004: 166f.).[134]

Angesichts dieser vielfältigen Initiativen und Kampagnen zur Verbesserung der Lebens- und Arbeitsbedingungen der »woorking poor« schätzen Sozialwissenschaftler und Aktivisten den Stellenwert, den die »Welfare Reform« in den lokalpolitischen Auseinandersetzungen in Los Angeles Ende der 1990er Jahre einnahm, recht unterschiedlich ein. Einerseits wird die Zusammenarbeit zwischen Community- und Labor-Aktivisten aufgrund der bereits engen Kontakte und gemeinsamen Kampagnenerfahrungen als konfliktfreier und konstruktiver als in anderen

---

133 Als Alameda-Korridor wird der 35 Kilometer lange Streifen bezeichnet, der dem Los Angeles River folgt und Downtown mit den städtischen Häfen in San Pedro verbindet. Die Stadt hatte das Gelände Anfang des 20. Jahrhunderts annektiert, um den Zugang zum Meer zu sichern.

134 »Living Wage Ordinances«, die es inzwischen in mehr als 120 US-amerikanischen Städten und Kommunen gibt (Hegewisch 2006: 4), binden die Vergabe von öffentlichen Aufträgen an private Unternehmen an die Bezahlung von Löhnen, die deutlich über dem staatlichen Mindestlohn liegen.

Städten beschrieben (Frank/Wong 2004; Krinsky/Reese 2006). Andererseits fehlte in Los Angeles im Vergleich zu New York City, wo Giuliani und Turner eine unnachsichtige »Zero-Tolerance«-Politik verfolgten und auf eine direkte Konfrontationsstrategie gegenüber den sozialpolitischen Initiativen setzten, ein eindeutiges Feindbild, das die Gruppen stärker zusammengeschweißt und radikalisiert hätte.[135] Das für einen Großteil der politischen Entscheidungen zuständige Board of Supervisors zeigte bei der Ausgestaltung des neuen Sozialhilfesystems zumindest in den ersten Jahren eine gewisse Verhandlungsbereitschaft und war aufgrund seiner parteipolitischen Zusammensetzung (drei demokratische, zwei republikanische Vertreter) in vielen Fragen zerstritten.[136] Außerdem waren ähnlich wie in New York City viele der zivilgesellschaftlichen Akteure in Los Angeles mit dem offiziellen Ziel der übergeordneten Gesetzgebung, alleinerziehenden Frauen über eine stärkere Teilnahme am Arbeitsmarkt eine größere ökonomische Unabhängigkeit zu ermöglichen, grundsätzlich einverstanden. Umstritten war allerdings, welche Instrumente und Organisationen zur Umsetzung des Ziels am besten geeignet seien.[137]

Die wenigen Studien, die sich mit den unmittelbaren Auswirkungen der »Welfare Reform« auf die Arbeit von lokalen Wohlfahrtsorganisationen und die Situation in »benachteiligten« Stadtteilen in den USA befassen, zeigen, dass sie einen Großteil der traditionellen Community-Gruppen und Kirchengemeinden, die sich der Armutsbekämpfung bzw. - linderung verschrieben haben, in eine überaus schwierige Entscheidungslage gebracht haben (Edin/Lein 1998; Hasenfeld/Evans 2000; Withorn 2002, Jennings 2003; Eick u.a. 2004; Sommerfeld/Reisch 2004; Schneider 2006). Zum einen hatten diese Gruppen die Option, sich selbst am »Welfare-to-Work«-System zu beteiligen und eigene Maßnahmen zur Beschäftigungsförderung anzubieten, was ihnen zusätzliche staatliche Fördermittel einbrachte und häufig mit der Hoffnung verbunden war, den Bedürfnissen ihrer spezifischen Klientel besser nachkommen zu können als Behörden oder kommerzielle Unternehmen. Zum anderen hatten gerade Einrichtungen in Stadtquartieren mit einer besonders hohen Sozialhilfe- und Erwerbslosenquote neben ethischen Motiven

---

135 Interviews mit Ellen Reese, USC Riverside, 5.11.2002; Paul Tepper, Institute for the Study of Homlessness und Poverty, Weingart Center, 15.11.2002.

136 Interview mit Nancy Berlin, Coalition to End Hunger and Homelessness, 16.11.2002.

137 Interviews mit John Jackson, ACORN, 18.10.2002; Kent Wong, Center for Labor Research and Education, UCLA, 5.11.2002; Goetz Wolff, Center for Regional Employment Strategies, Los Angeles County Federation of Labor, 20.11.2002; Nancy Berlin, a.a.O.

weitere Gründe, gegen den Abbau des lokalstaatlichen Sicherheitsnetzes zu opponieren. Einerseits mussten sie befürchten, aufgrund der abzusehenden steigenden Nachfrage nach Dienst- und Sachleistungen zur Befriedigung von Grundbedürfnissen an ihre Belastungsgrenze zu stoßen. Andererseits gefährdeten die Einschnitte in den Sozialtransfers nicht nur einen Teil der mühsam aufgebauten lokalen Ökonomie, sondern auch die prekäre Stabilität und die Community-Strukturen in den weiterhin von großen Spannungen geprägten multiethnischen innerstädtischen Nachbarschaften (Jennings 2002; Reisch/Sommerfeld 2002).

Als die wichtigsten Akteure der sozialpolitischen Opposition, welche die Etablierung eines strikten Workfare-Regimes in L.A. zu verhindern suchten, erwiesen sich in den 1990er Jahren neben der bereits erwähnten Welfare Reform Coalition (WRC) die Metropolitan Alliance. Während sich in der WRC Organisationen mit ganz unterschiedlichen ideologischen Ausrichtungen, Interessen und politischen Traditionen zusammenfanden, einte die 1995 ins Leben gerufene Metropolitan Alliance und ihre 60 Mitgliedsgruppen ihre Ausrichtung an der Verbesserung der allgemeinen Lebensbedingungen in den innerstädtischen Arbeiter- und Einwandererquartieren. Viele waren Teil der in Los Angeles County besonders aktiven »Living Wage«-Bewegung und »Immigrant-Rights«-Kampagnen. Außerdem verfügten sie über gute Kontakte zu den lokalen progressiven Gewerkschaften, die in Los Angeles schon früher als in anderen Regionen den Ansatz des »social unionism« verfolgten (Krinsky/Reese 2006).

Angeführt wurde die Metropolitan Alliance von Organisationen wie ACORN,[138] die auch in New York City eine bedeutende Rolle bei der Mobilisierung gegen die Workfare-Politik der Stadtverwaltung gespielt hat, und AGENDA (Action for Grassroots Empowerment & Neighborhood Development Alternatives), einer 1993 als Reaktion auf die

---

138 ACORN wurde bereits 1970 in Arkansas als Selbstorganisierungsansatz von »low and moderate income Americans« gegründet und verfügt inzwischen über 100 Mitgliedsorganisationen und Büros in 75 Städten in 28 Bundesstaaten, die im Wesentlichen über Mitgliedsbeiträge, Spenden und Zuwendungen von Stiftungen finanziert werden. Zu den Themen- und Kampagnenschwerpunkten von ACORN gehören neben der Sozialhilfepolitik die Wohnraumversorgung sowie die Bildungs- und Gesundheitssituation in einkommensschwachen lokalen Nachbarschaften. Zudem beteiligt sich ACORN regelmäßig an Kampagnen der Gewerkschaftsbewegung zur Verbesserung von Arbeitsbedingungen. Abgesehen von New York City und Los Angeles gründete ACORN Mitte der 1990er Jahre auch noch in Minnesota und New Jersey Komitees zur Verteidigung der Rechte von »Workfare Workers« (Reese/Newcombe 2003; http://www.acorn.org).

Aufstände gegründeten Initiative, die ähnlich wie ACORN von einem bunten Mix von Migranten, Afroamerikanern und studentischen Aktivisten getragen wird (Pastor 2001). Eine weitere treibende Kraft war die Gewerkschaft der öffentlichen Angestellten (SEIU, Locals 347 und 660), die über 40.000 Mitglieder, das heißt 60 Prozent aller County-Beschäftigen vertritt (Milkman/Kye 2006: 2), sowie die Los Angeles Coalition to End Hunger and Homelessness, ein 1991 erfolgter Zusammenschluss von verschiedenen professionellen, für die Armutsbevölkerung tätigen Bürgerrechts-, Wohlfahrts- und Forschungseinrichtungen, die 1996 mit Hilfe von Stiftungsgeldern ein »Welfare Reform Advocacy Project« gründeten.

Ziel der Metropolitan Alliance in Bezug auf die Ausgestaltung des neuen lokalen Sozialhilfesystems war es, innerhalb der eng gesetzten Grenzen der von oben verordneten Reformen Möglichkeiten zur gemeinsamen politischen Interessenvertretung von Transferempfängern und den Beschäftigten in der Sozialverwaltung auszuloten.[139] Anders als in New York City demonstrierten die beteiligten Gewerkschaftsorganisationen von Anfang an eine große Entschlossenheit und Bereitschaft, die Etablierung eines umfangreichen Workfare-Systems im öffentlichen Sektor, das ihre Mitglieder, deren Arbeitsbedingungen und Löhne bedrohen würde, zu bekämpfen.[140] Da sich aufgrund der langen Aushandlungsprozesse auf Landes- und County-Ebene die Umsetzung von CalWORKs verzögerte, konzentrierten sich die Aktivitäten der radikaleren sozialpolitischen Opposition in Los Angeles zunächst auf das lokale »General Relief«-System.

Auseinandersetzungen um »General Relief«

Interessanterweise war es in Los Angeles eine bundesweit agierende Organisation wie ACORN, die sich kurz zuvor in der Stadt niedergelassen hatte, die 1996 als erste Initiative in der Region eine größere öffentliche Kampagne gegen die gemeinnützigen Arbeitseinsätze von alleinstehenden Männern und Frauen im »General Relief«-Programm (GR-Programm) startete (Liberty Hill Foundation 1997). Von den etwa 90.000 Hilfeempfängern arbeiteten Mitte der 1990er Jahre dort bereits etwa 10 bis 20 Prozent ihre bescheidene staatliche Unterstützung von maximal $221 pro Monat plus Lebensmittelmarken und einer rudimentären Gesundheitsversorgung in städtischen Verwaltungen und Betrieben, mit einem Schwerpunkt Parks/Grünanlagen, Schulen sowie Gesund-

---

139 Interviews mit Nancy Berlin, a.a.O.; John Jackson, a.a.O.; Yardenna Aaron, a.a.O.
140 Interviews mit Teresa Sanchez, a.a.O.; Goetz Wolff, a.a.O.

heitseinrichtungen, ab (SEIU 660 1998). Andere, eher alteingesessene Gruppen und Bündnisse wie zum Beispiel die Coalition to End Hunger and Homelessness und die Legal-Aid-Organisation Public Counsel hatten ihre Kräfte Anfang bis Mitte der 1990er Jahre darauf konzentriert, Leistungseinschränkungen im GR-Programm (vgl. S. 260 ff.) zu verhindern und die Wohnsituation von Transferbeziehern – mehr als die Hälfte aller GR-Empfänger in L.A. haben Erfahrungen mit Obdachlosigkeit – zu verbessern (Reese 2002b).[141]

Für die lokalen Gewerkschaften stellten die Workfare-Maßnahmen für GR-Empfänger in Los Angeles nach eigenen Angaben so lange keinen Anlass für eine Mobilisierung dar, wie Umfang und Zeit der Arbeitseinsätze begrenzt waren (Maximum 40 Stunden pro Monat) und nicht mit Entlassungen oder Zusatzbelastungen ihrer Mitglieder einhergingen.[142] Anders als in New York City war der öffentlichen Sektor in Los Angeles County in den 1980er und frühen 1990er Jahren außerdem weitgehend von Personalabbau verschont geblieben.[143] 1995 drohte das Board of Supervisors jedoch aufgrund der Finanzkrise der Gesundheitsverwaltung mit der Entlassung von Tausenden Beschäftigten (L.A. Labor News 1995), was SEIU-Funktionäre dazu brachte, die Entwicklung von gemeinnützigen Arbeitseinsätzen in den lokalstaatlichen Krankenhäusern und Pflegeeinrichtungen, in denen es immer wieder zu größeren Einsätzen von Aushilfskräften und GR-Empfängern kam (Aubry 1998), genauer zu beobachten. Zum Zeitpunkt der Verabschiedung der nationalen »Welfare Reform« befürchteten sie, dass die lokale Regierung in L.A. County ähnlich wie in New York City die Chance nutzen würde, weitere Zehntausende von erwerbslosen Frauen und Männern im Sozialhilfebezug zu gemeinnützigen Arbeitseinsätzen in öffentlichen Einrichtungen und Verwaltungen zu zwingen, um die Personalkosten zu senken und die Verhandlungsposition der Gewerkschaften zu schwächen:

We immediatley [fore]saw thousands of people on welfare being exploited and not being paid to work in county jobs, and alongside our workers, and displacing our workers, and undercutting wages, and being denied workers' safety [provisions], being denied health [benefits], and being denied everything we've fought so hard for all of these years. (Funktionär der SEIU 660, zit. nach Krinsky/Reese 2006: 641)

---

141 Interviews mit Paul Tepper, a.a.O; Nancy Berlin, a.a.O.
142 Interviews mit Ruth Milkman, Institute for Labor and Employment/ UCLA, 5.10.2002; Teresa Sanchez, a.a.O.
143 Zwischen Anfang der 1970er und Mitte der 1990er Jahre hat sich die Zahl der städtischen Angestellten um sechs Prozent auf etwa 36.000 und die Zahl der County-Beschäftigten um etwa zehn Prozent auf etwa 95.000 erhöht (Cannon 1997: 5).

Nachdem ACORN 1996 das erste Workfare Workers' Organizing Committee in der Stadt gegründet hatte, schlossen sich SEIU und AGENDA ein Jahr später der Initiative an. Alle drei Organisationen stellten zur Koordinierung ihrer Anti-Workfare-Kampagnen eigens dafür bezahlte und geschulte Mitarbeiter zur Verfügung. Unterstützung fanden sie außerdem von den Citizens for Workfare Justice, einem Zusammenschluss von ehrenamtlichen Unterstützern aus Kirchen-, Studenten- und Stadtteilgruppen (Aubry 1998). Ähnlich wie in New York City standen vier Forderungen bzw. Konflikte im Zentrum der etwa drei Jahre anhaltenden Auseinandersetzungen um die Arbeitseinsätze im GR-Programm: der arbeitsrechtliche Status von »Workfare Workers«, die unmittelbare Verbesserung der Arbeitsbedingungen der Betroffenen, die Schaffung von regulären und existenzsichernden Beschäftigungsmöglichkeiten als Alternative zu Workfare sowie der Ausbau von beruflichen Qualifizierungsmaßnahmen (Reese 2002b).

1998 hatte ACORN mit seinem Organizing Committee bereits über 10.000 »Workfare Workers« dazu gebracht, eine Petition zu unterzeichnen, die von der County-Verwaltung verlangte, ACORN als ihre gewerkschaftliche Interessenvertretung anzuerkennen (ACORN 1998). AGENDA und SEIU hielten zusammen mit Hunderten von GR-Empfängern mehrere öffentliche Versammlungen und Anhörungen ab und übten Druck auf Mitglieder des Stadtrats und des Board of Supervisors aus, sich für die Abschaffung von unbezahlten Arbeitsdiensten einzusetzen (Krinsky/Reese 2006: 642). Während es der SEIU als Vertretung eines Großteils der County-Beschäftigten gelang, ihr Gewicht in den Verhandlungen zu nutzen, um gegenüber einem Teil der Verwaltungen sogenannte »non-displacement agreements« durchzusetzen, scheiterte ACORN – wie bereits in New York City – trotz größerer Demonstrationen und zahlreicher militanter Protestaktionen an rechtlichen Vorbehalten gegenüber einer Anerkennung von »Workfare Workers« als Arbeitnehmer (ebd.; Brooks 2001). Nachdem ACORN ihren Kampf um eine gewerkschaftliche Organisierung auch in Los Angeles verloren hatte, verfolgte die Organisation ab 1998 eine Strategie, bei der sie öffentlichkeitswirksame Kampagnen zur Durchsetzung von Alternativen zu gemeinnützigen Arbeitseinsätzen mit individueller Betreuung und Rechtsberatung (case advocacy) von GR-Empfängern verband (Brooks 2005). Daraufhin führte die Sozialverwaltung ein offizielles Beschwerdeverfahren für Sozialhilfebezieher ein und erkannte ACORN neben zwei weiteren Bürgerrechtsgruppen (Legal Aid und Public Counsel) als Vermittlungsinstanz zur Beilegung von Streitigkeiten an. Die Organisationen erhielten für ihre Schlichtungstätigkeiten vom County sogar finanzielle Zuwendungen (ebd.), was sich insofern für die Behörden rechnete, da zahlreiche Konflikte, die in New York City zu langjährigen und teuren juristischen Verfahren geführt hatten, in Los Angeles außergerichtlich geklärt werden konnten.[144] Ein Ergebnis dieser »Advocacy«-Bemühungen, das allen zu Arbeitsdiensten herangezogenen Männern zugute kam, waren verbesserte Arbeitsschutzbedingungen, das Recht der Hilfeempfänger, sich ihren Einsatzort selbst auszusuchen sowie die Selbstverpflichtung der Verwaltung, »Workfare Workers« bei der Besetzung von offenen Stellen in öffentlichen Betrieben und Verwaltungen bevorzugt zu berücksichtigen (Reese 2002b: 19ff.).

Als im Sommer 1998 das DPSS bekannt gab, mehr als der Hälfte aller GR-Empfänger aufgrund neu eingeführter Zeitlimits ihre finanzielle Unterstützung vollständig streichen zu wollen,[145] gab es in der Stadt einen erneuten Mobilisierungsschub.[146] So machte unter anderem die Welfare Reform Coalition, die sich zuvor auf die Situation von bedürftigen Familien und Kindern konzentriert hatte, die angedrohten Kürzungen zum Thema mehrerer öffentlicher Versammlungen und Demonstrationen, auf denen die Teilnehmer vor einem »Countdown to Calcutta« warnten (Rivera 1999b). Bürgerrechtsgruppen dokumentierten mit der tatkräftigen Unterstützung von Wissenschaftlern die drastische Zunahme von Obdachlosigkeit und Hunger in der Stadt und drohten damit, das County – sollte es die Auszahlung von »General Relief« verweigern – wegen unterlassener Hilfeleistung zu verklagen (Shelter Partnership 1999a; Moon/Hawes 1999). Nach etwa einjährigen zähen Verhandlungen zwischen County-Vertretern, Wohlfahrtsorganisationen und einigen demokratischen Parlamentsabgeordneten, während dessen die angekündigten Kürzungen ausgesetzt wurden, nahm die Lokalverwaltung die zeitlichen Leistungsbeschränkungen zunächst zurück und gab bekannt, mit Hilfe von Landes- und Bundeszuschüssen ein eigenständiges, am Konzept von CalWORKs ausgerichtetes Beschäftigungs- und Qualifizie-

---

144 Die einzige erfolgreiche gerichtliche Klage, die Ende der 1990er Jahre von Bürgerrechtsgruppen gegen das DPSS im Zusammenhang mit der Umsetzung der Sozialhilfeprogramme eingereicht wurde, betraf die Diskriminierung von Antragstellern, deren Muttersprache nicht Englisch ist. Das Gerichtsurteil sah vor, dass die Sozialverwaltung Übersetzer heranziehen und sicherstellen müsse, dass »non-english speakers« die selben Unterstützungsleistungen erhalten wie alle anderen Hilfeempfänger (vgl. Kondo 1999).

145 Die County-Verwaltung hatte 1997 beschlossen, die von der Landesregierung zuvor eingeräumte Möglichkeit auszuschöpfen, den Bezug von GR-Leistungen auf drei Monate innerhalb eines Jahres zu beschränken, wenn die Bezieher als arbeitsfähig galten (vgl. S. 274 ff.).

146 Interviews mit Paul Tepper, a.a.O.; Paul Freese, Public Counsel, 18.11.2002.

rungsprogramm für alleinstehende Hilfebedürftige auflegen zu wollen (Rivera 1999c).

Das im Februar 1999 eingeführte »General Relief Opportunities to Work«-Programm (GROW) muss als eine überaus ambivalente Kompromisslösung betrachtet werden. Es stellt einerseits ein Aufgeben des zuvor vorherrschenden reinen Workfare-Ansatzes für alleinstehende Hilfebedürftige dar, weil mit ihm zum ersten Mal auch berufliche Qualifizierungsmaßnahmen für diese besonders benachteiligte Bevölkerungsgruppe in Los Angeles angeboten werden (vgl. Shelter Partnership 1999b). Es bedeutet andererseits die nachhaltige Verankerung des Grundprinzips der nationalen Sozialhilfereform auf der lokalstaatlichen Ebene: eine fast uneingeschränkte Arbeitsverpflichtung im Gegenzug für Transferleistungen. War vor 1999 nur ein kleiner Teil aller GR-Empfänger vom Arbeitszwang betroffen gewesen, so ist dieser nun auf alle ausgeweitet worden, deren Arbeitskraft noch in irgendeiner Form ausgebeutet werden kann. Das mit jährlich $14 Millionen ausgestattete GROW-Programm ist eng an den Aufbau und die »work-first«-Philosophie von CalWORKs angelehnt (Human Service Alliance 2000). Seit 1999 sind mehrere etablierte Nonprofit-Organisationen mit der Umsetzung von GROW beauftragt.[147] In der Zielgruppe des Programms befindet sich ein überproportional großer Anteil von Männern afroamerikanischer und hispanischer Herkunft mit minimaler Schulbildung, etwa ein Drittel hat erhebliche gesundheitliche oder Drogenprobleme, 40 bis 70 Prozent sind dauerhaft oder vorübergehend von Obdachlosigkeit betroffen, etwa die Hälfte aller Frauen, die GR erhalten, waren schon einmal Opfer sexueller Gewalt (Shelter Partnership/Public Counsel 2001).

Dementsprechend sind von der Verwaltung bei der ersten Ausschreibung vor allem solche Einrichtungen berücksichtigt worden, die aufgrund ihrer bisherigen Tätigkeiten einschlägige Erfahrungen mit diesen »Problemgruppen« vorweisen konnten. Hierzu gehören das Weingart Center in Downtown Los Angeles, eine der größten und ältesten Service-Einrichtungen der Stadt für Obdachlose, das eng mit der Coalition to End Hunger and Homelessness zusammenarbeitet. Es unterhält seit 1983 neben Unterkünften und einem Gesundheitszentrum auch eine eigene Arbeitsvermittlung. Ein weiterer sogenannter GROW-Provider ist das Chicana Action Service Center mit einem räumlichen Schwerpunkt in East Los Angeles, das seit 1972 in der Betreuung von Obdachlosen aktiv ist und sich außerdem durch langjähriges Engagement in der Ar-

---

147 Weitere Verträge gingen an einen kommerziellen Bildungsträger (Career Planning Inc.), an den Los Angeles Unified School District sowie an das Los Angeles County Office of Education.

beit mit misshandelten Frauen auszeichnet. Die Los Angeles Urban League ist seit vielen Jahren stadtteilübergreifend in der Kinder- und Jugendhilfe bzw. beruflichen Qualifizierung tätig. Allen in das GROW-Programm einbezogenen Organisationen werden von der Verwaltung pro Jahr etwa 800 bis 1.000 Personen zugewiesen, die sie in Arbeit vermitteln sollen.[148]

Der Ablauf der beschäftigungsfördernden Maßnahmen ist ähnlich wie bei CalWORKs von den Behörden fest vorgeschrieben. In der ersten Orientierungsphase werden den Teilnehmern im Wesentlichen ihre Kooperationsverpflichtungen, die Arbeitsauflagen, die Unterstützungsangebote bei der Jobsuche und das Programm erklärt. Zudem werden Grundkenntnisse wie Lesen, Schreiben, sonstige Qualifikationen und die grundsätzliche Beschäftigungsfähigkeit überprüft. Werden keine gravierenden gesundheitlichen oder psychosozialen Probleme festgestellt, geht es in die zweite Phase. Hier lernen die Teilnehmer drei Wochen lang zusammen im Klassenzimmer das kleine Einmaleins des Arbeitsmarktes: Wie bewerbe ich mich richtig, wie verhalte ich mich in einer Vorstellungssituation, was ziehe ich an, welche Unternehmen und Jobs verlangen welche Qualifikationen etc.? Ein zugewiesener Fallbetreuer überwacht die individuelle Arbeitssuche und informiert über geeignete Stellen-, Qualifizierungs- und Praktikumsangebote sowie weitere Unterstützungsleistungen wie Kleiderdienste, Miet- und Transportzuschüsse. In den abzuschließenden Eingliederungsvereinbarungen müssen sich die Transferempfänger verpflichten, mindestens 20 Wochenstunden an Weiterbildungsmaßnahmen teilzunehmen, gemeinnützige Arbeit oder Praktika abzuleisten oder/und der weiteren kontrollierten Jobsuche nachzugehen. Waren alle Bemühungen um Arbeitsaufnahme nach Ablauf von sechs Monaten erfolglos, können die Unterstützungszahlungen entweder eingestellt oder nach Ermessen der Behörde auf weitere drei Monate ausgeweitet werden. Nach einem neunmonatigen Bezug von »General Relief« tritt in jedem Fall eine dreimonatige Sperre in Kraft. Anders als bei TANF gibt es bei »General Relief« jedoch keine zeitliche Begrenzung der Unterstützungsleistungen auf insgesamt 60 Monate der Lebenszeit (Human Service Alliance of Los Angeles 2000a).

Die Vermittlungsquoten im GROW-Programm, das heißt der Anteil aller Hilfebedürftigen, die zumindest kurzfristig in Arbeit gebracht werden können, schwanken zwischen 7 und 20 Prozent (L.A. County Department of Community and Senior Services 2005). Viele der erwerbsfähigen Teilnehmer nehmen inzwischen die Dienste der wachsenden

---

148 Interviews mit Paul Tepper, a.a.O.; Katherine Miller, Chrysalis, 21.11.2002.

Zahl von privaten und gemeinnützigen Zeitarbeitsfirmen wahr, um zumindest kurzfristig ihr Einkommen aufbessern zu können. So werden beispielsweise ehemals Obdachlose von privaten Auftraggebern bevorzugt als Ordnungskräfte zur Vertreibung von Bettlern und Nichtsesshaften in den Geschäfts- und Einkaufsdistrikten von Downtown Los Angeles eingesetzt (Eick u.a. 2004). Von den zwischen 2003 und 2005 etwa 60.000 in das GROW-Programm einbezogenen Hilfeempfängern absolvierten schätzungsweise nur etwa 400 erfolgreich eine berufsqualifizierende Ausbildung.[149] Allerdings ist mit der Einführung von GROW der Zwang zur Ableistung der Arbeitsverpflichtung in öffentlichen Einrichtungen offiziell aufgehoben worden und die Zahl der klassischen »workfare assignments« in Los Angeles deutlich zurückgegangen.[150]

Public Job Creation

Da die Vermittlungsergebnisse und Beschäftigungserfolge des Programms GROW ähnlich wie bei CalWORKs – wie aufgrund der besonders schwierigen Lebensumstände der Teilnehmer nicht anders zu erwarten war – eher bescheiden ausfielen und 85 Prozent der in Erwerbsarbeit Gebrachten so wenig verdienten, dass sie weiterhin Anspruch auf ergänzende Sozialhilfe hatten (Equal Rights Advocates 2000b), konzentrierte sich eine weitere Kampagne der sozialpolitischen Opposition in Los Angeles – wie bereits in New York City – auf den Aufbau eines öffentlichen Beschäftigungssektors. Treibende Kraft war hierbei erneut die Metropolitan Alliance, die 1998 damit begann, die Mitglieder des Stadtrates von der Idee zu überzeugen, bundesstaatliche Mittel für die Etablierung eines »Transitional Job Program« in städtischen Einrichtungen und Betrieben zu nutzen (Aaron u.a. 2002). Dieser Vorschlag war Teil einer Resolution, die mit Unterstützung von drei demokratischen Stadträten kurz nach Verabschiedung des CalWORKs-Programms dem City Council vorgelegt wurde.[151] Sie bestand aus fünf Punkten bzw. Forde-

---

149 Diese Schätzung stammt von Interviewpartnern aus den am GROW-Programm beteiligten Nonprofit-Einrichtungen. Das offiziell für GROW zuständige County Department of Community and Senior Services veröffentlicht nur sporadisch Informationen über die Ergebnisse des Programms und hat keinerlei Evaluierung in Auftrag gegeben. Eine im Auftrag des DPSS erstellte Studie nennt für 2005 10.952 »job placements« im GROW-Programm, ohne jedoch Angaben über die Art der Beschäftigung zu machen (Felder 2006: 3).

150 So sind zum Beispiel die von GR-Empfängern abgeleisteten Arbeitsstunden bei den Grünflächenämtern in Los Angeles County zwischen 1996 und 1999 von monatlich 82.000 auf 4.700 gesunken (Human Service Alliance 2000a).

151 Interview mit Yardenna Aaron, a.a.O.

rungen: erstens keine Verpflichtung von Sozialhilfebeziehern zu unbezahlten Arbeitseinsätzen, zweitens die Ausweitung von Unterstützungsleistungen und Qualifizierungsmaßnahmen, drittens keine Substitution von Beschäftigten im öffentlichen Dienst durch Hilfeempfänger, viertens eine größere Transparenz bei der Verteilung von staatlichen Mitteln zur Beschäftigungsförderung sowie fünftens die Einrichtung eines Pilotprojekts zur Ausbildung und Beschäftigung von Transferempfängern in städtischen Einrichtungen. Zunächst war die Initiative erfolgreich. Eine knappe Mehrheit im Stadtrat unterstützte die Resolution und sprach sich für die Einrichtung eines Pilotprogramms namens »City Jobs« aus (ebd.).

Im Juli 1999 begann die Ausbildung der ersten Transferempfänger im Rahmen von »City Jobs«. Das Programm, das bis 2001 vor allem aus Mitteln des Bundesarbeitsministeriums finanziert wurde, bietet seitdem Beschäftigung in kommunalen Betrieben und Behörden der City of Los Angeles an, die durch externe Qualifizierungs- und Fortbildungsmaßnahmen ergänzt wird. Während der sechs- bis zwölfmonatigen Ausbildungszeit erhalten die Trainees statt Sozialhilfe einen Stundenlohn zwischen $9 und $13 sowie einen Anspruch auf die im öffentlichen Dienst üblichen Sozialleistungen. Zunächst stellte das für die Straßenreinigung zuständige Public Works Bureau of Street Services mehr als 100 CalWORKs-Teilnehmer ein.[152] Da mit »City Jobs« in den ersten Jahren nur geringe zusätzliche Kosten für die staatlichen Arbeitgeber verbunden waren, beteiligten sich bald darauf auch andere Einrichtungen an dem Programm. Hierzu zählten die städtische Betreibergesellschaft des Flughafens, die öffentlichen Bibliotheken und Museen, der Zoo und selbst die Polizei. Im Sommer 2002 wurden im Rahmen von »City Jobs« bereits etwa 250 Sozialhilfebezieher in verschiedenen Berufsfeldern wie Gartenarbeiten, Büroadministration oder anderen Verwaltungstätigkeiten ausgebildet. Etwa 80 Prozent aller Trainees sind nach erfolgreicher Abschlussprüfung in ein festes Beschäftigungsverhältnis übernommen worden (CIPHER 2002: 1).

Unterdessen suchten die sozialpolitischen Bündnisse in L.A. in Zusammenarbeit mit städtischen Verwaltungen nach weiteren Möglichkeiten, für Hilfeempfänger mit besonderen Vermittlungsbarrieren geeignete Ausbildungsplätze oder zumindest temporäre bezahlte Beschäftigungsverhältnisse in öffentlichen oder gemeinnützigen Einrichtungen zu schaffen. Seit 2000 bieten größere Wohlfahrtsverbände und Community

---

152 Die städtischen Straßenreinigungsbetriebe hatten kurz zuvor auf Druck der American Federation of State, County, and Municipal Employees (AFSCME) den Plan zurückgezogen, 50 GR-Empfänger im Rahmen von Workfare-Maßnahmen zu beschäftigen (AFSCME 1998).

Development Corporations für insgesamt etwa 300 bis 500 Frauen im CalWORKs-Programm in ihren sozialen Unternehmen bis zu einjährige Arbeitsbeschaffungsmaßnahmen mit Fortbildungsmöglichkeiten an.[153] Auch andere, kleinere Stadtteil- und Community-Initiativen nutzten private und staatliche Ressourcen, um im begrenzten Umfang Übergangsjobs für Sozialhilfebezieher aus ihrer Nachbarschaft zur Verfügung zu stellen (Eick u.a. 2004), während es AGENDA in enger Kooperation mit Gewerkschaftsvertretern 2002 gelang, bundesstaatliche Gelder für ein weiteres Pilotprojekt zu akquirieren, das seitdem pro Jahr etwa 250 Frauen im Sozialhilfebezug in Gesundheitsberufen ausbildet (CIPHER 2002: 2).

Darüber hinaus beschloss die städtische Wohnungsbehörde zusammen mit einer Reihe von Nonprofit-Organisationen, Fördermittel des US Department of Housing and Urban Development zu nutzen und ihren Mietern, sofern sie Sozialhilfe beziehen, in sechs- bis zwölfmonatigen Maßnahmen eine bezahlte Weiterbildung oder Beschäftigung in der Verwaltung oder im handwerklichen Bereich im Rahmen des bundesweiten Modellprogramms »Jobs-Plus«[154] zukommen zu lassen (Housing Authority of the City of Los Angeles 2003). Dabei spielten auch materielle Motive der Behörde, die an 17 Standorten die Sozialwohnungen der Stadt verwaltet, eine Rolle. Mit der Umstellung des lokalen Sozialhilfesystems Ende der 1990er Jahre war abzusehen, dass einem nicht unerheblichen Teil ihrer Mieter der Verlust ihrer bisherigen Existenzgrundlage und somit Obdachlosigkeit drohte. Gleichzeitig befürchteten sie enorme Mieteinbußen und eine noch stärkere Überbelegung der Wohnungen.[155]

»Jobs-Plus« stellte den ersten nationalen Versuch dar, städtische Armut im sozialen Wohnungsbau durch eine Beschäftigungsförderung zu bekämpfen, die zugleich auf eine unabhängige Lebensführung ohne Transfereinkommen und eine Verbesserung des Wohnumfeldes abzielt. Im Unterschied zu den meisten anderen staatlich geförderten Maßnahmen bestand die Programm-Philosophie jedoch nicht darin, Sozialhilfebezieher möglichst schnell in irgendeine Arbeit zu bringen. Das Programm folgte auch nicht der Logik, dass jede schlechte und unterbezahl-

---

153 Interview mit Mark Johnstone, Community Development Department, City of Los Angeles, 20.11.2002.

154 »Jobs-Plus«, das ein fünfjähriges Pilotprojekt war (1998-2003), wurde vor allem vom US-Bundesministerium für Wohnungsbau und Stadtentwicklung sowie der Rockefeller-Stiftung finanziert. Zum Konzept und zur Umsetzung von »Jobs-Plus« in den insgesamt sechs beteiligten Städten vgl. Bloom u.a. 2005.

155 Interview mit Ed Griffin, Housing Authority of the City of Los Angeles, 20.10.2002.

te Beschäftigung in der Privatwirtschaft der beste Weg zur Armutsbekämpfung sei. Vielmehr bestand der Ansatz darin, die Wohnungssiedlungen als Potential für die Erschließung kollektiver Ressourcen zu nutzen. Das Programm vermittelte innerhalb und außerhalb der Siedlungen Arbeits- und Ausbildungsplätze, Kinderbetreuung und soziale Dienste und versuchte zugleich in enger Abstimmung mit den Bewohnern, sowohl die lokale Infrastruktur als auch die individuellen Lebensverhältnisse der Familien zu verbessern. Zu diesem Zweck bildeten die von der Wohnungsbehörde angestellten Projektkoordinatoren in den beiden in das Modellprojekt einbezogenen Siedlungen in Downtown Los Angeles (Imperial Courts und William Mead Homes) sogenannte Community Coaches aus, deren Aufgabe es ist, vor Ort neue Netzwerke zu knüpfen und die Bedürfnisse der Bewohner zu identifizieren.[156]

Einen erheblichen Anreiz, an beschäftigungsfördernden Maßnahmen teilzunehmen, bildeten die mit »Jobs-Plus« eingerichteten Mietobergrenzen. Da sich im sozialen Wohnungsbau die Miethöhe nach dem Haushaltseinkommen richtet, lohnte es sich für viele Bewohner im Transferbezug zuvor finanziell nicht, eine Erwerbstätigkeit aufzunehmen. Mit der »Jobs-Plus«-Regelung konnte für einen Zeitraum von maximal 18 Monaten unabhängig vom Haushaltseinkommen auf eine Mieterhöhung verzichtet werden (Miller/Riccio 2002). Das gesparte Geld sollte ausdrücklich in Konsumgüter, insbesondere ein Auto, investiert bzw. dazu genutzt werden, eine Wohnung außerhalb der Sozialsiedlungen zu finden. Bezogen 1995 lediglich 34 Prozent der in das »Jobs-Plus«-Programm einbezogenen Mieter in Los Angeles ihr Einkommen aus Erwerbstätigkeit und 42 Prozent aus Sozialhilfe, so hatte sich das Verhältnis im Jahr 2002 bereits erheblich verändert: 56 Prozent gingen einer Lohnarbeit nach, und nur noch 20 Prozent waren zum Lebensunterhalt weiterhin allein auf Transferleistungen angewiesen (Housing Authority of the City of Los Angeles 2003: 3). Dieser Wandel ging allerdings nicht allein auf »Jobs-Plus« zurück, sondern auf eine Vielzahl weiterer beschäftigungspolitischer Anstrengungen und Maßnahmen der Wohnungsbehörde, die intensive Kooperationsbeziehungen mit privaten Arbeitgebern, Nonprofit-Einrichtungen, Community Colleges und anderen städtischen Verwaltungen aufgebaut und selbst etwa 1.500 Transferempfängern eine Ausbildung und Anstellung als Bauarbeiter, Landschaftsgärtner oder in sozialarbeiterischen Tätigkeiten ermöglicht hat (ebd.: 20).

---

156 Interview mit Jennifer Miller, Manpower Demonstration Research Corporation, 4.10.2002.

Obwohl Programme wie »City Jobs« und »Jobs-Plus« in Los Angeles zunächst erfolgreich anliefen, in den Medien überaus positiv rezipiert wurden (vgl. Romney 2001) und zeigten, dass es sehr wohl Alternativen zu einer an »dead end jobs« orientierten Politik für Transferempfänger gab, blieben diese lediglich Pilotprojekte, denen keine grundsätzliche Neuausrichtung der Beschäftigungsförderung in Los Angeles folgte. Weiterhin setzte die Sozialverwaltung vor allem auf die Selbstinitiative der Betroffenen, die abschreckende Wirkung der Job Clubs sowie den zunehmenden psychologischen Druck, der mit dem drohenden Ablauf der Zeitlimits und den damit verbundenen Kürzungen der Sozialhilfebezüge einhergeht.[157]

Bereits 2002 – nur drei Jahre nach Beginn von »City Jobs« – wurden die für das Projekt bereitgestellten Mittel bereits um mehr als drei Viertel von $4,4 Millionen auf $1 Million pro Jahr gekürzt (CIPHER 2002: 1). Die Stadtverwaltung gab als Grund ausgelaufene Zuschüsse des Bundesarbeitsministeriums an.[158] Da sich die am Programm beteiligten städtischen Einrichtungen weigerten, einen höheren Kostenanteil zu tragen, wurde das Programm immer weiter heruntergefahren, so dass 2006 nur noch knapp über 100 Sozialhilfeempfänger in städtischen Betrieben eine Ausbildung fanden.[159] Zudem scheiterten alle Lobbyversuche der Metropolitan Alliance, die County-Verwaltungen dazu zu bringen, ein ähnliches Programm einzuführen, am Widerstand des Board of Supervi-

---

157 In einer ethnographischen Studie berichteten hispanische Frauen im CalWORKs-Programm in L.A. County (Long Beach) recht anschaulich über ihre Erfahrungen mit Job Clubs und Diskriminierungen von Seiten des DPSS, die sie mehrheitlich als frustrierend, unproduktiv und entwürdigend beschrieben. Im Zentrum ihrer Kritik stand, dass sie in den von den Behörden angebotenen Kursen, die sie zum Teil drei bis vier Mal durchlaufen mussten, keinerlei sinnvolle Hilfestellungen erhielten und nichts dazulernen konnten. Der Wunsch nach einer weiterführenden Berufsqualifizierung werde von den Sachbearbeitern in der Regel abgelehnt. Häufig, so eine weitere Klage der Frauen, werde von ihnen verlangt, sich bei Arbeitgebern zu bewerben, von denen sie kurz zuvor entlassen worden waren oder die für ihre besonders miserablen Arbeitsbedingungen bekannt sind. Dementsprechend würden viele der zur Teilnahme an Job Clubs gezwungenen Männer und Frauen den Leistungsbezug – auch ohne feste Stelle – irgendwann »freiwillig« verlassen, um den behördlichen Schikanen zu entgehen (Marchevsky/Theoharis 2006: 111ff.).

158 Interviews mit Yardenna Aaron, a.a.O.; Teresa Sanchez, a.a.O.

159 Diese Zahl ist dem Bericht des County an das California Department of Social Services zu entnehmen, das auf seiner Homepage in monatlichen Statistiken angibt, wie viele CalWORKs-Bezieher sich in »subsidized public employment« befinden (vgl. http://dss.cahwnet.gov).

sors (Los Angeles Times, 2.3.2001). Auch die County-Vertreter führten finanzielle Schwierigkeiten als Begründung für ihre Ablehnung an.

Der verlorene Kampf gegen Privatisierung

Mit fiskalpolitischen Sachzwängen begründete die County-Regierung in Los Angeles darüber hinaus auch das im Laufe der Jahre zunehmende Outsourcing von »Welfare-to-Work«-Aufgaben an kommerzielle Unternehmen. Hatte es Ende der 1990er Jahre noch eine Art stillschweigendes Einverständnis zwischen County, Gewerkschaftsvertretern und Nonprofit-Organisationen gegeben, mit der Umsetzung der Sozialhilfereform vor allem öffentliche und gemeinnützige Einrichtungen zu beauftragen, kam es 2000, nachdem drei konservative Kandidaten in den Board of Supervisors gewählt worden waren, zu einem deutlichen Strategiewechsel (Riccardi 2000a u. 2000b; Murray 2000).

Los Angeles County war unter den ersten Kommunalverwaltungen in den USA, die unter dem Druck fiskalischer Restriktionen und Streichungen von Bundesgeldern zum Mittel der Privatisierung von sozialstaatlichen Aufgaben griffen. Bereits 1988 war eine Privatfirma mit dem Case Management und der Arbeitsvermittlung von Sozialhilfebeziehern im Rahmen des GAIN-Programms beauftragt worden (Reese u.a. 2003). Angeblich aufgrund von schlechten Vermittlungsquoten wurde der Vertrag 1993 jedoch wieder aufgehoben (Riccardi 2000a). Als im Februar 1998 die erste öffentliche Ausschreibung für das CalWORKs-Programm erfolgte, bewarben sich auch diesmal wieder kommerzielle Unternehmen, die einen Teil der Fallbetreuung und Arbeitsvermittlung übernehmen wollten. Trotzdem entschied die County-Verwaltung als Reaktion auf den Druck einer breiten lokalen Oppositionsbewegung zunächst, keine Verträge mit diesen privaten Anbietern abzuschließen. Zum einen hatte das staatliche Rechnungsprüfungsamt die Angebote der Privaten als zu teuer eingeschätzt (Murray 2000). Zum anderen schreckte die Verwaltung angesichts der enormen Aufgabenlast, die mit der Umsetzung von CalWORKs im ersten Jahr verbunden war, vor juristischen Auseinandersetzungen und einer direkten Konfrontation mit der Gewerkschaft der DPSS-Angestellten zurück.[160] Außerdem hatten die beiden aussichtsreichsten Bewerber – die Consulting Firma Maximus, die sich in mehreren anderen Bundesstaaten, darunter New York State wegen Bestechungsvorwürfen und der angeblichen Veruntreuung von staatlichen Geldern verantworten musste (Berkowitz 2001; Sanger 2003), und ein Tochterunternehmen des gigantischen Rüstungskonzerns Lockheed Martin, Lockheed Martin Information Management Services

---

160 Interview mit Teresa Sanchez, a.a.O.

(IMS) – infolge von zahlreichen Medienberichten in der Öffentlichkeit ein eher schlechtes Image. Sie galten aufgrund ihrer Profitinteressen als denkbar ungeeignet, die Bedürfnisse von Sozialhilfebeziehern in ihrer Arbeit angemessen zu berücksichtigen (Jagler 2000; Riccardi 2000b). Das Argument von Gewerkschaftsvertretern und Community-Organisationen, dass »Kopfpauschalen« in Millionenhöhe an korruptionsverdächtige Firmen keine geeignete Verwendung von lokalen Steuermitteln sei, leuchtete lange Zeit auch den politischen Entscheidungsträgern im County ein.[161]

Zwei Jahre später hatten sich das Kräfteverhältnis und die Stimmungslage im Board of Supervisors jedoch zugunsten der Privatisierungsoption verschoben. Es erfolgte eine erneute Ausschreibung, die vorsah, zumindest in zwei Regionen von Los Angeles County (West San Fernando Valley und im nördlichen Distrikt) die Umsetzung des CalWORKs-Programms an private Firmen auszulagern (Reese u.a. 2003). Hintergrund der Auseinandersetzungen im Board waren Streitigkeiten über die Personalpolitik und die zukünftige Aufgabenentwicklung im DPSS. Die Sozialverwaltung hatte nach Einführung von CalWORKs innerhalb kurzer Zeit fast 1.000 neue Mitarbeiter eingestellt. Um den Betreuungsschlüssel für Sozialhilfebezieher und die Arbeitsbedingungen der Angestellten zu verbessern, forderten Gewerkschaftsvertreter jedoch zusätzliches Personal, während Board-Mitglieder darauf verwiesen, dass die Fallzahlen im CalWORKs-Programm bis zum Jahr 2000 um fast 40 Prozent gesunken waren (Keating 2000). Da sie von einer weiteren Senkung der Sozialhilfequote in den Folgejahren ausgingen, erschien die befristete Beauftragung von privaten Unternehmen als die flexiblere Lösung. Außerdem war eine von Privatisierungsbefürwortern zuvor in Auftrag gegebene Studie zu dem Ergebnis gekommen, dass mit einer Teilauslagerung der Betreuungs- und Beratungsleistungen für Sozialhilfebezieher die administrativen Kosten des DPSS erheblich gesenkt werden könnten. Die Einsparungen wurden in den ersten beiden Jahren auf $4,2 Millionen geschätzt (Reese u.a. 2003: 25).[162]

Diesmal gelang es den an der Anti-Privatisierungs-Kampagne beteiligten Gewerkschaften und Community-Organisationen trotz einer erheblichen Mobilisierung und juristischer Schritte nicht, den Vertragsabschluss zwischen dem DPSS und den Unternehmen zu verhindern. Maximus und IMS, die in anderen Bundesstaaten und Kommunen (darunter

---

161 Interviews mit Ellen Reese, a.a.O.; Dan Fleming, a.a.O.; Teresa Sanchez, a.a.O.
162 Die mit der Studie beauftragte Firma war zufällig ein Unternehmen, das selbst in Ohio im »Welfare-to-Work«-Geschäft tätig war (Riccardi 2000a).

New York City) bereits Erfahrungen mit lokalen Oppositionsbewegungen gesammelt hatten, war es gelungen, über eine geschickte öffentliche Werbekampagne, finanziell attraktivere Angebote und direkte Wahlkampfspenden an Mitglieder des Board of Supervisors die County-Regierung auf ihre Seite zu ziehen. Maximus hatte darüber hinaus inzwischen eine ehemalige Mitarbeiterin des DPSS angeheuert und verfügte dementsprechend über wichtige Insider-Informationen, welche die Firma bei der Bewerbung und ihrer Außendarstellung nutzen konnte (Riccardi 2000b). Hinzu kam, dass sich die County-Verwaltung zur Teilprivatisierung von CalWORKs zwei Regionen mit einer besonders konservativen Wählerschaft und einer schwachen Lokalopposition ausgewählt hatte, so dass sie vor Ort mit wenig direktem Widerstand rechnen musste. Im Sommer 2000 entschied sie, mit Maximus und IMS einen Vertrag über insgesamt $23 Millionen abzuschließen, der zunächst auf zwei Jahre begrenzt war und 2002 um vier Jahre verlängert wurde (L.A. County Department of Public Social Services 2002). Wenig später beteiligte sich Maximus zudem erfolgreich an der Ausschreibung für das GROW-Programm.[163]

Dieser verlorene Anti-Privatisierungs-Kampf läutete zusammen mit der Unfähigkeit, City und County zum Aufbau eines dauerhaften öffentlichen Beschäftigungssektors zu bewegen, in Los Angeles in gewisser Weise den Beginn des Niedergangs einer konsequenten Opposition gegen das neue Workfare-Regime in Los Angeles ein. Zwar konnte die Metropolitan Alliance auch nach 2000 noch einige kleinere »Siege« gegenüber der County-Verwaltung erzielen. So ist es etwa zu einem Großteil ihrer anhaltenden Lobbyarbeit zuzuschreiben, dass sich im November 2002 das Board of Supervisors schließlich dafür entschied, dem DPSS die Möglichkeit einzuräumen, Teilnehmern des CalWORKs-Programms als Alternative zu unbezahlten Arbeitseinsätzen (Community Service) auch temporäre reguläre Beschäftigungsverhältnisse in Nonprofit-Einrichtungen anzubieten (Marchevsky/Theoharis 2006; Krinsky/Reese 2006).

Immer mehr der an den Anti-Workfare-Kampagnen beteiligten Organisationen gingen jedoch dazu über, sich wieder anderen Politikfeldern und Themen zuzuwenden. So zogen sich zum Beispiel die lokalen Gewerkschaften SEIU 347 und 660 – nachdem abzusehen war, dass es

---

163 Seit 2004 vermittelt Maximus im Auftrag des County nun auch alleinstehende Sozialhilfeempfänger in Arbeit (L.A. County Department of Public Social Services 2006b) und hat sich somit fest in der Stadt etabliert, während der Rüstungskonzern Lockheed Martin seine Tochterfirma IMS inzwischen verkauft hat und diese unter anderem die Parkraumüberwachung in Teilen des County übernommen hat.

in Los Angeles infolge der nationalen Sozialhilfereform zu keinen Verdrängungseffekten durch Workfare im öffentlichen Sektor kommen würde und auch die Teilprivatisierung des »Welfare-to-Work«-Systems zu keinen nennenswerten Entlassungen ihrer Mitglieder geführt hatte – 2003 vollständig aus dem Bündnis zurück (Krinsky/Reese 2006). ACORN war in den folgenden Jahren vor allem in Kampagnen zur Verbesserung der Gesundheits- und Wohnraumversorgung für einkommensschwache Familien aktiv, während AGENDA sich verstärkt darum bemühte, Konzessionen von Privatinvestoren und der Stadtverwaltung zur Förderung der Jugendarbeit und sozialen Infrastruktur in South Los Angeles zu gewinnen. Lediglich die Organisationen, deren Schwerpunkt auf der Bekämpfung von Obdachlosigkeit liegt, konzentrierten sich in den letzten Jahren weiterhin auf die Verbesserung der unmittelbaren Lebensbedingungen von Sozialhilfebeziehern, sowohl im GROW- als auch im CalWORKs-Programm (vgl. Tepperman 2002; Berkshire 2003; Pearlman 2004).

Die aktuellen Entwicklungen

Der Umbau des lokalen Sozialhilfesystems in Los Angeles war in wesentlichen Teilen bereits 2002 abgeschlossen. Seitdem arbeitet die Sozialverwaltung DPSS unter Einbeziehung vieler öffentlicher, gemeinnütziger und kommerzieller Einrichtungen an der Einhaltung der Vorgaben der Bundesgesetzgeber, was in der Praxis bedeutet, eine erhebliche Anzahl von im Arbeitsmarkt nicht überlebensfähigen Familien und Personen zu verwalten und durch mehr oder wenige sinnvolle Beschäftigungs- und Aktivierungsmaßnahmen, die zudem beträchtliche Mittel verschlingen, zu schleusen.

Auch in Los Angeles kommt ein immer kleinerer Teil der für die lokalen TANF-Programme von Bund und Land zur Verfügung gestellten Gelder direkt bedürftigen Familien und ihrem Lebensunterhalt zugute. Wurden vor der »Welfare Reform« noch 84,5 Prozent der Mittel für ihre unmittelbare finanzielle Unterstützung (cash assistance) ausgegeben, so waren es 2004 nur noch 50,5 Prozent; 43,2 Prozent fließen inzwischen in die sogenannte Beschäftigungsförderung und somit auch zu einem nicht unerheblichen Teil in die Taschen von privaten Einrichtungen wie Nonprofit-Organisationen und kommerziellen Firmen (California Budget Project 2004: 3). Damit hat sich die lokale öffentliche Aufgaben- und Steuerlast jedoch nicht verringert. Nach Angaben des DPSS hat sie sogar noch zugenommen: Erhielten 1998 noch ungefähr 1,6 Millionen Personen Leistungen aus staatlichen Sozialprogrammen (TANF, »General Relief«, »Medicaid«, »Food Stamps«, »In-Home Supportive Services«[164]), so gab es seitdem eine Steigerungsrate von fast 40 Prozent. 2006 erhielten 2,2 Millionen Personen vom DPSS Unterstützung, wobei die stärksten Zuwächse im Gesundheitsprogramm »Medicaid« (150 Prozent) und bei Leistungen für einkommensschwache Senioren (80 Prozent) zu verzeichnen sind (Felder 2006: 1). Gravierend sind dagegen die Rückgänge in den beiden Sozialhilfeprogrammen für Familien und erwachsene Erwerbsfähige: Von direkter finanzieller Unterstützung im Rahmen von CalWORKs profitieren heute fast 350.000 Personen weniger als 1998 (Rückgang um 47,6 Prozent von 740.000 auf 390.000 Personen); im Programm »General Relief« ist die Inanspruchnahme um mehr als 20 Prozent gesunken. Bezogen hier 1998 noch über 80.000 Personen Hilfe zum Lebensunterhalt, waren es 2006 nur noch 63.000. Auch bei den staatlichen Ernährungsbeihilfen hat es – trotz der dokumentierten Zunahme von Hunger in der Stadt – einen Rückgang der Bezugszahlen von über 15 Prozent gegeben (ebd.), der vor allem auf einen gesunkenen Anteil von Immigranten zurückzuführen ist (Capps u.a. 2002).

Die in offiziellen Evaluierungsstudien vielfach gelobten staatlichen Dienst- und Sachleistungen zur Förderung des Übergangs von Sozialhilfe in Erwerbstätigkeit haben sich auch in Los Angeles – wie unabhängige Studien und Wohlfahrtsorganisationen überzeugend nachgewiesen haben – als vollkommen unzureichend und wenig nachhaltig herausgestellt. Obwohl die Verwaltung in Los Angeles County in den ersten Jahren größere Anstrengungen als die New Yorker unternommen hat, in Kooperation mit zivilgesellschaftlichen Akteuren auf die verschiedenen Personengruppen abgestimmte Angebote zu entwickeln, ist das Ergebnis – gemessen an der Entwicklung der Armutsrate und der Lebenssituation der in Arbeit Gebrachten – ähnlich deprimierend. Darüber hinaus zeigen die Erfahrungen in Los Angeles County, dass das Finanzierungs- und Sanktionsmodell des TANF-Systems zu überaus widersprüchlichen und zum Teil auch kontraproduktiven Entwicklungen auf der subnationalen Ebene geführt hat.

Als Erstes ist festzuhalten, dass sich die kommunalen finanziellen Belastungen – obwohl die Sozialhilfequote fast um die Hälfte gesunken ist – nicht verringert haben, sondern gestiegen sind. Verantwortlich hierfür sind vor allem die enormen zusätzlichen administrativen Aufwen-

---

164 »In-Home Support Services« sind lokalstaatliche Unterstützungsleistungen für Personen, die älter als 65 Jahre sind, und sollen diesen ermöglichen, möglichst lange zu Hause wohnen bleiben zu können. Diese Leistungen beinhalten Pflege- und Betreuungsleistungen und Mietzuschüsse.

dungen und Personalkosten[165] für das neue lokale Workfare-, Kontroll-
und Sanktions-Regime sowie die von der Bundesregierung zu verantwortenden explodierenden kommunalen Gesundheitsausgaben für Familien ohne Krankenversicherung. Von den direkten Einsparungen bei den
Geldzahlungen im CalWORKs-Programm profitierte in den ersten Jahren nach der Umsetzung der Sozialhilfereform vor allem die Landesregierung, da die Counties in Kalifornien an den unmittelbaren Unterstützungsleistungen nur zu einem geringen Teil beteiligt sind. Zweitens hat
sich die Abhängigkeit der Counties und ihrer Armutsbevölkerung von
finanziellen und politischen Entscheidungen und Entwicklungen auf der
Landesebene im Laufe der letzten Jahre noch verstärkt. Als Kalifornien
in den Jahren 2001/02 in eine erneute ernsthafte wirtschaftliche Rezession und Haushaltskrise geriet,[166] gehörten bereits zugesagte und einge-
plante Mittel zur Beschäftigungsförderung von Sozialhilfebeziehern zu
den ersten, die Kürzungen im Landesparlament zum Opfer fielen (Polit
u.a. 2005: 41). Hatte Los Angeles County in den ersten Jahren nach der
»Welfare Reform« (1998-2001) – wie von zahlreichen Experten und
Bundespolitikern gefordert – noch stark in den Ausbau von Kinderbetreuungsplätzen und eine verbesserte psychosoziale/pädagogische Beratung und Betreuung investiert, so mussten zahlreiche der auf der lokalen
Ebene mühsam aufgebauten Programme und Kooperationsbeziehungen
aufgrund fehlender Landeszuschüsse wieder deutlich zurückgefahren
oder ganz aufgegeben werden, obwohl der Bedarf eher gestiegen als gesunken ist. Unmittelbar betroffen von den Kürzungen war auch die Planung des County, Sozialhilfebeziehern, die ihre 24-Monate-Frist erreicht
haben und »community service« ableisten müssen, ab 2002 sozialversi-
cherungspflichtige und bezahlte Stellen in gemeinnützigen Organisationen anzubieten (Human Service Alliance 2003).[167]

Mit der 2003 erfolgten Wahl von Arnold Scharzenegger zum Gouverneur hat sich die Ausgangslage für die Counties und Kommunen in
Kalifornien, eine eigenständige und verantwortungsvolle Sozialpolitik
zur Bekämpfung von Armut entwickeln zu können, tendenziell noch
verschlechtert. Obwohl Schwarzenegger in den Medien häufig als ein li-

---

165 Im Zuge der »Welfare Reform« haben die Personalkosten um fast 20
    Prozent zugenommen (Felder 2006: 3).
166 2002/03 wurde das Haushaltsdefizit von Kalifornien auf $12,5 Milliar-
    den geschätzt (Human Service Alliance 2003: 1).
167 Weitere County-Programme und Projekte, die den Kürzungen der Lan-
    deszuweisungen unmittelbar zum Opfer fielen, waren berufsqualifizie-
    rende Maßnahmen für Migranten und Flüchtlinge mit mangelnden Eng-
    lischkenntnissen, Praktikumsangebote für Sozialhilfebezieher, das »Ci-
    ty-Jobs«-Programm und der Ausbau des öffentlichen Nahverkehrs in
    Armutsquartieren (Human Service Alliance 2003).

beraler Republikaner dargestellt wird, hat er sich in manchen sozialpolitischen Fragen als ein noch größerer Hardliner als seine Vorgänger Pete Wilson und Gray Davis erwiesen. 2005 brachte er im Landesparlament eine Gesetzesinitiative ein, die vorsah, die monatlichen Unterstützungszahlungen für Familien im CalWORKs-Programm deutlich zu senken und die Counties noch stärker an den Sozialkosten für Behinderte, Kranke und Alte zu beteiligen (Rees 2005). Ein Jahr später legte er einen Plan vor, der neben weiteren Sozialkürzungen die Einführung einer »full family sanction« im CalWORKs-Programm fordert, was bedeutet, dass nach Ablauf der Fünf-Jahres-Frist den Counties keinerlei Mittel des Bundesstaates mehr zur Unterstützung der Kinder zur Verfügung stünden (Dellinger 2007). Damit, so Schwarzenegger in einem Presseinterview, solle die Motivation der Eltern zur Arbeitsaufnahme gestärkt werden.

Außerdem hat er zusammen mit anderen republikanischen Parteikollegen unterdessen auch das Problem der »illegalen Einwanderung« als Wahlkampfthema für sich entdeckt. Zu Beginn seiner zweiten Amtsperiode (2007) schlug er in Anlehnung an »Proposition 187« vor, Kinder aus Familien, deren Eltern keine Aufenthaltserlaubnis nachweisen können, vom Sozialhilfebezug konsequent auszuschließen (Halper 2007). Kurz zuvor hatte auch ein Mitglied des Board of Supervisors in Los Angels County, Michael Antonovich, der den konservativen und suburbanen 5. Wahldistrikt (San Fernando, San Gabriel Valley u.a.) vertritt, eine Öffentlichkeitskampagne gestartet, die eine Neuauflage der lokalpolitischen Auseinandersetzungen über den staatlichen Umgang mit »Menschen ohne Papiere« befürchten lässt. In einer Presseerklärung und bei zahlreichen Medienauftritten prangerte er an, dass Los Angeles County jedes Jahr mehr als $23 Millionen für Kinder »Illegaler« im CalWORKs-Programm ausgibt, und setzte sich in Washington für noch restriktivere Einwanderungskontrollen und Strafen ein:

While legal immigration is a positive influence on our culture and economy, illegal immigration has had a devastating impact on Los Angeles. In public safety, healthcare and public social services, illegals cost County taxpayers nearly three quarters of a billion dollars a year. (Antonovich 2006: 1)

Angesichts der erneut zunehmenden Attacken der Republikaner gegen Immigranten und das, was vom sozialen Sicherheitsnetz noch übrig geblieben ist, richten sich viele Hoffnungen der progressiven Labor-Community-Koalitionen in Los Angeles derweil auf den zweiten hispanischen Bürgermeister in der Geschichte der Stadt, Antonio Villaraigosa (Dreier u.a. 2006; Hayden 2005). Der im Mai 2005 ins Amt gekommene

Demokrat ist langjähriger Gewerkschafts- und Bürgerrechtsaktivist und hatte Ende der 1990er Jahre in seiner Funktion als Sprecher der State Assembly in Sacramento tatkräftig die Lobbybemühungen der sozialpolitischen Opposition gegen die Einführung eines strikten Workfare-Regimes und gegen die Ausgrenzung von Migranten aus Sozialprogrammen unterstützt. Zu seinen Wahlkampfversprechen gehörte, weiterhin eng mit Grassroots-Initiativen sowie der Gewerkschaftsbewegung zusammenzuarbeiten, um das Armutsproblem und die Einkommenspolarisierung in der Stadt zurückzudrängen (Dreier 2005). Allerdings sind seine Mittel und Einflussmöglichkeiten begrenzt. Mit einem strukturellen Haushaltsdefizit von über $300 Millionen bleibt die Stadt bei der Armutsbekämpfung auf Bundes- und Landeszuschüsse sowie die Unterstützung des privaten Sektors angewiesen (ebd.). Hinzu kommen weitere zentrale Herausforderungen wie wachsende Verkehrs- und Umweltprobleme, die Wohnungskrise, eine erhebliche Jugendkriminalität sowie ein traditionell vollkommen unterfinanziertes Schul- und Gesundheitssystem (Dreier u.a. 2006; Garvey/McGreevy 2007), die einen Großteil der öffentlichen Aufmerksamkeit, Ressourcen und die Energien von sozialen Bewegungen auf sich ziehen.

Dementsprechend konzentrieren sich die Aktivitäten vieler Initiativen, die weiterhin die Interessen von Sozialhilfebeziehern vertreten, inzwischen darauf, vorhandene »Lücken im System« und zusätzliche Finanzierungstöpfe aufzudecken, um die Lebens- und Arbeitssituation der Hilfebedürftigen zu verbessern. Die Coalition to End Hunger and Homelessness hat sich mittlerweile mit 60 anderen Bürgerrechtsgruppen im Bundesstaat zur Partnership California zusammengeschlossen. Ein Ziel ihrer Beratungs- und Lobbyaktivitäten besteht darin, Hilfebezieher über ihre Rechte und juristischen Einspruchsmöglichkeiten besser aufzuklären und Erwerbsunfähige bei der Aufnahme in die allein vom Bund finanzierte Hilfe für Behinderte und Alte (SSI) zu unterstützen.[168] 2003 gelang es dem Bündnis jedoch auch, einen bis dahin ungenutzten Sonderfonds des Bundes anzuzapfen und das County of Los Angeles dazu zu bringen, einen Teil des Geldes ($11 Millionen) für innovative Qualifizierungsprojekte für Sozialhilfebezieher und Präventionsprogramme einzusetzen, die verhindern sollen, dass immer mehr Familien ihre Wohnung verlieren und auf der Straße landen (Pearlman 2004). Insgesamt erweist sich das Problem der wachsenden Obdachlosigkeit infolge der »Welfare Reform« als das Thema, mit dem an der Sozialhilfepolitik interessierte Nonprofit- und Bürgerrechtsgruppen in Los Angeles noch am ehesten auf Zustimmung und Aufmerksamkeit in der Öffentlichkeit

---

168 Interview mit Nancy Berlin, a.a.O.

und bei den Behörden rechnen können. Selbst in progressiven Kreisen und Stiftungen, die Ende der 1990er Jahre zahlreiche Anti-Workfare-Kampagnen gesponsert haben, hat das Interesse an »welfare issues« deutlich abgenommen, nachdem sich die Zahl der Familien im Sozialhilfebezug mehr als halbiert hat und Medien sowie Politiker die Reformen als Erfolg verkaufen. 2003 verlor das »Welfare Advocacy Reform Project« der Koalition gegen Obdachlosigkeit in Los Angeles einen Großteil seiner Förder- und Stiftungsmittel. »Welfare is out«, bedauert die Geschäftsführerin des Projekts, das Streichungen von über $100.000 hinnehmen musste und seitdem noch stärker auf freiwilliges Engagement und private Spenden angewiesen ist (zit. nach Berkshire 2003: 11).

Wachsende Obdachlosigkeit dagegen ist für alle Bürger und vor allem Besucher der Stadt – deren ökonomische Entwicklung nicht unwesentlich von der Tourismus- und Unterhaltungsindustrie abhängig ist – ein besonders sichtbares und hässliches Armuts- und Alltagsproblem, das sich in L.A. längst nicht mehr auf das Zentrum (Skid Row in der Nähe von Downtown) eingrenzen lässt (Blasi u.a. 2006). Der 2004 vom neugegründeten Bündnis »Bring LA Home«[169] veröffentliche Strategieplan (10-Year Strategy to End Homlessness) hat deswegen auch eine große Unterstützung in der Verwaltung erfahren. Selbst Polizeichef William Bratton, der Mitte der 1990er Jahre in New York City für die Durchsetzung einer »Zero-Tolerance«-Politik gegenüber Obdachlosen und anderen Randgruppen verantwortlich war, befürwortet die Ziele des Plans, der vorsieht, erhebliche staatliche und private Ressourcen in Präventionsmaßnahmen und den Ausbau sozialer Dienstleistungen für Wohnungslose zu investieren. Ein erstes Ergebnis des neuen Bündnisses war der Beschluss des County Board of Supervisors, das DPSS mit der Entwicklung eines Aktionsplans zur Verhinderung des Wohnungsverlusts von Familien im Sozialhilfebezug zu beauftragen. Bis 2006 wurden nach Angaben der Behörde etwa $3 Millionen in Mietzuschüsse, Wohnungsvermittlungen und Notübernachtungseinrichtungen speziell für Frauen und Familien mit kleinen Kindern investiert (L.A. County Department of Public Social Services 2004 u. 2006a). Das Gros dieser Mittel stammt aus den Taschen der lokalen Steuerzahler. Die 2006 von einem demokratischen Abgeordneten aus Los Angeles eingebrachte Ge-

---

169 »Bring LA Home« ist ein Zusammenschluss von zivilgesellschaftlichen Gruppen, der von der Coalition to End Hunger and Homelessness, dem Economic Roundtable, dem Weingart Center und zahlreichen Wissenschaftlern initiiert worden ist. Das sogenannte »Blue Ribbon Panel« (Unterstützungskomitee) besteht aus 65 Politikern, Verwaltungsvertretern und bekannten Persönlichkeiten des öffentlichen Lebens (Flaming/Tepper 2006).

setzesinitiative, die von der Landesregierung fordert, sich stärker an den Kosten der Bekämpfung von Obdachlosigkeit in den Kommunen zu beteiligen (Núnez 2006), hat bislang nicht die erforderliche Stimmenmehrheit in der State Legislature gefunden.

Zusammenfassung

Bezeichnend ist, dass in beiden Untersuchungsstädten – New York City und Los Angeles – etwa zehn Jahre nach der »Welfare Reform«, die bundesweit als großer Erfolg und Fortschritt bei der gesellschaftlichen Reintegration von Sozialhilfeempfängern gehandelt wird, konzertierte Anstrengungen und Aktionsprogramme zur Zurückdrängung und Bekämpfung ihrer schlimmsten Auswirkungen (wachsende Obdachlosigkeit, anhaltende Armut unter Familien etc.) auf der kommunalpolitischen Agenda stehen.

Auch in Los Angeles haben verschiedene Faktoren Einfluss auf die Ausgestaltung des lokalen Workfare-Systems genommen; auch hier lassen sich grob drei Phasen unterscheiden, in denen sich die Herausbildung des aktuellen Ansatzes vollzogen hat, der in Anlehnung an Theodore/Peck (2001) als »private market/work first model« beschrieben werden kann. Die erste Phase, das heißt die Jahre vor Verabschiedung der nationalen »Welfare Reform«, war ähnlich wie in New York City aufgrund wachsender fiskalischer Belastungen der Kommunen von Angriffen auf das lokale Sozialhilfeprogramm für Alleinstehende (»Home Relief«) gekennzeichnet, die zu drastischen Leistungseinschnitten führten und bereits – wenn auch in einem eher geringen Umfang – Arbeitsdienste für Männer im gemeinnützigen und öffentlichen Sektor vorsahen. Im Unterschied dazu konzentrierten sich die lokalstaatlichen Maßnahmen zur Beschäftigungsförderung von Familien im Sozialhilfebezug vor den übergeordneten Reformen in Los Angeles auf Angebote beruflicher Grundqualifikationen für ausgewählte Zielgruppen und entsprachen somit dem in Kalifornien bis dahin vorherrschenden »human capital approach« in der Workfare-Politik. In der zweiten Phase, die bereits kurz vor der nationalen Abschaffung des AFDC-Programms (1995) einsetzte, aber von dieser Bundesentscheidung erheblich beeinflusst war und etwa bis 2000 anhielt, wurde der Qualifizierungsansatz von einer Politik abgelöst, deren Zielsetzung es ist, alle erwerbsfähigen Transferempfänger unabhängig von ihren individuellen Voraussetzungen möglichst schnell in den ersten Arbeitsmarkt zu bringen. Dieses »market model« war bis 2000 in Los Angeles jedoch im Unterschied zu anderen Kommunen von vergleichsweise großen Bemühungen der lokalen Sozialverwaltungen geprägt, in enger Kooperation mit anderen staatlichen und gemeinnützigen Einrichtungen ein System unterstützender Dienstleistungen (Kinderbetreuung, Mobilitätshilfen, psychosoziale Betreuung etc.) aufzubauen, um den Übergang in das Erwerbsleben zu erleichtern. In der dritten Phase (2001-2006), die mit einer erneuten wirtschaftlichen Rezession, gekürzten Landes- und Bundesmitteln und somit erheblich reduzierten kommunalen Ressourcen in Kalifornien zusammenfiel, kam es erstens zu einem schrittweisen Rückbau dieses anfangs relativ großzügigen Unterstützungssystems und der zielgruppenspezifischen Förderung durch gemeinnützige Einrichtungen und zweitens zu einer Neuauflage der politischen Auseinandersetzungen um die Leistungsansprüche von Migranten, die Mitte und Ende der 1990er Jahre nicht zuletzt aufgrund der starken Mobilisierung unter der hispanischen Bevölkerung in Kalifornien zunächst zugunsten von Einwandererfamilien entschieden worden waren.

Die institutionellen Rahmenbedingungen, welche die Workfare-Politik und deren Entwicklung bestimmt haben, weichen in Kalifornien zum Teil von denen in New York State ab. Erstens unterscheidet sich das Finanzierungssystem der Sozialleistungen: Die Kommunen und Counties sind in Kalifornien nur mit einem wesentlich geringeren Prozentsatz an den direkten Kosten für die Familiensozialhilfe (AFDC/TANF) beteiligt; sämtliche Ausgaben für »Medicaid« und Ernährungsbeihilfen übernimmt traditionell die Landesregierung. Dies kann erklären, warum die Sozialverwaltung in Los Angeles County weder vor noch nach den übergeordneten Reformen einen Schwerpunkt auf eine strikte Sanktions- und Diversionspolitik gelegt hat, weil von den Einsparungen bei den Cash-Transfers vor allem die übergeordnete politische Ebene profitieren kann. Umschichtungen von in der Sozialhilfe eingesparten Geldern sind zwar auch in Kalifornien in den Counties seit 1997 möglich, aber nur in einem begrenzten Umfang. Betrachtet man die Vorgaben der Landesregierung zum TANF-Programm, so zeigt sich außerdem, dass sie genauere Vorschriften zum Aufbau und Ablauf der »Welfare-to-Work«-Maßnahmen enthalten, die stärker als in New York eine Gleichbehandlung der Antragsteller gewährleisten können, und dass die Anforderungen an die Counties bezüglich der Transparenz ihrer neuen Beschäftigungs- und Transferleistungen höher ausfallen. So sah die Landesregierung vor, dass die Counties in ihre Planungen zivilgesellschaftliche Akteure einbinden, Implementierungspläne zu einzelnen Programmpunkten vorlegen und regelmäßige Evaluierungen durchführen mussten. Dies ermöglicht grundsätzlich eine bessere Kontrolle bzw. erschwert auf der lokalen Ebene gesetzeswidrige administrative Handlungen.

Weitere institutionelle Faktoren, die im Zusammenhang mit der Ausrichtung der Workfare-Politik in Los Angeles zu nennen sind, hängen mit der ausgeprägteren Fragmentierung des kommunalen politisch-administrativen Systems zusammen, das Macht und Entscheidungskompetenzen auf mehr Instanzen und Akteure als in New York City verteilt. Während die Aufspaltung und Überlappung der Zuständigkeiten und Aufgabenbereiche zwischen County, City und anderen Spezialdistrikten für viele Politikfelder in der Fachliteratur als nachteilig beschrieben werden, können diese erklären, warum sich das Thema Workfare in Los Angeles weniger für Profilierungsversuche einzelner Politiker wie zum Beispiel den Bürgermeister eignete und insgesamt weniger ideologisch und machtpolitisch aufgeladen war. Die weitreichende Fragmentierung und die mit ihr einhergehenden Abstimmungs- und Koordinierungsprobleme können auch begründen, warum die Option, Hunderttausende von Transferempfängern wie in New York City zu unbezahlten Arbeitsdiensten in Verwaltungen und kommunalen Betrieben heranzuziehen, in Los Angeles verworfen wurde, weil dafür ein enormes Maß an organisatorischem Aufwand und politischem Konsens notwendig ist. Gleichwohl sollte jedoch erwähnt werden, dass das für Entscheidungen über staatliche Transfers und andere Sozialprogramme in Los Angeles zuständige County Board of Supervisors traditionell eine konservativere Ausrichtung hat als der City Council, was mit der demographischen Zusammensetzung und den politischen Präferenzen der jeweiligen Wählerschaften zusammenhängt, so dass größere Einflussmöglichkeiten des Stadtrates auf die Sozialhilfepolitik unter Umständen auch zu einem anderen Politikergebnis hätten beitragen können.

Die ökonomischen Rahmenbedingungen für eine arbeitszentrierte Sozialhilfepolitik fielen in Los Angeles, betrachtet man lediglich die offiziellen Arbeitslosenquoten, zumindest in den späten 1990er Jahren positiver aus als in New York City. Hier lag die Erwerbslosigkeit mit 6,4 Prozent 1998 deutlich unter den New Yorker Werten. Auch eine geringere Deindustrialisierung als in New York und eine insgesamt bessere regionale Wachstums- und Arbeitsmarktprognosen in Südkalifornien mögen manche Entscheidungsträger dazu ermutigt haben, zur Erfüllung der Auflagen der Bundesgesetzgeber ein »private market model« zu favorisieren. Allerdings – so zeigen zahlreiche dokumentierte Auseinandersetzungen und auch der 1998 entwickelte »Job Creation Plan« der Sozialbehörde – waren sich die mit der Umsetzung der »Welfare Reform« befassten Institutionen und Verwaltungen durchaus im Klaren darüber, dass eine Konzentration auf eine möglichst schnelle Arbeitsvermittlung von Sozialhilfeempfängern ohne entsprechende staatliche Interventionen zur Schaffung von existenzsichernden Beschäftigungsverhältnissen die bereits enormen Armutsprobleme in den innerstädtischen Quartieren noch weiter verschärfen würde. Insofern bleibt es erklärungsbedürftig, warum die Behörden nicht zumindest stärker auf die von der Landesregierung zur Verfügung gestellten Mittel zur beruflichen Weiterqualifizierung von Frauen und Männern im Sozialhilfebezug zurückgegriffen haben und es zuließen, dass beispielsweise die Zahl derjenigen, die einer Ausbildung an Community Colleges in Los Angeles nachgehen, von über 20.000 im Jahr 1995 auf 4.300 im Jahr 2006 zurückging. In diesem Zusammenhang mögen das historische Erbe des in der Öffentlichkeit als gescheitert geltenden Vorläuferprogramms L.A. GAIN und somit auch der in Oakland/Kalifornien ansässige Think tank Manpower Demonstration Research Corporation, der für die Evaluierung von GAIN zuständig war, eine Rolle gespielt haben. Obwohl der politische Einfluss dieser Organisation nicht überschätzt werden sollte und sie weniger eindeutig ideologische Positionen als etwa das Manhattan Institute oder die Heritage Foundation – die New York City teilweise zum Experimentierfeld ihrer Ideen machen konnten – vertritt, spricht vieles dafür, dass ihre zahlreichen Forschungs- und Evaluierungsprojekte, Veröffentlichungen und regen Beratertätigkeiten seit den 1980er Jahren ihre Wirkung nicht verfehlt haben und maßgeblich für die anhaltende Stigmatisierung des in Los Angeles lange Zeit dominanten »human capital approach« verantwortlich sind.

Workfare-Regime in New York City und Los Angeles: Ausrichtung und Einfluss der lokalpolitischen Opposition

In der Untersuchung konnten viele Gemeinsamkeiten in Bezug auf die armutsverschärfenden Auswirkungen, aber auch einige nennenswerte Differenzen in der Ausgestaltung der lokalen Workfare-Regime in New York City und Los Angeles seit Mitte der 1990er Jahre festgestellt werden. In beiden Städten hat die veränderte lokale Sozialhilfepolitik sowohl die Lage der unmittelbar Betroffenen als auch die Situation einkommensschwacher Familien insgesamt verschlechtert, weil mit der Abschaffung eines bundesstaatlich garantierten Rechtsanspruchs auf Hilfe zum Lebensunterhalt für viele eine wichtige Einkommensquelle und Unterstützung in Zeiten von Arbeitslosigkeit und Unterbeschäftigung weggefallen ist. Zwar hat auch in den beiden untersuchten US-Metropolen parallel zur Umsetzung der nationalen »Welfare Reform« eine Ausweitung der Erwerbstätigkeit unter (ehemaligen) Transferempfängern und insbesondere unter alleinstehenden Müttern stattgefunden. In New York City hat die offizielle Arbeitslosenquote mit 4,3 Prozent im Dezember 2006 sogar ihren tiefsten Stand seit 30 Jahren erreicht (New York Sun,

19.1.2007). Aufgrund der allgemeinen Prekarität, des häufig temporären Charakters und der zu niedrigen Entlohnungen der für Sozialhilfeempfänger und Erwerbslose in den New-Economy-Sektoren zur Verfügung stehenden Beschäftigungsverhältnisse war dieser Prozess in New York City und in Los Angeles jedoch von einer weiteren Verarmung begleitet. Dies kommt in wachsenden Obdachlosenzahlen, der drastisch zugenommenen Nachfrage nach Ernährungsbeihilfen und anderen Unterstützungsleistungen, aber auch in solchen Problemen zum Ausdruck, die in der Öffentlichkeit weniger stark wahrgenommen wurden, etwa in der Zunahme von Familienkrisen (wachsende Zahl von Kindern, die zur Adoption freigegeben oder von Pflegeeltern betreut werden). Zu Recht hat Pateman (2006) darauf hingewiesen, dass die »Welfare Reform« mit ihren extremen Belastungen für alleinerziehende Mütter die für eine Gesellschaft zentralen sozialen Reproduktionsgrundlagen, Zeit für Kinder und deren Erziehung und Betreuung, unterminiert und Familienstrukturen zerstören kann, die ihre Befürworter vorgeben schützen zu wollen. In beiden Städten ist die Armutsquote unter der Hauptzielgruppe der Reform, Frauen mit minderjährigen Kindern, seit Beginn der 1990er Jahre von etwa 30 auf über 40 Prozent im Jahr 2006 angestiegen (Community Service Society 2006; United Way of Greater Los Angeles 2007). Parallel dazu ist das durchschnittliche Haushaltseinkommen von Familien mit erwerbstätigen Eltern (working families) im selben Zeitraum stetig gesunken: in New York City um 14,3 (Community Service Society 2006) und in Los Angeles um fast 15 Prozent (ebd.).

Während damit einige der bereits im zweiten Kapitel aufgezeigten Trends bestätigt werden und deutlich geworden ist, dass sich soziale Ungleichheiten und Armutsprobleme in den beiden größten US-Metropolen im Zuge der »Welfare Reform« und den von ihr forcierten Devolutionstendenzen seit Mitte der 1990er Jahre noch verschärft haben, stellt sich zum Schluss dieses Kapitels die Frage nach den Handlungsoptionen, die den städtischen Akteuren zur Verfügung standen bzw. verbleiben, mit diesen Trends umzugehen bzw. ihnen entgegenzuwirken. In den jeweiligen Zusammenfassungen der Fallstudien ist bereits versucht worden, die institutionellen, ökonomischen und politischen Rahmenbedingungen und Besonderheiten zu identifizieren, mit denen die verschiedenen Schwerpunktsetzungen in der Workfare-Politik in beiden Städten zusammenhängen könnten. Hierzu zählen als institutionelle Faktoren die übergeordneten Gesetze der Bundesstaaten, die Aufgabenverteilung zwischen State und Counties mit den hiermit verbundenen finanziellen Zuständigkeiten und Abhängigkeiten sowie die durch die jeweiligen Landes- und Kommunalverfassungen vorgegebenen Entscheidungskompetenzen in Bezug auf die Sozialhilfepolitik. Ökonomische Aspekte wie die Verfasstheit und die Anforderungen der lokalen Arbeitsmärkte, Erwerbslosenquoten und Beschäftigungschancen für Sozialhilfeempfänger haben sicherlich auch einen gewissen Einfluss auf die Ausrichtung der Workfare-Programme gehabt. Zumindest für New York City – wo die Erwerbslosigkeit in den 1990er Jahren doppelt so hoch wie im Bundesdurchschnitt ausfiel – liegt es nahe, eine Verbindung zwischen schlechten Arbeitsmarktbedingungen (fehlende Jobs und mangelnde Nachfrage in der Privatwirtschaft) und der Konzentration der Lokalverwaltung auf gemeinnützige Arbeitseinsätze für Transferempfänger herzustellen. Spezifische lokale Konditionen wie zum Beispiel arbeitsmarktpolitische Entwicklungen scheinen allerdings in den USA, wie bereits mehrere Studien für die Entwicklung der AFDC-Programme in den 1980er und frühen 1990er Jahren herausgefunden haben (vgl. S. 101 ff.), bei den Workfare-Entscheidungen der Landes- bzw. Kommunalpolitiker nicht immer ausschlaggebend gewesen zu sein bzw. diese nicht zu determinieren. Auch von übergeordneten Gesetzen und Richtlinien vorgegebene Restriktionen können die gewählten Strategien nur bedingt erklären. So hätten in beiden Untersuchungsstädten die Verantwortlichen auch mit Qualifizierungsoffensiven oder mit der Schaffung einer größeren Anzahl bezahlter Stellen und Ausbildungsplätze im öffentlichen und gemeinnützigen Sektor auf die Herausforderungen und Auflagen der übergeordneten Sozialhilfereformen reagieren können, wenn der politische Wille hierzu vorhanden gewesen wäre. Gesetzliche Vorgaben hätten sie jedenfalls nicht davon abhalten können. Außerdem standen zumindest in den ersten Jahren nach Verabschiedung der »Welfare Reform« (1996-2001) für solche Instrumente und Ansätze ausreichend finanzielle Mittel zur Verfügung, wie Berichte über angesparte oder nicht genutzte Landes- und Bundeszuschüsse und dokumentierte Umschichtungen von TANF-Geldern in andere Programme wie zum Beispiel den Ausbau von Steuererleichterungen in diesem Zeitraum beweisen.

Zwei Faktoren sind meines Erachtens für die Ausrichtung der New Yorker Sozialhilfepolitik an einem »local state model« am wichtigsten gewesen: erstens die ungewöhnliche Entschlossenheit der von konservativen Think tanks beeinflussten Führungsriege, namentlich des Bürgermeisters Giuliani und seines aus Wisconsin importierten Leitungspersonals der Sozialbehörde, dieses Modell in der Stadt durchzusetzen und sich damit politisch zu profilieren; und zweitens die sich bietende Möglichkeit, mit massenhaften unbezahlten Arbeitseinsätzen von Transferempfängern und einer strikten Sanktions- und Diversionspolitik noch weitere eigenständige kommunalpolitischen Ziele verfolgen zu können, darunter die Stärkung des Polizeiapparates durch die Umschichtung eingesparter Sozialhilfegelder, die Aufwertung innerstädtischer Quartiere durch größere Sauberkeit und Sicherheit in öffentlichen Räumen sowie eine weitere Schwächung der Verhandlungsposition der in New York City vor allem in konservativen und Wirtschaftskreisen umstrittenen lokalen Gewerkschaften im öffentlichen Dienst. Diese Motive und Gelegenheitsstrukturen fehlten in Los Angeles weitgehend, wo Einsparungen bei den Cash-Transfers keine wesentlichen neuen kommunalpolitischen Handlungsspielräume eröffnen konnten und spezifische administrative Aufgabenverteilungen, Fragmentierungen und Vetostrukturen im kommunalpolitischen System die Profilierung einzelner Lokalpolitiker im Bereich Sozialhilfepolitik und Workfare tendenziell erschweren. Da das »private market model« die wenigsten Widerstände erwarten ließ und bereits vor der »Welfare Reform« 1996 in Los Angeles zum Einsatz gekommen war, entschieden sich die politischen Verantwortlichen in L.A. dafür, die bereits erprobten Grundstrukturen (Job Clubs, administrative Zuständigkeiten, Kooperationsbeziehungen mit dem Nonprofit-Sektor etc.) zunächst beizubehalten und durch neue Instrumente wie den Ausbau der Kinderbetreuung und vermehrte soziale Dienstleistungen zur Förderung des Übergangs von Transferempfängern in Erwerbstätigkeit zu ergänzen. Die anfangs, kurz nach Verabschiedung der übergeordneten Sozialhilfereformen, noch von der Lokalregierung und Verwaltung formulierte Absicht und Strategie, einen Schwerpunkt auf die Schaffung und Förderung von Arbeitsplätzen zu legen, die Erwerbslosen und bereits Beschäftigten existenzsichernde Löhne und angemessene Sozialleistungen bieten, ist von staatlicher Seite niemals eingelöst worden.

Anhand der aufgezeigten Differenzen in den Workfare-Strategien der beiden Städte lassen sich zumindest partiell auch die Reaktionen und Kampagnen der lokalpolitischen Oppositionsbewegungen in New York City und Los Angeles erläutern und bewerten. Peck (2001: 365) hat darauf hingewiesen, dass die von ihm und seinem Kollegen Theodore typologisierten lokalen Workfare-Modelle (»local state model«, »private market model«, »community sector model«, vgl. S. 73) – zumindest im nordamerikanischen Raum mit seinen spezifischen Arbeitsbeziehungen und Bedingungen für die Aktivitäten von Gewerkschaften und Community-Organisationen – in gewisser Weise das Terrain und die Optionen des Widerstands vorstrukturieren. Dort, wo Sozialhilfeempfänger in größerem Umfang im öffentlichen Sektor und städtischen Betrieben zu Arbeitseinsätzen herangezogen werden, ist es wahrscheinlich, dass es zu Mobilisierungen von lokalen Dienstleistungsgewerkschaften kommt, die ihre Interessen durch die potentielle Verdrängung von (zahlenden) Mitgliedern durch Transferempfänger bedroht sehen. Dort, wo von Seiten der Kommunen versucht wird, Sozialhilfeempfänger vor allem zu unentlohnten Tätigkeiten in Nonprofit-Einrichtungen zu verpflichten, liegt es nahe, dass sich lokale Anti-Workfare-Bündnisse auf Öffentlichkeitskampagnen und Boykottstrategien konzentrieren, um diesen Ansatz zu delegitimieren und seine Umsetzung zu verhindern. Dort, wo die kommunale Workfare-Programmatik darin besteht, Transferempfänger möglichst schnell in Niedriglohnjobs in der Privatwirtschaft zu bringen, sieht Peck schlechte Voraussetzungen für einen erfolgreichen Widerstand, da diese Politik zu einer weiteren Individualisierung der Betroffenen führt und außerhalb klassischer Gewerkschaftsstrategien (Durchsetzung von Lohnerhöhungen und besseren Arbeitsbedingungen über die Organisierung einzelner Betriebe) kaum Ansatzpunkte für eine kollektive Gegenwehr bietet. Reese und Newcombe (2003: 299), die historische und aktuelle Organisierungsversuche im Kontext der US-amerikanischen »Welfare Rights Movement« untersucht haben, identifizieren dagegen vier Strategien bzw. »collective action frames«, die beim Kampf gegen Workfare potentiell zum Einsatz kommen können: erstens einen feministischen Ansatz, zweitens einen arbeitsrechtlichen Ansatz, drittens einen Bürgerrechtsansatz und viertens einen Menschenrechtsansatz, wobei die letzten beiden diskursiven Rahmungen am schwersten voneinander zu unterscheiden sind. Beide Zugänge – die von Peck und Reese/ Newcombe – sind jedoch hilfreich, um die in den Fallstudien beschriebenen Anti-Workfare-Kampagnen mit ihren Errungenschaften, Niederlagen und Beschränkungen einordnen und aus ihnen auch einige allgemeinere Schlussfolgerungen ziehen zu können.

Zunächst ist festzuhalten, dass trotz einer langjährigen und zumindest temporär überaus breiten Mobilisierung die Labor-Community-Koalitionen und Anti-Workfare-Bündnisse in beiden Untersuchungsstädten nur wenige ihrer Ziele und Forderungen durchsetzen konnten. Zu ihren größten Erfolgen gehörte im Vorfeld der Verabschiedung der jeweiligen Landesgesetzgebungen zur Umsetzung der nationalen »Welfare Reform«, die fast vollständige Ausgrenzung von Migranten aus Sozialleistungen verhindert zu haben. Vor allem in Kalifornien ist es ihnen gelungen, die Landesregierung dazu zu bringen, alle durch das Bundesgesetz entstandenen Versorgungslücken mit eigenen Programmen auszugleichen, so dass hier Immigranten bei einem legalen Aufenthaltsstatus US-Staatsbürgern weiterhin gleichgestellt sind. Hierbei war es möglich, an bereits im Zusammenhang mit dem Widerstand gegen »Proposition 187« Mitte der 1990er Jahre entstandene Netzwerke, Organisationsstrukturen und Politisierungen innerhalb der hispanischen Community anzuknüpfen und auf die Unterstützung zahlreicher Parlamentsabgeordneter, aber auch Kommunalpolitiker zurückzugreifen, wobei die Letzteren auch starke fiskalpolitische Motive hatten, sich an den Kampagnen zu beteiligen. Diese Auseinandersetzungen wurden im Wesentlichen unter der Überschrift »Immigrant Rights Are Human Rights« (Fujiwara 2005: 96) und mit der Argumentation geführt, dass steuerzahlende und rechtschaffene Migranten gegenüber Staatsbürgern nicht benachteiligt werden dürften.

Bürgerrechtliche Aspekte, das heißt Fragen der Gleichbehandlung bzw. der Diskriminierung von ethnischen und anderen Minderheiten, standen auch im Zentrum der Kampagnen der New Yorker Oppositionsbündnisse gegen die rigide Sanktions- und Diversionspolitik des Giuliani/Turner-Regimes. Diese hatten zum Ergebnis, dass über einige von lokalen Initiativen angestrengte Gerichtsurteile sowie Interventionen übergeordneter Instanzen und Behörden die Lokalverwaltung gezwungen wurde, Bundesgesetze und -richtlinien – zum Beispiel bei der Bearbeitung von Anträgen auf Leistungen wie »Medicaid« oder Ernährungsbeihilfen – stärker zu beachten und eindeutig illegale und diskriminierende Verwaltungspraxen einzustellen oder zumindest einzuschränken. Boyer (2006: 38) hat dies als »Rescaling«-Strategie bezeichnet, mit der sich Oppositions- und Bürgerrechtsgruppen in New York City erfolgreich der wenigen verbliebenen Regulations- bzw. Kontrollinstanzen und -mechanismen der nationalstaatlichen Ebene bedient hätten.

Dass über 80 Prozent der zu Arbeitsdiensten verpflichteten Transferempfänger in New York City afroamerikanischer oder hispanischer Herkunft waren, ist meines Erachtens auch mit dafür verantwortlich, dass die »WEP Campaign of Resistance«, die sich gegen den erzwungenen Einsatz von Hilfeempfängern in Nonprofit-Organisationen richtete, in New York City so erfolgreich sein konnte, weil damit ein Rekurs auf die für die US-amerikanische Gesellschaft so bedeutsamen bürgerrechtlichen Traditionen und Argumentationsmuster möglich war. Diskursive Strategien, die Workfare mit Sklavenarbeit in Verbindung bringen, oder auch verbale Entgleisungen von Verwaltungsvertretern, die zur Legitimation ihrer Politik Auschwitz-Parolen verwendeten, können in einer Stadt wie New York nicht wirkungslos bleiben. Sie haben sicherlich dazu beigetragen, dass sich Medien wie die *New York Times* und andere wichtige zivilgesellschaftliche Akteure – zahlreiche Rabbis und diverse Kirchenvertreter – der Kritik der sozialpolitischen Opposition angeschlossen und somit den politischen Druck auf den Bürgermeister und die Sozialbehörde erhöht haben, ihre Pläne hinsichtlich der Ausweitung von Arbeitsdiensten im gemeinnützigen Sektor zurückzuziehen und zumindest im Laufe der zweiten Amtsperiode von Giuliani weniger aggressive Strategien zu verfolgen. Damit wird deutlich, dass bürgerrechtlich orientierte Oppositionsansätze, die Diskriminierungen und Ungleichbehandlungen von ethnischen Minderheiten oder Migranten bei der Umsetzung von Workfare-Politiken ins Zentrum ihrer Mobilisierungen stellen, zumindest in bestimmten Regionen der USA, in denen die oben genannten Gruppen gut organisiert sind und aufgrund ihres demographischen Faktors häufig auch wahlentscheidend sind, durchaus Aussicht auf Erfolg haben können.

Einer der interessantesten Aspekte der Anti-Workfare-Bündnisse in beiden Untersuchungsstädten ist aus westeuropäischer Perspektive wahrscheinlich, dass die an ihnen beteiligten Akteure auch versucht haben, Sozialhilfeempfänger als Teil der Arbeiterklasse und als Gewerkschaftsmitglieder zu organisieren. So ist es zum Beispiel für die Bundesrepublik nur schwer vorstellbar, dass lokale Gewerkschaftsfunktionäre viel Zeit und größere Ressourcen darauf verwenden, Ein-Euro-Jobber oder Erwerbslose in diversen staatlichen Arbeitsbeschaffungsmaßnahmen als Mitglieder zu gewinnen oder ihnen reguläre Anstellungsverhältnisse zu verschaffen bzw. dass der DGB-Bundesvorstand zu einer landesweit konzertierten Aktion zu diesem Zweck aufruft. Das auf den ersten Blick überraschend große Interesse an »Workfare Workers« von Gewerkschaften wie SEIU und AFSCME, die in New York City und Los Angeles die Mehrheit der städtischen Angestellten vertreten, hängt zum einen mit spezifischen tarif- und arbeitsrechtlichen Bestimmungen in den USA und den damit verbundenen Besonderheiten der Mitgliederrekrutierung und -anerkennung zusammen. Zum anderen sind die Einzelgewerkschaften in den USA auch aufgrund ihres Finanzierungssystems und erheblichen Schrumpfungsprozessen in den vergangenen Jahrzehnten noch stärker als in anderen Ländern auf neue Mitglieder und außergewerkschaftliche Unterstützung angewiesen, um zu überleben und arbeitsrechtliche Mindeststandards sicherzustellen. Das führt auf der lokalen Ebene – häufig auch aus einer Position der Schwäche heraus – vielerorts zu einer verstärkten Zusammenarbeit mit Community-Organisationen und städtischen sozialen Bewegungen.

Dass sich in beiden Städten die lokalen Dienstleistungsgewerkschaften aktiv in die von Community-Gruppen wie ACORN oder auch kleineren Organisationen gestarteten und dominierten Anti-Workfare-Koalitionen eingebracht haben, ist jedoch nicht selbstverständlich. In anderen Kommunen haben sie diese einfach ignoriert oder sich mit ihnen wegen konkurrierender Führungsansprüche zerstritten (Tait 1998; Simmons 2002; Worthen u.a. 2002). Krinsky/Reese (2006) erklären die zeitweise sehr enge und produktive Zusammenarbeit in Los Angeles in diesen Bündnissen mit bereits vor der »Welfare Reform« bestehenden engen Kontakten zwischen progressiven Gewerkschaftsaktivisten, Community-Organisationen und – in Anlehnung an andere Forschungsergebnisse zum Erfolg von strategischen Bündnissen (vgl. Rose 2000) – mit dem Vorhandensein von »bridge builders« sowie mit gemeinsamen positiven Erfahrungen etwa bei der erfolgreichen »Living Wage«-Kampagne Mitte der 1990er Jahre.

In New York City dagegen verlief die Kooperation – wie gezeigt – in den ersten Jahren wesentlich konfliktreicher, weil sich die Funktionäre wichtiger lokaler Gewerkschaften mit diversen Versprechungen von Seiten der Regierung in das kommunale Workfare-Regime zunächst hatten einbinden lassen und die Organisierungsversuche der Stadtteil- und Bürgerrechtsgruppen nicht unterstützten. Eine Wende in der Politik der Führungsriege von AFSCME, die mit etwa 120.000 städtischen Angestellten als Mitgliedern die stärkste Verhandlungsposition innehatte, erfolgte erst, als von oben (von Seiten des gewerkschaftlichen Dachverbands) und von unten (von Seiten der Mitglieder, kleinerer progressiverer Gewerkschaftsorganisationen und Community-Organisationen) der Druck zunahm, die Kollaboration mit der Lokalverwaltung aufzugeben. Dieser Kurswechsel kam vermutlich jedoch zu spät. Progressive Sozialwissenschaftler, Gewerkschafter und Aktivisten sehen eine der größten Schwächen der sozialpolitischen Opposition in New York City, die sich auf arbeitsrechtliche Fragen konzentrierte, darin, nicht früher und massiver gegen die Einführung eines »Zweiklassensystems von Beschäftigten« im öffentlichen Sektor vorgegangen zu sein. In Los Angeles dagegen gab es bereits zum Zeitpunkt der übergeordneten Sozialhilfereformen einen Konsens innerhalb der wichtigsten Gewerkschaften, gemeinsam und entschlossen gegen die Ausweitung von unbezahlten Arbeitsdiensten zu kämpfen. Inwieweit hier einzelne Personen und Funktionäre, eine radikalere Basis oder eine grundsätzlich bessere Verhandlungsposition gegenüber den Lokalverwaltungen (etwa aufgrund geringerer Mitgliederverluste in den zurückliegenden Jahren) die entscheidende Rolle gespielt haben, ist schwer zu beurteilen.

Trotz aller Unterschiede zwischen beiden Städten – sowohl in Bezug auf das Ausmaß von unentlohnten Arbeitseinsätzen als auch hinsichtlich der internen Dynamiken der lokalen Labor-Community-Koalitionen – muss der arbeitsrechtliche Ansatz in den Anti-Workfare-Kampagnen jedoch im Großen und Ganzen als gescheitert angesehen werden. Zwar konnten einige Verbesserungen (Einführung von offiziellen Beschwerdeverfahren, Einhaltung von Arbeitsschutzbestimmungen, zeitliche Befristungen der Workfare-Einsätze) erreicht werden. Das ursprüngliche Ziel – eine gewerkschaftliche Organisierung bzw. eine reguläre Beschäftigung von Sozialhilfeempfängern im öffentlichen Sektor durchzusetzen – musste jedoch in beiden Städten aufgegeben werden, nachdem die öffentlichkeitswirksamen Mobilisierungen auf Dauer nicht aufrechtzuerhalten waren, mehrere juristische und legislative Versuche, die Lokalverwaltungen dazu zu bringen, »Workfare Workers« als Arbeitnehmer anzuerkennen erfolglos blieben, und sich die an den Bündnissen beteiligten lokalen Gewerkschaftsorganisationen wieder stärker anderen Aufgabenfeldern und Auseinandersetzungen zuwandten. Das Scheitern lässt sich – abgesehen von der juristischen Problematik, die mit einer arbeitsrechtlichen Definition und Rahmung von »gemeinnützigen Arbeitseinsätzen« als reguläre Beschäftigungsverhältnisse auch in anderen nationalen Kontexten verbunden ist und voluntaristisch nicht einfach aufzulösen ist – zudem mit einer weiteren Schwäche der gewerkschaftlich orientierten Anti-Workfare-Kampagnen erklären. Sie besteht darin, dass ihnen im Wesentlichen auch ein instrumentelles Verhältnis zu den Betroffenen zugrunde liegt, die man als zahlende Mitglieder für die eigene Organisation gewinnen wollte und die dann recht schnell an Bedeutung verloren, als dieses nicht gelang.

Es ist auffällig, dass explizit feministische Ansätze, die in der »Welfare Rights Movement« der 1960er und 1970er Jahre noch einen starken Einfluss hatten und die gesellschaftliche und staatliche Anerkennung von Familien- und Reproduktionsaufgaben von Frauen forderten (vgl. Kornbluh 1998; Boris 2002; Boyer 2003), in den Mobilisierungen und Kampagnen in New York City und Los Angeles der letzten Jahre kaum eine Rolle gespielt haben. Lediglich in der Welfare Rights Initiative am New Yorker Hunter College, in der sich junge Mütter und Studentinnen zusammengeschlossen haben, um das Recht auf eine weiterführende Ausbildung auch für Sozialhilfebezieherinnen zu verteidigen, lassen sich Elemente feministischer Argumentationslinien erkennen, welche die besondere Lage und Verantwortung von Frauen mit Kindern betonen. Aber auch hier stehen »maternalistische« Forderungen, die eine staatliche Subventionierung der Versorgungsarbeit von Frauen und somit eine Befreiung der alleinerziehenden Mütter vom allgemeinen Zwang zur Erwerbstätigkeit fordern, nicht im Vordergrund. Vielmehr erkennen sie ebenfalls das von der Sozialhilfereform forcierte »universal breadwinner model« an. Es geht dieser Initiative vor allem darum, anknüpfend an die in der US-amerikanischen Gesellschaft weitverbreiteten meritokratischen Überzeugungen, auch für mittellose und alleinerziehende Frauen den Anspruch auf die Einlösung des amerikanischen Traums (Aufstiegsmobilität und eine Mittelschichtenexistenz) einzuklagen, der im US-System ohne eine College-Ausbildung inzwischen nicht mehr zu haben ist. In dieser Hinsicht war sie zusammen mit ihren Koalitionspartnern – wie die Durchsetzung einer Reihe von Gesetzesinitiativen zur Anerkennung einer weiterführenden Ausbildung als beschäftigungsfördernder Maßnahme für Transferempfänger beweist – durchaus erfolgreich, selbst wenn die lokalen Behörden diese Errungenschaft in der Praxis immer wieder unterlaufen.

In diesem Zusammenhang zeigt sich ein Phänomen, das Krinsky (2007) für New York City als die widersprüchliche Annäherung der lokalpolitischen Oppositionsbewegungen an neoliberale Theorien und Argumentationsmuster beschrieben hat, die aber auch in Los Angeles und an anderen Orten in der um sich greifenden Fokussierung zahlreicher Kampagnen auf »Humankapitalstrategien« zum Ausdruck kommt. Man muss diese Strategie, bessere Ausbildungs- und Qualifizierungsmöglichkeiten für Transferempfänger zu fordern, die sich vielerorts inzwischen als kleinster gemeinsamer Nenner von Anti-Workfare-Koalitionen in den USA herauskristallisiert hat, allerdings nicht gleich als neoliberal brandmarken. Zunächst dokumentieren diverse Studien überaus anschaulich, dass vor allem im US-amerikanischen Kontext formale Bildungsabschlüsse und Qualifizierungen tatsächlich entscheidend für die Chance auf einen »living wage job« sind (vgl. Martinson/Strawn 2003; London 2004). Darüber hinaus spiegeln sich in der Forderung nach Bildung nicht notwendigerweise nur Ansprüche auf eine individuelle materielle Verbesserung, sondern auch Ansprüche auf mehr gesellschaftliche und demokratische Teilhabe wider, die den Betroffenen nicht zuletzt eine bessere Selbstorganisierung und Interessenvertretung ermöglichen. Zudem können sie von besonders marginalisierten Bevölkerungsgruppen wie Sozialhilfeempfängern und ethnischen Minderheiten auch zum Ausgangspunkt kollektiver Gegenwehr gemacht werden, weil die Praxis der Sozialbehörden vielerorts in einem krassen Widerspruch zu sonst von Politikern beider Parteien propagierten Forderungen nach ständiger Weiterbildung für die Mittelschichten stehen. Des Weiteren bieten Kampagnen für mehr Qualifizierung praktische Anknüpfungspunkte für die Zusammenarbeit mit gemeinnützigen sowie College- und Universitätseinrichtungen, die ein Interesse daran haben, dass ihre Angebote genutzt werden. Gerade einige Labor- und Urban Planning Departments an den großen US-amerikanischen Universitäten wie der UCLA, Berkeley oder Yale University haben sich in den letzten Jahren zu wichtigen Partnern und Ideengebern für Labor-Community-Koalitionen entwickelt. Sie stellen neben ihren Forschungskapazitäten noch weitere wichtige Ressourcen wie Kontakte, Weiterbildungsangebote für Gewerkschafter und Community-Aktivisten zur Verfügung und bilden mit ihren Studenten gleichzeitig einen wichtigen Rekrutierungspool für diverse soziale Bewegungen. So gäbe es zum Beispiel viele der »Workers' Center« oder die in den USA in manchen Städten besonders lebendige »Anti-Sweatshop«-Bewegung ohne tatkräftige universitäre und studentische Unterstützung in dieser Form nicht (vgl. Rhomberg/Simmons 2005; Ambruster-Sandoval 2005; Leavitt/Lingafelter 2005).

Strategien der US-amerikanischen städtischen sozialen Bewegungen in den Workfare-Auseinandersetzungen der vergangenen Jahre lassen sich also nicht auf angebotsfixierte Konzepte reduzieren, die individuelle Qualifizierungsdefizite von Erwerbslosen oder den »working poor« ins Zentrum stellen und somit arbeitsmarktpolitische Strukturdefizite ignorieren. So kommen in den beschriebenen Kampagnen der Oppositionsbewegungen in New York City und Los Angeles, die den Ausbau eines öffentlichen Beschäftigungssektors und an den Bedürfnissen einkommensschwacher Bewohner orientierte lokalstaatliche Investitionen und Entwicklungsstrategien (community driven development) fordern, oder in Anti-Privatisierungs-Bündnissen auch andere Ansprüche und Forderungen zur Geltung, die eine Abkehr von rein marktorientierten Ansätzen in der Sozial- und Beschäftigungspolitik der Kommunen einklagen – wenn auch zum Teil mit nur mäßigen Erfolgen, wie etwa die fehlende Bereitschaft der politischen Entscheidungsträger gezeigt hat, durchaus erfolgreiche Pilotprojekte wie »City Jobs« in Los Angeles oder vergleichbare Programme in New York City mit den notwendigen finanziellen Mitteln auszustatten und auf Dauer zu stellen.

Niederlagen wie die bei den Kampagnen für »public job creation« und damit verbundene Enttäuschungen sowie die weiterhin sinkende Zahl von Familien im Sozialhilfebezug haben nach Auskunft vieler meiner Gesprächspartner maßgeblich dazu beigetragen, dass sowohl progressive Stiftungen, die als Finanziers der Anti-Workfare-Kampagnen Ende der 1990er Jahre überaus wichtig waren, als auch viele Stadtteil- und Community-Organisationen in beiden Städten inzwischen ihre Prioritäten verlagert haben und sich in Kampagnen engagieren, die als Zielgruppe ganz allgemein die »working poor« nennen. Hierzu gehören städtische Initiativen und lokale Gewerkschaftsgruppen, wie sie sich zum Beispiel inzwischen in dem 2002 in Oakland/Kalifornien gegründeten bundesweiten Netzwerk Partnership for Working Families[170] zusammengeschlossen haben, das sich selbst als neue soziale Bewegung für »Economic and Social Justice« begreift. Ihre Aktivitäten und Mobili-

---

170 Das Netzwerk Partnership for Working Families hat inzwischen Mitgliedsorganisationen in 15 Städten (Partnership for Working Families 2006), darunter Los Angeles, wo die Los Angeles Alliance for a New Economy in den beiden letzten Jahren eine vielbeachtete »super store ordinance« im City Council durchgesetzt hat, die sich gegen die ungehinderte Ausbreitung von Ketten und Konzernen wie Wal-Mart richtet und unter anderem eine umfassende Bürgerbeteiligung an Landnutzungs- und Planungsentscheidungen vorsieht (vgl. http://www.laane org).

sierungen konzentrieren sich auf fünf Forderungskomplexe: Erhalt und Schaffung von existenzsichernden Arbeitsplätzen, Ausbau von erschwinglichem Wohnraum, verbesserte Infrastrukturen in den lokalen Nachbarschaften, verbesserte Umweltschutzstandards und -maßnahmen sowie ein ausgewogener Mix von kommerzieller, privater und öffentlicher Landnutzung. Im Unterschied zu den Anti-Workfare-Kampagnen verspricht dieses Programm zum einen den Vorteil, sich nicht nur an vielerorts verschuldete lokalstaatliche Instanzen wenden zu müssen, sondern auch finanzkräftige Wirtschaftsunternehmen und private Investoren/Developer stärker in die Verantwortung nehmen zu können und diesen in öffentlichkeitswirksamen Kampagnen Zugeständnisse wie die Bereitstellung von Arbeits- und Ausbildungsplätzen für lokale Bewohner oder von finanziellen Ressourcen für Infrastruktureinrichtungen in den einkommensschwachen Nachbarschaften abzuringen. Den zweiten Vorteil sehen viele Aktivisten darin, dass sich mit solchen »Multi-Issue«-Kampagnen breitere und nachhaltigere Bündnisse schmieden lassen und diese sich nicht den Vorwurf einhandeln müssen, »nur« Partikularinteressen wie die von einer immer kleiner werdenden Zahl von Sozialhilfebeziehern zu vertreten.

Auch andere übergeordnete Zusammenschlüsse von in Anti-Workfare-Kampagnen aktiven Organisationen wie die 2000 gegründete National Campaign for Jobs and Income Support, die seitdem eine Reihe bundesweiter Kampagnen und Demonstrationen gegen die »Welfare Reform« organisiert und koordiniert hat, lassen in ihrer Programmatik eine Abkehr von der Konzentration auf die Situation von Sozialhilfeempfängern und den staatlichen Umgang mit ihnen erkennen. Selbst Organisationen wie ACORN und deren Mitglieder, die Ende der 1990er Jahre in beiden Untersuchungsstädten die ersten Komitees zur Verteidigung der Rechte von »Workfare-Workers« gegründet hatten, favorisieren in New York City mittlerweile Themen wie Immigranten- und Mieterrechte oder engagieren sich in Kampagnen, die einkommensschwachen Familien den Zugang zu Steuererleichterungen oder Hauseigentum erleichtern sollen. In Los Angeles und Kalifornien stehen auf der politischen Agenda von ACORN die Verbesserung der lokalen Schulsysteme und der Gesundheitsversorgung sowie der Ausbau des regionalen »Earned Income Tax Credit«. Insgesamt erfahren »Asset Building«-Strategien, das heißt die staatliche Förderung von Aktivposten wie Sparkonten, Versicherungen, Hauseigentum und anderen Vermögenswerten, sowie Mikrokreditprogramme – beides Ansätze, die aus dem Bereich der Entwicklungshilfe stammen – in vielen Stiftungen und lokalen sozialpolitischen Bündnissen in den USA inzwischen eine verstärkte Aufmerksamkeit und werden als neues Heilmittel zur Bekämpfung von Armut verkauft (vgl. Quadagno 1999; Hogan u.a. 2004; Jurik 2006).

Neubeck (2006b) und Zoelle/Josephson (2006) zufolge drückt sich in diesen Initiativen und Perspektivwechseln ein »politischer Realismus« aus, der viele nationale und regionale »Anti-Poverty-Groups« in den USA erfasst habe und sie zu der Überzeugung gebracht hätte, sich mit der nationalen »Welfare Reform« und all ihren negativen Folgen abzufinden. Es würde selbst in progressiven Kreisen neuerdings als unsinnig und wenig hilfreich angesehen, die ihr zugrunde liegenden Prämissen länger in Frage zu stellen. Neubeck schlägt dagegen vor, weiterhin gegen diese anzugehen und den Fokus stärker von der lokalen Ebene auf übergeordnete Fragen der Definition und des Umgangs mit Menschenrechten in den USA zu lenken, da die Vereinigten Staaten zu den wenigen westlichen reichen Nationen gehören, die sich bis heute weigern, das Abkommen der Vereinten Nationen über ökonomische, soziale und kulturelle Rechte[171] zu ratifizieren. Beispielhaft für die Nutzung eines radikalen Framing-Ansatzes, der die Abschaffung eines nationalen Rechtsanspruchs auf staatliche Unterstützung, die wachsende Obdachlosigkeit und Probleme wie Hunger in den USA als Menschenrechtsverletzungen konzipiert und angreift, nennt Neubeck den 1999 erfolgten Zusammenschluss von über 50 Gruppen zur »Poor People's Economic Rights Campaign« und den Aufbau einer virtuellen »University of the Poor« – beides Initiativen, die vor allem von Anti-Workfare-Organisationen getragen werden (Neubeck 2006a: 151ff.). Für besonders innovativ und wegweisend hält er die in Philadelphia angesiedelte Kensington Welfare Rights Union und das Urban Justice Center in New York City. Beide Organisationen hätten sich in die Auseinandersetzungen um die lokale Umsetzung der »Welfare Reform« eingeschaltet und zugleich versucht, die Bundesregierung nicht aus ihrer Verantwortung zu entlassen. Während die Gründerorganisation Kensington Welfare Rights Union in Philadelphia vor Ort militante Demonstrationen und Aktionen organisiert – zum Beispiel leerstehende Gebäude im Besitz des Bundeswohnungsbau- und Stadtentwicklungsministeriums besetzt, diese zu »Human Rights Houses« erklärt und darin Obdachlose unterbringt –

---

171 Die 1966 von der Generalversammlung der UNO verabschiedete »Covenant on Economic, Social and Cultural Rights« ist inzwischen von 151 Nationen ratifiziert worden. Sie wurde 1977 zwar auch von US-Präsident Carter unterzeichnet, jedoch niemals vom Senat ratifiziert, dessen Zustimmung für die Anerkennung internationaler Abkommen in den USA notwendig ist (Neubeck 2006a: 9f.). Weissbrodt (2006) analysiert die Gründe und die von der gegenwärtigen Bundesregierung vorgebrachten Argumente für ihre eindeutige Ablehnung dieses Abkommens.

konzentriert sich ihre übergeordnete Arbeit und die des Urban Justice Center seit 2002 darauf, verschiedene Verstöße gegen das Recht auf einen menschenwürdigen Lebensstandard in den USA zu dokumentieren und diese sowohl vor nationale als auch vor internationale Gremien wie die Vereinten Nationen oder die Organization of American States zu bringen (Baptist/Bricker-Jones 2001; Zoelle/Josephon 2006). In Bezug auf die »Welfare Reform« argumentieren die an den Kampagnen beteiligten Organisationen, dass sie eine Verletzung von grundlegenden ökonomischen und sozialen Menschenrechten darstellt. Hierzu zählen sie unter anderem das in dem genannten UNO-Abkommen festgehaltene Recht auf Schutz vor Hunger, den Schutz der Familie und das Recht auf einen annehmbaren Arbeitsplatz. 2004 gründete das Urban Justice Center zudem zusammen mit Amnesty International USA und weiteren 80 Organisationen die New York City Human Rights Initiative mit dem Ziel, den Stadtrat zur Verabschiedung zweier internationaler Abkommen zum Schutz vor Diskriminierungen zu bewegen, die es Frauen, ethnischen Minderheiten und »Social Justice«-Gruppen in Zukunft erleichtern könnten, juristisch gegen Ungleichbehandlungen und die Vorenthaltung von den wenigen verbliebenen staatlich garantierten Sozialleistungen anzugehen (Neubeck 2006a: 172).[172] Nach Auskunft von Vertretern der Kensington Welfare Rights Union stellt die gezielte diskursive Verknüpfung von Armutsproblemen in den USA mit sozialen und ökonomischen Menschenrechten, wie sie in internationalen Abkommen verbrieft sind, die Möglichkeit dar, nicht nur zuvor getrennt agierende Akteure und Organisationen in den Vereinigten Staaten zusammenbringen und Identitätspolitiken aufzubrechen, sondern auch solidarische Verbindungen zu sozialen Bewegungen in anderen Teilen der Welt aufzubauen (ebd.: 158f.).

Obwohl in den zuletzt genannten Ansätzen, die den Anspruch auf ein menschenwürdiges Leben für alle einklagen, eine radikalere Kritik an der »Welfare Reform« und dem zentralstaatlichen Umgang mit Armut und sozialen Ungleichheiten in den USA formuliert wird und die Ebenen der politischen Auseinandersetzungen gezielt um die nationale und internationale Dimension erweitert wurden, bleibt abzuwarten, inwieweit sie sich im US-amerikanischen Kontext als anschlussfähig erwiesen und eine breitere Verankerung in sozialpolitischen Bewegungen finden können.

---

172 Bei diesen internationalen Abkommen handelt es sich um die »International Convention on the Elimination of Racial Discrimination« und die »Convention on the Elimination of All Forms of Discrimination Against Women« (vgl. http://www.nychri.org).

Ausblick

In den obigen Ausführungen wurde gezeigt, dass in den Anti-Workfare-Bündnissen und den mit ihnen zusammenhängenden Kampagnen in den US-Metropolen in den vergangenen Jahren verschiedenen »Frames« und Strategien zur Anwendung gekommen sind, von denen die meisten jedoch – gemessen an ihren eigenen Zielsetzungen – bislang weitgehend erfolglos blieben. Die in diesen Kampagnen aktiven progressiven Labor-Community-Koalitionen haben – wie die Entwicklungen in New York City und Los Angeles dokumentieren – trotz einer Reihe überaus innovativer Ansätze, Organisierungsversuche und Errungenschaften noch nicht die notwendigen Mittel und Wege gefunden, um die staatlichen Instanzen auf den unterschiedlichen Ebenen zu zwingen, wirkungsvolle Maßnahmen zur Eindämmung von wachsenden sozialen Ungleichheiten und Armutsproblemen zu ergreifen. Ohne ihre Einflussnahme auf die lokalen Workfare-Programme und ihre vielfältigen Kampagnen sowie legislativen und juristischen Interventionen, die zumindest für Migranten den Zugang zu wichtigen Sozialleistungen erhalten und einige Verbesserungen und Kontrollen der administrativen Praxis durchsetzen konnten, hätten diese allerdings eine noch wesentlich stärker punitive und ausgrenzende Ausrichtung angenommen.

Erstaunlich ist allerdings aus europäischer Sicht die zu beobachtende defensive oder sogar ablehnende Haltung vieler sozialpolitischer Oppositionsgruppen gegenüber einer Wiedereinführung oder der Neuformulierung eines (unkonditionierten) Rechtsanspruchs auf staatliche Unterstützung, der lediglich auf Bedürftigkeit und nicht auf Erwerbstätigkeit oder anderen »Gegenleistungen« basiert. Diskussionen über ein staatlich garantiertes Grundeinkommen oder über universelle Leistungen zur Sicherung eines Existenzminimums, wie sie in vielen Erwerbsloseninitiativen und sozialpolitischen Netzwerken in Westeuropa geführt werden und auch in den USA in den 1960er und 1970er Jahren durchaus üblich waren, sind in den USA aktuell auf einen kleinen, zumeist akademischen Kreis beschränkt (vgl. Zellecke 2002; Handler 2004b; Pateman 2006). Selbst Forderungen nach einer Reformierung des lückenhaften und unterfinanzierten Arbeitslosenversicherungssystems, das in manchen Teilen der USA nur noch 20 bis 30 Prozent aller Erwerbslosen erfasst, werden in den USA von Seiten lokaler Initiativen selten erhoben. Die zunehmende Fokussierung auf die »working poor« und deren Lebens- und Arbeitsbedingungen erweist sich meines Erachtens als ein überaus ambivalenter und auch bedenklicher Ansatz. Zum einen ist diese Ausrichtung anschlussfähig an in der US-amerikanischen Politik und Gesellschaft dominante Diskurse und Überzeugungen, dass Abhängigkeit von staatlichen Leistungen schlecht ist, hart Arbeitende dagegen Unterstützung verdienen, und verspricht daher größere Bündnismöglichkeiten und greifbarere Erfolge. Zum anderen kommen in diesen Kampagnen, die sich meist auf formale Arbeitsrechte und Forderungen nach mehr Chancengleichheit konzentrieren, aber auch eindeutige Limitierungen zum Ausdruck, weil sie keinerlei Antwort darauf zu geben vermögen, was mit denjenigen geschehen soll, die aus verschiedenen Gründen – sei es, weil sie zu den Überflüssigen und nicht Verwertbaren zählen, sei es, weil sie anderen Aufgaben und Verpflichtungen nachgehen müssen – nicht am Arbeitsmarkt partizipieren können oder aus nachvollziehbaren Motiven auch nicht wollen.

Weitgehend ohne jegliche Beachtung der sozialpolitischen Oppositionsgruppen und Netzwerke und ihren jeweiligen Forderungen hat der US-Kongress im Dezember 2005 den »Deficit Reduction Act« verabschiedet, der von Präsident Bush im Februar 2006 unterzeichnet wurde. Dieser sieht für die nächsten fünf Jahre eine Reduzierung der Bundesausgaben für soziale Leistungen in Höhe von fast \$40 Milliarden vor (Congressional Budget Office 2006). Die größten Einsparungen sollen über Kürzungen in den Gesundheitsprogrammen »Medicare« und »Medicaid« sowie bei der staatlichen Kreditvergabe zur Förderung eines College-Studiums erzielt werden. Da das Gesetz zudem vorschreibt, dass alle Antragsteller auf staatliche Übernahme von medizinischen Leistungen ihre US-Staatsbürgerschaft dokumentierten müssen, wird geschätzt, dass etwa drei bis fünf Millionen Menschen ihre Ansprüche verlieren könnten – darunter viele Migranten, aber auch Obdachlose und ältere Menschen (Center on Budget and Policy Priorities 2006). Mit diesem Gesetz haben die Abgeordneten des Weiteren mit großer Mehrheit einer Novellierung der »Welfare Reform« und der Verlängerung ihrer Regelungen bis zum Jahr 2010 zugestimmt. Einige der Richtlinien zur Arbeitsverpflichtung wurden mit dem »Deficit Reduction Act« sogar noch verschärft. Sie sind im Oktober 2006 in Kraft getreten und werden die Handlungsspielräume auf der lokalen Ebene – vor allem in den US-Metropolen mit einer noch vergleichsweisen hohen Sozialhilfequote – in den nächsten Jahren noch enger werden lassen. Insbesondere Bundesstaaten wie New York State und Kalifornien, die seit Ende der 1990er Jahre aus eigenen Steuermitteln Auffangprogramme für Familien finanzieren, in denen die Eltern nach fünf Jahren des Leistungsbezugs ihre Ansprüche auf bundesstaatliche Transfers verloren haben, sind von diesen Richtlinien betroffen. Galt die Beschäftigungsquote (work participation rate), welche die Bundesstaaten und Kommunen zu erfüllen haben, bislang nur für als erwerbsfähig geltende Erwachsene in den TANF-Programmen, so sind nun auch alle anderen unterstützten Familien in diese einbezogen. Hierzu zählen neben »families in separate state pro-grams« auch solche, in denen lediglich die Kinder Leistungen erhalten, also auch Familien mit Eltern ohne eine Aufenthaltsgenehmigung, was zumindest in Kalifornien die Auseinandersetzungen um die Anspruchs-berechtigung von Kindern »Illegaler« weiter anheizen wird.

Nach Berechnungen des Congressional Research Service müssen die Bundesstaaten und Kommunen im ersten Jahr nach Inkrafttreten dieser Vorschriften etwa 240.000 Personen zusätzlich in Arbeit oder beschäfti-gungsfördernde Maßnahmen bringen. Konnten die Bundesstaaten bis da-to noch relativ frei darüber entscheiden, wie sie diese Aktivitäten defi-nieren und ausgestalten wollten, so beschränkt der »Deficit Reduction Act« die zuvor eingeräumten Spielräume und führt Dokumentations-pflichten ein, mit denen die untergeordneten Verwaltungen nachweisen müssen, dass die Arbeitsauflagen des Bundes tatsächlich erfüllt werden.

Viele Experten schätzen, dass zahlreiche Einzelstaaten und Kommu-nen nicht in der Lage sein werden, diesen verschärften Anforderungen des Bundes nachzukommen und damit Kürzungen der zentralstaatlichen Zuweisungen befürchten müssen. Andere gehen davon aus, dass die ver-änderten Richtlinien dazu führen könnten, dass mehr Kommunen dem Beispiel von New York City aus den späten 1990er Jahren folgen wer-den und in der Privatwirtschaft nicht beschäftigungsfähige Transferem-pfänger zu unbezahlten Arbeitsdiensten im öffentlichen und gemeinnüt-zigen Sektor verpflichten werden. Bislang gibt es keine Anzeichen auf der subnationalen Ebene, dass sich Landes- und Kommunalpolitiker ge-gen die neuen Belastungen und Auflagen des »Deficit Reduction Act« zur Wehr setzen wollen. Ob die lokalen Labor-Community-Koalitionen in einem erneuten Kraftaufwand dazu in der Lage sein werden, bleibt abzuwarten, ist aber aufgrund der aufgezeigten Schwierigkeiten von An-ti-Workfare-Bündnissen und ihren erfolgten Schwerpunktverlagerungen eher unwahrscheinlich. Sollte die Zahl der Familien in den lokalen Transferprogrammen in den nächsten Jahren durch die Beibehaltung der beschriebenen Sanktions- und Diversionsstrategien noch weiter abneh-men, könnten sich zudem bald die Stimmen mehren und an Bedeutung gewinnen, die eine deutliche Reduzierung oder sogar die Abschaffung der bundesstaatlichen Zuschüsse für die Unterstützung von bedürftigen Familien fordern. Dann hieße es nicht mehr »ending welfare as we know it«, sondern vielerorts »no welfare anymore«.

Resümee: Die subnationale und urbane Ebene als Entsorgungsmechanismus

Die vorliegende Arbeit beschäftigte sich mit den in der Bundesrepublik und in der internationalen Fachliteratur nur unzureichend beachteten langfristigen Kosten und Konsequenzen der US-amerikanischen Sozialhilfereform. Diese lassen sich – so mein Hauptargument – nur verstehen und erklären, wenn die spezifische föderalistische Struktur der Vereinigten Staaten und die Bedeutung der subnationalen und urbanen Ebene als »Entsorgungsmechanismen des Zentralstaats« Berücksichtigung finden. Bei meinen Forschungen ließ ich mich von der These leiten, dass mit den durch die Bundesgesetzgebung von 1996 forcierten Devolutionsprozessen in der Sozialhilfepolitik der USA die in ihr bereits angelegten autoritären und punitiven Züge tendenziell noch gestärkt und die für das Land so typischen sozial-räumlichen Disparitäten und Armutsprobleme, von denen insbesondere innerstädtische Quartiere und die dort lebenden ethnischen Minderheiten betroffen sind, weiter verschärft werden. Diese These hat sich, bezogen auf den Untersuchungszeitraum und die aktuellen Entwicklungen in den Städten New York City und Los Angeles, als weitgehend zutreffend erwiesen, kann und muss jedoch aufgrund meiner Forschungsergebnisse noch präzisiert bzw. ergänzt werden.

Wesentliches Ziel der Untersuchung war es, anhand der Auswertung von vorliegenden empirischen Forschungsarbeiten und eigenen qualitativen Fallstudien zur lokalen Umsetzung der Sozialhilfereform zu fundierteren Aussagen über den Charakter der neuen Workfare-Regime in den USA zu gelangen. Zwar haben sich in den Vereinigten Staaten eine Reihe sozialwissenschaftlicher Studien kritisch mit den Auswirkungen der »Welfare Reform« befasst, doch dominieren in der Fachliteratur und vor allem in dem Teil, der in der Bundesrepublik und Europa zur Kenntnis genommen wird, quantitative Arbeiten und Ergebnisse staatlicher Auftragsstudien, die einseitig die erfolgreiche Umsetzung der Sozialhilfereform hervorheben. Es sollte in meiner Arbeit jedoch nicht nur darum gehen, die weitverbreitete Behauptung von der gelungenen Arbeitsmarktintegration von Sozialhilfeempfängern in den USA »als Mythos zu entlarven«. Dass sich die Erwerbstätigkeit gerade unter der Hauptzielgruppe der »Welfare Reform«, alleinerziehende Frauen, seit Mitte der 1990er Jahre merklich erhöht hat, ist unbestritten. Genauso offensichtlich ist jedoch, dass die meisten von dieser Tätigkeit allein nicht leben können und viele derjenigen, die ihren Anspruch auf sozialstaatliche Leistungen inzwischen verloren haben, unter den herrschenden Verhältnissen niemals eine reguläre und existenzsichernde Arbeit finden werden. Die im zweiten und dritten Kapitel dokumentierten Ergebnisse zahlreicher empirischer Studien zur Prekarität der meisten Beschäftigungsverhältnisse von (ehemaligen) Transferempfängern sowie die bestürzenden Zahlen zur Einkommens- und Armutsentwicklung unter Familien der Arbeiterschicht sowohl auf der Bundesebene als auch in den beiden untersuchten Städten sprechen für sich. Sie sollen an dieser Stelle nicht noch einmal wiederholt werden.

Mein Interesse bezog sich darüber hinaus auf die verbliebenen Handlungsspielräume im Rahmen der gegenwärtigen sozialstaatlichen Restrukturierungen: Welche Faktoren beeinflussen auf der subnationalen Ebene die staatlichen Entscheidungen? Wie wurde auf die Zwänge und Herausforderungen, aber auch auf die von den Bundesgesetzgebern über die »Welfare Reform« erweiterten Flexibilitäten bei der Unterstützung von bedürftigen Familien reagiert? Ein besonderes Augenmerk galt dabei den Interventionen und Perspektiven von nichtstaatlichen Akteuren wie Gewerkschafts-, Bürgerrechts- oder Community-Organisationen auf der urbanen Ebene, um deren Einflussmöglichkeiten auf die lokale Sozialhilfe- und Workfare-Politik unter den seit Ende der 1990er Jahre veränderten Konstellationen und Zielvorgaben auszuloten. Bei der Auswahl der Untersuchungsstädte New York City und Los Angeles, in denen bis heute ein besonders großer Teil der Bevölkerung auf sozialstaatliche Unterstützung angewiesen bleibt, ließ ich mich auch von sozialwissenschaftlichen Diskussionen leiten, die diesen Metropolen aufgrund ihrer spezifischen Stellung und Einbettung in das Weltmarktgefüge nicht nur herausgehobene ökonomische Funktionen und Probleme zuweisen, sondern sie auch als Orte neuer und innovativer Widerstandsformen und oppositioneller Koalitionsmöglichkeiten beschreiben. Weitere Anregungen zur besonderen Beachtung urbaner Auseinandersetzungen und Konflikte stammten vor allem aus der poststrukturalistischen Debatte über die Entstehung neuer lokaler Governance-Strukturen, die Ausbildung verfeinerter Regierungstechniken zur sozialen Kontrolle und die weitere Marginalisierung der Armutsbevölkerung sowie aus der Regulationstheorie, die den räumlich-territorialen Verschiebungen (wohlfahrts-)staatlicher Funktionen und der damit verbundenen Aufwertung lokaler Strukturen und Akteure eine wichtige Rolle bei der aktuellen Krisenbewältigung und Lösung kapitalismusinhärenter Widersprüche beimisst.

Im Laufe meiner Studien wurde deutlicher, dass es in den USA eine ganze Reihe spezifischer institutioneller, politischer und historischer Besonderheiten zu beachten gilt, da ohne ihre Berücksichtigung die gegenwärtigen Entwicklungen und das eigenartige Spannungsverhältnis von sozialpolitischer Dezentralisierung/Verantwortungsverlagerung und moralischer Zentralisierung, das auf eine spezifische Weise zu einer weiteren Entkopplung des Ökonomischen und des Politischen beiträgt, nur schwer nachzuvollziehen sind. Um die Komplexität der »Welfare Reform« und ihrer Implikationen für die lokale Ebene aufzuzeigen, war es daher zunächst notwendig, in einem ersten Schritt die Hintergründe und konkurrierenden Zielsetzungen der nationalen Gesetzgebung darzustellen und mit Hilfe verschiedener sozialwissenschaftlicher Erklärungsansätze zu diskutieren; dies erschien auch deswegen angemessen, weil sie sich nicht – wie in der bundesrepublikanischen Rezeption von verschiedenen politischen Strömungen häufig getan – auf ökonomische Motive reduzieren lassen. Vielmehr spielten vor allem auf der Bundesebene normative und politische Beweggründe zumindest eine gleichwertige Rolle. So werden etwa fiskalische Zielsetzungen und Kostenargumente, die in der deutschen Debatte um Sozialhilfe und »Hartz IV« häufig dominant sind, in den US-amerikanischen Auseinandersetzungen um Wohlfahrts- und Fürsorgeleistungen seit jeher eindeutig von ethischen und moralischen Fragen überlagert. Mit dieser Hervorhebung soll nicht impliziert werden, dass ökonomische und finanzielle Überlegungen bei der Hinwendung zu einer arbeitsfokussierten Workfare-Politik in den USA irrelevant waren oder sind. Nicht von ungefähr hat der bereits in der Einleitung zitierte langjährige Vorsitzende der US-Notenbank, Alan Greenspan, darauf hingewiesen, dass sich die außergewöhnliche wirtschaftliche Entwicklung der Vereinigten Staaten seit den späten 1990er Jahren auf die allgemein wachsende Arbeitsplatz- und soziale Unsicherheit zurückführen lässt, welche die Löhne niedrig hält. Den politisch-normativen Gehalt der »Welfare Reform« und der mit ihr verbundenen Programme zu betonen ist deshalb wichtig, weil damit – wie weiter unten noch ausgeführt wird – das Terrain der Auseinandersetzungen und die Perspektiven der Akteure auf der lokalen Ebene in gewisser Weise vorstrukturiert und einengt werden.

Zur Einordnung des sozialpolitischen und historischen Stellenwerts der »Welfare Reform« und der von ihr eingeleiteten Veränderungen war es außerdem erforderlich, in der Arbeit einigen Raum auf die Darstellung ihrer Vorgeschichte, das heißt des lange vor 1996 einsetzenden

Prozesses der Stigmatisierung, Marginalisierung und Re-Konditionalisierung von Einkommensbeihilfen für Familien in den USA zu verwenden, da dieser für das Verständnis der aktuellen Workfare-Politik unerlässlich ist. Im ersten Kapitel konnte anhand sozialwissenschaftlicher Erklärungsansätze aus verschiedenen Disziplinen und Schulen verdeutlicht werden, dass es auf diversen staatlichen und gesellschaftlichen Ebenen Akteure, Motive, Entwicklungen und machtpolitische Konstellationen gab, welche die Abkehr von einem Rechtsanspruch auf sozialstaatliche Unterstützung und die Hinwendung zu einer strikten und lokal organisierten Workfare-Politik in den Vereinigten Staaten – welche die Rede von der Rückkehr zum »Poor Law« begründet – begünstigt und vorangetrieben haben. Als wichtigster Teil des spezifischen historischen Erbes, der maßgeblich für die »Welfare Reform« verantwortlich war, ist zu nennen, dass es in den USA trotz des New Deal aufgrund rassistischer und regionaler Spaltungen niemals zu einer wirklichen Zentralisierung der Sozial(hilfe)politik gekommen ist. Daher ist es auch niemals gelungen, eine Vorstellung nachhaltig gesellschaftlich zu verankern, welche die Inanspruchnahme von Sozialhilfe analog zur Nutzung anderer öffentlicher Leistungen als die Realisierung eines Staatsbürgerschaftsrechts begreift und verteidigt. Von dieser tendenziellen Geringschätzung sozialer Teilhaberechte auch für Nichterwerbstätige und »Unproduktive« sind selbst viele progressive soziale Bewegungen und Oppositionsgruppen in den Vereinigten Staaten durchdrungen.

Der Verzicht auf die Einführung universeller Einkommensbeihilfen oder zumindest bundeseinheitlicher Standards und Leistungshöhen für bedürftige Familien mit Kindern hat zudem vielerorts die Bedingungen, Probleme und Desintegrationsphänomene erst geschaffen und forciert, welche die Anhänger von paternalistischen und restriktiven Ansätzen in den USA Mitte der 1990er Jahre heranziehen konnten, um ihre Forderungen nach einer Abschaffung des aus Zeiten des New Deal stammenden Programms AFDC zu legitimieren und politisch durchzusetzen. Da Fürsorgeleistungen in den USA schon immer unter dem Existenzminimum gelegen haben, konnte die ökonomisch und gesellschaftlich prekäre und gleichsam verdächtige Stellung von alleinerziehenden Müttern und einem Teil der ethnischen Minderheiten, allen voran Afroamerikanern, nie beseitigt werden. Vielmehr kam es zu einer institutionellen Verfestigung ihres Sonderstatus, der es dominanten Eliten- und Mediendiskursen erlaubt hat, ihre »Abhängigkeit« und persistente Armut immer wieder zu einem bedrohlichen gesellschaftlichen Krisenphänomen zu stilisieren und auf der individuellen Ebene als schädliches und degeneriertes Verhalten zu pathologisieren. Dementsprechend wäre es falsch, die »Welfare Reform« als eindeutigen Bruch und lediglich als Ausdruck neoliberaler Politik zu werten. Sie konnte vielmehr an wirkmächtige sozialpolitische Traditionen in den USA anknüpfen und vollendete in einer radikalen Form nur das, was zahlreiche Vorgänger-Regierungen – ganz gleich, ob von Demokraten oder von Republikanern geführte – auf Bundes- und Landesebene lange zuvor begonnen hatten: nämlich über Ausnahmegenehmigungen und ausgedehnte Experimentierphasen mit verschiedenen Workfare-Modellprojekten ein Sozialhilfesystem aufzuweichen, das von Beginn an ausgrenzend und defizitär war.

Im zweiten Kapitel konnte zudem gezeigt werden, dass viele Einzelstaaten diese Aushöhlung nicht nur einfach mitgetragen, sondern zum Teil auch forciert haben – vor allem wenn es um die Einführungen neuer Verhaltensanforderungen an Sozialhilfeempfänger und punitive/strafende Elemente ging. »Family caps«, »learnfare«, obligatorische Drogentests, die Abnahme von Fingerabdrücken, eine Sonderbehandlung von Migranten, zeitliche Befristungen und viele weitere Einschränkungen sowie Kontroll- und Abschreckungsmechanismen, die heute die Praxis der lokalen Sozialbehörden bestimmen, sind keine originären Erfindungen der Bundespolitiker, sondern gehen auf die Initiative diverser Landesregierungen zurück. Die Devolution erster Ordnung – Zurückverlagerung von Kompetenzen und Verantwortlichkeiten vom Bund auf die Einzelstaaten –, die bereits in den 1970er Jahren einsetzte und mit der »Welfare Reform« eine neue qualitative Dimension erreichte, war daher von Anbeginn kein reiner Top-down-Prozess. Zwar mussten die Einzelstaaten im Zuge des Projekts des »New Federalism« auch Leistungskürzungen des Bundes für redistributive Programme sowie gesenkte Zuschüsse hinnehmen, diese wurden jedoch zum Teil dadurch ausgeglichen, dass die Landespolitiker verstärkt Pauschalzuweisungen erhielten. Aus ihrer Sicht erweiterten sich Flexibilität und Handlungsspielräume bei der Ausgestaltung der regionalen Sozialpolitik, da sie nun vermehrt eigene Schwerpunkte setzen und sich somit politisch stärker profilieren konnten. So war von ihrer Seite auch kein großer Widerstand zu erwarten, als Mitte der 1990er Jahre schließlich die vollständige Abschaffung von AFDC anstand und ihnen vom Bund an vielen Punkten die Entscheidung überlassen wurde, wie sie ihre neuen temporären Transfer- und Beschäftigungsprogramme ausgestalten und welche Bevölkerungsgruppen sie in diese einbeziehen wollten. Viele Landesregierungen begrüßten die »Welfare Reform« und gerierten sich als deren Gewinner; die meisten machten sich daran – wie im zweiten Kapitel ausführlich dokumentiert und diskutiert –, ihre neuen Freiheiten dahingehend zu nutzen, über die vorgegebenen Restriktionen der Bundesgesetzgeber hinaus zusätzliche Instrumente und Maßnahmen einzuführen, um die Inanspruchnahme von monetären Hilfeleistungen zu erschweren oder ganz zu verhindern. Das Ausmaß, in dem die Bundesstaaten die mit den Pauschalzuweisungen eingeräumten Spielräume zusätzlich genutzt haben, um TANF-Gelder in andere Aufgabenfelder, Programme oder in Steuererleichterungen umzuleiten, ist bis heute nicht wirklich erforscht und dokumentiert. Nicht einmal ein Drittel aller Einzelstaaten – so das Ergebnis der erfolgten Auswertung der regionalen Richtlinien und Gesetze zur Umsetzung der »Welfare Reform« – lassen einen »fördernden Ansatz« erkennen; das heißt, nur ein Bruchteil hat versucht, unter den veränderten Rahmenbedingungen das lokale soziale Sicherheitsnetz beizubehalten und verstärkt in Sach- und Dienstleistungen investiert, die Sozialhilfeempfängern die Arbeitsaufnahme und den Weg in die ökonomische Selbständigkeit zumindest erleichtern können.

Unter diesen Bedingungen, die einerseits von erweiterten Freiheiten der Landespolitiker und andererseits vom Diktat der Bundesgesetzgeber, einen vorgegebenen Prozentsatz von Transferempfängern in relativ kurzer Zeit in Arbeit und Beschäftigungsmaßnahmen bringen zu müssen, gekennzeichnet waren, vollzog sich in einem Teil der Einzelstaaten – zu denen New York State und Kalifornien zählen – Ende der 1990er Jahre eine ausgeprägte Devolution zweiter Ordnung: die weitere Aufgaben- und Verantwortungsverlagerung auf die kommunale Ebene und diverse staatliche und nichtstaatliche Akteure und Einrichtungen. In den beiden Fallstudien, die dazu dienten, die verschiedenen Faktoren zu identifizieren, die auf der lokalen Ebene ausschlaggebend für die Ausrichtung der jeweiligen Regime an einem »local state model« bzw. »private market model« waren, sollte deutlich geworden sein, dass es zu einfach wäre, die Kommunen und Landkreise lediglich als Opfer der »Welfare Reform« und des konservativen Backlash auf der Bundesebene zu begreifen. Für beide Städte konnte gezeigt werden, dass dort die für die Umsetzung politisch Verantwortlichen im Untersuchungszeitraum die ihnen verbliebenen Handlungsspielräume entweder gezielt für besonders restriktive Ansätze ausgenutzt (New York City) oder sie nicht im vollen Umfang ausgeschöpft haben, um fördernde Politiken für die Armutsbevölkerung herauszubilden (Los Angeles).

Trotzdem manifestiert sich auf der lokalen Ebene unabhängig von der politisch-ideologischen Ausrichtung der jeweiligen Regierungen das grundsätzliche Dilemma einer rein arbeitsfokussierten Sozialpolitik, sowohl für die staatlichen Akteure als auch für städtische oppositionelle Bewegungen und die direkt Betroffenen. Bereits seit den 1970er Jahren mussten gerade die urbanen Regionen in den USA erhebliche Einbußen bei den direkten Bundeszuweisungen für redistributive Programme und Infrastrukturleistungen sowie sinkende Steuereinnahmen hinnehmen, wodurch ihre Ressourcen zur Armutsbekämpfung bereits empfindlich eingeschränkt wurden. Hierauf und auf den Prozess der fortschreitenden Deindustrialisierung haben die Kommunalpolitiker vielerorts mit unternehmerischen und wettbewerbsorientierten Strategien reagiert, welche die Entstehung von gespaltenen lokalen Ökonomien und Arbeitsmärkten zusätzlich begünstigt haben; diese zeigen heute in Form ausgeprägter Niedriglohnsektoren und informeller Schattenwirtschaften, die keine existenzsichernde Beschäftigung bieten, ihre armutsverschärfenden Wirkungen und stellen selbst Städte in prosperierenden Regionen vor erhebliche Herausforderungen. Unter den Finanzierungs- und Ordnungsprinzipien des alten Sozialhilfesystems war es den Kommunen jedoch noch möglich, vor allem in Zeiten ökonomischer Krisen und steigender Erwerbslosenzahlen einen Teil der Bevölkerung (Eltern mit Kleinkindern, Menschen mit Gesundheits- und Drogenproblemen etc.) zumindest vorübergehend vom Arbeitszwang zu befreien und deren Einkommen mit Hilfe von Bundes- und Landesmitteln zu subventionieren. Diese Option ist weitgehend verloren gegangen, da die neuen Bestimmungen sie nun dazu zwingen, früher noch als beschäftigungsunfähig geltende Gruppen entweder dem Markt zu überlassen, massenhaft in unbezahlte Arbeitsdienste bzw. weitgehend sinnlose Maßnahmen zu drängen oder aber die Kosten für deren Unterhalt im größeren Umfang selbst zu übernehmen und somit ein neues und umfassenderes System der lokalen Armenfürsorge zu etablieren, bei dem die Frage der Grenzziehungen – wer soll aufgrund welcher Kriterien in dieses einbezogen werden – neue schwierige Auseinandersetzungen hervorbringt.

Während kritische sozialwissenschaftliche Diskussionen zu gegenwärtigen Devolutionstendenzen vor allem drei mit ihnen verbundene Aspekte – Abbau und Aushöhlung des nationalen Sozialstaats, Verschärfung sozial-räumlicher Disparitäten und Ungleichheiten sowie zunehmende Privatisierungstendenzen – betonen, möchte ich noch einige weitere hinzufügen. Obwohl sich alle drei Dimensionen in den in der Arbeit beschriebenen Entwicklungen wiederfinden lassen, verweisen meine Ergebnisse zur Vorgeschichte und der Umsetzung der »Welfare Reform« noch auf Phänomene, die ich als materielle und diskursive Entsorgungs- und Entkopplungsprozesse bezeichnen will. Von der zentralstaatlichen Ebene aus betrachtet, fungierte die ab den 1970er Jahren erfolgte Kompetenzerweiterung der Einzelstaaten in der Sozialhilfepolitik insofern als Entsorgungs- und Entlastungsstrategie, als die Bundesstaaten von diesem Zeitpunkt an mehr oder minder eigenständig die Aufgabe übernahmen, die Sozialleistungen immer restriktiver zu handhaben und zu delegitimieren; durch diese Verlagerung konnte die Bundesregierung die Abschaffung von AFDC schließlich auch als ein Zugeständnis an die Interessen der untergeordneten Regierungsebenen und somit sogar als ein

»Mehr an Demokratie« verkaufen. Mit der »Welfare Reform« sollten dann noch weitere Probleme entsorgt werden, darunter als ein zunehmend zentrales Konfliktpotential in der US-amerikanischen Politik die »Migrantenfrage«, da die Landesregierungen seit 1996 nun zumindest darüber entscheiden dürfen, wie sie mit dieser Thematik sozialstaatlich verfahren wollen. Auch familienpolitische Fragen, wie zum Beispiel die Behandlung und Unterstützung von minderjährigen Müttern oder der Umgang mit ethnischen Minderheiten sind wieder stärker zu einer einzelstaatlichen Angelegenheit geworden, so dass rassistische Diskriminierungen und Haltungen – wie von zahlreichen in der Arbeit zitierten Studien dokumentiert – aufgrund der zurückgeschraubten zentralstaatlichen Kontrolle in der Sozialpolitik der Bundesstaaten wieder stärker zum Zuge kommen.

Während die meisten Landesregierungen mit der Abschaffung von AFDC und den neuen Pauschalzuweisungen zumindest vorübergehend ihre politischen Gestaltungsmöglichkeiten erweitert sahen, die sie unter anderem für finanzielle Umschichtungen zugunsten populärerer Sozialprogramme und Steuererleichterungen nutzen konnten, ist der politische und materielle Zugewinn auf der kommunalen Ebene, wo spätestens die »ökonomischen Sachzwänge« durchschlagen, bislang eher begrenzt geblieben bzw. kann – wenn überhaupt – nur mit radikalen und punitiv-repressiven Mitteln realisiert werden, die neue Konflikte und Legitimationsprobleme, aber auch zusätzliche Kosten nach sich ziehen können. Überdies müssen die Kommunen die zum Teil konkurrierenden, unrealistischen und sich tendenziell immer wieder wandelnden Vorgaben der übergeordneten Instanzen in handhabbare Programme und Arbeitsbeziehungen mit diversen privaten Akteuren übersetzen. Mit ihnen ist nicht nur ein erheblicher und gegenüber dem alten System zusätzlicher Verwaltungsaufwand verbunden, der Ressourcen bindet, sondern auch Steuerungsschwierigkeiten und Zielkonflikte, wenn man etwa an das Problem der wachsenden Kinderbetreuungskosten oder der zunehmenden Obdachlosigkeit unter Familien denkt. Die sich auf der lokalen Ebene anbietenden Entsorgungsmechanismen bleiben zudem notgedrungen prekär und widersprüchlich. Räumliche Strategien, die auf das Verdrängen und Unsichtbarmachen von Armutsgruppen setzen, sind nur mit repressiven Instrumenten und aufgrund fehlender Verdrängungsräume nicht in allen Kommunen umzusetzen. Strategien, die auf Kriminalisierung und einen Ausbau des Straf- und Justizsystems fokussieren, sind nicht nur mit hohen Kosten, sondern unter Umständen auch mit Legitimationsproblemen verbunden. Diversions- und Sanktionsstrategien, die Versorgungsaufgaben noch weiter ins Private (familiäre Netzwerke), die lokalen Gemeinschaften (Communities) oder in den karitativen Sektor

verlagern und somit zu einer staatlichen Entlastung und Entsorgung beitragen könnten, funktionieren nur so lange, wie diese Strukturen über
ausreichend Ressourcen verfügen und die Letzteren sich hierfür auf
Dauer instrumentalisieren lassen. Auch die Abdrängung in die Niedriglohnsektoren und die Schattenbereiche der urbanen Arbeitsmärkte – so
aufnahmefähig sie in den USA im Unterschied zur Bundesrepublik auch
sein mögen – taugt zwar zur Bereinigung der Sozialhilfestatistik, löst
aber weder das Armutsproblem, noch beantwortet sie die Frage, wer für
diejenigen aufkommen soll, die aus welchen Gründen auch immer nicht
beschäftigungsfähig sind.

Die Option, die mit der »Welfare Reform« verschärften Probleme
der sozialen Reproduktion – sei es unmittelbar in den Familien, im privaten Wohlfahrtssektor oder auf der kommunalpolitischen Ebene – wieder an die übergeordneten politischen Entscheidungs- und Verantwor-
tungsebenen zurückzubinden, ist allerdings dadurch erschwert worden,
dass es in den letzten Jahren über die Devolutionspolitik und die von
konservativ-paternalistischen Kreisen eroberte Definitionshoheit über
Armutsprobleme auch gelungen ist, diverse Entkopplungsprozesse in
Gang zu setzen. Damit sind Prozesse und diskursive Strategien gemeint,
die auf das Zerstören von Zusammenhängen zwischen dem Politischen
und dem Ökonomischen sowie auf die Schwächung von solchen Deu-
tungsmustern und Bewegungen abzielen, die darauf beharren, die Tatsache struktureller sozialer Ausgrenzungen und Benachteiligungen gesellschaftlich anzuerkennen, und vom Staat fordern, diese auch strukturell
und nicht nur symbolisch oder mit normativen Konzepten zu bekämpfen. Da auf der nationalen Ebene die Sozialhilfereform primär politisch-
ideologisch begründet wurde – vor allem mit der Absicht, »Abhängigkeit« zu beseitigen und das Arbeitsethos zu stärken –, gelten gestiegene
Erwerbsquoten und die drastisch gesunkene Zahl der Transferempfänger
unabhängig von den individuellen und weiteren Folgekosten zwangsläufig als Erfolg, weil sie »beweisen«, dass viele der zuvor staatlich Unterstützten Wege gefunden haben, auch ohne Sozialhilfe zu überleben. Gegen die Kritik, die »Welfare Reform« und die daraus hervorgegangenen
Transfer- und Beschäftigungsprogramme stellten keine geeigneten Instrumente zur Armutsbekämpfung dar bzw. zeigten unter den gegebenen
Bedingungen armutsverschärfende Wirkungen, ist diese sich auf Statistiken berufende Argumentation weitgehend immun. Da die Bundesregierung darüber hinaus bislang jedes Jahr noch immer die gleiche Summe
für bedürftige Familien im Rahmen ihrer TANF-Zuschüsse wie vor der
Reform zur Verfügung stellt, kann sie auch den Vorwurf von sich weisen, sich ihrer politischen Verantwortung einfach entledigt zu haben. Für
Umsetzungs- und Allokationsprobleme auf den untergeordneten Ebenen

erklärt sie sich als nicht mehr zuständig, genauso wenig wie für die Defizite lokaler Arbeitsmärkte und das Schicksal der »working poor«. Deren Existenzsorgen und Schwierigkeiten, trotz Erwerbstätigkeit und der Erfüllung aller staatlichen Vorgaben nicht ökonomisch unabhängig zu sein, sind aus dieser Sicht nicht primär vom Staat oder der Politik zu verantworten, sondern liegen im Ermessen der ökonomischen Parteien; das heißt, sie werden an die Aushandlungsprozesse zwischen Kapital und organisierter Arbeiterschaft, den Klassenkampf, delegiert.

Vor diesem Hintergrund sind die sozialpolitischen Oppositionsbewegungen in den USA sowie ihre Handlungsperspektiven in den aktuellen lokalen Auseinandersetzungen einzuordnen. Bei der Herausbildung der lokalen Workfare-Regime von Mitte der 1990er Jahre bis etwa 2002 waren sie – so ein Ergebnis meiner Fallstudien – in New York City und Los Angeles ein nicht unerheblicher politischer Faktor und wirkten in beiden Städten als Korrektiv. Die beschriebenen Errungenschaften und Erfolge, darunter die Verteidigung der sozialen Rechte von Migranten, die Kontrolle und Zurückdrängung offen diskriminierender Verwaltungspraxen sowie einige juristische und legislative Siege, die das Recht von Transferempfängern auf Weiterbildung stärkten, dürfen nicht unterschätzt werden. Ohne die zahlreichen Interventionen und Mobilisierungen der progressiven Labor-Community-Koalitionen wäre es in beiden Städten, vor allem in Los Angeles, mit aller Wahrscheinlichkeit zu einer noch stärkeren Ausweitung von unbezahlten Arbeitsdiensten für Transferempfänger gekommen; die aggressiven Diversionsstrategien in New York City hätten noch mehr bedürftigen Familien ihre Ansprüche auf monetäre Unterstützung, Gesundheitsleistungen oder Ernährungsbeihilfen gekostet, und deutlich weniger Sozialhilfeempfängerinnen hätten ihr College-Studium zu Ende bringen können. Weitere Beispiele für erkämpfte Verbesserungen ließen sich anführen, die für diejenigen, die von ihnen profitieren konnten und können, oftmals den Unterschied ums Ganze ausmachen. Es müssen jedoch auch die Niederlagen sowie die inhärenten und strukturellen Beschränkungen der Anti-Workfare-Koalitionen in die Gesamtbetrachtung einfließen.

Als den größten Misserfolg dieser Bündnisse in New York City und Los Angeles sehe ich die gescheiterten Versuche, die Lokalverwaltungen zur Einstellung einer beträchtlichen Zahl von Sozialhilfebeziehern zu bewegen oder zumindest die aufgelegten Pilotprojekte zur Beschäftigung im öffentlichen Sektor und in den städtischen Betrieben auszuweiten und auf Dauer zu stellen. Offensichtlich reichten der politische Druck und die Reichweite der gebildeten Koalitionen hierfür nicht aus. Es gibt Studien, die nahe legen, dass es sich bei dem Scheitern in den beiden Untersuchungsstädten, größere sogenannte »Transitional Jobs

Programs« durchzusetzen, um kein vereinzeltes Phänomen handelt. Aufgrund der hohen Abhängigkeit von Landeszuweisungen und tendenziell sinkenden Steuereinnahmen ist es auf der kommunalen Ebene eher unwahrscheinlich, dass dort ein nennenswerter öffentlicher Beschäftigungssektor für Erwerbslose und Sozialhilfebezieher – verstanden als dauerhaft staatlich subventionierte Beschäftigung in gemeinnützigen und kommunalen Einrichtungen – entstehen wird, wenn es hierfür keine entsprechende finanzielle Unterstützung von den übergeordneten staatlichen Instanzen gibt. Zwar lassen sich in der Geschichte der USA mehrere Beispiele für massive bundesstaatliche Arbeitsbeschaffungsmaßnahmen finden, unter anderem während des New Deal in den 1930er und unter der Carter-Regierung in den 1970er Jahren, in die stellenweise mehrere Millionen erwerbslose Frauen und Männer einbezogen waren. Das bedeutet, dass diese Form der aktiven Arbeitsmarktpolitik dem US-amerikanischen politischen System nicht grundsätzlich fremd ist. Es spricht jedoch wenig dafür, dass unter den aktuellen politischen Kräfteverhältnissen und bei weiterhin sinkenden Arbeitslosenzahlen ein öffentlich geförderter kommunaler Beschäftigungssektor in den meisten Lokalregierungen überhaupt ernsthaft erwogen wird. Es ist auch nicht damit zu rechnen, dass die Städte und Landkreise eine nennenswerte Anzahl von Sozialhilfeempfängern in Zukunft zu regulären Konditionen einstellen werden, da bei ihnen der Trend – ähnlich wie in der Bundesrepublik – dahin geht, im öffentlichen Dienst Beschäftigungsverhältnisse abzubauen und kommunale Tätigkeitsfelder zu privatisieren.

Zu den inhärenten Schwächen der Anti-Workfare-Bündnisse zählen ihre »Konjunkturabhängigkeit« und ihre Anfälligkeit gegenüber Kooptationsstrategien der Kommunalpolitiker – beides Phänomene, die typisch sind für lokale soziale Bewegungen, nicht nur in den USA, aber dort besonders ausgeprägt. Der vorherrschende Hang zu Pragmatismus und Realpolitik ist unübersehbar, was oftmals noch vom hybriden Charakter vieler Community-Organisationen, die gleichzeitig als soziale Dienstleister und politische Interessenvertretung der Armutsbevölkerung fungieren, befördert wird. Mit »Konjunkturabhängigkeit« sollen zwei Probleme gefasst werden: zum einen die nachlassende Aufmerksamkeit und Unterstützung, die Anti-Workfare-Koalitionen durch Medien, Kooperationspartner und wichtige Finanziers (z.B. Stiftungen) erfahren haben; zum anderen die große Bereitschaft vieler Organisationen, sich recht schnell neuen Aufgabenfeldern und Kampagnen zuzuwenden, wenn keine sicht- und vermarktbaren Erfolge oder Mitgliederzuwächse zu verzeichnen sind. Dies trifft sowohl auf lokale Gewerkschaften wie auch auf Gruppen wie ACORN oder AGENDA zu, die sich zu einem Großteil aus individuellen Mitgliedsbeiträgen finanzieren. In beiden Städten haben sich zudem – wenn auch zu unterschiedlichen Zeitpunkten – viele der zuvor oppositionellen Gruppen entweder durch finanzielle Zuwendungen und Aufträge zur Betreuung von Sozialhilfeempfängern in das kommunale Workfare-System einbinden lassen oder sind inzwischen Teil von lokalen privat-staatlichen Planungs- und Beratungsgremien. Das ist mittlerweile auch in New York City der Fall, wo der Bürgermeister und die Führung der Sozialverwaltung die von ihren Vorgängern gewählte konfrontative Strategie gegenüber den sozialpolitischen und Bürgerrechtsgruppen neuerdings aufgegeben haben, um ihre Schlichtungskompetenzen und Erfahrungen zu nutzen.

Die strukturellen Beschränkungen der untersuchten Anti-Workfare-Bündnisse werden evident, wenn man die aktuellen lokalen Kampagnen betrachtet, an denen sie zum Teil beteiligt sind und die über zehn Jahre nach Verabschiedung der »Welfare Reform« den konzertierten Versuch von kommunaler Politik und Zivilgesellschaft darstellen, gegen die wachsende städtische Armut anzugehen: So hat die Mayor's Commission for Economic Opportunity in New York City einen Aktionsplan aufgelegt, um die Zahl der Kinder, Frauen und Männer, die in Armut leben, in den kommenden Jahren deutlich zu senken, verliert aber kein Wort über das Problem des abgeschafften Rechtsanspruchs auf Sozialhilfe. Und in Los Angeles wurde mit »Bring LA Home« ein Zehn-Jahres-Strategieplan verabschiedet, der die um sich greifende Obdachlosigkeit, unter der im Zuge der Sozialhilfereformen immer mehr Frauen und Familien mit kleinen Kindern zu leiden haben, bekämpfen soll, ohne dass die Verwaltungen und Wohlfahrtseinrichtungen bislang darauf eingestellt wären. Besser könnte das strukturelle Scheitern der Oppositionsbündnisse bzw. die »lokale Falle«, bei der sich Ansprüche auf Bürgerrechte und soziale Teilhabe vermehrt an die Stadt und den Lokalstaat richten, nicht veranschaulicht werden. Die vom Bund, den Einzelstaaten und dem Markt maßgeblich zu verantwortenden Probleme sind zu kommunalen und zivilgesellschaftlichen Problemen und Auseinandersetzungen degradiert und Armutsphänomene von ihren Ursachen und Verursachern erfolgreich abgekoppelt worden. In New York City kündigte Bürgermeister Bloomberg an, die materielle Not in der Stadt mit einem hauptsächlich aus privatwirtschaftlichen Spenden finanzierten Innovationsfonds und Mikrokrediten bekämpfen zu wollen. In Los Angeles sind die Probleme der Armut und Wohnungsnot inzwischen so gravierend, dass progressive Obdachlosen- und Anti-Workfare-Initiativen sogar von Polizeichef William Bratton Unterstützung erfahren, der noch wenige Jahre zuvor mit seiner »Zero Tolerance«-Strategie für die Kriminalisierung und Vertreibung von Wohnungslosen, Straßenhändlern und Bettlern aus Manhattan gesorgt hat.

Für die Zukunft der Sozialpolitik in den US-Metropolen aber auch den Rest des Landes sind mehrere Szenarien denkbar. Vieles hängt von der Entwicklung der ökonomischen Rahmenbedingungen und der politischen Kräfteverhältnisse auf Bundesebene, aber auch in den Einzelstaaten ab. Eine pessimistische Variante sähe so aus, dass die erfolgreiche Abschaffung der Familiensozialhilfe nur eine Aufwärmübung bzw. der Auftakt für weitere bundesstaatlich verfügte Sozialkürzungen war, von der auch andere wichtige Programme wie Einkommensbeihilfen für Alte und Behinderte (SSI), Ernährungsbeihilfen und selbst die Sozial- und Rentenversicherungen, welche die Bush-Regierung und Teile der Republikaner stärker privatisieren wollen, nicht ausgespart bleiben würden. Schon jetzt mehren sich die Stimmen von konservativer Seite, die auch die staatliche Subventionierung der Kinderbetreuungskosten und der Gesundheitsversorgung von Geringverdienern als »welfare« brandmarken und diese abschaffen wollen. Nicht ausgeschlossen ist zudem, dass der größte Erfolg der Sozialhilfereform und der Kommunen, die Bereinigung der Statistiken, dem heute noch existierenden TANF-Programm in näherer Zukunft den Todesstoß versetzen könnte. Dann bliebe den Gemeinden und vor allem den Großstädten mit einer hohen Anzahl von bedürftigen Familien und Beschäftigungsunfähigen – wollen sie den Preis einer weiteren offenen Verelendung nicht zahlen – nichts anderes übrig, als einen größeren Teil ihrer Ressourcen als bisher in eine lokale Armenfürsorge zu investieren.

Wahrscheinlich wäre wohl auch, dass auf der kommunalen Ebene in den USA neue Experimente und Formen des Mikromanagements der Armutsbevölkerung, inklusive weiterer lokalstaatlicher und gesellschaftlicher Separierungs- und Repressionspraktiken zum Tragen kämen; in einigen Städten – abhängig von den jeweiligen lokalen Kräfteverhältnissen – ist eine weitere Aufwertung des privaten Wohlfahrtssektors sowie die verstärkte Nutzung von Ressourcen glaubensbasierter Organisationen denkbar, die nicht per se konservativ ausgerichtet sein müssten, aber den Trend zu einer Entsäkularisierung der US-amerikanischen Politik vorantreiben würden. Zu befürchten stünde des Weiteren, dass die Auseinandersetzungen um die Kosten der Einwanderung noch massiver als zuvor auf der lokalen Ebene und auf dem Rücken besonders angreifbarer Gruppen wie den Migranten »ohne Papiere« ausgetragen werden könnten, wenn es nicht gelingt, in den nächsten Jahren für deren rechtlose und prekäre Situation gesellschaftliche und staatliche Lösungen zu finden.

Eine positivere Variante, die nur unter den Bedingungen eines Machtwechsels innerhalb der Demokratischen Partei und im Weißen Haus denkbar erscheint, könnte darin bestehen, dass die Bundesstaaten und Kommunen durch die Einführung einer bundesweiten gesetzlichen Krankenversicherung endlich von den in den letzten Jahren drastisch gestiegenen Kosten für die Gesundheitsversorgung der Armutsbevölkerung befreit werden. Das könnte nicht nur die medizinische Betreuung vielerorts verbessern, sondern auf der lokalen Ebene erhebliche Mittel freisetzen, die für andere Aufgaben zur Verfügung stünden. Eine andere wesentliche Reform, die in Angriff genommen werden könnte, wäre eine Zentralisierung des Arbeitslosenversicherungssystems oder zumindest eine erhebliche Ausweitung des Versicherungsschutzes auf mehr Arbeitnehmer in den Einzelstaaten. In Reichweite der politischen Möglichkeiten scheint zudem, die bis heute vor allem über den Markt organisierte Kinderbetreuung durch staatliche Angebote zu verbessern oder deren Subventionierung bei geringverdienenden Familien über Gesetze und ausreichende zentralstaatliche Fördermittel auf Dauer zu stellen. Weitere Maßnahmen, die sich alle an der Aufgabe »to make work pay« orientieren, sind vorstellbar, wie die Ausweitung der negativen Einkommenssteuer oder die Erhöhung des bundesweiten Mindestlohns, die derzeit bereits im Kongress verhandelt wird. Mit der praktischen Durchsetzung dieses Mindestlohns oder weiter reichenden Regulierungen und Eingriffen des Bundes in den Markt, welche die Arbeitsbedingungen und Löhne der »working poor« grundsätzlich verbessern könnten, ist von bundesstaatlicher Seite selbst unter einer demokratisch geführten Regierung allerdings eher nicht zu rechnen, schon gar nicht mit der Rückkehr zu einem nationalen Sozialhilfeprogramm ohne zeitliche Befristung oder der Einführung einer Grundsicherung, die nicht an Erwerbstätigkeit geknüpft ist. Auf der Ebene der Einzelstaaten, Landkreise und Kommunen würde sich also selbst unter diesem recht optimistischen Szenario weiterhin die Frage nach der Unterstützung von erwerbsunfähigen Bevölkerungsgruppen und nach sinnvollen kommunalen Beschäftigungsmöglichkeiten für Personen stellen, die Schwierigkeiten haben, im regulären Arbeitsmarkt unterzukommen. Nichtsdestotrotz könnten all die genannten Maßnahmen, Gesetze und zentralstaatlichen Interventionen, kämen sie denn zur Umsetzung, in den Städten und Kommunen die Stimmung und die Ausgangsbedingungen auch für die Labor-Community-Koalitionen erheblich verbessern, ihre lokalen Organisierungsversuche und Klassenkämpfe, die in den USA heutzutage unter dem Titel »Social and Economic Justice Campaigns« firmieren, auszubauen und vielleicht auch den Blick (wieder) vermehrt auf die übergeordneten Ebenen der politischen Auseinandersetzungen zu richten.

Für die sozialwissenschaftliche Forschung und Diskussion können die Ergebnisse meiner Arbeit in mehrfacher Hinsicht Anregungen und Hinweise liefern. Für Arbeiten, die sich mit dem Stand und der Entwicklung des US-amerikanischen Wohlfahrtsstaates beschäftigen, erscheint es mir als Konsequenz der in der Untersuchung gewonnenen Erkenntnisse sinnvoll, nicht nur den Blick stärker auf die Kommunen, sondern auch auf die Politik und Handlungsperspektiven der Einzelstaaten zu richten. Im Zuge der Devolution und des »New Federalism« werden ihnen auch in den kommenden Jahren wichtige Aufgaben sowie vermutlich zusätzliche Entscheidungskompetenzen zukommen. Einige ihrer Aktivitäten und Gesetzesinitiativen wie die eigenständige Erhöhung der Mindestlöhne oder erste Schritte in Richtung der Einführung einer Krankenversicherungspflicht zeigen darüber hinaus schon heute, dass sie in bestimmten Feldern durchaus zu Innovationen fähig sind, die einen Modellcharakter und eine Ausstrahlungskraft auf die Bundespolitik ausüben könnten, selbst wenn die in dieser Arbeit gezogene Bilanz ihrer Entscheidungen und Programme in der Sozialhilfepolitik eher negativ ausfällt. Zudem scheint mir evident, dass mehr qualitativ angelegte Untersuchungen und vergleichende Fallstudien zu der Umsetzung, den Auswirkungen der veränderten Sozialpolitiken (nicht nur Workfare) und den Lebensrealitäten der von ihr betroffenen Bevölkerungsgruppen notwendig sind, um ein besseres Bild von dem zu bekommen, was es heißen kann, wenn von »neoliberalen paternalistischen Staaten« oder ricardianischen bzw. schumpeterschen Workfare-Regimes die Rede ist. Diese qualitativen empirischen Untersuchungen könnten dabei helfen, das Verständnis dafür zu schärfen, welches die Voraussetzungen und Bedingungen dafür sind, dass in manchen Staaten und Kommunen stärker punitiv-neoliberale und ausgrenzende, in anderen dagegen vermehrt neokommunitaristische Strategien mit einem stärkeren Schwerpunkt auf gesellschaftlicher Inklusion zum Einsatz kommen.

Für die vergleichende Wohlfahrtsstaatsforschung können meine Ergebnisse zur Entwicklung der Sozialhilfepolitik in den USA auch zeigen, dass trotz zu beobachtender Annäherungen zwischen westeuropäischen aktiven Arbeitsmarktpolitiken und dem US-amerikanischen Workfare-Modell die Konvergenzen nicht überbewertet werden sollten. Meines Erachtens ist in der Arbeit deutlich geworden, dass institutionelle Besonderheiten des US-amerikanischen politischen Systems sowie historische Erblasten, also eine spezifische Pfadabhängigkeit, die aktuellen Entwicklungen und Ansätze in der Sozialhilfepolitik maßgeblich mitbestimmen, auch wenn der Ansatz des historischen Institutionalismus ökonomische Aspekte und Einflüsse tendenziell unterschätzt und einige seiner Vertreter zu Recht einer allzu pluralistischen Herangehensweise geziehen werden. Offensichtlich ist ebenfalls, dass die aus westeuropäischer Sicht oftmals merkwürdig anmutenden Armuts- und Moraldiskurse der politischen Eliten in ihrer Wirkmächtigkeit – auch in Bezug auf das, was ich als Entkopplungsprozesse benannt habe – für die US-amerikanische Innenpolitik nicht vernachlässigt werden dürfen. Eine wichtige Forschungsaufgabe bestünde in diesem Zusammenhang darin, genauer zu untersuchen, welche Rolle dem Einfluss der Religion sowie religiösen Strömungen und Organisationen in der US-amerikanischen Sozialpolitik aktuell zukommt; der unter der Bush-Regierung populär gewordene »Compassionate Conservatism« und die staatliche Aufwertung von »faith-based initiatives« dürften sich nicht als vorübergehende Phänomene erweisen, da auch immer mehr Liberale und Demokraten in Religion bzw. in glaubensorientierten Gruppierungen und Einrichtungen eine wichtige Ressource sehen, um gesellschaftliche Brüche zu kitten und Gemeinschaft sowie Orientierung zu stiften.

Für sozialwissenschaftliche Ansätze, die sich für Entwicklungen von lokalen sozialen Bewegungen und Gewerkschaftsstrategien interessieren, könnten meine Forschungsergebnisse eine Anregung sein, sich noch intensiver mit dem Charakter, den Strategien und der politischen Reichweite der vielfältigen urbanen Labor-Community-Koalitionen in den USA zu befassen. Meine Untersuchungsergebnisse zu Anti-Workfare-Kampagnen und diesbezüglichen Bündnissen haben ja sowohl auf ihre Stärken als auch auf einige ihrer Schwächen verwiesen. Mein durchaus ambivalentes Fazit könnte damit zusammenhängen, dass zum einen nur zwei Städte in die Untersuchung miteinbezogen wurden und somit die Aussagekraft der Fallstudien begrenzt ist. Zum anderen könnte sich in anders fokussierten Studien, die etwa die »Workers' Center« oder die diversen lokalen Arbeitskämpfe ins Zentrum rücken, herausstellen, dass andere Faktoren und Gründe für ihr Scheitern bzw. ihren Erfolg verantwortlich sind. Zudem ist vorstellbar, dass das Thema »Welfare« und die mit ihm verbundenen Stigmatisierungen, die meines Erachtens auch in progressive Kreise hineinwirken, die Zusammenarbeit und die Mobilisierungsfähigkeit der Gruppen tendenziell geschwächt haben und in anderen Auseinandersetzungen, in denen ein größerer Konsens über die Ziele der Kampagnen besteht und die Gegner klarer zu fassen sind, der Charakter weniger defensiv ausfällt als bei den von mir untersuchten Kampagnen.

Ein weiterer zentraler Aspekt, den es in zukünftigen Forschungen umfassender zu berücksichtigen gilt – unabhängig zu welchen Aspekten der US-amerikanischen Innenpolitik –, ist der Faktor der Migration mit all seinen Implikationen. Dies betrifft zum einen seine mögliche Funktion als Spaltungsinstrument von Gesellschaft sowie von sozialen und politischen Bewegungen. Dies bezieht sich aber auch auf die Bedeutung der wachsenden Migranten-Communities als (potentielle) Wählerschaft, die – wie nicht zuletzt am Beispiel von Los Angeles zu sehen ist – in der Lage sind, progressive Demokraten in wichtige Positionen zu bringen, und auch in vielen anderen Städten und Bundesstaaten zunehmend eine entscheidende politische Größe darstellen. Zentral sind die neuen und zum Teil hochpolitisierten Migranten aus dem süd- und lateinamerikanischen Raum und aus Asien aber auch als Ressource und Antriebskraft für diverse soziale lokale Bewegungen, wobei ihre Position in den Gewerkschaften, die sich in den USA vorgenommen haben, verstärkt die Dienstleistungsindustrien zu organisieren, zurzeit in der Öffentlichkeit wohl am stärksten wahrgenommen wird. Interessant für weitere Untersuchungen zu sozialen Bewegungen und Wohlfahrtsstaat wäre in diesem Zusammenhang die Frage, wie sich die zunehmend wichtigere Rolle von Immigranten in Zukunft auswirken wird. Auch hier gibt es mehrere denkbare Entwicklungen mit durchaus ambivalenten Konsequenzen, welche auch für die Situation in der Bundesrepublik und die hiesigen sozialpolitischen Auseinandersetzungen und Strategien inner- und außerhalb der Gewerkschaften von einer gewissen Relevanz sein könnten. Geht man davon aus, dass es auch in Westeuropa über Einwanderung zu einer stärkeren ethnischen Diversifizierung der Bevölkerung sowie zu einer Ausweitung von informellen Ökonomien und noch stärker gespaltenen Arbeitsmärkten kommen wird, stellt sich auch hier die Frage nach den Schwerpunktsetzungen und Forderungen sozialpolitischer Opposition. Während sich die hiesigen Gewerkschaften mehrheitlich noch auf ihre Mitglieder und Kernbelegschaften konzentrieren und die Kampagne auf die Durchsetzung von Mindestlöhnen bislang eher verhalten angelaufen ist, versuchen andere Teile der sozialpolitischen Bewegung, die Situation der vom Arbeitsmarkt Ausgeschlossenen und »Marginalisierten« zu verbessern, und setzten vor allem auf eine Verteidigung noch bestehender sozialstaatlicher Absicherungen.

Für die USA zeigt sich, dass es zwei widersprüchliche Tendenzen gibt, die mit dem Bedeutungszuwachs von Migranten in (urbanen) sozialen Bewegungen verbunden sein können. Da sie in den USA inzwischen vielerorts von sozialstaatlichen Leistungen vollständig abgekoppelt sind, tragen sie einerseits – ob intendiert oder ungewollt – tendenziell zu einer weiteren Schwächung von Perspektiven und Forderungen bei, die sich auf den Staat und staatliche Wohlfahrt richten. Einige Autoren gehen sogar so weit zu behaupten, dass die massive Einwanderung in den USA für den Mangel an gesamtgesellschaftlichem Zusammenhalt und Homogenität verantwortlich ist, welche die zentralen Grundlagen für die Verteidigung eines starken Sozialstaats bildeten. Andererseits verweisen die zunehmenden Kämpfe von Migranten in den Niedriglohnsektoren der städtischen Ökonomien um Arbeitsbedingungen und höhere Löhne, aber auch um bessere Wohn- und Lebensbedingungen jedoch nicht nur auf neue Möglichkeiten der Mobilisierung und solidarischer Bündnisse, sondern auch auf ein neues interessantes Spannungsverhältnis und auf ein Potential, in dem sich der Anspruch auf die Einlösung von mehr Bürgerrechten und sozialer Teilhabe deutlicher als in vielen anderen Bewegungen formuliert.

Ein Fazit der vorliegenden Untersuchung ist, dass der Kampf um das Recht auf Sozialhilfe in den USA in den letzten Jahrzehnten eindeutig verloren gegangen ist und wenig dafür spricht, dass er in der näheren Zukunft wieder aufgenommen wird. Dies hat die sozialen Reproduktionsbedingungen vieler Menschen und Familien nicht nur in den Quartieren der innerstädtischen Zentren – wie in der Arbeit veranschaulicht – eindeutig verschlechtert. Daraus lässt sich zunächst schließen, dass es zentral ist, den Anspruch auf eine universelle Einkommensbeihilfe mit nationalen Standards – wie sie in der Bundesrepublik mit dem Arbeitslosengeld II bei all seinen Defiziten und Problemen noch vorhanden ist – nicht fahrlässig aufzugeben, solange keine besseren Optionen – wie zum Beispiel ein von der Arbeitsmarktpartizipation unabhängiges existenzsicherndes Grundeinkommen – vorhanden bzw. politisch durchsetzungsfähig sind. Zugleich sollte der Blick aber auch erweitert werden und die Lebens- und Arbeitsbedingungen derjenigen stärker einbeziehen, die qua ihres aufenthaltsrechtlichen Status oder anderer gesellschaftlicher/staatlicher Ausgrenzungsmechanismen auch in Westeuropa von Sozialleistungen und Sicherungssystemen ausgeschlossen sind.

Wenn es eine aktuelle Kraft in den USA gibt, die dazu beizutragen kann, dass das weiter oben skizzierte optimistische Szenario sozialpolitischer Entwicklungen in den Vereinigten Staaten Wirklichkeit wird, dann wird sich diese nicht in den bis heute hauptsächlich weißen Bevölkerungen und Wählerschaften der Suburbs, sondern vor allem in den ethnisch gemischten sozialen Bewegungen, Gewerkschaftsorganisationen und Communities in den urbanen Regionen finden lassen. Die Trias von zivilen Schutz- und Freiheitsrechten sowie politischen und sozialen Teilnahmerechten, welche die volle Mitgliedschaft in modernen, wohlfahrtsstaatlichen Gesellschaften ausmacht, werden diese Gruppierungen jedoch zum einen nicht allein und zum anderen nur dann erringen können, wenn es ihnen gelingt, der Falle des Lokalen als Entsorgungs- und Entkopplungsmechanismus des Zentralstaates zu entgehen und ihre Aktivitäten noch stärker als bisher mit Auseinandersetzungen und Perspektiven zu verbinden, die sich auf die übergeordneten politischen Machtzentren richten. So schön Kampagnen und Theorien auch klingen mögen, die ein

»Recht auf die Stadt« oder so etwas wie neue urbane oder transnationale Staatsbürgerschaften reklamieren – die zentralen Entscheidungen, nicht nur über die Sozialpolitik, werden in den USA weiterhin in Washington getroffen.

A Abkürzungen

ACORN	Association for Community Organizations for Reform Now
ADC	Aid to Dependent Children
AFDC	Aid to Families with Dependent Children
AFDC-UP	Aid to Families with Dependent Children – Unemployed Parents
AFL-CIO	American Federation of Labor and Congress of Industrial Organizations
AFSCME	American Federation of State, County and Municipal Employees
AGENDA	Action for Grassroots Empowerment & Neigborhood Development Alternatives
ASPE	Office of the Assistant Secretary for Planning and Evaluation
BEGIN	Begin Employment and Gain Independence Now
BIP	Bruttoinlandsprodukt
BSHG	Bundessozialhilfegesetz
CalWORKs	California Work Opportunity and Responsibility to Kids
CATE	Coalition for Access to Training and Education
CCDF	Child Care and Development Fund
CIA	Central Intelligence Agency
CIPHER	Community Institute for Policy Heuristics Education & Research
CNN	Cable News Network
COPE	College Opportunity to Prepare for Employment
CUNY	City University of New York
CWEP	Community Work Experience Program
D.C.	District of Columbia

DC	District Council
DFG	Deutsche Forschungsgemeinschaft
DGB	Deutscher Gewerkschaftsbund
DHHS	Department of Health and Human Services
DPSS	Department of Public Social Service
EDV	Elektronische Datenverarbeitung
EITC	Earned Income Tax Credit
EMPOWER	Employing and Moving People Off Welfare and Encouraging Responsibility
ESP	Employment Services and Placement
ETC	Employment and Training Choices
ETM	Economistic-Therapeutic-Managerial (Approach)
FA	Family Assistance
FAIM	Families Achieving Independence (Montana)
FEDS	Front-End Detection System
FIP	Family Independence Program
FITAP	Family Independence Temporary Assistance Program
FLSA	Fair Labor Standard Act
FSA	Family Support Act
GA	General Assistance
GAIN	Greater Avenues for Independence
GR	General Relief
GROW	General Relief Opportunities to Work
HIV	Human Immunodeficiency Virus
HRA	Human Resources Administration
IHHS	In-Home Supportive Services
IMS	Information Management Services
INS	Immigration and Naturalization Services
IWF	Internationaler Währungsfonds
JEDI	Jobs for Employable Dependent Individuals
JOBS	Job Opportunity and Basic Skills Program
JTPA	Job Training and Partnership Act
L.A.	Los Angeles
MDRC	Manpower Demonstration Research Corporation
MOE	Maintenance of Effort (Requirement)
MOST	Michigan Opportunities for Skills and Training
NAFTA	North American Free Trade Agreement
NEWWS	National Evaluation of Welfare-to-Work Stategies
NWRO	National Welfare Rights Organization
NY	New York
NYC	New York City
NYC-WAY	New York City Work, Accountability, You

NYPD	New York Police Department
NYS	New York State
NYU	New York University
NYS-EITC	New York State Earned Income Tax Credit
OBRA	Omnibus Budget Reconciliation Act
OCR	Office for Civil Rights
OECD	Organization for Economic Cooperation and Development
POWER	Personal Opportunities With Employment Responsibility
PRWORA	Personal Responsibility and Work Opportunity Reconciliation Act
RAND	Research and Development
REACH	Reaching Economic Achievement
RMI	Revenue Minimum d'Insertion
SAP	Skill and Assessment Program
SEIU	Service Employees International Union
SNA	Safety Net Assistance
SNA-5	Safety Net Assistance-5
SOS	Save Our State
SSA	Social Security Act
SSI	Supplemental Security Income
TANF	Temporary Assistance for Needy Families
TEEM	Training, Employment, Education, Management
TWU	Transit Workers' Union
UCLA	University of California, Los Angeles
UN	United Nations
UNO	United Nations Organization
US	United States
USA	United States of America
USC	University of Southern California
W-2	Wisconsin Works
WeCare	Wellness, Comprehensive Assessment, Rehabilitation, Employment
WEP	Work Experience Program
WIN	Work Incentive Program
WNYC	Wireless New York City
WRA	Welfare Reform Act
WRC	Welfare Reform Coalition
WREP	Work Relief Employment Project
WRI	Welfare Rights Initiative
WTWA	Welfare to Work Act
WWOC	WEP Workers Organizing Committee
WWT	WEP Works Together!

B Quellen und Literatur

Interviews

New York City

Abramovitz, Mimi: Hunter College, School of Social Work, 15.11.2003.

Brockmeyer, Janice: City University of New York, John Jay College, Department of Government, 20.5.2004.

Brown, Rebecca: New York City Employment and Training Coalition, 13.11.2003.

Buxton, Debbie: Consortium of Worker Education, 5.6.2004.

Dunlea, Mark: Hunger Action Network of New York State, 16.5.2004.

Ensellem, Maurice: National Employment Law Project, 16.11.2003.

Fischer, David Jason: The Center for an Urban Future, 14.5.2004.

Getsos, Paul: Community Voices Heard, 16.5.2004.

Guerra, Artemio: Fifth Avenue Committee, 20.5.2004.

Kest, Steven: ACORN, National Office, 25.5.2004.

King, Deborah: 1199 SEIU, Training and Job Security Program, 26.5.2004.

Krinsky, John: City University of New York, City College, Department of Political Science, 2.11.2003.

Laarman, Peter: New York Judson Memorial Church, 13.6.2004.

Lane, Maureen: Welfare Rights Initiative, 17.5.2004.

Lee, Monica: Workforce Alliance New York, 15.11.2003.

Levitan, Mark: Community Service Society, 26.5.2004.

Mc Fadden, Maureen, NOW Legal Defense and Education Fund, 17.11.2003.

McQuarrie, Michael: New York University, Department of Sociology, 16.5.2004.

Mullgrave, Jeanne: New York City Department of Youth and Community Development, 14.5.2004

Patterson-Rivera, Tannya: First Step Job Readiness and Training Program, Coalition for the Homeless, 20.11.2003.

Potter, Bonnie: New York City Employment and Training Coalition, 7.6.2004.

Roberts, Lillian: District Council 37, AFSCME, 14.5.2004.

Saft, Stuart: New York City Workforce Investment Board, 13.11.2003.

Slater, Dirk: LINC-Project, Welfare Law Center, 14.11.2003.

Toruella, Steven: New York City Housing Authority, 9.6.2004.

Van Jones, Howard: New York City Central Labor Council, 8.6.2004.

Vertreterin des Center for Employment Training, 18.5.2004.

Walker, Craig: Consortium for Worker Education, 11.6.2004.
Yondelman, Sondra: Community Voices Heard, 12.11.2003.

Los Angeles

Aaron, Yardenna: Community Institute for Policy Heuristics & Education, 18.10.2002.
Berlin, Nancy: Coalition to End Hunger and Homelessness, 16.11.2002.
Chavez, John: Los Angeles County Department of Community Development, 17.11.2002.
Cooley, Kate: University of California, Los Angeles, School of Public Policy, 22.10.2002.
Evans, Luther: Los Angeles County Department of Public Social Services, 13.2.2001.
Felder, Henry: Los Angeles County Department of Public Social Services, Research Department,13.2.2001.
Fisher, Marla: Community College Weekly, 28.8.2001.
Flaming, Daniel: Economic Roundtable, 30.8.2001.
Freese, Paul: Public Counsel, 18.11.2002.
Griffin, Ed: Housing Authority of the City of Los Angeles, 20.10.2002.
Gupta, Pronita: AGENDA, 25.10.2002.
Hasenfeld, Yesekel: University of California, School of Public Policy and Social Work, 15.10.2002.
Hopkins, Elwood: Los Angeles Urban Funders, 24.10.2002.
Horton, John: University of California, Los Angeles, Department of Sociology, 2.11.2002.
Jackson, John: ACORN, L.A. Chapter, 18.10.2002.
Johnstone, Mark: City of Los Angeles, Community Development Department, 20.11.2002.
McBride, Diane: Los Angeles Community College District, 3.11.2002.
Milkman, Ruth: University of California, Los Angeles, Institute for Labor and Employment, 5.10.2002.
Miller, Jennifer: Manpower Demonstration Research Corporation, 4.10.2002.
Miller, Katherine: Chrysalis, 21.11.2002.
Ong, Paul: University of Industrial Relations, Lewis Center for Regional Policy Studies, 5.9.2001.
Reese, Ellen: University of Riverside, Department of Sociology, 5.11.2002 u. 10.11.2003.
Sanchez, Teresa: SEIU/Local 347, 15.10.2002.
Schur, Amy: ACORN, L.A. Chapter, 3.11.2001.

Tepper, Paul: Institute for the Study of Homelessness and Poverty, Weingart Center, 5.11.2002 u.15.11.2002 .

Wolff, Goetz: Center for Regional Employment Strategies, Los Angeles County Federation of Labor, 20.11.2002.

Wong, Kent: University of California, Los Angeles, Center for Labor Research and Education, 5.11.2002.

Sonstige

Bouman, John: Welfare Law Unit, Legal Assistance Foundation of Chicago, 2.12.2003.

Brodkin, Evelyn: University of Chicago, School of Social Service Administration, 5.12.2003.

Cirello, Dia: Policy Initiatives, Work, Welfare & Family, Chicago, 2.12.2003.

McKeal, Lise: Center for Impact Research, Chicago, 7.12.2003.

Pollack, Wendy: National Center on Poverty Law, Chicago, 10.12.2003.

Smith, Janet: University of Chicago, Department of Urban Planning and Public Affairs, 1.12.2003.

Swinney, Dan: Center for Labor and Community Research, Chicago, 3.12.2003.

Theodore, Nikolas: University of Illinois at Chicago, Center of Urban Economic Development, 5.12.2003 u. 16.12.2003.

Literatur

Aaron, Yardenna/Ito, Jennifer/Gupta, Pronita 2002: The Los Angeles City Jobs Program: Lessons from a Carreer-First Program That Works, Community Institute for Policy Heuristics Education & Research, Los Angeles.

Abramovitz, Mimi 1988: Regulating the Lives of Women: Social Policy from Colonial Times to the Present, South End Press, Boston.

Abramovitz, Mimi 1996: Under Attack, Fighting Back: Women and Welfare in the United States, Monthly Review Press, New York.

Abramovitz, Mimi 2006: Welfare Reform in the United States: Gender, Race and Class Matter, in: Critical Social Policy, Vol. 26, No. 2, S. 336-364.

Abu-Lughod, Janet L. 1999: New York, Chicago, Los Angeles. America's Global Cities, University of Minnesota Press, Minneapolis u.a.

Acker, Joan/Morgen, Sandra/Weigt, Jill/Gonzales, Lisa 2006: Living Economic Restructuring at the Bottom: Welfare Restructuring and Low-Wage Work, in: Kilty/Segal (Hg.), a.a.O., S. 81-94.

ACORN (LA Chapter) 1998: County Workfare Participant Hiring Initiative, Flugblatt, Los Angeles.

Acs, Greg/Loprest, Pamela/Roberts, Tracy 2001: Final Synthesis Report of Findings from ASPE »Leavers« Grants, Urban Institute, Washington D.C., unter: http://aspe.hhs.gov/hsp/leavers99/synthesis02/index.htm.

Acs, Gregory/Phillips, Katherin Ross/Nelson, Sandi 2003: The Roads Not Taken? Changes in Welfare Entry during the 1990s, Urban Institute, Assessing the New Federalism, Discussion Paper 03-03, März 2003, unter: http://www.urban.org/UploadedPDF/310905_DP03-03.pdf.

Adams, Willi Paul 1999: Die Vereinigten Staaten von Amerika, Fischer Taschenbuch, Frankfurt a.M.

Adler, Moshe 2002: Why Did New York Workers Lose Ground in the 1990s? Research Project by the Fiscal Policy Institute, New York, unter: http://www.fiscalpolicy.org.

Adloff, Frank 2003: Im Dienst der Armen. Katholische Kirche und amerikanische Sozialpolitik im 20. Jahrhundert, Campus Verlag, Frankfurt a.M. u.a.

AFSCME 1998: City of Los Angeles – Pending Proposals, Los Angeles, Los Angeles, unter: http://www.afscme.org/publications/236ß.cfm.

Aglietta, Michel 1979: A Theory of Capitalist Regulation. The US Experience, NLB, New York.

Aglietta, Michel 2000: Ein neues Akkumulationsregime. Die Regulationstheorie auf dem Prüfstand, VSA Verlag, Hamburg.

Alarcon, Evelina 1997: Martinez Public Works Jobs Bill Goes to Congress, in: People's Weekly World, 1.3.1997, unter: http://www.pww.org/archives97/97-03-01-1.html.

Albelda, Randy/Withorn, Ann (Hg.) 2002: Lost Ground. Welfare Reform, Poverty, and Beyond, South End Press, Cambridge.

Albert, Vicky N. 2000a: Reducing Welfare Benefits: Consequences for Adequacy of and Eligibility for Benefits, in: Social Work. Journal of the National Association of Social Workers, Vol. 45, No. 4, S. 300-310.

Albert, Vicky N. 2000b: The Role of the Economy and Welfare Policies in Shaping Welfare Caseloads: The California Experience, in: Social Work Research, Vol. 24, No. 4, S. 197-210.

Alesina, Alberto/Glaeser, Edward L. 2004: Fighting Poverty in the US and Europe. A World of Difference, Oxford University Press, New York u.a.

Alesina, Alberto/Glaeser, Edward/Sacerdote, Bruce 2001: Why Doesn't the United States Have a European Style Welfare State?, in: Brookings Papers on Economic Activity, Vol. 2001, No. 2, S. 187-254.

Allan, James P./Scruggs, Lyle 2004: Political Partisanship and Welfare State Reform in Advanced Industrial Societies, in: American Journal of Political Science, Vol. 48, No. 3, S. 496-512.

Allard, Scott W. 2004: Competitive Pressures and the Emergence of Mothers' Aid Programs in the United States, in: The Policy Studies Journal, Vol. 32, No. 4, S. 521-544.

Allard, Scott W./Danziger, Sheldon 2000: Welfare Magnets: Myth or Reality?, in: The Journal of Politics, Vol. 62, No. 2, S. 350-368.

Allen, Katherine/Kirby, Maria 2000: Unfinished Business: Why Cities Matter to Welfare Reform, Brookings Institution, Center on Urban and Metropolitan Policy, Washington D.C., unter: http://www.broo kings.edu/metro/pubs.

Alston, Lee J./Ferrie, Joseph P. 1999: Southern Paternalism and the American Welfare State, Cambridge University Press, New York.

Altvater, Elmar/Mahnkopf, Birgit 2002: Globalisierung der Unsicherheit, Arbeit im Schatten, Schmutziges Geld und informelle Politik, Westfälisches Dampfboot, Münster.

Ambruster-Sandoval, Ralph 2005: Workers of the World Unite? The Contemporary Anti-Sweatshop Movement and the Struggle for Social Justice in the Americas, in: Work and Occupations, Vol. 32, No. 4, S. 464-485.

Amenta, Edwin 1998: Bold Relief: Institutional Politics and the Origins of Modern American Social Policy, Princeton University Press, Princeton.

Amenta, Edwin/Bonastia, Chris/Caren, Neal 2001: US Social Policy in Comparative and Historical Perspective: Concepts, Images, Arguments, and Research Strategies, in: Annual Review of Sociology, Vol. 27, No. 1, S. 213-234.

Amin, Ash 2002: Spatialities of Globalization, in: Environment and Planning, Vol. 34, No. 3, S. 385-399.

Amin, Ash/Cameron, Angus 1998: Welfare to Work or Welfare as Working? Combating Social Exclusion in the UK, University of Durham, Department of Geography, Durham.

Amnesty International 1996: United States of America: Police Brutality and Excessive Force in the New York City Police Department, Lon-

don, unter: http://www.amnesty.org/ailib/aipub/1996/AMR/251036
96.htm.

Anderson, Steven G./Halter, Anthony/Gryzlak, Brian 2002a: Changing
Safety Net of Last Resort: Downsizing General Assistance for Employable Adults, in: Social Work, Vol. 47, No. 3, S. 249-258.

Anderson, Steven G./Halter, Anthony/Gryzlak, Brian 2002b: When Social Program Responsibilities Trickle Down: Impacts of Devolution
on Local Human Service Provision, in: Journal of Sociology and Social Welfare, Vol. 29, No. 2, S. 143-164.

Andrulis, Dennis P./Duchon, Lisa M./Reid, Hailey M. 2003: Before and
After Welfare Reform: The Uncertain Progress for Poor Families
and Children in the Nation's 100 Largest Cities and Their Suburbs,
The Social and Health Landscape of Urban and Suburban America
Report Series, SUNY Downstate Medical Center, New York.

Angel, Jacqueline L. 2003: Devolution and The Social Welfare of Eld-
erly Immigrants: Who Will Bear the Burden?, in: Public Administration Review, Vol. 63, No. 1, S. 79-89.

Antonovich, Michael D. 2006: 100.000 Children of Illegal Aliens Col-
lect Nearly $23 Million in CalWORKs Funding, Presseerklärung,
25.4.2006, Los Angeles, unter: http://antonovich.co.la.ca.us.

Applied Research Center (Hg.) 2001: Welfare Reform as We Know It,
Applied Research Center, Oakland.

Applied Survey Research 2006: Greater Los Angeles Homeless Count
2005, Watsonville, unter: http://www.appliedsurveyresearch.org.

Arenson, Karen W. 1998: Critics Fear Role of Politics in CUNY Plan,
in: New York Times, 8.5.1998, unter: http://www.nytimes.com/ar
chive.

Arenson, Karen W. 2003: From Welfare to Course Work, in: New York
Times, 10.6.2003, S. B1, unter: http://www.nytimes.com/archive.

Arsneault, Shelly 2000: Welfare Policy Innovation and Diffusion: Section 1115 Waivers and the Federal System, in: State and Local Government Review, Vol. 32, No. 1, S. 49-60.

Arsneault, Shelly 2004: Implementing Welfare Reform in Rural and Urban Communities. Why Places Matters, in: American Review of
Public Administration, Vol. 36, No. 2, S. 173-188.

Assembly Select Committee on the California Middle Class 1998: The
Distribution of Income in California and Los Angeles: A Look at
Recent Current Population Survey and State Taypayer Data, Sacra-
mento.

Association of the Bar of the City of New York: 2001: Welfare Reform
in New York City: The Measure of Success, Committee on Social

Welfare, New York, unter: http://www.abcnyc.org/currentarticle/wel fare/html.

Atzmüller, Roland 2004: Arbeit an der Veränderung – Überlegungen zur Staatstheorie im Postfordismus, in: Grundrisse, 12/2004, S. 13-25.

Aubry, Erin J. 1998: Welfare's Phantom Workers. Coalition Challenges Unfair Workfare, in: Los Angeles Weekly, 13.-20.2.1998, unter: http://www.laweekly.com/ink/98/12/news-aubry.html.

Avery, James M./Peffley, Mark 2003: Race Matters. The Impact of News Coverage of Welfare Reform on Puplic Opinion, in: Schram u.a. (Hg.), a.a.O., S. 131-150.

Avery, James M./Peffley, Mark 2005: Voter Registration Requirements, Voter Turnouts, and Welfare Eligibility Policy: Class Bias Matters, in: State Politics & Policy Quarterly, Vol. 5, No. 1, S. 47-67.

Backhaus-Maul, Holger (Hg.) 1999: Von der Sozialhilfe in die Erwerbs-arbeit. Die Welfare Reform in den USA als Vorbild, Eigenverlag des Deutschen Vereins für öffentliche und private Fürsorge, Frankfurt a.M.

Bailey, Michael A. 2002: Depressing Federalism: Re-Assessing Theory and Evidence on the »Race to the Bottom«, Georgetown University Working Draft, unter: http://www.umbc.edu/economics/seminar_pa pers/RTBRacing_March2002.pdf.

Bailey, Michael A./Rom, Mark Carl 2004: A Wider Race: Insterstate Competition Across Health and Welfare Programs, in: Journal of Politics, Vol. 66, No. 2, S. 326-347.

Bailey, Robert W. 1984: The Crisis Regime: The MAC, the EFCB, and the Political Impact of the New York City Financial Crisis, State University of New York, Albany.

Baldassare, Mark (Hg.) 1994: The Los Angeles Riots: Lessons for the Urban Future, Westview Press, Boulder.

Balistreri, Kelly Stampen/Van Hook, Jennifer 2004: The More Things Change the More They Stay the Same: Mexican Naturalization Be-fore and After Welfare Reform, in: International Migration Review, Vol. 38, No. 1, S. 113-118.

Banting, Keith 2006: The Social Policy Divide. The Welfare State in Canada and the United States, in: Blake, Raymond B./Keshen, Jef-frey A. (Hg.), Social Fabric or Patchwork Quilt. The Development of Social Policy in Canada, Broadview Press, Peterborough u.a., S. 345-381.

Banzhaf, Marion 1999: Welfare Reform and Reproductive Rights: Talk-ing About Connections, National Network of Abortion Funds, unter: http://www.choiceusa.org/facts/welfare.pdf.

Baptiste, Willie/Bricker-Jenkins, Mary 2001: A View from the Bottom: Poor People and Their Allies Respond to Welfare Reform, in: ANNALS, AAPSS, No. 577, S. 144-156.

Barney, Darin 2004: The Network Society, Polity Press, Cambridge.

Barnhart, Jo Anne/Chassman, Deborah/Hoback, Sandie 2001: Moving from Full Engagement to Full Employment: A Program Review of New York City's Welfare Reform, 5.11.2001, American Institute for Full Employment, Klamath Falls.

Barnow, Burt S./Trutko, John 2005: Placing Welfare Recipients in Jobs Through Performance-Based Contracting, in: Savas (Hg.), a.a.O., S. 223-256.

Barrilleaux, Charles/Holbrook, Thomas/Langer, Laura 2002: Electoral Competition, Legislative Balance, and American State Welfare Policy, in: American Journal of Political Science, Vol. 46, No. 2, S. 415-427.

Barron, James 2006: City Settles Workfare Harassment Lawsuit, in: New York Times, 13.5.2006, S. B3.

Bartik, Timothy 1998: The Labor Supply Effects of Welfare Reform, W.E. Upjohn Institute for Employment Research, Working Paper 98-053, Kalamazoo, unter: http://www.upjohninst.org.

Bartik, Timothy 2000: Displacement and Wage Effects of Welfare Reform, in: Card, David/Blank, Rebecca M. (Hg.), Finding Jobs. Work and Welfare Reform, Russell Sage Foundation, New York, S. 72-122.

Bartkowski, John P./Regis, Helen A. 2003: Charitable Choices: Religion, Race, and Poverty in the Post-Welfare Era, New York University Press, New York.

Bashevkin, Sylvia 2002: Welfare Hot Buttons. Women, Work, and Social Policy Reform, University of Toronto Press, London u.a.

Beamer, Glenn 2005: State Tax Credits and »Making Work Pay« in Post-Welfare Reform Era, in: Review of Policy Research, Vol. 22, No. 3, S. 385-395.

Beauregard, Robert A./Body-Gendrot, Sophie (Hg.) 1999: The Urban Moment. Cosmopolitan Essays on the Late 20th Century City, Sage Publications, London u.a.

Bechtel, Marilyn 1997: California Welfare Bill Worse Than Federal Law, in: People's Weekly World, 18.1.1997, unter: http://www.pww.org/archives97/97-01-18-2.html.

Beckett, Katherine/Western, Bruce 2001: Governing Social Marginality. Welfare, Incarceration, and the Transformation of State Policy, in: Punishment & Society, Vol. 3, No. 1, S. 43-59.

Beem, Christopher/Mead, Lawrence M. (Hg.) 2006a: Welfare Reform and Political Theory, Russell Sage Foundation, New York.

Beem, Christopher/Mead, Lawrence M. 2006b: Introduction, in: Beem/Mead (Hg.), a.a.O., S. 1-9.

Béland, Daniel/Chantal, Francois Vergniolle de 2004: Fighting »Big Government«: Frames, Federalism, and Social Policy Reform in the United States, in: Canadian Journal of Sociology, Vol. 29, No. 2, S. 241-264.

Béland, Daniel/Chantal, Francois Vergniolle de/Wadden, Alex 2002: Third Way Social Policy: Clinton's Legacy?, in: Policy and Politics, Vol. 30, No. 1, S. 19-30.

Béland, Daniel/Hacker, Jacob S. 2004: Ideas, Private Institutions and American Welfare State »Exceptionalism«: The Case of Health and Old-Age Insurance, 1915-1965, in: International Journal of Social Welfare, Vol. 13, No. 4, S. 42-54.

Bell, Lissa/Strege-Flora, Carson 2000: Access Denied. Federal Neglect Gives Rise to State Lawlessness, National Breaking Barriers Series, No. 1, Northwest Federation of Community Organizations/National Campaign for Jobs and Income Support, unter: http://www.nwfco.org/05-01-00_NWFCO_Access_Denied.pdf.

Bell, Winfried 1965: Aid to Dependent Children, Columbia University Press, New York.

Benz, Arthur 2001: Der moderne Staat. Grundlagen der politologischen Analyse, Oldenbourg Verlag, München.

Berkowitz, Edward D. 2001: Prospecting Among the Poor: Welfare Privatization, Applied Research Center, Oakland.

Berkowitz, Edward D./McQuaid, Kim 1992: Creating the Welfare State: The Political Economy of 20th Century Reform, University Press of Kansas, Lawrence.

Berkshire, Jennifer C. 2003: Nonprofit Popularity Contests, in: Chronicle of Philanthropy, 6.3.2003, S. 10-12.

Berlin, Gordon 2001: Redesigning the Safety Net for the Working Poor, the Hard to Employ, and Those at Risk, in: Mollenkopf/Emerson (Hg.), a.a.O., S. 93-127.

Berman, David R. 2003: Local Government and the States. Autonomy, Politics, and Policy, M.E. Sharpe, Armonk.

Bernstein, Jared 1997: Welfare Reform and the Low-Wage Labor Market: Employment, Wages, and Wage Policies, Technical Paper 226, Economic Policy Institute, Washington D.C., unter: http://www.epinet.org.

Bernstein, Jared/Boushey, Heather/McNichol, Elizabeth/Zahradnik, Robert 2002: Pulling Apart. A State-by-State Analysis of Income

Trends, Center on Budget and Policy Priorities/Economic Policy Institute, Washington D.C., unter: http://www.cbpp.org/1-18-00sfp. htm.

Bernstein, Jared/Brocht, Chauna/Spade-Aguilar, Maggie 2000: How Much Is Enough? Basic Family Budgets for Working People, Economic Policy Institute, Washington D.C., unter: http://www.epi net.org/issueguides/poverty/poverty_issueguide.pdf.

Bernstein, Jared/McNichol, Elizabeth/Lyons, Karen 2006: Pulling Apart. A State-by-State Analysis of Income Trends, Center on Budget and Policy Priorities/Economic Policy Institute, Washington D.C., unter: http://www.epinet.org/content.cfm/studies_pulling_apart_2006.

Bernstein, Nina 1999: Lawyers for Homeless Seeking to Block New Rules on Shelters, in: New York Times, 27. 11.1999, S. B1.

Bernstein, Nina 2002: Complaint Accuses New York City of Bias Against Mentally Ill, in: New York Times, 3.4.2002, S. 5.

Berry, Jerry 1999: The New Liberalism, Brookings Institution Press, Washington D.C.

Berry, William D./Fording, Richard C./Hanson, Russell L. 2003: Reassessing the »Race to the Bottom« in State Welfare Policy, in: The Journal of Politics, Vol. 65, No. 2, S. 327-349.

Bers, Alice 2001: Reforming Welfare After Welfare Reform, in: Harvard Civil Rights-Civil Liberties Law Review, Vol. 36, No. 2, S. 571-606.

Bertelli, Anthony 1999: Impoverished Liberalism: Does the New York Workfare Program Violate Human Rights?, in: Buffalo Human Rights Law Review, Vol. 25, No. 5, S. 175-209.

Berube, Alan/Katz, Bruce 2005: Katrina's Window: Confronting Concentrated Poverty Across America, Brookings Institution, Metropolitan Program, Washington D.C., unter: http://www.brookings.edu/me tro/pubs.

Besharov, Douglas J. 2004: Leaving Welfare Without Working: How Do Mothers Do It? And What Are the Implications?, in: Gilbert/Parent (Hg.), a.a.O., S. 245-272.

Besharov, Douglas J./Germanis, Peter 2004: Full-Engagement Welfare Reform in New York City. Lessons for TANF's Participation Requirements, American Enterprise Institute, Welfare Reform Academy, Washington D.C., unter: http://www.welfareacademy.org.

Beveridge, Andrew A./Weber, Susan 2003: Race and Class in the Developing of New York and Los Angeles Metropolises, in: Halle (Hg.), a.a.O., S. 49-78.

Biggs, Michael 2002: A Century of American Exceptionalism, in: Thesis, Vol. 11, No. 68, S. 110-112.

Birnbaum, Norman 2004: Verlust mit Folgen. Das Vermächtnis des New Deal in der amerikanischen Politik, in: Gewerkschaftliche Monatshefte, 5/2004, S. 344-369.

Blank, Rebecca M. 2002: U.S. Welfare Reform: What's Relevant for Europe?, CESifo Working Paper No. 753, Institut für Wirtschaftsforschung, Universität München, unter: http://www.CESifo.de/link/esp02-report.htm.

Blank, Rebecca/Haskins, Ron (Hg.) 2001: The New World of Welfare, Brookings Institution Press, Washington D.C.

Blank, Rebecca/Schmidt, Lucie 2001: Work, Wages, and Welfare, in: Blank/Haskins (Hg.), a.a.O., S. 70-102.

Blank, Susan W./Blum, Barbara B. 1997: A Brief History of Work Expectations for Welfare Mothers, in: Welfare to Work, Vol. 7, No. 1, S. 28-38.

Blasi, Gary/Dear, Michael/Wolch, Jennifer 2006: 5 Steps to Get Out of Skid Row, in: Los Angeles Times, 31.12.2006, S. B5.

Blau, Joel 2006: Welfare Reform in Historical Perspective, in: Kilty/Segal (Hg.), a.a.O., S. 49-56.

Bloom, Dan/Winstead, Don 2002: Sanctions and Welfare Reform, Brookings Institution, Policy Brief No. 12, Januar 2002, Washington D.C., unter: http://www.brookings.edu/es/research/projects/wrb/publications/pb/pb12.htm.

Bloom, Howard S./Riccio, James A./Verma, Nandita 2005: Promoting Work in Public Housing. The Effectiveness of Jobs-Plus. Final Report, Manpower Demonstration Research Corporation, New York/Oakland, unter: http://www.mdrc.org/publications/405/full.pdf.

Bobo, Lawrence/Melvin, Oliver L./Johnson, James H./Valenzuela, Abel (Hg.) 2000a: Prismatic Metropolis. Inequality in Los Angeles, Russell Sage Foundation, New York.

Bobo, Lawrence/Melvin, Oliver L./Johnson, James H./Valenzuela, Abel (Hg.) 2000b: Analyzing Inequality in Los Angeles, in: Bobo u.a. (Hg.), a.a.O, S. 3-50.

Bodack, Sam 2000: Can NYC Prevent Welfare Recipients from Finishing High School?, in: Columbia Journal of Law and Social Problems, Vol. 34, No. 1, S. 59-74.

Body-Gendrot, Sophie 2000: The Social Control of Cities? A Comparative Perspective, Blackwell, Oxford u.a..

Boehm, Kenneth F./Flaherty, Peter T. 1995: Why the Legal Services Corporation Must Be Abolished, Heritage Foundation, Washington D.C., unter: http://www.heritage.org.

Boehnen, Elisabeth/Corbett, Thomas 1997: Welfare Waivers: Some Salient Trends, in: FOCUS, Vol. 18, No. 1, S. 34-41.

Bok, Marcia/Simmons, Louise 2002: Post-Welfare Reform, Low-Income Families and the Dissolution of the Safety Net, in: Journal of Family and Economic Issues, Vol. 23, No. 3, S. 217-238.

Bonilla-Silva, Eduardo 2001: White Supremacy and Racism in the Post-Civil Rights Era, Lynne Riener, Boulder.

Bono, Michael/Toros, Halil 2005: CalWORKs Homeless Families. Report to the County of Los Angeles Board of Supervisors, Los Angeles, unter: http://www.ladpss.org/dpss/REQAD/pdf/CW_Homeless_Families_2005.pdf.

Booza, Jason C./Cutsinger, Jackie/Galster, George 2006: Where Did They Go? The Decline of the Middle-Income Neighborhoods in Metropolitan America, Brookings Institution, Metropolitan Policy Program, Washington D.C., unter: www.brookings.edu/metro/pubs/20060622_middleclass.htm.

Borg, Erik 2001: Projekt Globalisierung. Soziale Kräfte im Konflikt um Hegemonie, Offizin Verlag, Hannover.

Boris, Eileen 1998: When Work Is Slavery, in: Social Justice, Vol. 25, No. 1, S. 28-46.

Boris, Eileen 2002: On Grassroots Organizing, Poor Women's Movements, and the Intellectual as Activists, in: Indiana University Press, Vol. 14, No. 2, S. 140-142.

Boris, Eileen/Kleinberg, Sonja J. 2003: Mothers and Other Workers. (Re)Conceiving Labor, Maternalism, and the State, in: Indiana University Press, Vol. 15, No. 3, S. 90-117.

Borjas, George J. 2002: The Impact of Welfare Reform on Immigrant Welfare Use, Center for Immigration Studies, Washington D.C., unter: http://www.cis.org/articles/2002/borjas2.htm.

Borland, John 1997: Welfare Reform in California, in: StateNet, Oktober 1997, unter: http://www.statenet.com/news/welfare/ca.

Boudreau, Julie-Anne 2003: Questioning the Use of »Local Democracy« as a Discursive Strategy for Political Mobilization in Los Angeles, Montreal and Toronto, in: International Journal of Urban and Regional Research, Vol. 27, No. 4, S. 793-810.

Boushey, Heather/Brocht, Claudia/Gundersen, Bethney/Bernstein, Jared 2001: Hardship in America. The Real Story of Working Families, Economic Policy Institute, Washington D.C.

Boushey, Heather/Rosnick, David 2004: For Welfare Reform to Work, Jobs Must Be Available, Center for Economic and Policy Research, Issue Brief, Washington D.C., unter: http://www.cepr.net/pages/labor_markets.htm.

Box, Richard C./Musso, Juliet Ann 2004: Experiments with Local Federalism. Secession and the Neighborhood Council Movement in Los

Angeles, in: American Review of Public Administration, Vol. 34, No. 3, S. 259-276.

Boyd, Donald J./Billen, Patricia/Nathan, Richard P./Dearborn, Phil/Mey ers, Carol/McNeil, Jane 2003: The Fiscal Effects of Welfare Reform: State Social Spending Before and After Welfare Reform, Nelson A. Rockefeller Institute of Government/Brookings Institution, Washington D.C.

Boyer, Kate 2003: At Work, at Home? New Geographies of Work and Caregiving Under Welfare Reform in the US, in: Space & Polity, Vol. 7, No. 1, S. 75-86.

Boyer, Kate 2006: Reform and Resistance: A Consideration of Space, Scale and Strategy in Legal Challenges to Welfare Reform, in: Antipode, Vol. 38, No. 5, S. 22-40.

Boyer, Robert 1986: La theorie de la regulation: Une analyse critique, La Decouvert, Paris.

Braconi, Frank/Toribio, Elaine, R. 2001: Welfare Reform and Community Development in New York City, Citizens Housing and Planning Council, New York.

Bradley, James 1997: Good Works – Without Pay. The Nonprofit Sector is the City's Next Target for the Expansion of Workfare, in: City Limits Monthly, August/September 1997, New York, unter: http://www.citylimits.org/content/articles/articleView.cfm?articlenumber=725.

Brain, David 2005: From Good Neighborhoods to Sustainable Cities: Social Science and the Social Agenda of the New Urbanism, in: International Regional Science Review, Vol. 28, No. 2, S. 217-238.

Branch, Sujatha Jagadeesh/Godsoe, Cynthia/Leiwant, Sherry 2001: Child Care for Families Leaving Temporary Assistance for Needy Families, in: Clearinghouse Review, Vol. 34, No. 527, S. 10-16.

Brand, Ulrich/Raza, Werner (Hg.) 2003: Fit für den Postfordismus – Theoretisch-politische Perspektiven des Regulationsansatzes, Westfälisches Dampfboot, Münster.

Brenner, Neil 2004: New State Spaces. Urban Governance and the Rescaling of Statehood, Oxford University Press, New York u.a.

Brenner, Neil/Heeg, Susanne 1999: Lokale Politik und Stadtentwicklung nach dem Fordismus: Möglichkeiten und Beschränkungen, in: Kurswechsel, Heft 2/99, S. 103-119.

Brock, Thomas/Matus-Grossman, Lisa/Hamilton, Gayle 2002a: Welfare Reform and Community Colleges. A Policy and Research Context, Manpower Demonstration Research Corporation, Working Paper, New York/Oakland, unter: http://www.mdrc.org/publications/71/workpaper.html.

Brock, Thomas/Nelson, Laura C./Reiter, Megan 2002b: Readying Welfare Recipients for Work: Lessons from Four Big Cities as They Implement Welfare Reform, Manpower Demonstration Research Corporation, New York/Oakland, unter: www.mdrc.org/publications/63/overview.pdf.

Brodkin, Evelyn Z. 1997: Inside the Welfare Contract: Discretion and Accountybility in State Welfare Administration, in: Social Service Review, Vol. 71, No. 1, S. 1-33.

Brodkin, Evelyn Z. 1999: The Politics of Welfare Reform: Is Relief in Sight?, in: Backhaus-Maul (Hg.), a.a.O., S. 126-150.

Brodkin, Evelyn/Kaufmann Alexander 1998: Experimenting with Welfare Reform: The Political Boundaries of Policy Analysis, Joint Center for Poverty Research Working Paper No. 1, Chicago.

Brookings Institution/Center on Urban & Metropolitan Policy 2000a: Unfinished Business: Why Cities Matter to Welfare Reform: New York, Washington D.C., unter: http://www.brook.edu/es/urban/welfarecaseloads/New York.pdf.

Brookings Institution/Center on Urban & Metropolitan Policy 2000b: Unfinished Business: Why Cities Matter to Welfare Reform: California, Washington D.C., unter: http://www.brook.edu/es/urban/welfarecaseloads/California.pdf.

Brookings Institution/Metropolitan Policy Program 2003: Living Cities Databook, Washington D.C., unter: http.//www.brookings.edu/es/urban/issues/demographics.

Brooks, Fred 2001: Innovative Organizing Practices: ACORN's Campaign in Los Angeles Organizing Workfare Workers, in: Journal of Community Practice, Vol. 9, No. 4, S. 65-86.

Brooks, Fred 2005: Resolving the Dilemma Between Organizing and Services: Los Angeles ACORN's Welfare Advocacy, in: Social Work, Vol. 50, No. 3, S. 262-271.

Brown, Michael K. 1999: Race in the American Welfare State: The Ambiguities of »Universalistic« Social Policy Since the New Deal, in: Reed, Adolph (Hg.), Without Justice for All: The »New Liberalism« and the Retreat from Racial Equality, Westview Press, Boulder, S. 93-122.

Brown, Michael K. 2003: Ghettos, Fiscal Federalism, and Welfare Reform, in: Schram u.a. (Hg.), a.a.O., S. 47-71.

Brown, Robert D. 1997: Party Cleavages and Welfare Effort in the American States, in: American Political Science Review, Vol. 89, No. 1, S. 23-33.

Bruce, Steve 1988: The Rise and Fall of the New Christian Right. Conservative Protestant Politics in America 1978-1988, Clarendon Press, Oxford.

Brüchert, Oliver/Steinert, Heinz 1997: Popularisierung der sozialen Ausschließung: Zwischen Kriegsmetaphern und Strafwünschen, in: Widersprüche, Heft 66, S. 163-177.

Brueckner, Jan K. 1998: Welfare and Interstate Welfare Competetion. Theory and Evidence, Urban Institute, Washington D.C., unter: http://www.urban.org/url.cfm?ID=307786.

Brueckner, Jan K. 2000: Welfare Reform and the Race to the Bottom: Theory and Evidence, in: Southern Economic Journal, Vol. 66, No. 3, S. 500-525.

Brush, Lisa D. 2002: Impacts of Welfare Reform, in: Race, Gender & Class, Vol. 10, No. 3, S. 137-192.

Brustein, Joshua 2006: Fighting Poverty and a Decade of Welfare Reform, in: Gotham Gazette, 19.6.2006, New York, unter: http://www.gothamgazette.com/article/20060619/200/1887.

Brütt, Christian 2001: »Neoliberalismus plus«. Re-Kommodifzierung im aktivierenden Sozialstaat, in: Candeias/Deppe (Hg.), a.a.O., S. 265-283.

Bryan, James B. 2005: Have the 1996 Welfare Reforms and Expansion of the Earned Income Tax Credit Eliminated the Need for a Basic Income Guarantee in the US?, in: Review of Social Economy, Vol. 63, No. 4, S. 595-617.

Bryner, Gary 1998: Politics and Public Morality. The Great American Welfare Reform Debate, Norton & Company, New York u.a.

Burke, Vee 1996: New Welfare Law: Comparison of the New Block Grant Program with Aid to Families with Dependent Children, Report No. 96-720EPW, Congressional Research Service, Washington D.C., unter: http://www.ncseonline.org/NLE/CRS/.

Burke, Vee 1997: Cash and Noncash Benefits for Persons with Limited Income: Eligibility Rules, Recipient and Expenditure Data, Fiscal Year 1996, Report No. 98-226, Congressional Research Service, Washington D.C., unter: http://www.ncseonline.org/NLE/CRS/.

Burke, Vee 2002: Welfare Reform: An Issue Overview, Congressional Research Service, Update, 8.10.2002, unter: http://www.ncseonline.org/NLE/CRS/.

Burke, Vee 2003: Cash and Noncash Benefits for Persons with Limited Income: Eligbility Rules, Recipient and Expenditure Data, FY 2000-FY 2002, Report for Congress, Washington D.C., unter: http://www.ncseonline.org/NLE/CRS/.

Burke, Vee 2004: Welfare Reform: An Issue Overview, Congressional Research Service Issue Brief for Congress, 28.10.2004, Washington D.C., unter: http://www.ncseonline.org/NLE/CRS/.

Burns, Patrick/Drayse, Mark/Flaming, Daniel/Haydamack, Brent 2003: Prisoners of Hope. Welfare to Work in Los Angeles, Economic Roundtable, Los Angeles.

Burt, Martha R./Pindus, Nancy/Capizzano, Jeffrey 2000: The Social Safety Net at the Beginning of Federal Welfare Reform, Urban Institute, Assessing the New Federalism, Occasional Paper No. 34, Washington D.C., unter: http://www.urban.org/UploadedPDF/occa34. pdf.

Burtless, Gary 1998: Can the Labor Market Absorb Three Million Welfare Recipients?, in: FOCUS, Vol. 19, No. 3, S. 1-6.

Burtless, Gary 2004: Social Policy for the Working Poor: U.S. Reform in a Cross-National Perspective, in: Gilbert/Parent (Hg.), a.a.O., S. 3-39.

Burton, Alice/Friedenzohn, Isbael/Martinez-Vidalm Enrique 2007: State Strategies to Expand Health Insurance Coverage: Trends and Lessons for Policymakers, The Commonwealth Fund, New York, unter: http://www.cmwf.org/usr_doc/987_Burton_state_strategies_expand_ hlt_ins_coverag.pdf.

California Budget Project 2000: CalWORKs: What Do We Know Two Years Later?, Welfare Reform Update, April 2000, Sacramento, unter: http://www.cbp.org.

California Budget Project 2001: TANF and CalWORKs: How California Spends the Money, Welfare Reform Update, August 2001, Sacramento, unter: http://www.cbp.org.

California Budget Project 2006: Left Behind. Workers and Their Families in a Changing Los Angeles, Special Report, Sacramento, unter: http://www.cbp.org.

California Child Care Resource and Referral Network 2002: Regional Market Rate Survey of Califonia Child Care Providers, San Francisco, unter: http://www.rrnetwork.org/our-research/regional-market-rate.html.

California Department of Industrial Relations 2007: History of California Minimum Wage, Sacramento, unter: http://www.dir.ca.gov/Iwc /MinimumWageHistory.htm.

California Department of Justice 2005: Hate Crime in California 2005, Sacramento.

California Department of Social Services 1999: Quarterly CalWORKs Reports, Sacramento, unter: http://www.dss.cahwnet/research/Quar terlyC_401.htm.

California Department of Social Services 2004: Maximum AFDC/ TANF Benefit, Sacramento, unter: http://dss.cahwnet.gov.

California Department of Social Services 2007: CalWORKs Welfare-to-Work Monthly Activity Reports (All Other Families), Sacramento, unter: http://dss.cahwnet.gov.

California Employment Development Department 2001a: Monthly Labor Force Data for Counties June 2001, Sacramento, unter: http://www.edd.cahwnet.gov.

California Employment Development Department 2001b: Los Angeles County Social & Economic Dates, Sacramento, unter. http://www.calmis.cahwnet.gov.

California Legislative Analyst's Office 1996: A Look at General Assistance in the Context of Welfare Reform, Sacramento, unter: http://www.lao.ca.gov.

California Legislative Analyst's Office 1997: Welfare Reform in California: A Welfare-to-Work Approach, Sacramento, unter: http://www.lao.ca.gov.

California Legislative Analyst's Office 1998: CalWORKs Welfare Reform: Major Provisons and Issues, Sacramento, unter: http://www.lao.ca.gov.

California Legislative Analyst's Office 2000: CalWORKs Community Service: How Can Counties Make it Work?, Sacramento, unter: http://www.lao.ca.gov.

California Legislative Analyst's Office 2001: Changing the Employment Services Budget Process, Sacramento, unter: http://www.lao.ca.gov.

California Legislative Analyst's Office 2006: Cal Facts, Sacramento, unter: http://www.lao.ca.gov.

Camarota, Steven 2003: Back Where We Started. An Examination of Trends in Immigration Welfare Use Since Welfare Reform, Center for Immigration Studies, Washington D.C., unter: http://www.cis.org/articles/2003/back503.html.

Camarota, Steven 2004: The High Cost of Cheap Labor. Illegal Immigration and the Federal Budget, Center for Immigration Studies, Washington D.C., unter: http://www.cis.org/articles/2004/fiscal.html.

Camasso, Michael J./Harvey, Carol/Jahgannathan, Rahda/Killingsworth, Mark 1997: A Report on the Impact of New Jersey's Family Development Program: Results from a Pre-Post Analysis of AFDC Case Heads from 1990-1996, Rutgers University Press, New Brunswick.

Campbell, David 2002: Beyond Charitable Choice: The Divers Service Delivery Approaches of Local Faith-Related Organizations, in: Nonprofit and Voluntary Sector Quarterly, Vol. 31, No. 2, S. 207-230.

Cancian, Maria/Haveman, Robert/Meyer, Daniel/Wolfe, Barbara 2003: The Employment, Earnings, and Income of Single Mothers in Wisconin Who Left Cash Assistance: Comparison Among Three Cohorts, Institute for Research and Poverty, University of Madison-Wisconsin, unter: http://www.irp.wisc.edu/welreform/wiscon.htm.

Candeias, Mario 2004: Neoliberalismus, Hochtechnologie, Hegemonie. Grundrisse einer transnationalen kapitalistischen Produktions- und Lebensweise. Eine Kritik, Argument Verlag, Hamburg.

Candeias, Mario/Deppe, Frank (Hg.) 2001: Ein neuer Kapitalismus? VSA Verlag, Hamburg.

Cannon, Lou 1997: Dream City, in: New York Times, unter: http://www.nytimes.com/books/first/c/cannon-official.html.

Capps, Randy/Leighton, Ku/Fix, Michael u.a. 2002: How Are Immigrants Faring After Welfare Reform? Preliminary Evidence from Los Angeles and New York, Final Report, 4. März 2002, Urban Institute/Survey Research Center/UCLA, Washington D.C./Los Angeles.

Caraley, Demetrios James 1992: Washington Abandons the Cities, in: Political Science Quarterly, Vol. 107, No. 1, S. 1-30.

Caraley, Demetrios James 1996: Dismantling the Federal Safety Net: Fictions Versus Realities, in: Political Science Quarterly, Vol. 111, No. 2, S. 225-258.

Casey, Timothy J. 1998: Welfare Reform and Its Impact in the Nation and in New York, Western New York Law Center, New York.

Casey, Timothy J. 2000: DOWNSIDE: The Human Consequences of the Giuliani Administration's Welfare Caseloads Cuts, Federation of Protestant Welfare Agencies, New York.

Cassidy, John 2006: Relatively Deprived. How Poor is Poor?, in: The New Yorker, unter: http://www.newyorker.com/fact/content/articles/060403fa_fact.

Castells, Manuel 1989: The Informational City: Information, Technology, Economic Restructuring, and the Urban-Regional Process, Blackwell, Oxford u.a.

Castells, Manuel 1996: The Rise of the Network Society. The Information Age: Economy, Society and Culture, Vol. 1, Blackwell, Oxford u.a.

Castells, Manuel 1997: The Power of Identity, Blackwell, Oxford u.a.

Castles, Francis G./Obinger, Herbert/Leibfried, Stephan 2005: Bremst der Föderalismus den Leviathan? Bundesstaat und Sozialstaat im internationalen Vergleich, 1880-2005, in: Politische Vierteljahresschrift, Vol. 46, Heft 2, S. 215-237.

Catholic Campaign for Human Development 2006: Get the Facts: Poverty in America, unter: http://www.usccb.org/cchd/povertyusa/index.htm.

Center for American Progress 2007a: State of the Minimum Wage, Washington D.C., unter: http://www.americanprogress.org/issues/2007/01/minwage.html.

Center for American Progress 2007b: Minimum Wage up for Vote, Washington D.C., unter: http://www.americanprogress.org/issues/2007/ 01/minwage_congress.html.

Center for an Urban Future 1998: Why New York Needs a New Job Policy, Vol. 1, Dezember 1998, New York, unter: http://www.citylimits.bs%20Policy.pdf.

Center for an Urban Future 2001: The Workforce Challenge: To Place is to Win, Spring 2001, New York, unter http://www.nycfuture.org/content/reports/report_view.cfm?repkey=7.

Center for Community Change 1997: CA ACORN Members Air Workfare's »Dirty Laundry«, in: Organizing Newsletter, No. 5, New York, unter: http://www.communitychange.org/organizing/california5.htm.

Center for Community Change 1998: New York's Welfare Rights Initiative, in: Organizing Newsletter, No. 8, New York, unter: http://www.communitychange.org/organizing/NYWRI8.htm.

Center for Policy Analysis and Research 2004: A Call for Sensibility in the Reauthorizing of TANF Post 2001 Recession, September 2004, Congressional Black Caucus Foundation, Washington D.C., unter: http://www.cbcfinc.org/CBCF_Policy_Newsletter_Vol1_N9.html.

Center for the Study of Los Angeles 2002: Richard Riordan and Los Angeles Charter, Los Angeles.

Center for Women Policy Studies 2003: From Poverty to Self-Suffiency: The Role of Postsecondary Education in Welfare Reform, Washington D.C., unter: http://www.centerwomenpolicy.org/report_download.cfm?ReportID=75.

Center on Budget and Policy Priorities 1996: Urban Institute Study Confirms That Welfare Bills Would Increase Child Poverty, Washington D.C., unter: http://www.cbpp.org/pubs/recent_1997.htm.

Center on Budget and Policy Priorities 2004: Census Data Show Poverty Increased, Income Stagnated, and the Number of Uninsured Rose to a Record Level in 2003, Presseerklärung, 27.8.2004, unter: http://www.cbpp.org/8-26-04pov.htm.

Center on Budget and Policy Priorities 2006: New Survey Finds 3 to 5 Million Citizens' Medicaid Coverage Jeopardized by Budget Reconciliation Bill, Washington D.C., unter: http://www.cbpp.org/1-26-06 health.htm.

Center on Hunger and Poverty 1998: Are States Improving the Lives of Poor Families?, Tufts University, Medford, unter: http://www.center onhunger.org/order.html.

Cerny, Philipp G. 1990: The Changing Architecture of Politics. Structure, Agency, and the Future of the State, Sage Publications, London u.a.

Chan, Sewell 2006a: Welfare Rolls Falling Again, Amid Worries About Poverty, in: New York Times, 6.4.2006, unter: http://www.nytimes. com/2006/04/06/nyregion/06welfare.html.

Chan, Sewell 2006b: City's Welfare Chief Concedes Need for Food Aid is Growing, in: New York Times, 21.11.2006, unter: http://www. nytimes.com/2006/11/21/nyregion/21hunger.html.

Chang, Grace 2000: Disposable Domestics. Immigrant Women Workers in the Global Economy, South End Press, Cambridge.

Chanse, Samantha 2002: Whites Overcounted in Prison, in: Color Lines Magazine, unter: http://www.colorlines.com.

Chapman, Jeff/Bernstein, Jared 2001: Immigration and Poverty. Disappointing Income Growth in the 1990s Not Solely the Result of Growing Immigration Population, Economic Policy Institute, Briefing Paper, Washington D.C., unter: http://www.epinet.org/content. cfm/briefingpapers_bp130.

Chasanov, Amy 2005: No Longer Getting By. An Increase in the Minimum Wage Is Long Overdue, Briefing Paper, Economic Policy Institute, Washington, D.C., unter: http://www.epinet.org/briefingpa pers/151/bp151.pdf.

Chavkin, Wemdy/Romero, Diana/Wise, Paul H. 2002: What Do Sex and Reproduction Have to Do with Welfare?, in: Piven u.a. (Hg.), a.a.O., S. 95-112.

Chernick, Howard/Reimers, Cordelia 2001: Welfare Reform and New York City's Low-Income-Population, in: Economic Policy Review, September 2001, S. 83-97.

Chernick, Howard/Reschovsky, Andrew 2001: Lost in the Balance: How State Policies Affect the Fiscal Health of Cities, La Follette School of Public Affairs, University of Wisconsin, Madison.

Chernick, Howard/Reschovsky, Andrew 2003: State Fiscal Responses to Welfare Reform During Recessions: Lessons for the Future, Institute for Research on Poverty, Discussion Paper No. 1270-03, University of Wiscon, Madison.

Cho, Chung-Lae/Kelleher, Christine A./Wright, Deil S./Yackee, Susan Webb 2005: Translating National Policy Objectives into Local Achievements across Planes of Governance and Among Multiple Actors: Second-Order Devolution and Welfare Reform Implementation, in: Journal of Public Administration Research and Theory, Vol. 15, No. 1, S. 31-54.

Christopher, Karen 2004: Welfare as We [Don't] Know it: A Review and Feminist Critique on Welfare Reform Research in the United States, in: Feminist Economics, Vol. 10, No. 2, S. 143-171.

Christopher, Karen 2005: Welfare Recipients Attending College: The Interplay of Oppression and Resistance, in: Journal of Sociology and Social Welfare, Vol. 32, No. 3, S. 165-178.

Chung, Angie Y. 2001: The Powers that Bind: A Case Study of the Collective Bases of Coalition Building in Post-Civil Unrest Los Angeles, in: Urban Affairs Review, Vol. 37, No. 2, S. 205-226.

Ciarletta, Catherine 2000: Choosing Between an Education and a Welfare Check: An Examination of the New York City Workfare System, in: New York Law School Review, Vol. 44, No. 1, S. 153-177.

Cimini, Christine N. 2002: Welfare Entitlements in the Era of Devolution, in: Georgetown Journal on Poverty Law and Policy, Vol. 89, No. 9, S. 89-134.

CIPHER (Community Institute for Policy Heuristics Education & Research) 2002: CIPHER News, Juli 2002, Los Angeles.

Citrin, Jack/Campbell, Andrea L. 1997: Immigration: California Tomorrow, in: Lubenow/Cain (Hg.), a.a.O., S. 267-301.

Clark, James 2005a: Overcoming Opposition and Giving Work Experience to Welfare Applicants and Recipients, in: Savas (Hg.), a.a.O. S. 171-209.

Clark, James 2005b: Protecting Against Welfare Fraud, in: Savas (Hg.), a.a.O., S. 85-104.

Clarke, John 2002: Reinventing Community? Governing in Contested Spaces, Vortrag, Konferenz: Spacing Social Work – On the Territorialization of the Social, 12.11.2002, Bielefeld.

Clarke, John 2003: Unfinished Business: Neo-Liberalism and Welfare Reform, Vortrag, Meeting of the Canandian Anthropological Society/Society for the Anthropology of North America Conference, 9.5.2003, Halifax.

Clarke, Susan F./Gaile, Gary L. 1997: Local Politics in a Global Era: Thinking Locally, Acting Globally, in: Annals of the American Academy of Political Science, No. 551, S. 28-43.

Clawson, Dan 2003: The Next Upsurge: Labor and the New Social Movements, Cornell University Press, Ithaca.

Cline, Elizabeth 2003: New York Unions Strike Back at Bloomberg, in: Labor Research Online, 30.4.2003, unter: http://www.laborresearch. org/print.phb?id=293.

Coalition for the Homeless 1999: Legacy of Neglect. The Impact of Welfare Reform on New York's Homeless, unter: http://www.coa litionforthehomeless.org:8080/top/CFTH/advocacy/research.html.

Cohen, Steven 1999: Managing Workfare: The Case of the Work Experience Program in the New York City Parks Department, School of International and Public Affairs, Columbia University, New York.

Cohen, Steven 2004: Governing New York City. Progressive Government Reforms Hiding in Plain View, in: Public Performance & Management Review, Vol. 27, No. 4, S. 67-90.

Coley, Levine Rebekah/Chase-Landsdale, Lindsay P./Li-Grining, Christine P. 2004: Child Care in the Era of Welfare Reform: Quality, Choices, and Preferences, Center for Law and Social Policy, Welfare, Children & Families, Policy Brief 01-4, Washington D.C., unter: http://www.financeproject.org/irc/win/childcare.asp?m=1.

Community Food Resource Center 1997: Impact of Food Stamps Cuts on New York State from the Personal Responsibilty Act of 1996, New York.

Community Food Resource Center 2002: Missing Millions/Missing Meals. New York City's Food Stamp Crisis, New York.

Community Service Society of New York 2004: Poverty in New York City, 2003: Where Was the Recovery? Where Is the Recession?, September 2004, New York, unter: http://www.cssny.org/pdfs/Pover tyinNYC2004Sept.pdf.

Community Voices Heard 2005: TANF Reauthorization and Welfare Reform, New York, unter: http://www.cvhaction.org/english/aboutus _accomplishments.htm.

Congressional Budget Office 1996: Federal Budget Implications of the Personal Responsibility and Work Opportunity Reconciliation Act, Washington D.C., unter: http://www.cbo.gov/ftpdocs/46xx/doc4664/ 1996Doc32.pdf.

Congressional Budget Office 2006: Deficit Reduction Act of 2005, Washington D.C., unter: http://www.cbo.gov/ftpdocs/70xx/ doc7028/s1932conf.pdf.

Conlan, Timothy 1998: From New Federalism to Devolution. Twenty-Five Years of Intergovernmental Reform, Brookings Institution, Washington D.C.

Considine, Mark 2001: Enterprising States: The Public Management of Welfare-to-Work, Cambridge University Press, Cambridge.

Cook, Robert F./Adams, Charles F./Rawlins, Lane V. 1985: Public Service Employment. The Experience of a Decade, W.E. Upjohn Institute for Employment Research, Kalamazoo.

Coontz, Stephanie 1992: The Way We Never Were: American Families and the Nostalgia Trap, Basic Books, New York.

Cooper, Emilie 2004: Embedded Immigrant Exceptionalism: An Examination of California's Proposition 187, the 1996 Welfare Reforms and the Anti-Immigrant Sentiment Expressed Therein, in: Georgetown Immigration Law Journal, Vol. 18, No. 2, S. 345-372.

Cope, Meghan 1997: Responsibility, Regulation, and Retrenchment: The End of Welfare?, in: Staeheli u.a. (Hg.), a.a.O., S. 181-205.

Corbett, Thomas 2001: Evaluating Welfare Reform in an Era of Transition: Are We Looking in the Wrong Direction?, in: FOCUS, Vol. 21, No. 3, S. 1-5.

Costello, Anne 1993: Workfare in Britain? Some Perspectives on UK Labour Market Policy, Unemployment Unit, London.

Coulton, Claudia 1995: General Assistance Recipients in a Time-Limited Program: Employment and the Use of Benefits and Services, Center for Urban Poverty and Social Change, Cleveland.

Coulton, Claudia J. 2003: Metropolitan Inequities and the Ecology of Work: Implications for Welfare Reform, in: Social Service Review, Vol. 77, No. 7, S. 159-190.

Courtney, Mark E./Dworsky, Amy 2006: Those Left Behind: Enduring Challenges Facing Welfare Applicants, Chapin Hall, Center for Children at the University of Chicago, Issue Brief #107, Chicago, unter: http://www.chapinhall.org.

Coutin, Susan Biber 2005: Contesting Criminality. Illegal Immigration and the Spatialization of Legality, in: Theoretical Criminology, Vol. 9, No. 1, S. 5-33.

Coven, Martha 2003: An Introduction to TANF, Center on Budget and Policy Priorities, Washington D.C., unter: http://www.cbpp.org/1-22-02tanf2.pdf.

Cox, Kenya L./Springs, William E. 2000: Negative Effects of TANF on College Enrollment, National Urban League Instititute for Opportunity and Equality, Washington D.C.

Cox, Robert Henry 1998: The Consequences of Welfare Reform: How Conceptions of Social Rights Are Changing, in: Journal of Social Policy, Vol. 27, No. 1, S. 1-16.

Cuthbertson, Brenda Ball 1999: Implementing CalWORKs Support Services: Child Care in Los Angeles County, Lewis Center for Regional Policy Studies, UCLA, Los Angeles, unter: http://www.sppsr.ucla.edu/lewis.

Daguerre, Anne 2004: Importing Workfare: Policy Transfer of Social and Labour Market Policies from the USA to Britain Under New Labour, in: Social Policy & Administration, Vol. 38, No. 1, S. 41-56.

Dahme, Heinz-Jürgen/Wohlfahrt, Norbert 2003: Entwicklungstendenzen neuer Sozialstaatlichkeit in Europa und ihre Konsequenzen, Evangelische Fachhochschule Bochum, unter: http://www.efh-bochum.de/homepages/wohlfahrt/pdf/sozialstaat.pdf.

Daniels, Peter 2002: Budget Gap Grows to $5 Billion. New York City Mayor Wants Even Bigger Cuts, unter: http://www.wsws.org.

Danziger, Sandra K./Kossoudji, Sherrie A. 1995: When Welfare Ends: Final Report of the General Assistance Project, University of Michigan, School of Social Work, Ann Arbor.

Danziger, Sheldon H. 2001: After Welfare Reform and an Economic Boom: Why Is Child Poverty Still So Much Higher Than in Eu rope?, Vortrag, 8th International Research Seminar of the Foundation for International Social Security, Juni 2001, Sigtuna, unter: http://www.fordschool.umich.edu/research/poverty/pdf/sigtuna.pdf.

Danziger, Sheldon H./Haveman, Robert H. (Hg.) 2001: Understanding Poverty, Russell Sage Foundation/Harvard University Press, New York u.a.

Davis, Dana-Ain u.a. 2002: The Impact of Welfare Reform on Two Communities in New York City, CUNY Graduate Center, The New York State Scholar Practitioner Team, PhD Program in Anthropology, New York.

Davis, Martha F. 2002: Legislating Patriarchy, in: Delgado (Hg.), a.a.O., S. 147-154.

Davis, Mike 1992: City of Quartz. Excavating the Future of Los Angeles, Verso, London u.a.

Davis, Mike 1993: Who Killed LA? A Political Autopsy, in: New Left Review, I/197, S. 12-21.

Davis, Mike 1998: Ecology of Fear. Los Angeles and the Imagination of Disaster, Metropolitan Books/Henry Holt and Company, New York.

Davis, Mike 1999: Casino Zombies und andere Fabeln aus dem Neon-Westen der USA, Verlag Schwarze Risse, Berlin u.a.

Deacon, B. 2001: International Organisations, the EU and Global Social Policy, in: Sykes, Rober/Palier, Bruno/Prior, Pauline (Hg.), Globalisation and European Welfare States, Palgrave, S. 59-77.

Dean, Mitchell 1999: Governmentality: Power and Rule in Modern Society, Sage Publications, London u.a.

Dear, Michael 1995: Urbanität in der Postmoderne. Eine Annäherung, in: Sträter, Frank (Hg.), Los Angeles. Berlin. Stadt der Zukunft – Zukunft der Stadt, Eigenverlag, Stuttgart, S. 18-30.

DeBlasio, Bill/Newman, Robert 2006: Briefing Paper on the Governmental Affairs Division and the Committee on General Welfare, City Council of New York, New York, unter: http://www.webdocs.ny ccouncil.info/attachments/72543.htm.

DeFillippis, James 2004: Unmaking Goliath. Community Control in the Face of Global Capital, Routledge, New York u.a.

Delgado, Gary (Hg.) 2002: From Poverty to Punishment. How Welfare Reform Punishes the Poor, Applied Research Center, Oakland.

Delgado, Gary/Gordon, Rebbeca 2002: From Social Contract to Social Control: Welfare Policy and Race, in: Delgado (Hg.), a.a.O., S. 25-52.

Delgado, Hector L. 1998: The Los Angeles Manufacturing Action Project: Lessons Learnt, an Opportunity Squandered?, Working Papers of the Lewis Center for Regional Studies, UCLA, Los Angeles.

Delgado, Hector L. 2000: Immigrant Nation: Organizing America's Newest Workers, in: Labor Forum, Herbst/Winter, S. 29-39.

Dellinger, Ralph W. 2007: Advocates and Service Providers Say Proposed CalWORKs Changes Are Bad Public Policy, and Would Increase Hunger and Homelessness for Low-Income Families, unter: http://www.the-tidings.com/2007/011907/calworks_text.html.

DeMause, Neil 2006a: The Squeeze Is On, in: Village Voice Online, 2.5.2006, unter: http://www.villagevoice.com.

DeMause, Neil 2006b: Actual Poor People Rate Bloomy's Plan, in: Village Voice Online, 25.9.2006, unter: http://www.villagevoice.com/ blogs/powerplays/archives/002855.phb.

DeMause, Neil 2006c: Bloomberg Launches War of Words on Poverty, in: Village Voice Online, 19.12.2006, unter: http://www.village voice.com/blogs/powerplays/archives/2006/12/bloomberglaunc.phb.

DeParle, Jason 1994: States' Eagerness to Experiment on Welfare Jars Administration, in: New York Times, 14. April 1994, S. A1.

DeParle, Jason 1998: What Welfare-to-Work Really Means, in: New York Times Magazine, 20.12.1998, unter: http://www.jasonparle. com/NYTMagazine_122098.html.

DeParle, Jason 2004: American Dream. Three Women, Ten Kids, and a Nation's Drive to End Welfare, Viking, New York.

DeVerteuil, Geoffrey/Lee, Woobae, Lee/Wolch, Jennifer 2002: New Spaces for the Local Welfare State? The Case of General Relief in Los Angeles, in: Social & Cultural Geography, Vol. 3, No. 3, S. 229-246.

DeVerteuil, Geoffrey/Sommer, Heidi/Wolch, Jennifer/Takahashi, Lois 2003: The Local Welfare State in Transition, in: Halle (Hg.), a.a.O., S. 269-288.

Diamond, Sara 1995: Roads to Dominion: Right Wing Movements and Political Power in the United States, Guildford Press, New York.

Dill, Bonnie Thorton/Jones-DeWeever, Avis/Schram, Sanford F. 2004: Racial, Ethnic and Gender Disparities in Access to Jobs, Education and Training Under Welfare Reform, Consortium on Race, Gender and Ethnicity, University of Maryland, College Park.

Dominguez, Silvia/Watkins, Celeste 2003: Creating Networks for Survival and Mobility: Social Capital Among African-American and Latin-American Low-Income Mothers, in: Social Problems, Vol. 50, No. 1, S. 111-135.

Donahue, John D. 1997: Tiebout? Or Not Tiebout? The Market Metaphor and America's Devolution Debate, in: The Journal of Economic Perspectives, Vol. 11, No. 4, S. 73-81.

Dörre, Klaus 2001: Gibt es ein nachfordistisches Produktionsmodell? Managementprinzipien, Firmenorganisation und Arbeitsbeziehungen im flexiblen Kapitalismus, in: Candeias/Deppe (Hg.), a.a.O., S. 83-107.

Drayse, Mark H. 2004: Local Labor Market Restructuring and the Employment of Welfare Recipients in Los Angeles County, in: Urban Geography, Vol. 25, No. 2, S. 139-172.

Drayse, Mark/Flaming, Daniel/Force, Peter 2000: The Cage of Poverty, Economic Roundtable, Los Angeles.

Drayse, Mark/Inocentes, Cher-Amie/Flaming, Daniel/Force, Peter 1998: Survival Skills: Welfare to Work in Los Angeles, Economic Roundtable, Los Angeles.

Dreher, Gunther/Feltes, Thomas (Hg.) 1997: Das Modell New York: Kriminalprävention durch »Zero Tolerance«?, Felix Verlag, Holzkirchen.

Dreier, Peter 2003: America's Urban Crisis a Decade After the Los Angeles Riots, in: National Civic Review, Vol. 52, No. 1, S. 35-55.

Dreier, Peter 2005: Can a City Be Progressive?, in: The Nation, 4.7. 2005, unter: http://www.thenation.com/doc/20050704/dreier.

Dreier, Peter/Freer, Regina/Gottlieb, Robert/Vallianatos, Mark 2006: Movement Mayor: Can Antonio Villaraigosa Change Los Angeles?, in: Dissent Magazine, Sommer 2006, unter: http://www.dissentmagazine.org/article/?article=656.

Dreier, Peter/Mollenkopf, John/Swanstrom, Todd 2001: Place Matters. Metropolitics for the Twenty-First Century, University Press of Kansas, Lawrence.

Drennan, Matthew 1991: The Decline and Rise of New York, in: Mollenkopf/Castells (Hg.), a.a.O., S. 25-41.

Dugger, Celia 1994: Limiting Welfare. A Special Report. Often-Cited Workfare Efforts Provides Cautionary Lessons, in: New York Times, 25.11.1994, S. A1.

Dulchin, Benjamin/Kasmir, Sharryn 2004: Organizing and Identity in the New York City Workfare Program, in: Regional Labor Review, Herbst 2004, unter: http://www.hofstra.edu/PDF/cld_RLR04.pdf.

Dwyer, Peter 2002: Making Sense of Social Citizenship: Some User Views on Welfare Rights and Responsibilities, in: Critical Social Policy, Vol. 22, No. 2, S. 273-299.

Dye, Thomas R. 1990: American Federalism: Competition Among Governments, Lexington Books, Lexington.

Economic Policy Institute 2003: Welfare. Facts at a Glance, Washington D.C., unter: http://www.epinet.org/content.cfm/issuesguide_welfare _facts.

Edelman, Peter 2002: Reforming Welfare – Take Two, in: The Nation, Vol. 274, No. 5, 4.2.2002, unter: http://www.thenation.com/doc.mht ml?i=20020204&s=edelman.

Edin, Kathryn/Lein, Laura 1997: Making Ends Meet: How Single Mothers Survive Welfare and Low-Wage Work, Russell Sage Foundation, New York.

Edin, Kathryn/Lein, Laura 1998: The Private Safety Net: The Role of Charitable Organizations in the Lives of the Poor, in: Housing Policy Debate, Vol. 9, No. 4, S. 541-573.

Eick, Volker/Grell, Britta/Mayer, Margit/Sambale, Jens 2004: Nonprofit-Organisationen und die Transformation lokaler Beschäftigungspolitik, Westfälisches Dampfboot, Münster.

Eisinger, Peter 1998: City Politics in an Era of Federal Devolution, in: Urban Affairs, Vol. 33, No. 3, S. 308-325.

Elazar, Daniel J. 1984: American Federalism: A View from the States, Harper & Row, New York.

Ellis, Virginia 1999: State Fails to Meet US Welfare-to-Work Goal. Officials Say the Standards for Tow-Parent Families Are Too High: Penalties Could Reach $28 Million, in: Los Angels Times, 25.1. 1999, S. A1.

Ellwood, David T./Bane, Mary Jo 1984: The Impact of AFDC on Family Structure and Living Arrangements, U.S. Department of Health and Human Services, Working Paper No. 92, A-82, Washington D.C.

Ellwood, David T./Welty, Elisabeth, D. 1999: Puplic Service Employment and Mandatory Work: A Policy Whose Time Has Come and

Gone and Come Again?, Kennedy School of Government, Harvard University, Cambridge, unter: http://www.jcpr.org/wpfiles/ellwood-welty.pdf.

Elwood, Sarah 2002: Neigborhood Revitalization Through »Collaboration«: Assessing the Implications of Neoliberal Urban Policy at the Grassroots, in: GeoJournal, Vol. 58, No. 2-3, S. 1-10.

Emsellem, Maurice/Goldberg, Jessica/McHugh, Rick/Primus, Wendell/ Smith, Rebecca/Wenger, Jeffrey 2002: Failing the Umemployed. A State by State Examination of Unemployment Insurance Systems, Economic Policy Institute/Center on Budget and Policy Priorities, Washington D.C., unter: http://www.epinet.org/content.cfm/briefing papers_122.

Enchautegui, Maria E. 2001: Will Welfare Reform Hurt Low-Skilled Workers?, Assessing the New Federalism, Urban Institute, Discussion Paper 01-01, Washington D.C., unter: http://www.urban.org/Up loadedPDF/discussion01-01.pdf.

Epstein, William M. 1997: Welfare in America. How Social Science Fails the Poor, University of Wisconsin Press, Madison.

Equal Rights Advocates 2000a: Self-Suffiency Standard for California, San Francisco.

Equal Rights Advocates 2000b: The Broken Promise: Welfare Reform Two Years Later, San Francisco.

Erickson, Robert/Wright, Gerald/McIver, John 1993: State House Democracy: Public Opinion and Policy in the American States, Cambridge University Press, Cambridge.

Esping-Andersen, Gøsta 1990: The Three Worlds of Welfare Capitalism, Cambridge University Press, Cambridge.

Esping-Andersen, Gøsta 1996: After the Golden Age? Welfare State Dilemmas in a Global Economy, in: Esping-Andersen, Gøsta (Hg.), Welfare States in Transition. National Adaptions in Global Economies, Sage Publications, London u.a., S. 1-31.

Esping-Andersen, Gøsta 1999: The Social Foundation of Postindustrial Economies, Oxford University Press, New York u.a.

Fainstein, Susan S. 1993: Stadtpolitik in New York – wem gehört die Stadt?, in: Häußermann/Siebel (Hg.), a.a.O., S. 51-70.

Fainstein, Susan S./Hirst, Clifford 1995: Urban Social Movements, in: Judge, David/Stoker, Gerry/Wolman, Harold (Hg.), Theories of Urban Politics, Sage Publications, London u.a., S. 181-204.

Falke, Andreas 2004: Föderalismus und Kommunalpolitik, in: Lösche/Loeffelholz (Hg.), a.a.O., S. 261-287.

Fantasia, Rick/Voss, Kim 2004: Hard Work: Remaking the American Labor Movement, University of California Press, Berkeley u.a.

Farris, Anne/Nathan, Richard P./Wright, David J. 2004: The Expanding Administrative Presidency: George Bush and the Faith-Based Initiative, Roundtable on Religion and Social Welfare Policy, Nelson A. Rockefeller Institute of Government, Albany.

Felder, Henry E. 2006: DPSS Trends in the Era of Welfare Reform: 1998-2006, Los Angeles County Department of Public Social Services, Los Angeles.

Felder, Michael 2000: Verwaltungsmodernisierung, die Transformation von Staatlichkeit und die neue Sozialdemokratie, in: UTOPIE kreativ, Heft 121/122, S. 1090-1102.

Feldman, Cassi 2006: Dissecting Welfare States: Former Clients »Disappear«, in: City Limits Weekly, 17.4.2006, No. 531, New York, unter: http://www.citylimits.org/content/articles/viearticle.cfm?artic lenumber=1893.

Fellowes, Matthew, C./Rowe, Gretchen 2004: Politics and the New American Welfare States, in: American Journal of Political Science, Vol. 48, No. 2, S. 362-373.

Fender, Lynne/O'Brien, Carolyn/Thompson, Terri/Snyder, Kathleen/Bess, Roseana 2002: Recent Changes in New York Welfare and Work, Child Care, and Child Welfare Systems, Urban Institute, Washington D.C., unter: http://www.urbanorg/UploadedPDF/310564_S U12.pdf.

Ferguson, James/Gupta, Akhil 2002: Spatializing States: Toward an Ethnography of Neoliberal Governance, in: American Ethnologist, Vol. 29, No. 4, S. 981-1002.

Ferrera, Maurizio/Hemerijck, Anton 2003: Recalibrating Europe's Welfare Regimes, in: Zeitlin, Jonathan/Trubek, David (Hg.), Governing Work and Welfare in the New Economy: European and American Experiments, Oxford University Press, New York u.a., S. 88-128.

Figlio, David N./Van Koplin, W./Reid, William E. 1999: Do States Play Welfare Games?, in: Journal of Urban Economics, Vol. 46, No. 4, S. 437-454.

Finder, Alan 1996: Welfare Clients Outnumber Jobs They Might Fill, in: New York Times, 25.8.1996, S. A1.

Finder, Alan 1998: Evidence Is Scant That Workfare Leads to Full-Time Jobs, in: New York Times, 12.4.1998, S. A1.

Fine, Janice 2005a: Community Unions and the Revival of the American Labor Movement, in: Politics & Society, Vol. 33, No. 1, S. 153-199.

Fine, Janice 2005b: Worker Centers. Organizing Communties at the Edge of the Dream, Economic Policy Institute, Washington D.C., unter: http://www.epi.org/content.cfm?id=2221.

Finegold, Kenneth/Wherry, Laura/Schardin, Stephanie 2004: Block Grants: Historical Overview and Lessons Learned, Urban Institute, Assessing the New Federalism, Issues and Options for States, No. A-63, April 2004, unter: http://www.urban.org/Uploaded.PDF/310991 _A-63.pdf.

Fineman, Martha L. 1991: Images of Mothers in Poverty Discourses, in: Duke Law Journal, No. 2, S. 274-295.

Finn, Dan 2000: Welfare to Work: The Local Dimension, in: Journal of European Social Policy, Vol. 10, No. 1, S. 43-57.

Firestone, David 1996: Labor Leader Drops Demand on Workfare, in: New York Times, 28.9.1996, S. A25.

Fiscal Policy Institute 1999: Welfare Reform and Work, SENSES/FPI State Welfare Reform Fact Sheet, New York, unter: http://www.fis calpolicy.org.

Fiscal Policy Institute 2003: The State of Working New York 2003, New York, unter: http://www.fiscalpolicy.org.

Fischer, Jason 2003: Labor Gains. How Union-Affiliated Training is Transforming New York's Workforce Landscape, Center for an Urban Future, New York.

Fisher, Luchina 2003: NYC Agrees to Education for Welfare Recipients, Women's E-News, 21.8.2003, unter: http://www.womensenews.org article.cfm/dyn/aid/1495/context/archive.

Fitch, Robert 1993: The Assassination of New York, Verso, London u.a.

Fitzgerald, Janine 2004: The Disciplinary Apparatus of Welfare Reform, in: Monthly Review, Vol. 56, No. 6, S. 53-62.

Fix, Michael/Passel, Jeffrey 2002: The Scope and Impact of Welfare Reform's Immigrant Provisions, The Urban Insitute, Assessing the New Federalism, Discussion Paper 02-03, Washington D.C., unter: http://www.urban.org/UploadedPDF/41042_discussion02-03.pdf.

Flaming, Daniel 2006: Poverty, Inequality and Justice. A Vanishing Middle Class in Southern California, The California Agenda Public Policy Lecture Series, Pat Brown Institute, unter: http://www.pat browninstitute.org/educationprograms/FlamingOP.pdf.

Flaming, Daniel/Drayse, Mark/Force, Peter 1999: On the Edge. A Progress Report on Welfare to Work in Los Angeles, Final Report, Economic Roundtable, Los Angeles.

Flaming, Daniel/Kwon, Patricia/Burns, Patrick 2002: Running Out of Time. Voices of Parents Struggling to Move from Welfare to Work, Economic Roundtable, Los Angeles.

Flaming, Daniel/Tepper, Paul 2006: 10-Year Strategy to End Homelessness, The Partnership to End Homelessness, Los Angeles.

Fogelson, Robert M. 1967: The Fragmented Metropolis. Los Angeles, 1850-1930, Harvard University Press, Cambridge.

Forbath, William E. 2005: Social Rights, Courts and Constitutional Democracy – Poverty and Welfare Rights in the United States, University of Texas School of Law, unter: http://www.ssrn.com/link/texas-public-law.html.

Force, Peter/Flaming, Daniel/Henly, Julia R./Drayse, Mark 1998: By the Sweat of Their Brow. Welfare to Work in Los Angeles, Economic Roundtable, Los Angeles.

Fording, Richard C. 1997: The Conditional Effect of Violence as a Political Tactic: Mass Insurgency, Welfare Generosity, and Electoral Context, in: American Journal of Political Science, Vol. 41, No. 1, S. 1-29.

Fording, Richard C. 2003: Laboratories of Democracy or Symbolic Politics? The Racial Origins of Welfare Reform, in: Schram u.a. (Hg.), a.a.O., S. 72-97

Forman, Seth 2002: City Contracts, in: Gotham Gazette, 21.1.2002, New York, unter: http://www.gothamgazette.com/iotw/citycontracts.

Fossett, James W./Gais, Thomas L. 2002: A New Puzzle for Federalism: Different State Responses to Medicaid and Foodstamps, Vortrag, American Political Science Association Annual Meeting, August 2002, Boston, unter: http://www.rockinst.org/publications/federalism/ApsaPaperGAORIGPotrait.pdf.

Francis, Richard M. 1999: Predictions, Patterns, and Policymaking: A Regional Study of Devolution, in: Schram/Beer (Hg.), a.a.O., S. 177-194.

Frank, Larry/Wong, Kent 2004: Dynamic Political Mobilization: The Los Angeles County Federation of Labor, in: Working USA, Vol. 8, No. 2, S. 155-181.

Fraser, Nancy/Gordon, Linda 1994: A Genealogy of Dependency: Tracing a Keyword in the U.S. Welfare State, in: Signs, Vol. 19, No. 2, S. 309-336.

Freeman, Joshua B. 2000: Working Class New York. Life and Labor Since World War II, The New Press, New York.

Freese, Paul 1997: Mugging People Who Have Nothing, in: Los Angeles Times, 17.1.1997, S. B9.

Freese, Paul/Klein-Martin, Sascha 2003: So-Called Reforms in Welfare Will Add to Ranks of Homeless, in: Los Angeles Times, 10.2.2003, S. B3.

Fremstead, Shawn 2002: Immigrants and Welfare Reauthorization, Center on Budget and Policy Priorities, Washington D.C., unter: http://www.cbpp.org/1-22-02tanf4.pdf.

401

Fremstead, Shawn 2004: Recent Welfare Reform Research Findings: Implications for TANF Reauthorization and State TANF Policies, Center on Budget and Policy Priorities, Washington D.C, unter: http://www.cbpp.org/1-30-04wel.htm.

Friedman, Lawrence J./McGravie, Mark D. 2003 (Hg.): Charity, Philantrophy, and Civity in American History, Cambridge University Press, New York.

Friedman, Thomas L. 2006: Die Welt ist flach. Ein kurze Geschichte des 21. Jahrhunderts, Suhrkamp Verlag, Frankfurt a.M.

Fuchs, Dieter 2000: Die demokratische Gemeinschaft in den USA und in Deutschland, in: Gerhards, Jürgen (Hg.), Die Vermessung kultureller Unterschiede. Deutschland und USA im Vergleich, Westdeutscher Verlag, Opladen, unter: http://bibliothek.wz-berlin.de/pdf/19 99/iii99-204.pdf.

Fuchs, Esther R. 1992: Mayors and Money: Fiscal Policy in New York and Chicago, University of Chicago Press, Chicago.

Fujiwara, Lynn H. 2005: Immigrant Rights Are Human Rights: The Reframing of Immigrant Entitlement and Welfare, in: Social Problems, Vol. 52, No. 1, S. 79-101.

Gainsborough, Juliet F. 2003: To Devolve or Not to Devolve? Welfare Reform in the States, in: Policy Studies Journal, Vol. 31, No. 4, S. 603-623.

Gais, Thomas L./Nathan, Richard P./Lurie, Irene/Kaplan, Thomas 2001: Implementation of the Personal Responsibility Act of 1996, in: Blank/Haskins (Hg.), a.a.O., S. 35-69.

Gais, Thomas/Weaver, Kent R. 2002: State Policy Choices Under Welfare Reform, Brookings Institution, Welfare Reform & Beyond, Policy Brief No. 21, April 2002, Washington D.C.

Gallagher, Jerome L./Uccello, Cori E./Pierce, Alicia B./Reidy, Erin B. 1999: State General Assistance Programs 1998, Urban Institute, Discussion Paper 99-01, Washington D.C., unter: http://www.urban.org /UploadedPDF/ga_main.pdf.

Gans, Herbert J. 1995: The War Against the Poor: The Underclass and Antipoverty Policy, Basic Books, New York.

Gardiner, Jill 2006: Some Hope Mayor's Anti-Poverty Plan, Due Soon, Will Include Bold Outlines, in: The New York Sun, 11.12.2006, unter: http://www.nysun.com/article/44944.

Garland, David 2001: The Culture of Control: Crime and Social Order in Contemporary Society, University of Chicago Press, Chicago.

Garvey, Megan/McGreevy, Patrick 2007: L.A. Mayor Seeks Federal Aid to Combat Gangs, in: Los Angeles Times, 4.1.2007, S. B4.

Gebhardt, Thomas 1998: Arbeit gegen Armut. Die Reform der Sozialhilfe in den USA, Westdeutscher Verlag, Opladen.

Gebhardt, Thomas/Jacobs, Herbert/Leibfried, Stephan 1999: Sozial-(hilfe)politik in Deutschland und in den USA. Ein Vergleich der nationalen politischen Thematisierung, in: Backhaus-Maul (Hg.), a.a.O., S. 151-190.

Geen, Rob/Zimmermann, Wendy/Douglas, Toby/Zedlewski, Sheila/Waters, Shelley Boots 1998: Income Support and Social Services for Low-Income People in California, Urban Institute, Assessing the New Federalism, State Reports, Washington D.C., unter: http://www.urban.org/UploadedPDF/310146_isss_ca.pdf.

Gehlen, Martin 1997: Das amerikanische Sozialnetz im Umbruch. Die Welfare-Reform von 1996 aus europäischer Perspektive, Studien zur Geschichte, Politik und Gesellschaft Nordamerikas, Bd. 6, LIT-Verlag, Münster.

Gehlen, Martin 2005: Politikberatung in den USA. Der Einfluss von Think Tanks auf die amerikanische Sozialpolitik, Campus Verlag, Frankfurt a.M. u.a.

Gelinsky, Katja 2005: Noch Kind und schon Mutter. In Amerika gibt es so viele Teenager-Schwangerschaften wie nirgendwo sonst in der westlichen Welt, in: Frankfurter Allgemeine Zeitung, 9.3.2005, S. 9.

Geva, Dorith 2005: From Family Preservation to Nuclear Family Governance: Regulating Families Through American Welfare Policy, Northwestern University, unter: http://www.northwestern.edu/rc19/Geva.pdf.

Gilbert, Liette 2005: Resistance in the Neoliberal City. The Angel and the Journey from Immigrant to Citizen, in: City, Vol. 9, No. 1, S. 23-32.

Gilbert, Neil 2004: Welfare Policy in the United States: The Road from Income Maintenance to Workfare, in: Gilbert/Parent (Hg.), a.a.O., S. 55-66.

Gilbert, Neil/Gilbert, Barbara 1989: The Enabling State. Modern Welfare Capitalism in America, Oxford University Press, New York u.a.

Gilbert, Neil/Van Voorhis, Rebecca (Hg.) 2000: Activating the Unemployed. A Comparative Appraisal of Work-Oriented Policies, Transactions Publishers, New Brunswick u.a.

Gilbert, Neil/Parent, Antoine (Hg.) 2004: Welfare Reform. A Comparative Assessment of the French and U.S. Experiences, Transactions Publishers, New Brunswick u.a.

Gilens, Martin 1999: Why Americans Hate Welfare: Race, Media, and the Politics of Antipoverty Policy, University of Chicago Press, Chicago.

Gilens, Martin 2003: How the Poor Became Black. The Racialization of American Poverty in the Mass Media, in: Schram u.a. (Hg.), a.a.O., S. 101-130.

Gilliom, John 2001: Overseers of the Poor. Surveillance, Resistance, and the Limits of Privacy, University of Chicago Press, Chicago.

Gilliom, John 2005: Resisting Surveillance, in: Social Text, No. 83, S. 71-83.

Ginsburg, Faye/Rapp, Rayna (Hg.) 1995: Conceiving the New World Order: The Global Politics of Reproduction, University of California Press, Berkeley u.a.

Giroux, Henry A. 2005: The Passion of the Right: Religious Fundamentalism and the Crisis of Democracy, in: Cultural Studies, Vol. 5, No. 3, S. 309-317.

Gittell, Mary 1990: From Welfare to Independence: The College Option, Report to the Ford Foundation, Howard Samuels State Management and Policy Center, City University of New York, New York.

Giuliani, Rudolph W. 1998: Reaching Out to All New Yorkers by Restoring Work to the Center of City Life, Presserklärung, 20.7.1998, New York, unter: http://www.nyc.gov/html/rwg/html/98b/welfare.ht ml.

Giuliani, Rudolph W. 2002: Leadership. Verantwortung in schwieriger Zeit, Bertelsmann Verlag, Gütersloh.

Gladstone, David L./Fainstein, Susan S. 2003: The New York and Los Angeles Economies, in: Halle (Hg.), a.a.O., S. 79-98.

Glazer, Nathan 1988: The American Welfare State: Incomplete or Different?, in: Glazer, Nathan (Hg.), The Limits of Social Policy, Harvard University Press, Cambridge, S. 168-194.

Glenn, Bryan 2004: The Two Schools of American Development, in: Political Studies Review, Vol. 2, No. 2, S. 153-165.

Glenn, Evelyn 2000: Citizenship and Inequality: Historical and Global Perspectives, in: Social Problems, Vol. 47, No. 1, S. 1-20.

Goldberg, Chad Alan 2001a: Welfare Recipients or Workers? Contesting the Workfare State in New York City, in: Sociological Theory, Vol. 19, No. 2, S. 187-218.

Goldberg, Chad Alan 2001b: Out of the Twilight Zone: The Struggle for Recognition by Works Administration and Workfare Workers, Dissertation, Graduate Faculty of Political Science, New School for Social Research, New York.

Goldberg, Getrude Schaffner 2000: The Missing Entitlement and the Lost Entitlement: Work and Welfare, 1935-Present, Seminar Paper No. 4, März 2000, Adelphi University, unter: http://www.cfeps.org/ pubs/sp-pdf/SP/Goldberg.pdf.

Goldberg, Getrude Schaffner/Collins, Sheila D. 2001: Washington's New Poor Law. Welfare »Reform« and the Roads Not Taken, 1935 to the Present, The Apex Press, New York.

Gomez, Angela 2003: Charitable Choice in Florida: The Politics, Ethics and Implications of Social Policy, Dissertation, Department of Anthropology, University of South Florida, Tampa, unter: http://etd.fcla.edu/SF/SFE0000092/CharitableCh6FL.pdf.

Goode, Judith/Maskovsky, Jeff (Hg.) 2001: The New Poverty Studies. The Ethnography of Power, Politics, and Impoverished People in the United States, New York University Press, New York u.a.

Goode, Shelton J./Baldwin, Norman J. 2005: Predictors of African American Representation in Municipal Government, in: Review of Public Personnel Administration, Vol. 25, No. 1, S. 29-55.

Gooden, Susan 1998: All Things Not Being Equal: Differences in Caseworker Support Toward Black and White Welfare Clients, in: Harvard Journal of African American Public Policy, Vol. 15, No. 4, S. 23-33.

Goodin, Robert E. 2002: Structures of Mutual Obligation, in: Journal of Social Policy, Vol. 31, No. 4, S. 579-596.

Goodwin, Joanne L. 1997: Gender and the Politics of Welfare Reform: Mothers' Pensions in Chicago, 1911-1929, University of Chicago Press, Chicago.

Gordon, Colin 1999: The Lost City of Solidarity: Metropolitan Unionism in Historical Perspective, in: Politics & Society, Vol. 27, No. 4, S. 561-585.

Gordon, Linda 1992: Social Insurance and Public Assistance: The Influence of Gender in Welfare Thought in the United States 1890-1935, in: American Historical Review, Vol. 97, No. 1, S. 19-54.

Gordon, Linda 1994: Pitied But Not Entitled: Single Mothers and the History of Welfare, 1890-1935, The Free Press, New York.

Gosselin, Peter G. 2004: The Poor Have More Things Today – Including Wild Income Swings, in: Los Angeles Times, 12.12.2004, S. A3.

Gottlieb, Robert/Vallianatos, Mark/Freer, Regina M./Dreier, Peter 2005: The Next Los Angeles. The Struggle for a Livable City, University of California Press, Berkeley u.a.

Gottschalk, Marie 2000: The Shadow Welfare State: Labor, Business, and the Politics of Health Insurance in the United States, Cornell University Press, Ithaca.

Gough, Jamie 2002: Neoliberalism and Socialisation in the Contemporary City: Opposites, Complements and Instabilities, in: Antipode, Vol. 34, No. 3, S. 405-426.

Gough, Jamie 2004: Changing Scale as Changing Class Relations: Variety and Contradiction in the Politics of Scale, in: Political Geography, Vol. 23, No. 2, S. 185-211.

Grant-Friedman, Andrea 1999: New York City Forces Homeless to Work or Face Evictions from Shelter, unter: http://www.wsws.org/articles/1999/oct1999/home-o30.sthml.

Greenberg, David/Meyer, Robert/Michalopoulus, Charles/Wiseman, Michael 2001: Explaining Variations in the Effect of Welfare-to-Work Programs, Institute for Research on Poverty, Discussion Paper No. 1225-01, University of Wisconsin, Madison, unter: http://www ssc.wisc.edu/irp.

Greenberg, Mark 1992: Welfare Reform on a Budget. What's Happening in JOBS?, Center for Law and Social Policy, Washington D.C., unter: http://www.cbpp.org/publications.html.

Greenberg, Mark 2001: Welfare Reform and Devolution, in: Brookings Review, Vol. 19, No. 3, S. 20-24.

Greenberg, Mark 2006: The TANF Participation Rate Structure Under the Bush Reconciliation Bill: A Summary of the Rules, Center for Law and Social Policy, Washington D.C., unter: http://www.clasp org/publications/tanf_participation_rate_structure.pdf.

Greenberg, Mark/Savner, Steve 1996: A Brief Summary of Key Provisions of the Temporary Assistance for Needy Families Block Grant of H.R. 3734, Center for Law and Social Policy. Washington D.C., unter: http://www.clasp.org/publications/clbskp.html.1.

Greenberg, Mark/Strawn, Julie/Plimpton, Lisa 2000: State Opportunities to Provide Access to Postsecondary Education Under TANF, Center for Law and Social Policy, Washington D.C., unter: http://www.clasp.org/publications/state_opportunities_to_provide_access.pdf.

Greenhouse, Steven 1997a: Nonprofit and Religious Groups Vow to Fight Workfare Program, in: New York Times, 24.7.1997, S. A1.

Greenhouse, Steven 1997b: Two Well-Known Churches Say No to Workfare Jobs, in: New York Times, 4.8.1997, S. B3.

Greenhouse, Steven 1998: Many Participants in Workfare Take the Place of City Workers, in: New York Times, 13.4.1998, S. A1.

Greenstone, Jared D. 1986: Political Culture and American Political Development: Liberty, Union, and Liberal Bipolarity, in: Studies in American Political Development, Vol. 1, No. 1, S. 1-49.

Greven, Thomas 2004: Die Republikaner. Anatomie einer Partei, C.H. Beck, München.

Grogger, Jeffrey/Karoly, Lynn A. 2005: Welfare Reform: Effects of a Decade of Change, Harvard University Press, Cambridge.

Grover, Chris/Stewart, John 1999: »Market Workfare«: Social Security, Social Regulation and Competitiveness in the 1990s, in: Journal of Social Policy, Vol. 28, No. 1, S. 73-96.

Gueron, Judith M./Nathan, Richard P. 1985: The MDRC Work/Welfare Project: Objectives, Status, Significance, in: Policy Studies Review, Vol. 4, No. 3, S. 417-443.

Gunlicks, Arthur B. 1997: Die Grundzüge der einzelstaatlichen Regierungssysteme, in: Jäger, Wolfgang/Welz, Wolfgang (Hg.), Regierungssystem der USA, Oldenbourg Verlag, München u.a., S. 460-484.

Hacker, Jacobs S. 2002: The Divided Welfare State: The Battle Over Public and Private Social Benefits in the United States, Cambridge University Press, Cambridge.

Hafetz, Jonathan 2003: Welfare Reform, in: Gotham Gazette, 7.7.2003, New York, unter: http://www.gothamgazette.com/article//20030714/202/454.

Hale, John F. 1995: The Making of the New Democrats, in: Political Science Quarterly, Vol. 110, No. 2, S. 207-232.

Hall, Peter A./Taylor, Rosemary C.R. 1996: Political Science and the Three New Institutionalism, Max-Planck-Institut für Gesellschaftsforschung, Köln, unter: http://www.mpi-fg-koeln.mpg.de/pu/mpifg_dp/dp96-6.pdf.

Halle, David (Hg.) 2003: New York & Los Angeles. Politics, Society, and Culture. A Comparative View, University of Chicago Press, Chicago.

Halle, David/Gedeon, Robert/Beveridge, Andrew A. 2003: Residential Separation and Segregation, Racial and Latino Identity, and the Racial Composition of Each City, in: Halle (Hg.), a.a.O., S. 150-193.

Halle, David/Rafter, Kevin 2003: Riots in New York and Los Angeles, in: Halle (Hg.), a.a.O., S. 341-366.

Halper, Evan 2007: Governor to Seek Cuts in Aid to Families on Welfare, in: Los Angeles Times, 8.1.2007, S. A3.

Halter, Anthony P. 1994a: Chipping Away at General Assistance: A Matter of Economics or an Attack on Poor People?, in: Social Work, Vol. 39, No. 6, S. 705-709.

Halter, Anthony P. 1994b: Elimination of General Assistance: Implications for Human Service Agencies, in: New England Journal of Human Services, Vol. 13, No. 1, S. 2-11.

Hamilton, Charles V. 1986: Social Policy and the Welfare of Black Americans: From Rights to Resources, in: Political Science Quarterly, Vol. 110, No. 2, S. 239-255.

Hamilton, Dona Cooper/Hamilton, Charles V. 1997: The Dual Agenda. Race and Social Welfare Policies of Civil Rights Organizations, Columbia University Press, New York.

Hamilton, Gayle/Brock, Thomas/Farkas, Jeffrey 1994: The JOBS Evaluation. Early Lessons from Seven Sites, US Department of Health and Human Services/US Department of Education, Washington D.C.

Hanckock, Lynnell 2003: Hands to Work. Three Women Navigate the New World of Welfare Deadlines and Work Rules, HarperCollins Publishers, New York.

Hancock, Ange-Marie 2004: The Politics of Disgust. The Public Identity of the Welfare Queen, New York University Press, New York u.a.

Handler, Joel F. 1995: The Poverty of Welfare Reform, Yale University Press, New Haven u.a..

Handler, Joel F. 2002: Myth and Ceremony in Workfare: Rights, Contracts, and Client Satisfaction, UCLA School of Law, Research Paper No. 02-21, Los Angeles.

Handler, Joel F. 2004a: Social Citizenship and Workfare in the United States and Western Europe. The Paradox of Inclusion, Cambridge University Press, Cambridge.

Handler, Joel F. 2004b: The False Promise of Workfare: Another Resaon for a Basic Income Guarantee, unter: http://www.efes.ucl.ac.be/BIEN/Files/Papers/2004Handler.pdf.

Handler, Joel F./Hasenfeld, Yeheksel 1991: The Moral Construction of Poverty. Welfare Reform in America, Sage Publications, London u.a.

Handler, Joel F./Hasenfeld, Yeheskel 1997: We the Poor People. Work, Poverty and Welfare, Yale University Press, New Haven u.a.

Haney, Lynne 2004: Gender, Welfare, and States of Punishments, in: Social Politics, Vol. 11, No. 3, S. 333-362.

Hanson, Rusell L./Heaney, Michael T. 1997: The Silent Revolution in Wefare: AFDC Waivers During the Bush and Clinton Administrations, Vortrag, Annual Meeting of the Midwest Political Science Association, 10.-12.4. 1997, Chicago.

Harden, Blaine 1998: Giuliani Seeks End to Welfare. New York City Mayor Wants to Halt Aid Completely by 2000, in: Washington Post, 21.7.1998, S. A2.

Hardisty, Jean/Williams, Lucy A. 2002: The Right's Campaign Against Welfare, in: Delgado (Hg.), a.a.O., S. 53-73.

Harlan, Heather 1997: NYC Lends Hands to Legal Immigrants, in: AsianWeek, 16.-22.5.1997, New York, unter: http://www.asianweek.com/051697/nyclends.html.

Harloe, Michael 2001: »Social Justice« and the City: The New »Liberal Formulation«, in: International Journal of Urban and Regional Research, Vol. 25, No. 4, S. 889-897.

Harrison, Paige M./Beck, Allen J. 2006: Prisoners in 2005, US Department of Justice, Washington D.C., unter: http://www.usdoj.gov.

Hartz, Louis 1955: The Liberal Tradition in America: An Interpretation of American Political Thought Since the Revolution, Harcourt Brace, New York.

Harvard Law Review Association 1995: Devolving Welfare Programs to the States: A Public Choice Perspective, in: Harvard Law Review, Vol. 109, No. 8, S. 1984-2001.

Harvey, David 1996: Justice, Nature and the Geography of Difference, Blackwell, Oxford u.a.

Hasenfeld, Yeheksel/Evans, Lisa 2000: The Role of Non-profit Agencies in the Provision of Welfare-to-Work Services, Vortrag, Annual Research Conference Association for Public Policy and Social Research, 2.-4.11.2004, Seattle.

Haskins, Ron 2001: Testimony Before the Subcommittee on 21st Century Competitiveness Committee on Education and the Workforce, 20.9.2001, unter: http://republicans.edlabor.house.gov/archive/hearin gs/107th/21st/welfare92001/haskins.htm.

Haskins, Ron 2006: Work over Welfare: The Inside Story of the 1996 Welfare Reform Law, Brookings Institution Press, Washington D.C.

Haubner, Dominik 2002: Vorbild USA? Das amerikanische Beschäftigungswachstum und einige Konsequenzen für die Bundesrepublik Deutschland, Dissertation, Philosophische Fakultät der Albert-Ludwigs-Universität zu Freiburg i.Br., Freiburg i.Br.

Häußermann, Hartmut/Siebel, Walter (Hg.) 1993: New York. Strukturen einer Metropole, Suhrkamp Verlag, Frankfurt a.M.

Hawes, Rebecca E. 1998: General Assistance Programs in the 1990s. A Nation-wide Comparison of Studies of General Assistance Program Changes and Characteristics, Institute for the Study of Homelessness and Poverty, Weingart Center, Los Angeles.

Hayden, Tom 2005: Beyond the Bradley Model. Villaraigosa's Election Is a Rare Moment to Think Big and Develop a Broad Progressive Vision, in: LA City Beat, unter: http://www.lacitybeat.com.

Haylett, Chris 2003: Remaking Labour Imaginaries: Social Reproduction and the Internationalising Project of Welfare Reform, in: Political Geography, Vol. 22, No. 2, S. 765-788.

Hays, Sharon 2003: Flat Broke with Children: Women in the Age of Welfare Reform, Oxford University Press, New York u.a.

Hearn, Marcellene E. 2002: Dangerous Indifference. New York City's Failure to Implement the Family Violence Option, NOW Legal Defense and Education Fund, New York.

Heclo, Hugh 1986: General Welfare and Two American Traditions, in: Political Science Quarterly, Vol. 101, No. 2, S. 179-196.

Heclo, Hugh 2001: The Politics of Welfare Reform, in: Blank/Haskins (Hg.), a.a.O., S. 169-200.

Hedge, David/Johnson, Renee J./Currinder, Marian 2000: Bootstraps and Benevolence: A Comparative Test of State's Capacity to Effect Change in Welfare Recipients, Vortrag, Annual Meeting of the Midwest Political Science Association, 27.-30.4.2000, Chicago.

Hegewisch, Ariane 2006: Der Mindestlohn in den Vereinigten Staaten von Amerika, Friedrich-Ebert-Stiftung, Washington D.C., unter: http://library.fes.de/pdf-files/bueros/usa/03705.pdf.

Held, David/McGrew, Anthony 2003: The Global Transformations Reader: An Introduction to the Globalization Debate, Polity Press, Cambridge.

Hennessy, Judith 2005: Welfare, Work, and Family Well-Being: A Comparative Analysis of Welfare and Employment Status for Single Female-Headed Families Post-TANF, in: Sociological Perspectives, Vol. 48, No. 1, S. 77-104.

Herald, Michael 2006: Alarming Increases in Homelessness Among California Public Benefit Recipients, Western Center on Law & Poverty, Sacramento, unter: http://www.wclp.org.

Hernandez, Jose Manuel 1997: Open Doors: The Ineffectiveness of Proposition 187, in: Harvard International Review, Vol. 19, No. 4, S. 48-51.

Hernández, Ramona/Rivera-Batiz, Francisco 1999: Dominican New Yorkers: A Socioeconomic Profile, Dominican Studies Institute, City University of New York, New York.

Hernandez, Ray 1998: Most Dropped from Welfare Don't Get Jobs: Critics of Work Rules Cite New York Study, in: New York Times, 23.3.1998, S. A1.

Hero, Rodney E. 1998: Faces of Inequality. Social Diversity in American Politics, Oxford University Press, New York u.a.

Hertz, Tom 2006: Understanding Mobility in America, American University, The Center for American Progress, Washington D.C., unter: http://www.americanprogress.org.

Hess, Henner 2000: Neue Sicherheitspolitik in New York City, in: Dinges, Martin/Sack, Fritz (Hg.), Unsichere Großstädte? Vom Mittelalter bis zur Postmoderne, UVK, Konstanz, S. 355-380.

Hicks, Alexander M. 1999: Social Democracy and Welfare Capitalism, Cornell University Press, Ithaca.

Hicks, Alexander M./Swank, Duane H. 1992: Politics, Institutions, and Welfare Spending in Industrialized Democracies, 1960-1982, in: American Political Science Review, Vol. 86, No. 3, S. 658-674.

Hicks, Jonathan P. 1994: First Accord by New York with a Union on Workfare, in: New York Times, 15.12.1994, S. B3.

Hirsch, Barry T./MacPherson/David A. 1997: Union Membership and Earnings Data Book: Compilations From the Current Population Survey, Washington D.C.

Hirsch, Joachim 1995: Der nationale Wettbewerbsstaat. Staat, Demokratie und Politik im globalen Kapitalismus, ID-Verlag, Berlin u.a.

Hirsch, Joachim 2005: Materialistische Staatstheorie. Transformationsprozesse des kapitalistischen Staatensystems, VSA Verlag, Hamburg.

Hirsch, Joachim/Roth, Roland 1986: Das neue Gesicht des Kapitalismus. Vom Fordismus zum Post-Fordismus, VSA Verlag, Hamburg.

Hobson, Barbara/Lindholm, Marika 1997: Collective Identities, Women's Power Resources, and the Making of Welfare States, in: Theory and Society, Vol. 26, No. 4, S. 475-508.

Hochschild, Jennifer L. 1988: Race, Class, Power, and the American Welfare State, in: Gutmann, Amy (Hg.), Democracy and the Welfare State, Princeton University Press, Princeton.

Hoene, Christopher/Baldassare, Mark/Shires, Michael 2002: The Development of Counties as Municipal Governments. A Case Study of Los Angeles County in the Twenty-First Century, in: Urban Affairs Review, Vol. 37, No. 4, S. 575-591.

Hogan, Janice M./Solheim, Catherine/Wolfgram, Susan u.a. 2004: The Working Poor: From the Economic Margins to Asset Building, in: Family Relations, Vol. 53, No. 2, S. 229-236.

Holcomb, Pamela A. 1993: Welfare Reform: The Family Support Act in Historical Context, Urban Insitute Press, Washington D.C.

Holcomb, Pamela A./Martinson, Karin 2002: Putting Policy into Practice: Five Years of Welfare Reform, in: Weil/Finegold (Hg.), a.a.O., S. 1-16.

Holden, Chris 2003: Decommodification and the Workfare State, in: Political Studies Review, Vol. 1, No. 3, S. 303-316.

Holt, Steve 2006: The Earned Income Tax Credit at Age 30: What We Know, Brookings Institution, Washington D.C., unter: http://www.brookings.edu/metro/pubs/20060209_Holt.pdf.

Hoover, Dennis R./Martinez, Michael D./Reimer, Samuel H./Wald, Kenneth D. 2002: Evangelism Meets the Continental Divide: Moral and Economic Conservatism in the United States and Canada, in: Political Research Quarterly, Vol. 55, No. 2, S. 351-374.

Horrowitz, Irving 2005: Louis Hartz and the Liberal Tradition: From Consensus to Crack-Up, in: Modern Age, Summer 2005, unter: http://findarticles.com/p/articles/mi_m0354/is_3_47/ai_n15927268.

Horton, John/Shaw, Lisa 2002: Opportunity and Control: Living Welfare Reform in Los Angeles County, in: Piven u.a. (Hg.), a.a.O., S. 197-212.

Hotz, Joseph V./Mullin, Charles H./Scholz, John Karl 2002: Welfare, Employment and Income: Evidence on the Effects of Benefit Reductions from California, in: The American Economic Review, Vol. 92, No. 2, S. 380-384.

Houppert, Karen 1999: You're Not Entitled! »Welfare Reform« Is Leading to Government Lawlessness, in: The Nation, Vol. 269, No. 13, S. 11-13.

Houseman, Alan W./Perle, Linda E. 2003: A Brief History of Civil Legal Assistance in the United States, Center for Law and Social Policy, Washington D.C., unter: http://www.clasp.org/publications.php ?id=13.

Housing Authority of the City of Los Angeles 2003: Climbing the Ladder: More Than Just Housing, Los Angeles.

Howard, Christopher 1999: The American Welfare State, or States?, in: Political Research Quarterly, Vol. 52, No. 2, S. 421-442.

Huber, Evelyne/Ragin, Charles/Stephens, John D. 1993: Social Democracy, Christian Democracy, Constitutional Structure, and the Welfare State, in: American Journal of Sociology, Vol. 99, No. 3, S. 711-749.

Hübner, Kurt 1989: Theorie der Regulation. Eine kritische Rekonstruktion eines neuen Ansatzes der Politischen Ökonomie, Edition Sigma, Berlin.

Human Service Alliance 2000: General Relief, In the Know, No. 38, Oktober 2000, Los Angeles.

Human Service Alliance 2003: Shrinking the Safety Net. L.A. County DPSS 2002-03 Budget Request, Los Angeles.

Huntington, Samuel P. 1981: American Politics: The Promise of Disharmony, Harvard University Press, Cambridge.

Hyatt, Susan Brin 2001: From Citizen to Volunteer: Neoliberal Governance and the Erasure of Poverty, in: Goode/Maskovsky (Hg.), a.a.O., S. 201-235

Iceland, John 2003: Poverty in America. A Handbook, University of California Press, Berkeley u.a.

Igra, Anna R. 2000: Likely to Become a Public Charge: Deserted Women and Family Law of the Poor in New York City, 1910-1936, in: Journal of Women's History, Vol. 11, No. 4, S. 59-81.

Institute for the Study of Homelessness and Poverty 2001: Just the Facts. Hunger and Food Security in Los Angeles, Weingart Center, Los Angeles, unter: http://www.weingart.org/institute.

Institute for the Study of Homelessness and Poverty 2003: Just the Facts. Poverty in Los Angeles, Weingart Center, Los Angeles, unter: http://www.weingart.org/institute.

Isin, Engin F./Wood, Patricia K. 1999: Citizenship and Identity, Sage Publications, London u.a.

Jacobs, Janet/Winslow, Sue 2003: Welfare Reform and Enrollment in Postsecondary Education, in: The Annals of the American Academy of Political and Social Science, Vol. 586, No. 1, S. 194-217.

Jacobs, Lawrence R./Shapiro, Robert Y. 1998: The Politicization of Public Opinion: The Fight for the Pulpit, in: Weir u.a. (Hg.), a.a.O., S. 83-125.

Jacobson, Michael 2001: From the »Back« to the »Front«: The Changing Character of Punishment in New York City, in: Mollenkopf/Emerson (Hg.), a.a.O., S. 171-186.

Jagler, Steven 2000: Los Angeles Protesters Target Maximus, in: Business Journal, 23.6.2000, Sacramento, unter: http://www.legis.state.wi.us/senate/sen04/news/art44.htm.

James, Judith R./Morrow, Victoria P. 2001: Primer to California Work Opportunities and Responsibility to Kids Program: Career Ladders and Self-Sufficiency, Sacramento.

Jargowsky, Paul A. 2003: Stunning Process, Hidden Problems: The Dramatic Decline of Concentrated Poverty in the 1990s, Center on Urban and Metropolitan Policy, Brookings Institution, Washington D.C.

Jeffrey, Randal S. 2002: The Importance of Due Process Protections After Welfare Reform: Client Stories from New York City, in: Albany Law Review, Vol. 66, No. 1, S. 123-158.

Jencks, Christoph/Swingle, Joseph 2000: Without a Net: Whom the New Welfare Law Helps and Hurts, in: The American Prospect, 2.1.2000, S. 37-41.

Jenkins, Craig J./Brents, Barbara G. 1989: Social Protest, Hegemonic Competition, and Social Reform: A Political Class Struggle Interpretation of the Origins of the American Welfare State, in: American Sociological Review, Vol. 54, No. 2, S. 891-909.

Jennings, James 2002: Welfare Reform and Neighborhoods: Race and Civic Participation, in: Albeda/Withorn (Hg.), a.a.O., S. 129-144.

Jennings, James 2003: Welfare Reform and the Revitalization of Inner City Neighborhoods, Michigan State University Press, East Lansing.

Jenny, Nicholas W./Nathan, Richard P. 2003: Local Governments in New York State, Rockefeller Institute of Government, New York State Statistical Briefs, Vol. 2, No. 3, Albany, unter: http://www.ny statistics.org/briefs/NYSSB_2_3_2.pdf.

Jessop, Bob 1991: The Welfare State in the Transition from Fordism to Post-Fordism, in: Jessop, Bob (Hg.), The Politics of Flexibility. Restructuring State and Industry in Britain, Germany and Scandinavia, Edward Elgar, Aldershot.

Jessop, Bob 1993: Towards a Schumpeterian Workfare State? Preliminary Remarks on Post-Fordist Political Economy, in: Studies in Political Economy, No. 40, S. 7-40.

Jessop, Bob 1994: The Transition to Post-Fordism and the Schumpetarian Workfare State, in: Burrows, Roger/Loader, Brian (Hg.), Towards a Post-Fordist Welfare State?, Routledge, London.

Jessop, Bob 1995: Towards a Schumpeterian Workfare Regime in Britain? Reflections on Regulation, Governance, and Welfare State, in: Environment and Planning, Vol. 27, No. 10, S. 1613-1626.

Jessop, Bob 1999: The Changing Governance of Welfare: Recent Trends in Its Primary Functions, Scale and Modes of Coordination, in: Social Policy and Administration, Vol. 33, No. 4, S. 348-359.

Jessop, Bob 2001: Die Globalisierung des Kapitals und die Zukunft des Nationalstaats. Ein Beitrag zur Kritik der globalen politischen Ökonomie, in: Hirsch, Joachim/Jessop, Bob/Poulantzas, Nicos (Hg.), Die Zukunft des Staates, VSA Verlag, Hamburg, S. 71-100.

Jessop, Bob 2002: Liberalism, Neoliberalism, and Urban Governance, in: Antipode, Vol. 34, No. 3, S. 452-472.

Jessop, Bob/Peck, Jamie 1998: Fast Policy/Local Discipline: The Politics of Scale and the Neoliberal Workfare Offensive, Vortrag, Association of American Geographers, 25.-29.3.1998, Boston.

Jessop, Bob/Sum, Ngai-Ling 2006: The Regulation Approach and Beyond: Putting Capitalist Economies in Their Place, Edward Elgar, Cheltenham.

Jiminez, Mary Ann 1999: A Feminist Analysis of Welfare Reform: The Personal Responsibility Act of 1996, in: Affilia, Vol. 14, No. 3, S. 278-293.

Joassart-Marcelli, Pascale/Flaming, Daniel 2002: Workers Without Rights, Economic Roundtable, Los Angeles.

Joassart-Marcelli, Pascale/Musso, Juliet/Wolch, Jennifer 2005: Fiscal Consequences of Concentrated Poverty in a Metropolitan Region, in:

Annals of the Association of American Geographers, Vol. 95, No. 2, S. 336-356.

Joffe, Carole 1998: Welfare Reform and Reproductive Politics on a Collision Course. Contradictions in the Conservative Agenda, in: Lo/ Schwartz (Hg.), a.a.O., S. 290-301.

Johnson, James H./Farrell, Walter C./Guinn, Chandra 1997: Immigration Reform and the Browning of America: Tensions, Conflicts and Community Instability in Metropolitan Los Angeles, in: International Migration Review, Vol. 31, No. 4, S. 1055-1095.

Jones-Brown, Delores/Mahoney, Jacqueline 2001: Work First and Forget About Education: New York City's Personal Responsibility Act and the Creation of a Working Underclass, in: Social Justice, Vol. 28, No. 4, S. 33-48.

Jones-Correa, Michael (Hg.) 2001: Governing American Cities. Interethnic Coalitions, Competition, and Conflict, Russell Sage Foundation, New York.

Jones-DeWeever, Avis 2005: Avenues to Opportunity: Higher Education in the Context of Welfare Reform, The Consortium on Race, Class and Gender, Maryland University, College Park.

Jones-DeWeever, Avis/Peterson, Janice/Song, Xue 2003: Before and After Welfare Reform: The Work and Well-Being of Low-Income Single Parents Families, Institute for Women's Policy Research, Washington D.C., unter: http://www.iwpr.org.

Joyce, Patrick J. 1997: Black Employment, Political Machines, and City Jobs in New York City and Chicago, in: Urban Affairs Review, Vol. 32, No. 3, S. 291-318.

Jurik, Nancy C. 2006: Microenterprise Development, Welfare Reform, and the Contradictions of New Privatization, in: Kilty/Segal (Hg.), a.a.O., S. 121-132.

Kahn, Peggy/Polakow, Valery 2004: Introduction, in: Kahn, Peggy/Polakow, Valery (Hg.), Shut Out: Low Income Mothers and Higher Education in Post-Welfare America, State University of New York Press, Albany, S. 75-96.

Kahn, Alfred J./Kameran, Sheila B. (Hg.), 1998: Big Cities in the Welfare Reform Transition, Cross-National Studies Research Program, Columbia University School of Social Work, New York.

Kahn, Peggy/Polakow, Valerie 2000: Struggling to Stay in School: Obstacles to Post-Secondary Education Under the Welfare-to-Work Restrictions in Michigan, Center for the Education of Women, University of Michigan Press, Ann Arbor.

Kamenetz, Anya 2005: Poor Students, Fast Learners. Welfare Moms Fight for a Right They Have – Stay in School, in: Village Voice,

16.5.2005, New York, unter: http://www.villagevoicecom/generic/ show_print.php?id=64020.

Kaplan, Thomas 1997: Welfare Policy and Caseloads in the United States: Historical Background, in: Institute for Research on Poverty (Hg.), Informing the Welfare Debate: Perspectives on the Transformation of Social Policy, Special Report, No. 70, University of Wisconsin, Madison, unter: http://www.ssc.wisc.edu/irp.

Kaplan, Thomas 2002: TANF Programs in Nine States: Incentives, Assistance, and Obligation, in: FOCUS, Vol. 22, No. 2, S. 36-47.

Karch, Andrew 2002: Carrots, Sticks, and Welfare Reform: Are States Racing to the Bottom?, Vortrag, 2nd Annual Conference on State Politics and Policy, Milwaukee, 24.-25.5.2002, unter: http://www. fsu.edu/~statepol/conferences/2002/papers/KARCH.PDF.

Karger, Howard Jacob/Stoesz, David 1998: American Social Welfare Policy. A Pluralist Approach, Addison Wesley Longman, New York u.a.

Karier, Thomas 1998: Welfare Graduates: College and Financial Independence, The Jerome Levy Economics Institute, Annandale-on-Huston, unter: http://www.levy.org/pubs/pn/pn98_1.pdf.

Katz, Michael B. 1996: In the Shadow of the Poorhouse: A Social History of Welfare in America, Basic Books, New York.

Katz, Michael B. 2001: The Price of Citizenship. Redifining the American Welfare State, Henri Holt and Company, New York.

Katznelson, Ira/Geiger, Kim/Kryder, Daniel 1993: Limiting Liberalism: The Southern Veto in Congress 1933-1950, in: Political Science Quarterly, Vol. 108, No. 3, S. 283-306.

Kaufman, Leslie 2004: Commissioner at Center of Storm Despite Decline in Welfare Reform, in: New York Times, 8.2.2004, Section 1, Metropolitan Desk, S. 25.

Kaufmann, Franz-Xaver 2003: Varianten des Wohlfahrtsstaats. Der deutsche Sozialstaat im internationalen Vergleich, Suhrkamp Verlag, Frankfurt a.M.

Kaufmann, Karen M. 1998: Racial Conflict and Political Choice. A Study of Mayoral Voting Behavior in Los Angeles and New York, in: Urban Affairs Review, Vol. 33, No. 5, S. 655-685.

Keating, Gina 2000: County Moves to Privatize Welfare Jobs Program, in: The Daily News of Los Angeles, 18.7.2000, S. 3.

Keil, Roger 1993: Weltstadt – Stadt der Welt. Internationalisierung und lokale Politik in Los Angeles, Westfälisches Dampfboot, Münster.

Keil, Roger 1998: Los Angeles. Globalization, Urbanization and Social Struggles, John Wiley & Sons, Chicester u.a.

Kelling, George L./Colles, Catherine M. 1996: Fixing Broken Windows: Restoring Order and Reducing Crime in Our Communities, The Free Press, New York.

Kelly, Alfred/Harbinson, Winfried/Belz, Hermann 1991: The American Constitution. Its Origin and Development, W.W. Norton & Company, New York u.a..

Kennedy, Sheila Suess 2001: Social Responsibility, Accountability and U.S. Welfare Reform: The Context of America's Faith-Based Initiatives, Vortrag, Transatlantic Consortium for Public Policy Analysis and Education, 20.-22.9.2001, Pittsburgh, unter: http://ccr.urbancen ter.iupui.edu/PDFs/publications/social_responsibility.pdf.

Kenyon, Daphne A. 1999: How Strong Are State Revenue Systems?, in: Sawicky (Hg.), a.a.O., S. 77-94.

Kettl, Donald F. 2000: The Transformation of Governance: Globalization, Devolution, and the Role of Government, in: Public Administration Review, Vol. 60, No. 6, S. 488-497.

Key, Vladimer Orlando 1949: Southern Politics in State and Nation, Knopf, New York.

Kilty, Keith M./Segal, Elizabeth A. (Hg.) 2006: The Promise of Welfare Reform. Political Rhetoric and the Reality of Poverty in the Twenty-First Century, Harworth Press, New York u.a.

King, Anthony 1974: Ideas, Institutions and Policies of Governments: A Comparative Analysis, in: British Journal of Political Science, Vol. 3, No. 4, S. 291-313.

King, Desmond S./Smith, Rogers M. 2005: Racial Orders in American Political Development, in: American Political Science Review, Vol. 99, No. 1, S. 75-92.

King, Ryan S./Mauer, Marc 2001: Aging Behind Bars: »Three Strikes« Seven Years Later, The Sentencing Project, Washington D.C., unter: http://www.soros.org/initiatives/justice/articles_publications/publicat ions/agingbehindbars_20010801/agingbehindbars.pdf.

Kittay, Eva Feder 1998: Dependency, Equality, and Welfare, in: Feminist Studies, Vol. 24, No. 1, S. 32-43.

Kleppner, Paul/Theodore, Nikolas 1997: Work After Welfare: Is the Midwest's Booming Economy Creating Enough Jobs?, Midwest Job Gap Project, Office for Social Policy Research, Northern Illinois University, Dekalb.

Klerman, Jacob Alex/Reardon, Elaine/Steinberg, Paul 2002: Welfare Reform in California, Early Results from the Impact Analysis, RAND, Santa Monica.

Klerman, Jacob Alex/Zellman, Gail L./Chun, Tammi/Humphrey, Nicole/Reardon, Elaine/Farley, Donna/Ebener, Patricia A./Steinberg,

Paul 2000: Welfare Reform in California. State and County Implementation of CalWORKs in the Second Year, RAND, Santa Monica.

Kletzer, Lori G./Rosen, Howard F. 2006: Reforming Unemployment Insurance for the Twenty-First-Century Workforce, Brookings Institution, Washington D.C., unter: http://www.hamiltonproject.org/views/papers/200609kletzer-rosen.pdf.

Kling, Joseph 1997: Tales of the City: The Secret Life of Devolution, in: Schram/Neisser (Hg.), a.a.O., S. 150-162.

Kloppenberg, James 1998: The Virtues of Liberalism, Oxford University Press, New York u.a.

Klotz, Marilyn E./Byers, Katharine V./Kirby, Paul B./Hishigsuren, Gaamaa 2000: Who Is Minding the Store?: Devolution in Welfare Reform, Vortrag, National Association of Welfare Research and Statistics Workshop, 31.7.-2.8.2000, Scottsdale, unter: http://www.nawrs.org/phoenix/Papers/W8e3.PDF.

Klowden, Kevin/Wong, Perry/Flaming, Daniel/Haydamack, John 2005: Los Angeles Economy Project, Milken Institute, Santa Monica, unter: http://www.laeconomyproject.com/laep_exec_summary.pdf.

Knight, Danielle 2003: The Same Old Story: Will the City's Human Resources Administration Ever Right Itself?, The Journalism School, Columbia University, New York, unter: http://www.jrn.columbia.edu/studentwork/investigative/2003/hra-knight.asp.

Koch, Susanne/Stephan, Gesine/Walwei, Ulrich 2005: Workfare: Möglichkeiten und Grenzen, IAB-Discussion Paper, Bundesagentur für Arbeit, Bonn.

Kodras, Janet E. 1997: Restructuring the State: Devolution, Privatization, and the Geographic Redistribution of Power and Capacity in Governance, in: Staeheli u.a. (Hg.), a.a.O., S. 79-96.

Kolbert, Eric 1998: Metro Matters. A Bill for Students on Welfare That Became Law in Name Only, in: New York Times, 2.4.1998, S. B5.

Kollmeyer, Christopher J. 2003: Globalization, Class Compromise, and American Exceptionalism: Political Change in 16 Advanced Capitalist Countries, in: Critical Sociology, Vol. 29, No. 3, S. 369-391.

Kondo, Annette 1999: Suit Planned Over Welfare-to-Work Program, in: Los Angeles Times, 16.12.1999, S. B5.

Koons, Judith E. 2004: Motherhood, Marriage, and Morality: The Pro-Marriage Moral Discourse of American Welfare Policy, in: Wisconsin Women's Law Journal, Vol. 19, No. 1, S. 1-45.

Kornbluh, Felicia 1998: The Goals of the National Welfare Rights Movement: Why We Need Them Thirty Years Later, in: Feminist Studies, Vol. 24, No. 1, S. 65-78.

Korpi, Walter 1983: The Democratic Class Struggle, Routledge/Keagan Paul, London.

Korteweg, Anna C. 2002: Ideologies of Class, Motherhood, and Work: The Subject of the Working Mother Viewed Through the Lens of Welfare Reform, Working Paper No. 38, Mai 2002, Center for Working Families, University of California, Berkeley.

Kramer, Frederica D. 1997: Welfare Reform and Immigrants: Recent Developments and a Review of Key State Decisions, Welfare Information Network, Issue Notes, Vol. 1, No. 7, S. 1-11.

Kramer, Frederica D./Finegold, Kenneth/DeVita, Carol J./Wherry, Laura 2005: Implementing the Federal Faith-Based Agenda: Charitable Choice and Compassion Capital Initiatives, Urban Institute, Assessing the New Federalism, Series A, No. A-69, Washington D.C., unter: http://www.urban.org/UploadedPDF/311274_A-69.pdf.

Krane, Dale/Ebdon, Carol/Battle, John 2004: Devolution, Fiscal Federalism, and Changing Patterns of Municipal Revenues: The Mismatch Between Theory and Reality, in: Journal of Public Administration, Vol. 14, No. 4, S. 513-521.

Krätke, Stephan 1999: Globalisierung und Standortkonkurrenz, in: Leviathan, Heft 2, S. 202-232.

Krinsky, John 1998: Election Affinities: Union Symbolism and Organization in the Fight Against Welfare in New York City, Vortrag, Meeting of the International Sociological Association, 26.7.-1.8. 1998, Montreal.

Krinsky, John 2002: Working Against Workfare: Coalitions and Claims in the Politics of Welfare Reform in New York City, 1995-2000, Dissertation, Graduate School of Arts and Sciences, Columbia University, New York.

Krinsky, John 2004: The Urban Politics of Workfare: New York City 1995-2003, unveröffentlichtes Manuskript.

Krinsky, John 2005: The Creative Destruction of Policy Networks and Contention: Workfare Politics in New York City, 1994-2004, unveröffentlichtes Manuskript.

Krinsky, John 2007: The Dialectics of Privatization and Advocacy in New York City's Workfare State, unveröffentlichtes Manuskript.

Krinsky, John/Reese, Ellen 2003: Spaces of Contentious Collaboration: The Labor-Community Coalitions for Workfare Justice in Three Cities, unveröffentlichtes Manuskript.

Krinsky, John/Reese, Ellen 2006: Forging and Sustaining Labor-Community Coalitions: The Workfare Justice Movement in Three Cities, in: Sociological Forum, Vol. 21, No. 4, S. 623-658.

Krueger, Liz/Accles, Liz/Wernick, Laura 1997: Workfare: The Real Deal II: An Update on the Current Reality in New York City for Welfare Recipients Participating in a Mandatory Work Experience Program (WEP), Community Food Resource Center, New York.

Kullgren, Jeffrey 2003: Restrictions on Undocumented Immigrant's Access to Health Services: The Public Health Implications of Welfare Reform, in: American Journal of Public Health, Vol. 93, No. 10, S. 1630-1633.

Kurz, Demie/Hirsch, Amy 2003: Welfare Reform and Child Support Policy in the United States, in: Social Politics, Vol. 10, No. 3, S. 397-412.

Kwong, Peter 2000: Ethnic Subcontracting As an Impediment to Interethnic Coalitions: The Chinese Experience, in: Jones-Correa (Hg.), a.a.O., S. 71-90.

L.A. Labor News 1995: L.A. County Layoffs Biggest in Decade, Los Angeles, unter: http://www.lalabor.org/LALN_1.html.

Ladd, Everett Carll 1994: The American Ideology. An Exploration of the Origins, Meaning, and Role of American Political Ideas, University of Connecticut, Roper Center, Storss.

Ladd, Helen F. 1990: State Assistance to Local Governments: Changes During the 1980s, in: American Economic Review, Vol. 80, Mai 1990, S. 171-175.

Lagorio, Christine 2004: Welfare. Parks Program Withering, in: City Limits Monthly, Mai 2004, New York, unter: http://www.citylimits. org/content/articles/viewarticle.cfm?article_id=3067.

LaLonde, Robert J. 2003: Employment and Training Programs, in: Moffitt (Hg.), a.a.O., S. 517-585.

Lang, Sabine/Mayer, Margit/Scherrer, Christoph (Hg.) 1999: Jobwunder USA – Modell für Deutschland?, Westfälisches Dampfboot, Münster.

Lasch, Christopher 1995: The Revolt of the Elites and the Betrayal of Democracy, W.W. Norton, New York.

Lawless, Jennifer L./Fox, Richard L. 2001: Political Participation and the Urban Poor, in: Social Problems, Vol. 48, No. 3, S. 362-385.

Lawrence, Sarah/Travis, Jeremy 2004: The New Landscape of Imprisonment: Mapping America's Prison Expansion, Urban Institute, Justice Policy Center, Washington D.C.

Laws, Glenda 1997: Globalization, Immigration, and Changing Social Relations in U.S. Cities, in: ANNALS, AAPSS, No. 551, S. 89-104.

Lawson, Roger/Wilson, William Julius 1995: Poverty, Social Rights, and the Quality of Citizenship, in: McFate, Katherine/Lawson, Roger/Wilson, William Julius (Hg.), Poverty, Inequality and the Future of Social Policy, Russell Sage Foundation, New York, S. 693-714.

Layzer, Jean I./Collins, Ann 2000: National Study of Child Care for Low-Income Families, Interim Report, Abt. Associates Inc./National Center for Children in Poverty, Columbia University, New York.

Leavitt, Jacqueline/Lingafelter, Teresa 2005: Low Wage Workers and High Housing Costs, in: Labor Studies Journal, Vol. 30, No. 2, S. 41-60.

Leavy Center for the Study of Los Angeles 2002: Richard Riordan and Los Angeles Charter Reform, Los Angeles.

Lee, Woobae 1993: Restructuring the Local Welfare State: A Case Study of Los Angeles, Dissertation, Faculty of the Graduate School USC, Los Angeles.

Legal Momentum 2004: Family Violence Option. State by State Summary, Legal Momentum. Advancing Women's Rights, New York, unter: http://www.legalmomentum.org.

Lehnhardt, Gero/Offe, Claus 1977: Staatstheorie und Sozialpolitik, in: Soziologie und Sozialpolitik, Kölner Zeitschrift für Soziologie und Sozialpsychologie, Sonderheft 19, S. 98-127.

Leibfried, Stephan 1977: Vorwort, in: Piven/Cloward (Hg.) 1977a, a.a.O., S. 9-67.

Leibfried, Stephan/Pierson, Paul (Hg.) 1995: European Social Policy: Between Fragmentation and Integration, Brookings Institution, Washington D.C.

Leland, Suzanne 2001: The Political Climate of Devolution and the Implementation Game, in: The Journal of Regional Analysis & Policy, Vol. 31, No. 1, S. 39-47.

Lens, Vicki 2006: Work Sanctions Under Welfare Reform: Are They Helping Women to Achieve Self-Suffiency?, in: Duke Journal of Gender Law & Policy, Vol. 13, No. 2, S. 255-230.

Lerman, Robert/Acs, Gregory/Watson, Keith 1998: Carrots and Sticks: How Does the New US Income Support System Encourage Single Parents to Work?, Vortrag , 2nd International Research Conference on Social Security, Januar 1998, Jerusalem, unter: http://www. issa.int/pdf/jeru98/theme2/2-2d.pdf.

Levenson, Alec R./Reardon, Elaine/Schmidt, Stefanie R. 1999: Welfare, Jobs and Basic Skills: The Employmenr Prospects of Welfare Recipients in the Most Populous U.S. Counties, The National Center for the Study of Adult Learning and Literacy, Harvard Graduate School of Education u.a., Cambridge.

Levine, Arthur L. 2005: Changing the Organizational Culture, in: Savas (Hg.), a.a.O., S. 59-84.

Levine, D. 1988: Poverty and Society: The Growth of the American Welfare State in International Comparison, Rutgers University Press, New Brunswick.

Levin-Epstein, Jodie 2003: Lifting the Lid Off the Family Cap: States Revisit Problematic Policy for Welfare Mothers, Center for Law and Social Policy, Policy Brief, Dezember 2003, No. 1, Washington D.C., unter: http://www.clasp.org/publications/family_cap_brf.pdf.

Levitan, Mark 2002: Fifty Thousand Jobs, Now!, Five Borough Institute, New York, unter: http://www.fiveborough.org/5boroughreport/rebuild_50Kjobs_levitan-print.html.

Levitan, Mark 2003: It Did Happen Here. The Rise in Working Poverty in New York City, in: Halle (Hg.), a.a.O., S. 251-268.

Levitan, Mark/Gluck, Robin 2001: Mother's Work: Single Mothers' Employment, Earnings, and Poverty in the Age of Welfare Reform, Community Service Society of New York, New York, unter: http://www.cssny.org.

Levitan, Sar/Gallo, Frank 1993: Jobs for JOBS: Toward a Work-Based Welfare System, Center for Social Policy Studies, Working Paper 1993-1, Washington D.C.

Levy, John M. 2000: Urban America. Processes and Problems, Prentice Hall, Upper Saddle River.

Li, Joanne/Zimmerman, Erik 1997: Low-Income Populations in New York City: Economic Trends and Social Welfare Provisions, 1996, United Way of New York City, New York.

Liberty Hill Foundation 1997: LA County General Relief Workers Organize to Address Failures of the Workfare Program, in: Welfare Reform Brief, Vol. 1, No. 6, S. 1.

Lichter, Daniel T./Jayakody, Rukamalie 2002: Welfare Reform: How Do We Measure Success?, in: Annual Review of Sociology, Vol. 28, S. 117-141.

Lieberman, Robert C. 1998: Shifting the Color Line: Race and the American Welfare State, Harvard University Press, Cambridge.

Lieberman, Robert C. 2003: Race and the Limits of Solidarity. American Welfare State Development in Comparative Perspective, in: Schram u.a. (Hg.), a.a.O., S. 23-46.

Lieberman, Robert C./Shaw, Greg M. 2000: Looking Inward, Looking Outward: The Politics of State Welfare Innovation Under Devolution, in: Political Research Quarterly, Vol. 53, No. 2, S. 215-240.

Liebschutz, Sarah F. (Hg.) 2000a: Managing Welfare Reform in Five States. The Challenge of Devolution, The Rockefeller Institute Press, Albany.

Liebschutz, Sarah F. 2000b: Public Opinion, Political Leadership, and Welfare Reform, in: Liebschutz (Hg.), a.a.O., S. 1-24.

Liebschutz, Sarah F. 2000c: Welfare Reform in New York: A Mixed Laboratory for Change, in: Liebschutz (Hg.), a.a.O., S. 57-76.

Lijphart, Arend 1997: Unequal Participation: Democracy's Unresolved Dilemma, in: American Political Science Review, Vol. 91, No. 1, S. 1-14.

Lipietz, Alan 1985: Akkumulation, Krisen und Auswege aus der Krise. Einige methodische Überlegungen zum Begriff der »Regulation«, in: Prokla, Heft 58, S. 109-137.

Lipset, Seymour Martin 1996: American Exceptionalism. A Double-Edged Sword, W.W. Norton, New York.

Lipset, Seymour Martin/Marks, Martin 2000: It Didn't Happen There. Why Socialism Failed in the United States, W.W. Norton, New York.

Lisman, David C. (Hg.) 2001: The Community College Role in Welfare to Work, Jossey-Bass, New York.

Lispky, Michael 1984: Bureaucratic Disentitlement in Social Welfare Programs, in: Social Services Review, Vol. 58, No. 1, S. 3-27.

Liu, Caitlin 1999: County Welfare System Flawed Despite Reforms Survey Finds, in: Los Angeles Times, 1.4.1999, S. B3.

Liu, John C. 1997: The Overlooked Facts About Welfare in California, White House Briefing, Mai 1997, Pacific Research Institute for Public Policy, San Francisco.

Lloyd, Brian 1997: Left Out: Pragmatism, Exceptionalism, and the Poverty of American Marxism, 1890-1922, Johns Hopkins University Press, Baltimore.

Lo, Clarence Y.H./Schwartz, Michael (Hg.) 1998: Social Policy and the Conservative Agenda, Blackwell, Oxford u.a.

Lockhart, Charles 1991: American Exceptionalism and Social Security: Complementary Cultural and Structural Contributions to Social Program Development, in: The Review of Politics, Vol. 53, No. 3, S. 510-529.

Lødemel, Ivar/Trickey, Heather (Hg.) 2000: »An Offer You Can't Refuse«. Workfare in International Perspective, The Policy Press, Bristol.

Lombardi, Frank/Hutchinson, Bill 1998: End Welfare by 2000? Rudy Says Yes – Maybe, in: Daily News, 13.5.1998, S. 19.

London, Rebecca 2004: The Role of Postsecondary Education in Welfare Recipients' Paths to Self-Sufficiency, Center for Justice, Tolerance, and Community, University of California, Santa Cruz, unter: http://repositories.cdlib.org/cjts/pis/cjtc_2004_02.

Lopatto, Paul 2004a: While Fewer in City Receive Welfare, Many More Get SSI, Inside the Budget, Number 136, New York City Independent Budget Office, New York.

Lopatto, Paul 2004b: Despite Recession, Welfare Reform and Labor Market Changes Limit Public Assistance Growth, Fiscal Brief, August 2004, New York City Independent Budget Office, New York.

Loprest, Pamela 2001: How Are Families That Left Welfare Doing? A Comparison of Early and Recent Welfare Leavers, The Urban Institute, Assessing the New Federalism, Series B, No B-36, Washington D.C., unter: http://www.urban.org/uploadedpdf/anf_b36.pdf.

Loprest, Pamela 2002: Who Returns to Welfare?, The Urban Institute, Assessing the New Federalism, Series B, No B-49, Washington D.C., unter: http://www.urban.org/url.cfm?ID=310838.

Loprest, Pamela/Zedlewski, Sheila 2006: The Changing Role of Welfare in the Lives of Low-Income Families with Children, The Urban Institute, Assessing the New Federalism, Occasional Paper No. 73, Washington D.C., unter: http://www.urban.org/url.cfm?ID=311357.

Los Angeles Almanac 2004a: Public Assistance by Program, 1996-2004, Los Angeles County, unter: http://www.laalmanac.com/social/so02.htm.

Los Angeles Almanac 2004b: CalWORKs & Aid to Families with Dependent Children. Characteristics of Recipients 16 Years & Older, Los Angeles County, unter: http://www.laalmanac.com/social/so03.htm.

Los Angeles Almanac 2004c: Los Angeles County Revenue & Expenditures by Fiscal Year, unter: http://www.laamanac.com/government/gx05.htm.

Los Angeles Coalition to End Hunger and Homelessness 2003: General Relief: A Few Demographics, Los Angeles.

Los Angeles County 2006: Annual Report 2005-2006, Los Angeles, unter: http://lacounty.info/budget.htm.

Los Angeles County Department of Public Social Services 1998a: Job Creation Plan, Los Angeles.

Los Angeles County Department of Public Social Services 1998b: Los Angeles County CalWORKs Plan, Los Angeles.

Los Angeles County Department of Public Social Services 1999: Long-Term Family Self-Suffiency Plan, Pressemitteilung vom 1.11.1999, Los Angeles.

Los Angeles County Department of Public Social Services 2000: Community Service Implementation Plan, Los Angeles.

Los Angeles County Department of Public Social Services 2001: Long-Term Family Self-Suffiency Plan, Los Angeles.

Los Angeles County Department of Public Social Services 2002: Renewal of CalWORKs Case Management Operations, 12.6.2002, Los Angeles.

Los Angeles County Department of Public Social Services 2004: Action Plan to Enhance Services to Homeless CalWORKs Families, 14.12. 2004, Los Angeles.

Los Angeles County Department of Public Social Services 2006a: Recommendation to Approve Contracts Between Los Angeles County and the Los Angeles Homelessness Services Authority, 20.6.2006, Los Angeles.

Los Angeles County Department of Public Social Services 2006b: Recommendations to Approve Six GROW-Contracts, 20.6.2006, Los Angeles.

Los Angeles County New Direction Task Force 1999: Long-Term Family Self-Suffiency Plan, Los Angeles.

Los Angeles County Urban Research Division 1999: From Welfare to Work and Economic Self-Suffiency: A Baseline Evaluation of the Los Angeles County CalWORKs Program, Los Angeles.

Los Angeles Welfare Reform Coalition 1997: Maximum Plan for Maximum Benefit, Policy Recommendations for Los Angeles County's Implementation of Welfare Reform, Los Angeles.

Los Angels Regional Food Bank 2006: Requests for Food Assistance Increase 25% in Los Angeles, Pressemitteilung vom 20.12.2006, Los Angeles, unter: http://www.lafightshunger.org.

Lösche, Peter/Loeffelholz, Hans Dietrich von (Hg.) 2004: Länderbericht der USA, Geschichte, Politik, Wirtschaft, Gesellschaft, Kultur, Bundeszentrale für politische Bildung, Schriftenreihe Bd. 401, Bonn.

Lowi Theodore L. 1964: American Business, Public Policy, Case-Studies, and Political Theory, in: World Politics, No. 16, S. 687-713.

Lowi, Theodore L. 1995: The End of the Republican Era, University of Oklahoma Press, Norman.

Lowi, Theodore L. 1998: Think Globally, Lose Locally, in: Boston Review, April/Mai 1998, S. 4-10.

Lubenow, Gerald C./Cain, Bruce E. (Hg.) 1997: Governing California: Politics, Government, and Public Policy in the Golden State, Institute of Governmental Studies Press, Berkeley.

Lurie, Irene 1998: Welfare Reform in New York State, in: Poverty Research News, Vol. 2, No. 1, unter: http://www.jcpr.org/winter98/update.html.

Lyon-Callo, Vincent/Hyatt, Susan Brin 2003: The Neoliberal State and the Depoliticization of Poverty: Activist Anthropology and »Ethnography from Below«, in: Urban Anthropology and Studies of Cultural Systems and World Economic Devlopment, Vol. 32, No. 2, S. 175-180.

MacDonald, Heather 2004: How New York Evades Welfare Reform, in: City Journal, Vol. 14, No. 4, unter: http://www.city-journal.org/html.

MacGregor, Susanne 1999: Welfare, Neo-Liberalism and New Paternalism: Three Ways for Social Policy in Late Capitalist Societies, in: Capital & Class, No. 67, S. 91-119.

MaCurdy, Thomas/Mancuso, David/O'Brien-Strain, Margaret 2000: The Rise and Fall of California's Welfare Caseloads: Types and Regions, 1980-1999, Public Policy Institute of California, Sacramento, unter: http://www.publications/PPIC138/PPIC138.pdf/index.html.

MaCurdy, Thomas/Mancuso, David/O'Brien-Strain, Margaret 2002: Does California's Welfare Policy Explain the Slower Decline of Its Caseload, Public Policy Institute of California, Sacramento.

Main, Thomas J. 2005: Nonincremental Change in an Urban Environment. The Case of New York City's Human Resources Administration, in: Administration & Society, Vol. 37, No. 4, S. 483-503.

Mannix, Mary R./Cohan, Marc/Freedman, Henry A./Lamb, Christopher/ Williams, Jim 1997: Welfare Litigation Developments Since the PRA, Report for the National Law Center, Washington D.C., unter: http://www.welfarelwa.org/artcommmw.html.

Mantsios, Gregory 2001: Labor and Community: Ambigious Legacy, Promising Future?, in: Mollenkopf/Emerson (Hg.), a.a.O., S. 75-91.

March, Angelo L. 1997: Do Training Programs Help AFDC Recipients Leave the Welfare Rolls? An Evaluation of New York City's BEGIN Program, Albany.

Marchevsky, Alejandra/Theoharis, Jeanne 2006: Not Working. Latina Immigrants, Low-Wage Jobs, and the Failure of Welfare Reform, New York University Press, New York u.a.

Marcuse, Peter 1993: Wohnen in New York: Segregation und fortgeschrittene Obdachlosigkeit in einer viergeteilten Stadt, in: Häußermann/Siebel (Hg.), a.a.O., S. 205-238.

Martinson, Karin/Strawn, Julie 2003: Built to Last: Why Skills Matter for the Long-Run Success in Welfare Reform, Center for Law and Social Policy, Workforce Development Series, Policy Brief No. 1, Washington D.C., unter: http://www.clasp.org/publications/BTL_brief.pdf.

Marwell, Nicole P. 2004: Privatizing the Welfare State: Nonprofit Community-Based Organizations as Political Actors, in: American Sociological Review, Vol. 69, No. 3, S. 265-291.

Massey, Douglas/Denton, Nancy 1993: American Apartheid: Segregation and the Making of the Underclass, Harvard University Press, Cambridge.

Massing, Michael 1999: The End of Welfare?, in: The New York Review of Books, Vol. 66, No. 15, S. 33-45.

Mayer, Margit 1994: Post-Fordist City Politics, in: Amin, Ash (Hg.), Post-Fordism: A Reader, Blackwell, Oxford u.a., S. 149-170.

Mayer, Margit 1996: »Postfordistische Stadtpolitik«, in: Zeitschrift für Wirtschaftsgeographie, Vol. 40, No. 1-2, S. 20-27.

Mayer, Margit 1999a: Die Rolle von Stadtteilorganisationen im Kontext von Workfare, in: Lang u.a. (Hg.), a.a.O., S. 252-264.

Mayer, Margit 1999b: Urban Movements and Urban Theory in the Late 20th Centuty, in: Beauregard/Body-Gendrot (Hg.), a.a.O., S. 209-239.

Mayer, Margit 2003a: Lokale Politik und Bewegungen im Kontext der Globalisierung, in: Scharenberg, Albert/Schmidtke, Oliver (Hg.), Das Ende der Politik? Globalisierung und der Strukturwandel des Politischen, Westfälisches Dampfboot, Münster, S. 277-300.

Mayer, Margit 2003b: Das Potenzial des Regulationsansatzes für die Analyse städtischer Entwicklungen am Beispiel territorialer Anti-Armutspolitik, in: Brand/Raza (Hg.), a.a.O., S. 265-280.

Mayer, Margit 2006a: Urban Social Movements in an Era of Globalization, in: Brenner, Neil/Keil, Roger (Hg.), The Global Cities Reader, Routledge, New York u.a., S. 296-304.

Mayer, Margit 2006b: Contesting the Neoliberalization of Urban Governance, in: Leitner, Helga/Peck, Jamie/Sheppard, Eric S. (Hg.), Contesting Neoliberalism. Urban Frontiers, Guilford Press, New York, S. 90-115.

Mazzeo, Christopher/Rab, Sara/Eachus, Susan 2003: Work-First or Work-Only: Welfare Reform, State Policy, and Access to Postsecondary Education, in: ANNALS, AAPSS, No. 586, S. 144-171.

McCall, Carl H. 2002: Running Out of Time: The Impact of Federal Welfare Reform, Office of the State Comptroller, Albany.

McClosky, Mayhew/Zaller, John 1984: The American Ethos, Harvard University Press, Cambridge.

McConnell, Grant 1966: Private Power and American Democracy, Knopf, New York.

McConville, Shannon/Ong, Paul 2003: The Trajectory of Poor Neighborhoods in Southern California, 1970-2000, Brookings Institution, Center on Urban & Metropolitan Policy, Washington D.C., unter: http://www.brookings.edu/urban.

McCormick, Lynn 2003: Innovators Under Duress: Community Colleges Initiatives in »Work First« Settings, Report to the Ford Foundation from the Community Development Research Center, New York, unter: http://www.newschool.edu/Milano/cdrc/pubs/wp/wp. 2003.01.pdf.

McDonald, Catherine/Marston, Greg 2005: Workfare as Welfare: Governing Unemployment in the Advanced Liberal State, in: Critical Social Policy, Vol. 25, No. 3, S. 374-401.

McDowell, Linda 2004: Work, Workfare, Work/Life Balance and an Ethic of Care, in: Progress in Human Geography, Vol. 28, No. 2, S. 145-163.

McFadden, Robert D. 1998: Union Chief Calls Workfare »Slavery«, in: The New York Times, 19.4.1998, S. A1.

McGowan, Kathleen 1999: The Welfare Estate, in: City Limits Monthly, Juni 1999, New York, unter: http://www.citylimits.org/content/artic les/articleView.cfm?articlenumber=78.

McMahon, E. J. 2002: Deja Vu All Over Again: The Right Way to Cure New York's Looming Budget Gap, Civic Report No. 29, Manhattan Institute for Policy Research, New York, unter: http://www.man hattan-institute.org/html/cr_29.htm.

McMahon, E. J. 2004: The Return of Dependency?, in: City Journal, Winter 2004, Manhattan Institute for Policy Research, New York, unter: http://www.city-journal.org/html/14_1_the_return.html.

McMillan, Tracie 2001: The Great Training Robbery, in: City Limits, Mai 2001, New York, unter: http://www.citylimits.org/content/artic les/articleView.cfm?articlenumber=153.

McMillan, Tracie 2005a: Welfare Program Whacked: Advocates File Suit Against City, in: City Limits Weekly, 29.8.2005, New York.

McMillan, Tracie 2005b: Ending Workfare as We Know It?, in: City Limits, Juli/August 2005, New York, S. 24-29.

McMillan, Tracie 2006: New Directions Seen in Aid to City's Poor, in: City Limits Weekly, 5.9.2006, New York.

McNichol, Liz/Springer, John 2004: State Policies to Assist Working-Poor Families, Center on Budget and Policy Priorities, Washington D.C., unter: http://www.cbpp.org/12-10-04sfp.htm.

Mead, Lawrence M. 1988: Beyond Entitlement: The Social Obligations of Citizenship, The Free Press, New York.

Mead, Lawrence M. 1997a: Optimizing JOBS: Evaluation Versus Administration, in: Public Administration Review, Vol. 57, No. 3, S. 113-123.

Mead, Lawrence M. 1997b: The New Paternalism: Supervisory Approaches to Poverty, Brookings Institution Press, Washington D.C.

Mead, Lawrence M. 2004: State Political Culture and Welfare Reform, in: The Policy Studies Journal, Vol. 32, No. 2, S. 271-296.

Meeropol, Michael 1998: Surrender: How the Clinton Administration Completed the Reagan Revolution, University of Michigan Press, Ann Arbor.

Merrifield, Andy 2002: Dialectical Urbanism. Social Struggles in the Capitalist City, Monthly Review Press, New York.

Mettler, Suzanne 2000: States' Rights, Women's Obligations: Contemporary Welfare Reform in Historical Perspective, in: Women & Politics, Vol. 21, No. 1, S. 1-34.

Meyer, Bruce D./Holtz-Eakin, Douglas 2002: Making Work Pay: The Earned Income Tax Credit and Its Impact on America's Families, Russell Sage Foundation, New York.

Meyers, Marcia K./Gornick, Janet C./Peck, Laura R. 2001: Packaging Support for Low-Income Families: Policy Variation Across the United States, in: Journal of Policy Analysis and Management, Vol. 20, No. 3, S. 457-483.

Meyers, Marcia K./Ricucucci, Norma M./Lurie, Irene/Seop, Jun 2004: The Implementation of Welfare Reform Policy: The Role of Public Managers in Front-Line, in: Public Administration Review, Vol. 64, No. 4, S. 438-448.

Meyers, Marcia K./Teitler, Julien O. 2000: New York City Social Indicators 1999: Pulling Ahead, Falling Behind, Columbia University School of Social Work, New York, unter: http://www.siscenter.org.

Meyerson, Henry 1998: Why Liberalism Fled the City and How It Might Come Back, in: American Prospect, März/April 1998, S. 1-3.

Mezey, Jennifer 2004: Child Care Programs Help Parents Find and Keep Jobs: Funding Shortfalls Leave Many Families Without Assistance, Center for Law and Social Policy, Washington D.C., unter: http://www.clasp.org/publications/CC_shortfall.pdf.

Michalitsch, Gabriele 2005: Laissez-travailler. Geschlechter-Regime durch Arbeit, in: Widerspruch, Vol. 25, Heft 49, S. 41-48.

Michalopoulus, Charles/Polit, Denise F./Nelson, Laura/Richburg-Hayes, Lashawn/Seith, David C. 2005: Welfare Reform in Los Angeles: Implementation, Effects, and Experience of Poor Families and Neighborhoods, Manpower Demonstration Research Corporation, New York u.a.

Michaud, Jacinthe 2004: Feminist Representation(s) of Women Living on Welfare: The Case of Workfare and the Erosion of Volunteer Time, in: The Canadian Review of Sociology and Anthropology, Vol. 43, No. 3, S. 267-274.

Michel, Boris 2005: Stadt und Gouvernmentalität, Westfälisches Dampfboot, Münster.

Michel, Sonya 1998: Childcare and Welfare (In)Justice, in: Feminist Studies, Vol. 24, No. 1, S. 44-54.

Milano Graduate School 2001: New York City Welfare Policy After Giuliani. A Resource Guide and Companion to the Conference »New York City Welfare Policy After Giuliani«, 25.4.2001, New School, New York, unter: http://www.newschool.edu/milano/ nycaffairs/welfare/resources1.html.

Milkman, Ruth 2000: Immigrant Organizing and the New Labor Movement in Los Angeles, in: Critical Sociology, Vol. 26, No. 1-2, S. 59-81.

Milkman, Ruth/Kye, Bongoh 2006: Union Membership in 2005: Data on Los Angeles, California, and the United States, UCLA Institute of Industrial Relations, Los Angeles.

Miller, Cynthia/Riccio, James A. 2002: Making Work Pay for Public Housing Residents, Financial-Incentive Designs at Six Jobs-Plus Demonstration Sites, Manpower Demonstration Research Corporation, New York u.a.

Mink, Gwendolyn 1993: Welfare, Women, and Race, in: American Quarterly, Vol. 45, No. 3, S. 671-680.

Mink, Gwendolyn 1998: Welfare's End, Cornell University Press, Ithaca.

Mink, Gwendolyn (Hg.) 1999: Whose Welfare? Cornell University Press, Ithaca.

Mink, Gwendolyn 2001: Violating Women: Rights Abuses in the Welfare Police State, in: ANNALS, AAPSS, No. 577, S. 79-93.

Minkoff, Debra C. 2002: The Emergence of Hybrid Organizational Forms: Combining Identity-Based Service Provision and Political Action, in: Nonprofit and Voluntary Sector Quarterly, Vol. 31, No. 3, S. 377-401.

Minoff, Elisa 2006: Participation in TANF Work Activities in 2004, Center for Law and Social Policy, Washington D.C., unter: http:// www.clasp.org.

Mishel, Lawrence/Bernstein, Jared/Allegretta, Sylvia 2006: The State of Working America 2006/2007, Economic Policy Institute, Washington D.C.

Mishel, Lawrence/Schmitt, John 1995: Cutting Wages by Cutting Welfare: The Impact of Reform on the Low-Wage Labor Market, Economic Policy Institute, Washington D.C.

Mitchell, Don 2003: The Right to the City: Social Justice and the Fight for Public Space, Guilford Press, New York.

Mittelstadt, Jennifer 2001: »Dependency As a Problem to Be Solved«: Rehabilitation and the American Liberal Consensus on Welfare in the 1950s, in: Social Politics, No. 8, S. 228-257.

Moffitt, Robert A. (Hg.) 2003a: Means-tested Transfer Programs in the United States, University of Chicago Press, Chicago.

Moffitt, Robert A. 2003b: The Temporary Assistance for Needy Families Program, in: Moffitt (Hg.), a.a.O., S. 291-363.

Moffitt, Robert A./Roff, Jennifer 2000: The Diversity of Welfare Leavers, John Hopkins University, Welfare, Children & Families, A Three City Study, Policy Brief 00-2, Baltimore.

Mohan, John 2003: Geography and Social Policy: Spatial Divisions of Welfare, in: Progress in Human Geography, Vol. 27, No. 3, S. 363-374.

Mollenkopf, John 1992: A Phoenix in the Ashes: The Rise and Fall of the Koch Coalition in New York City Politics, Princeton University Press, Princeton.

Mollenkopf, John 1998: Urban Politics at the Crossroads, in: Weir u.a. (Hg.), a.a.O., S. 464-505.

Mollenkopf, John/Castells, Manuel (Hg.) 1991b: Dual City: Restructuring New York, Russell Sage Foundation, New York.

Mollenkopf, John/Castells, Manuel 1991a: Introduction, in: Mollenkopf/Castells (Hg.), a.a.O., S. 3-22.

Mollenkopf, John/Emerson, Ken (Hg.) 2001: Rethinking the Urban Agenda. Reinvigorating the Liberal Tradition in New York City and Urban America, The Century Foundation Press, New York.

Mollenkopf, John/Olson, David/Ross, Timothy 2001: Immigrant Political Participation in New York and Los Angeles, in: Jones-Correa (Hg.), a.a.O., S. 17-70.

Moller, Stephanie 2002: Supporting Poor Single Mothers. Gender and Race in the U.S. Welfare State, in: Gender & Society, Vol. 16, No. 4, S. 465-484.

Molotch, Harvey L. 1993: The Political Economy of Growth Machines, in: Journal of Urban Affairs, Vol. 15, No. 2, S. 29-53.

Molotch, Harvey L. 1998: Urban America. Crushed in the Growth Machine, in: Lo/Schwartz (Hg.), a.a.O., S. 53-71.

Monson, Renee 2002: Ties That Bind: Child Support Enforcement and Welfare Reform in Wisconsin, in: Piven u.a. (Hg.), a.a.O., S. 227-240.

Monthly Labor Review 2007: Changes in Men's and Women's Labor Force Participation Rates, unter: http://www.bls.gov/opub/ted/2007/jan/wk2/art03.htm.

Montrichard, Alexandra de 2000: Welfare-to-Work Initiatives in California and Los Angeles: Los Angeles City College & Los Angeles Trade Technical College, Mauricio Gaston Institute, University of Massachusetts, Boston.

Moody, Kim 2007: From Welfare State to Real Estate. Regime Change in New York City, 1974 to the Present, The New Press, New York.

Moon, Alice/Hawes, Rebecca 1999: The Impact of Time Limits on General Relief Recipients in Los Angeles County: Survey Findings, UCLA School of Public Policy and Research, Los Angeles.

Moon, Alice/Schneiderman, Joe 1995: Assessing the Growth of California's General Assistance Program, University of California, Berkeley.

More, Paul/Wagonhurst, Patrice/Goodheart, Jessica/Runsten, David/Marcelli, Enrico/Joassart-Marcelli, Pascale/Medearis, John 2000: The Other Los Angeles: The Working Poor in the City of the 21st Century, Los Angeles Alliance for a New Economy, Los Angeles.

Morel, Silvie 2004: Workfare and Insertion: How the U.S. and French Models of Social Assistance Have Been Transformed, in: Gilbert/Parent (Hg.), a.a.O., S. 93-142.

Moreno, Manuel H./Lichter, Michael/Burr, Beverly/Eisenberg, Nicole/González, Elizabeth/Horton, John/Joshi, Vandana/Shaw, Linda 2002: A Window on Welfare Reform: Early Impacts on Families and Communities in Los Angeles, County of Los Angeles, Chief Administrative Office, Los Angeles.

Moreno, Manuel H./Toros, Halil/Joshi, Vandana/Stevens, Max/Beardsley, Julie/Ranney, Robert/Salem, Nancy 2003: Employment and Earnings Among Welfare-to-Work Participants in Los Angeles County, 1998-2002, County of Los Angeles, Chief Administrative Office, Los Angeles.

Moreno, Manuel H./Toros, Halil/Joshi, Vandana/Stevens, Max/Mehrtash, Farhad/Beardsley, Julie/Salem, Nancy/Horton, John/Shaw, Linda 2005: Study of Sanctions Among CalWORKs Participants in the County of Los Angeles: Who, When, and Why?, County of Los Angeles, Chief Administrative Office, Los Angeles.

Moreno, Manuel H./Toros, Halil/Stevens, Max/Salem, Nancy 2006: The Changing CalWORKs Case-Type Composition in the County of Los Angeles, 2000-2005, County of Los Angeles, Chief Administrative Office, Los Angeles.

Morgen, Sandra 2001: The Agency of Welfare Workers: Negotiating Devolution, Privatization and the Meaning of Self-Sufficiency, in: American Anthropologist, Vol. 103, No. 3, S. 747-761.

Morgen, Sandra 2002: The Politics of Welfare and of Poverty Research, in: Anthropoligical Quarterly, Vol. 75, No. 4, S. 745-757.

Morgen, Sandra/Maskovsky, Jeff 2003: The Anthropology of Welfare »Reform«: New Perspectives on U.S. Urban Poverty in the Post-Welfare Era, in: Annual Review of Anthropology, Vol. 32, S. 315-338.

Morone, James 2003: Hellfire Nation: Morality in American Politics, Yale University Press, New Haven.

Morris, Andrew 2004: The Voluntary Sector's War on Poverty, in: The Journal of Policy History, Vol. 16, No. 4, S. 275-305.

Mozengo, Joe 1999: Welfare Recipients Ask for More Job Training, in: Los Angeles Times, 21.8.1999, S. B1.

Mullings, Leith 2001: Households Headed by Women: The Politics of Class, Race, and Gender, in: Goode/Maskovsky (Hg.), a.a.O., S. 37-56.

Murray, Bobbi 2000: Zev's Privatization Jones, in: LA Weekly, 18.-24.2.2000, Los Angeles, S. 21.

Murray, Charles 1984: Losing Ground: American Social Policy 1950-1980, Basic Books, New York.

Murray, Kasia O' Neill/Primus, Wendell E. 2005: Recent Data Trends Show Welfare Reform to Be a Mixed Success: Significant Policy Changes Should Accompany Reauthorization, in: Review of Policy Research, Vol. 22, No. 3, S. 301-324.

Murswieck, Axel 2001: Sozialhilfe und »welfare to work«-Programme am Beispiel der USA, in: Hirscher, Gerhard/Sturm, Roland (Hg.), Die Strategie des »Dritten Weges«. Legitimation und Praxis sozial-demokratischer Regierungspolitik, Olzog Verlag, München.

Murswieck, Axel 2002: A New World of Welfare? Amerika nach der Sozialhilfereform, in: Soziale Sicherheit, 5/2002.

Murswieck, Axel 2004: Gesellschaft, in: Lösche/Loeffelholz (Hg.), a.a.O., S. 594-697.

Mushaben, Joyce Marie 2001: Challenging the Maternalist Presumption. The Gender Politics of Welfare Reform in Germany and the United States, in: Hirschmann, Nancy J./Liebert, Ulrike (Hg.), Women and Welfare: Theory and Practice in the United States and in Europe, Rutgers University Press, New Brunswick, S. 193-214.

Myers, Dowell/Pitkin, John/Park, Julie 2004: Californa's Immigrants Turn the Corner, University of Southern California, Los Angeles, unter: http://www.usc.edu/urban.

Myles, John 1998: How to Design a »Liberal« Welfare State: A Comparison of Canada and the United States, in: Social Policy & Administration, Vol. 32, No. 4, S. 341-364.

Myles, John/Pierson, Paul 1997: Friedman's Revenge: The Reform of »Liberal Welfare States« in Canada and the United States, in: Politics and Society, Vol. 25, No. 4, S. 443-472.

Myles, John/Quadagno, Jill 2000: Envisioning a Third Way: The Welfare State in the Twenty-First Century, in: Contemporary Sociology, Vol. 29, No. 1, S. 156-167.

Myles, John/Quadagno, Jill 2002: Political Theories of the Welfare State, in: Social Service Review, Vol. 76, No. 1, S. 34-57.

Nadasen, Premilla 2005: Welfare Warriors. The Welfare Rights Movement in the United States, Routledge, New York u.a.

Nägele, Barbara/Pagels, Nils (Hg.) 2004: Beschäftigungspolitik in den Kommunen: Wie geht es weiter?, Tagungsdokumentation, zoom – Gesellschaft für prospektive Entwicklungen e.V., Göttingen 17.-18.6.2003, unter: http://www.prospektive-entwicklungen.de/german/pdfs/Dokumentation_Beschaeftigungspolitik.pdf.

Nathan, Richard P. 1993: Turning Promises into Performance – The Management Challenge of Implementing Workfare, Columbia University Press, New York.

Nathan, Richard P. 1996: The Devolution Revolution: An Overview, Rockefeller Institute Bulletin 1996, Nelson Rockefeller Institute of Government, Albany.

Nathan, Richard P. 1997: The Role of States in American Federalism, in: Van Horn (Hg.), American Intergovernmental Relations: Foundations, Perspectives, and Issues, CQ Press, Washington D.C., S. 13-32.

Nathan, Richard P./Gais, Thomas L. 1999a: Early Findings About the Newest New Federalism for Welfare, in: Schram/Beer (Hg.), a.a.O., S. 129-137.

Nathan, Richard P./Gais, Thomas L. 1999b: Implementing the Personal Responsibility Act of 1996: A First Look, Nelson A. Rockefeller Institute of Government, Albany.

National Campaign for Jobs and Income Support 2002: States Behaving Badly: America's 10 Worst Welfare States, Washington D.C., unter: http://www.makeTANFwork.org.

National Coalition for Homeless Veterans 2006: Most Often Asked Questions Concerning Homeless Veterans, Washington D.C., unter: http://www.nchv.org/background.cfm.

National Employment Law Project 2006: Limiting State Workfare Programs Under the New Federal TANF Rules, New York, unter: http://www.nelp.org.

National Law Center on Homelessness and Poverty 2006: Key Data Concerning Homeless Persons in America, Washington D.C., unter: http://www.nlchp.org.

Nelson, Barbara J. 1990: The Origins of the Two-Channel Welfare State: Workmen's Compensation and Mothers' Aid, in: Gordon, Linda (Hg.), Women, the State, and Welfare, University of Wisconsin Press, Madison, S. 123-151.

Nelson, Margarete K. 2006: Lessons from Vermont, in: Kilty/Segal (Hg.), a.a.O., S. 57-68.

Neubeck, Kenneth J. 2006a: When Welfare Disappears. The Case for Economic Human Rights, Routledge, New York u.a.

Neubeck, Kenneth J. 2006b: Establishing Respect for Economic Human Rights, in: Kilty/Segal (Hg.), a.a.O., S. 275-285.

Neubeck, Kenneth J./Cazenave, Noel A. 2001: Welfare Racism: Playing the Race Card Against America's Poor, Routledge, New York u.a.

Neuberger, Zoë 2002: Annual TANF Expenditures Remain $2 Billion Above Block Grant, Center on Budget and Policy Priorities, Washington D.C., unter: http://www.centeronbudget.org/10-03-02wel. htm.

New York City 1996, 1997, 1998, 2000, 2001 u. 2004: The Mayor's Management Reports, New York.

New York City Coalition Against Hunger 2006: New Report: Few NYC Welfare Leavers Obtain Jobs, Presseerklärung, 18.4.2006, New York, unter: http://www.nyccah.org/research/map_report.html.

New York City Commision for Economic Opportunity 2006: Increasing Opportunity and Reducing Poverty in New York City, New York, unter: http://www.nyc.gov/html/om/pdf/ceo_report2006.pdf.

New York City Council 2006b: Fighting Poverty in New York City – Examining Programs to Move New Yorkers from Public Assistance to Permanent Self-Sufficiency and to Prevent Food Insecurity (Oversight), 15.5.2006, New York, unter: http://webdocs.nyccouncil.info/ attachments/72543htm?CFID=1608893&CFTOKEN=97214459.

New York City Independent Budget Office 2000: Welfare and Work, Inside the Budget News Fax, No. 72, 1. November 2000, New York, unter: http//www.ibo.nyc.ny.us.

New York City Independent Budget Office 2001: The Municipal Workforce: Big as a Decade Ago, But Composition Has Changed, Inside the Budget News Fax, No. 92, 11. Dezember 2001, New York, unter: http//www.ibo.nyc.ny.us.

New York City Independent Budget Office 2002: Raising Work Quotas for Welfare Recipients: A Costly Challenge for the City, Inside the Budget News Fax, No. 99, 22. Mai 2002, New York, unter: http://www.ibo.nyc.ny.us.

New York City Independent Budget Office 2003: New York City's $4 Billion Medicaid Bill: What Is Driving the Rise in Costs? Inside the Budget NewsFax, No. 114, 7. Mai 2003, New York, unter: http://www.ibo.nyc.ny.us.

New York City, Department of Social Services/Human Resources Administration 1999: Data Analysis and Research, Office of Policy and Program Analysis, New York.

New York City, Department of Social Services/Human Resources Administration 2003: A Time of Examination, A Time of Discovery, A Time of Accomplishments, New York unter: http://ww.nyc.gov/html/hra/downloads/pdf/annual_progress_report.pdf.

New York City, Department of Social Services/Human Resources Administration 2004: Concept Report, Begin Education Gain Independence Now (BEGIN), New York, unter: http://www.nyc.gov/html/hra/downloads/pdf/city_record_concept_rpt.pdf.

New York City, Department of Social Services/Human Resources Administration 2006a: Welfare Reform in Motion, New York, unter: http://www.nyc.gov/html/hra/downloads/pdf/WRIM_webversion.pdf

New York City, Department of Social Services/Human Resources Administration 2006b: NYC Welfare Caseload Achives a 42-year Low, New York, unter: http://www.nyc.gov/html/hra/downloads/pdf/WR IM_webversion.pdf.

New York State, Department of Labor 2006: Minimum Wages, Albany, unter: http://www.labor.state.ny.us/workerprotection/laborstandards/workprot/minwages.shtm.

New York State, Department of Social Services 1997: State Plan. Outline of the General Provisions of Its Temporary Assistance for Needy Familes (TANF) Program, Albany, unter: http://www/dfa.state.ny.us/tanf.

New York State, Medicaid Welfare Reform Implementation Review 2000, Albany, unter: http://www.healthlaw.org/library.cfm?fa=download&resourceID=60721&print.

New York State, Office of Temporary and Disability Assistance 2002: Welfare Reform in New York State: Effects on Work, Family Composition, and Child Poverty, Albany, unter: http://www.otda.state.ny.us/otda/WelfareReformandPovertyReport.pdf.

New York State, Office of the State Comptroller 1999: An Update on the Evaluation of Welfare Reform in New York State, Juni 1999,

Albany, unter: http://www.nysed.gov/scandoclinks/ocm41941701. htm.

New York State, Office of the State Comptroller 2001: Running out of Time: The Impact of Federal Welfare Reform, Report 4-2002-HRA, Juli 2001, Albany.

New York, Department of State 2006: Per Capital Income and Personal Income, by State, 2004-2005, Albany, unter: http://www.empire. state.ny.us/nysdf/Economic_Pers_Inc_Home.asp.

New York, Department of State/Division of Administrative Rules 2000: New York State Constitution, Albany, unter: http://www.assembly. ny.us.

Newcombe, Tod 1996: Welfare AFIS, in: Government Technology Magazine, Los Angeles, unter: http://www.govtech.net/magazine/ story.print.php?id=95609.

Newman, Katherine S. 1999: No Shame in My Game: The Working Poor in the Inner City, Alfred Knopf/Russell Sage Foundation, New York.

Newman, Katherine S. 2001: Hard Times on 125th Street: Harlem's Poor Confront Welfare Reform, in: American Anthropologist, Vol. 103, No. 3, S. 762-778.

Niblack, Preston/Stan, Peter J. 1992: Financing Public Services in Los Angeles, in: Steinberg u.a. (Hg.), a.a.O., S. 255-279.

Nicholls, Walter J./Beaumont, Justin R. 2004: The Urbanisation of Justice Movements? Possibilities and Constraints for the City as a Space of Contentious Struggle, in: Space and Polity, Vol. 8, No. 2, S. 1119-135.

Nightingale, Demetra Smith 1997: Work-Related Resources and Services: Implications for TANF, Urban Insitute, Assessing the New Federalism, Issues and Options for States, Series A, No. A-7, Washington D.C., unter:http://www.urban.org/UploadedPDF/anf_A7.pdf.

Nightingale, Demetra Smith 2001: Program Structure and Service Delivery in Eleven Welfare-to-Work Grant Programs, Urban Institute, Washington D.C, unter: http://www.urban.org/url.cfm?ID=410036.

Nightingale, Demetra Smith 2005: Overview of Welfare Reform, in: Savas (Hg.), a.a.O., S. 18-55.

Nightingale, Demetra Smith/Pindus, Nancy/Kramer, Fredrica D./Mikelson, Kelly/Egner, Michael 2002: Work and Welfare Reform in New York City During the Giuliani Administration: A Study of Program Implementation, Urban Institute, Washington D.C., unter: http:// www.urban.org/url.cfm?ID=410542.

Nissen, Bruce 2004: The Effectiveness and Limits of Labor-Community Coalitions: Evidence from South Florida, in: Labor Studies Journal, Vol. 29, No. 1, S. 67-89.

Nissen, Sylke 1998: Arme New Yorker: Kontrolle und Marginalisierung in der New Yorker Sozialpolitik, in: Ortner u.a. (Hg.), a.a.O., S. 149-169.

Nivola, Pietro S. 2002: Tense Commandments. Federal Prescriptions and City Problems, Brookings Institution Press, Washington D.C.

Noble, Charles 1997: Welfare as We Knew It: A Political History of the American Welfare State, Oxford University Press, New York u.a.

Noble, Charles 2004: The Never Ending War on the Welfare State, in: Logos, Vol. 3, No. 2, unter: http://www.logosjournal.com/issue_3.2/noble.pdf.

Norris, Donald/Thompson, Lyke (Hg.) 1995a: The Politics of Welfare Reform, Sage Publications, London u.a.

Norris, Donald/Thompson, Lyke 1995b: Findings and Lessons from the Politics of Welfare Reform, in: Norris/Thompson (Hg.), a.a.O., S. 215-238.

North, Douglass C. 1992: Institutionen, institutioneller Wandel und Wirtschaftsleistung, J.C.B. Mohr, Tübingen.

Nunez, Fabian 2006: Legislation to Prevent Homelessness, Presseerklärung, 4.4.2006, Sacramento, unter: http://www.democrats.assembly.ca.gov/members/a46/press/a462006052.htm.

O'Bowman, Anne/Pagano, Michael A. 1995: The State of American Federalism, 1994-1995, in: Pubius, Vol. 25, No. 3, S. 1-22.

O'Cléireacáin, Carol 1997: The Private Economy and the Public Budget of New York City, in: Crahan/Vourvoulias-Bush (Hg.), a.a.O., S. 22-38.

O'Connell, Mary J. 1999: Municipal Labor Perspectives on the Public Sector Welfare Workforce in New York City, in: St. John's Law Review, Summer 1999, unter: http://findarticles.com/p/articles/mi_qa3735/is_199907/ai_n8868037.

O'Connor, Alice 2001: Poverty Knowledge: Social Science, Social Policy and the Poor in Twentieth Century U.S. History, Princeton University Press, Princeton.

O'Connor, Brendon 2001: The Protagonists and Ideas Behind the Personal Responsibility and Work Opportunity Reconciliation Act of 1996: The Enactment of a Conservative System, in: Social Justice, Vol. 28, No. 4, S. 4-32.

O'Connor, John 1998: US Social Welfare Policy: The Reagan Record and Legacy, in: Journal of Social Policy, Vol. 27, No. 1, S. 37-61.

O'Connor, Julia/Orloff, Ann/Shaver, Sheila 1999: States, Markets and Families: Gender, Liberalism and Social Policy in Australia, Canada, Great Britain and the United States, Cambridge University Press, Cambridge.

O'Neill, Hugh/Garcia, Kathryn/Amerlynck, Virginie/Blum, Barbara 2001: Policies Affecting New York City's Low-Income Families, National Center for Children in Poverty, Mailman School of Public Health, Columbia University, New York, unter: http://www.nccp. org/policies/NYCrep.pdf.

Obinger, Herbert/Wagschal, Uwe (Hg.) 2000: Der gezügelte Wohl- fahrtsstaat – Sozialpolitik in reichen Industrienationen, Campus Ver- lag, Frankfurt a.M. u.a.

Obinger, Herbert/Wagschal, Uwe: Ökonomie, Institutionen und Politik: Determinanten der gebremsten Sozialstaatlichkeit im Überblick, in: Obinger/Wagschal (Hg.), a.a.O., S. 175-186.

OECD 1994: New Orientations for Social Policy, OECD, Paris.

Okwuje, Ifie/Johnson, Nicholas 2006: A Rising Number of State Earned Income Tax Credits Are Helping Working Families to Escape Pov- erty, Center on Budget and Policy Priorities, Washington D.C., unter: http://www.cbpp.org/10-12-06sfp.pdf.

Oliker, Stacey J. 1994: Does Workfare Work? Evaluation Research and Workfare Policy, in: Social Problems, Vol. 41, No. 2, S. 195-213.

Olsen, Gregg M. 2002: The Politics of the Welfare State. Canada, Swe- den, and the United States, Oxford University Press, New York u.a.

Ong, Paul M. 1993: Poverty and Employment Issues in the Inner Urban Core, in: Scott/Brown (Hg.), a.a.O., S. 1-20.

Ong, Paul M./Houston, Douglas/Horton, John/Shaw, Linda L. 2001: Los Angeles County CalWORKs Transportation Needs Assessment, Lewis Center for Regional Policy Studies, UCLA, Los Angeles, unter: http://lewis.spa.ucla.edu/publications/workingspapers.cfm.

Ong, Paul M./Miller, Douglas 2005: Spatial and Transportation Mis- match in Los Angeles, in: Journal of Planning Education and Re- search, Vol. 25, No. 3, S. 43-56.

Orloff, Ann Shola 1988: The Political Origins of America's Belated Welfare State, in: Weir u.a. (Hg.), a.a.O., S. 37-80.

Orloff, Ann Shola 1993: Gender and Social Rights of Citizenship: The Comparative Analyses of Gender Relations and Welfare States, in: American Sociological Review, Vol. 58, No. 3, S. 303-328.

Orloff, Ann Shola 2002: Explaining US Welfare Reform: Power, Gen- der, Race and the US Policy Legacy, in: Critical Social Policy, Vol. 22, No. 1, S. 96-118.

Orloff, Ann Shola 2004: Social Provision and Regulation: Theories of States, Social Policies and Modernity, Institute for Policy Research Northwestern University, Working Paper Series, Working Paper 04-07, Northwestern University, unter: http://www.northwestern.edu/ipr/publications/papers/2004/WP-04-07.pdf.

Orren, Karen/Skowronek, Stephen 2004: The Search for American Political Development, Cambridge University Press, Cambridge.

Ortner, Helmut/Pilgram, Arno/Steinert, Heinz (Hg.) 1998: Die Null-Lösung. Zero-Tolerance-Politik in New York. Das Ende der urbanen Toleranz?, Nomos Verlag, Baden-Baden.

Osborne, David 1988: Laboratories of Democracy, Harvard Business School Press, Boston.

Ostreicher, Linda 2002a: Job Training, in: Gotham Gazette, 1.3.2002, New York, unter: http://www.gothamgazette.com/article/socialser vices/200020301/15/657.

Ostreicher, Linda 2002b: New York City's Permanent Food Emergency, in: Gotham Gazette, 1.11.2002, New York, unter: http://www.goth amgazette.com/article/20021101/15/649.

Ostreicher, Linda 2004: Welfare Rolls on the Rise, in: Gotham Gazette, Juni 2004, New York, unter: http://www.gothamgazette.com/article/socialservices/20040622/15/1015.

Painter, Joe/Goodwin, Mark 1995: Local Governance and Concrete Research: Investigating the Uneven Development of Regulation, in: Economy and Society, Vol. 24, No. 4, S. 334-356.

Parenti, Christian 1999: Lockdown America. Police and Prison in the Age of Crisis, Verso, London u.a.

Parlow, Matthew J./Keane, James T. 2002: Richard Riordian and Los Angeles Charter Reform, Thomas and Dorothy Leavey Center for the Study of Los Angeles, Loyola Marymount University, Los Angeles.

Parrott, James A. 2001: Bolstering and Diversifying New York City's Economy, in: Mollenkopf/Emerson (Hg.), a.a.O., S. 41-61.

Parrott, Sharon/Schott, Liz/Sweeney, Eileen 2006: Implementing the TANF Changes in the Deficit Reduction Act, Center on Budget and Policy Priorities/Center for Law and Social Policy, Washington D.C., unter: http://www.clasp.org/publications/tanfguide.pdf.

Parrott, Sharon/Sherman, Arloc 2006: TANF at 10: Program Results Are More Mixed Than Often Understood, Center on Budget and Policy Priorities, Washington D.C., unter: http://www.cbpp.org.

Partnership for Working Families 2006: Building a New Social Movement for Working Families, Oakland/Milwaukee, unter: http://www.communitybenefits.org.

Pastor, Manuel Jr. 2001: Common Ground at Ground Zero? The New Economy and the New Organizing in Los Angeles, in: Antipode, Vol. 33, No. 2, S. 260-289.

Pastor, Manuel Jr./Benner, Chris/Rosner, Rachel 2003: An »Option for the Poor«: A Research Audit for Community-Based Regionalism in California's Central Cost, in: Economic Development Quarterly, Vol. 17, No. 2, S. 175-192.

Pastor, Manuel Jr./Dreier, Peter/Grigsby, Eugene J./López-Garza, Marta 2000: Regions That Work. How Cities and Suburbs Can Grow Together, University of Minnesota Press, Minneapolis u.a.

Pateman, Carol 2006: Another Way Forward: Welfare, Social Reproduction, and a Basic Income, in: Beem/Mead (Hg.), a.a.O., S. 34-64.

Patterson, James T. 1994: America's Struggle Against Poverty 1900-1994, Harvard University Press, Cambridge.

Pavetti, LaDonna/Derr, Michelle K./Hesketh, Heather 2003: Review of Sanction Policies and Research Studies, Mathematica Policy Research Inc., Washington D.C., unter: http://www.aspe.hhs.gov/hsp/TANF-Sanctions03/full-report.pdf.

Pearlman, Eve 2004: L.A. County Adopts Community Coalition's Spending Plan, in: Children's Advocate, unter: http://www.4children.org/pdf/304gs.pdf.

Peck, Jamie 1996: Work-Place. The Social Regulation of Labour Markets, Guilford Press, New York.

Peck, Jamie 1998a: Workfare in the Sun: Politics, Representation, and Method in U.S. Welfare-to-Work Strategies, in: Political Geography, Vol. 17, No. 5, S. 535-566.

Peck, Jamie 1998b: Workfare: A Geopolitical Ethymology, in: Environmental and Planning/Society and Space, Vol. 16, No. 2, S. 133-161.

Peck, Jamie 2000: »Help and Hassle«: Means, Motive and Method in Local Workfare Strategies, Vortrag, Konferenz: Modell USA: Social Justice through Growing Employment?, 19.-20.11.1998, Freie Universität Berlin, Berlin.

Peck, Jamie 2001: Workfare States, Guilford Press, New York.

Peck, Jamie 2002: Political Economies of Scale: Fast Policy, Interscalar Relations and Neoliberal Workfare, in: Economic Geography, Vol. 78, No. 3, S. 332-360.

Peck, Jamie/Theodore, Nikolas 2000: »Work first«: Workfare and the Regulation of Contingent Labour Markets, in: Cambridge Journal of Economics, Vol. 24, No. 1, S. 119-138.

Peck, Jamie/Theodore, Nikolas 2001: Exporting Workfare/Importing Welfare-to-Work: Exploring the Politics of Third Way Policy Transfer, in: Political Geography, Vol. 20, No. 2, S. 427-460.

Perez, Giannina 2002: »The Growing Divide«. Inequality in California and Los Angeles, Liberty Hill Foundation, Santa Monica, unter: http://www.libertyhill.org.

Peterson, Paul E. 1981: City Limits, University of Chicago Press, Chicago.

Peterson, Paul E. 1995a: The Price of Federalism, Brookings Institution, Washington D.C.

Peterson, Paul E. 1995b: State Response to Welfare Reform: A Race to the Bottom?, in: Sawhill (Hg.), a.a.O., S. 7-10.

Peterson, Paul E./Rom, Mark C. 1990: Welfare Magnets. A New Case for a National Standards, Brookings Institution, Washington D.C.

Pfau-Effinger, Birgit 2005: Culture and Welfare State Policies: Reflections on a Complex Interrelation, in: Journal of Social Policy, Vol. 34, No. 3, S. 3-20.

Pickvance, Chris 2003: From Urban Social Movements to Urban Movements: A Review and Introduction to a Symposium on Urban Movements, in: International Journal of Urban and Regional Research, Vol. 27, No. 1, S. 102-109.

Pierson, Paul 1994: Dismantling the Welfare State: Reagan, Thatcher, and the Politics of Retrenchment, Cambridge University Press, Cambridge.

Pierson, Paul 1995: The Creeping Nationalization of Income Transfers in the United States, in: Leibfried/Pierson (Hg.), a.a.O., S. 301-328.

Pierson, Paul 1996: The New Politics of the Welfare State, in: World Politics, Vol. 48, No. 2, S. 143-179.

Pierson, Paul 2000: Increasing Returns, Path Dependence, and the Study of Politics, in: American Political Science Review, Vol. 94, No. 2, S. 251-267.

Pitcher, Abby 2002: Human Rights Violations in Welfare Legislation: Pushing Recipients Deeper into Poverty, Human Rights Project of the Urban Justice Center, New York, unter: http://urbanjustice.org/publications/index.html.

Pittz, William/Delgado, Gary 2002: Race and Recession, Applied Research Center, Oakland.

Piven, Frances Fox 1998: Welfare and Work, in: Social Justice, Vol. 25, No. 1, S. 67-81.

Piven, Frances Fox 1999: Der marktfreundliche US-amerikanische Sozialstaat, in: Lang u.a. (Hg.), a.a.O., S. 226-238.

Piven, Frances Fox 2001: Globalization, American Politics, and Welfare Policy, in: ANNALS, AAPSS, No. 577, S. 26-37.

Piven, Frances Fox/Acker, Joan/Hallock, Margaret/Morgen, Sandra (Hg.) 2002: Work, Welfare and Politics. Confronting Poverty in the Wake of Welfare Reform, University of Oregon Press, Eugene.

Piven, Frances Fox/Cloward, Richard A. 1977a: Regulierung der Armut. Die Politik der öffentlichen Wohlfahrt, Suhrkamp Verlag, Frankfurt a.M.

Piven, Frances Fox/Cloward, Richard A. 1977b: Poor People's Movements: Why They Succeed, How They Fail, Vintage Books, New York.

Piven, Frances Fox/Cloward, Richard C. 2000: Why Americans Still Don't Vote: And Why Politicians Want It That Way, Beacon Press, Boston.

Polit, Denise F./Nelson, Laura/Richburg-Hayes, Lashawn/Seith, David C. 2005: Welfare Reform in Los Angeles. Implementation, Effects, and Experiences of Poor Families and Neighborhoods, Manpower Demonstration Research Project, New York u.a., unter: http://www.mdrc.org/publications/415/overview.html.

Pollack, Wendy 2003: An Introdution to the Temporary Assistance for Needy Families Program, in: Journal of Poverty Law and Policy, Januar/Februar 2003, S. 449-464.

Prätorius, Rainer 1997: Die USA. Politischer Prozess und soziale Probleme, Leske + Budrich, Opladen.

Price, Charles 2005: Reforming Welfare Reform Postsecondary Education Policy: Two States Case Studies in Political Culture, Organizing, and Advocacy, in: Journal of Sociology and Social Welfare, Vol. 32, No. 3, S. 81-101.

Price, Charles/Steffy, Tracy/McFarlane, Tracy/Gittell, Marilyn 2003: Continuing a Commitment to the Higher Education Option: Model State Legislation, College Programs, and Advocacy Organizations That Support Access to Post-Secondary Education for Public Assistance Recipients, Howard Samuels State Management & Policy Center, City University of New York Graduate Center, New York, unter: http://web.gc.cuny.edu/howardsamuels.

Prince, Michael J. 2001: How Social is Social Policy? Fiscal and Market Discourse in North American Welfare States, in: Social Policy & Administration, Vol. 35, No. 1, S. 2-13.

Public Policy Institute of California 1997: Research Brief, Issue #5, Februar 1997, San Francisco, unter: http://www.ppic.org.

Public Policy Institute of California 2006: California's Changing Prison Population, San Francisco, unter: http://www.ppic.org.

Pulley, Michael 1997: Governor Wilson and Californian GOP Push for Harsh Welfare Cuts, in: Albion Monitor-News, Los Angeles, 15.3. 1997.

Purcell, Mark 2000: The Decline of the Political Consensus for Urban Growth: Evidence from Los Angeles, in: Journal of Urban Affairs, Vol. 22, No. 1, S. 85-100.

Purcell, Mark 2002: The State, Regulation, and Global Restructuring: Reasserting the Political in Political Economy, in: Review of International Political Economy, Vol. 9, No. 2, S. 298-332.

Purcell, Mark 2005: Urban Democracy and the Local Trap, in: Urban Studies, Vol. 43, No. 11, S. 1921-1941.

Quadagno, Jill S. 1988: From Old-Age Assistance to Supplement Security Income: The Political Economy of Relief in the South, in: Weir u.a. (Hg.), a.a.O., S. 235-263.

Quadagno, Jill S. 1994: The Color of Welfare. How Racism Undermined the War on Poverty, Oxford University Press, New York u.a.

Quadagno, Jill 1999: Creating a Capital Investment State: The New American Exceptionalism, in: American Sociological Review, Vol. 64, No. 1, S. 1-11.

Quadagno, Jill S./Rohlinger, Deana 2007: Religious Conservatives in U.S. Welfare State Policies, in: Manow, Philip/Van Kersbergen, Kees (Hg.), Religion and Western Welfare States, i.E.

Quadagno, Jill S./Street, Debra 2006: Recent Trends in U.S. Social Welfare Policy. Minor Retrenchment or Major Transformation?, in: Research on Aging, Vol. 28, No. 3, S. 303-316.

Quaid, Maeve 2002: Workfare. Why Good Policy Ideas Go Bad, University of Toronto Press, Toronto u.a.

Quint, Janet/Edin, Kathryn/Buck, Maria L./Fink, Barbara/Padilla, Yolanda/Simmons-Hewitt, Olis/Valmont, Mary Eustace 1999: Big Cities and Welfare Reform. Early Implementations and Ethnographic Findings from the Project on Devolution and Urban Change, Manpower Demonstration Research Corporation, New York u.a.

Rector, Robert E. 1995: Why Congress Must Reform Welfare, Heritage Foundation, Backgrounder Nr. 1063, Washington D.C., unter: http://www.heritage.org/Research/Welfare/BG1063.cfm.

Rector, Robert E. 2001: Means-Tested Welfare Spending: Past and Future Growth, Testimony Before the Committee on Budget, US House of Representatives, 7.3.2001, Washington D.C., unter: http://www.heritage.org/Research/Welfare/Test030701b.cfm.

Rector, Robert E./Youssef, Sarah E. 1999: The Determinants of Welfare Caseload Decline, The Heritage Foundation, Washington D.C., unter: http://www.heritage.org/Research/Welfare/CDA99-04.cfm.

Rees, Anita A. 2005: Poor Children and Families Protest State Budget Cuts, LIFETIME, Presseerklärung, 28.6.2005, San Francisco.

Reese, Ellen 2001: The Politics of Motherhood: The Restriction of Poor Mother's Welfare Rights in the United States, 1949-1960, in: Social Politics, Vol. 25, Summer 2005, S. 65-112.

Reese, Ellen 2002a: Coalitions, Strategic Campaigns, and Social Capital: Lessons from Two Welfare Rights Campaigns, unveröffentlichtes Manuskript.

Reese, Ellen 2002b: Resisting the Workfare State: Mobilizing General Relief Recipients in Los Angeles, in: Race, Gender, and Class, Vol. 9, No. 1, S. 72-95.

Reese, Ellen 2005: Backlash Against Welfare Mothers. Past and Present, University of California Press, Berkeley u.a.

Reese, Ellen/Giedraitis, Vincent/Vega, Eric 2003: Public Policy, Threats, and Popular Mobilization: Campaigns Against Welfare Privatization, Vortrag, Annual Meeting of the American Sociological Association in Atlanta, unveröffentlichtes Manuskript.

Reese, Ellen/Newcombe, Garnett 2003: Income Rights, Mothers' Rights, or Workers' Rights? Collective Action Frames, Organizational Ideologies, and the American Welfare Rights Movement, in: Social Problems, Vol. 50, No. 2, S. 294-318.

Regalado, James A. 1994: Community Coalition-Building, in: Baldassare (Hg.), a.a.O., S. 205-236.

Reich, Robert 1999: We Are All Third Wayers Now, in: American Prospect, März/April 1999, S. 46-51.

Reis, Claus 2003: Workfare – internationale Erfahrungen und ihre Resonanz in Deutschland, Frankfurt a.M., unter: http://www.good-practice.de/Workfare.doc.

Reisch, Michael 2006: Welfare Reform and the Transformation of the U.S. Welfare State, in: Kilty/Segal (Hg.), a.a.O., S. 69-80.

Reisch, Michael/Sommerfeld, David 2002: Race, Welfare Reform, and Nonprofit Organizations, in: Journal of Sociology and Social Welfare, Vol. 29, No. 11, S. 155-177.

Reissert, Bernd 2003: Europa und die Kommunen: Das Feld der Arbeitsmarkt- und Beschäftigungspolitik, in: Deutsche Zeitschrift für Kommunalwissenschaften, Vol. 42, No. 2, S. 12-29.

Renwick, Trudi 2003: TANF and Child Care Spending in New York: An Update, Fiscal Policy Institute, 28.4.2003, New York, unter http://www.fiscalpolicy.org.

Results 2001: How Does Your State Rate? An Examination of Low-Income Families Five Years After Welfare Reform, Washington D.C., unter: http://www.resultsusa.org.

Reynolds, David B. 2003: Introducing Today's Labor-Community Coalitions, in: Working USA, Vol. 6, No. 4, S. 49-60.

Rhomberg, Chris/Simmons, Louise 2005: Beyond Strike Support: Labor Community Alliances and Democratic Power in New Haven, in: Labor Studies Journal, Vol. 30, No. 3, S. 27-41.

Riccardi, Nicholas 2000a: County Nears Private Bids on Welfare Reform, in: Los Angeles Times, 8.2.2000, S. B5.

Riccardi, Nicholas 2000b: Political Struggle Centers on Welfare-to-Work Contractor, in: Los Angeles Times, 20.6.2000, S. B1.

Riccio, James/Friedlander, Daniel/Freedman, Stephen 1994: GAIN: Benefits, Costs, and Three-Year Impacts of a Welfare-to-Work Program, Manpower Demonstration Research Corporation, New York u.a.

Richardson, C. 2000: Activists Rush for School. The Champion Law that Benefits Students on Welfare, in: Daily News, 6.11.2000, S. 3.

Richer, Elise/Rahmanou, Heidieh/Greenberg, Mark 2003: Welfare Caseloads Increase in Most States in Fourth Quarter, Center for Law and Social Policy, Washington D.C., unter: http:/www.clasp.org/publications/caseload_2003_Q4.pdf.

Richmond, Erin Meehan 2001: The Interface of Poverty and Violence Against Women: How Federal and State Welfare Reform Can Best Respond, in: New England Law Review, Vol. 35, No. 2, S. 569-603.

Ridzi, Frank 2004: Making TANF Work: Organizational Restructuring, Staff Buy-In, and Performance Monitoring in Local Implementation, in: Journal of Sociology and Social Welfare, Vol. 31, No. 2, S. 27-48.

Ridzi, Frank/London, Andrew S. 2006: »It's Great When People Don't Even Have Their Welfare Cases Opened«: TANF Diversion as Process and Lesson, in: Review of Policy Research, Vol. 23, No. 3, S. 725-742.

Riedinger, Susan A./Laudan, Aron Y./Loprest, Pamela J/O'Brien, Carolyn T. 1999: Income Support and Social Services for Low-Income People in New York, Urban Institute, Washington D.C., unter: http://www.urban.org/url.cfm?ID=310167.

Rieff, David 1992: Los Angeles: Capital of the Third World, Simon and Schuster, New York.

Rieger, Elmar/Leibfried, Stephan 2001: Grundlagen der Globalisierung. Perspektiven des Wohlfahrtsstaates, Suhrkamp Verlag, Frankfurt a.M.

Riemer, Frances Julia 2001: Working at the Margins. Moving Off Welfare in America, State University of New York Press, Albany.

Rimlinger, Gaston V. 1971: Welfare Policy and Industrialization in Europe, America, and Russia, Jon Wiley & Sons, New York.

Rinquist, Evan J./Hill, Kim Quaile/Leighley, Jan E./Hinston-Andersson, Sue 1997: Lower-Class Mobilization and Policy Linkages in the U.S. States: A Correction, in: American Journal of Political Science, Vol. 41, No. 1, S. 339-344.

Rivera, Carla 1999a: Creation of Jobs Urged for Aid Cases, in: Los Angeles Times, 24.6.1999, S. B1.

Rivera, Carla 1999b: Welfare Time Limit Boosts Hunger and Homelessness, 2 Studies Find, in: Los Angeles Times, 28.4.1999, unter: http://www.latimes.com/home/news/state/t000038004.html.

Rivera, Carla 1999c: Supervisors Delay General Relief Cutoff, in: Los Angeles Times, 17.11.1999, S. B1.

Rivera, Carla 2000: County May Be Told to Spend Welfare Money, in: Los Angeles Times, 11.2.2000, S. B3.

Rivera-Batiz, Francisco L. 2002: The Socioeconomic Status of Hispanic New Yorkers: Current Trends and Future Prospects, Pew Hispanic Center, New York, unter: http://www.pewhispanic.org.

Roberts, Bob 2002: The Big Idea: Meet the New Boss. Are Advocates for the Poor Giving in to Workfare – or Lobbying for Better Jobs?, in: City Limits Monthly, April 2002, New York, unter: http://www. citylimits.org/content/articles/articleView.cfm?articlenumber=781.

Roberts, Dorothy E. 1996: Welfare and the Problem of Black Citizenship, in: The Yale Law Journal, Vol. 105, No. 6, S. 1563-1602.

Roberts, Dorothy E. 1997: Killing the Black Body: Race, Reproduction, and the Meaning of Liberty, Pantheon Books, New York.

Roberts, Dorothy E. 1999: Welfare's Ban on Poor Motherhood, in: Mink (Hg.), a.a.O., S. 152-167.

Roberts, Sam 2006: Census Figures Show Scant Improvements in City Poverty Rate, in: New York Times, 30.8.2006, unter: http://www. nytimes.com/2006/08/30/nyregion/30income.html.

Robertson, David Brian 1989: The Bias of American Federalism: The Limits of Welfare-State-Development in the Progressive Era, in: Journal of Policy History, Vol. 3, No. 1, S. 261-289.

Rock, JoAnn 2002: Stepping Out on Faith. New York City's Charitable Choice Demonstration Program, New York.

Rockeymore, Maya/Cox, Kenya 2002: Differences in TANF Support Service Utilization: Is There Adequate Monitoring to Insure Program Quality, National Urban League, Washington D.C.

Rodgers, Harell R. 2000: American Poverty on a New Era of Reform, M.E. Sharpe, Armonk u.a.

Rodgers, Harrell R. 2003: Welfare Reform: Making Work Really Work, in: Policy Studies Journal, Vol. 31, No. 1, S. 89-100.

Rodgers, Harrell R. 2005: Evaluating the Devolution Revolution, in: Review of Policy Research, Vol. 22, No. 3, S. 275-299.

Rodgers, Harrell R./Payne, Lee/Chervachidze, Serguei 2006: State Poverty Rates: Do the New Welfare Policies Make a Difference?, in: Review of Policy Research, Vol. 23, No. 3, S. 657-679.

Rodriguez-Pose, Andrés/Gill, Nicholas 2004: Is There a Global Link Between Regional Disparities and Devolution?, in: Environment and Planning, Vol. 36, No. 4, S. 2097-2117.

Rogers-Dillon, Robin H. 2004: The Welfare Experiments. Politics and Policy Evaluation, Stanford University Press, Stanford.

Romney, Lee 2001: Jobs Program a Model of Success, in: Los Angeles Times, 12.12.2001, S. B4.

Rose, Fred 2000: Coalitions Across the Class Divide: Lessons from the Labor, Peace, and Environmental Movements, Cornell University Press, Ithaca.

Rose, Nancy E. 1995: Workfare or Fair Work. Women, Welfare and Government Work Programs, Rutgers University Press, New Brunswick.

Rose, Nikolas 2000: Tod des Sozialen? Eine Neubestimmung der Grenzen des Regierens, in: Bröckling, Ulrich/Krasman, Susanne/Lemke, Thomas (Hg.), Gouvernmentalität der Gegenwart. Studien zur Ökonomisierung des Sozialen, Suhrkamp Verlag, Frankfurt a.M., S. 72-109.

Rosenof, Theodore 1997: Economic in the Long Run: New Deal Theorists and Their Legacies, University of North Carolina Press, Chapel Hill.

Ross, Fiona 1999: Implementing Welfare Retrenchment and the New Social Regulation: Goals, Institutions and Ideas, Vortrag, 27th Annual Meeting of the Consortium for Political Research, 26.-31.3.1999, Mannheim, unter: http://www.essex.ac.uk/ecpr/events/jointsessions/paperarchive/mannheim/w1/roos.pdf.

Roth, William 2002: The Assault on Social Policy, Columbia University Press, New York.

Rougeau, Vincent D. 2003: A Crisis of Caring: A Catholic Critique of American Welfare Reform, in: Harvard Journal of Law and Public Policy, Vol. 27, No. 1, S. 101-120.

Rowe, Gretchen/Russell, Victoria 2004: The Welfare Rules Databook. State TANF Policies as of July 2002, Urban Institute, Assessing the New Federalism, Washington D.C., unter: http://www.urban.org/cfm?ID=31109.

Rowe, Gretchen/Versteeg, Jeffrey 2005: The Welfare Rules Databook. State TANF Policies as of July 2003, Urban Institute, Assessing the New Federalism, Washington D.C., unter: http://www.urban.org/cfm?ID=411183.

Rowland, Diana/Hoffmann, Catherine 2005: The Impact of Health Insurance in Coverage on Health Disparities in the United States, Human Development Programme, New York, unter: http://hdr.undp.org/docs/publications/background_papers/2005/HDR2005_Rowland_Diane_and_Catherine_Hoffman_34.pdf.

Rubinowitz, S. 1994: Rudy's Budget Boss Readies Ax, in: New York Post, 18.1.1994, S. 3.

Russell, Marta 2000: Backlash, the Political Economy, and Structural Exclusion, in: Berkeley Journal of Employment & Labor Law, Vol. 21, No. 1, S. 335-366.

Sainsbury, Diane 1996: Gender, Equality and Welfare States, Cambridge University Press, Cambridge.

Saito, Kim 2002: Southern California: Record Poverty and Industrial Decay, unter: http://www.wsws.org/articles/2002/jul2002/cali-j13_prn.shtml.

Sandercock, L. 1998: Towards Cosmopolis: Planning for Multicultural Cities, John Wiley & Sons, New York.

Sanders, Elizabeth 1999: Roots of Reform: Farmers, Workers and the American State, 1877-1917, University of Chicago Press, Chicago.

Sandoval, Juan Onésimo 2006: State TANF Policy Trends and the Emerging Geography of Vulnerability, Institute for Policy Research Northwestern University, Working Paper Series, WP-06-15, Evanston, unter: http://www.northwestern.edu/ipr.

Sanger, Bryna M. 2003: The Welfare Market Place. Privatization and Welfare Reform, Brookings Institution Press, Washington D.C.

Sapiro, Virginia 1986: The Gender Basis of American Social Policy, in: Political Science Quarterly, Vol. 101, No. 3, S. 221-238.

Sassen, Saskia 1991a: The Global City: New York, London, Tokyo, Princeton University Press, Princeton.

Sassen, Saskia 1991b: The Informal Economy, in: Mollenkopf/Castells (Hg.), a.a.O., S. 79-101.

Sassen, Saskia 1993: Global City: Internationale Verflechtungen und ihre innerstädtischen Effekte, in: Häußermann/Siebel (Hg.), a.a.O., S. 71-90.

Sassen, Saskia 1999: Whose City Is It? Globalization and the Formation of New Claims, in: Beauregard/Body-Gendrot (Hg.), a.a.O., S. 99-118.

Sassen, Saskia 2000: Dienstleistungsökonomien und die Beschäftigung von MigrantInnen in Städten, in: Schmals, Klaus M. (Hg.), Migration und Stadt, Leske + Budrich, Opladen, S. 87-113.

Sassen, Sakia 2001: The City: Between Topographic Representation and Spatialized Power Projects, in: Art Journal, Vol. 60, No. 2, S. 12-20.

Saunders, Lee 2002: Testimony Before the Subcommittee on Human Resources of the House Committee on Ways and Means, Hearing on Welfare Reauthorization Proposals, 11.4.2002, Washington D.C., unter: http://waysandmenas.house.gov/legacy/humres/107cong/4-11-02.

Savas, E.S. (Hg.) 2005: Managing Welfare Reform in New York City, Roman & Littlefield, Lanham u.a.

Sawhill, Isabel V. (Hg.) 1995: Welfare Reform: An Analysis of the Issues, Urban Institute, Washington D.C.

Sawicky, Max B. (Hg.) 1999: The End of Welfare? Consequences of Federal Devolution for the Nation, Economic Policy Institute, M.E. Sharpe, Armonk u.a.

Saxton, Gregory D./Hoene, Christopher W./Erie, Steven P. 2001: Fiscal Constraints and the Loss of Home Rule. The Long-Term Impacts of California's Post-Proposition 13 Fiscal Regime, in: American Review of Public Administration, Vol. 32, No. 4, S. 423-454.

Schattschneider, E. E. 1960: The Semisovereign People, Holt, Rinehart and Winston, New York.

Schelke, Waltraud 2000: Vom großen Bruder lernen? Der Earned Income Tax Credit im US-amerikanischen Workfare-System, in: Schupp, Jürgen/Solga, Heike (Hg.), Niedrig entlohnt = niedrig qualifiziert? Chancen und Risiken eines Niedriglohnsektors, unter: http://www.mpiblin.mpg.de/en/institut/dok/full/solga/e2000.1336/index/Papers/Schelkle.pdf.

Schildt, Georg 2002: Zwischen Freiheit des Einzelnen und Wohlfahrtsstaat. Amerikanische Sozialpolitik im 20. Jahrhundert, Schöningh Verlag, Paderborn u.a.

Schleiter, Mary Kay/Statham, Anne/Rhoades, Katherine 2002: Resistance and Transformation Among Women Impacted by Welfare Reform in Wisconsin, USA, Vortrag, XV. World Congress of the International Sociological Association, Juli 2002, Brisbane.

Schmidt, Manfred G. 2003: Vergleichende Policy-Forschung, in: Berg-Schlosser, Dirk/Müller-Rommel, Ferdinand (Hg.), Vergleichende Politikwissenschaft, Leske + Budrich, Opladen, S. 261-276.

Schmidt, Manfred G. 2004: Wörterbuch zur Politik, Kröner Verlag, Stuttgart.

Schneider, Jo Anne 2006: Social Capital and Welfare Reform: Organizations, Congregations, and Communities, Columbia Press University, New York u.a.

Schneier, Edward/Murtaugh, John Brian 2001: New York Politics. A Tale of Two States, M.E. Sharpe, New York u.a.

Schram, Sanford F. 1995: Words of Welfare. The Poverty of Social Science and the Social Science of Poverty, University of Minnesota Press, Minneapolis u.a.

Schram, Sanford F. 2000: In the Clinic. The Medicalization of Welfare, in: Social Text, Vol. 18, No. 1, S. 81-107.

Schram, Sanford F. 2004: »Aufstand der Armen«, in: Das Argument, 46. Jg., Nr. 256, S. 529-533.

Schram, Sanford F. 2006a: Uncaring Neoliberal Paternalism: A Compassionate Response to the Punitive Turn in Poverty Management, Vortragsmanuskript, Symposium »In/Dependence: Disability, Welfare, and Age«, University of Wisconsin, Milwaukee, 7.4.2006, unter: http://www.uwm.edu/Dept/21st/conferences/schrampaper.pdf.

Schram, Sanford F. 2006b: The New Poverty Research, unter: http://www.uwm.edu/Dept/21st/conferences/New_poverty_research-3.pdf.

Schram, Sanford F. 2006c: Welfare Discipline: Discourse, Governance, and Globalization, Temple University Press, Philadelphia.

Schram, Sanford F./Beer, Samuel H. (Hg.) 1999: Welfare Reform: A Race to the Bottom?, John Hopkins University Press, Baltimore/London.

Schram, Sanford F./Neisser, Philip T. (Hg.) 1997: Tales of the State. Narratives in Contemporary U.S. Politics and Public Policy, Rowman & Littlefield Publishers, Lanham u.a.

Schram, Sanford F./Soss, Joe 1998: Making Something Out of Nothing: Welfare Reform and a New Race to the Bottom, in: Publius: The Journal of Federalism, Vol. 28, No. 3, S. 67-88.

Schram, Sanford F./Soss, Joe 2001: Success Stories: Welfare Reform, Policy Discourse, and the Politics of Research, in: ANNALS, AAPSS, No. 577, S. 49-65.

Schram, Sanford F./Soss, Joe/Fording, Richard C. (Hg.) 2003: Race and the Politics of Welfare Reform, University of Michigan Press, Ann Arbor.

Schram, Sanford F./Turbett, Patrick J. 1983: Civil Disorder and the Welfare Explosion: A Two-Step Process, in: American Sociological Review, Vol. 48, No. 3, S. 408-414.

Schuck, Peter H. 2003: Diversity in America: Keeping Government at a Safe Distance, Harvard University Press, Cambridge.

Schumpeter, Joseph A. 1974: Kapitalismus, Sozialismus und Demokratie, UTB, München.

Schwinn, Steven 2004: Toward a More Expansive Welfare Devolution Debate, University of Maryland School of Law Legal Studies Research Paper, No. 2004-20, unter: http://www.ssrn.com.

Scott, Allan J. 1993: Technopolis: High Technology Industry and Regional Development in Southern California, University of California Press, Berkeley u.a.

Scott, Allan J./Brown, Richard E. (Hg.) 1993: South-Central Los Angeles: Anatomy of an Urban Crisis, The Lewis Center for Regional Policy Studies, UCLA, Los Angeles.

Scraton, Phil 2004: Streets of Terror: Marginalization, Criminalization, and Authoritarian Renewal, in: Social Justice, Vol. 31, No. 1-2, S. 130-146.

Secombe, Karen 1999: So You Think I Drive a Cadillac? Welfare Recipient's Perspective on the System and Its Reform, Allyn and Bacon, Boston.

Seeleib-Kaiser, Martin 2000: Kulturelle und politisch-institutionelle Determinanten des US-amerikanischen Wohlfahrtsstaates, in: Obinger/ Wagschal (Hg.), a.a.O., S. 95-129.

Seeleib-Kaiser, Martin 2001: Globalisierung und Sozialpolitik. Ein Vergleich der Diskurse und Wohlfahrtssysteme in Deutschland, Japan und den USA, Campus Verlag, Frankfurt a.M. u.a.

Seeleib-Kaiser, Martin/Gebhardt, Thomas 1997: Gesellschaftliche Bedingungsfaktoren der US-amerikanischen »Sozialhilfereform«, in: WSI-Mitteilungen, Nr. 10/1997, S. 713-721.

SEIU 660 (Service Employees International Union, Local 660) 1998: GAIN Participants in Work Experience in LA County, unveröffentlichtes Dokument.

Shapiro, Isaac/Lazere, Ed/Greenstein, Robert 1991: The States and the Poor: How Budget Decisions Affected Low Income People, Center on Budget and Policy Priorities, Washington D.C.

Shaw, Kathleen 2004: Using Feminist Critical Analysis in the Realm of Higher Education: The Case of Welfare Reform as Gendered Educational Policy, in: The Journal of Higher Education, Vol. 75, No. 1, S. 56-79.

Shefter, Martin 1985: Political Crisis/Fiscal Crisis: The Collapse and Revival of New York City, Basic Books, New York.

Shelter Partnership 1999a: Two Coordinated Studies Released Today Show Increased Hardship and Misery Caused by Cut-Offs, Presseerklärung, 27.4.1999, Los Angeles.

Shelter Partnership 1999b: Notice of Changes of the General Relief Program, Presseerklärung, 26.1.1999, Los Angeles.

Shelter Partnership and Public Counsel Law Center 2001: A Survey of General Relief Recipients. Housing, Utilization of Systems of Care, and Employability Status, Los Angeles.

Sherman, Arloc/Fremstead, Shawn/Parrott, Sharon 2004: Employment Rates for Single Mothers Fell Substantially During Recent Period of Labor Market Weakness, Center on Budget and Policy Prioritites, Washington D.C., unter: http://www.cbpp.org.

Sherwood, Kay E. 2005: Managing the Welfare System with JobStat, in: Savas (Hg.), a.a.O., S. 105-145.

Shragge, Eric (Hg.) 1997: Workfare. Ideology for a New Underclass, Garamond Press, Toronto.

Siegel, Fred 1997: The Future Once Happened Here. New York, D.C., L.A., and the Fate of America's Big Cities, The Free Press, New York u.a.

Silva, Milagros 1999: NY ACORN/WEP Workers Organizing Committee, in: Poverty & Race, Juli/August 1999, unter: http://www.prrac. org/full_text.php?text_id=163.

Simmons, Louise 2002: Unions and Welfare Reform: Labor's Stake in the Ongoing Struggle Over the Welfare State, in: Labor Studies Journal, Vol. 27, No. 2, S. 65-83.

Singer, Audrey 2004: Welfare Reform and Immigrants, in: Kretsedemas, Philip/Aparicio, Ana (Hg.), Immigrants, Welfare Reform, and the Poverty of Policy, Praeger Publishers, Westport, S. 21-34.

Sites, William 2003: Remaking New York. Primitive Globalization and the Politics of Urban Community, University of Minnesota Press, Minneapolis u.a.

Skocpol, Theda 1992: Protecting Soldiers and Mothers: The Political Origins of Social Policy in the United States, Harvard University Press, Cambridge.

Skocpol, Theda 1995: Social Policy in the United States, Princeton University Press, Princeton.

Skocpol, Theda 2001: Das bürgergesellschaftliche Amerika, in: Putnam, Robert (Hg.), Gesellschaft und Gemeinsinn, Bertelsmann Verlag, Gütersloh, S. 593-654.

Skocpol, Theda/Abend-Wein, Marjorie/Howard, Christoph/Lehmann, Susan 1993: Women's Associations and the Enactment of Mothers' Pensions in the United States, in: American Political Science Review, Vol. 87, No. 3, S. 686-701.

Skocpol, Theda/Ikenberry, John 1983: The Political Formation of the American Welfare State in Historical and Comparative Perspective, in: Tomasson, Richard F. (Hg.), Comparative Social Research 6: The Welfare State, 1883-1983, JAI Press, London, S. 87-148.

Skocpol, Theda/Pierson, Paul 2002: Historical Institutionalism in Contemporary Political Science, in: Katznelson, Ira/Milner, Helen (Hg.), Political Science: The State of the Discipline, Norton and Company, New York u.a., S. 693-721.

Skrentny, John D. 2002: The Minority Rights Revolution, Belknap Press of Harvard University, Cambridge.

Slessarev, Helene 1988: Racial Tensions and Institutional Support: Social Programs During a Period of Retrenchment, in: Weir u.a. (Hg.), a.a.O., S. 357-379.

Slessarev-Jamir, Helene 2004: Exploring the Attraction of Local Congregations to Community Organizing, in: Nonprofit and Voluntary Sector Quarterly, Vol. 33, No. 4, S. 585-605.

Smeeding, Timothy/Rainwater, Lee/Burtless, Gary 2001: United States Poverty in a Cross-National Context, in: FOCUS, Vol. 21, No. 3, S. 50-54.

Smith, Courtney/Golonka, Susan/Kramer, Frederica D. 2001: The Evolving Nature of Welfare Reform: Where We Stand on the Eve of Reauthorization, NGA Center for Best Practice, unter: http://www.nga.org/cda/files/072001WelfareReform.pdf.

Smith, Dennis C./Grinker, William J. 2005: The Transformation of Social Services Management in New York City: »CompStating« Welfare, Seedco, New York, unter: http://www.seedco.org/publications/publications/compstating_welfare.pdf.

Smith, Mark 1997a: The Nature of Party Governance: Connecting Conceptualization and Measurement, in: American Journal of Political Science, Vol. 41, No. 3, S. 1042-1056.

Smith, Martin 1997b: The Rise and Decline of the California Legislature, in: Lubenow/Cain (Hg.), a.a.O., S. 3-18.

Smith, Michael Peter 2001: Transnational Urbanism. Locating Globalization, Blackwell, Oxford u.a.

Smith, Neil 1984: Uneven Development: Nature, Capital and the Production of Space, Blackwell, Oxford u.a.

Smith, Neil 1996: The New Urban Frontier. Gentrification and the Revanchist City, Routledge, London u.a.

Smith, Neil 1999: Which New Urbanism? New York City and the Revanchist 1990s, in: Beauregard/Body-Gendrot (Hg.), a.a.O., S. 185-208.

Smith, Rogers M. 1997: Civil Ideas: Conflicting Visions of Citizenship in U.S. History, Yale University Press, New Haven.

Smith, Whitney/Wittner, Jenny/Spence, Robin/Van Kleunen, Andy 2002: Skills Training Works: Examining the Evidence, The Workforce Alliance, Washington D.C.

Soja, Edward W. 1991: Poles Apart: Urban Restructuring in New York and Los Angeles, in: Mollenkopf/Castells (Hg.), a.a.O., S. 359-376.

Soja, Edward W. 2000: Postmetropolis. Critical Studies of Cities and Regions, Blackwell, Oxford u.a.

Solomon, Norman 1998: The Manhattan Institute: Launch Pad for Conservative Authors, Institute for Public Accurancy, unter: http://www.accuracy.org/article.phb?articleId=49&pf=yes.

Solow, Robert M. 1998: »Guess Who Pays for Workfare?«, in: The New York Book Review of Books, 5.11.1998, S. 27-37.

Sommerfeld, David/Reisch, Michael 2004: Unintended Consequences: The Impact of Welfare Reform in the United States on NGOs, in: Voluntas: International Journal of Voluntary and Nonprofit Organizations, Vol. 14, No. 3, S. 299-320.

Sonenshein, Raphael J. 1993: Politics in Black and White: Race and Power in Los Angeles, Princeton University Press, Princeton.

Sosin, Michael R. 1986: Legal Rights and Welfare Change, 1960-1980, in: Danziger, Sheldon H./Weinberg, Daniel H. (Hg.), Fighting Poverty: What Works and What Doesn't, Harvard University Press, Cambridge, S. 260-283.

Soss, Joe 1999: Lessons on Welfare: Policy Design, Political Learning, and Political Action, in: American Political Science Review, No. 93, S. 363-380.

Soss, Joe/Fording, Richard/Schram, Sanford F. 2006: The Color of Devolution: Race, Federalism, and the Politics of Social Control, La Follette School of Public Affairs, University of Wisconsin Madison, Working Paper Series No. 2006-026, Madison, unter: http://www.lafollette.wisc.edu/publications/workingpapers.

Soss, Joe/Schram, Sanford F./Vartanian, Thomas P./O'Brien, Erin 2001: Setting the Terms of Relief: Explaining State Policy Choices in the Devolution Revolution, in: American Journal of Political Science, Vol. 45, No. 2, S. 378-395.

Southern California Association of Governments 2006: The State of The Region 2006, Los Angeles, unter: http://www.scag.ca.gov/publications.

Southern California Studies Center/The Brookings Institution (Hg.) 2001: Sprawls Hits the Wall. Confronting the Realities of Metropolitan Los Angeles, University of Southern California, Los Angeles, unter: http://www.cp-dr.com/pdfs/sprawl_bw.pdf.

Spalter-Roth, Roberta/Barr, Beverly/Hartmann, Heidi/Shaw, Lois 1995: Welfare That Works: The Working Lives of AFDC-Recipients, Institute for Women's Policy Research, Washingthon D.C., unter: http://www.ncrw.org/digest/iwpr.htm.

Sparks, Holloway 2003: Queens, Teens, and Model Mothers. Race, Gender, and the Discourse of Welfare Reform, in: Schram u.a. (Hg.), a.a.O., S. 171-195.

Spatz, Diana/Katz, Sheila 2005: Family Violence is Not an Option! The Failure of CalWORKs to Serve Battered Women with Children, LIFETIME Policing Briefing, Washington D.C.

Stabile, Susan J. 2004: Subsidiarity and the Use of Faith-Based Organizations in the Fight Against Poverty, unter: http://www.mirrorof justice.com/mirrorofjustice/stabile/subsidiaritypoverty.pdf.

Stacey, Judith 1998: The Right Family Values, in: Lo/Schwartz (Hg.), a.a.O., S. 267-290.

Staeheli, Lynn A. 2003: Cities and Citizenship, in: Urban Geography, Vol. 24, No. 2, S. 97-103.

Staeheli, Lynn A./Kodras, Janet E./Flint, Colin (Hg.) 1997: State Devolution in America. Implications for a Diverse Society, Urban Affairs Annual Reviews 48, Sage Publications, London u.a.

Standing, Guy 1990: The Road to Workfare: Alternative to Welfare or Threat to Occupation?, in: International Labour Review, Vol. 129, No. 6, S. 677-691.

Standing, Guy 2002: Beyond the New Paternalism. Basic Security as Equality, Verso, London u.a.

Staral, Janice M. 2004: Seeking Justice: Faith-based Community Organizing: Not Faith-based Initiatives, in: Humanity & Society, Vol. 28, No. 2, S. 151-159.

Stefanski, Dorothy 2001: Community Spotlight: Los Angeles Alliance for a New Economy, Los Angeles, unter: http://www.rhino.com/rzine/StoryKeeper.lasso?StoryID=52.

Steinberg, James B./Lyon, David W. (Hg.) 1992: Urban America. Policy Choices for Los Angeles and the Nation, RAND, Santa Monica.

Stettner, Andrew 2001: Statement of Community Voices Heard and Georgetown University Graduate Public Policy Institute, Committee on Ways and Means, U.S. House of Representtaives, 3.4.2001, Washington D.C., unter: http://waysandmeans.house.gov/legacy/hu mres/107cong/4-3-01/record/community.htm.

Steuerle, Eugene C./Mermin, Gordon 1997: Devolution as Seen from the Budget, Urban Insitute, Assessing the New Federalism, Issues and Options for States, Series A, No. A-2, Januar 1997, Washington D.C., unter: http://www.urban.org/url.cfm?ID=307034.

Stobbe, Holger 2004: Undokumentierte Migration in Deutschland und den Vereinigten Staaten. Interne Migrationskontrollen und die Handlungsspielräume von Sans Papiers, Universitätsverlag Göttingen, Göttingen.

Stoesz, David 2002: The American Welfare State at Twilight, in: Journal of Social Policy, Vol. 31, No. 3, S. 487-503.

Stoll, Michael A. 2004: Geographic Mismatch, Job Search, and Race, Institute for the Research on Poverty, Discussion Paper No. 1288-04, University of Wisconsin-Madison, Madison, unter: http://www.irp. wisc.edu/publications/dps/dpabs2004.htm.

Stoll, Michael A. 2006: Race, Place and Poverty Revisited, National Poverty Center, Working Paper Series No. 06-14, unter: http://www. npc.umich.edu/publications/working_papers.

Stone, Clarence 2005: Looking Back to Look Forward. Reflections on Urban Regime Analysis, in: Urban Affairs Review, Vol. 40, No. 3, S. 309-341.

Strawn, Julie 1998: Beyond Job Search or Basic Education. Rethinking the Role of Skills in Welfare Reform, Center for Law and Social Policy, Washington D.C.

Strawn, Julie 2004: Why Congress Should Expand, Not Cut, Access to Long-Term Training in TANF, Center for Law and Social Policy, Februar 2004, Washington D.C., unter: http://www.clasp.org/publica tions/TANF_Postsec.pdf.

Sturm, Roland 1997: Föderalismus in Deutschland und in den USA – Tendenzen der Angleichung?, in: Zeitschrift für Parlamentsfragen, 2/1997, S. 335-345.

Sunstein, Cass R. 2003: Why Does the American Constitution Lack Social and Economic Guarantees? The Law School, University of Chicago, Chicago, unter: http://www.law.uchicago.edu/academics/pub liclaw/index.html.

Swyngedouw, Erik 1997: Neither Global Nor Local: »Glocalization« and the Politics of Scale, in: Cox, Kevin Robert (Hg.), Spaces of Globalization: Reasserting the Power of the Local, Guilford Press, New York, S. 137-166.

Swyngedouw, Erik 2000: Authoritarian Governance, Power, and the Politics of Rescaling, in: Environment and Planning (Society and Space), Vol. 18, No. 1, S. 63-76.

Swyngedouw, Erik 2005: Governance Innovation and the Citizen: The Janus Face of Governance-beyond-the-State, in: Urban Studies, Vol. 42, No. 11, S. 1191-2006.

Szanton, Peter L. 1991: The Remarkable »Quango«: Knowledge, Politics, and Welfare Reform, in: Journal of Policy Analysis and Management, Vol. 10, No. 4, S. 590-602.

Tabb, William K. 1982: The Long Default: New York City and the Urban Fiscal Crisis, Monthly Review Press, New York.

Tait, Vanessa 1998: Knocking at Labor's Door: Workfare Workers Organize, in: New Labor Forum, Vol. 3, No. 3, S. 139-150.

Takahashi, Beverly 2003: A New Paradigm for the Labor Movement: New Federalism's Unintended Consequences, in: International Journal of Politics, Culture and Society, Vol. 17, No. 2, S. 261-278.

Tanner, Michael D. 2003: The Poverty of Welfare Reform. Helping Others in Civil Society, Cato Institute, Washington D.C.

Task Force on Inequality and American Democracy 2004: American Democracy in an Age of Rising Inequality, in: Perspectives on Politics, Vol. 2, No. 2, S. 651-666.

Teles, Steven M. 1996: Whose Welfare? AFDC and Elite Politics, University Press of Kansas, Lawrence.

Temple-Davidson, Dina 2005: State Law Change Modifies City's Workfare Rules, in: The New York Sun, 26.4.2005, unter: http://www.nysun.com/pf.php?id=12863.

Tepper, Paul/Simpson, Jessica Barrett 2003: The Puzzle of the Los Angeles Economy. A Look at the Last Thirty Years, Institute for the Study of Homelessness and Poverty Los Angeles, unter: http://www.weingart.org/institute.

Tepperman, Jean 2002: A Chance to Change Welfare, unter: http://www.4children.org/news/502welf.htm.

Terry, Larry D. 2005: The Thinning of Administrative Institutions in the Hollow State, in: Administration & Society, Vol. 37, No. 4, S. 426-444.

Thelen, Kathleen 1999: Historical Institutionalism in Comparative Politics, in: Annual Review of Political Science, Vol. 2, No. 1, S. 369-404.

Theodore, Nikolas/Peck, Jamie 1999: Welfare-to-Work: National Problems, Local Solutions?, in: Critical Social Policy, Vol. 19, No. 4, S. 485-510.

Tilly, Chris 1996: Workfare's Impact on the New York City Labor Market: Lower Wages and Worker Displacement, Working Paper Nr. 92, Russell Sage Foundation, New York.

Titmuss, Richard M. 1974: Social Policy, Allen & Unwin, London.

Tolbert, Caroline J./Hero, Rodney E. 1996: Race/Ethnicity and Direct Democracy: An Analysis of California's Illegal Immigration Initiative, in: The Journal of Politics, Vol. 58, No. 3, S. 806-818.

Tomasi, John 2004: Should Political Liberals Be Compassionate Conservatives? Philosophical Foundations of the Faith-Based Initiatives, in: Social Philosophy & Policy Foundation, Vol. 21, No. 1, S. 322-345.

Toy, Vivian S. 1998: Tough Workfare Rules Used as Way to Cut Welfare Rolls, in: The New York Times, 15.4.1998, S. A1.

Trantner, Revan 1997: Cities, Counties, and the State – From Prop. 13 to 218, in: Lubenow/Cain (Hg.), a.a.O., S. 63-86.

Trattner, Walter 1999: From Poor Law to the Welfare State: A History of Social Welfare Policies in America, The Free Press, New York.

Tucker, William 2003: Spending Their Way Out of Debt: The New York Solution to a Budget Crisis, in: Weekly Standard, 26.5.2003, S. 28.

Tweedie, Jack 1994: Ressources Rather Than Needs: A State-Centered Model of Welfare Policymaking, in: American Journal of Political Science, Vol. 38, No. 3, S. 651-672.

Twombly, Eric C. 2001: Welfare Reform's Impact on the Failure of Nonprofit Human Service Providers, Urban Institute, Washington D.C., unter: http://www.urban.org/UploadedPDF/cnp_9.pdf.

Ucello, Cori E./Gallagher, Jerome L. 1997: General Assistance. The State-Based Part of the Safety Net, Urban Institute, Assessing New Federalism: Issues and Options for States, Series, No. A-4, Januar 1997, Washington D.C., unter: http://www.urban.org/UploadedPDF/Anf_4.pdf.

Uitermark, Justus 2005: The Genesis and Evolution of Urban Policy: A Confrontation of Regulationist and Governmentality Approaches, in: Political Geography, Vol. 24, No. 3, S. 137-163.

United Nations Development Programme 2005: Human Development Report 2005, New York, unter: http://hdr.undp.org/reports/global/2005.

United Way of Greater Los Angeles 1999: State of the County Report: Los Angeles 1998-1999, Los Angeles.

United Way of Greater Los Angeles 2000: State of the County Report: Los Angeles 1998-99, Los Angeles.

United Way of Greater Los Angeles 2007: State of Women LA County Report 2007, Los Angeles.

United Way of New York City 1997: Low-Income Populations in New York City: Economic Trends and Social Welfare Programs 1996, New York.

United Way of New York City 2002: Slicing the Apple. Need Admidst Affluence in New York City, Summary Report, Mai 2002, New

York, unter: http://www.abtassoc.com/reports/ES-apple_full_report. pdf.

United Way of New York City/Appleseed 2003: Analysis of 2000 Census and NYS Department of Labor Data, New York.

Urban Institute 2006: A Decade of Welfare Reform: Facts and Figures, Assessing the New Federalism, Washington D.C., unter: http://www. urban.org/publications/900980.html.

US Bureau of the Census 1999: Poverty in the United States, Washington D.C., unter: http://www.census.gov.

US Census Bureau News 2000: African Americans Defy Trend of Plunging Voter Turnout, Census Bureau Reports, Washington D.C., unter: http://www.census.gov/Press-Release/www.releases/archives.

US Conference of Mayors 2005: U.S. Conference of Mayors – Sodexho, Inc. Hunger and Homeless Survey 2005, Presserklärung, 19.12.2005, Washington D.C., unter: http://www.us.mayors.org.

US Department of Agriculture 1999: New York Program Access Review, November-December 1998, 5.2.1999, Washington D.C., unter: http://www.nclej.org/contents/webbul/nyprog5.pdf.

US Department of Agriculture 2007: Food Stamps Program. Most Frequently Asked Questions, Washington D.C., unter: http://www.fns. usda.gov/fsp/faqs.htm#23.

US Department of Health and Human Services 2001: Temporary Assistance for Needy Families (TANF) Program, Office of Planning, Research and Evaluation, 3. Jahresbericht an den Kongress, Washington D.C., unter: http://www.acf.hhs.gov/programs/ofa/annual report3/html.

US Department of Health and Human Services 2004: Temporary Assistance for Needy Families (TANF) Program, Office of Planning, Research and Evaluation, 6. Jahresbericht an den Kongress, Washington D.C., unter: http://www.acf.hhs.gov/programs/ofa/annual report6/html.

US Department of Health and Human Services 2005: Welfare Research and Technical Assistance, Administration for Children and Families, Washington D.C., unter: http://www.acf.hhs.gov/programs/cb/stats _research/index.htm.

US Department of Health and Human Services 2006: Welfare Reform Reauthorized. Healthy Marriages, Fatherhood Initiative Approved/ Work Requirements Strengthened, Presseerklärung, 8.2.2006, Washington D.C., unter: http://www.hhs.gov/news.

US Department of Health and Human Services, Administration for Children & Families 2005: Caseload Reduction Credits, unter: http:// www.acf.dhhs.gov/programs/ofa/particip/2003/table02.htm.

US Department of Health and Human Services, Office of Family Assistance 2006: Caseload Date, Washington D.C., unter: http://www.acf.hhs.gov/programs/ofa/caseloads/caseloadindex.htm.

US Department of Labor/Bureau of Labor Statistics 1999, Washington D.C., unter: http://www.bls.gov/OES.

US Department of Labor/Office of Secretary 1997: How Workplace Laws Apply to Welfare Recipients, Washington D.C., unter: http://www.dol.gov/asp/w2w/welfare.html.

US General Accounting Office 1987: Work and Welfare: Current AFDC Programs and Implications for Federal Policy, GAO/HRD2-87-34, Washington D.C., unter: http://www.gao.gov/index.html.

US General Accounting Office 1995: Welfare to Work: Participants' Characteristics and Services Provided in JOBS, GAO/HEH95-93, Washington D.C., unter: http://www.gao.gov/index.html.

US General Accounting Office 1997: Illegal Aliens. Extent of Welfare Benefits Received on behalf of U.S. Citizens, GAO/HEHHS-98-30, Washington D.C., unter: http://www.gao.gov/index.html.

US General Accounting Office 2000: State Sanctions Policies and Number of Families Affected, GAO-HEHS-00-44, Washington D.C., unter: http://www.gao.gov/index.html.

US General Accounting Office 2001: Welfare Reform. Progress in Meeting Work-Focused TANF Goals, GAO-01-522T, Washington D.C., unter: http://www.gao.gov/index.html.

US General Accounting Office 2002: Welfare Reform: Federal Oversight of State and Local Contracting Can Be Strengthened, GAO-02-661, Washington D.C., unter: http://www.gao.gov/new.items/d02661.pdf.

US Government Accountability Office 2005: Drug Offenders. Various Factors May Limit the Impacts of Federal Law That Provide for Denial of Selected Benefits, Report to Congressional Requesters, GAO-05-238, September.

US House of Representatives 1996: Personal Responsibility and Work Opportunity Reconciliation Act of 1996, Public Law 104-193, 104th Congress, Washington D.C., unter: http://usinfo.state.gov/usa/infousa/laws/majorlaw/hr3734.htm.

US Immigration and Naturalization Service 1997: 1995 Statistical Yearbook of the Immigration and Naturalization Service, Washington D.C., unter: http://www.uscis.gov.

US White House, Office of the Press Secretary 2003: Fact Sheet: President Calls for Action on Welfare, 14.1.2003, Washington D.C., unter: http://www.whitehouse.gov/news/releases.

Valenzuela, Abel Jr./Theodore, Nikolas/Melendez, Edwin/Gonzalez, Ana Luz 2006: On the Corner: Day Labor in the United States, The Center for the Study of Poverty, UCLA, Los Angeles, unter: http://caimmigrant.org/repository/wp-content/uploads/2007/01/Natl_ DayLabor-On_the_Corner1.pdf.

Vallely, Paul 2005: UN Hits Back at US in Report Saying Parts of America are as Poor as Third World, in: The Independent, 8.9.2005, unter:
http://news.independent.co.uk/world/politics/articles311066.ece.

Valocchi, Steve 1994: The Racial Basis of Capitalism and the State, and the Impact of the New Deal on African Americans, in: Social Problems, Vol. 41, No. 3, S. 347-362.

Van Dijk, Jan 2006: The Network Society, Sage Publications, London u.a.

Van Kersbergen, Kees 1995: Social Capitalism, Routledge, London u.a.

Varsany, Monica W. 2005: The Paradox of Contemporary Immigrant Political Mobilization: Organized Labor, Undocumented Migrants, and Electoral Participation in Los Angeles, in: Antipode, Vol. 37, No. 4, S. 775-795.

Venner, Sandra/Boguslaw, Janet/Lamson, Daphne Hurt 2005: Innovative State Policies to Reduce Poverty and Expand the Middle Class. Building Asset Security Among Low-Income Households, Institute of Assets and Social Policy, Brandeis University, unter: http://iasp. brandeis.edu/pdfs/innovative_state_policies.pdf.

Verma, Nandita/Hendra, Richard 2003: Monitoring Outcomes for Los Angels County's Pre- and Post-CalWORKs Leavers: How Are They Faring?, Manpower Demonstration Research Corporation, New York u.a.

Vernez, Georges 1992: Needed: A Federal Role in Helping Communities Cope with Immigration, in: Steinberg u.a. (Hg.), a.a.O., S. 281-305.

Vogel, Carl 1998a: Workfare's New Job Title, in: City Limits Weekly, 12.1.1998, New York, S. 12.

Vogel, Carl 1998b: Mixing the Message. A New City Contract Confounds Conventional Wisdom on Nonprofit Workfare, in: City Limits Monthly, Februar 1998, New York, unter: http://www.citylim its.org/content/articles/articleView.cfm?articlenumber=556.

Vogel, Carl 1998c: School's Out, in: City Limity Monthly, März 1998, New York, unter: http://www.citylimits.org/content/articles/article View.cfm?articlenumber=89.

Vogel, Carl/DeMause, Neil 1998: Jason's Brain Trust, in: City Limity Monthly, Dezember 1998, New York, unter: http://www.citylimits. org/content/articles/articleView.cfm?articlenumber=508.

Volden, Craig 2002: The Politics of Competetive Federalism: A Race to the Bottom in Welfare Benefits, in: American Journal of Political Science, Vol. 46, No. 2, S. 352-363.

Voss, Kim 1993: The Making of American Exceptionalism: The Knights of Labor and Class Formation in the Nineteenth Century, Cornell University Press, Ithaca.

Wacquant, Loïc 2000: Elend hinter Gittern, UVK, Konstanz.

Wacquant, Loïc 2001: The Penalization of Poverty and the Rise of Neo-liberalism, in: European Journal on Criminal Policy and Research, Vol. 9, No. 4, S. 401-412.

Wacquant, Loïc 2002: Tödliche Symbiose. Wenn Getto und Gefängnis sich verbinden, in: Bittlingmayer Uwe H. u.a. (Hg.), Theorie als Kampf? Zur politischen Soziologie von Pierre Bourdieu, Leske + Budrich, Opladen, S. 269-317.

Waddan, Alex 1997: The Politics of Social Welfare. The Collapse of the Centre and the Rise of the Right, Edward Elgar Publishing, Cheltenham u.a.

Waddan, Alex 2003: Redesigning the Welfare Contract in Theory and Practice: Just What Is Going on in the USA?, in: Journal of Social Policy, Vol. 32, No. 1, S. 19-35.

Wadell, Brian 2001: Limiting National Interventionism in the United States: The Warfare-Welfare State as Restrictive Governance, unter: findarticles.com/p/articles/mi_qa3780/is_200107/ai_n8962969.

Wagner, David 2000: What's Love Got to Do with It?: A Critical Look at American Charity, The New Press, New York.

Waldinger, Roger 1996: Still the Promised City: African Americans and New Immigrants in Post-Industrial New York, Harvard University Press, Cambridge.

Waldinger, Roger 1999: Not the Promised City: Los Angeles and Its Immigrants, in: The Pacific Historical Review, Vol. 68, No. 2, S. 253-272.

Waldinger, Roger/Lichter, Michael I. 2003: How the Other Half Works. Immigration and the Social Organization of Labor, University of California Press, Berkeley u.a.

Waldron, Tom/Roberts, Brandon/Reamer, Andrew 2004: Working Hard, Falling Short. America's Working Families and the Pursuit of Economic Security, The Annie E. Casey Foundation, Baltimore, unter: http://www.aecf.org/initiatives/jobsinitiative/workingpoor.htm.

Walker, Robert 1991: Thinking About Workfare: Evidence from the USA, HMSO, London.

Waller, Margy/Berube, Alan 2002: Timing Out: Long-Term Welfare Caseloads in Large Cities and Counties, The Brookings Institution, Center on Urban & Metropolitan Policy, Washington D.C., unter: http://www.brookings.org/metro/publications/wallertimelimits.htm.

Waller, Margy/Fremstead, Shawn 2006: New Goals and Outcomes for Temporary Assistance: State Choices in the Decade After Enactment, Brookings Institution, Washington D.C.

Walsh, Jess 1999: Laboring at the Margins: Welfare and the Regulation of Mexican Workers in Southern California, in: Antipode, Vol. 31, No. 4, S. 398-420.

Walters, Ronald 1998: The Democratic Party and the Politics of Welfare Reform, in: Lo/Schwartz (Hg.), a.a.O., S. 37-52.

Ward, Janet 1997: Can Cities and Counties Build a Better System?, in: American City & County, Mai 1997, unter: http://www.americancity andcounty.com.

Warren, Mark R. 2001: Dry Bones Ratteling: Community Building to Revitalize American Democracy, Princeton University Press, Princeton.

Waste, Robert J. 1995: From Workfare for the Poor to Warfare on the Poor in Calfornia, in: Norris/Thompson (Hg.), a.a.O., S. 55-78.

Watkins, Celeste 2006: It's Not Just About the Money: Governmentality and Resistance in Post-Reform Welfare Offices, Northwestern University, Departments of Sociology & African-American Studies, unter: http://www.cas.northwestern.edu/sociology/faculty/watkins/cv watkins06.pdf.

Watson, Debra 2002: US Welfare »Reform« Forces More Children to Separate from Their Parents, unter: http://www.wsws.org/articles/ 2002/aug2002/wel-a14_prn.shtml.

Watson, Keith/Gold, Steven D. 1997: The Other Side of Devolution: Shifting Responsibilities Between State and Local Governments. Evidence from Social Services, Public Assistance, and Workforce Devlopment Programs, Urban Institute, Assessing the New Federalism, Occasional Paper No. 2, Washington D.C., unter: http://www. urban.org/url.cfm?ID=307015.

Weaver, Kent R. 1998: Ending Welfare as We Know It, in: Weir (Hg.), a.a.O., S. 361-416.

Weaver, Kent R. 1999: The Role of Policy Research in Welfare Debates, 1993-1996, in: Weaver (Hg.), Ending Welfare as We Know It, Brookings Institution, Washington D.C., S. 135-168.

Weaver, Kent R. 2000: Ending Welfare as We Know It, Brookings Institution Press, Washington D.C.

Weikart, Lynne A. 2001: The Giuliani Administration and the New Public Management in New York City, in: Urban Affairs Review, Vol. 36, No. 3, S. 359-381.

Weikart, Lynne A. 2003a: Keeping Welfare Recipients Out of College, in: Gotham Gazette, 10.2.2003, New York, unter: http://www.goth amgazette.com/article/200030210/202/278.

Weikart, Lynne A. 2003b: Follow the Money. Mayoral Choice and Expenditure Policy, in: American Review of Public Administration, Vol. 33, No. 2, S. 209-232.

Weikart, Lynne A. 2005: The Era of Meanness: Welfare Reform and Barriers to a College Degree, in: Affilia, Vol. 20, No. 4, S. 416-433.

Weil, Alan 2002: Rethinking Work Requirements, Urban Institute, Assessing the New Federalism: Short Takes on Welfare Policy, No. 8, Washington D.C., unter: http://www.urban.org/UploadedPDF/Short Take_8.pdf.

Weil, Alan/Finegold, Kenneth (Hg.) 2002: Welfare Reform: The Next Act, Urban Institute Press, Washington D.C.

Weiner, Barbara 1997: Summary of Aliens Provisions of New York State Welfare Reform Act of 1997, Western New York Law Center, Albany, unter: http://www.wnylc.net/web/welfare-law/alien-provisio ns.htm.

Weir, Margaret (Hg.) 1998: The Social Divide. Political Parties and the Future of Activist Government, Brookings Institution Press/Russell Sage Foundation, Washington D.C. u.a.

Weir, Margaret 1995: Poverty, Social Rights, and the Politics of Place in the United States, in: Leibfried/Pierson (Hg.), a.a.O., S. 329-354.

Weir, Margaret 1997: The Uncertain Future of Welfare Reform in the Cities, in: The Brookings Review, Winter 1997, Vol. 15, No. 1, S. 30-33.

Weir, Margaret 1998a: Big Cities Confront the New Federalism, in: Kahn/Kameran (Hg.), a.a.O., S. 8-42.

Weir, Margaret 1998b: American Politics and the Future of Social Policy, in: Weir u.a. (Hg.), a.a.O., S. 506-530.

Weir, Margaret 1998c: Political Parties and Social Policy Making, in: Weir (Hg.), a.a.O., S. 1-45.

Weir, Margaret 1999: Welfare Reform and the Political Geography of Poverty, in: Schram/Beer (Hg.), a.a.O., S. 49-60.

Weir, Margaret 2004: Challenging Inequality, in: Perspectives on Politics, Vol. 2, No. 4, S. 677-681.

Weir, Margaret/Orloff, Ann Shola/Skocpol, Theda (Hg.) 1988a: The Politics of Social Policy in the United States, Princeton University Press, Princeton.

Weir, Margaret/Orloff, Ann Shola/Skocpol, Theda 1988b: Understanding American Social Policy, in: Weir u.a. (Hg.), a.a.O., S. 3-27.

Weiss, Linda 1998: The Myth of the Powerless State, Cornell University Press, Ithaca.

Weiss, Richard P. 2001: Charitable Choice as Neoliberal Social Welfare Strategy, in: Social Justice, Vol. 28, No. 2, S. 689-709.

Weissbrodt, D. 2006: International Law of Economic, Social and Cultural Rights: A U.S. Perspective, in: Howard-Hassmann, Ron/Welch, Claire (Hg.), Economic Rights in Canada and the United States, University of Pennsylvania Press, Philadelphia.

Weissert, Carol S. 2000: Learning from Midwestern Leavers, in: Weissert, Carol S. (Hg.), Learning from Leaders. Welfare Reform Politics and Policy in Five Midwestern States, The Rockefeller Institute Press, Albany, S. 1-24.

Welfare Law Center 1999a: The Role of Courts in Securing Welfare Rights and Improvements in Welfare and Related Programs, Mai 1999, New York, unter: http://www.welfarelaw.org.

Welfare Law Center 1999b: Federal Courts Finds New York City Illegally Deters and Denies Food Stamps, Medicaid, and Cash Assistance and Bars Expansion of »Job Centers«, in: Welfare News, März 1999, New York, unter: http://www.welfarelaw.org.

Wernick, Laura/Krinsky, John/Getsos, Paul 2000: WEP Work Experience Program: New York City's Sector Sweat Shop Economy, Community Voices Heard, New York.

Western, Bruce/Pettit, Becky 2005: Black-White Wage Inequality, Employment Rates, and Incarceration, in: American Journal of Sociology, Vol. 111, No. 2, S. 553-578.

Whitaker, Ingrid Philipps/Time, Victoria 2001: Devolution and Welfare: The Social and Legal Implications of State Inequalities for Welfare Reform in the United States, in: Social Justice, Vol. 28, No. 2, S. 50-59.

White, Andrew 1997: WEP Workers Expect Paychecks, in: City Limits Monthly, März 1997, New York: unter: http://www.citylimits.org/content/articles/viewarticle.cfm?article_id=2491.

Whyte, Allan 1998: New York City Transit Authority to Employ Welfare Recipients, 16.12.1998, unter: http://www.wsws.org/news/1998/dec1998/tran-d16.shtml.

Whyte, Allan 1999: Workfare to Start in New York City Transit, 17.4.1999, unter: http://www.wsws.org/articles/1999/apr1999/transa17.shtml.

Wilke, Uwe 2002: Sozialhilfe in den USA. Die Reform in Texas und Wisconsin, Campus Verlag, Frankfurt a.M. u.a.

Wilkins, Andrea 2002a: Child Care Experiences of Former TANF Recipients, National Conference of State Legislatures, Washington D.C.

Wilkins, Andrea 2002b: Strategies for Hard-to-Serve TANF Recipients, National Conference of State Legislatures, Washington D.C., unter: http://www.ncls.org/statefed/welfare/hardtoserve.pdf.

Williams, Linda Faye 1998: Race and the Politics of Social Policy, in: Weir (Hg.), a.a.O., S. 417-463.

Williams, Linda Faye 1997: Decades of Distortion: The Rights's 30-Year Assault on Welfare, Political Research Association, Boston.

Wilson, William Julius 1987: The Truly Disadvantaged: The Inner City, the Underclass, and Public Policy, University of Chicago Press, Chigaco.

Wilson, William Julius 1996: When Work Disappears. The World of the New Urban Poor, Vintage Books, New York.

Windhoff-Héritier, Adrienne 1993: Das Dilemma der Städte – Sozialpolitik in New York City, in: Häußermann/Siebel (Hg.), a.a.O., S. 239-263.

Winner, Karen 1997: Workfare Experiments Meets Resistance from Nonprofits, 9.12.1997, Village Life News, New York, unter: http://www.villagelife.org/archives/12-9-97_workexperiment.html.

Winston, Pamela 2002: Welfare Policymaking in the States. The Devil in Devolution, Georgetown University Press, Washington D.C.

Winston, Pamela/Burwick, Andrew/McConnell, Sheena/Roper, Richard 2002: Privatization of Welfare Services: A Review of the Literature, Mathematica Policy Research, Washington D.C., unter: http://www.mathematica-mpr.com/PDFs/privatization.pdf.

Wisconsin's Joint Legislative Audit Bureau 2005: Wiscon Works (W-2) Program. An Evaluation, Madison, unter: http://www.legis.state.wi.us/lab/reports/05-6Full.pdf.

Wiseman, Michael 1989: Workfare and Welfare Reform, in: Rodgers, Harell R. (Hg.), Beyond Welfare: New Approaches to the Problem of Poverty in America, Sharpe, Armonk, S. 14-38.

Wiseman, Michael 1996: State Strategies for Welfare Reform: The Wisconsin Story, in: Journal of Policy Analysis and Management, Vol. 15, No. 4, S. 515-546.

Wiseman, Michael 1997: Welfare Reform in the United States: A Background Paper, in: Institute for Research on Poverty (Hg.), Informing the Welfare Debate: Perspectives on the Transformation of Social Policy, Special Report, No. 70, unter: http://www.ssc.wisc.edu/irp.

Wiseman, Michael 1999: In Midst of Reform. Wisconsin in 1997, Urban Institute, Assessing the New Federalism: Issues and Options for States, No. 99-03, Washington D.C., unter: http://www.urban.org/url.cfm?ID=409078.

Wiseman, Michael 2000: Making Work for Welfare in the United States, in: Lødemel/Trickey (Hg.), a.a.O., S. 215-247.

Wiseman, Michael 2002: Public Assistance in New York City: Accomplishments and Opportunities, George Washington University, unter: http://home.gwu.edu/~wisemanm/NYPDA.pdf.

Withorn, Ann 2002: Friends or Foes? Non-Profits and the Puzzle of Welfare Reform, in: Albeda/Withorn (Hg.), a.a.O., S. 145-161.

Witte, Griff 2004: Poverty Up as Welfare Enrollment Declines. Nation's Social Safety Net in Tatters as More People Lose Their Jobs, in: Washington Post, 26.9.2004, S. A03.

Wolch, Jennifer 1990: The Shadow State: Government and Voluntary Sector in Transition, The Foundation Center, New York.

Wolch, Jennifer 1998: America's Urban Policy. Welfare Reform and the Fate of American Cities, in: Journal of the American Planning Association, Winter 1998, S. 8-11.

Wolch, Jennifer/Dinh, Sissi 2001: The New Poor Laws: Welfare Reform and the Localization of Help, in: Urban Geography, Vol. 22, No. 5, S. 482-489.

Wolch, Jennifer/Sommer, Heidi 1997: Los Angeles in an Era of Welfare Reform: Implications for Poor People and Community Well-being, The Southern California Inter-University Consortium on Homelessness and Poverty, Los Angeles.

Women of Color Policy Network 2001: Women of Color in New York City: The Challenges of the New Global Economy, New York.

Women's City Club of New York 2002: The New Welfare: What Works and What Doesn't. Outcomes of Welfare Reform and Their Implications for New York City, New York, unter: http://www.wccny.org.

Work?, Welfare Reform Update, November 2000, Sacramento, unter: http://www.cbp.org.

Working Group on New York City's Low-Wage Labor Market 2000: A Ladder to Jobs and Higher Wages, New York, unter: http://www.cssny.org/pubs/special/2000_10buildingaladder.pdf.

Worthen, Helena/Edwards, Steve/Stokes, Diane 2002: An Activist AFSCME Local Confronts Welfare Reform, in: Labor Studies Journal, Vol. 27, No. 1, S. 25-42.

Yi, Daniel 2000: Most Recipients Unfazed by Law Requiring Photos and Fingerprinting, in: Los Angeles Times, 9.10.2000, S. A3.

Youdelman, Sondra/Getsos, Paul 2004: Wages Work! An Examination of New York City's Parks Opportunity Program (POP) and Its Participants, Research Project by Community Voices Heard, New York.

Youdelman, Sondra/Getsos, Paul 2005: The Revolving Door: Research Findings on NYC's Employment Services and Placement System and Its Effectiveness in Moving People from Welfare to Work, Research Project by Community Voices Heard, New York.

Zafirovsky, Milan 2001: The Spectacle of American Conservatism: A Quantum Leap into the Darkness of Authoritarianism?, in: Critical Sociology, Vol. 27, No. 3, S. 1-42.

Zamudio, Margaret 2002: Alienation and Resistance: New Possibilities for Working-Class Formation, in: Social Justice, Vol. 31, No. 3, S. 60-76.

Zedlewski, Sheila R. 1998: States' New TANF Policies: Is the Emphasis on Carrots or Sticks?, in: Policy and Practice of Public Human Services, Vol. 56, No. 1, S. 57-64.

Zedlewski, Sheila R./Clark, Sandra/Meier, Eric/Watson, Keith 1996: Potential Effects of Congressional Welfare Reform Legislation on Family Incomes, Urban Institute, Washington D.C., unter: http://www.urban.org/publications/406622.html.

Zedlewski, Sheila R./Giannarelli, Linda 1997: Diversity Among State Welfare Programs, Urban Insitute, Assessing the New Federalism, Issues and Options for States, Series A, No. A-1, Januar 1997, Washington D.C., unter: http://www.urban.org/url.cfm?ID=307033.

Zedlewski, Sheila R./Holcomb, Pamela A./Duke, Amy-Ellen 2000: Cash Assistance in Transition: The Story of 13 States, Urban Institute, Washington D.C., unter: http://www.wkkf.org/Pubs/Devolution/UI_Cash_assistance_in_transition_The_story_of_13_states_00331_02574.pdf.

Zedlewski, Sheila R./Merriman, David/Staveteig, Sarah/Finegold, Kenneth 2002: TANF Funding and Spending Across the States, in: Weil/Finegold (Hg.), a.a.O., S. 225-246.

Zelleke, Almaz 2002: Basic Income in the United States: Redifining Citizenship in the Liberal State, Discussion Paper No. 22, 2002, New York, unter: http://www.almazzelleke.com/zelleke2005bigrev1.htm.

Zellman, Gail L./Klerman, Jacob Alex/Reradon, Elaine/Farley, Donna/Humphrey, Nicole/Chun, Tammi/Steinberg, Paul 1999: Welfare Reform in California. State and Country Implementation of CalWORKs in the First Year, RAND-Report, Santa Monica.

Ziliak, James P./Figlio, David, N./Davis, Elizabeth, E. 2000: Accounting for the Decline in AFDC Caseloads: Welfare Reform or the Economy?, in: The Journal of Human Resources, Vol. 35, No. 3, S. 570-586.

Zimmermann, Wendy/Tumlin, Karen C. 1999: Patchwork Policies: State Assistance for Immigrants Under Welfare Reform, Urban Institute, Assessing the New Federalism, Occasional Paper No. 24, Washington D.C., unter: http://www.urban.org/UploadedPDF/occ24.pdf.

Zoelle, Diana/Josephson, Jyl 2006: Promoting Freedom from Poverty: Political Moblization and the Role of the Kensington Welfare Rights Union, in: Feminist Review, No. 82, S. 6-26.

Zohlnhöfer, Reimut 2007: Stand und Perspektiven der vergleichenden Staatstätigkeitsforschung, in: Janning, Frank/Toens, Katrin (Hg.), Die Zukunft der Policy-Forschung, Verlag für Sozialwissenschaften, Wiesbaden, i.E.

Sozialtheorie

Arlena Jung
Identität und Differenz
Sinnprobleme der
differenzlogischen
Systemtheorie
Dezember 2008, 226 Seiten,
kart., ca. 24,80 €,
ISBN: 978-3-8376-1002-4

Beate Fietze
Historische Generationen
Über einen sozialen
Mechanismus kulturellen
Wandels und kollektiver
Kreativität
Dezember 2008, ca. 270 Seiten,
kart., ca. 26,80 €,
ISBN: 978-3-89942-942-8

Thomas Kirchhoff,
Ludwig Trepl (Hg.)
Vieldeutige Natur
Landschaft, Wildnis und
Ökosystem als kultur-
geschichtliche Phänomene
November 2008, ca. 280 Seiten,
kart., zahlr. z.T. farb. Abb.,
ca. 29,80 €,
ISBN: 978-3-89942-944-2

Andrea D. Bührmann,
Werner Schneider
Vom Diskurs zum Dispositiv
Eine Einführung in
die Dispositivanalyse
Oktober 2008, 180 Seiten,
kart., 15,80 €,
ISBN: 978-3-89942-818-6

Dirk Baecker, Matthias Kettner,
Dirk Rustemeyer (Hg.)
Über Kultur
Theorie und Praxis
der Kulturreflexion
Oktober 2008, 278 Seiten,
kart., 25,80 €,
ISBN: 978-3-89942-965-7

Gregor Bongaerts
**Verdrängungen des
Ökonomischen**
Bourdieus Theorie
der Moderne
September 2008, 386 Seiten,
kart., 29,80 €,
ISBN: 978-3-89942-934-3

Andreas Reckwitz
Unscharfe Grenzen
Perspektiven der
Kultursoziologie
August 2008, 358 Seiten,
kart., 29,80 €,
ISBN: 978-3-89942-917-6

Claudio Altenhain,
Anja Danilina,
Erik Hildebrandt,
Stefan Kausch,
Annekathrin Müller,
Tobias Roscher (Hg.)
**Von »Neuer Unterschicht«
und Prekariat**
Gesellschaftliche Verhältnisse
und Kategorien im Umbruch.
Kritische Perspektiven
auf aktuelle Debatten
August 2008, 238 Seiten,
kart., 24,80 €,
ISBN: 978-3-8376-1000-0

Shahrsad Amiri
**Narzißmus im
Zivilisationsprozeß**
Zum gesellschaftlichen Wandel
der Affektivität
Juli 2008, 434 Seiten,
kart., 36,80 €,
ISBN: 978-3-89942-978-7

Leseproben und weitere Informationen finden Sie unter:
www.transcript-verlag.de

Sozialtheorie

Torsten Junge
**Gouvernementalität
der Wissensgesellschaft**
Politik und Subjektivität
unter dem Regime des Wissens

Juli 2008, 406 Seiten,
kart., 36,80 €,
ISBN: 978-3-89942-957-2

Kay Junge, Daniel Suber,
Gerold Gerber (Hg.)
Erleben, Erleiden, Erfahren
Die Konstitution
sozialen Sinns jenseits
instrumenteller Vernunft

Juli 2008, 514 Seiten,
kart., 33,80 €,
ISBN: 978-3-89942-829-2

Patricia Purtschert,
Katrin Meyer,
Yves Winter (Hg.)
**Gouvernementalität
und Sicherheit**
Zeitdiagnostische Beiträge
im Anschluss an Foucault

Juni 2008, 260 Seiten,
kart., 25,80 €,
ISBN: 978-3-89942-631-1

Julia M. Eckert (ed.)
**The Social Life of
Anti-Terrorism Laws**
The War on Terror and
the Classifications of
the »Dangerous Other«

Mai 2008, 196 Seiten,
kart., 24,80 €,
ISBN: 978-3-89942-964-0

Janine Böckelmann,
Claas Morgenroth (Hg.)
Politik der Gemeinschaft
Zur Konstitution des
Politischen in der Gegenwart

Mai 2008, 222 Seiten,
kart., 26,80 €,
ISBN: 978-3-89942-787-5

Manfred Füllsack (Hg.)
**Verwerfungen
moderner Arbeit**
Zum Formwandel
des Produktiven

März 2008, 192 Seiten,
kart., 20,80 €,
ISBN: 978-3-89942-874-2

Jörg Döring,
Tristan Thielmann (Hg.)
Spatial Turn
Das Raumparadigma in
den Kultur- und Sozial-
wissenschaften

März 2008, 460 Seiten,
kart., 29,80 €,
ISBN: 978-3-89942-683-0

René John
**Die Modernität
der Gemeinschaft**
Soziologische Beobachtungen
zur Oderflut 1997

März 2008, 308 Seiten,
kart., 29,80 €,
ISBN: 978-3-89942-886-5

Daniel Hechler,
Axel Philipps (Hg.)
Widerstand denken
Michel Foucault und
die Grenzen der Macht

März 2008, 282 Seiten,
kart., 26,80 €,
ISBN: 978-3-89942-830-8

Ekaterina Svetlova
Sinnstiftung in der Ökonomik
Wirtschaftliches Handeln aus
sozialphilosophischer Sicht

Februar 2008, 220 Seiten,
kart., 23,80 €,
ISBN: 978-3-89942-869-8

**Leseproben und weitere Informationen finden Sie unter:
www.transcript-verlag.de**

Sozialtheorie

Jens Warburg
**Das Militär und
seine Subjekte**
Zur Soziologie des Krieges
Februar 2008, 378 Seiten,
kart., 32,80 €,
ISBN: 978-3-89942-852-0

Franz Kasper Krönig
**Die Ökonomisierung
der Gesellschaft**
Systemtheoretische
Perspektiven
2007, 164 Seiten,
kart., 20,80 €,
ISBN: 978-3-89942-841-4

Andreas Pott
Orte des Tourismus
Eine raum- und
gesellschaftstheoretische
Untersuchung
2007, 328 Seiten,
kart., 28,80 €,
ISBN: 978-3-89942-763-9

Johannes Angermüller
Nach dem Strukturalismus
Theoriediskurs und
intellektuelles Feld
in Frankreich
2007, 290 Seiten,
kart., 28,80 €,
ISBN: 978-3-89942-810-0

Tanja Bogusz
Institution und Utopie
Ost-West-Transformationen
an der Berliner Volksbühne
2007, 354 Seiten,
kart., 32,80 €,
ISBN: 978-3-89942-782-0

Susanne Krasmann,
Jürgen Martschukat (Hg.)
Rationalitäten der Gewalt
Staatliche Neuordnungen vom
19. bis zum 21. Jahrhundert
2007, 294 Seiten,
kart., 26,80 €,
ISBN: 978-3-89942-680-9

Daniel Suber
**Die soziologische Kritik
der philosophischen Vernunft**
Zum Verhältnis von Soziologie
und Philosophie um 1900
2007, 524 Seiten,
kart., 39,80 €,
ISBN: 978-3-89942-727-1

Markus Holzinger
**Kontingenz in der
Gegenwartsgesellschaft**
Dimensionen eines Leitbegriffs
moderner Sozialtheorie
2007, 370 Seiten,
kart., 29,80 €,
ISBN: 978-3-89942-543-7

Jochen Dreher,
Peter Stegmaier (Hg.)
**Zur Unüberwindbarkeit
kultureller Differenz**
Grundlagentheoretische
Reflexionen
2007, 302 Seiten,
kart., 28,80 €,
ISBN: 978-3-89942-477-5

Sandra Petermann
Rituale machen Räume
Zum kollektiven Gedenken
der Schlacht von Verdun und
der Landung in der Normandie
2007, 364 Seiten,
kart., zahlr. Abb., 33,80 €,
ISBN: 978-3-89942-750-9

**Leseproben und weitere Informationen finden Sie unter:
www.transcript-verlag.de**

Sozialtheorie

Benjamin Jörissen
Beobachtungen der Realität
Die Frage nach der Wirklichkeit
im Zeitalter der Neuen Medien
2007, 282 Seiten,
kart., 27,80 €,
ISBN: 978-3-89942-586-4

Susanne Krasmann,
Michael Volkmer (Hg.)
**Michel Foucaults
»Geschichte der
Gouvernementalität«
in den Sozialwissenschaften**
Internationale Beiträge
2007, 314 Seiten,
kart., 28,80 €,
ISBN: 978-3-89942-488-1

Hans-Joachim Lincke
Doing Time
Die zeitliche Ästhetik
von Essen, Trinken
und Lebensstilen
2007, 296 Seiten,
kart., 28,80 €,
ISBN: 978-3-89942-685-4

Nina Oelkers
**Aktivierung von
Elternverantwortung**
Zur Aufgabenwahrnehmung
in Jugendämtern nach dem
neuen Kindschaftsrecht
2007, 466 Seiten,
kart., 34,80 €,
ISBN: 978-3-89942-632-8

Thomas Jung
**Die Seinsgebundenheit
des Denkens**
Karl Mannheim und
die Grundlegung
einer Denksoziologie
2007, 324 Seiten,
kart., 29,80 €,
ISBN: 978-3-89942-636-6

Ingrid Jungwirth
**Zum Identitätsdiskurs in
den Sozialwissenschaften**
Eine postkolonial und
queer informierte Kritik
an George H. Mead,
Erik H. Erikson und
Erving Goffman
2007, 410 Seiten,
kart., 33,80 €,
ISBN: 978-3-89942-571-0

Christine Matter
»New World Horizon«
Religion, Moderne und
amerikanische Individualität
2007, 260 Seiten,
kart., 25,80 €,
ISBN: 978-3-89942-625-0

Petra Jacoby
**Kollektivierung
der Phantasie?**
Künstlergruppen in der DDR
zwischen Vereinnahmung
und Erfindungsgabe
2007, 276 Seiten,
kart., 27,80 €,
ISBN: 978-3-89942-627-4

**Leseproben und weitere Informationen finden Sie unter:
www.transcript-verlag.de**